U0679373

中小学
依法治校实务

马雷军　刘晓巍◎编著

上

中国民主法制出版社
全国百佳图书出版单位

图书在版编目（CIP）数据

中小学依法治校实务／马雷军，刘晓巍编著. —— 北京：
中国民主法制出版社，2015.7（2020.11重印）
ISBN 978 - 7 - 5162 - 0927 - 1

Ⅰ.①中… Ⅱ.①马… ②刘… Ⅲ.①中小学 - 学校
管理 - 法制管理 - 中国 Ⅳ.①G637

中国版本图书馆 CIP 数据核字（2015）第 168846 号

责任编辑：唐仲江

书名／中小学依法治校实务
作者／马雷军　刘晓巍　编著

出版·发行／中国民主法制出版社
地址／北京市丰台区玉林里 7 号（100069）
电话／（010）63292534　63057714（发行部）　63055259（总编室）
传真／（010）63056975　63292520
http：//www. npcpub. com
E-mail：flxs2011@163. com
经销／新华书店
开本／16 开　710 毫米×1000 毫米
印张／67. 75　**字数／**896 千字
版本／2015 年 7 月第 1 版　2020 年 11 月第 5 次印刷
印刷／永清县晔盛亚胶印有限公司

书号／ISBN 978 - 7 - 5162 - 0927 - 1
定价／168. 00 元
出版声明／版权所有，侵权必究。

前　言

　　教育部早在 1999 年就提出了依法治校的要求，2003 年印发了《教育部关于加强依法治校工作的若干意见》。2012 年为了进一步推动《国家中长期教育改革和发展规划纲要（2010—2020 年)》的实施，教育部印发了《全面推进依法治校实施纲要》。《实施纲要》根据实践发展，全面阐述了依法治校的内涵、意义和指导思想，系统地提出了总体要求和具体措施。党的十八大以来，依法治国，建立法治国家更是被提到了我国发展的战略高度上。党的十八届四中全会决定绘制了"法治中国"的宏伟蓝图，明确了法治国家建设路线图，而依法治校、依法治教就是其中重要的建设内容。

　　从理念层面上来看，实行依法治校，就是要严格按照教育法律的原则与规定，开展教育教学活动，尊重学生人格，维护学生合法权益，形成符合法治精神的育人环境，不断提高学校管理者、教师的法律素质，提高学校依法处理各种关系的能力。从制度层面上来看，实行依法治校，就是要在依法理顺政府与学校的关系、落实学校办学自主权的基础上，完善学校各项民主管理制度，实现学校管理与运行的制度化、规范化、程序化，依法保障学校、教师、学生的合法权益，形成教育行政部门依法行政，学校依法自主办学、依法接受监督的格局。依法治校不仅是一种理念或是一种制度构建，更多涉及的是现实学校办学和管理中的具体技术细节。只有从操作层面上真正地依靠法律、依据法律去做、去实践，依法治校的法治意识和工作格局才有可能真正逐渐开始得到建立，依法治校的法治氛围才有可能真正确立，依法治校的法治思维也才有可能真正得以树立。

　　依规办事是依法治校的基础。法治思维和法治意识最基本的要求就是做到合法合规，这就要求师生想问题办事情必须遵循主体合法性、职权合法性、程序合法性，要养成依法依规办事的习惯，先立规矩后办事。尤其是随着我国市场经济的确立和社会主义民主法制建设进程的加快，学校的法律地位明显发生了变化，学校与教育行政部门、举办者、教师、受教育者之间的法律关系出现了新的特点。理顺各主体之间的关系，解决教育活动中出现的新问题，实现教育为人民服务的宗旨，需要各级各类学校校长和教育工作者树立法治意识，自觉养成办事依法、遇事找法、解决问题用法、化解矛盾靠法的法治思维。正是为了使广大教育工作者对教育法律的相关规定有更全面和深入的了解，体会依法治校、依法治教的重要意义，掌握教育法规的重要内容，进而不断提高办学质量和教育水平，我们编撰了此书。

本书具有以下特点：第一，强调了依法行政。依法行政是依法治校的前提和保障。各级教育行政部门必须按照依法治教和依法治校的要求，切实转变不适应形势需要的行政管理方式、方法，依据法律规定的职责、权限与程序对学校进行管理，切实维护学校的办学自主权。第二，强调了制度建设和民主监督。学校要依据法律法规制定和完善学校章程，经主管教育行政部门审核后，作为学校办学活动的重要依据。于此同时，还要进一步完善教职工代表大会制度，切实保障教职工参与学校民主管理和民主监督的权利，保证教职工对学校重大事项决策的知情权和民主参与权。依法治校要求学校必须全面实行校务公开制度，学校改革与发展的重大决策、学校的财务收支情况、福利待遇以及涉及教职工权益的其他事项，要及时向教职工公布。第三，强调了学生和教师的权益保护。教育行政部门要严格依照《教师法》《教师资格条例》的规定认定教师资格。学校要依法聘任具有相应资格的教师，依法与教师签订聘任合同，明确双方的权利、义务与责任，尊重教师权利，落实和保障教师待遇。学校在日常教育教学活动中还要树立以人为本的理念，自觉尊重并维护学生的人格权和其他人身权益。

虽然近十年来，依法治校已经逐步走向规范化、制度化，但相对于目前的依法治国总体布局，中小学依法治校模式和体制机制还有待进一步完善，广大师生的法治意识还须进一步提高。新形势下，学校管理者更需要增强法治思维，提高依法治校能力。

本书的编写过程中注重理论与实际的密切联系，在进行理论介绍的同时，结合常见的案例，突出以案说法，注重提高实际运用法律的能力。本书特别适用于中小学教师、校长、教育行政工作人员和其他教育工作者进行教育法规培训和学习之用。

本书的大纲和体例由马雷军和刘晓巍共同研究决定，刘晓巍执笔完成了全部书稿的编撰，最后由马雷军审校、修订完成。由于编者水平有限，时间仓促，书中难免有不当之处，敬请读者批评指正。

刘晓巍

2015 年 4 月 17 日

总 目 录

上册目录

第一部分

依法治校基础篇

教育自身的发展需要一个稳定的秩序和保障，如教育的物质保障，教师的资格待遇，各级各类教育机构之间的衔接，学生的权利和义务，学校与教育行政部门的关系等，这些都涉及教育教学活动中的许多方面，都必须有法律的明确规定。对于教学活动中所发生的法律纠纷的解决，也迫切需要有法律依据。从教育发展的国际经验来看，教育发达的国家都有比较完善的教育法律制度，也都比较注重教育法的实施。它们在教育立法、教育行政、教育司法等方面，逐步建立了平衡与制约的机制，推进了教育民主、教育平等的实现。教育发达国家的经验告诉我们，依法治校是保证教育稳定发展的最重要措施。

一、全面理解依法治校

专题1　树立依法治校意识

依法治校是我国经济体制由计划经济转入市场经济之后的必然要求。我国的经济体制由计划经济转入市场经济之后，对教育事业产生了多方面的影响，其中最重要的措施使计划经济体制下的教育主体之间，以及教育主体与客体之间的法律关系都发生了变化。这些变化主要表现为以下几点：

首先，政府与学校之间的关系发生了变化。在计划经济条件下，政府为学校提供全部经费，政府决定学校的行为，而在市场经济条件下，政府的职能发生了变化，只能在法律法规的范围内干预学校的行为。

其次，学校与教师之间的关系发生了变化。学校与教师之间是聘任合同关系。教师不再是国家干部，学校也不再是行政部门的附属单位。这种关系的调整必须纳入法制轨道。

再次，学校与学生之间的关系也发生了变化，一方面，义务教育阶段的学生是按义务教育法的规定入学的，这比过去更加强化了国家的义务，加重了学校的责任。另一方面，非义务教育阶段的学生，加强了市场作用，减少了行政色彩。从这两个方面来看，都更进一步需要依法治校。

　　社会的新情势决定了我们不能再按照计划经济时期行政的思维和办法去处理各个教育主体之间的法律纠纷。无论是学校、老师、家长还是学生，都应该知法、学法、懂法，在自身权益遭到漠视甚至重大损害时能够运用法律武器维护自身的合法权益。二十多年来，通过普法，公民的法律意识增强是不争的事实，但是，当涉及某些法律问题时，很多人就束手无策了。这说明公民对法律的系统了解还不够，学校、学生和家长，作为教育主体的主要构成，更应该根据自身的认识水平适当地去了解基本的维权常识。否则，即使法律体系再完善，不被人用也不能发挥法律的作用。虽然学校、老师、学生和家长是依法治校的主要教育主体，但他们并不是依法治校的全部主体。

　　明确依法治校的主体和内容是实现学校法治工作的关键和核心所在，是我们研究依法治校的前提。只有明确了主体，才能明确学校管理的权利和义务；只有明确了内容，依法治校的工作才有方向。

　　依法治校的主体即是"谁来治"的问题。从教育法律关系上看，凡属于教育活动所涉及的主体均可以看作是依法治校的主体。

　　从国家机关以学校为对象进行管理的角度而言，主要是指各级政府及教育主管部门，还包括其他行政机关对学校各项具体事务的依法管理。如某个体私营企业招收童工，一些网吧、电子游戏厅允许未成年学生进入等，工商行政管理部门应给予招工单位警告、罚款，情节严重的应吊销营业执照，并强令流失学生返校就读；又如有的政府和部门向学校乱摊派、乱提留，严重违反了教育法律中"税费不进校"的规定，物价、税务、财政部门应依法查处。可见，公安、卫生、工商、城建、税务、财政、物价等部门也是依法治校的责任主体，都应履行其相应的法定职责，依法行政，依法支持学校，确保学校工作顺利开展。这就等于从学校外部依法管理和规范学校行为，管理与学校有关的事务，并保护学校的合法权益。

从学校管理者的角度来说，是以学校的各项内部事务为对象，依法管理学校。所以，学校内部管理所涉及的主体就是学校，具体而言诸如校长、学校领导班子成员、教师、学生、学生家长及其他监护人等均在其列。

简言之，广义上，依法治校的主体是各级人大及其常委会、各级政府及其所属行政部门尤其是教育行政机关、各级各类学校及其他教育机构、企事业单位、社会团体及公民、校长、教师、学生及其家长等各种主体；狭义上，依法治校的主体是指校长、学校领导、教师、学生、学生家长及其他监护人。本书涉及的主体主要指狭义上的主体，即校长、学校领导、教师、学生、学生家长及其他监护人。

依法治校的内容即是"治什么"的问题。明确了主体也就明确了内容。从学校管理学角度而言，凡属学校管理的一切范畴，均属依法治校的内容，诸如学校行政管理、教学工作管理、体育工作管理、德育工作管理、劳动教育工作管理等。从法律角度而言，凡是学校管理主体依法应享有的权利和应承担的义务均可看作依法治校的内容，诸如学校的权利、义务，教师的权利、义务，学生及家长的权利、义务。政府对学校的管理，比如，政府对投入的保障，公安、工商、城建对学校周边环境的整顿等等，而这些在教育相关法律条文上都有明确规定。比如，学校有按照章程自主管理、组织实施教育教学活动、招收学生和其他受教育者等权利和遵守法律法规、贯彻国家的教育方针、执行国家教育教学标准、保证教育教学质量、维护受教育者、教师及其他职工的合法权益等义务。

【典型案例】

某中学体育教师高某，一日在上体育课时，因为学生陈某和李某相互玩耍嬉戏，违反课堂纪律，遂上前严厉制止。但是，陈某不听劝阻，并与高某发生口角。高某气愤至极，走上前往陈某的右脸猛抽一巴掌，并且又一脚将陈某踢倒在地。当时陈某便感到耳部剧痛，嘴角也流血不止，后经医院诊断为耳膜破裂，右耳听力丧失。

学校认为，高某殴打学生构成违法行为，但事情是由陈某不遵守课堂纪律引起，于是便自行做出决定：由学校出面与陈某家长协商解决此事，给予高某行政记大过处分，赔偿陈某全部医疗费用。另外，一次性支付陈某800元人民币，并当面向陈某的家长赔礼道歉。同时，学校还许诺陈某中学毕业后，学校可想办法为其解决工作问题。陈某的家长认为陈某是农村户口，并且学习成绩不理想，将来未必能考上大学，所以便接受了学校的意见。但是半年以后，陈某经多方治疗无效，听力恢复无望。陈某的家长便又多次找到学校，大吵大闹，要求再赔偿1万元钱，以解决为陈某盖房子的费用，学校拒不接受。双方一直僵持不下，家长欲到法院起诉。

【法律分析】

在这里我们对教师殴打学生和学校自行私了的问题进行法律分析。

1. 教师高某的行为已构成犯罪

《刑法》第十三条规定："一切危害国家主权、领土完整和安全……侵犯公民的人身权利、民主权利和其他权利，以及其他危害社会的行为，依照法律应当受到刑罚处罚的，都是犯罪，但是情节显著轻微危害不大的，不认为是犯罪。"在本案中，教师高某对学生实施体罚，殴打学生，造成学生耳聋。尽管教师高某在体罚学生时，并不是想把他的耳朵打聋，而是想对其进行教育，使其改正错误，并维护课堂纪律。这种动机是好的，但是，结果却把学生打耳聋了，这在事实上已构成了过失犯罪。

教师高某在对学生实施体罚时，应该预见到自己的行为可能会发生伤害学生身体的后果，但是他没有预见，或者是他轻信不至于有严重后果，以至于造成学生耳聋。这完全符合过失犯罪的规定。

本案中，教师高某殴打学生导致耳聋，已属于过失伤害他人致重伤的犯罪行为。我国司法部、最高人民法院、最高人民检察院、公安部联合发布的《人体重伤鉴定标准》第二条规定："重伤是指使人肢体残废、毁人容貌、丧失听觉、丧失视觉、丧失其他器官功能或者其他对于人身健康有重大伤害的损伤。"这里明确规定，使人丧失听觉是重伤的一种。该法对丧失听觉的鉴定标准作了规定，丧失听觉是指"损伤后，一耳语音听力减退在91分贝以上"（第十七条），或"两耳语音听力减退在60分贝以上"（第十八条）。本案中，被害人已丧失听力，符合重伤标准。因此，教师高某的行为已经构成过失伤害他人罪，应该受到刑事处罚。根据《刑法》的有关规定，可处以二年以下有期徒刑或者拘役。

2. 对于该案应该按照其性质采取正确的程序处理

本案属于过失犯罪，应按照《刑事诉讼法》的规定进行处理。刑事诉讼是司法机关追究和惩罚犯罪的活动。《刑事诉讼法》是国家制定认可的关于追究和惩罚犯罪活动程序的法律规范的总和。根据《刑事诉讼法》的有关规定，对过失伤人罪这类案件，可以由被害人或其他人向法院或公安机关提出控告。

本案中教师高某殴打学生导致耳聋的案件，属于不需要侦查的轻微的刑事案件，可以直接告到人民法院，由人民法院受理，并可以进行调解。对于刑事犯罪案件，学校领导应及时报告公安机关，不得隐瞒事实真相。根据本案的案情，学校领导应及时到法院控告，由法院做出裁决，或者由法院进行调解。本案这种情况，也可以适用调解。

本案当中，教师打学生是在教学过程中发生的，明显属于教育方法不当的问题。这与社会上流氓斗殴性质截然不同，可以认为是轻微刑事案件。我们既应考虑对该教师的惩罚教育问题，以维护法律的严肃性，同时，也应考虑保护教师的工作积极性，以达到法律公平的目的。综上所述，我们认为对本案可以进行调解，但是，这种调解应按法律程序，由法院进行。

3. 被害人可以提起附带民事诉讼

在本案中，学生家长可以是提起附带民事诉讼的原告，而被告应是教师高某。

【法条链接】

《刑法》第十三条规定："一切危害国家主权、领土完整和安全……侵犯公民的人身权利、民主权利和其他权利，以及其他危害社会的行为，依照法律应当受到刑罚处罚的，都是犯罪，但是情节显著轻微危害不大的，不认为是犯罪。"

《人体重伤鉴定标准》第二条规定："重伤是指使人肢体残废、毁人容貌、丧失听觉、丧失视觉、丧失其他器官功能或者其他对于人身健康有重大伤害的损伤。"

专题 2　依法治校的基本理念

我们通常所说的"依法治校"是指广大师生在党的领导下，在民主的基础上，依照宪法和法律规定，尤其是教育法律法规的规定，综合运用法律手段、经济手段和行政手段等来管理学校、管理学校的各项事务，使学校的各项工作逐步走上法治化、制度化的轨道。从其本质上看，学校依法治校，不是一部分人管制另一部分人，而是学校领导者依据法律法规与有关规定维护学校的权益和师生权益，同时全体师生员工依据法律法规和校纪校规约束自我的行为。

所谓"依"有三重含义，即依靠、依照、依据。首先，依靠是强调法律手段的首要性；在提出"依法治教"的口号之前，我们主要是依靠政策，有时主要是依靠人治来管理教育事业的。某个领导人的一句话就决定教育的命运，出现了以党代政、以人代政、以权代政的情况。其次，依照是指按照法律规定的要求去做，具有被动意义。例如，学校的设立、招收学生、管理学生、教育教学、教育经费、教师资格，等等。在处理这些相关问题时，必须有法律做依照，法律如何规定的就应该如何去做。最后，依据是强调对法律的遵守，但法不是万能的，法律手段不是唯一的。我们提出依法治教，并不能排斥运用其他的合法手段。管理教育的手段，除了法律之外，还包括政策、思想教育、道德行政、经济、纪律等。依法治教与其他管理方法并不是对立的，而是相辅相成的。

所谓"治"是采取"治理"的意义，区别于管制，具有服务性质，是管理和服务的统一，不是消极地运用法律来管制学校，而是指在学校管理中协调各关系主体的利益，形成一种内化的法治环境。"治"的对象不仅限于教师和学生以及学校各类事务，还应包括领导及领导的权力，即"治"人，"治"物，也"治"权。我们说"治"强调的是一种平等，是一种权力与权利的制约与平衡；"制"在我们习惯性的认识中是上对下的管制，具有服从的意识，强调的是一种不平等。所以，依法治校的"治"是指治理，而非管制。

这里还需要澄清两个容易混淆的关系：

1. "依法治校"与"以法治校"的关系

人们经常把依法治校理解为以法治校，虽然只一字之差却有着重大的区别。"依法治校"是依据或根据法律治理学校，这里法律具有最高权威之意，它体现了法治精神；而"以法治校"，则是把法律作为一种工具或手段来管理学校和一切相关事务。依法治校绝不仅仅是用单一的法律手段简单地代替过去单一的行政手段，而是综合运用法律手段、经济手段和必要的行政手段来治理学校。所以，我们不能简单地把依法治校理解为"以法治校"。

2. "依法治校"与"以罚治校"的关系

人们也常把依法治校理解成为以罚治校，顾名思义，"罚"是惩罚、惩戒的意思，以罚治校就是把"罚"作为一种有效手段来管理学校。当然，法律作为一种特定的行为规范，具有惩罚、惩戒的功能，但这并不是法律的唯一功能，法律还有评价、指引、预测人们行为，保护、奖励守法行为和思想教育等功能。我们在依法治校的过程中不能只看到法律的惩罚功能，并单一地运用这种功能而忽视了法律的其他功能。一些地方把依法治校理解为以罚治校，比如，有些学校规章制度中规定学生上课说话一次罚到操场上跑多少圈，学生迟到、早退一次罚款多少钱，学生不完成作业一次罚抄多少遍……我们先不说这样的规定是否合法，单就其以"罚"代替"教"就是对依法治校的严重误解，这会给依法治校工作带来误导，应当予以纠正。

【典型案例】

南方某小学五年级学生孙某，平时不注意遵守学校规章制度，上课经常迟到。一天上午，孙某到学校的时候已经是第一节课快要结束了，由于老师正在上课他没敢走进教室，而是在操场自己随便溜达起来。正好被教导主任赵某遇见。于是教导主任赵某就对上课迟到一事进行严厉的批评。并罚他把办公室前面的院子打扫干净，还规定孙某什么时候把院子打扫干净了，什么时候再回去上课。如果院子扫不干净就别回教室上课。结果孙某打扫了一上午卫生。

【法律分析】

（1）本案中，罚迟到的学生打扫卫生是违反《义务教育法》的。

《义务教育法》第二十九条第二款规定："教师应当尊重学生的人格，不得歧视学生，不得对学生实施体罚、变相体罚或者其他侮辱人格尊严的行为，不得侵犯学生合法权益。"也有一些变相体罚不易为人们识别，往往以为是对的。本案中的情况就是如此。

孙某上课迟到而被罚去打扫院子，实际上就是叫孙某去劳动来代替对他的惩罚，说穿了就是对孙某的一种变相体罚行为。赵某让孙某打扫卫生，就是对孙某迟到而进行的惩罚，所以赵某已经违犯了《义务教育法》。

（2）罚迟到的学生打扫卫生违反了《未成年人保护法》。

《未成年人保护法》的第二十一条规定："学校、幼儿园、托儿所的教职员工应当尊重未成年人的人格尊严，不得对未成年人实施体罚、变相体罚或者其他侮辱人格尊严的行为。"赵某叫孙某因上课迟到而去打扫卫生，实质上就是对孙某的一种体罚。这种惩罚是让学生孙某付出一定的体力，因此可以认为是一种变相体罚学生的行为。赵某的这种行为已经违犯《未成年人保护法》。

（3）从更深层次来分析，让迟到的学生在上课时间去打扫卫生也是剥夺学生受教育权的行为。

在义务教育的学校里，受教育权是每个学生的一项基本权利。《宪法》第四十六条规定："中华人民共和国公民有受教育的权利和义务。"《义务教育法》第四条规定："凡具有中华人民共和国国籍的适龄儿童、少年，不分性别、民族、种族、家庭财产状况、宗教信仰等，依法享有平等接受义务教育的权利，并履行接受义务教育的义务。"《未成年人保护法》第十八条规定："学校应当尊重未成年学生受教育的权利……"

受教育权主要包括学生有权参加学校为实现教育目的而组织的各种教育教学活动，其中包括有权按照课程表听老师的课。如果无正当理由不让其中的一个学生或一部分学生听课，就是剥夺学生受教育权的表现。在该案中，赵某罚孙某上课时间打扫卫生就是剥夺学生受教育权的表现。

（4）体罚学生的行为是违法的行为，对责任者应当给予制裁。

根据后果的不同，责任者应当承担不同的法律责任。《未成年人保护法》第二十一条规定："学校、幼儿园、托儿所的教职员工应当尊重未成年人的人格尊严，不得对未成年人实施体罚、变相体罚或者其他侮辱人格尊严的行为。"一般来说，对那些实施体罚和变相体罚的人应当给予相应惩罚，以严肃法纪，纠正体罚现象。在本案中，教导主任赵某的行为属于体罚学生，是违法行为，这是确定无疑的。他的这种行为后果尚不严重，可以给予批评教育。

本案中需要注意的是：

（1）我们反对把劳动作为惩罚学生的手段，但是，并不反对组织学生参加正常的劳动。

正常的劳动有助于学生的思想教育，有助于理论与实践相结合，有助于学生的身体健康。坚持教育与生产劳动相结合是我们培养社会主义新人的根本途径。学校在教育教学过程中一定要注意正确区分正常劳动和惩罚性劳动，不要把二者混同起来。

（2）我们反对惩罚迟到的学生打扫卫生，并不等于对迟到的学生应该放任不管。

对迟到的学生应该了解情况，弄清原因，说服教育，必要时可以采取纪律处分，如批评、警告、记过等，但不得随意开除未成年学生。

（3）对实施变相体罚的人应区别情况，分别对待。

多数教师都是出于教育学生、恨铁不成钢的心态，动机是好的，但即使是好的动机，也不能改变变相体罚的违法性质。对这样的同志，一方面应注意保护他们的工作积极性，同时也应指出他们的违法行为的危害，教育他们不再采取变相体罚的做法。对造成严重后果的，一定要依法予以制裁，绝不能姑息养奸，损害学生的权益。

【法条链接】

《宪法》第四十六条规定："中华人民共和国公民有受教育的权利和义务。"

《义务教育法》第四条规定："凡具有中华人民共和国国籍的适龄儿童、少年，不分性别、民族、种族、家庭财产状况、宗教信仰等，依法享有平等接受义务教育的权利，并履行接受义务教育的义务。"

《义务教育法》第二十九条第二款规定："教师应当尊重学生的人格，不得歧视学生，不得对学生实施体罚、变相体罚或者其他侮辱人格尊严的行为，不得侵犯学生合法权益。"

《未成年人保护法》第十八条规定："学校应当尊重未成年学生受教育的权利……"

《未成年人保护法》第二十一条规定："学校、幼儿园、托儿所的教职员工应当尊重未成年人的人格尊严，不得对未成年人实施体罚、变相体罚或者其他侮辱人格尊严的行为。"

专题 3　依法治校的基本原则

长时间以来，我国教育者都很少关注学生的权利。学生权利长期得不到重视，积重难返。学生在学校里几乎不被当作公民看待，这体现了社会和教育者法制意识的淡薄，也体现了教育理念的错位。我们提出依法治校的出发点，从根本上来讲还是要在教育实践活动中，以人为本。学生年纪虽小，但学生也是公民，同样拥有法律规定的各种合法权益。这种权益不会因为年龄偏小和能力偏弱而受到任何削减，更不会因为身在校园就要受到限制。他们同其他教育者一样，都是国家公民。

1. 依法治校要坚持以人为本的原则

从哲学意义上讲，以人为本中的"本"，不是本体或本原，也不是本质或本性，而是指"根本"。以人为本，也就是说人是根本。以人为本的原则表现在依法治校中，就是要以学生为根本，以学生本性的发展为前提，尊重学生的权利，维护学生利益。比如，学校和教师教育管理学生要尊重学生的隐私权、知情权等权利；学校制定规章制度要尊重学生身心发展的规律；教师教育教学要尊重学生人格，不得体罚学生等。

以人为本是依法治校的理论基点和精神内核。它主要表现为两个方面：一方面，学生是目的。学校教育的目的是为了促进学生自身的完善，实现学生的和谐发展。而依法治校的目的是为了维护学校教育教学活动秩序，保障学校教育正常运行。所以，依法治校的终极目的还是为了促进学生的发展和完善。另一方面，学生是关键。在学校教育和依法治校工作中，学生是最主要的决定性因素，没有学生学校教育也就成了无本之木，依法治校也就无从开展。所以可以说学生是学校的根本，学校的一切活动都是为了促进学生更好地发展，都应该从学生的根本利益出发。但目前，我国义务教育阶段依法治校还存在着一定的功利性缺陷，要实现真正的依法治校，就必须对依法治校、以人为本的理念进行深刻的认识和把握，坚持以人为本的原则，以明确前进的方向。

依法治校要坚持以人为本的原则，应做到以下几点：第一，坚持安全第一。坚持安全第一就是一切要以学生的安全为主，在确保学生安全的前提下开展活动。安全，是个人生存、发展的起点，是人们追求更高意义上的幸福的依据，也是社会存在的基础，是人类所共同需要的一种社会性状。依法治校首先要重视保障学生的生命、人身、财产的安全。第二，树立以人为本的观念，就是要树立为学生服务的思想，把学生放在重心，一切活动以学生的利益为出发点。第三，教育管理中体现以人为本的理念，就是要在教育管理中注重中小学学生发展的特点，体现人性化管理。第四，制定各项规章制度尊重学生的身心发展规律，就是规章制度中的规定要符合中小学生的生理和心理发展规律。

2. 依法治校要坚持教育公平原则

公平是"和谐"的核心内容。开展依法治校的最终目标是构建和谐校园，促进人的发展。所以依法治校中很重要的原则是坚持公平。这里的公平可以从两个方面来理解，一是法学意义上的公平，是指教育法律法规的制定、执行及监督要坚持公平的原则；二是教育学意义上的公平，是指国家办学及学校教育教学活动要坚持公平的原则。比如，义务教育要均衡发展，就近入学，教师对学生评价保持公平等。

依法治校坚持公平的原则，应从以下几个方面来体现：第一，在教育法律法规的制定、执行和监督中要做到程序公平、平等地对待每一个主体；第二，合理配置教育资源，促进义务教育均衡发展，保障所有儿童平等的受教育权利，真正做到"有教无类"；第三，学校、教师对学生应一视同仁，不因学生的经济、家庭地位等因素而有所差别；第四，义务教育阶段不允许择校。

3. 依法治校要坚持教育的公益性原则

教育市场化、教育产业化提出之后，教育的公益性受到了挑战，所以，《义务教育法》明确规定教育是公益性事业，依法治校要维护教育公益性的原则，教育的性质不能改变。

义务教育的公益性。即义务教育的举办及其活动，必须符合国家和社会的公共利益。公益性表现在它的全局性、全体性、利益性、公平性和公共性方面。公益性与公用性、慈善性是不同的。在义务教育法中，义务教育的公益性主要表现在以下几方面：（1）义务教育不得以营利为目的。如新义务教育法规定，学校不得向学生推销或者变相推销商品、服务等方式谋取利益。（2）义务教育必须贯彻国家的教育方针。禁止违反国家教育方针的思想和做法进入课堂影响学生。如教育和宗教相分离的规定。（3）义务教育必须推广全国通用的普通话和规范字。（4）义务教育权属于公权，不得作为私权使用。如任何行政机关都不得随意干预义务教育学校的正常教育教学秩序，或把其作为礼品赠送。现在出现的房地产商与名校的联姻，名校举办分校等行为应该引起我们注意，这种做法有可能违背了教育的公益性。（5）任何学校不得利用学生进行商业性活动，或把学生作为童工等。

义务教育的公益性表现很多，以上只是其中主要的几个方面。教育的公益性是指教育活动应当尊重社会全体成员的共同利益。我国教育具有公益性是我国法律明确规定的，也是教育的基本属性决定的。教育公益性的内涵有五点：第一是全局性，即教育事业是涉及全局性的事业。教育以培养人为己任，而每个人的活动都不可避免地对社会产生影响。因此，教育绝不是私人的活动，它通过对每个人的影响而影响全社会。

第二是全体性，即所有公民都有受教育的权利。在现代社会，受教育已经是一个人生存、发展的必要条件。没有受过教育的公民难以融入现代社会，其个性、尊严和基本需求也得不到充分的发展和实现。第三是利益性，即教育维系着国家、民族的根本利益，同时，教育又是作为一种人人应该享有的利益由国家提供给全体公民的。从这一点来讲，它与营利性是相对的。以谋求社会公共利益为目的而设立的法人，有些法学家称之为公益法人。承担着独立办学责任的法人应该是公益法人。作为公益法人，必须以全局为重，不能坑害受教育者，不能坑害社会。第四是公共性，即教育事业应该纳入社会共同承担、共同管理、共同监督的范围。如果把教育这样的公益性事业完全交给某个人或某个群体去负责，教育事业的公益性就会大打折扣。可以说，没有公共性，教育的公益性就得不到保障。第五是公平性，即教育活动应该遵循公平原则。例如，在学校招生时，招生的标准应该是公平的，招生的程序应该对所有人都相同，任何违背公平原则的外加条件都不符合教育的公益性要求。

教育公益性的这些特性是相互联系的。只有全面理解这些特性，才能对教育的公益性有正确的认识。教育不是实现少数人利益的工具。教育体制改革的最终目的是为了维护教育的公益性，为了实现广大人民的根本利益。教育体制改革的具体措施必须有利于维护教育的公益性。如果我们口头上高喊维护教育的公益性，而在具体措施的制定上却只考虑部分人的利益，那么，维护教育的公益性就只能是一句空话。维护教育公益性是国家、社会、学校的共同责任。维护教育的公益性，应该做到以下几点：

（1）国家必须维护教育的公益性原则。首先，国家应该把发展教育事业作为自己的重要职责，保证教育投入。建立社会主义市场经济体制以后，我国改变了由国家包办教育经费的状况，鼓励和支持社会力量参与办学活动，这是完全必要的，但是不能由此而变成依赖社会力量。作为公益性的教育事业主要应该由政府来办。财政再困难，也要把教育特别是义务教育办好。其次，国家应该做好宏观调控工作，保证教育事业的均衡发展。教育发展的不均衡严重地妨碍着教育公益性的实现。目前，在地区之间、城乡之间、学校之间、阶层之间，都存在教育资源配置不均衡和受教育机会不均等状况。例如，富裕省份与贫困省份之间，小学预算内生均事业费相差十余倍。对这种不均衡发展状况，国家必须不断采取措施，进行调控，使之趋于均衡。最后，国家要扶持困难群众。困难群众的教育是关系到教育公益性能否实现的关键环节。国家要特别关注他们，提供适合他们的能力和需要的教育。只有当困难群众受到公平对待时，教育的公益性才可能最大化地实现。

（2）社会必须支持教育的公益性原则。国运兴衰，系于教育；教育振兴，全民有责。国家在办好教育事业的同时，要调动社会各方面的力量兴办和扶持教育事业，把落实教育优先发展的战略真正变成全民族、全社会的实际行动，为繁荣我国教育事业提供深厚的群众基础和社会合力。国家鼓励企业事业组织、社会团体、其他社会组织及公民个人依法举办学校及其他教育机构，但社会的参与必须维护教育的公益性原则。其中一个重要方面，就是不能以营利为目的投资教育。社会投资者如果想营利，就应该进入允许以营利为目的的行业。如果投资教育事业，就应该有不营利的动机或心理准备。国家在这方面有比较明确的规定。如《民办教育促进法》规定，"民办学校收取的费用应当主要用于教育教学活动和改善办学条件"，还规定"教育用地不得用于其他用途"等。这些规定都鲜明地体现了教育公益性的要求，体现了教育不得以营利为目的的精神。

（3）学校必须贯彻教育的公益性原则。学校是国家批准设立的公益性机构，在其运行过程中必须贯彻公益性原则。从目前的情况来看，学校贯彻公益性原则应特别注意以下几方面：一是必须全面贯彻党和国家的教育方针，保证教育质量，致力于培养社会主义建设事业的各类人才。然而有些学校为追求升学率以不正当的理由剥夺了一部分学生参加升学考试的权利，有些学校取消了非考试科目的授课，有些学校歧视学习成绩较差的学生……这些做法置国家和社会的公共利益于不顾，与教育的公益性原则是背道而驰的。二是必须拒绝非公益性因素干扰，不允许任何宗教和封建迷信组织或个人对学生施加影响。三是不得以教牟利。一些学校在招生中违规收取各种名目的费用，降低录取标准；有的地区为了提高升学率，在高考中有组织地作弊，等等。这些做法都严重违背了教育的公益性原则，破坏了教育教学秩序，必须坚决禁止。

学校教育是社会各方要求的聚汇点。例如，政府有关部门要求学校进行防止艾滋病教育、交通安全教育、禁毒教育、环保教育、网络教育、法制教育等。学校还要担负各种义务，如植树、扫雪、摘棉花、收割麦子、防汛救灾等。虽然这些教育和活动都很重要，但学校的经费、师资和精力是有限的，学生的承受能力也是有限的。《教育法》和相关法规规定，学校承担的任务应当符合国家的教育方针，应当培养德、智、体、美等全面发展的社会主义建设者和接班人。国家在受教育者中进行爱国主义、集体主义、社会主义教育，进行理想、道德、纪律、法制、国防和民族团结的教育。法律的这些规定是确定学校承担公益性教育任务具体内容的依据。不能认为谁兴办了学校，谁就拥有了对学生的任意支配权。在这方面，政府和学校的某些领导，迫切需要端正认识。对于要求学校停课承担的非公益性任务，学校必须断然拒绝。例如，要求在学校进行某种气功或特异功能的言传，要求学校停课庆祝元宵节，要求学校教育学生记住区委书记、区长姓名，要求学生向小轿车敬礼，要求学生信奉某一宗教等，都是不符合教育公益性原则的，学校不能予以满足。

总之，坚持教育的公平性、公益性，做到以人为本是依法治校的基本要求和原则。具体来讲，依法治校还要求尊重教育自身发展规律，落实法律责任等。同经济社会的发展一样，教育本身也有自己特殊的规律，学校还是以教育教学为主，依法治校也是为了保证正常的教育教学活动秩序，所以，依法治校的开展也要尊重教育的规律，尤其义务教育阶段学生身心发展的特点又不同于其他阶段，比如，课程设置、课程内容的选择要符合学生的特点，等等。实行责任制，则使依法治校中各项责任落实到人，这是实现依法治校的保证。比如，学校实行校长负责制，落实政府的责任，规定工商、公安等政府各部门在依法治校中的责任。只要有责任，就要有追究，也要建立相应的责任追究制度。新《义务教育法》中直接提到政府的责任就约有 70 处。新法中还强调了问责制，提出了"引咎辞职"的措施。特别强调政府对义务教育的保障职责。

【典型案例】

某市有一所农村初中，近年学校的教学质量不断提高，校长多次受到教育行政部门的表彰。然而，有一天，市教委收到了一封姓李的家长的申诉信，说他的儿子李某在该校上学，多次被校长陈某体罚，身体多处有伤，要求追究该校长责任。于是，市教委派人前往调查，结果实在出人所料。该校的校长陈某，是一位 29 岁的年轻人，工作很有干劲。3 年前，他被提拔为该校校长，下决心要把学校搞上去，提出要先整顿学校的组织纪律，同时还采取了一系列的措施。他对学校的行政人员和教师们说，你们大胆去抓，有哪些学生不听教，你们就交由我处理。他的处理办法很简单，先关学生禁闭，然后在禁闭室内训斥学生，对还不悔改的，会处以更严厉的体罚。事情暴露后，本地的一些农村干部认为校长做得对，学生不听教就该打，并且要出来为校长担保。

【法律分析】

这个案例说明许多教师和学校领导法律意识非常淡薄，以为自己只是吓唬一下学生，至多算作体罚，没有意识到自己已触犯了刑法。

《刑法》第二百三十八条规定："非法拘禁他人或者以其他方法剥夺他人人身自由的，处以三年以下有期徒刑、拘役、管制或者剥夺政治权利。"非法拘禁罪是指以拘押、禁闭或者其他强制方法，非法剥夺他人人身自由的行为。非法拘禁罪侵犯的客体是他人的身体自由权。所谓身体自由权，是指以身体的动静举止不受非法干预为内容的人格权，亦即在法律范围内按照自己的意志决定自己身体行动的自由权利。《宪法》第三十七条规定："中华人民共和国公民的人身自由不受侵犯。任何公民，非经人民检察院批准或者决定或者人民法院决定，并由公安机关执行，不受逮捕。禁止非法拘禁和以其他方法非法剥夺或者限制公民的人身自由，禁止非法搜查公民的身体。"因此，非法拘禁是一种严重剥夺公民身体自由的行为。根据刑法第二百三十八条第一款、第二款的规定，犯非法拘禁罪的，处 3 年以下有期徒刑、拘役、管制或者剥夺政治权利。具有殴打、侮辱情节的，从重处罚。犯非法拘禁罪致人重伤的，处 3 年以上 10 年以下有期徒刑；致人死亡的，处 10 年以上有期徒刑，国家机关工作人员利用职权犯非法拘禁罪的，从重处罚。

非法拘禁行为，只有达到相当严重的程度，才构成犯罪。因此，应当根据情节轻重、危害大小、动机为私为公、拘禁时间长短等因素，综合分析，来确定非法拘禁行为的性质。《治安管理处罚法》第四十三条规定："殴打他人的，或者故意伤害他人身体的，处五日以上十日以下拘留，并处二百元以上五百元以下罚款；情节较轻的，处五日以下拘留或者五百元以下罚款。"

该校长属于国家公职人员，体罚学生，限制公民人身自由，其行为已触犯刑法，但犯罪情节较轻，事后认罪态度尚好，可以决定给予免予刑事处分，但必须给予行政记大过处分，并通报批评。

【法条链接】

《刑法》第二百三十八条规定："非法拘禁他人或者以其他方法非法剥夺他人人身自由的，处以三年以下有期徒刑、拘役、管制或者剥夺政治权利。"

《宪法》第三十七条规定："中华人民共和国公民的人身自由不受

侵犯。任何公民,非经人民检察院批准或者决定或者人民法院决定,并由公安机关执行,不受逮捕。禁止非法拘禁和以其他方法非法剥夺或者限制公民的人身自由,禁止非法搜查公民的身体。"

《治安管理处罚法》第四十三条规定:"殴打他人的,或者故意伤害他人身体的,处五日以上十日以下拘留,并处二百元以上五百元以下罚款;情节较轻的,处五日以下拘留或者五百元以下罚款。"

二、教育法律法规的基本知识

专题1 教育法规的渊源

教育法规并不仅仅指的是我国颁布的《教育法》《义务教育法》等直接规范教育教学活动的相关法律,还包括《宪法》《行政处罚法》等诸多法律规范。所谓"法"是指学校管理的法律渊源。有广义和狭义两种理解,广义的"法"不仅包括专门的教育法律、法规和规章,如《教育法》《教师法》《义务教育法》等,还应当包括:其一,宪法中与学校教育相关的内容,如公民有受教育的权利;其二,其他与学校教育相关的法律、法规和规章及规范性文件,如《未成年人保护法》《预防未成年人犯罪法》《道路交通安全法》《残疾人保障法》等;其三,涉及有关民法、刑法、行政法等多种法律法规,如校园伤害事故、学校乱收费行为等可能涉及民法、刑法及行政法。狭义上的"法",主要是指有关学校教育方面的法律、法规和规章。依据宪法,我国教育法规的具体表现形式主要包括以下八种:

1. 宪法

宪法是国家的根本大法,它是由最高国家权力机关全国人民代表大会按照最严格的立法程序制定的,它具有最高的法律地位和法律效力,是制定其他一切法的法源、也是教育法律制定和实施的基本依据和根本保障。宪法的制定机关是最高国家权力机关——全国人民代表大会。宪法作为教育法的法源,有关教育的主要内容有:(1)基本原则;(2)根本制度;(3)教育教学活动的基本规范;(4)基本权利;(5)特殊群体的教育保护;(6)教育与宗教相分离;(7)教育事业的发展建设,等等。

2. 法律

法律有广义和狭义之分,广义的法律与法同义,是指各种法律规范的总和。狭义的法律,是指由最高国家权力机关及其常设机关,即全国人民代表大会和全国人民代表大会常务委员会,按照立法程序制定的规范性文件。法律的地位和效力仅次于宪法。

法律一般分为基本法律和基本法律以外的法律两种。基本法律由全国人民代表大会制定和发布,它规定和调整的是某一方面社会关系的根本性、普遍性的问题,如《教育法》《义务教育法》;基本法律以外的法律由全国人民代表大会常务委员会制定,它调整的是某一方面社会关系的内容比较具体的问题,如《学位条例》《教师法》《职业教育法》《民办教育促进法》。此外,《民法通则》《刑法》等也是制定和实施教育法律法规的主要依据。在实际中发生的学校与学生、教师与学生以及学校与教师之间的一些法律纠纷都属于民事纠纷,在法庭上法官判决的主要依据也是《民法通则》《刑法》。例如,家长诉学生上体育课受伤案,小学生在教室地板上滑倒摔伤案等,这些都属于民事法律纠纷的范围,都需要用《民法通则》来调节。

3. 行政法规

全国性行政法规是指国家最高行政机关，即国务院制定和颁布的有关国家行政管理活动的各种规范性文件。全国性行政法规一般采用条例、办法、规则、规章、指示、决定、通知等名称。国务院在教育方面所制定、发布的行政法规决定和命令等规范性文件，对在全国范围内执行宪法中的教育条款和教育法律具有重要意义。

新中国成立以来，国务院先后制定了许多教育行政法规。如《政务院关于改革学制的决定》（1951 年）、《中华人民共和国残疾人教育条例》（1994 年）、《中华人民共和国教师资格条例》（以下简称《教师资格条例》）（1995 年）、《禁止使用童工规定》（2002 年）、《民办教育促进法实施条例》（2004 年）等。

全国性行政法规还包括国务院所属各部、各委员会发布的命令、指示和规章等。这类法规的效力低于国务院的行政法规、决定和命令等，其内容不得与宪法、法律以及国务院的行政法规相抵触。如教育部颁布的《幼儿园工作规程》（1996 年）、《学生伤害事故处理办法》（2002 年）等。

这些法规的内容，涉及教育方针、培养目标、学校教育制度、各级各类学校办学规章，以及教育行政、人事、经费、基建、物资管理等领域。它们是我国各种教育事业开展工作的基本依据。这类法规，不仅数量多，内容广，而且其适用情况亦非常复杂。

4. 地方性法规

地方性法规是指省、自治区、直辖市以及省、自治区的人民政府所在地的市和较大的市（经济特区所在地的市和经国务院批准的较大的市）的人民代表大会及其常务委员会依据法定权限，制定的规范性文件。如《上海市终身教育条例》《重庆市学生申诉办法》等。地方性法规只在本地区有效。

5. 自治条例和单行条例

自治条例和单行条例是指民族自治地方的人民代表大会及其常务委员会依据法定权限制定的适用于本区域的规范性文件。

6. 规章

规章包含两个层面：其一，部门规章。部门规章是指国务院所属各部、委及具有行政管理职能的直属机构，依据法定权限制定的规范性文件。部门规章的效力低于国务院的行政法规，但其涉及的范围更为广泛，是教育法不可缺少的渊源。其二，政府规章指省、自治区、直辖市和较大的市的人民政府，依据法定权限制定的规范性文件。

7. 国际条例

国际条约是指两个或两个以上国家关于相互间权利和义务的各种协议。随着我国改革开放政策的实行，我国同世界各国间的国际交往日益频繁，同其他国家签订的条约或加入已经签订的国际条约日益增多。

我国签订和加入的条约生效后，对于国内的各种国家机关、公职人员和公民也有约束力，具有法律效力。因此，这种条约虽不属于我国国内法的范畴，但就其有约束力这一意义而言，它也是我国法律的一种形式。

在教育方面最重要的国际条约是 1951 年签订的《联合国教科文组织宪章》。联合国教科文组织是联合国的专门机构之一，1946 年 11 月成立。其宗旨是：从教育、科学、文化方面推动各国间的合作，以促进对正义、法制及联合国宪章所确认的全人类不分种族、性别、语言或宗教，均得享有人权与基本自由的普遍尊重，以期对和平与安全做出贡献。到 1980 年 4 月，该组织共有 146 个成员国。中国是联合国教科文组织的创始国之一。1971 年 10 月该组织执行局第八十八届会议通过决议，承认中华人民共和国是中国唯一合法的代表，从 1972 年该组织的第十七届大会起，我国正式参加其活动。此外，我国还签订了其他一些国际性条约，其中比较重要的如《儿童权利公约》《联合国少年司法最低限度标准规则（北京规则）》《确定准许使用儿童工业工作的最低年龄公约》等。

8. 其他规范性文件

在我国还存在着中共中央与国务院联合发布决议的情况。这是对中共中央的决议直接赋予法律性质的一种做法。这种决议也是法的形式。在特殊情况下，党中央制定和颁布的一些条例、决议和决定等，也具有法律性质，也是教育法的一种形式。如中共中央、国务院联合发布的《中国教育改革和发展纲要》《中共中央、国务院关于深化教育改革全面推进素质教育的决定》等，就是这类性质的。从发展来看，这种形式将逐渐减少，并且主要体现为政策性。

对法律起辅助作用的还有各种专业组织的标准，这些组织在学术方面有着重要作用，相当于学术界的法院。有些法律无法干涉的问题，学术专业组织负责处理。因此，学术专业组织的标准也被看作是教师权利和义务的来源，也具有法律效力。不过，其他职权机关的法规和各专业组织的标准对立法机关的法律起辅助作用，只能在立法机关的法律的基础上制定，并随着法律的改变而改变，而不是相反。

各个学校为了完成自己的任务制定的规章制度不是教育法的形式。它们所制定的规章制度必须符合宪法和法律、法规的原则，在不违背宪法、法律、法规的情况下，各个学校的规章制度可以看作是法的补充和具体化。

各个学校的有关人员应遵守这些规章制度，学校可以在自己的权限范围内通过行政制裁手段强制实施。如法律授权的警告、记过、记大过、降级、降职、撤职、留用察看、开除等行政处分手段或扣发奖金等经济处罚手段。

【典型案例】

河北省某村一所小学为了追求升学率，对考试成绩差的学生实行罚款，对更差的学生就会让他们立即离校回家。郭某某经常考试不及格，学校经常对其罚款。有一次，学校进行了数学第三单元测验，郭某某成绩没有及格，学校对其进行了罚款，郭某某因没交上次罚款，被取消考试资格，赶出学校。郭某某不敢回家，后来，有一个同学发现郭某某喝了农药。当郭某某被送到离学校5公里远的县医院时已停止了呼吸。

【法律分析】

该小学忽视国家法律的规定，片面追求升学率，侵犯了郭某某的受教育权，应承担侵权责任。同时，学校随意将学生赶出学校，这本身是一种失职行为，而学生在这段时间出现意外，学校应承担主要的民事责任。法律依据如下：

（1）该校的做法违反了《宪法》的有关规定。

我国《宪法》第四十六条规定："中华人民共和国公民有受教育的权利和义务。国家培养青年、少年、儿童在品德、智力、体质等方面全面发展。"根据这一规定，学校不应该妨碍公民行使这一正当权利，不能拒绝符合条件的学生入学学习。该小学歧视成绩差的学生，令他们"立即离校回家"这种做法，说是归他们办学思想不端正，这既损害了学生、家长的利益，又在社会上造成不良影响。

（2）该小学的做法违反了《义务教育法》的有关规定。

我国《义务教育法》第五条规定："各级人民政府及其有关部门应当履行本法规定的各项职责，保障适龄儿童、少年接受义务教育的权利。适龄儿童、少年的父母或者其他法定监护人应当依法保证其按时入学接受并完成义务教育。"该小学片面追求升学率，对考试成绩差的学生不是设法给予帮助，而是随意将他们赶出学校。这本身就是一种失职行为，侵犯了学生正常接受教育的权利。这是办学思想不端正的表现，也是对学生、对社会严重不负责的行为，同《义务教育法》关于保障适龄儿童、少年接受义务教育的权利的规定也是相悖的。

（3）该小学领导的做法违反了《中华人民共和国义务教育法实施细则》（以下简称《义务教育法实施细则》）的相关规定。

《义务教育法实施细则》第二十二条规定："实施义务教育学校的教育教学工作，应当适应全体学生身心发展的需要。学校和教师不得对学生实施体罚、变相体罚或者其他侮辱人格尊严的行为；对品行有缺陷、学习有困难的儿童、少年应当给予帮助，不得歧视。"根据这一规定，该学校歧视差生，为了片面追求升学率而开除成绩不好的学生的行为，很显然是违反法律规定的。

（4）该学校的做法也违反了《行政处罚法》的有关规定。

《行政处罚法》第三条规定："没有法定依据或者不遵守法定程序的，行政处罚无效。"学校对学生进行罚款无法定依据，因此该种罚款无效。

总之，家长将未成年子女送进学校，学校就在一定时间和空间内负有教育管理职责，学校应该有保护学生人身安全的责任，而这一时间内发生了学生自杀事件，虽然学校将学生赶出学校不是学生致死的直接原因，但是学校在主观上是有过错的，所以学校仍需要承担主要民事责任。

【法条链接】

《宪法》第四十六条规定："中华人民共和国公民有受教育的权利和义务。国家培养青年、少年、儿童在品德、智力、体质等方面全面发展。"

《义务教育法》第五条规定："各级人民政府及其有关部门应当履行本法规定的各项职责，保障适龄儿童、少年接受义务教育的权利。"

《义务教育法实施细则》第二十二条规定："实施义务教育学校的教育教学工作，应当适应全体学生身心发展的需要。学校和教师不得对学生实施体罚、变相体罚或者其他侮辱人格尊严的行为；对品行有缺陷、学习有困难的儿童、少年应当给予帮助，不得歧视。"

《未成年人保护法》第十八条规定："学校应当尊重未成年学生受教育的权利，关心、爱护学生，对品行有缺点、学习有困难的学生，应当耐心教育、帮助，不得歧视，不得违反法律和国家规定开除未成年学生。"

《行政处罚法》第三条规定："没有法定依据或者不遵守法定程序的，行政处罚无效。"

专题 2　教育法律法规的基本原则

总体上来说，为了实现党和国家的要求，中小学领导和教师应以正确的办学思想为指导，切实抓好教育教学工作，提高学生的素质。然而，也有少数学校领导和教师虽然在口头上也会背诵党和国家的教育原则，实际上却不能认真贯彻执行。他们为了片面追求升学率，采取了违背教育规律，同时也违背教育法规的做法。其结果是抓了少数人，耽误一大片。这种办学思想是错误的，应当引起广大学校领导和教师的注意。

教育法的基本原则，是全部教育法所应遵循的基本要求和价值准则，是制定和执行教育法的出发点和归宿。要想贯彻国家的教育方针，坚持法治方向，必须深刻理解教育法的基本原则，并依此审视自己的教育活动是否符合这些原则。具体来说，教育法遵循了以下四个基本原则：

1. 方向性原则

教育法的方向性原则是指教育工作必须坚持社会主义方向。其主要依据是《教育法》第三条中的有关规定："国家坚持以马克思列宁主义、毛泽东思想和建设有中国特色社会主义理论为指导，遵循宪法确定的基本原则，发展社会主义的教育事业。"

2. 公共性原则

教育法的公共性原则是指我国的教育活动必须符合国家和社会公共

利益。教育的公共性原则也可以说是教育的公益性原则。教育法的公共性原则的主要依据是《教育法》第八条中的有关规定："教育活动必须符合国家和社会公共利益。"

教育法的公共性原则具体体现在以下三个方面：（1）不得以营利为目的；（2）与宗教相分离；（3）推广使用汉语和普通话。

在社会主义国家里，唯物主义世界观占据了统治地位，宗教失去了存在的基础。但是，宗教观念的影响远没有消失。尽管我们希望人们尽快摆脱宗教影响，然而却不能采取行政的或法律的强制手段。"我们不能用行政命令去消灭宗教，不能强制人们不信教。"鉴于这一复杂情况，在宗教与教育的关系上，采取了宗教与教育相分离的态度。一方面，教育必须坚持马克思主义，坚持辩证唯物主义，坚决反对宗教，任何人不得利用宗教进行妨碍国家教育制度的活动。另一方面，我国公民有宗教信仰自由。在教育工作中，不能强制学生或教师信仰宗教或者不信仰宗教，不能歧视信仰宗教的学生和教师。也不能歧视不信仰宗教的学生和教师，也就是说，不管信教或者不信教，他们在法律上是完全平等的自由的。

3. 平等性原则

教育法的平等性原则是指人们在教育活动中处于同等地位，享有相同的权利和义务，在违反法律时应当同等地承担责任。《教育法》第九条规定："中华人民共和国公民有受教育的权利和义务。公民不分民族、种族、性别、职业、财产状况、宗教信仰等，依法享有平等的受教育机会。"

教育法的平等性原则具体体现在以下两个方面：其一，受教育机会平等：受教育机会平等原则一般包括受教育起点上的平等、受教育过程上的平等和受教育结果上的平等三个层面。其二，扶持特殊地区和人群：受教育机会平等在实践中的体现并不是绝对的，而是相对的；这种相对性具体表现在扶持弱势群体等方面，如保证女童、流动人口子女、有违法犯罪行为的未成年人享有平等的受教育权等。

近几年，随着城乡流动人口数量的增加，流动人口的子女受教育问题也频繁见诸报端，日益成为社会关注的热点，例如，农民工子女接受教育收取借读费问题；随着人们对子女教育重视程度的提高，在某些发达地区出现的交费择校问题等，这些都是违反教育法的平等性原则的。

4. 终身性原则

教育法的终身性原则是指保障人们在人生的任何阶段都能够接受教育，都有机会接受教育。随着学习性社会的到来，各种教育机构都在为人们的终身学习创造条件，如老年大学、电大、夜大、自学考试、继续教育学院等。有关终身性原则在《教育法》第十一条第一款、第十九条第三款和第四十一条中都有所体现。

专题 3　教育法律法规主体的确定

教育法律关系是由教育法律规范所确认和调整教育社会关系中所形成的人们之间的权利与义务关系。其主要包括以下几个方面：其一，政府与学校的关系；其二，学校与教师的关系；其三，学校与学生的关系；其四，教师与学生的关系；其五，学校与家庭的关系；其六，学校与社会的关系；等等。

教育法律关系由三个要素构成，即教育法律关系主体、教育法律关系客体和教育法律关系内容，如下图所示。

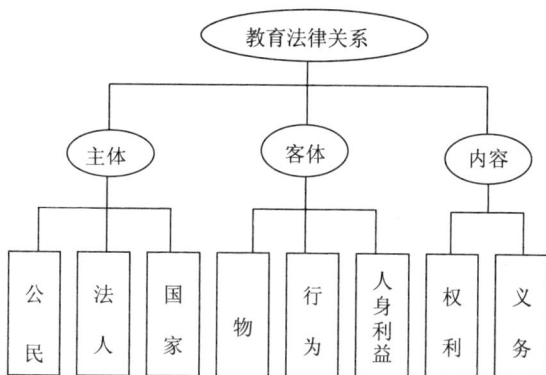

　　教育法律关系主体是指教育法律关系的参加者，即在教育法律关系中享有权利或承担义务的人。注意，法律上所称的人主要包括自然人和法人。其中，自然人包括公民、外国人和无国籍的人。法人是指具有法律人格，能够以自己的名义独立享有权利或承担义务的组织。教育法律关系主体的种类繁多，概括起来主要包括以下三类：公民（自然人）、机构和组织（法人）、国家。

　　要成为教育法律关系的主体需要具备享有权利和承担义务的资格，即要具备权利能力和行为能力。

　　其中，权利能力是指由法律所确认的，能够参加一定的法律关系，依法享有一定的权利或承担一定义务的资格。例如，我国《教育法》规定，中华人民共和国公民享有受教育的权利和义务。这表明凡是中华人民共和国公民，就都具备享有这一权利和承担义务的资格，无论其年龄和身份状况如何。

　　行为能力是指法律所确认的，能够通过自己的行为参加法律关系确认的，行使一定权利和履行一定义务的资格。具有权利能力的人并不一定能够通过自己的行为实现自己的权利和承担一定的义务。其中，主要原因是受到年龄和精神健康状况的制约。例如，《义务教育法》第十一条规定："凡年满 6 周岁的儿童，其父母或者其他法定监护人应当送其入学接受并完成义务教育；条件不具备的地区的儿童，可以推迟到七周岁。适龄儿童、少年因身体状况需要延缓入学或者休学的，其父母或者其他法定监护人应当提出申请，由当地乡镇人民政府或者县级人民政府教育行政部门批准。"这就表明公民只有达到六周岁，才享有接受义务教育的权利。但也有个别公民虽然年龄已达到了6周岁，但是患有精神疾病等，其也不具有接受义务教育的行为能力，因而不能成为接受义务教育的主体。

而一般来说，人们将自然人按行为能力分为三类。第一类为完全行为能力人；第二类为限制行为能力人；第三类为无行为能力人，如下图所示。

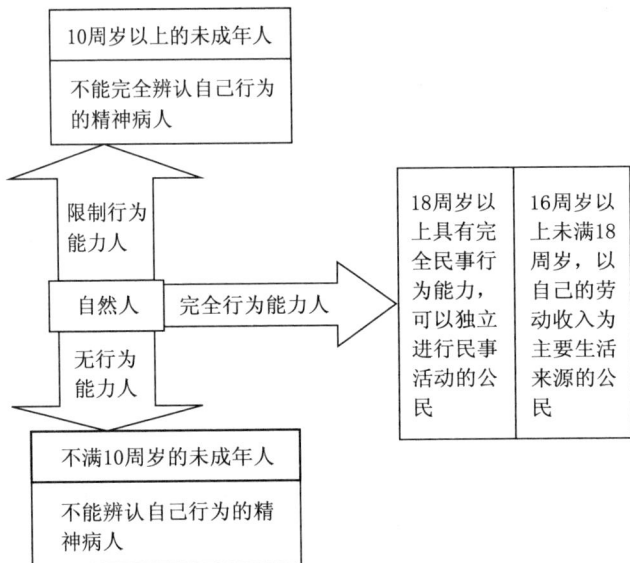

根据我国《民法通则》中的有关规定：

（1）18周岁以上的公民是成年人，具有完全民事行为能力，可以独立进行民事活动，是完全民事行为能力人。因此年满18周岁的自然人没有经济收入的，仍然属于完全民事行为能力人，如在校学习的大学生。这些人如果因为违法行为需要承担责任的，首先由本人承担民事责任；本人没有收入的，由抚养人垫付。16周岁以上未满18周岁的人，以自己的劳动收入为主要生活来源的，视为完全行为能力人。将这些人视为完全民事行为能力人，有利于他们从事生产经营活动，有利于保护他们的合法权益。需要注意的是，只要是已经参加工作的人，都应当视为完全民事行为能力人。另外只要被视为完全民事行为能力人，即使后来失去工作，也仍然属于完全民事行为能力人。

（2）10周岁以上的未成年人是限制民事行为能力人；此外，不能完全辨认自己行为的精神病人也是限制民事行为能力人。限制民事行为能力人具有部分民事行为能力。他们具有一定的智力水平，对事物有一定的识别和判断能力，因此他们可以从事一些民事法律行为。但是由于他们的智力水平和判断能力的影响，因此法律对他们的行为能力给予必要和适当的限制，一些重要的民事法律行为必须由其法定代理人代理或者征得法定代理人的同意。根据法律规定，限制民事行为能力人依法不能独立进行的民事行为，应由其法定代理人代理，或者征得其法定代理人的同意后独立进行。法定代理人由监护人担任。

（3）不满10周岁的未成年人，以及不能辨认自己行为的精神病人是无行为能力人。限制民事行为能力的精神病人与无民事行为能力的精神病人的区别在于：限制民事行为能力的精神病人是"不能完全辨认"自己的行为；而无民事行为能力的精神病人是"不能辨认"自己的行为。无民事行为能力人不能以自己的法律行为取得民事权利和承担民事义务。他们要从事民事活动，必须由其法定代理人代理。无民事行为能力人的法定代理人由监护人担任。

对于涉及民事行为能力的问题，还要注意两个例外：

（1）无民事行为能力人、限制民事行为能力人在接受奖励、赠予、报酬时，他人不得以行为人无民事行为能力、限制民事行为能力为由，主张以上行为无效。这样规定目的在于保护未成年人和精神病患者的利益，避免其在从事民事行为时的利益受损。例如，某8岁小学生，擅长小提琴演奏，暑假期间在某酒吧打工挣钱，暑假结束后酒吧老板以行为人无行为能力为由拒绝支付报酬。此例中老板的理由不能成立。当无民事行为能力人接受报酬时，老板不得以行为人无民事行为为由拒绝支付。

（2）行为人在神志不清的状态下所实施的民事行为，应当认定无效。即使当事人成年且平时精神正常，属于完全民事行为能力人，但在神志不清状态下所为的民事行为仍然无效。这实际上强调行为能力与意思能力是有区别的。

完全行为能力人为自己的行为承担责任，限制行为能力人在认知范围内实施的行为有效或是单纯获利的行为。例如杨某 15 周岁，智力超常，大学三年级学生。杨某因有某项发明，而与刘某达成转让该发明的协议。无行为能力人不承担法律后果，由其法定代理人承担。

【典型案例】

2006 年 9 月 20 日下午，在湖南省永州市第十二中发生了令人发指的一幕。在某班的一堂历史课上，老师李恒毅用钢筋毁打本班的一名学生并将其从四楼扔下，年仅 11 岁的学生当场死亡。被害人父母起诉肇事者，要求其赔偿精神损失并承担法律责任。但经司法鉴定肇事教师李恒毅患有精神病，公安机关将不追究李恒毅的刑事责任，只由学校承担责任，给予赔偿。那么，对这个案例来说，教育法律关系的主体应如何确定呢？

【法律分析】

我们说，教育法律关系主体一般是多元的，在多数情况下，一个案件中所涉及的法律关系主体往往不止一个，而是多个。并且确定这些法律关系主体是一个很复杂的问题。

在本案中，诉讼主体很容易确定，即被害学生的父母（一般为被害人或其监护人），而就如何确定被诉主体，需要一定说明。一般人也许会认为，既然学生的死亡最终是由历史老师造成的，那么，该历史老师理应成为被告参与诉讼，然而，肇事者是精神病患者，且作案时正处于发病期，他不具有刑事责任能力，同时，他还是学校合法聘任的教师。因而，学校应当对教师的职务行为承担民事责任。也就是说应由所在学校作为被告。学校在承担责任之后，可根据教师的过错和经济状况，在学校内部责令其承担部分损失。

通过这个案例，我们可以了解到，弄清法律关系主体对案件的处理是极为关键的。就本案来说，将该历史老师作为被告和将学校作为被告是两个不同的概念。

【法条链接】

《民法通则》第十一条："18周岁以上的公民是成年人，具有完全民事行为能力，可以独立进行民事活动，是完全民事行为能力人。16周岁以上不满18周岁的公民，以自己的劳动收入为主要生活来源的，视为完全民事行为能力人。"

《民法通则》第十二条："10周岁以上的未成年人是限制民事行为能力人，可以进行与他的年龄、智力相适应的民事活动；其他民事活动由他的法定代理人代理，或者征得他的法定代理人的同意。不满10周岁的未成年人是无民事行为能力人，由他的法定代理人代理民事活动。"

《民法通则》第十三条："不能辨认自己行为的精神病人是无民事行为能力人，由他的法定代理人代理民事活动。不能完全辨认自己行为的精神病人是限制民事行为能力人，可以进行与他的精神健康状况相适应的民事活动；其他民事活动由他的法定代理人代理，或者征得他的法定代理人的同意。"

《民法通则》第十四条："无民事行为能力人、限制民事行为能力人的监护人是他的法定代理人。"

《民法通则》第一百三十三条："无民事行为能力人、限制民事行为能力人造成他人损害的，由监护人承担民事责任。监护人尽了监护责任的，可以适当减轻他的民事责任。有财产的无民事行为能力人、限制民事行为能力人造成他人损害的，从本人财产中支付赔偿费用。不足部分，由监护人适当赔偿，但单位担任监护人的除外。"

专题4 教育法律法规的归责

教育法在实施过程中，遇到了很多问题，其中的一个很重要的问题就是违反教育法的案件时有发生。这就涉及对违法者的处理问题，也即违法者的法律责任问题。法律责任专指行为人违反了有关法律规定而必须承担的法定后果。通过追究法律责任，被违法行为所破坏的法律关系和法律秩序得到重新恢复，从而使法律秩序得到保护，正义与公平得以实现。法律责任有很重要的地位，我们在学习法律责任时，需要分清法律责任的类型，以便找到相应的法律责任承担方式。

1. 法律责任的类别

法律责任的类型是指承担法律责任方式的类别。法律责任以不同的角度或按不同的分类标准，有多种不同的划分方式，其中最为常见的分类是按违法的性质和危害程度的不同划分。依此标准，法律责任可分为：民事法律责任、行政法律责任、刑事法律责任和违宪法律责任。

（1）民事法律责任。民事法律责任是指违反了民事法律规范而应当依法承担的民事法律后果。根据《民法通则》规定，承担民事法律责任的主要方式有15种：①停止侵害；②排除妨碍；③消除危险；④返还财产；⑤恢复原状；⑥修理、重做、更换；⑦赔偿损失；⑧支付违约金；⑨消除影响、恢复名誉；⑩赔礼道歉；⑪训诫；⑫责令具结悔过；⑬收缴进行非法活动的财物和非法所得；⑭罚款；⑮拘留。

（2）行政法律责任。行政法律责任是指违反了行政法律规范而应当依法承担的行政法律后果。现行的教育法中规定政府及其教育行政部门调整教育活动中的行政关系，具有行政法的属性，违反教育法律、法规的行为本身带有行政违法性。根据《教育法》《义务教育法》等法律法规的规定，行政法律责任的承担方式主要有：通报批评、撤销违法决定、撤销违法的抽象行为、行政赔偿等。

（3）刑事法律责任。刑事法律责任是指违反了刑事法律规范而应当依法承担的刑事法律后果。我国刑法规定的刑罚分为主刑和附加刑两类。主刑包括管制、拘役、有期徒刑、无期徒刑和死刑 5 种；附加刑包括罚金、剥夺政治权利、没收财产三种。在人民法院审理案件时，对犯罪人依违反教育法律、法规的不同行为和情节，给予刑事制裁。

（4）违宪法律责任。违宪法律责任是指因违反宪法而应当依法承担的法律后果。

2. 法律责任的归责

一般来说，追究法律责任需要将法律责任进行归结，这种归结是一个复杂的责任判断过程，这个过程依靠的就是归责原则。在判断、确认、追究以及免除法律责任时必须依照一定的标准和规则，这就是归责原则。

根据各国立法的现实状况，一般采取的归责原则有过错责任原则、严格责任原则和公平责任原则。

（1）过错责任原则。过错责任原则，是指主体由于过错侵害了他人权利而应承担的法律责任。在过错责任原则中，行为人是否有过错是最核心的问题。

（2）严格责任原则。严格责任原则，也称为"无过错责任"原则，是指因行为或与行为相关的事件对他人的权利造成损害而承担的法律责任。这种归责原则认为只要行为人的行为造成了危害的结果，行为人就要承担法律责任。例如，高压电线被风刮断，而电死了行人，电业局也要承担责任，这就是无过错责任。

（3）公平责任原则。公平责任原则，是指当事人双方在对造成损害均无过错的情况下，由法院（法官）根据公平概念，结合当事人财产状况及其他条件，确定一方对另一方的损失给予适当补偿的法律责任。

具体来讲，确认和承担法律责任时，通常还应遵循下列几项重要原则：

（1）责任法定原则，即法律责任必须在法律上有明确具体的规定，任何人都不得向他人实施和追究法律明文规定以外的责任。

（2）责任自负原则，即只有实施了违法行为的人才独立承担相应的法律责任；在追究当事人法律责任时不允许株连。

（3）违法行为与法律责任相适应原则。

（4）责任平等原则，任何违法行为都必须受到追究，任何人都没有逃避法律责任的特权。

（5）惩罚与教育相结合原则。对违法的惩罚只是手段，目的是教育违法者和其他公民避免重蹈覆辙，增强守法的自觉性。

3. 法律责任的构成条件

我们在确定归责原则后，还要分析这种法律责任是由哪些条件构成的，引起法律责任的条件就是所谓的要件。法律责任的构成要件就是指构成法律责任所必备的客观要件和主观要件的总和。法律责任的构成要件包括主体、行为、心理状态、损害事实和因果关系五个方面。这五方面的内容如下：

（1）主体。法律责任构成要件中的主体是指具有法定责任能力的自然人、法人或其他社会组织。有时，法律责任中的主体不仅限于一个。在下面的化学实验室中毒案中，学校是以法人的身份作为主体，化学教师及实验员是以自然人的身份作为主体。学生也是法律关系中的主体，但是，大家需要注意，未成年学生不能作为承担法律责任的主体，这一点要与法律关系主体相区别。

（2）违法行为。引起法律责任的行为是违法行为，或者侵害了法定权利，或者不履行法定义务。有的案件，既有侵害法定权利的行为，也有不履行义务的行为。化学实验室中毒案中法律责任的行为既有违法行为，即学校没有在实验室安装通风设备；也有不履行义务行为，即化学教师和实验员没有向学校提出意见，也没有履行其应有的责任。

（3）心理状态。构成法律责任要件的心理状态，是指行为主体的主观故意和主观过失，通称主观过错。化学实验室中毒案主要由于学校、教师及实验员对教学设施的疏忽导致的，因此存在主观过失。

（4）损害事实。所谓损害事实，指行为人的违法行为对受害方构成客观存在的确定的损害后果。化学实验室中毒案的损害后果是，15名学生在实验室中度中毒，多数学生和化学教师轻微中毒。

（5）因果关系。因果关系是指违法行为与损害事实二者之间存有必然的联系。化学实验室中毒案中，正是由于学校、教师及实验员行为导致了损害事实，二者存在着直接的因果关系。

总之，我们认为中小学校的实验室是办学的基本条件之一，是保证实施教学大纲，培养学生具有初步的科学实验能力、生产实验技能和开展科技活动的场所。实验室工作是教学工作的重要组成部分，是检验学校工作的一项重要指标。正因为实验室在教学过程中具有重要作用，所以，国家很重视实验室的建设工作。随着教育事业的发展，不少中学有了自己的实验室。为了发挥实验室的作用，在实验中，做到既有利于教学，又有利于师生的健康，实验室应该建立健全实验教学管理制度、安全防卫制度等。但是从目前来看，有些学校只注重实验教学，而忽略了安全防卫工作，致使师生中毒等恶性实验事故时有发生，给国家和他人带来了损失和不幸，造成了很坏的影响。为了减少和避免这种情况的发生，我们应该从根本上把实验室的安全问题重视起来。作为学校领导应按照有关规定，做好安全管理工作，给学生创造一个良好的学习环境。

【典型案例】

山东省某县某中学是一所普通学校，随着教育事业的不断发展和教学教育工作的需要，本着勤俭办学的方针，他们也和其他学校一样拥有了属于自己的化学实验室。但是，化学实验室设备很简陋，没有安装进行化学实验时所必需的通风设备,室内微小的气候循环也不畅通。这没有引起他们的重视,他们以为这没什么大关系。但是,事情却不像他们所想的那样。

6月的一天,一年级（1）班学生有化学实验课。当他们在该实验室做有毒化学实验时,不长时间即有一名同学有不良反应,感觉不适,但并没有引起大家的注意。继而,又有几名同学有同样的反应,直到最后,共有15名学生中度中毒,多数学生和化学教师轻微中毒,这时,他们才意识到是有害气体中毒了。事情发生后,他们被及时送往医院抢救、治疗,中毒学生和老师全部脱离危险。经过有关人员检查,导致这起化学实验中毒事件发生的原因,是由于室内空气不流通,也没有其他的通风设备,有毒气体不能及时排除到室外,滞留于室内造成的。

【法律分析】

在这起中毒案中,谁承担法律责任?承担什么法律责任?下面我们进行法律上的分析。

我们认为学校应该承担法律责任,根据有以下几点:

（1）中学化学实验室是学校必不可少的教育设施。化学实验室的建设应坚持既有利于实验教学,又有利于学生的身心健康的原则。按照有关规定,良好的通风设备是化学实验室必不可少的基本设施。我国《中小学实验室工作的规定》（1988年国家教委发）第九条规定:"实验室房舍设施的建设与布局,可参照国家GB 99—1986《中小学建筑设计规范》的有关章节,确定包括通风、防毒、排污系统在内的各项设施及设备的指标,房舍设施的建设或改造都要讲究实效。"《中小学建筑设计规范》（GB 99—1986）规定,化学实验室应设置给排水、通风管道等,以有利于排除有害气体。我国《学校卫生工作条例》第六条第一款规定:"学校教学建筑、环境噪声、室内微小气候、采光、照明等环境质量以及黑板、课桌椅的设置应当符合国家有关标准。"《未成年人保护法》第二十二条规定:"学校、幼儿园、托儿所应当建立安全制度，加强对未成年人的安全教育，采取措施保障未成年人的人身安全。学校、幼儿园、托儿所不得在危及未成年人人身安全、健康的校舍和其他设施、场所中进行教育教学活动。"

本案中，该中学的化学实验室没有安装必备的通风管道，室内微小气候不畅通，致使有毒气体不能及时排除，违反了《中小学实验室工作的规定》，违反了《中小学建筑设计规范》和《学校卫生工作条例》的有关规定。在这样的实验室进行有毒气体的实验，学校应该预见到可能会发生中毒事件，但是学校由于疏忽大意，没有预见到，让学生在有害于身体的教学设施中活动，违反了《未成年人保护法》。因此，在本案中，学校和有关老师应当承担法律责任。

（2）学生在本案中是没有责任的。本案中的学生都是未成年人。按照法律规定，学校对未成年学生有部分委托代理监护的职责，应该保护学生的身心健康发展。学生应该遵守纪律，听从学校和教师的安排。学校和教师安排学生上实验课，学生是不能不去的。至于进行的实验是否产生有毒气体，实验室的排气设备是否完善，时间长了会不会中毒，中毒以后会产生什么症状，回答这些问题并不是学生的职责。一般来说，学生也不具备判断这些情况的知识和能力。对这些问题做出解答的，应该是学校和教师。在本案中，学生并没有擅自违反规定进行操作的现象。一切都是在学生服从学校和老师安排的情况下发生的。因此，学生不承担任何责任。

（3）在本案中，应当承担责任的主要是学校，其次是化学老师和实验室工作人员。学校应该提供安全的教学设施，但是，学校没有做到。为了节省，学校新建的实验室不符合国家制定的标准。这是发生事故的最根本原因，所以应该由学校承担主要责任。在本案中，化学老师和实验室人员，应该知道所做的实验会产生有害气体，同时，他们也应该明白，这项实验需要通风，但是，他们既没有提醒大家注意，也没有采取措施，所以他们也应承担一定的责任。实际上，作为化学教师和实验室人员，他们应该早就向学校提出意见，可是他们没有提出意见，这可能有两个原因，一是他们不负责任，二是他们根本不懂，不具备这方面的知识。如果是第一种情况，就应该加重对他们的处分。如果是第二种情况，说明他们是业务不合格的老师。在本案中，还可能存在一种情况是建筑实验室的施工单位偷工减料，或者不懂实验室的建筑标准。如果是施工单位偷工减料，应该追究施工单位的责任。

（4）本案中，应承担的责任主要包括以下方面：

①依据我国《学校卫生工作条例》第三十三条规定，对学校教学建筑、环境噪声、室内微小气候、采光、照明等环境质量不符合国家有关标准的，"由卫生行政部门对直接责任单位或者个人给予警告并责令限期改进。情节严重的，可以同时建议教育行政部门给予行政处分"。

②《未成年人保护法》第六十条规定："违反本法规定，侵害未成年人的合法权益，其他法律、法规已规定行政处罚的，从其规定；造成人身财产损失或者其他损害的，依法承担民事责任；构成犯罪的，依法追究刑事责任。"我国《民法通则》第一百一十九条规定："侵害公民身体造成伤害的，应当赔偿医疗费、因误工减少的收入、残废者生活补助费等费用；造成死亡的，并应当支付丧葬费、死者生前抚养的人必要的生活费等费用。"

根据上述规定，在本案中，学校应当承担学生和老师的医疗费。此外，对学校负责实验室的主要领导应给予适当的行政处分，并对实验室建筑的情况进行调查，如有受贿和其他营私舞弊行为，应该依据法律加重处分，对化学老师和实验室人员也应该给予一定的处分。如批评教育、警告等，以加强他的工作责任心。化学实验室应当按照国家标准改建或重建。

在这类案件中，应该引起我们注意的有以下几点：

（1）学校应加强对实验室的领导和管理，确定一名校领导负责实验室工作，并应派相关学科的老师或者实验技术人员主持实验室日常工作。中学每个实验室一般配备一名专职教师或实验技术人员。

（2）学校实验室应该建立健全规章制度，采取措施确保师生人身安全和健康，并应按规定做好"三废"处理工作。

（3）对违反规定，造成师生人身伤亡事故的，应依据情节轻重追究主管部门学校主管校长和当事人的责任（包括适当赔偿责任），严重的要给予行政处分或刑事处罚。

【法条链接】

《民法通则》第一百一十九条规定："侵害公民身体造成伤害的，应当赔偿医疗费、因误工减少的收入、残废者生活补助费等费用；造成死亡的，并应当支付丧葬费、死者生前抚养的人必要的生活费等费用。"

《未成年人保护法》第二十二条规定："学校、幼儿园、托儿所应当建立安全制度，加强对未成年人的安全教育，采取措施保障未成年人的人身安全。学校、幼儿园、托儿所不得在危及未成年人人身安全、健康的校舍和其他设施、场所中进行教育教学活动。学校、幼儿园安排未成年人参加集会、文化娱乐、社会实践等集体活动，应当有利于未成年人的健康成长，防止发生人身安全事故。"

《未成年人保护法》第六十条规定："违反本法规定，侵害未成年人的合法权益，其他法律、法规已规定行政处罚的，从其规定；造成人身财产损失或者其他损害的，依法承担民事责任；构成犯罪的，依法追究刑事责任。"

《中华人民共和国学校卫生工作条例》第六条第一款规定："学校教学建筑、环境噪声、室内微小气候、采光、照明等环境质量以及黑板、课桌椅的设置应当符合国家有关标准。"

《中华人民共和国学校卫生工作条例》第三十三条规定，对学校教学建筑、环境噪声、室内微小气候、采光、照明等环境质量不符合国家有关标准的，"由卫生行政部门对直接责任单位或者个人给予警告并责令限期改进，情节严重的，可以同时建议教育行政部门给予行政处分"。

专题5 教育法规的效力及解释

教育法的效力是指教育法的生效范围，即教育法在什么时间、什么地域、对什么人或组织发生效力。

教育法律首先具有时间效力，时间效力是指教育法何时生效和何时失效以及溯及力问题。

1. 教育法的生效时间

教育法的生效时间一般根据教育法的性质和需要而定，主要有以下两种情况：

（1）从法律颁布之日起立即生效施行。如《教学成果奖励条例》自1994年3月14日发布之日起施行。

（2）法律颁布后并不立即生效，而是在法律中另行规定生效时间。如我国《教育法》于1995年3月18日通过并公布，但直到1995年9月1日才开始生效。

2. 教育法的失效时间

教育法的失效（即终止时间）主要有以下三种情况：

（1）新的教育法颁布后，原有同类教育法自行失效。

（2）在新的教育法中明文规定原有旧法废止。如2002年12月28日第九届全国人民代表大会常务委员会第三十一次会议通过《民办教育促进法》，在附则中明确规定，本法自2003年9月1日起施行。1997年7月31日国务院颁布的《社会力量办学条例》同时废止。

（3）因完成特定的历史任务而自行失效。如1987年6月30日公布的《关于高等学校毕业生统一分配工作调遣费开支的规定》，由于目前高等学校毕业生统一分配的制度已经取消，该规章自然失效。

3. 教育法的溯及力

法的溯及力又称"溯及既往的效力"，是指新法施行后，对其生效以前的事件和行为是否适用的问题。如果适用即有溯及力，反之，就没有溯及力。除法律法规特别规定外，教育法一般无溯及力。我们举个例子来说，在《义务教育法》出台之前，我们不说是义务教育，而是普及教育，普及教育不具有强制性，所以适龄儿童家长不送子女上学，也不能追究其法律责任。但义务教育法出台以后，即使以前没有及时送其子女上学的，也不能再去追究其责任，我们就说义务教育法不具有溯及力。

其次，教育法具有空间效力。空间效力即地域范围的效力，是指教育法在什么地域范围内发生效力。由于教育法的内容和制定的机关不同，地域效力范围也不相同，大致有以下几种情况：

（1）在全国范围内生效。全国人大及人大常委会制定的法律，国务院制定的行政法规和发布的决议、命令等，除本身有特殊规定外，在全国范围内生效。

（2）在局部地区生效。在局部地区生效有两种情况：一是有些教育法虽是由中央国家机关颁布的，但本身明文规定了生效范围，因而只能在其规定的区域内生效；二是各省、自治区、直辖市的地方国家机关所制定的地方性法规、自治条例和单行条例，只在其管辖范围内生效。如我国于2002年颁布的《民办教育促进法》，在全国范围内适用。2006年，内蒙古自治区通过的《内蒙古自治区实施〈中华人民共和国民办教育促进法〉办法》，只对内蒙古地区的民办教育具有法律效力。

此外，还有在域外生效的。即法律条文明确规定具有域外效力，其效力范围可以超出国界。

再次，教育法对人的效力亦有不同。对人的效力是指教育法适用于哪些人，即对什么人发生效力。在我国，教育法对人的效力有以下几种情况：

（1）对我国领域内的中国公民或组织的效力。对我国领域内的中国公民和组织的效力包括两种情况：一是全部有效；二是部分有效。

（2）对我国领域外中国公民和组织的效力。依据国际惯例和我国法律的规定，对我国领域外的中国公民和组织既可以适用我国法律，也可以适用他国法律。

（3）对我国境内的外国公民和组织的效力。对我国境内的外国公民和组织，原则上适合我国法律，但法律有特殊规定的除外。

教育法的解释就是根据教育政策和该项教育法的立法意图，对教育法的具体内容和含义作必要的说明。通过对教育法的解释，首先可以阐明该项立法的目的以及该项立法的过程。这样，可以使人们更深刻理解该项立法，有利于执行和遵守；其次可明确该项立法的具体含义、适用条件。这样便于司法机关和行政机关具体适用和执行，保证教育法的统一性；再次可以讲清该项教育法的具体意义和作用。这样，可以提高广大人民群众法制观点，起到宣传和预防的作用，有利于教育法的遵守。如果没有对教育法的正确解释，人们就不会准确地理解教育法，那么，必然不能正确执行和遵守教育法。

之所以对教育法进行解释，主要有以下几个方面的原因：首先，教育法的篇幅有限，而所要规定的对象是无限的，因此，教育法不可能也不应该对有关的一切事物做出详尽无遗的规定。这就需要对教育法进行解释，以明确该法究竟适用于哪些具体行为；其次，教育法在实施过程中，所面对的时间、空间、事件等具体情况是千差万别的，同时，客观条件又是不断发展变化的。教育法当初制定时的意图也必然应有新的含义。为了在新的形势下，更准确地理解和执行教育法，需要对教育法进行解释；再次，我国的教育法刚刚起步，经验不足，开始必然要粗略一些，以后才能逐步完善，在这个过程中，不能完全依靠查照法律条文，还要较多地依靠有关部门的解释。如果没有对教育法的正确解释，人们就会对教育法的立法意图和教育法条文的具体含义等产生分歧，对违法还是合法、重罪还是轻罪等问题的看法产生分歧，因此，可能在遵守和执行教育法中违背立法目的。为了保证教育法的统一性，保证教育立法目的的实现，就需要对法律加以正确的解释。

法律解释的形式是多种多样的。在我国，根据解释的主体和效力的不同，可分为法定解释和学理解释两大类。

1. 法定解释

法定解释又称有权解释、正式解释，是指由特定的国家机关依照宪法和法律所赋予的职权，对有关法律规定所进行的解释。

《宪法》第六十七条规定："全国人民代表大会常务委员会行使下列职权：（一）解释宪法，监督宪法的实施……（四）解释法律；……"这说明在我国解释宪法和法律的最终权力掌握在全国人民代表大会常务委员会手里。全国人民代表大会常务委员会所做的解释称为立法解释。

但是，由于全国人民代表大会所做的解释只是一般的原则性的，并不具体针对哪个案件，也不具体针对哪个部门或地区的具体情况，因此，司法部门和行政部门在适用或应用法律时，还需要根据具体案件或具体情况进一步解释法律，当然他们的解释不能违反全国人民代表大会常务委员会的解释原则。司法部门对法律的解释称为司法解释，行政部门对法律的解释称为行政解释。因为我国的宪法是统一的，因此他们的解释应当一致，以全国人民代表大会常务委员会的解释为准。立法解释、司法解释和行政解释都属于有权解释。

2. 学理解释

此外，还有学理解释，又称无权解释、非正式解释、法理解释，一般是指社会组织、学者和报刊等对有关法律所进行的法理性的、法制宣传性的解释。学理解释一般来说属于研究性质。

这种解释的特点，就是法律上没有约束力，不能作为实施法律的法律依据。尽管如此，这种解释仍然是十分必要的，它对正确理解法律和实施法律，以及提高广大干部和人民群众的法律意识，增强法制观念，加强社会主义法制，具有不可忽视的作用。

法定解释与学理解释又可称为有权解释和无权解释。有权解释和无权解释之间是互相联系的。首先，立法机关、司法机关、行政机关工作人员都需要学习法学理论，用以指导自己的立法、司法和执法工作，这样无权解释就可能变为有权解释。其次，法学理论工作者通过调查研究，摆事实，讲道理，可以充分使人们认识到现行有权解释是错误的片面的，而有权解释就会被改正或补充，因此，从法学理论上对法律进行探讨是完全必要的。同样，对如何解释教育法进行探讨也是完全必要的。

当然，对法律的宣传解释，必须严格符合法律规定本身，必须采取严肃和负责的态度，有利于法律的正确实施，否则，也会在实践中造成思想上的混乱，对国家的法制工作产生不良影响。

解释法律的方法不同，对法律的理解也就不同，其含义也会因之而变。所以了解解释法律的方法，对正确执行法律也至关重要。解释法律的方法一般来说有两种：严格解释和自由解释。

（1）严格解释：是指法律所规定的项目不仅是授权而且也是对权力的限制。一般来说，对使用教育经费的权力做出规定的法律应作严格解释，也就是说，教育机关只能按照法律所列举的项目使用经费，不能超出，法律没有列举的项目，教育机关无权使用经费。

（2）自由解释：是指对法律的解释应当有利于实现法律的目的，也就是应当考虑立法机关的意图。对规定义务教育年限的法律一般采用自由解释的方法，也就是说地方各级人民政府所规定的义务教育年限可以超出法律规定，但不能低于它。法律规定的是最低标准，按照立法机关的意图来看，并不限制提供更长的义务教育年限。如果法律规定义务教育年限为九年，而地方政府根据自己的实际情况确定为十年，那是允许的。

对法律的解释并不是固定不变的，随着形势的不断变化法律规范本身在不断变化，解释也在不断变化。解释的变化也是为了保持法律的稳定性。世界各国对法律的解释都是随着形势而变化的。美国的宪法二百年来基本上没有改变（陆续增加了二十六条修正案），就是靠法院的解释来维持的。尽管条文的文字形式没有变，但其含义却随着形势的需要，经过法院的解释发生了许多变化。正是通过法院的解释，他们远在二百多年前制定的宪法才适应了他们今天的需要。我们在执行法律时对解释法律也应给予足够的重视。

专题6　教育法律规范与教育法规的关系

法律规范是一种特殊的社会规律，即由法所确定的人们的行为规范。它是统治阶级从自己的利益出发，通过国家制定或认可，并以国家强制力保证其实施的人们的行为规则。法律规范是法的微观结构层次，是构成法的细胞，全部法律规范总和构成法的有机整体。

教育法律规范，是由法所确定的人们从事教育活动的准则和标准，是构成我国教育法的最基本的细胞。教育法律规范具有一般法律规范的特征，即具有规范性、概括性、权威性和预测性。规范性是指它为人们行为提供了一个模式、标准和方向；概括性是指法律规范是一种抽象的、概括的规定，即它的对象是一般的人而不是特定的人，可以反复适用而不是仅适用一次；权威性是指它由国家制定或认可并由国家保障实施，是"国家意志"的表现形式，具有普遍遵守的效力；预测性是指它可以使人们预测到自己或他人的行为是否合法，会产生什么法律后果。

同其他法律规范一样，教育法律规范从其逻辑结构上也包含三个部分，即条件、规则、后果。（也可表述为条件、处理和制裁）所谓条件是指法律规范中指出的适用该规范的条件或情况的部分。说明在什么时间、地点和条件下，该法律规范才能适用。法定条件不一定在所有情况下都明确写出来，有时可能暗含在法律规范中。例如《义务教育法》第十一条规定："凡年满六周岁的儿童，其父母或者其他法定监护人应当送其入学接受并完成义务教育。"这里的"年满六周岁"即是行为条件。规则即法律规范中所规定的行为规则本身的部分。它指明了人们必须做什么、禁止做什么和可以做什么，是法律规范的核心部分。例如，《义务教育法》第十一条规定："父母或者其他监护人应当送其入学并完成义务教育。"这里的"送其入学"即是规则。后果是指法律规范中规定人们在做出符合或违反法律规范的行为时应承担什么法律后果的部分。法律规范的后果，一般有两类：一类是肯定式的后果，另一类是否定式的后果。例如《义务教育法》规定了年满六周岁的儿童必须入学接受义务教育，如果家长没有做到这一点，那么，他可能会承担一定的后果，即受到处罚。

上述三个要素是密切联系，缺一不可的，是任何法律规范都必须具备的。法律规范是以法律条文的形式表现出来的（法律条文即法律规范的文字表述形式），但不能把法律规范同法律条文等同起来。一个法律规范的三个要素可能分散在几条法律条文甚至几个法律文件中；一条法律条文则可能包含着几个法律规范的要素。研究法律规范的结构，对加强教育立法、执法和守法都有重要意义。

教育法律规范同一般的法律规范一样，按不同的标准可以分为不同的类别。对教育法律规范进行分类有助于对教育法的理解，也因此有助于对教育法的遵守和执行。因为尽管法律规范都是由三要素构成的，然而其适用范围、程度和强度毕竟是有区别的，对此进行分类就可以帮助我们搞清这些区别。

1. 按法律本身的性质来分，可分为禁止性规范、义务性规范和授权性规范

（1）禁止性规范。是指规定不得采取某种行为的法律规范。这种规范在法律条文中往往使用"禁止""不得"等字样。例如，《教育

法》第八条第二款规定："任何组织和个人不得利用宗教进行妨碍国家教育制度的活动。"又如，我国《宪法》第三十六条规定，"任何人不得利用宗教进行妨碍国家教育制度的活动"和"中华人民共和国公民在行使自由和权利的时候，不得损害国家的、社会的、集体的利益和其他公民的合法的自由和权利"（第五十一条）等就是禁止性规范。

（2）义务性规范。是指规定必须采取某种行为的法律规范。这种规范在法律条文中往往使用"必须""应当""义务"等字样。例如，《教育法》第二十三条规定："各级人民政府、基层群众性自治组织和企业事业组织应当采取各种措施，开展扫除文盲的教育工作。"又如，我国《宪法》规定："中华人民共和国公民有受教育的义务"（第四十六条）、"中华人民共和国公民必须遵守宪法和法律"（第五十三条）都属于义务性规范。

（3）授权性规范。是指授权公民或国家机关有权采取某种行为的法律规范。公民是否行使法律所授予的权利由自己决定。这种规范既不要求人们做出某种行为，也不禁止人们做出某种行为，而是授权人们可以做出某种行为，或要求他人做出或不做出某种行为。它在法律条文中往往使用"可以""得"等字样。例如，《教育法》第四十六条规定："企业事业组织、社会团体及其他社会组织和个人，可以通过适当形式，支持学校的建设，参与学校管理。"再比如我国《宪法》规定："中华人民共和国公民有受教育的权利……"这项权利在义务教育阶段既是权利也是义务。但是对高等教育来说，个人报考或不报考高等院校只是一项权利。在他符合报考条件时如果他想报考，那么他就有这个权利，任何人不得禁止他行使这一权利。如果他不想报考，那也是允许的，因为高等教育不是义务教育阶段，不能强迫公民接受高等教育。法律授予国家机关的权力（一般不称权利）同授予公民的权利有所不同。国家机关一般指国家行政机关以及审判机关、检察机关，它们是由人民代表大会产生，对它负责，受它监督。从这个意义上来理解，国家机关是人民代表大会的派出机构，它们是为了国家和人民的利益来行使职权的。因此，国家机关对于法律授予的权力不能像个人对待法律授予的权利那样，愿意行使就行使，不愿行使就不行使。法律授予国家机关的权力一般称为职权，既是国家机关的权力，也是国家机关的义务，国家机关必须行使。例如，我国《宪法》规定："国务院行使下列职权：……（七）领导和管理教育……"（第八十九条）。这是一条授权性规范，授予国务院领导和管理教育的权力。我们可以推知，领导和管理教育既是国务院的权力，同时也是它的义务。如果它可以不行使领导和管理教育的权力的话，那么教育事业的状况就可想而知了。在个别情况下，国家机关对所授予的权力可以不行使。例如，我国《宪法》规定："国务院行使下列职权……（十六）决定省、自治区、直辖市的范围内部分地区进入紧急状态……"（第八十九条）。对这项权力国务院可以行使，也可以不行使。因此对授予国家机关权力的法律规范的性质应作具体分析，弄清所授予的权力是可以行使也可以不行使还是必须行使，这对教育行政机关执行教育法有重要意义。

2. 按法律规范的确定性程度可分为确定性规范、外延性规范、委任性规范和准用性规范

（1）确定性规范。也称详尽无遗的规范，指权利、义务规定得具体、明确、肯定，人们必须按规定遵守执行。也就是说，法律条文中所列举的项目就是全部，不能再增添也不能减少。例如，我国《宪法》第三十七条规定："任何公民，非经人民检察院批准或者决定或者由人民法院决定，并由公安机关执行，不受逮捕。"这就是确定性规范，行使逮捕权的只能是公安机关，并且必须得到人民检察院批准或者决定或者人民法院决定，其他组织或个人绝不可以逮捕任何公民，只能扭送公安机关。再如，我国《宪法》第五条规定："任何组织或者个人都不得有超越宪法和法律的特权。"这也是一项确定性规范，这里不能把任何一个组织或者个人排除在外。

（2）外延性规范。也称非详尽无遗的规范，是指法律所列的项目并非全部，执行法律的部门可以在执行中增加与原来所列举的项目极为类似的项目，也就是说可以类推适用。一般来说，关于学生行为的规定是外延性规范。因为任何立法机关和国家行政机关以及学校都不可能预见到有害于学校秩序的学生的所有行为。因为无法在法律规范中把这些行为全部列举出来，无法制定确定性规范，所以需要在法律中有一些外延性规范。再如，我国《宪法》第四十六条规定："国家培养青年、少年、儿童在品德、智力、体质等方面全面发展。"这就是处延性规范。该法律规范所列举的"品德、智力、体质"并不是详尽无遗的全部项目，并不禁止再增添类似项目，该法律规范中的"等"字表明了这一点。正因为如此，所以执行部门在执行时可再增加类似项目。如有的学校提出"德、智、体、美"全面发展，也是符合宪法精神的。

（3）委任性规范。指没有在该规范中直接规定规则的内容，而是规定（授权、委托）某些专门机关可以制定该项规则的内容。例如，我国《宪法》第一百一十九条规定："民族自治地方的自治机关自主地管理本地方的教育事业"，这就是一项委任性规范，因为这里的"自主管理"必须"依照宪法、民族区域自治法和其他法律规定的权限行使自主权"，是"根据本地实际情况贯彻执行国家的法律、政策"（《宪法》第一百一十五条），民族自治地方的自治机关可以按照委任制定有关教育的条例和规定。

（4）准用性规范。是指没有直接规定行为规则的内容或制裁尺度，而准许援引其他有关法律条文、规定来适用的法律规范。例如，我国《宪法》第一百一十五条规定："自治区、自治州、自治县的自治机关行使宪法第三章第五节规定的地方国家机关的职权。"这就是准用性规范，就是准许按宪法第三章第五节来适用，该第三章第五节是关于"地方各级人民代表大会和地方各级人民政府"的规定，民族自治地方的自治机关行使该节所规定的职权。教育法中的制裁部分很多都采用准用性规范。

3. 按法律规范所表现的强制的性质，可以分为强行规范（命令规范）指导规范和任意规范（允许规范）

（1）强行规范。也可以叫强制性规范，是指法律规定的内容必须严格遵照执行，不允许人们以任何方式加以变更和违犯，不允许有误差。例如，我国《刑法》第十七条规定："已满十六周岁的人犯罪，应当负刑事责任。已满十四周岁不满十六周岁的人，犯故意杀人、故意伤害致人重伤或者死亡、强奸、抢劫、贩卖毒品、放火、爆炸、投毒罪的，应当负刑事责任。已满十四周岁不满十八周岁的人犯罪，应当从轻或者减轻处罚。"这里所规定的年龄限制都是强行规范，必须严格遵照执行，差一天也不行。

（2）指导规范。是指法律条文中的内容可以不严格遵守，不是说可以不遵守，而是说在实质上遵守的情况下，允许有一定误差。但误差不能影响行为的结果，亦即不能违反立法目的或政策。例如，入学年龄的规定一般是指导性的。如果法律规定六周岁入学，那么各地方可根据学生来源等情况，在一定范围内降低入学年龄，可以招收五岁半或五岁儿童入学。在特殊情况下也可以提高入学年龄，假如学生家庭离学校太远，而又没有方便的交通工具，学生的入学年龄也可延至六岁半或七岁，以方便学生步行到校。

（3）任意规范。任意规范允许人们在具体的法律关系中有权自行确定本身的权利和义务的内容。法律本身不作硬性规定。例如《合同法》规定："合同当事人的法律地位平等，一方不得将自己的意志强加给另一方。当事人依法享有自愿订立合同的权利，任何单位和个人不得非法干预。当事人应当遵循公平原则确定各方的权利和义务。"这一法律规范表明，合同双方在遵守国家法律、符合国家政策和计划要求的情况下，有权自行确定其本身的权利和义务。现在实行的教师聘任制的规定有许多是任意规范。

三、教育法规与其他教育行为规范

专题1 教育法规与教育政策

教育法规与教育政策是国家管理教育的重要形式，也是国家制定和贯彻教育方针、实现教育目的的两个重要手段。正确认识教育法规和教育政策的内涵，加深对教育法规与教育政策关系的认识，对正确制定教育法规和教育政策具有重要意义。

1. 教育法规的内涵

教育法规作为国家法律体系的重要组成部分，既是一个国家教育规范的重要表现形式，也是一个国家统治阶级教育意志的集中体现。有学者认为，教育法规有广义和狭义之分。从广义上理解，教育法规与教育法律的含义是相通的，都是指以国家政治权力为保障强制执行的教育行为规则的总和。从狭义上理解，教育法律主要是指由国家权力机关（或称立法机关）制定或者认可的关于教育的规范性文件；而教育法规乃是一个泛指概念，既包括国家权力机关制定的教育法律，也包括国家行政机关制定的教育行政法规和规章，还包括地方权力机关和地方行政机关制定的地方教育法规和规章。

本书认为，教育法规是统治阶级根据自己在教育方面的意志，通过一定的国家机关依照法定程序制定的，调整有关法律主体在教育活动中所发生的社会关系的法律规范体系的总和。从本质上看，教育法规是统治阶级在教育方面意志的集中体现；从形式上看，教育法规是具有普遍约束力的行为规范。具体来讲，教育法规的内涵可以概括为以下几个方面：

（1）教育法规由国家立法机关制定。教育法规的制定就是国家的权力机关按照一定的法律程序，以法的形式和手段把国家的教育政策和人民的教育意愿固定下来，使之成为国家的意志。教育法规制定活动的成果是教育法规，它是受国家强制力保证执行的有关教育的行为规则，包括教育的法律、法规、条例、章程、决定、命令等所有规范性文件。教育法规的制定是教育发展到一定程度的必然要求，它必须通过国家立法机关制定才能产生效力。

（2）教育法规的制定要遵照一定程序。教育法规制定的程序是指国家机关在制定、修改或废止法律规范活动中，必须履行的法定步骤和程序。任何法律的制定都必须经过一定的程序，才能立法，才具有法律效力。由于各国或同一国家的立法机关不同，在制定法律规范文件时，其程序各有其特点，一般来讲，可分为法律议案的提出、法律草案的讨论、法律的通过和法律的公布四个步骤。同样，教育法规的制定过程也要遵照法定程序。

（3）教育法规体现统治阶级的教育意志。教育法规是阶级社会上层建筑的重要组成部分。在阶级社会中，人常常因特定的社会关系被分成统治阶级和被统治阶级。每个阶级在教育方面，都有自己的教育需求和教育意志，但并不是各阶级的教育意志都能体现为教育法规。只有在经济上占优势、在阶级斗争中取得胜利，从而获得政治统治地位的那个阶级，才有权力将其教育意志上升为教育法规。奴隶社会中有人提出"有教无类"的主张，即除奴隶之外不分贵贱、贫富、种族和地区都可以入学，这种教育思想不是当时占统治地位阶级的思想，因此，即使少数人可以实现这一点，也并不能成为教育法的规定。

（4）教育法规具有强制性。法律规范是由国家强制力保证实施的，具有普遍约束力。教育法规作为法律规范的组成部分是通过国家权力的力量，即国家强制力保证实施的。而且这种强制力具有普遍性，如果某个组织或者个人违反了教育法规必然要受到法律制裁。教育法规区别于其他工作形式的重要之处就在于它可以对不遵守的人采取制裁，以达到强制推行教育法规的意图。

（5）教育法规是规定教育行为的。教育法规具有法律的一般特点，因此，它也就具有法律的一般作用。概括来说，教育法规规定着教育行为，它的作用是确认、保护和发展有利于统治阶段的教育关系和教育秩序的。具体来说，有以下四个方面：教育法规确认教育的社会主义性质；教育法规保证人民的教育权利和义务；教育法规保障组织和发展社会主义教育事业；教育法规规范人们的行为。

2. 教育政策的内涵

教育政策是一个政党和国家为实现一定历史时期的教育任务而制定的行动准则。作为党和国家基本政策的一个重要组成部分，教育政策是依据党和国家在一定历史时期的基本任务、基本方针，由党和国家制定的，而不是个人制定的，是一定历史时期的产物，是一种行为准则。它决定着政党和国家在教育方面的工作方向和措施，而不仅仅是一种思想。不同的政党和国家，有着不同的教育政策。我国当前的教育政策具有五个方面的内涵：

（1）教育政策是党制定的。教育政策制定是一种特殊的重大决策形式。它是决策者以一定的理论原理和价值观念为指导，为实现所追求的目标，对社会不同阶级、阶层和群体的利益进行分析、综合、选择和确认，加以科学策划，统筹兼顾，适当安排，并使其转化为行为规范的过程。教育政策是党和国家的教育管理行为中最为重要的一项活动，是党的教育工作的出发点，并且贯穿于教育工作的全过程。可以说党的教育政策就是教育工作的生命线，是党领导教育事业的体现。我党教育政策的制定是以马克思列宁主义、毛泽东思想为指导的，通过运用马克思、恩格斯的辩证唯物主义和历史唯物主义对教育问题做了深入研究，从理论上解决了教育思想中的一些长期混乱不清、是非颠倒的问题。随着经济全球化的快速发展，世界政治的多极化以及不同文化概念、意识形态的交错碰撞，人才竞争和教育竞争日趋激烈，党的教育政策的制定将面临新的挑战，也必须适应新的要求。

（2）教育政策具有探索性。教育政策主要是面向新事物，解决新问题制定的，在政策执行的过程中不断充实完善，比较成熟的政策可以制定为法律。我国教育政策从不完善走向完善，经历了曲折往复的过程。对党和国家新的历史时期所制定的教育政策，我们必须及时、认真地学习和落实。

（3）教育政策是行动准则。党的教育政策，作为党和国家的基本政策的重要组成部分，具有政策的一般作用，同时，教育政策作为党和国家管理教育的重要手段，也具有特定的作用。具体来讲，教育政策主要具有导向作用和协调作用。所谓导向作用是指教育政策对人们的行为和事物发展方向具有引导作用。其表现在：第一，为教育事业的发展提出了明确的目标。第二，为实现教育政策目标规定行为规范和行为准则；导向作用的作用形式表现为直接导向和间接导向两种，其特征是趋前性和规范性；协调作用就是指政策对社会发展过程中的各种失衡状态的制约和调节能力。这是由政策的本质属性所决定的，即教育政策是教育利益关系的调节器。教育政策协调作用的主要特征表现为多维性、动态性和适度性。

（4）教育政策主要依靠纪律措施来实现。教育政策是政党根据教育工作的实际需要而制定的，是调节教育工作的行为准则或措施。教育政策在贯彻执行的过程中要依靠纪律措施来实现。对违反政策者，政党的组织会给予党纪政纪处分，以此来保证政策的实施。

（5）教育政策具有指导性。教育政策的指导性是指教育政策在规范人们的行为和事物发展过程中具有指引、引导作用。教育政策指导作用的表现形式有两种，一种是直接指导，另一种是间接指导。所谓直接指导，是指教育政策对其调整的对象具有直接作用。所谓间接指导，是指教育政策对非直接调节对象的影响。例如，提高教师地位和生活待遇的政策，会直接调动广大教师的从教积极性，使其努力做好教书育人工作，也会间接影响人们就业的选择，引导青年学生积极报考师范院校。

3. 教育法规与教育政策的联系与区别

教育法规与教育政策既有相同之处，亦有区别。从二者相同之处来看，教育法规和教育政策是教育活动的两个重要方面，二者在本质上是一致的，都是由处于统治地位的政党或政府为实现其教育意志，有效管理教育活动而制定的教育领域的行动规范和准则。

一方面，教育法规与教育政策都属于社会主义的上层建筑，由特定历史时期的社会经济水平决定。同时，无论是教育政策还是教育法规，都以社会主义现代化建设服务为核心，通过与社会实践相结合，为培养德、智、体、美等方面全面发展的社会主义建设者和接班人提供制度基础。在教育管理的实践中，教育法规与教育政策均发挥着导向、调控、协调、制约、管理和分配等作用。

另一方面，教育法规与教育政策都是广大人民群众共同意志的体现。教育政策和教育法规是针对公共性教育问题而制定的，而不是为个人制定的。只有当社会上大多数人或相当一部分人遇到了共同的教育问题，且这些问题迫切需要解决时，政府才会制定相应的教育政策和教育法规。作为工人阶级领导的社会主义国家，我国的教育政策和教育法规都是以广大人民群众共同意志为基础，为实现广大人民群众的教育需求和保障广大人民群众的教育权利而制定的。除此之外，教育政策和教育法规都是现代国家管理教育的基本依据和重要手段。要深化教育改革，全面推进素质教育，构建充满生机的中国特色社会主义教育体系，为实施科教兴国战略奠定坚实的人才和知识基础，必须通过制定实施教育政策和教育法规的手段。

教育政策与教育法规虽然有相同之处，在本质上具有一致性。但教育政策与教育法规毕竟是两个概念，存在着重大区别。

（1）教育法规与教育政策的制定机关不同。教育法规是由国家机关或国家权力机关制定的，而教育政策既可以由国家机关制定，也可以由政党制定。政党在教育政策制定过程中起着重要作用，尤其是处在执政地位的政党。在我国，从国务院到地方各级人民政府，从中央教育部到地方各级教育行政部门，都可以直接参与教育政策的制定。

（2）教育法规与教育政策的表现形式不同。教育法规的表现形式有宪法中的教育条款、教育法律、教育行政法规、地方性教育法规和教育行政规章等；而教育政策与之不同，它主要体现在党章和代表大会所做的决定，以及党中央发出的指示、决议、纲要、通知、意见中。新中国成立以后，我国相继颁布了《教师法》（1993 年）、《教育法》（1995 年）、《民办教育促进法》（2002 年）等教育法律、法规。制定和实施了《中国教育改革和发展纲要》（1993 年）、《中共中央国务院关于深化教育改革全面推进素质教育的决定》（1999 年）等一系列国家性和地方性教育政策。通过这些教育法规和教育政策的名称，我们就能发现，教育政策比较原则、概括，教育法规则比较明确、具体。

（3）教育法规与教育政策的层次范围不同。与教育法规相比，教育政策的涵盖面极广，可以从不同的角度对教育政策进行分类，如从层次上可将其分为教育基本政策和具体政策；从其发挥的作用可分为鼓励性政策和限制性政策；从其对实施对象所产生的影响可分为直接性政策和间接性政策；从其内容可分为各项部门的政策；等等。

（4）教育法规与教育政策的实施方式不同。教育法规的作用主要表现为国家强制性，对全社会成员都有约束力，必须向全社会公布；而教育政策不具有国家强制性，只对某部分人有约束力，主要起指导性作用，只在一定范围内公布。所以，教育法规的贯彻和实施与其他法律、法规一样，以国家强制力为后盾，要求社会成员必须遵照执行，所有违反教育法规的个人和组织都要受到惩罚和制裁。而教育政策的贯彻主要靠党的纪律和宣传教育，通过人们的表率作用、组织约束、舆论引导等途径来实现。只有制定为教育法规的那部分教育政策，才能依靠强制手段来实现。由于教育法规具有强制性，所以它在贯彻落实一部分教育政策方面起着极为重要的作用。但教育政策也不是一纸空文，它通过一定的宣传途径和行政措施，同样能发挥巨大的作用。在实施教育政策的过程中要依靠宣传教育的手段，启发人们自觉遵循。

（5）教育法规与教育政策的稳定程度不同。应该说教育政策与教育法规都具有稳定性，但由于二者的目的、任务、对象和特点的不同，决定了二者的稳定性不同。教育政策具有指导性、探索性，时间性也很强，因此调整得较频繁，而教育法律是比较成熟和定型的教育政策，制定和修改程序都较严格，因而相对来说比较稳定。

教育法规与教育政策的紧密联系表现在教育法规是根据教育政策制定的，教育政策是教育法规的灵魂，教育政策不仅指导着教育立法的过程，体现在教育法规当中，而且也指导教育法规的运行和实施。也就是说，教育政策是制定教育法规的依据，教育法规是教育政策的具体化，每一项教育法规都是一项政策。教育政策是制定教育法律的依据，很多教育法律条款都是从较为稳定的、对全局有重大影响的，以及在实践中获得了巨大成功的那些教育政策的基础上发展起来的，成为教育政策的具体化和条文化。教育政策决定教育法规的性质，教育法规内容体现党和国家的教育政策；成熟了的教育政策，可通过法定程序转化为教育法规。只有在党的教育政策指导下适用和实施教育法律，才能更好地发挥教育法规为教育政策服务的作用。在教育管理的实践中，有法依法，无法依政策。教育法规一旦确定下来又会对教育政策产生影响和制约，贯彻实施教育政策不能与教育法律法规相抵触。如果两者发生矛盾，应以法律为准绳，依法办事。

4. 在教育实践中要协调好教育法规与教育政策的关系

在实际的教育工作和实践中，我们必须协调好两者之间的关系，正确发挥教育政策与教育法规的作用，要意识到以下几个方面：

首先，教育法规不是万能的。当前教育工作应该注意解决以教育政策代替教育法规的问题。以教育政策代替教育法规的主要表现是政策、法律不分，以人代法、以言代法、以权代法。为了保障人民民主专政，必须加强法制建设。必须使民主制度化，法律化，使这种制度和法律不因领导人的改变而改变，不因领导人的看法和注意力的改变而改变。教育法规不是全方位的和万能的，我们必须在加强法制建设的同时，加强教育政策的制定和实施。

其次，教育政策是非常重要的。我们说教育政策不能代替教育法规，并不是说在没有教育法规规定的情况下，教育政策也不能代替教育法规。实际上，在某些方面的教育法规还不完备的情况下，教育政策也可以起到教育法规的作用。尽管在一定情况下，教育政策可以起教育法规的作用，然而，绝不能把教育政策同教育法规等同起来。同时应尽可能避免以教育政策代替教育法规的现象发生。

最后，依法治教是当前的主要任务。根据我国的现状，当务之急是把社会主义的教育法规尽可能完备起来，在执行中尽量做到有法可依。否则，社会主义法制就会遭到破坏，在教育工作中，这一问题更是迫切需要解决的。

专题 2　教育法规与教育道德

道德和法律是社会行为的两个调节器，道德是人们行为的内生力量，法律则是人们行为的外在约束力量。在教育领域，教育法规与教育道德也相应成为规范教育行为必不可少的两个行为准则。它们既相互区别又相互联系，共同规范和调节教育活动中人们的行为。正确认识两者之间的关系，有利于我们更好地把握教育法规的现实意义。

1. 教育法规与教育道德

教育道德从产生开始便属于人们意识范畴的东西，随着经济和社会的变更，教育道德在人们头脑与观念中也不断变化，但作为一种信念则是时代发展的结果。教育道德的实施不是一个简单的过程，要想使教育道德在人的头脑中形成一种信念，除了个人本身的文化修养素质外，还要依靠思想教育工作的开展。在当今社会中，一提思想教育有些人认为似乎已经过时，这种观点是错误的，只要有人群存在的地方，就要对人进行教育工作，思想教育是必不可少的内容之一。教师是育人教学的从业人员，是知识文化传播者。进行道德教育，自身必须具有高尚的思想，政治立场坚定，是非辨别能力强，所以教师自身的思想教育也是十分必要的。

教师的职业道德是教育道德的核心，也是教育道德的主要表现。教师作为教育活动的组织者和缔造者肩负着教育和培养人才的重大使命，教师职业道德的好坏不仅影响教学质量，还直接关系到国家和社会教育目标的实现与否。所谓教师职业道德，就是教师在教育实践活动中应当遵循的道德原则和规范的总和。它从道义上规定了教师在教育过程中应该以什么样的思想、情感、态度去处理问题，它通过调整教师与教育事业之间、教师与学生以及其他人之间的关系，促进和保证教育教学活动的正常开展、顺利进行。教师职业道德是教师为师的标志之一，又是教育道德的重要组成部分。

新中国成立后，我国曾先后颁布了《中小学教师职业道德规范》《教师法》《教育法》等教育法律、法规，来规范和约束教师的职业道德。但现实中，教师的职业道德状况并不十分乐观。应该说，当前绝大部分教师的职业道德水平是高的，在人才培养中发挥了重要的作用。但是，受市场经济发展带来的功利思想、竞争意识的影响，一些教师的职业道德不同程度地存在着不容忽视的问题。主要表现在：有的教师背离了教师的使命与职责，一切以个人利益为重，不认真备课，不安心教学，没有承担起教书育人的使命，导致教学质量滑坡；有的教师急功近利，在评职称、发表论文、申报课题中弄虚作假，不能安心从事科学研究，使科研不能很好地在教学中发挥作用；有的教师不注重个人形象，不能做到为人师表，在课堂上或与学生的交往中不能很好地把握分寸，口无遮拦，既损坏了个人形象又影响了学校声誉。这些现象虽不普遍，却影响了学校教学工作的正常开展。教师是学生的楷模，是教育的使者，教师对教育道德的忽视，会给学生和社会带来极大的损失。

教育法规与教育道德在某种程度上具有一致性。一个国家同一时期的教育法规与教育道德具有共同的作用方向。教育法规与教育道德都是基于现实经济基础之上的教育意识形态的表现，反映的是特定历史条件下教育活动和教育行为的秩序和规则，具有鲜明的历史性和阶级性。不论是教育法规还是教育道德，都是社会政治、经济发展需要的产物，并受到社会教育思想、观念以及价值观的影响。处于相同历史阶段的教育法规与教育政策对教育和社会所起的作用具有共同性，它们通过明确什么是应该做的或者可以做的，什么是不应该做的或者不可以做的，来对教育关系起调整作用，对教育行为起规范作用，并对一定的利益关系的形成和发展起阻碍或促进作用。

2. 教育法规与教育道德的区别与联系

虽然教育法规与教育道德在教育利益关系的表达和作用方向上相一致，然而，它们毕竟是两个不同的概念，势必具有差异。为了更好地发挥它们的作用，我们有必要弄清它们的区别。

（1）教育法规与教育道德的表现形式不同。教育法规表现在与教育有关的法律、法规、条例、命令等条文中，他们是由一定的国家机关依照一定的程序制定的。而教育道德则存在于教育工作的思想观念之中或形成社会舆论，即使有的教育道德规范已成为教育法规的一部分，相应的教育道德仍然存在于教育道德体系中，并不是说教育道德规范不存在了。一般来说，违反教育法的行为，都是违反教育道德的行为；而违反教育道德的行为不一定都是违反教育法的行为。

（2）教育法规与教育道德所调整的范围不同。法律规范着重要求的是人们外部行为的协调和合法，重视的是人们行为的后果，并不考虑行为的动机和目的。而道德规范着重要求的不是人们的行为，而是行为背后的动机是否善良、高尚等。因此，教育道德所调整的关系比教育法规调整的关系广泛得多，教育法只调整教育领域中比较重要的社会关系，而其他绝大部分关系要由教育道德来调整。例如，教育法规可以规范和调整师生之间的权利义务关系，却不能调整师生之间的友谊关系，师生之间的友谊关系是要依靠教育道德来规范的。

（3）教育法规与教育道德的实现方式不同。教育法规的实现是依靠国家强制力保证实施的，当然也要依靠广大人民群众和教育工作者的自觉遵守和支持，但它具有国家强制性的特点，而教育道德的实现，不是凭借国家强制力，而是依靠社会舆论、内心信念、传统习惯和教育力量来实现的。

（4）教育法规与教育道德的发展前途不同。教育法规存在于阶级社会中，依靠强制力实现。教育道德存在于全部人类社会中，主要依靠自觉纪律实现。

教育法规与教育道德虽然具有各自不同的性质，但也不是互相对立的。在很多时候，教育法规与教育道德是相辅相成，存在着密切联系。具体来讲，主要体现在以下三个方面：

（1）教育法规与教育道德互相交叉，在一定条件下可以相互转化。与一般的行为规范一样，教育行为离不开道德和法律的共同约束。由于道德的作用比法律的作用更为广泛，法定权利可能常常来源于某些道德原则，这使得教育法规与教育道德在调整教育行为和教育关系时，会存在相互交叉和重叠的现象。因此，教育道德和教育法规的规范作用是不分家的。并且，随着社会的发展，教育法规和教育道德能够出现相互的转化。一方面，原本属于教育道德调整的范围开始需要教育法规的参与，原本只能由教育法规规范的部分开始采用教育道德的协调机制加以解决。例如，现代社会以前，"师道尊严"是教育的一项重要道德规范，教师拥有至高无上的教育权力，可随意斥责和教训学生的不良行为。可是，在社会经济不断发展，社会意识不断文明的同时，法律对教师的权力开始加以约束和规范。如果教师体罚、鞭打以及语言侮辱学生等对学生身心造成伤害，那么，教师的行为将会受到法律的裁定和处罚。另一方面，从当前社会条件看，我国正处在社会主义社会发展的初级阶段，国家需要更为完善的教育法规来调整社会教育利益关系。但伴随社会发展阶段的提高和人们道德素质的提升，总有一天，教育法规会随着教育规范对法律手段需求的消失而逐步灭亡。到那时，道德将成为社会成员的共同教育准则，对各种教育关系起协调作用。

（2）教育法规与教育道德互为前提和条件。教育法规是推行教育道德的工具，教育道德是维护和加强教育法规的重要辅助措施。在我国教育法规中贯穿着共产主义的教育道德思想，并使某些教育道德具有教育法规的性质。正确认识和运用教育法规起着传播和维护共产主义教育道德的作用。

（3）教育法规与教育道德在调整教育的法律关系和规范教育行为的过程中，具有互补作用。即单纯的教育法规或单纯的教育道德不能达到规范教育行为和调整教育关系的最佳目标。因为，教育法规虽然可以事后规范人们的不良教育行为，但是，不能从根本上抵制错误行为发生的不良动机；而教育规范又难以对错误行为进行惩处和补救。所以，教育法规与教育道德都是教育活动不可或缺的行为规范和准则，它们相互补充，共同促进教育事业的发展。

教育工作必须遵守教育法规。然而，仅仅做到这一点还是远远不够的，这只是最基本的要求，在教育工作中必须大力提倡教育道德，发挥教育道德的巨大作用。首先，在社会主义的学校教育中，既不能否认教育法规的重要地位，用教育道德来代替教育政策，也不能抹杀教育道德的特殊功能，用教育法规代替教育道德。甚至，在很多情况下，教育道德都是教育法规所无法取代的。教育道德是人们一种有意识的行为规范，是一个人的认识水平和实践价值的具体体现。教育法规用法律条文的形式来约束和规范人们的行为。前者具有自觉性，后者多表现为强制性，对违反教育道德的行为应坚持批评教育。其次，正确认识教师道德对教育道德的重要作用，从提高教师道德入手，来完善教育道德。教师是传播知识和继承发扬文化的载体，教育道德依靠教师来传递给同学和周围受教育的人，要想使受教育者提高认识水平和综合素质能力，教师必须为人师表。只有教师具有高尚的道德情操，学生才能顺利受教，所以教育道德的传播和发扬从教师角度讲必须提高自身的道德水平，以便适应社会形式的需要。再次，教育领域以及全社会都必须提倡高尚的教育道德。虽然我们不能要求每一个教师都按共产主义道德的标准来行为，但是，我们必须大力提倡共产主义道德，让教师向共产主义道德的方向努力发展。

在教育工作中，必须弄清教育法规和教育道德的联系与区别，正确地把二者结合起来使用。对违反教育道德的应进行批评教育，对违反教育法规的则应交给司法机关处理。无论是把教育道德问题看成是教育法规问题，还是把教育法规问题看成是教育道德问题，都会给教育工作造成损失。只有按照各自的特点正确处理，才能既发挥法规的作用，又发挥道德的作用，才能不断提高师生员工的思想觉悟，形成良好的校风，从而有效地维护正常的教育秩序，培养出合格的人才来。

专题3 教育法规与教育纪律

教育纪律是指由学校等教育机构和其他教育相关组织制定的，为了维护正常的教学、教育和管理秩序，要求其内部所有成员共同遵守的行为规则。教育纪律一般包括教育行政纪律和学校纪律，它们是学校教学和教育管理正常运行的基础，也是教育领域不可或缺的行为规范。校规、校纪和教育行政部门内部的规章制度都属于教育纪律，因此，教育纪律可以表现为：学校规章、学生的行为规范、教育行政部门内部的规范等具体的纪律文本。

1. 教育纪律与教育法规

在现实教育实践中，我们要注意区分教育违法与教育违纪行为。教育违法行为是指一切不符合法律要求的，超出法律所允许范围的危害社会的行为。首先，违法是一种危害社会的行为。其次，违法是一种违反法律规定的行为。它有两种形式：一是，行为人以积极的行动实施了我国法律禁止实施的行为，也就是我国法律不允许做的事情，行为人却偏偏去做了。二是，行为人负有实施某种行为的义务，也有能力实施某种行为，但行为人却没有实施这种行为。三是，行为人在主观上有过错。教育违法行为的表现形式与一般违法行为的表现形式相同，都包括民事违法、刑事违法和行政违法。所谓民事违法，是指违反现行的民事法律、法规的行为，违法者要承担民事责任。所谓刑事违法，是指行为人的行为违反了现行的刑事法律、法规的要求，触犯了《刑法》等刑事法律，需要承担刑事责任。所谓行政违法，指违反现行的行政法律、法规应当受到行政处罚的行为。

教育违纪行为是指学校组织和教育相关机构内部成员违反了该组织

和机构的纪律和内部规章制度的行为。以学生为例，所有违反中学生行为规范的要求、违反校规校纪的行为，都是违纪行为。比如违反听课或者自习纪律、违反宿舍纪律、违反考试纪律等，都属于违纪的范畴。对此类违纪行为，我们适用学校的校规和校纪进行处罚，比如因打架、作弊等被处分就属于此类情况。

如何区分教育违法与教育违纪行为？我们以下面的案例作以说明：18岁的李某是某市一名高中生。一天的自习课上，李某不遵守纪律，嘻嘻哈哈，又说又闹，扰乱了自习课秩序。班长上前制止，他不仅不听，反而拿起凳子向班长头部砸去，致使班长受重伤在被送往医院的路上死亡。最后李某被法院判处死刑，剥夺政治权利终身。那么，李某的行为，应该属于教育违法行为呢？还是属于教育违纪行为？从纪律方面看，李某不遵守课堂纪律，自习课上玩闹，影响了其他同学的学习，破坏了学校学习秩序。这种行为应该算作违纪行为，理应受到纪律处分。从法律角度看，李某违反了我国刑法的规定，侵犯了他人的生命权，构成故意杀人罪，这已经构成了刑事违法，是违法行为。最终，李某也受到了刑事处罚。可见违反纪律和违反法律只有一步之遥。这就要求我们每一个人都要时时处处注意自己的修养，遵守纪律，养成好习惯，做遵纪守法的好公民。

面对教育法规与教育纪律的约束，我们应该意识到以下几个方面。

（1）教育法律与教育纪律各有自己的规范领域，不能互相代替。在法学理论领域，法律与纪律的关系脉络是非常清晰的，纪律处分、行政处分与行政处罚的区别也是非常明确和严格的。法律是国家的法律，纪律是组织、团体的纪律。同样，教育法规与教育纪律之间也有着明显的区别：一方面，教育法规与教育纪律的制定机关和惩罚范围不同。教育法规是由国家机关或国家权力机关制定的，以国家强制力为后盾，要求全体公民必须遵照执行。所有违反教育法规的个人和组织都要受到惩罚和制裁。教育纪律是学校等教育组织和机构自行制订的，以规范组织成员的行为为目的，只要求所属人员遵守。因此，教育法规适用于全体社会成员，而教育纪律则只适用于与学校和教育组织有隶属关系的成员。另一方面，从制定程序看，教育法规由国家权力机关颁布，须遵循严格的法律制定和实施过程，而教育纪律制定程序相对简化。同时，教育法规的性质、地位决定了它的内容为原则性与可操作性的结合，教育纪律则具有较强的针对性和操作性。

（2）教育法规与教育纪律相互联系。一方面，教育法规是教育纪律的基础，也是制定学校一般纪律制度的基本依据，而教育纪律是教育法规的补充。另一方面，教育法规与教育纪律具有相同的作用。教育法规和教育纪律一样，都是对违反教育行为规范和教育制度的人和组织进行相应的惩处。再次，违反教育法规的同时可能也违反了教育纪律，但违反教育纪律的行为不一定都是违反教育法规的行为。当一个人具有公民和教育组织成员双重身份的时候，如果其行为已经构成违法，那么首先应对其进行法律处罚，然后再由其所在的教育组织根据学校或教育行政单位的纪律规定对其进行纪律处分，而决不能以教育纪律处分取代教育法律的处罚。

2. 教育纪律与教育法律、法规不得抵触

近十多年来，随着社会经济制度的转型和人们法律意识的提高，因学校纪律惩处不当导致学生状告学校的教育法律案件屡见报端。从"田勇状告母校滥用职权侵犯其受教育权案"开始，学校纪律处分问题成为学校管理和教育法律的一个新热点。学校为达到管理和教育学生的目的，必然要制定一些校规、校纪，但校规校纪的合理与否，却常常被学校淡忘，从而，带来学校校规校纪与国家法律、教育法规相冲突的问题。

现阶段，学校的校规校纪与国家法律、法规相抵触，主要体现在：

（1）学校因管教需要而制定的校规校纪在条文内容上与国家有关法律法规矛盾。如有的校规规定，学生如果出现迟到旷课、随地吐痰、考试作弊等行为，则需向学校交纳一定金额的罚款。然而，1996 年颁布的《行政处罚法》第三条和第十五条都明确规定，罚款是由行政机关在法定职权范围内实施的一种行政处罚。学校既不是行政机关，也没有相关法律、法规授权，无权对学生实施罚款。又如，在关于对学生的规定中，对于偷窃、早恋、打架等行为不良的学生，学校要求其在全校师生大会上检讨，这与《未成年人保护法》有关条款相矛盾。

（2）学校因管教需要而制定的校规校纪在制定原则上与国家对学生的权利保护原则相悖。法律制定的根本原则是对社会个体权利的保障，而学校制定的校规校纪目的在于对学生不当行为的处罚，所以，现阶段，我国各级各类学校的校规校纪绝大部分以禁止性或义务性规范来规定学生不能做什么和必须做什么，即校规校纪遵循的原则是命令性、强制性和处罚性的，缺少民主参与和权利保障的意识。加之一些学校领导和教师法律意识淡薄、政策水平不高，工作方法简单，在执行过程中动辄把校规校纪作为惩治师生员工的依据，使教育中产生的各种矛盾不断激化，少数学校因校规校纪与法律相抵触还引发了重大的纠纷案件。

校规校纪对保证师生员工正常工作和生活、促进素质教育快速发展、提高教学质量和确保学校稳定，加快依法执教、依法施教具有积极作用。但与法律相违背的校规校纪不仅不能维护学校稳定和推进素质教育、提高教学质量，反而对学校工作造成不良后果，对我们的教育事业起着严重的阻碍作用。为了更好地协调教育法规与教育纪律之间的关系，我们应该努力从以下两方面来做工作：第一，我国教育法明确规定，学校制定的规章制度，不得与宪法、法律、法规和国家教育方针相抵触，不得侵害师生人身权利、民主权利和财产权利等。所以，学校在制定校规校纪时，要以国家现有的法律、法规和规章为基础，行使纪律处罚所依据的内部自制文件必须合法。第二，加强对教育行政机关人员以及校长、教师等教育工作者的教育法规培训，从而，提高教育领域成员，依法治教的意识和能力。

专题4　教育法规与教育规律

1. 教育规律的含义

教育规律，就是指教育内部各要素之间以及教育与教育外部各影响因素之间所固有的，在教育活动的发展过程中客观存在的本质联系和必然趋势。教育规律既是揭示教育本质的根本指针，也是教育工作必须遵循的客观法则。与此同时，教育规律面临着两个适应对象，受着两种力量的制约。一方面，它与人的发展有着本质的必然的联系。另一方面，它与社会的发展也有着本质的必然的联系。因此，教育有两个基本规律：一是教育必须适应社会发展并为社会发展服务；二是教育必须适应人的身心发展并为人的身心发展服务。教育活动的这两个基本规律存在于教育与社会和教育与人的本质联系之中，是教育活动的两个最基本的客观依据。

教育规律与教育体系和教育活动密切相关，所以，教育规律不同于一般的社会规律，它具有自身的特点。教育规律具有如下四个方面的特点：首先，教育规律是教育现象所固有的，客观存在的。人不能改变、改造和消灭教育规律，只能认识它，利用它来发展和改进教育。只要教育现象存在，教育规律就会发挥作用。教育活动主体的重要任务，就是认识和揭示教育规律，并按照教育规律去办教育。其次，教育规律受人们的认知水平的影响。基于科学技术发展程度、特定的社会环境等主观差异和客观条件的限制，使得人们对教育规律的认识处于一个不断深化的过程之中。由于人们对教育规律的认识有失偏颇，在教育实践中，总会出现违背教育规律的现象。这既会影响教育者的教育威信，又会使受教育者的身心健康受到不同程度的伤害，更会阻碍教育事业正常有序地发展。例如，大家在应该提倡"应试教育"还是"素质教育"的问题上，就存在很大的争议。一些学校忽视学生素质的全面发展，片面追求升学率，导致部分学生"高分低能"或"智优德劣"，严重摧残了学生的身心健康，不利于学生能力的正常发展。再次，教育规律具有一定的关系性，它离不开教育实践活动。教育规律是教育实践活动中内外各种关系相互作用的产物。换言之，教育规律有自己的物质承担者或载体。没有教育活动中各种内外因素的相互作用，就没有教育规律。因此我们认为，关系性是教育规律的本质。教育规律作为社会规律的一个特殊部类，是通过人的教育实践活动实现的。不仅如此，教育规律本身就是关于人的教育实践活动的规律，教育规律离不开人的教育实践活动，它是限制人的教育实践活动自由的规律，也是保证人的教育活动自由的规律。人对教育规律的认识也是以教育实践为基础的，只有当教育内部和外部矛盾在教育实践活动中充分体现时，人们才能更加深刻地认识教育规律。最后，教育规律受阶级意识的影响。在阶级社会里，对教育规律的认识受阶级意识的制约和影响，教育规律常常被打上阶级的烙印。不同的阶级有着不同的世界观、方法论，因此，对待教育规律的态度就不尽相同。社会主义教育的目标是要通过德育、智育、体育、美育培养全面发展的人，来适应社会发展的需要，这一规律是社会主义的教育规律。

目前，学术界对教育规律类型划分形成了不同的看法，大致有四类划分主张。有学者主张"教育规律非逻辑分类"，有学者主张"教育规律的逻辑分类"，有的学者主张"教育规律的分类学体系"，还有的学者主张"教育规律的立体体系"。本书仅对普遍认可的两种划分作以介绍。

教育规律按层次可分为一般规律和特殊规律。一般规律。教育的一般规律存在于一切教育现象之中，并始终贯穿于教育运行和发展的全部过程。如教育的根本职能在于传递社会生活经验，促进人的社会化。特殊规律。教育的特殊规律是在不同时期、不同领域或不同发展阶段，教育活动所体现出的具有特殊性的规律。例如，对于具体的教育活动规律来讲，德育要求知、情、意、行相结合，智育要求传授知识与发展能力相结合，然而，体育则根据人体生理机能变化规律制定不同的活动内容和负荷量等。教育一般规律与教育特殊规律的关系是：教育的特殊规律往往符合教育的一般规律，教育的一般规律常常通过教育的特殊规律起作用。

教育规律按对象范围可分为内部规律和外部规律。内部规律。教育的内部规律就是指教育本身（或称教育活动各要素之间）的本质的必然的联系。它是教育内部固有体系的基本运行法则，也有理论工作者称教育与儿童身心发展的必然关系为教育的内部规律。外部规律。教育与政治、经济、文化等系统之间存在着必然的相互联系，从整个社会的角度看，它们之间的联系是内部的，但从教育的角度看，这种联系就是教育外部的关系规律。简言之，我们称教育与其他社会现象的必然联系为教育的外部规律，也就是说，教育的外部规律，就是指教育与经济、政治、文化等系统之间的相互关系规律。教育内部规律与教育外部规律的关系是：教育的外部规律制约着教育的内部规律，教育的外部规律必须通过内部规律来实现。

2. **教育法规与教育规律的区别和联系**

教育法规和教育规律作为教育的两个基本范畴，共同制约着教育的发展。但是，教育法规不等同于教育规律，教育规律也不等同于教育法规。虽然教育法规是教育规律的体现，但这种体现是有限的。教育法规与教育规律在本质属性、产生形式、作用方式等方面存在着明显的不同：

（1）它们的本质特点不同。作为法律整体的一部分，教育法规具有法律的一般特征，即规范性、国家意志性和强制性。从形式上来说，教育法规是一种行为规则，它通过义务性规范、禁止性规范和授权性规范为教育活动提供了权威的行为标准，避免人们做出违背教育规律的行为，为教育活动的稳定提供了有力的保证；从来源上看，教育法规是由国家通过法定程序采取制定或认可的方式确定的行为规则，教育法律具有国家意志的属性，是普遍有效的；从法的运行上看，教育法律是以国家强制力保证实施的，具有强制性。作为规律的一个类别，教育规律是一种特定的运行法则。它具有客观性、固定性和稳定性。教育规律是教育本身所固有的，不以人的意识为转移，有什么样的经济基础和社会条件，教育就具有相应的运行轨道和逻辑机制。

（2）两者的产生形式不同。教育规律具有客观性，所以教育规律是不能人为制定和改变的，它的产生不具有人为的因素。我们可以认识和发现教育规律，可以驾驭教育规律，但是我们不能创造和消灭教育规律，更不能制定和更改教育规律。教育法规则与之不同，它是人为设定的，调节教育主体行为的教育规范。教育法规的制定、执行等各环节就是人的主观能动性极大发挥的过程。根据社会发展的要求和不同的历史条件，教育法规可以被不断地制定和修改。

（3）二者对教育的作用方式不同。教育规律是教育活动的潜在规律，对教育发展具有根本的制约作用；教育法规是教育行为的指导规范，对教育的发展具有强制的规范作用。教育法规不等于教育规律，教育法规虽是教育规律的反映，正确的教育法规也确实可以调控教育规律作用的方向、范围、程度和后果，但教育规律是客观的、自由的，教育法规是主观的、不自由的。

遵循教育规律是教育事业发展的基础，而制定相应的教育法规则是发展教育事业的保证。作为教育事业发展的基础和保证，教育法律和教育规律不是彼此孤立和相互敌对的，而是相辅相成，紧密联系在一起的。教育规律是教育法规制定的重要影响因素，也是教育法规制定的客观基础，教育法规则是教育规律的法定化体现。但教育法规并不是被动的依据规律来制定和实施的，它是在教育实践的基础上，针对教育问题和需要将符合教育规律的规范条文化，并以法规的形式固定下来。教育法规虽然是教育规律的法定化体现，但绝不意味着可以用教育法规来替代教育规律。教育法规不能制造教育规律，而应顺应教育规律。如果教育法规的制定和实施符合教育规律的发展逻辑，那么，教育法规将有利于教育内部各要素的正常运行，有利于教育于其他部门关系的协调。从而，有利于促进和推动教育事业的向前发展。反之，如果教育法规的制定不符合教育的客观规律，那么，教育法规不但不能发挥应有的作用，还将危害教育主体的利益关系，并阻碍教育活动的开展，无益于教育事业的前进。

总之，依教育法规执教与依教育规律执教，不存在孰轻孰重的问题，两者都是搞好教育工作不可缺少的。在教育活动中，教育规律与教育法规同时存在，教育既受规律制约，又受法规的向导，教育要富有成效，就必须使二者尽可能的统一。不论是教育教学活动还是教育管理活动等，都应遵循教育规律和教育法规行事。

20世纪80年代以来，形式灵活的社会主义市场经济取代了高度统一的计划经济，成为我国社会经济的基本制度形态。与此同时，市场规律相继成为影响和制约人们社会活动以及行为的新规律，甚至，教育领域也不可回避地受到市场规律的作用。比如，计划经济体制下，教师是由政府统一安排和调度的，在市场经济条件下，国家对教师的管理实现了从"身份制"向"契约制"的转变，学校和教师均要适应市场的需求，根据市场规律来安排教师岗位的数量和自主聘任。除此之外，教育经费的拨发、学校的招生、高校毕业生的就业等与教育发展休戚相关的教育过程都或多或少地受到市场规律的影响和作用。随着市场规律对教育活动影响的与日俱增，教育法规的制定究竟应该符合教育规律还是应该符合市场规律？

教育规律是教育法规应遵循和保证的基本原则，制定教育法规必须遵循教育规律。因为，教育法规的根本任务就是保障教育目的的实现，为国家培养和造就合格的人才。所以，教育立法的根本原则之一就是要遵循教育的客观规律。但是，教育法规的制定也要考虑符合市场规律的作用。虽然市场规律不同于经济规律，它只是经济规律的一种特殊的表现形式。但是，市场经济作为社会现有的经济形态，对教育资源的配置和教育成果的转化等起到了基础性的作用。因此，教育法规的制定也不能完全忽视市场规律。

所以说，教育法规的制定要依照教育规律，但是教育法规的制定也不能脱离一定的经济条件，要以现有的物质条件为基础，遵循和适应市场的需要，考虑市场规律的作用。但是，教育毕竟是教育，它不同于其他类型的社会活动，它有着特定的培养对象，肩负着独特的历史使命。教育应该是公益性的事业，当教育规律与市场规律产生冲突时，教育法规的制定还应遵循教育规律，保障教育活动和教育行为关系的教育性。

第二部分

法规内容普及篇

本部分是教育法规的主要内容部分，共分七个专题：教育行政部门、学校、教师、学生、家长、社会、教育经费与教育设施。教育法调整法律关系主要是依靠明确各教育主体的地位、作用，以及权利和义务等来实现的，而这也构成了教育法的最重要的内容。从现状来看，教育领域涉及的重要教育主体包括各级教育行政部门、学校、教师、学生、家长和社会。本章各节在着重介绍了各教育主体的法律地位，及其权利和义务的分配的同时，也涉及了一些我国具体教育制度。由于教育在现代社会越来越凸显其重要的社会作用和社会意义，教育的公益性质更加彰显，许多国家均通过立法、给予政策等手段积极促进教育的优先发展。教育优先发展的重要支持就是经费保障，所以，很多国家都将教育经费的投入保障写入了本国法律。

一、教育行政部门

专题1 教育行政部门的含义及其管理体系

教育行政是指国家行政部门及其公职人员依法行使管理职权、履行法律职责等活动。教育行政是随着公共教育制度的建立而出现的，其实质就是如何对教育事业进行组织、领导和管理的问题。近几年来，随着教育外部和内部法规的逐步完备以及教育行政的发展，对教育行政的机构部门及其职责有了较明确的分工。教育行政部门只有在其法定权限范围内，依照法定程序进行管理活动，才是有效的行为。任何超越法定权限，违反法定程序的行为不仅是无效的，而且是违法的。

教育行政部门是依照法定程序设立的主管教育事务的国家行政机关，具体名称为教育部、教育厅、教育局或教育委员会等。关于这一概念，需要注意如下几点：

（1）教育行政部门是由国家设置的行政机关，因而不同于社会其他组织、团体和政党。社会其他组织、团体虽然有时经法律或其他行政机构授权可以行使部门国家行政职能，但是，它不是国家专门设立行使国家职权的部门。在我国，中国共产党虽然对国家的政治、经济、文化、教育能够起到决定性的影响，但它也不是国家行政部门。

（2）教育行政部门行使的国家教育行政职权。国家行政机关根据行政职能建立各类部门，各司其职，共同管理行政事务。这使得教育行政部门不同于其他立法机构和司法机构。

（3）教育行政部门是依据宪法、组织法等法律规定而设置的，成立后就具有了独立的法律人格，即教育行政部门能以自己的名义实施教育行政管理职能，做出行政行为，并独立承担因自己的行为而引起的法律后果。教育行政部门内部的各个职能部门不具有独立的法律人格，他们的行政行为不具有法律效力。由教育行政部门委托的机构实施的行为后果，仍需要教育行政部门来承担，而不是受委托的机构。

我国教育行政部门一般分为中央教育行政部门和地方各级教育行政部门。中央教育行政部门，即国务院所属的教育行政部门，称之为中华人民共和国教育部（简称教育部）；各省、自治区和直辖市人民政府设教育厅（局、委员会），各地（市）、县（市、区）人民政府设立教育局（委员会）。

我国的《教育法》第十四条规定："国务院和地方各级人民政府根据分级管理、分工负责的原则，领导和管理教育工作。中等及中等以下教育在国务院领导下，由地方人民政府管理。高等教育由国务院和省、自治区、直辖市人民政府管理。"第十五条规定："国务院教育行政部门主管全国教育工作，统筹规划、协调管理全国的教育事业。县级以上地方各级人民政府教育行政部门主管本行政区域内的教育工作。县级以上各级人民政府其他有关部门在各自的职责范围内，负责有关的教育工作。"

根据我国教育基本法的规定，我国教育行政管理体系的基本原则是：中等及其以下教育在国务院领导下，以地方负责为主，实行分级、分工管理。高等教育以中央与省（自治区、直辖市）两级管理为主。

2006年12月我国第十届全国人民代表大会常务委员会第二十五次会议重新修订了《义务教育法》。新修订的《义务教育法》第七条第一款规定："义务教育实行国务院领导，省、自治区、直辖市人民政府统筹规划实施，县级人民政府为主管理的体制。县级以上人民政府教育行政部门具体负责义务教育实施工作；县级以上人民政府其他有关部门在各自的职责范围内负责义务教育实施工作。"新的《义务教育法》与1986年的《义务教育法》相比，进一步明确了地方人民政府的管理职责，而不再是笼统地提"地方负责，分级管理"了。我们需要从以下几个方面来理解义务教育行政管理体系。

首先，是"国务院领导"。根据我国《宪法》的规定，国务院是最高国家权力机关的执行机关，是国家最高行政机关，国务院依法行使领导和管理教育工作的职责。为了保障义务教育的实施，国务院可根据需要制定保障义务教育实施的行政法规，发布有关决定和命令。编制和执行国民经济规划和国家预算时，应当规定和体现义务教育的发展要求。

其次，是"省、自治区、直辖市人民政府统筹规划实施"。这就要求省级人民政府要全面考虑本省义务教育实施的实际情况，在分析研究的基础上制定本省义务教育实施规划，研究制定"普及九年制义务教育"的步骤、保障条件和措施要求；制定本省义务教育学校的基本办学标准，改善学校办学条件。同时，"统筹规划实施"还包括省级人民政府可根据本款规定制定规范性文件，进一步明确本省市、县、乡（镇）人民政府实施义务教育的职责，确保义务教育的实施。赋予省级人民政府"统筹规划实施"的法定职责，强化了省级人民政府的责任，是此次法律修订的一个重要变化。

再次，以"县级人民政府为主管理"的规定，是农村义务教育管理体制改革成果"以县为主"的经验总结。这里的县级人民政府包括市辖区人民政府。"县级人民政府为主管理"在教育法中主要体现在以下几个方面：一是保障适龄儿童、少年入学和完成九年义务教育的管理职责；二是依法设置学校的职责；三是促进学校均衡发展的义务；四是保障学校安全的职责。

需要注意的是，在《义务教育法》第八条还专门规定了义务教育的督导制度。"人民政府教育督导机构对义务教育工作执行法律法规情况、教育教学质量以及义务教育均衡发展状况等进行督导，督导报告向社会公布。"我国当前实行的教育督导制度的法律依据主要是1995年发布实施的《教育法》，此次《义务教育法》专门规定了义务教育阶段的督导制度，为进一步建立健全教育督导制度、进一步发挥教育督导制度对普及九年制义务教育提供了更为直接的法律依据。《义务教育法》中"人民政府教育督导机构"的规定明确了教育督导机构隶属于政府教育督导机构，依法在本级人民政府的领导下，按照国家关于教育督导工作的规定和本级人民政府关于开展好教育督导工作的要求，依法履行教育督导职责，开展义务教育阶段的教育督导工作。义务教育阶段的督导工作主要包括义务教育阶段执行法律法规情况、教育教学质量和义务教育均衡发展状况三方面的内容。人民政府教育督导机构实施督导，应当提出督导报告，督导报告应当包括督导内容、督导对象的工作情况、有关问题和建议等。督导报告应当通过公告、文告、网络、报刊等适当方式发布，加强社会对义务教育工作的监督和对教育督导工作的监督。

专题2　教育行政部门的法律地位和作用

教育行政部门的法律地位和作用是教育行政部门在国家教育行政管理中权利和义务的综合表现，主要体现为它具有行政主体资格。行政主体是指享有国家行政权力，能以自己的名义从事行政管理活动，并能够独立地承担由此所产生的法律责任的组织。教育行政部门只有具有了法律意义上的主体资格后，才具有可以拥有教育行政行为的权利能力和行为能力，并因此可以依法行使职权，开展教育行政活动，承担法律责任。我们可以从两个方面来看教育行政部门的法律地位和作用：

1. 教育行政部门在协调教育行政外部法律关系中的地位和作用

教育行政部门在教育行政的过程中和教育行政部门与相对人（学校、学生、教师、家长等）构成了各种教育行政关系。在外部行政管理法律关系中，各级教育行政部门都是独立的行政法主体。但是，教育行政外部法律关系还具有如下几个特点：（1）不对等性。在教育行政外部法律关系中，教育行政部门与相对人具有不对等性，即教育行政部门和相对人是管理与被管理的关系，而不是对等的关系。（2）单方意志性。在教育行政外部法律关系中，教育行政主体对相对人的管理体现出教育行政部门单方的意志性，相对人如果不按照有关法律程序进行申诉、复议或者诉讼的话，只能服从。如有一个案例就体现了教育行政部门的单方意志性。河南省光山县的村民高某等在未取得教育行政部门批准，也未取得教师资格证书的情况下，私自开设了四所学校，其教学条件极为简陋，教育质量特别低下。光山县教育行政部门依据教育法、社会力量办学条例等规定，依法下发了行政处罚决定书，撤销其非法举办的学校。高某等在法定期间内既未申请复议、起诉，又未自觉履行法院判决。为此，当地法院根据教育行政部门的申请，对高某等进行强制执行，依法采取张贴公告、查封、扣押、拘留等强制手段，取缔了四所非法学校。（3）教育民事法律关系的平等性。当教育行政部门以民事主体的身份参与民事法律行为时，它平等地和其他民事主体发生法律关系，享有相应的民事权利，同时，也必须履行相应的民事法律义务。

同时，教育行政部门在行使其职能的过程中，必须接受国家、社会和人民群众的监督。教育行政部门附有依法行政、接受监督、依法保护行政相对人合法权益不受侵犯的责任和义务。

2. 教育行政部门在协调教育行政内部法律关系中的地位和作用

在我国，各级教育行政部门依据宪法、行政法、教育法律以及其他有关法律具体组织和管理国家的教育事业。各级教育行政部门在法律、法规、规章的范围内享有不同的职权，并且拥有相对的行政权。主要体现为：①依据法律规定，教育部有权制定部门规章。对于教育部制定的教育规章，地方各级教育行政机关都必须遵守执行。②地方各级教育行政部门都是同级人民政府的组成部门，对同级人民政府负责。同时，地方各级教育行政部门必须执行上级人民政府、上级教育行政部门的决定、命令、指示等。③教育行政部门上下级内部存在执法监督、业务指导关系。

专题3　教育行政部门的职权及其分配

1. 权力概念

法律授予各级教育部门的权力性质并不是完全相同的，因此在行使权力时必须依权力的性质不同而不同。一般来说，权力可分为以下几种：

（1）警察权力。指为了公民的普遍权益，教育机关所拥有的限制个人自由和权利的权力。就像警察为了维持交通秩序有时需要限制个人自由和权利一样，教育机关为了维持教学秩序有时也需要对个人的自由和权利进行限制。比如，我国《宪法》第五十一条规定："中华人民共和国公民在行使自由和权利的时候，不得损害国家的、社会的、集体的利益和其他公民的合法的自由和权利。"这一条款默示着如果公民行使自由和权利，损害了国家的、社会的、集体的利益和其他公民的合法的自由和权利，那么，有关的国家机关可以限制该公民所行使的自由和权利。这一条款对教育法的执行也具有极为重要的意义。再如，我国《宪法》第三十五条规定："中华人民共和国公民有言论的自由。"这是宪法所明确授予的自由。但是行使这一自由时，必须按照宪法规定，不得损害国家的、社会的、集体的利益和其他公民的合法的自由和权利，如果一个公民在教师讲课的课堂上行使言论自由，高谈阔论，那就是损害了国家的、社会的、集体的利益，也损害了其他公民的合法的自由和权利，因为国家的、社会的、集体的利益要求保持良好的课堂秩序，以使其他公民受到良好的教育，而其他公民也有受教育的合法权利和自由，正因为如此，课堂上的言论自由受到一定限制是应该的。这里只是就影响课堂纪律的言论自由而讲的，并不涉及言论自由的其他方面。

教育机关是否合理地行使了警察权力，要看是否符合有关的法律和政策，是否有助于实现立法的目的。例如，要求学生种牛痘是合理地行使了警察权力，而对没完成作业的学生进行罚款就是不合理地行使了警察权力。

（2）行政性权力。指法律中已经确定了明确的标准，有关机构和人员只要按照标准执行就可以的权力。这种标准应该包括"必须做什么""谁必须做""他的权力范围是什么等内容"。例如，如果法律规定入学年龄为六岁，那么在其他方面符合条件时，只要满六岁的儿童就应按规定允许入学。这时候，这项招收学生的权力就是行政性权力。

（3）立法性权力。指法律规定的标准不明确，需要斟酌决定的权力。例如，如果法律规定入学年龄为六岁，而五岁的儿童要求入学，法律对此也没有做出明确规定。那么，是否允许五岁的儿童入学就需要参照有关规定斟酌决定。这时候，这项招收学生的权利就是立法性权力。

一般来说，行政性权力因为标准明确可以由指定的个人行使，而立法性权力则必须由相应的权力机关集体行使，不能交给个人任意决定。行政性权力和立法性权力有时候很难区分，重大问题的立法性权力应由法律明确规定由哪一级权力机关行使。否则，如果不适当地把立法性权力交给个人行使，容易造成权力的滥用和法律标准的混乱。

职权，是指国家机关、企事业单位及其工作人员依法执行公务时所具有的某种权能，也称权力。"职权"与"权力"是两个不同的概念，不能混淆。教育行政机关为了完成法律赋予它的任务，就必须明确自己的权力。教育机关的权力来源于法律，一般来说法律授予的权力有三种方式：明示权力、默示权力、必要权力。①明示权力。即明确授予的权力，指宪法、法律、法规等明确列举出来的权力。例如，我国《宪法》第一百零七条规定："县级以上地方各级人民政府依照法律规定的权限，管理本行政区域内的……教育……等行政工作，发布决定和命令，任免、培训、考核和奖惩行政工作人员。"这里的"管理教育""发布决定和命令""任免、培训、考核和奖惩行政工作人员"都是明示权力。②默示权力。指法律中虽然没有明确列举，但是可以从明示权力中默示出来的权力。例如，我国《宪法》一百零七条明白授予县级以上地方各级人民政府依照法律规定的权限，管理本行政区域内的教育行政工作的权力中，可以默示出它们有"举办各种学校，普及初等义务教育、职业教育和高等教育，并且发展学前教育"的权利。③必要权力。指为完成明示权力和默示权力的目的所必要的权力。例如，县级以上地方各级人民政府有"管理教育"的明示权力，同时有"举办各种学校"的默示权力，而要想举办各种学校必然需要经费，因此为各种学校编制预算、调拨经费就是必要权力，必要权力还包括聘用和解雇教师的权力及招生、考核和处分学生的权力等管理教育所必不可少的权力。

各级教育机关都可以从这三个来源获得权力。不过究竟从明示权力中可以默示出哪些权力，要由有权的机关进行解释，必须以有利于立法目的为准。例如，管理教育的权力不能默示出出卖学校财产的权力。同样，哪些权力是必要权力也要由有权的机关进行解释，歧视出身不好的学生就不是一项必要权力。

2. 教育行政部门权力

教育行政职权是教育行政部门实施国家教育行政活动的权能。各级教育行政部门拥有主管本行政区域内教育的行政职权。行政部门作为国家机关，代表国家行使所辖区域的管理权。具体到教育领域，教育行政部门的权力主要包括以下几点：

（1）教育行政创制权。教育行政创制权，主要指国家教育机构根据宪法和法律的规定，拥有制定和发布规章、制度、办法、决定的权力等。如教育部依据宪法的有关规定，制定《学生伤害事故处理办法》等一系列教育方面的部门规章；地方教育局可以依据地区具体情况制定辖区内的教育规章或者法律、法规的实施办法等。

（2）教育行政决定权。教育行政决定权，主要是指教育行政部门依法对教育行政管理中的具体事务的决定权。教育行政决定权主要体现为教育行政部门在教育事务的管理过程中做好什么工作、怎样去做以及不做将会产生的后果等事项做出决定。教育行政部门在对义务教育管理的过程中，对教育发展的规划、学校制度的建设、教学人员的管理、教育经费的预算等方面也具有决定权。例如《义务教育法》第十一条第二款规定："适龄儿童、少年因身体状况需要延缓入学或者休学的，其父母或者其他法定监护人应当提出申请，由当地乡（镇）人民政府或者县级人民政府教育行政部门批准。"按照该款条文的规定，对于适龄儿童、少年是否可以延缓入学或者休学的，要由乡（镇）人民政府或县级教育行政部门决定、批准。

（3）教育行政执法权。我国教育行政机关是国家权力机关在教育方面的执行机关，代表国家行使在教育方面的权力。教育行政执法就是教育行政机关及其公务员根据法律规定或者上级的决定而实行的具体的执法行为。教育执法行为是教育行政机关为了达到使被管理的相对人或学校达到履行义务的目的所采取的措施。如果教育行政相对人不履行本应承担的教育义务，或不执行教育行政机关发布的命令，就需要教育行政部门进行执法，对其实施相应的处罚。对此，为了做到依法行政、权责统一与责罚一致，我国《教育法》和《义务教育法》均有专门章节规定相关的法律责任。

例如《义务教育法》第五十六条规定："学校违反国家规定收取费

用的，由县级人民政府教育行政部门责令退还所收费用；对直接负责的主管人员和其他直接责任人员依法给予处分。学校以向学生推销或者变相推销商品、服务等方式谋取利益的，由县级人民政府教育行政部门给予通报批评；有违法所得的，没收违法所得；对直接负责的主管人员和其他直接责任人员依法给予处分。"在学校违反《义务教育法》的有关规定时，教育行政部门就要行使教育行政执法权，对相关的责任人予以处罚。

再如，有这样一起案件。某中学教师邹某在学校经常对几位女生进行猥亵，影响恶劣。该区教育局在查明情况后，依据《教师法》第三十七条和《教师资格条例》第十九条的规定，做出了撤销邹某教师资格证书的处罚决定。

（4）教育行政监督权。教育行政监督权，主要是指教育行政部门依照宪法和法律法规对行政相对人进行检查、监督的一种权力。教育行政部门的教育行政监督的目的是检查和督促教育行政相对人守法，从而保证国家法律、法规得以贯彻执行，保证教育行政处理决定得以落实，达到教育行政管理的目的。例如我们各级教育行政部门组织的学校安全检查，就是对学校的安全工作进行监督。再如我国新修订的《义务教育法》第八条规定："人民政府教育督导机构对义务教育工作执行法律法规情况、教育教学质量以及义务教育均衡发展状况等进行督导，督导报告向社会公布。"

教育行政监督权是教育行政部门的重要职权之一，它源于教育行政管理的需要，是权力机关通过法律行使授予教育行政部门的职权，是教育行政决定权、执法权的必要补充。没有教育行政监督权，上面几项基本权利的行使是不完整的。

（5）教育行政奖励权。教育行政奖励权就是教育行政部门依法给予工作成绩突出或有先进事迹的学校或个人以物质奖励和精神奖励。例如我国《教育法》第十三条规定："国家对发展教育事业做出突出贡献的组织和个人，给予奖励。"《义务教育法》第十条规定："对在义务教育实施工作中做出突出贡献的社会组织和个人，各级人民政府及其有关部门按照有关规定给予表彰、奖励。"

我国中央和地方各级人民政府，都设有教育行政部门，专门管理教育事业。主要分以下几级：国家教育部、省教育厅、市教育局、县（区）教委、乡镇文教助理、民族自治地方的自治机关自主地管理本地方的教育事业。各级教育行政部门是人民政府主管教育工作的综合职能部门，遵循在中央的统一领导下，充分发挥地方的主动性和积极性的原则，在同级人民政府领导下负责教育工作的统筹规划、政策指导、组织协调、监督检查、提供服务、具体行使各项教育管理权。

我国的教育行政部门总体上可以划分为国务院教育行政部门和县级以上的地方各级人民政府的教育行政部门。其职权如下：

1. 国务院教育行政部门在国务院的领导下，行使下列职权：

（1）实施国家有关教育的法律、法规，制定教育工作的政策、规章；

（2）制定全国教育事业发展规划，统筹协调各级各类教育事业的发展；

（3）提出财政预算内教育经费预算方案的建议；

（4）制定国家基本学制和各级各类教育基本的国家教育标准；

（5）审定全国通用的普通中小学教科书；

（6）依照国务院规定的权限，审批高等学校的设置；

（7）主管高等学校招生及毕业生就业指导工作；

（8）主管教师工作；

（9）主管对外教育交流与合作工作；

（10）指导、监督地方和国务院有关部门、行业的教育工作；

（11）法律、法规规定以及国务院授予的其他职权。

2. 县级以上的地方各级人民政府的教育行政部门在本级人民政府领导下，依照法律、法规和规章的规定，主管本行政区域内的教育工作。具体来说，县级以上的地方各级人民政府的教育行政部门的职权如下：

（1）执行国家有关教育的政策、法规；

（2）核拨财政预算内教育经费、实行教育收费一费制；

（3）按照管理权限，负责学校及其他教育机构的设置、变更、解散的审批、注册、核准等工作；

（4）按照管理权限，负责对校长的任命、核准等工作；

（5）主管教师、教职员的资格认定、录用、聘任、培训、考核、奖惩、职称、待遇等人事行政工作；

（6）主管各级各类学校及其他教育机构的招生和毕业生就业等工作；

（7）在职权范围内，制定和实施各项教育、教学工作的指导性文件；

（8）指导、监督下级人民政府及教育行政部门的教育工作。

【典型案例】

河南省某市某县第二中学是一所县级重点初中。10月20日，第二初中党支部书记梁某的办公室来了两位客人，他们是梁书记的老战友康某和他的女儿康小楠。原来小楠原为县第二中学学生，后来由于其父母为她找到一份好工作，而在初三上学期辍学，也就因此没有取得初中毕业证书。现在，康小楠的单位要推荐职工去一所中专院校进行培训，要求初中毕业并有毕业证书证明。为了得到培训机会，康小楠的父亲来找老战友梁某商量毕业证书问题。

梁某听后，立即找到了该校校长钮某、副校长李某、张某等。经商量，他们私自发给了康小楠初中毕业证书。事后，康小楠顺利地参加了培训，并长了工资。为了表示感谢，康某为第二中学买了一些教学仪器，而且给了500元钱，美其名曰"手续费"。

从这件事中，第二中学的领导们得到了启示，他们研究决定，给原来在这个学校读过书而中途辍学或由于其他原因没有得到毕业证书的学生补发初中毕业证书，收取手续费，这样，需要待业证，或想进修，或要做童工的许多人都来该校办理毕业证书。该校先后给97人发放初中毕业证书，而其中34人从未在该校学习过，有28人年龄在12岁以下。

【法律分析】

这是一起从事义务教育的学校违法发放毕业证书，从中牟取利益案。应依法追究有关人员的责任。

（1）该校的做法妨碍了《义务教育法》的实施。

我国的《义务教育法》对义务教育的性质和要求做了明确规定。新修订的《义务教育法》第二条规定："国家实行九年制义务教育。"义务教育，是依照法律规定，适龄儿童和少年必须接受的国民教育。实行义务教育，既是国家对人民的义务，也是家长和适龄儿童对国家和社会的义务。国家和社会要提供条件使每个儿童和少年受到法律规定年限的教育，家长也要保证这种为了切实保证义务教育的实施，国家采取强制措施保证义务教育的实施，也就是说义务教育具有强制性。新修订的《义务教育法》第五条规定："适龄儿童、少年的父母或者其他法定监护人应当依法保证其按时入学接受并完成义务教育。"第十一第二款又规定："适龄儿童、少年因身体状况需要延缓入学或者休学的，其父母或者其他法定监护人应当提出申请，由当地乡镇人民政府或者县级人民政府教育行政部门批准。"第十四条又规定："禁止用人单位招用应当接受义务教育的适龄儿童、少年。"

义务教育的强制性是保证适龄儿童、少年接受义务教育必不可少的。从长远来讲，是保证我国公民素质的必要手段。学校具有合格的师资，其教学内容、课程设置、教科书等都是按照国家的标准确定的，学生只有在学校里经过规定的学习过程，达到规定的要求，才能具备我国公民所需要的最低素质，也只有在他们按国家规定学习结束后，达到了国家标准，学校才能按法律要求发给毕业证书。

我国《义务教育法实施细则》第十五条规定："对受完规定义务教育的儿童、少年，由学校发给完成义务教育的证书。完成义务教育证书的格式由省级教育主管部门统一制定。受完当地规定年限义务教育获得的毕业证书，或者结业证书，可视为完成义务教育的证书。"第十六条规定："适龄儿童、少年因学业成绩优异而提前达到与规定年限义务教育相应的初等教育或者初级中等教育毕业程度的，视为完成义务教育。"

从目前来看，我国的许多地区初中毕业证书与义务教育证书是一致的，有些地区小学毕业证书与义务教育证书一致。即使初中毕业证书与义务教育证书不一致，他们的要求也是一致的，即都应该达到所要求的教育毕业程度，不达到毕业程度的，不能发给毕业证书。如果学校不问该生是否经过学习，是否达到标准就出卖毕业证书，这显然是对义务教育的破坏，从根本上动摇了义务教育制度。

发放毕业证书的工作是教学管理工作中的一个重要环节，违反有关规定，就会破坏学校正常的教学秩序。在发给学生毕业证书的时候，根据相关规定，具有以下材料或档案：①学生学籍；②学年评语表和毕业鉴定；③考试成绩登记表；④体质测试表、体育锻炼情况表；⑤健康检查表；⑥毕业生登记表；⑦毕业生家庭情况调查表。上述材料或档案应由该生的班主任和任课教师认真填写，不得伪造，否则，应该参照我国（档案法）的有关规定处理。

（2）该校的做法违反了《教育法》的规定。

《教育法》第八十条规定："违反本法规定，颁发学位证书、学历证书或者其他学业证书的，由教育行政部门宣布证书无效，责令收回或者予以没收；有违法所得的，没收违法所得；情节严重的，取消其颁发证书的资格。"由案情可知，该校的行为已构成违法，有关教育行政部门应采取有效措施，如有必要，应取消其颁发毕业证书的资格。

（3）出卖毕业生证书是违反我国《刑法》有关规定的行为。

我国《刑法》规定下列行为构成扰乱公共秩序罪："伪造、变造、买卖或者盗窃、抢夺、毁灭国家机关的公文、证件、印章的，处三年以下有期徒刑、拘役、管制或者剥夺政治权利；情节严重的，处三年以上十年以下有期徒刑。"（《刑法》第二百八十条）

毕业证书可以认为是事业单位的一种证件，毕业证书可以证明一个人的受教育程度，是一种学历证明，在我们国家这种证明可以形成与之相关的权利与义务关系。它可能影响一个人的升学、就业、职称、工资等方面的权益。学校在发放毕业证书时候，必须依照国家的有关规定。如果申请获得毕业证书的人符合国家的有关规定，而学校有关人员不合理地收取费用，这种情况可称为乱收费。如果学校在办学过程中，招生、考试、录取或者教学环节中不严格要求，降低对学生的要求，这种做法可称为滥发文凭。一般情况下乱收费与滥发文凭是互相联系的。而本案中的作法，已超过了乱收费和滥发文凭的范围。本案中，该县第二初级中学的学校领导把毕业证书卖给根本没有在本校上过学的人员，甚至卖给十二岁以下的小学生，这在性质上已不属于乱收费、滥发文凭，而属于伪造、变造证书的行为，严格说来已属于犯罪行为。不过，在本案中，学校的有关人员并没有为个人牟取私利，在处理上可以从轻。如果，这期间涉及有关人员行贿、受贿，或者涉及有关人员利用伪造的毕业证书进行犯罪活动时，那么，对有关人员应从重处罚。

中小学校的领导对中小学生的辍学问题负有特殊的责任，国家教委颁发的《关于严格控制中小学生流失问题的若干意见》中，指出对中小学学生辍学，不掌握情况，不分析原因，不采取措施解决，也不如实向上级报告的，应视为失职行为。中小学校长、教师及其他有关部门的人员，在各自岗位上因未及时采取措施而造成学生辍学的，也均属失职行为。对有上列失职行为的人员，应进行批评教育，直到给予相应的处分。本案中的有关人员为未满十六周岁的少年儿童出具假毕业证书，实际上是助长了辍学之风，为辍学提供了方便条件。因此，应按照国家有关规定给予行政处分。

《义务教育法实施细则》第十五条规定："对受完规定义务教育的儿童、少年，由学校发给完成义务教育的证书。完成义务教育证书的格式由省级教育主管部门统一制定。受完当地规定年限义务教育获得的毕业证书，或者结业证书，可视为完成义务教育的证书。"

《义务教育法实施细则》第十六条规定："适龄儿童、少年因学业成绩优异而提前达到与规定年限义务教育相应的初等教育或者初级中等教育毕业程度的，视为完成义务教育。"

《教育法》第八十条规定："违反本法规定，颁发学位证书、学历证书或者其他学业证书的，由教育行政部门宣布证书无效，责令收回或者予以没收；有违法所得的，没收违法所得；情节严重的，取消其颁发证书的资格。"

《刑法》第二百八十条规定，下列行为构成扰乱公共秩序罪："伪造、变造、买卖或者盗窃、抢夺、毁灭国家机关的公文、证件、印章的，处三年以下有期徒刑、拘役、管制或者剥夺政治权利；情节严重的，处三年以上十年以下有期徒刑。"

专题4 教育行政部门在义务教育中的职责

义务教育是一个国家最重要的基础性教育事业，实行义务教育是国家的权力也是对人民的义务。我国《义务教育法》第二条明确规定："国家实行九年义务教育制度。义务教育是国家统一实施的所有适龄儿童、少年必须接受的教育，是国家必须予以保障的公益性事业。"在新的《义务教育法》中，着重强调了义务教育的国家责任，即国家要为义务教育的开展提供必要的条件，采取必要的措施，同时，还特别规定了各级教育行政部门在义务教育实施中的职责，并明确了各自的法律责任。

教育行政部门在义务教育中的职责主要涉及八个方面的内容。

1. 保证适龄儿童、少年接受九年制义务教育职责

在保障义务教育阶段学生的受教育权方面，《义务教育法》对教育行政部门提出了以下要求。

（1）教育行政部门要采取有效的措施保障适龄儿童、少年接受义务教育。县级人民政府教育行政部门和乡镇人民政府应当组织和督促适龄儿童、少年入学，帮助解决其接受义务教育的困难，并采取措施防止其辍学。

作为县级人民政府负责教育工作的教育行政部门和基层的乡镇人民政府，其主要任务就是实施义务教育的实施和管理工作，承担着具体统计当地适龄儿童、少年的年龄情况、身体状况等相对详细数据的工作，何时入学、在哪所学校入学，都要制定具体的工作方案并落实到位，不让一位适龄儿童、少年入不了学或中途退学。如果遇到因家庭经济困难或因身体健康原因影响正常上学的，应当按照国家的有关规定，及时、有效地采取措施，给予一定的困难补助、免除书本费，住宿的学生还要给予寄宿补贴。

教育行政部门还要向未按规定入学和辍学的儿童、少年的家长或其他法定监护人宣传国家法律法规，督促其送子女入学或返学。教育行政部门要采取一切措施，防止在校学习的学生因各种原因而中途辍学，这是当地政府必须履行的法定职责和义务。

对于因身体原因延缓入学和休学的，要由其父母或者其他法定监护人提出申请，他们在提出申请时必须附具县级及其以上教育行政部门指定的医疗机构检查的证明。同意延缓入学或者休学的部门既可以是当地乡镇人民政府，也可以是县级教育行政部门。

（2）教育行政部门要保证适龄儿童、少年免试、就近入学。就近

入学符合义务教育适龄儿童的身心特点，有利于学生的健康、安全。同时，保证所有适龄儿童、少年都享有均等的入学机会以及受教育的平等权利，就近入学是实现这一目标的有效途径。

为此，农村义务教育学校的布局要按照小学就近入学、初中相对集中、优化教育资源配置的原则，合理规划和调整学校布局。城镇义务教育的学校，在城市整体规划、居民小区建设时，必须科学合理地统筹考虑学校布局，为当地居民子女就近入学提供选择的机会和条件。比如，有这样一个案例：某民办中学采用考试的方法进行初中招生，当地教育部门接到举报后，立即制止了该校的招生考试，要求该校改用电脑派位的方式进行招生。

（3）教育行政部门要保证进城务工农民子女的义务教育。解决流动儿童、少年的义务教育问题是政府不可推卸的责任，而且是流入地政府的主要责任。为此，新《义务教育法》在第十二条第二款专门规定："父母或者其他法定监护人在非户籍所在地工作或者居住的适龄儿童、少年，在其父母或者其他法定监护人工作或者居住地接受义务教育的，当地人民政府应当为其提供平等接受义务教育的条件。"因此，流入地政府要充分发挥全日制公办中小学的接受主渠道作用，建立进城务工就业农民子女接受义务教育的经费筹措机制。

（4）教育行政部门要保障军人子女接受义务教育。《义务教育法》还特别强调了军人子女接受义务教育的保障问题。在第十二条第三款规定："县级人民政府教育行政部门对本行政区域内的军人子女接受义务教育予以保障。"因此当地县级人民政府作为本区域内具体负责教育管理工作的部门，有义不容辞的责任为随军子女的入学提供与当地适龄儿童、少年平等接受义务教育的条件和机会。

2. 教育行政部门合理设置义务教育学校的职责

《义务教育法》第十五条规定："县级以上地方人民政府根据本行政区域内居住的适龄儿童、少年的数量和分布状况等因素，按照国家有关规定，制定、调整学校设置规划。新建居民区需要设置学校的，应当与居民区的建设同步进行。"

制定、调整学校设置规划的目的，是使义务教育学校在一定行政区域内合理分布，保证每所学校服务区域内的适龄儿童、少年从住所到学校的距离在合理的范围内。对于学校服务半径的具体要求，国家并无明确要求，主要是考虑到不同地区的情况有较大的差异，如城市地区人口密度大，居住集中，服务半径较农村地区就要小。此外还要考虑学校规模、交通环境及学校住宿条件等因素。

另外，政府部门还要根据本地的实际情况设置寄宿制学校，以保障居住分散的适龄儿童、少年接受义务教育。由于目前学校的服务区域是根据行政区域划界的，本条规定政府首要解决所辖行政区域内适龄儿童、少年就近入学的问题。

设置学校要同居民区建设同步，要求在居民区建设时，就要同步考虑学校的选址、规模，做出相应的规划；在居民区建设时，学校建设要同步进行，与居民区同步投入使用。教育行政部门在居民区建设时就要规划学校规模，做好开设学校的师资、设备设施的准备，保证学校校舍场地完工后，能尽快投入使用。

3. 教育行政部门保证义务教育学校安全的职责

（1）学校建设安全问题。在《义务教育法》第十六条中规定："学校建设，应当符合国家规定的办学标准，适应教育教学需要；应当符合国家规定的选址要求和建设标准，确保学生和教职工安全。"《义务教育法》提出了"国家规定的办学标准"的概念，意味着授权国务院有关部门制定全国义务教育学校的办学标准。考虑到全国各地的经济、文化和教育发展差距很大，因此适用于全国的标准，将是一个能够满足教育教学需要的基本标准。地方政府可以在国家标准之上制定本地的办学标准。有了这样一个标准，全国义务教育学校的办学条件将有一个基本的底线和保障。此项规定也是促进义务教育均衡发展的一项根本措施。

（2）学校建设的选址首先要考虑安全因素。根据国家的有关规定，学校的选址不应设在靠近污染源、地震断裂带、山丘滑坡段、悬崖旁、泥石流地区及水坝泄洪区、低洼地等不安全地带；学校还应避开公共娱乐场所、集贸市场、医院传染病房、太平间、气源调压站、高压变配电所、垃圾楼及公安看守所等场所。此外，还要注意远离高压线缆、易燃易爆等场所，市政管线和市政道路等不应穿过校园；学生上下学路线不应跨越无立交设施的铁路干线、高速公路及车流量大的城市主干道等因素。同时学校在建设过程中要充分考虑安全的因素，以确保师生安全为基本原则。确保安全，不仅要求校舍的建筑质量要合格，而且要求校舍在设计时就要考虑安全的需要，比如学校教学楼的楼梯就不能过窄、过陡。从法律责任的角度看，如果由于学校设计、建设的过程中不执行国家的标准，导致校舍、设施存在安全隐患，不能确保师生安全，一旦发生安全事故，相关的责任人就要承担相应的责任。比如：黑龙江省宁安市沙兰镇中心小学因为选址不当，在 2005 年 6 月 10 日的洪水当中，就造成了 105 名学生死亡。

（3）教育行政部门还要协调其他政府部门做好学校安全工作，督促义务教育学校做好学校安全工作。具体来讲，教育行政部门应当全面掌握学校安全的工作情况，制定学校安全工作的考核标准，加强对学校安全工作的检查指导、督促评估，督促学校建立健全并落实安全管理制度，组织学校安全工作的专项督导；要建立安全工作责任制和事故责任追究制，及时消除安全隐患，指导学校妥善处理学生伤害事故；要及时了解学校安全教育情况，组织学校有针对性地对学生进行安全教育；要制定教育行政部门的校园安全应急预案，指导监督下属学校制定学校的校园安全应急预案；同时也要协调公安、卫生、建设等部门共同做好学校安全工作。

根据《义务教育法》第九条规定的政府问责原则，如果人民政府及其有关部门未按照有关规定依法履行为学校提供安全保障的法定职责，酿成学校重大安全事故，有关政府的负责人、有关部门的负责人要依法引咎辞职或承担其他法律责任。在黑龙江省宁安市沙兰镇中心小学山洪淹死学生事件中，包括宁安市委书记在内的 10 名责任人分别受到了党纪政纪处分或被追究刑事责任。

4. 教育行政部门保证义务教育学校的均衡发展的职责

由于各地经济社会发展不平衡，城乡二元结构矛盾突出，我国城乡之间、地区之间、学校之间义务教育的发展水平很不均衡，公民受义务教育权利的实现程度还很难达到平衡，这也是"择校热"的重要因素，对义务教育公平性的影响就更为直接。为了解决义务教育资源配置不合理的问题，《义务教育法》主要规定了以下措施：

（1）在教育资源的管理和监督方面，《义务教育法》第二十二条规定："县级以上人民政府及其教育行政部门应当促进学校均衡发展，缩小学校之间办学条件的差距，不得将学校分为重点学校和非重点学校。"

教育行政部门要健全对义务教育学校办学基本条件的要求，在投入上向尚未达到办学标准的学校倾斜，整体改善所有学校特别是薄弱学校的办学标准。"不得将学校分为重点学校和非重点学校"就是要求教育行政部门对学校要一视同仁，保证学校在师资、生源、政策方面的均衡。例如允许个别学校面向特定群体或者以考试等方式招生都是不符合要求的。

在强调义务教育均衡发展的同时，新《义务教育法》也提出了因材施教的要求。因此，在地市以上教育行政部门的统筹安排下，举办针对少数智力超常或者有特长的儿童的专门教学班，探索拔尖创新人才早期培养的模式和机制，与均衡发展的原则是不矛盾的。关键是此类特殊教育应当由教育部门统筹规划、实施，并不能额外收取费用，不能以此为名变相设立重点班。

（2）《义务教育法》第三十二条第二款还专门规定了师资的均衡配置，以真正地落实义务教育学校的均衡发展。该款规定："县级人民政府教育行政部门应当均衡配置本行政区域内学校师资力量，组织校长、教师的培训和流动，加强对薄弱学校的建设。"促进校长、教师合理流动是均衡配置教师资源，加强义务教育阶段薄弱学校建设的重要措施。为了鼓励更多的教师和大学毕业生到农村地区和民族地区等义务教育薄弱地区任教，《义务教育法》第三十三条还专门规定："国务院和地方各级人民政府鼓励和支持城市学校教师和高等学校毕业生到农村地区、民族地区从事义务教育工作。国家鼓励高等学校毕业生以志愿者的方式到农村地区、民族地区缺乏教师的学校任教。县级人民政府教育行政部门依法认定其教师资格，其任教时间计入工龄。"

（3）《义务教育法》在经费投入方面也作了相关的规定。第四十五条第二款规定："县级人民政府编制预算，除向农村地区学校和薄弱学校倾斜外，应当均衡安排义务教育经费。"

5. 教育行政部门设置特殊义务教育机构的职责

根据《义务教育法》第十八条、第十九条、第二十条、第二十一条的规定，教育行政部门应当根据本地的实际情况设置接受少数民族适龄儿童、少年的学校或班级；接受残疾儿童、少年接受义务教育的特殊教育学校；接受有严重不良行为的适龄少年的专门学校等，以保障这些特殊群体的适龄儿童少年接受义务教育。

6. 教育行政部门义务教育经费保障的职责

为了解决义务教育经费保障问题，《义务教育法》主要规定了以下措施：

（1）为义务教育经费保障提出明确目标。第四十二条规定："国家将义务教育全面纳入财政保障范围，义务教育经费由国务院和地方各级人民政府依照本法规定予以保障。国务院和地方各级人民政府将义务教育经费纳入财政预算，按照教职工编制标准、工资标准和学校建设标准、学生人均公用经费标准等，及时足额拨付义务教育经费，确保学校的正常运转和校舍安全，确保教职工工资按照规定发放。国务院和地方各级人民政府用于实施义务教育财政拨款的增长比例应当高于财政经常性收入的增长比例，保证按照在校学生人数平均的义务教育费用逐步增长，保证教职工工资和学生人均公用经费逐步增长。"各省、自治区、直辖市人民政府可以根据本行政区域的实际情况，制定不低于国家标准的学校学生人均公用经费标准。

（2）明确了教育经费来源。《义务教育法》第四十四条第一款规定："义务教育经费投入实行国务院和地方各级人民政府根据职责共同负担，省、自治区、直辖市人民政府负责统筹落实的体制。农村义务教育所需经费，由各级人民政府根据国务院的规定分项目、按比例分担。"其要点之一是明确各级人民政府的分担机制，将义务教育全面纳入财政保障范围；二是由省级人民政府负责统筹落实，明确了责任主体。

（3）规范义务教育经费的使用和管理，提高经费使用效益。《义务教育法》第四十五条第一款规定："地方各级人民政府在财政预算中将义务教育经费单列。"第四十九条规定："义务教育经费严格按照预算规定用于义务教育；任何组织和个人不得侵占、挪用义务教育经费，不得向学校非法收取或者摊派费用。"第五十条规定："县级以上人民政府建立健全义务教育经费的审计监督和统计公告制度。"

7. 教育行政部门保障义务教育教科书编写、选用的职责

（1）关于义务教育教科书编写和出版的规定和要求。《义务教育法》第三十八条规定："教科书根据国家教育方针和课程标准编写，内容力求精简，精选必备的基础知识、基本技能，经济实用，保证质量。国家机关工作人员和教科书审查人员，不得参与或者变相参与教科书的编写工作。"

义务教育教科书的内容还要力求精简、精选必备的基础知识、基本技能。义务教育是基础教育阶段，主要任务之一是培养学生学会学习，为终生学习打下基础。这就要求改变课程内容"难、繁、偏、旧"和

过于注重书本知识的现状，加强课程内容与学会生活以及社会和科技发展的联系，关注学生的学习兴趣，倡导学生主动参与、乐于探究、勤于动手，培养学生搜集信息和处理信息的能力、获取新知识的能力、分析和解决问题的能力以及交流和合作的能力。教科书的编写者要严格按照这些规定和要求编写教科书。同时教科书还要做到经济实用、保证质量。

另外，本条第二款还规定国家机关工作人员和教科书审查人员，不得参与或者变相参与教科书的编写工作。这样的规定，有利于保证教科书编写过程的公平、公正，保证教科书编写的质量。按照本款的规定，以上这些人员不得担任教科书的主编、副主编、编委，也不得担任名誉主编、审稿人以及以其他形式在教科书中署名。

（2）关于教科书审定制度的规定。《义务教育法》第三十九条规定："国家实行教科书审定制度。教科书的审定办法由国务院教育行政部门规定。未经审定的教科书，不得出版、选用。"根据有关规定，国家教育行政部门成立全国中小学教材审定委员会，负责国家课程教材的初审、审定及跨省（自治区、直辖市）使用的地方课程教材的审定。各省、自治区、直辖市教育行政部门成立省级中小学教材审定委员会，负责地方课程教材的初审和审定；经国务院教育行政部门授权或委托，承担有关国家课程教材的初审工作。未经审定的教科书，出版部门不得出版，教科书选用部门不得选用。

（3）关于义务教育教科书政府定价的规定。《义务教育法》明确了义务教育教科书的政府定价机制。该法第四十条规定："教科书由国务院价格行政部门会同出版行政部门按照微利原则确定基准价。省、自治区、直辖市人民政府价格行政部门会同出版行政部门按照基准价确定零售价。"根据本条规定，教科书的定价主体是价格行政部门会同出版行政部门。

8. 教育行政部门保障公办学校性质的职责

我国基础教育办学体制改革的一个重要的方面就是公办学校办学体制改革的试验，出现了一些如"公办民助""民办公助""国有民办"等不同类型的转制学校。这些学校的出现增加了社会对义务教育的投入，有效地改善了部分学校的办学条件。但实践中也出现了一些问题，主要是进一步扩大了学校间的办学条件差距；优质资源转制后收费增加，加重了群众负担；产权不明确，容易造成国有资产流失；个别政府借机推卸政府责任，减少政府投入；特别是助长了乱收费的现象。因此在《义务教育法》第二十二条第二款规定："县级以上人民政府及其教育行政部门不得以任何名义改变或者变相改变公办学校的性质。"

【典型案例】

2010 年 7 月 8 日，北京市海淀区有 39 余所打工子弟学校因未达到办学标准而被海淀区教委叫停。据介绍，早在 2010 年 3 月，海淀区就组成了 10 个检查组，对这 39 所学校进行了以办学条件和安全为重点的拉网式检查。结果显示，这些学校普遍存在重大安全隐患，主要表现在房屋建设、用电、消防、食品卫生、用车、煤气等方面。海淀区教委主任孙鹏表示，海淀区教育主管部门目前已经出台了妥善的分流方案以及相关公办学校校舍扩建和修缮计划。

【法律分析】

《义务教育法》第四条和第十二条明确规定要保障农民工子女平等就学。为保障教学质量和学生安全，北京市海淀区政府在关停不符合条件的打工子弟学校后设计了妥善的分流方案，这种做法是合法合理的。当然，对于那些办学条件相对较好、经过限期整改、达到办学标准的打工子弟学校，可允许其办下去。要标本兼治，着眼于长远，妥善解决打工子女入学问题。相当部分打工者因为家庭经济状况希望子女受教育是低成本运行，所以，要充分考虑到这一点，并满足这一人群的需要。同时，要考虑到一些具体问题，比如，编班的问题，有的公办学校是扩建一两个班来接收外来务工人员子女，这就可能存在班和班的差别，也有可能被打上歧视的标签。可如果是插班，打工子弟如何很好地融入班级中，也是一个问题。所以，有的家长可能并不愿意把孩子送到公办校读书。总的来说，按照《义务教育法》规定切实依法保障打工者子女平等的就学权利，才是问题的关键。

《义务教育法》第二条、第四十二条、第四十四条已经明确规定了义务教育经费保障的问题，可见，举办义务教育是政府责任。出现上述问题有两个主要原因：一是当地政府对义务教育缺乏认识。义务教育是强制性教育，是所有适龄儿童、少年必须接受的教育，实施义务教育是国家的行为，举办义务教育是政府的责任，是国家必须保障的公益性；二是义务教育经费保障机制没有建立，各级政府的职责不清。新《义务教育法》将为这些问题的解决提供法治保障。《义务教育法》规定了"国家将义务教育全面纳入财政保障范围"和由各级人民政府根据职责共同负担的经费保障体制。特别是法律规定了"不得收学费、杂费"，并针对公用经费保障方面存在的突出问题，第四十三条专门规定了学生人均公用经费标准的制定。因而在《义务教育法》实施以后，随着义务教育经费保障体制的实行、完善和各级人民政府分担责任的进一步明确，相信上述生均公用经费"零拨付"的现象将会得以改观。

【法条链接】

《义务教育法》第二条："国家实行九年义务教育制度。义务教育是国家统一实施的所有适龄儿童、少年必须接受的教育，是国家必须予以保障的公益性事业。实施义务教育，不收学费、杂费。国家建立义务教育经费保障机制，保证义务教育制度实施。"

《义务教育法》第四条："凡具有中华人民共和国国籍的适龄儿童、少年，不分性别、民族、种族、家庭财产状况、宗教信仰等，依法享有平等接受义务教育的权利，并履行接受义务教育的义务。"

《义务教育法》第十二条："适龄儿童、少年免试入学。地方各级人民政府应当保障适龄儿童、少年在户籍所在地学校就近入学。父母或者其他法定监护人在非户籍所在地工作或者居住的适龄儿童、少年，在其父母或者其他法定监护人工作或者居住地接受义务教育的，当地人民政府应当为其提供平等接受义务教育的条件。具体办法由省、自治区、直辖市规定。县级人民政府教育行政部门对本行政区域内的军人子女接受义务教育予以保障。"

《义务教育法》第四十二条："国家将义务教育全面纳入财政保障范围，义务教育经费由国务院和地方各级人民政府依照本法规定予以保障。国务院和地方各级人民政府将义务教育经费纳入财政预算，按照教职工编制标准、工资标准和学校建设标准、学生人均公用经费标准等，及时足额拨付义务教育经费，确保学校的正常运转和校舍安全，确保教职工工资按照规定发放。国务院和地方各级人民政府用于实施义务教育财政拨款的增长比例应当高于财政经常性收入的增长比例，保证按照在校学生人数平均的义务教育费用逐步增长，保证教职工工资和学生人均公用经费逐步增长。"

《义务教育法》第四十三条："学校的学生人均公用经费基本标准由国务院财政部门会同教育行政部门制定，并根据经济和社会发展状况适时调整。制定、调整学生人均公用经费基本标准，应当满足教育教学基本需要。省、自治区、直辖市人民政府可以根据本行政区域的实际情况，制定不低于国家标准的学校学生人均公用经费标准。特殊教育学校（班）学生人均公用经费标准应当高于普通学校学生人均公用经费标准。"

《义务教育法》第四十四条："义务教育经费投入实行国务院和地方各级人民政府根据职责共同负担，省、自治区、直辖市人民政府负责统筹落实的体制。农村义务教育所需经费，由各级人民政府根据国务院的规定分项目、按比例分担。各级人民政府对家庭经济困难的适龄儿童、少年免费提供教科书并补助寄宿生生活费。义务教育经费保障的具体办法由国务院规定。"

二、学　校

专题1　学校的含义与法律地位

学校是组织教育活动的相对实体。它不仅是教育教学活动的实体，也是其他法律关系主体活动的主要场所。明确学校的法律地位、权利和义务，是规范办学行为、保证学校正常运行的前提，也是建立现代学校制度的基础。

法律上的学校是指经教育行政主管机关批准或登记注册，以实施学制系统内各阶段教育为主的教育机构。学校是实施学制系统内教育阶段教育的教育机构。我国学制系统内的基本教育阶段分为幼儿教育、初等教育、中等教育和高等教育。每一教育阶段根据教育对象和培养目标的不同而设立不同类型的学校，由国务院教育行政部门规定各教育阶段内学校的修业年限、招生对象、培养目标等。主要包括幼儿园、小学、初级中学、高级中学或完全中学、各类中等专业学校、职业学校、技工学校、普通高等学校、具有办学资格的成人学校，以及其他专门实施学历性教育的教育机构。学制系统外从事教育教学活动的机构，可称为其他教育机构。它主要包括那些教育培训机构，如雅思班、托福班、考研培训班等。

1. 学校的法律地位

所谓学校的法律地位，是指法律根据学校这种社会组织的目的、任务、性质和特点而赋予其一种同自然人相似的"人格"。要理解学校的法律地位这个概念，我们需要把握以下三个方面：

（1）学校法律地位的实质是它的法律人格。在法学上，我们借用"人格"这个词，是把社会组织看成一个"人"，在民法上，我们称它为"法人"。它的人格主要是指该社会组织从事某种活动的权利能力、行为能力和相应的责任能力，并且主要以这三种能力在法律关系中取得主体资格。学校的法律人格，是从它从事教育教育活动的权利和义务中反映出来。

（2）学校的法律地位体现它的任务、条件和特点。从民法意义上来讲，学校的法人权利能力的范围决定于成立该法人的宗旨和业务范围，法人没有权力进行违背它的宗旨和超越其业务范围的民事活动。我国新修订的《义务教育法》规定的义务教育阶段学校的具体权利，都体现了学校培养有理想、有道德、有文化、有纪律的社会主义建设者和接班人的教育宗旨。所以，不同条件和特点的学校，如中小学和高等学校，他们的权利和义务的内容是不同的。

（3）学校法律地位在形式上是由法律赋予的。学校是相对独立的组织教育活动的实体，必须具有相应的法律地位，这是毋庸置疑的。但是，学校要成为法人实体，它必须符合我国《民法通则》规定的条件。这些条件是：①要依据法律成立。②要有必要的财产或者经费。③有自己的名称、组织机构和场所。④能够独立承担民事责任。

同时，学校取得法人资格也是有限制的。这种限制主要表现在以下四个方面：其一，财产限制。国有资产不得流失，不得用于担保等。其二，责任限制。《教育法》中规定："学校及其他教育机构兴办的校办产业独立承担民事责任。"其三，行为限制。学校法人在权利能力和行为能力方面是存在限制的。它必须严格按照本校章程规定的活动范围来从事有关教育的活动。如中小学校不能实施与基础教育培养目标不相符合的活动，不能颁发硕士学位证书。其四，程序限制。学校取得法人资格是有程序的。《教育法》中规定："学校及其他教育机构的设立、变更和终止，应当按照国家有关规定办理审核、批准、注册或者备案手续。"依据我国《教育法》第三十一条明确规定："自批准设立或登记注册之日起取得法人资格。"但是，我们还应该知道的是，学校的法律地位不仅包括它在民事法律关系中的法人地位，也包括它在行政法律关系中的法律地位。而学校在行政法律关系中的法律地位，则是由宪法和行政法所规定的。

2. 学校法律地位的特点

学校法律地位的特点有三点，那就是公共性、公益性和多重性。

（1）学校法律地位的公共性，指的是学校具有公共性，体现了"公"的特点或者说是国家的特点。在许多国家，都有"公法人"的概念。所谓公法人，一般是指行使和分担国家权力或依属于公法的行政法等特别法，以公共事业为成立目的的法人。它是按照涉及公共利益的法律建立的，能够作为公权力并承担义务的组织，是为公共利益而存在的组织。在国外教育立法中有的明文规定学校为公法人，有的只是强调它的公共性。如德国规定，学校是公共机构，同时也是国家机构。而日本的《教育基本法》规定："法律所承认的学校，具有公共性质。"在我国虽然没有公法人的概念，但依然强调学校的公共性质。这是因为，学校的法律地位是依据有行政法性质的《教育法》确立的，学校设立、变更、终止都有专门的注册登记程序，而且必须经国家教育行政部门审批决定。再次，学校设立的目的是为了提高全民族的素质，培养国家需要的人才。国家要承担与国家教育权相应的责任，为教育事业的发展提供必要的财政来源和其他条件。国家对教育的投入，同时也是体现了国家的利益。其实，学校行使的教育权，实质上是属于国家教育权的一部分。我国《教育法》中明确规定的学校享有的教育教学实施权利，对学校来说，既是国家授予的权利，又是国家交给的任务，只能正确行使，而不能放弃。

（2）学校法律地位的公益性，主要指的还是不以营利为目的。根据我国《民法通则》，我国民法上的法人，依法人创立的目的和活动内容的不同可以分为企业法人和事业法人。其中，事业法人指的是经济活动以外，从事社会公益事业，以满足群众文化、教育、卫生等需要为目的的各类社会组织，包括科学、文化、卫生、艺术，还有教育等事业单位法人。其中，把学校规定为公益性机构是世界各国的通例。我国《教育法》第二十五条规定："任何组织和个人不得以营利为目的举办学校及其他教育机构。"尤其是在义务教育阶段，学校更是不得以营利为目的。新修订的《义务教育法》总则的第二条特地明文规定，义务教育是国家必须予以保障的公益性事业，学校不得收取学费和杂费。

（3）学校的法律地位还具有多重性。这种多重性是指我国学校在它活动时，根据条件和性质的不同，可以有多重主体资格。当学校参与教育行政法律关系，取得行政上的权利和承担行政上的义务时，它就是教育行政法律关系主体。而当学校参与教育民事法律关系，取得民事权利和承担民事义务时，学校就是教育民事法律关系主体。教育行政法律关系，是指学校在实施教育活动中，与国家行政机关或是当学校享有法律法规授权行使某些行政管理职权，取得行政主体资格时，与教师、学生发生的关系。教育民事法律关系，是学校与不具有行政隶属关系的行政机关、企事业组织、集体经济组织、社会团体、个人之间发生的社会关系。这类关系涉及面比较大，比如涉及学校财产、人身、土地、学校环境乃至创收中所涉及的权利，都会产生民事上的法律关系。总的来说，这两种法律关系是两类不同的法律关系。学校在这两类法律关系中的法律地位是不一样的。在教育行政法律关系中，学校是作为行政管理相对人出现的。当然，这并不排除学校作为办学实体享有自己的权利和义务。在民事法律关系中，学校与其他主体的地位则是平等的。

其实，除了这两种法律关系之外，学校还会与国家发生涉及国家对学校的财政拨款、国家对学校兴办产业给予税收优惠等经济法律关系，成为经济法律关系主体，具有经济法上的权利和义务。

专题2　学校的设立

我国法律对学校举办者及学校应当具备的资质和条件都有明确规定。

1. 对举办者的主体资格的限定

从举办者的主体资格来看，举办学校的主体资格是指对哪些组织和公民可以举办学校的能力限定。我国《宪法》第十九条规定："国家鼓励集体经济组织、国家企业事业组织和其他社会力量依照法律规定举办各种教育事业。"宪法对举办学校的主体资格作了原则性规定，但是为了保证社会主义市场经济下学校的公益性，根据国家有关教育政策法规的原则性精神，国家对办学的主体资格作如下规定：

（1）国家机关、国有企业事业组织、集体经济组织、其他经济组织、农村（城镇）基层自治组织、社会团体及其他组织或者公民可以依法举办或者合作举办学校及其他教育机构。

这一规定首先在法律上明确肯定了国家、集体社会组织团体和个人都可以办学，成为承办学校的主体，确立了多渠道办学的法律地位；其次也规定了国家、集体、社会组织、团体、公民个人要举办学校，成为主体必须依据相关法律规定。

（2）下列组织和公民不得举办学校

①不具有法人资格的社会组织。社会组织要举办学校必须具备法人

资格，才可依法成立学校。法人是具有民事权利能力和民事行为能力，能够独立享受民事权利、承担民事义务的组织。

法人成立的条件是：依法成立；有必要的财产和经费；有自己的名称、组织机构和场所；能够独立承担民事责任。社会组织要举办学校，只有具有法人资格，才能以一个法律主体的资格参加到法律关系中去，或者说取得平等的、合法的法律地位，独立享受权利，重要的是承担民事责任。如果社会组织不具有民事权利能力和民事行为能力，那就无法享受权利，承担义务，故不能举办学校。

②以营利为办学目的，被主管教育行政部门给予停办处罚的。国家对营利性的其他教育机构，实行办学许可证制度。营利性的其他教育机构，必须具备法人条件，并依法纳税。如果非营利性的学校或其他教育机构采取非法手段去营利，或者营利性的其他教育机构违反法律规定，而受到停办处罚，那就失去了举办学校的主体资格，不得再举办学校。

③限制民事行为能力或无民事行为能力者。公民的民事行为能力是公民以自己的行为行使民事权利和承担民事义务的能力，根据是否达到法定年龄和具备一定理智可以划分为完全民事行为能力人、限制民事行为能力人、无民事行为能力人。

限制民事行为能力和无民事行为能力人，包括精神病人、间歇性精神病人或未成年人，自己不能独立享受民事权利、承担民事义务，应由其监护人或法定代理人行使、承担。因此限制民事行为能力或无民事行为能力者不能举办学校。

④被剥夺政治权利的或被判处有期徒刑以上刑罚正在服刑者。根据刑法的规定，被剥夺政治权利的罪犯不能担任国家机关职务，不能担任企、事业单位人民团体领导职务；被判处徒刑以上刑罚正在服刑者，即使没判附加剥夺政治权利，实质上，在服刑期间也没有担任国家机关职务的权利，没有担任企、事业单位人民团体领导职务的权利。所以，他们都不能举办学校。

2. 举办学校应当具备的基本条件

从学校应当具备的基本办学条件来看。学校设立必须有保证教育教学活动正常实施的办学条件，不然就无法保证教育质量。根据《教育法》的规定，设立学校必须具备四个条件，简称"四有"，即有章程、有教师、有设施、有经费。

（1）有章程，即要有组织机构和章程。学校以社会组织整体作为主体身份出现，健全的组织机构和规章制度是必不可少的。学校章程应该明确办学目的、招生对象、学习期限、课程设置、教师资格、毕业去向、经费来源、收费标准等。

学校的举办人可根据国家有关规定，确定所办教育机构的领导管理体制，实行校长负责制。中国共产党设在各级各类学校中的基层组织，保证党和国家的方针、政策在学校的贯彻执行和学校教育教学工作的社会主义方向。

学校还应当根据实际情况设立相应的咨询机构、审议机构以及监督机构，保证教师、学生以及社会有关人士参与学校事务决策，执行民主管理和监督。建立和完善各种民主管理制、岗位责任制、量化考核制。抓紧制定各项规章制度，使各部门工作协调运转。

（2）有教师，即要有合格的教师。学校运行不能缺少校长和教师。各级各类学校的校长和教师必须由具有中华人民共和国国籍并在我国境内长期定居的公民担任，并具备国家规定的相应资格和任职条件。如国家教委关于《全国中小学校长任职条件和岗位要求（试行）》第一条规定了中小学校长应分别具有中学一级、小学高级以上的教师职务；都应有从事相当年限教育教学工作的经历；都应接受岗位培训，并获得岗位培训合格证书；身体健康，能胜任工作等。

国家举办的学校校长由县级以上主管的教育行政部门或其他行政机关任免。民办、合办学校校长的任免，须经当地县以上主管的教育行政部门核准。中小学校实行校长负责制，校长对外代表学校，对内综合管理学校事务。

　　除了校长之外，举办学校还必须具备符合要求的教师。因为学校的教育和教学活动主要是靠教师来完成的，教师的数量和质量必须符合国家规定的标准。

　　（3）有设施，即要有符合设置标准的教学场所及设施、设备等。教学场所、教育设施、设备都是进行教育和教学活动所必需的，国家对此都制定了标准。如《小学电化教学设备配备标准》明确规定了小学电化教育设备的配备标准，全日制初级中学应配备哪些音乐、体育教学器材等，对各类学校的面积等也都有具体规定。

　　（4）有经费，即要有必备的办学资金和稳定的经费来源。这是学校作为权利主体，进行各种法律活动，独立享受权利和承担义务（责任）的物质基础。必备的办学资金和经费是指自己有独立的财产，这种财产要与自己业务性质、规模、范围大体相适应。根据《中共中央关于教育体制改革的决定》和《中国教育改革与发展纲要》的精神，教育经费不但应有稳定的来源，而且应做到"两个增长"。对于公立学校来说，中央和地方财政预算内安排的教育经费（含基建投资）应当逐年增长，并切实保证学生公用经费同步增长。民办学校的经费来源和增长，也应参照公立学校执行。

　　如果学校及其他教育机构符合《民法通则》第三十七条规定的法人条件并具备上述条件，那么，从主管的教育行政部门批准或注册之日起，即取得法人资格。其校长或者主要负责人为法定代表人，对外代表学校进行各种活动，后果由法人（单位）负责。

　　学校法人在存续时间内，因各种原因所做的变更，如合并、分立、招生人数的扩大或缩小、经费的变化、学校名称住所等重要事项变更，要有合理依据，并报经主管的教育行政部门批准、注册，学校法人分立或合并后的权利和义务由变更后的法人享有和承担。

　　学校法人的终止指从法律上消灭法人主体资格。其终止原因可以是：依法被撤销、解散和其他合法原因。学校法人终止应向主管行政机关办理注销登记并公告，主管的教育行政部门应当组织有关财务、审计等部门对其资产、债权进行清算。清算后的剩余财产属举办人或其他所有权人，其余收归国家或集体所有，用于发展当地的教育事业。

学校和其他教育机构的主体从根本上说，必须是公益性质，不能以营利为目的。但是，这并不排除现阶段为了弥补公立学校的不足而设立一些营利性质的其他教育机构。不过，这些营利性质的其他教育机构只能占少数。为了加强对营利性质的其他教育机构的管理和控制，国家对营利性的其他教育机构，实行办学许可证制度。只有取得办学许可证，才可以进行营利性的教育教学活动。

学校的设立除要具备法律规定的一般实体要件之外，还要符合程序性的规定才能取得合法地位。根据机构的性质不同，我国对学校的设立、变更和终止的管理分别实行审批制度和登记制度。审批较登记注册要严格，符合条件和设置标准的不一定会批准建校，还要受到规划、布局、资金等多种因素的影响；而注册相对来说程序要简单得多，受影响的因素也要比审批少得多。

【典型案例】

施女士未经批准开办民工子女学校，遭教育部门撤销处罚，开办人不服诉至法院。上海市南汇区人民法院对该起教育行政处罚案做出一审判决，驳回原告施女士的诉讼请求。

从2002年2月开始，施女士根据许多外来民工子女需就学的情况，租借民房若干间，创办了一所民工子女学校，以解决民工子女就近入学。在这期间，教育部门曾责令其从民房内迁出，并于2005年8月明确告知施女士，因施女士未能提供证据证明迁入的学校校舍已经质量检测部门检测，校舍的安全得不到保障，故学校必须停办。在学校继续招收民工子女上学的情况下，教育部门做出了撤销学校的行政处罚决定。施女士不服，又上诉至法院。

在庭审中，施女士认为，教育部门认定其擅自办学事实不清，做出撤销学校的处罚决定适用法律错误，听证会不合法，处罚程序违法，请求撤销。教育部门则认为，责令改正并不等同于许可办学，对施女士所作处罚决定认定事实清楚，适用法律正确，程序合法，请求法院依法维持。

法院审理后认为，依照《教育法》第七十五条"违反国家有关规定，举办学校或者其他教育机构的，由教育行政部门予以撤销"的规定，相关教育部门做出撤销施女士创办的学校之处罚，适用法律并无不当。施女士请求撤销教育部门的行政处罚决定无事实和法律依据，其诉请依法应予驳回。

【法律分析】

《教育法》明确规定，教育是社会主义现代化建设的基础，国家鼓励公民个人依法举办学校。本案中，施女士热爱教育事业，根据许多外来民工子女需就学的情况创办民工子女学校，以解决民工子女就近入学，其初衷是好的，但其应当履行法定申办学校的程序，遵循依法办学的原则。在学校校舍的安全得不到保障情况下，教育部门做出撤销处罚既符合我国教育法的相关规定，也符合相关部门有关进城务工就业农民子女义务教育工作的文件精神。

【法条链接】

《宪法》第十九条规定："国家鼓励集体经济组织、国家企业事业组织和其他社会力量依照法律规定举办各种教育事业。"

《教育法》第二十六条规定："设立学校及其他教育机构，必须具备下列基本条件：（一）有组织机构和章程；（二）有合格的教师；（三）有符合规定标准的教学场所及设施、设备等；（四）有必备的办学资金和稳定的经费来源。"

专题 3　学校的权利

学校作为依法实施教育教学活动的专门机构，为完成其基本职能，必须享有不同于其他社会组织的特定的权利并承担相应的义务。学校的权利是指其为了实现办学宗旨而独立自主地进行教育教学管理、实施教育教学活动的资格和能力，即通常所说的办学自主权。

根据《教育法》的规定，学校享有九种权利，分别简称为："自主管理权""组织教学权""招收学生权""管理学生权""颁发证书权""聘任教师权""管理设施权""拒绝干涉权""法定其他权"。

1. 按照章程自主管理，简称"自主管理权"

章程是指为保证学校的正常运行，主要就办学宗旨、主要任务、内部管理体制及财务活动等重大的基本问题，做出全面而规范的自律性文件。它是学校自主管理的基本依据。学校按照章程自主管理的权利，也是落实学校法律地位的重要保证。学校章程是举办学校的必备条件。但据调查，现在有很多学校还没有章程，这是不符合法律规定的。

2. 组织实施教育教学活动，简称"组织教学权"

教育教学活动是学校的基本活动。组织实施教育教学活动是学校的最基本权利。依据这项权利，学校有权根据国家有关教学计划、教学大纲和课程标准等方面的规定，因校制宜，自主组织学校教育教学活动的实施。例如，目前我们正在进行课程改革，提倡校本课程，就是根据本校的实际情况，由学校来编写自己的教材，有些学校的校本课程非常有特色，符合当地的实际，也符合学生身心发展的特点，为学校教学创造了丰富多彩的内容，这是学校教育教学权的体现。

3. 招收学生或其他受教育者，简称"招收学生权"

招生权是学校的一项重要权利。学校有权根据自己的办学宗旨、培养目标、任务以及办学条件和能力，依据国家有关规定进行。任何组织和个人都不得非法干预。在义务教育阶段要遵守免试、就近入学的原则招收学生。

4. 对受教育者进行学籍管理，实施奖励或者处分，简称"管理学生权"

学校有权根据主管部门的学籍管理规定，针对受教育者的不同层次、类别，制定有关入学与报名注册、纪律与考勤、休学与复学、转学、退学等方面的管理办法，实施学籍管理活动。学校有权根据国家有关学生奖励、处分的规定，结合本校的实际，制定具体的奖励与处分办法。

管理学生权的范围很广，但学校在管理学生的过程中却不能随意扩大自己的权利，否则就要引起不必要的法律纠纷。比如，大学生在校园内接吻被学校开除的案件，就引起了法律纠纷。学生在公共场所接吻，学校可以对其进行公德教育，但不能开除。而在"女大学生结婚生子被开除案"中，该生虽然违反了校规，但并没有违法，所以学校做出开除的决定显然是太重了。在义务教育阶段，对违反学校管理制度的学生，学校应当予以批评教育，不得开除。

5. 对受教育者颁发相应的学业证书，简称"颁发证书权"

向受教育者颁发相应的学业证书，这是学校自主实施教育教学活动所必然享有的权利，从保护受教育者合法权益角度讲，这也是学校应尽的义务。学校有权根据国家有关学业证书的管理规定，对经考核成绩合格的受教育者，按其类别，颁发毕业证书、结业证书等学业证书。目前，学校拒绝颁发学业证书的缘由很多，从而引起法律纠纷的也频繁见诸报端。那么，学校是否有这样的权利要视具体情况而定。

6. 聘任教师及其他员工，实施奖励或者处分，简称"聘任教师权"

学校有权根据国家及主管部门的有关规定，从本校的办学条件、办学能力和编制实际情况出发，制定本校的教师及其他职工聘任办法，自主决定聘任、解聘有关教师和其他职工，自主对教师及其他员工实施包括奖励、处分在内的具体管理活动。即学校对教师依法享有管理权。

7. 管理、使用本单位的设施和经费，简称"管理设施权"

学校对其占有的场地、教室、宿舍、教学仪器等设施设备、办学经费以及其他有关财产，享有财产管理权和使用权，必要时可对其占有的财产进行处理。学校行使这项权利时，应遵守国家有关国有资产管理、教育经费投入及学校财务活动的管理规定，符合国家和社会公共利益，有益于学校正常发展，有利于提高办学效益。

8. 拒绝任何组织和个人对教育教学活动的非法干涉，简称"拒绝干涉权"

这是为维护学校正常的教育教学秩序，抵制非法干涉而确立的一项重要权利。学校有权对来自国家机关、企事业单位、社会团体及个人的非法干涉，予以拒绝和抵制，并可通过有关教育性质部门予以治理。这里所谓的"非法干涉"，是指行为人违背法律、法规和有关规定，做出的不利于教育教学活动的行为，如乱收费、乱罚款、乱摊派、随意要求学校停课等。

9. 法律、法规规定的其他权利，简称"法定其他权"

除上述权利外，学校还享有现行法律、行政法规以及地方性法规赋予的其他权利，同时，还包括将来制定的法律、法规确立的有关权利。我国《教育法》在列举了学校的上述权利后，同时规定"国家保护学校及其他教育机构的合法权益不受侵犯"。如果学校的上述合法权益受到非法侵害，国家将对违法行为实施制裁措施。

以上学校的九种权利，它们都是学校办学自主权的实际体现。由上我们可以看出，学校办学自主权是学校不同于其他社会组织而特有的、基本的权利，不享有这种权利就意味着在法律上不享有实施教育教学活动的资格和能力，也就不能成为教育法律关系主体。并且，学校的办学自主权本质上是一种公共权利，即学校在行使时必须贯彻国家的教育方针、遵守法律规定，不能违反和滥用，也不能放弃和转让这一权利，否则将会承担相应的法律责任。例如，有的学校组织学生参加商业活动，学校行使的是"管理学生权"，但此活动若与学校本身的教育教学活动无关，则属于学校滥用了自身的权利；若此活动是以营利为目的，则违反了教育法；而若此活动占用了学生的正常上课时间，则属于学校侵犯了学生的受教育权；而当此活动由于发生意外造成对部分学生的人身伤害时，则侵犯了学生的人身权（具体来说是生命健康权），为此，学校必须对自身的行为及其造成的后果承担相应的行政和民事法律责任。

专题4 学校的义务

权利和义务是相对应的，在享有权利的同时也要承担一定的义务。那么，学校的义务是指学校依法应当承担的责任。《教育法》在规定学校权利的同时也规定了学校应履行的义务。

具体包括以下六个方面，分别简称为："遵守法律义务""贯彻方针义务""维护权益义务""提供情况义务""照规收费义务""接受监督义务"。

1. 学校要遵守法律、法规，简称"遵守法律义务"

学校不仅要履行一般社会组织所应承担的法律义务，还应特别履行教育法律、法规、规章中为学校设立的特定义务。比如，个别学校以让学生实习的名义，让学生参与"三陪"，那就违法了，就要追究其法律责任。

2. 学校要贯彻国家的教育方针，执行国家教育教学标准，保证教育教学质量，简称"贯彻方针义务"

学校在实施教育教学活动过程中，要贯彻国家教育方针和教学标准，走教育与社会相结合的道路，全面推行素质教育，培养综合性人才。例如，学校不能向学生宣传法轮功教育，不能组织学生去政府门前静坐，等等，这些都是学校贯彻教育方针的体现，这点比较好理解。同时，学校还要执行国家教育教学标准，努力改善办学条件，加强育人环节，保证教育教学活动和培养学生的质量达到国家的教育教学质量要求。

3. 学校要维护受教育者、教师及其他职工的合法权益，简称"维护权益义务"

这项义务包括两方面的含义：一方面，要求学校不得侵犯受教育者、教师及其他职工的合法权益，如不得克扣教师工资、不得拒绝符合入学条件的受教育者入学等。另一方面，当学校以外其他社会组织和个人侵犯受教育者、教师及其他职工的合法权益时，学校有义务以合法的方式，维护受教育者、教师及其他职工的合法权益，积极协助有关单位查处违法行为人，维护受教育者、教师及其他职工的合法权益。

4. 学校要以适当的方式为受教育者及其监护人了解受教育者的学业成绩及其他有关情况提供便利，简称"提供情况义务"

学校不得拒绝受教育者及其监护人行使这项权利，同时还应为这项权利的实现提供便利条件，如通过"家长接待日""家长会议"、教师家访，或找个别学生谈心等适当的方式来进行。在此需要指出的是，学校在提供受教育者的学业成绩及其他有关情况时，不得侵犯受教育者的隐私权、名誉权等合法权益，不得伤害受教育者的身心健康。

5. 学校要遵照国家有关规定收取费用并公共开收费项目，简称"照规收费义务"

学校应根据中央和地方各级政府及其有关部门的收费规定，确定具体收费标准，不得巧立名目，乱收费用，甚至把办学当作牟利的工具。同时，要向家长和社会公开收费项目，接受家长和广大人民群众给予监督。

6. 学校要依法接受监督，简称"接受监督义务"

学校对权力机关、行政机关和司法机关的监督，以及来自社会、本校师生员工的监督，应当积极予以配合，不得拒绝，更不得妨碍检查、监督工作的正常进行。

总之，规定以上六个方面的义务对于规范学校的办学行为，促进学校教育教学活动的实施，提高教育质量，具有十分重要的意义。如学校不履行法律、法规规定的义务时，则要承担相应的法律责任。例如，某外国语学校在设立之时就存在着经费问题，而在招生时又利用政府批文，招摇撞骗，以取得家长信任，并没有真正遵守国家的法律法规、贯彻教育方针。并且，在招生过程中还收取了相当数额的教育储备金，这是非法集资的一种表现，严重违反了其所应当承担的按规收费义务。同时也侵犯了学生的受教育权，理应受到法律制裁。

三、教　师

专题1　教师的含义与法律地位

教师是学校的教育者，是学生学习活动的指导者，也是教育法律关系的重要主体之一。为此，国家将运用法律对教师的行为加以规范，同时，也运用法律最大限度地保护教师的合法权益不受侵犯。1993 年《教师法》的颁布，对教师的基本职责、权利义务、培训培养、考核、待遇、资格和任用、法律责任等都做了全面、具体的规定，为进一步加强教师队伍建设，规范教师的行为，保障教师的合法权利提供了法律依据。

在日常的教育教学活动中，涉及教师权利和义务的内容以及相关的案例有很多，例如，有位教师让一名小学生到学校外去为其买烟，该生在穿过马路时，却被汽车撞伤了；还有的教师让学生帮助抬上课用的教具，而学生却不小心把脚扭伤了；也有的教师因学生迟到，或违反课程纪律，或成绩不好而体罚、侮辱、谩骂学生，甚至不准学生上课，致使学生受伤、死亡或自杀等。为此，需要我们对教师的权利、义务及其应承担的法律责任进行分析，正确认识教师的行为。尤其是在修订后的《义务教育法》中专门单设了《教师》一章，这在 1986 年颁布实施的《义务教育法》中是没有的，可见这部分内容非常重要。它也是我国新修订的《义务教育法》的一大亮点。

1. 教师的含义

广义上的教师是对在学校中从事教育教学工作人员的总称，狭义上的教师是专指我国《教师法》中定义的。《教师法》中规定："教师是履行教育教学职责的专业人员，承担教书育人，培养社会主义事业建设者和接班人，提高民族素质的使命。"这是对教师这一劳动职业的概括。对教师这一概念应注意以下三点：

（1）教师的职责是教育、教学。这里的教育教学应该是指直接承担的职责。也就是说只有直接从事教育教学工作的人才具备了教师的最基本的条件。如果不直接从事教育教学工作，就不能认为是教师。在学校里，从事教辅工作的人员，如行政人员、勤杂人员、汽车司机等，虽然也间接承担教育学生的任务，但他们不能称为教师。不过，有些学校领导、行政人员以及其他人员在承担其他职责的同时，也承担教育教学职责，并达到了教师职责的基本要求，也可以认为是教师。

（2）教师是专业人员。也就是说教师必须具备专门的资格，符合特定的要求，而不是任何人都可以承担的。这里的"专业人员"有三个方面的含义，一是要求教师要符合规定的学历；二是要求教师具有专门的知识；三是要求教师符合有关的其他规定，如语言表达能力、身体状况等。这里也要求教师专门从事教育教学工作。那些临时到学校承担一些课程，而本职工作不是教师的人员，不能认为是教师。如一些研究部门的研究人员、编辑、记者、工程技术人员等，他们也可能到学校承担少量不固定的教学任务，但不能认为他们是教师。

（3）教师的使命是培养社会主义建设者和接班人，提高民族素质。这是从教师工作的性质和目的来谈的。也就是说，教育教学应当为培养社会主义建设者和接班人、提高民族素质这个目的服务。否则，不但不能称为教师，反而可能是犯罪。例如，传授赌博、盗窃、抢劫等违法手段，就是犯罪行为。

2. 教师的法律地位

教师的法律地位是指法律对教师职业的定位。教师的法律地位，在《教育法》和《教师法》的各有关章节中都有所规定和体现。如《教师法》第三条规定："教师是履行教育教学职责的专业人员。"这一规定实质上是确立了教师在国家中的政治地位。还有《教师法》规定教师除了具有作为一般公民应享有的一般权利外，还享有教师职业特点的权利，如教育教学的权利、参加进修和培训的权利等。这些规定既是教师主体资格的赋予，也是教师法律地位的具体表现。此外还有，《教育法》和《教师法》也对教师的经济地位、社会地位做出了相应的规定，而且教师节日的法律规定也再次确认了教师的法律地位。

对教师法律地位，可以从以下四个教师的法律地位特征理解。

（1）身份特征。在法律上，教师具有普通公民和从事教育工作的专业人员两种身份，因而，教师的权利和义务具有与其他人员不同的职业特殊性。教师的基本权利和义务是一种特殊的职业法定权利和职业法定义务，体现在现实的教育教学活动中。

（2）职业特征。教师的职业特征是指教师的权利和义务与教师的职务和职责紧密联系。一方面，教师的权利义务开始于取得教师资格并在学校或者其他教育机构任职，结束于被解聘。没有取得教师资格而任职的，不享有教师的基本权利和义务。因为各级各类的学校不尽相同，教师的权利和义务也因其履行教育教学职责的具体情况而有所不同。另一方面，教师的权利和义务是不能随意放弃的。教师的权利和义务是履行教育教育教学职责的要求和基本保证，从某种意义上来说，它代表着国家和社会的公共利益，带有"公务"性质。如果教师随意放弃评定学生品行和成绩的权利，实际上是没有履行教师的职责。

（3）机构特征。《教师法》第二条规定："本法适用于在各级各类学校和其他教育机构中专门从事教育教学工作的教师。"这个规定就是教师法律地位的机构特征，即教师必须从教于各级各类学校或其他教育机构。

（4）使命特征。教师具有"教书育人，培养社会主义事业建设者和接班人，提高民族素质的使命"。使命特征是对教师职业的"公共性"在更高层次上的概括和总结。

专题 2　教师的资格

1. 教师资格

教师资格是国家对专门从事教育教学工作人员的基本要求。我国《教育法》和《教师法》规定国家实行教师资格制度。1995 年，国务院又发布了《教师资格条例》，进一步规定了教师资格的分类、基本条件、适用、资格认定、资格丧失等内容。

教师资格制度全面实施后，只有依法取得教师资格者，方能被教育行政部门依法批准举办的各级各类学校或其他教育机构聘任为教师。教师资格一经取得，非依法律规定不得丧失和撤销。具有教师资格的人员依照法定聘任程序被学校或者其他教育机构正式聘任后，方为教师，具有教师的义务和权利。

《教师法》第十条明确规定了教师资格条件："中国公民凡遵守宪法和法律，热爱教育事业，具有良好的思想品德，具备本法规定的学历或者经国家教师资格考试合格有教育教学能力，经认定合格的可以取得教师资格。"

中小学教师的任教资格是国家对拟进入教师群体的每位准备从事教育教学工作人员的最基本条件，也就是最低任教标准。据此，教师资格取得要件包括：

（1）国籍要求，即取得我国教师资格的必须是我国公民。虽然外国公民符合规定的条件也可以进入中国各级各类学校及其他教育机构任教，但是，这并不等于他们取得了中国教师的资格。

（2）思想道德要求，即取得教师资格的必须热爱教育事业，具有良好的思想品德。教师的政治思想水平与道德品质修养是取得教师资格的一个重要条件。社会主义精神文明建设中，教师在思想教育方面责任重大，教师的思想品德对学生有潜移默化的影响。良好高尚的思想品德在教师身上表现为：坚定政治信念、贯彻教育方针、忠于职守、热爱学生、努力钻研业务、作风正派、表里如一、团结协作。

（3）学历要求和资格考试要求，即取得教师资格必须具备规定的学历或经国家教师考试合格。学历是衡量受教育程度、知识水平的基本条件，因此教师资格条例规定学历作为教师资格的条件。《教师法》第十一条第一次用法律形式规定了各类教师的学历，这对于明确各级各类学校教师的标准，提高教师队伍的素质有着重要意义。

取得教师资格应当具备的相应学历是：①取得幼儿园教师资格，应当具备幼儿师范学校毕业及其以上学历；②取得小学教师资格，应当具备中等师范学校毕业及其以上学历；③取得初级中学教师资格或初级职业学校文化专业课教师资格，应当具备高等师范专科学校或者其他大学专科毕业及其以上学历；④取得高级中学教师资格和中等专业学校、技工学校、职业高中文化课、专业课教师资格，应当具备高等师范院校本科毕业及其以上学历；⑤取得中等专业学校、技工学校和职业高中学生实习指导教师资格应当具备的学历，由国务院教育行政部门规定；⑥取得高等学校教师资格，应当具备研究生或者大学本科毕业学历；⑦取得成人教育教师资格，应当按照成人教育层次、类别，分别具备高等、中等学校毕业及其以上学历。

《教师法》第十一条规定："不具备本法规定的教师资格学历的公民，申请获取教师资格，必须通过国家教师资格考试。国家教师资格考试制度由国务院规定。"

幼儿园、小学、初级中学、高级中学、中等职业学校的教师资格考试和中等职业学校实习指导教师资格考试，每年进行一次。考试分别根据教师资格分类设为幼儿园教师资格考试、小学教师资格考试、初级中学教师资格考试等。

教师资格考试科目、标准和考试大纲由国务院教育行政部门审定。考试试卷的编制、考务工作和考试成绩证明的发放，除高等学校教师资格以外，由县级以上人民政府教育行政部门组织实施；高等学校教师资格考试，由受委托的各级高等学校自行组织实施。

教师这一职业本身的特点决定了对教师的思想品德、道德修养应有严格的要求。《教师法》第十四条对不能取得和丧失教师资格的情况作了明确的规定：受到剥夺政治权利或者故意犯罪受到有期徒刑以上处罚的不能取得教师资格，已经取得教师资格的丧失教师资格。

《教师资格条例》中对具体的教师资格的禁止取得做出了详细规定。对有下列行为的，由县级人民政府教育行政部门撤销其教师资格：①弄虚作假、骗取教师资格的；②品行不良、侮辱学生，影响恶劣的。被撤销教师资格的，自撤销之日起5年内不得重新申请认定教师资格。

对于在教师资格考试中有作弊行为的，其考试成绩作废，3 年内不得再次参加教师资格考试。

《教师法》第三十七条规定："教师有下列情形之一的，由所在学校、其他教育机构或者教育行政部门给予行政处分或者解聘。①故意不完成教育教学任务给教育教学工作造成损失的；②体罚学生，经教育不改的；③品行不良、侮辱学生，影响恶劣的。"

对按照《教师法》《教师资格条例》规定丧失或撤销教师资格者，其工作单位或户籍所在地的县级以上教育行政部门应按照教师资格认定权限会同原发证机关办理撤销、注销教师手续，通过当事人，收缴其证书，并将教师资格注销或撤销决定存入当事人档案，在教师资格管理信息系统中做相应的记录。被撤销教师资格的当事人 5 年后再次申请教师资格时，需提供相关证明。

由于各级各类学校性质、特点、层次的差异，也由于不同类型学校有的具有共性，因此必须明确规定各种教师资格的适用范围和融通性。在很多实行教师资格的国家，各种教师资格是不能融通的，只能在本级学校任教。《教师资格条例》第五条规定："取得教师资格的公民，可以在本级及本级以下的学校任教。"这样规定是从我国国情出发的，有利于教师向低层次学校流动。

这里需要强调的是，实习指导教师资格不能与其他教师资格融通。原因是实习指导教师专业门类繁多，很多专业又没有高校培养，实习指导教师资格在学历要求上相对低一些，重要的是要具有实际操作能力。高中教师资格和中专的文化课、专业课教师资格通用。

各类普通学校教师资格适用于相同层次的成人学校，因此不设立专门的成人学校教师资格。这种规定主要是考虑成人学校的教育教学与其他普通学校相近，有利于成人学校吸引教师。如果单独设立成人学校教师资格，又要规定相应的条件，还有融通性等复杂问题，对成人学校不利。

关于教师资格方面，我国相关法律法规还有一些其他方面的规定：

关于学校调整、合并方面的规定。因学校调整、合并等原因，需要具备其他类教师资格的人员，应依照法定程序及时申请认定与其新的教学岗位相应的教师资格。

关于委托部分高等学校认定高等学校教师资格方面的规定。根据《实施办法》第二十一条规定按照属地化的原则，省级教育行政部门应行文委托本行政区域内经过教育行政部门批准实施本科学历教育的普通高等学校负责议定本校拟聘任人员的高等学校教师资格。接受委托的高等学校拟议定教师资格的人员应经省级教育行政部门核准。

关于加强对教师资格证书的管理方面的规定。教师资格证书是教师资格的主要体现形式，是持证人具有教师资格的法定凭证，应由教育部统一印制。《教师资格认定申请表》由教育部监制、省级教育行政部门印制。教师资格确认后，教师资格认定申请表在当事人人事档案部门保存，教师资格认定机构同时存留。

关于收费方面的规定。面向社会认定教师资格工作需要向申请者个人收取根据严格的成本核算确定的教师资格认定费用，现已经财政部、国家发展计划委员会批准立项。各级收费标准由省级教育行政部门报请省财政、物价部门批准。对师范教育类专业毕业生、学校在编正式任教人员和离（退）休教师除收取证书工本费外，一律不得收取认定费用。县级以上教育行政部门要保证安排教师资格认定工作专项经费，确保教师资格认定工作的顺利进行。同时要严格遵守纪律，严禁乱收费。

【典型案例】

案例一：山东省枣庄亭区某镇某村小学教师李某，自分配到该校一年以来，从不备课、讲课，基本上都是让学生自习，自己在课堂上看小说。在一次给学生买试卷时，他向全班42名同学每人多收了一元钱。在真相透露后，被学生孙某追要一元钱时，他将孙踢倒在地，并用皮鞋踹孙的太阳穴，致使孙颅骨被踢骨折，多处软组织挫伤，被鉴定为轻伤。事发后李某逃匿。经查,李某参加工作后的两年间经历了两次毕业分配。第一次是因为被发现诸多劣迹,打伤一名小学生,经有关部门罚款后被限期调离的。

案例二:某高级中学的语文教师金某,1988 年评聘为中教一级教师职称,教龄 30 年。1993 年金某奉命搞学校勤工俭学产业,因收受回扣以受贿罪于 1995 年判处有期徒刑二年零 6 个月并宣告缓刑三年,现期满。因表现好,由人事部门批准,学校安排其在教务处做教学管理工作,给予教育职员待遇。但是,金某希望发挥自己所长,继续教书,获得教师职称。

【法律分析】

在案例一中,我们需要注意:

首先,李某的行为构成了故意伤害罪。李某故意伤害他人的行为是在教育教学过程发生的,属于职务行为,因此,在李某逃匿的情况下,应由其所在学校予以支付赔偿款,然后再由学校向李某追偿。学校是义务教育机关,对于李某乱收费、殴打学生的行为未作处理,致使造成严重后果,因此,学校也应承担部分责任。另外,在本案中,李某从不备课、讲课,上课时看小说,并未做到教书育人,影响恶劣,根据《教师法》第三十七条之规定,应由学校将其解聘。

其次,李某教师资格的取得不符合有关规定。根据《教育法》及《中小学教师职业道德规范》的要求,取得教师资格必须热爱教育事业,具有良好的思想品质,包括贯彻执行党和国家的教育方针、努力钻研业务、忠于职守、爱护学生、作风正派等。在本案中,李某是在打伤一名小学生经有关部门罚款后,被限制勒令调离,又参加第二次毕业分配到镇上的,这种做法是违反教育部办公厅《关于当前加强教师队伍管理的通知》中第二条之规定:"在教师资格认定工作中,对过去在生活作风有过错误或犯罪记录,特别是与未成年人有过不正当关系的申请人,不管其他条件如何,应当暂缓认定其教师资格。对已取得教师资格的人员，有违背《教师法》和《教师资格条例》的，一律撤销教师资格。对这类人员依法重新申请教师资格要从严控制。"由于李某的品行不良、侮辱学生，影响十分恶劣，因此对李某的教师资格应当予以撤销。

在案例二中，我们需要注意，我国《教师法》第十四条规定："受到剥夺政治权利或者故意犯罪受到有期徒刑以上刑事处罚的，不能取得教师资格；已经取得教师资格的，丧失教师资格。"对于这条法律规定，应当正确理解和把握其内涵的两层刑法意义：

一是适用本条规定以"受到刑事处罚"为前提。刑事处罚，意指对被认定为犯罪的人宣判刑罚，它不同于"刑罚处罚"。受到刑罚处罚，其意义在于被认定为犯罪的人，不仅被宣告判处刑罚，而且实际上受到该刑罚的处罚，亦即执行了宣判的刑罚。而受到刑事处罚，则可能是只被宣判一定的刑罚，由于具备一定的法定条件，在实际执行中并没有真正承受该刑罚的处罚。

二是受到刑事处罚的人，必须是被判处剥夺政治权利或者因故意犯罪处有期徒刑以上刑罚的人。也就是说，除了这两种人之外，其他诸如故意犯罪免予刑事处罚的人，故意犯罪受到管制、拘役或者罚金、没收财产处罚的人，以及因过失犯罪被判处刑罚的人，都不适用《教师法》第十四条的规定。

金某曾因犯受贿罪被判处有期徒刑二年零6个月并宣告缓刑三年，这已经构成"因故意犯罪受到有期徒刑以上刑事处罚"的事实。缓刑制度是我国刑法确定的一种刑罚执行制度，被宣告适用缓刑的人，可能因为其在缓刑考验期内具备法定条件而不再受刑罚处罚，但其适用缓刑，接受缓刑考验期内的改造，本身就已经是受到了刑事处罚。因此，根据教师法的规定，因故意犯罪被判处有期徒刑适用缓刑的人不能取得教师资格。

【法条链接】

《教师法》第十条规定："国家实行教师资格制度。中国公民凡遵守宪法和法律，热爱教育事业，具有良好的思想品德，具备本法规定的学历或者经国家教师资格考试合格，有教育教学能力，经认定合格的，可以取得教师资格。"

《教师法》第十四条规定："受到剥夺政治权利或者故意犯罪受到有期徒刑以上刑事处罚的，不能取得教师资格；已经取得教师资格的，丧失教师资格。"

《教师法》第三十七条规定："教师有下列情形之一的，由所在学校、其他教育机构或者教育行政部门给予行政处分或者解聘：（一）故意不完成教育教学任务给教育教学工作造成损失的；（二）体罚学生，经教育不改的；（三）品行不良、侮辱学生，影响恶劣的。教师有前款第（二）项、第（三）项所列情形之一，情节严重，构成犯罪的，依法追究刑事责任。"

《教师资格条例》第十九条规定："有下列情形之一的，由县级以上人民政府教育行政部门撤销其教师资格：（一）弄虚作假、骗取教师资格的；（二）品行不良、侮辱学生，影响恶劣的。被撤销教师资格的，自撤销之日起5年内不得重新申请认定教师资格，其教师资格证书由县级以上人民政府教育行政部门收缴。"

专题3　教师的职务

我国《教师法》第十六条规定："国家实行教师职务制度，具体办法由国务院规定。"教师职务是根据学校教学、科研等实际工作需要设置的有明确职责、任职条件和任期，并具备专门的业务知识和相应的学术技术水平才能担任的专业技术工作岗位。教师职务制度是指国家对教师岗位的设置及各级岗位任职条件和取得该岗位职务的程序等方面的有关规定的总称。

教师的职务有以下几个特性：依附性，即教师职务依附于岗位设立。教师一旦离开岗位，职务就不再单独存在，并且教师的职务随着岗位的消失而停止。教师退休，职务也相应解聘。限制性，即教师职务不是终生拥有的，教师职务与工资待遇直接挂钩，并有数额限制。教师完不成任务，达不到任职要求或不能履行职务职责，就要被解聘或者降职。综合性，即教师职务要求教师同时拥有较高的思想政治表现、发展潜力及学术水平、工作能力。

按照原来国家有关规定，我国原来教师职务系列分为高等学校教师职务、中等专业学校教师职务、中学教师职务、小学教师职务和技工学校教师职务五个系列。它们是：

高等学校教师职务设助教、讲师、副教授、教授。

中等专业学校教师职务设教员、助理讲师、讲师、高级讲师。

普通中小学及幼儿园设三级教师、二级教师、一级教师、高级教师。

技工学校文化与技术理论课教师职务设教员、助理讲师、讲师、高级讲师。

技工学校生产实习课教师职务设三级实习指导教师、二级实习指导教师、一级实习指导教师、高级实习指导教师。

2006 年新修订的《义务教育法》第三十条规定："国家建立统一的义务教育教师职务制度。教师职务分为初级职务、中级职务和高级职务。"这样，依据新修订的《义务教育法》，学校行政领导在定编定员，确定高、中、初级职务的合理结构比例或者数额的基础上，需要根据评审委员会的评定，在符合条件的人员中进行聘任。我国从 1986 年起实行中小学教师职务制度。当时国家在制订中小学教师职务系列时划分了中学和小学两种不同的教师职务系列，也就是说，中学的初级、中级、高级与助教、讲师和副教授相对应，而小学则达不到。这种人为区分中小学教师职务系列不利于调动小学教师的积极性，也不符合小学教师的职业属性，是极其不科学的。新修订的《义务教育法》将义务教育阶段的教师职务序列打通，小学和中学的差别不复存在，初级、中级、高级，都与助教、讲师和副教授相对应。小学教师也可以评副教授，这是对义务教育阶段教师职务制度改革的重大突破。这样，国家建立统一的义务教育教师职务制度，有利于促进小学教师队伍的科学化、规范化和制度化，有利于吸纳高素质的人才到小学任教，提升小学教师队伍的整体水平，有利于提高小学教师的社会地位。

教师的任职条件是指受聘教师职务应达到国家有关法律规定的各级各类教师应达到的思想、学历、学术标准及身体状况。教师的任职条件是建立在教师资格条件基础之上的，但不同系列和不同级别的教师在任职条件上应有所不同，其具体条件在《高等学校教师职务试行条例》《中等专业教师职务试行条例》和《中小学教师职务试行条例》等文件中作了相应的规定。以小学高级教师的任职条件为例。

小学高级教师任职条件是，小学一级教师任教五年以上，或者高等师范学校及其他高等学校本科毕业生见习一年期满，经考核，表明能履行高级教师职责并具备下列条件：（1）对所教学科具有比较扎实的文化专业知识，教学经验比较丰富，并能结合教学开展课外活动，教学效果显著。（2）掌握比较扎实的小学教育的理论，善于根据小学生的年龄特征和思想实际，对学生进行思想品德教育，教育效果显著。（3）具有指导教学研究的能力，并承担一定的教学研究任务，或者指导小学一、二、三级教师的教育教学工作，并在培养提高教师文化业务水平的教育教学能力方面做出成绩。

小学的教育或教学的某一方面成绩特别突出的教师，其任职条件可以不受学历和任职年限的规定限制。

各级教师职务一般由同行专家组成的教师职务评审组织或教授评审团依据现行各教师职务试行条例规定的任职条件进行评审。各级教师职务的评审程序、权限和细则分别由各级教师职务试行条例做出详细的规定。以小学教师的职务评审为例。

小学教师职务评审工作，由省、地、县三级教育行政部门分级领导，并在地、县两级分别设立小学教师职务评审委员会。各级评审委员会，由同级教育主管部门批准。学校或学区设立评审小组，由县级教育行政部门批准。评审小学教师职务时，应由本人提供政治思想、教育教学工作总结和履行职责情况，填写《小学教师职务评审申报表》，经过相应的评审组织评审后，报主管部门审核。小学高级教师的任职条件，由地级评审委员会审定；小学一、二、三级教师的任职条件，由县级评审委员会审定。

专题4 教师的权利

教师的权利也称教师的法律权利，是指教师依法享有的某种权能和利益，表现为教师作为权利享有者能够做出或不做出一定的行为，或要求他人做出一定行为的资格。关于教师权利的概念，需要注意以下两个关键词：

第一，依法享有。一方面，教师的权利受到国家法律保障，当教师的权利受到侵害时，教师有权诉诸法律，要求确认和保护自己的权利，同时国家将以强制手段予以保证；另一方面，教师必须依照有关法律行使自己的权利，不能越权行使。

第二，权能，包括行为、不行为、要求他人行为。这是赋予教师实施某种行为的权利，也称为积极行为的权利，如教师从事学术交流的权利、按时获取工资报酬的权利。积极行为的权利体现了一定社会经济条件下教师享有的自主权利。

教师的权利主要来自三个方面：首先，教师作为公民，享有公民权；其次，教师作为普遍意义的教师，享有普遍意义的教师权；再次，教师作为具体某一学校工作的教师，享有特殊类型学校教师的权利。例如，高等学校的教师不同于幼儿园的教师，义务教育阶段的教师不同于非义务教育阶段的教师。在确定教师的权利时，一般要考虑这三个来源。教师的权利包括了这三项权利的组合，但是重点突出了教师的职业特点。《教师法》中对教师权利的规定主要是职业权利，可以理解为是一种职业特权。从事其他职业的人不能享有教师的权利。

按照我国《教师法》的规定，我国的教师享有六项权利，分别简称为：教育教学权、学术研究权、管理学生权、报酬待遇权、参与管理权和进修培训权。

1. 教育教学权

教师享有"进行教育教学活动，开展教育教学改革和实验"的权利，简称"教育教学权"。教育教学权是教师为履行教育教学职责而必须具备的基本权利，其主要内容包括：

（1）组织教学权。体现为教师可以依据教学计划、教学工作量的要求，结合自身特点自主地组织教学，如对学生提问、测验、布置作业和组织学生进行有益的课外活动等；

（2）教学内容权。体现为教师可以在国家允许的范围内选择教材，按照教学大纲的要求确定教学内容和教学进度，并不断完善教学大纲等；

（3）教学方法权。体现为教师可以自主确定教学方法和教具等；

（4）教学改革权。体现为教师可以在不影响国家教学计划的前提下，针对不同的教育教学对象，在教育教学的形式、方法、具体内容等方面进行改革和实验等。

教育教学权是教师为履行教育教学职责而必须具备的基本权利，是一项很重要的权利，也是教师独有的权利。对教师的此项权利，任何个人或部门都无权干涉。这种权利属于教师职务权，不可滥用。比如，去年上海一所中学的教师被学生及家长联名上诉，理由是该教师在课堂上传播不健康思想。因此教师在行使这项权利时，必须要以有益于学生身心健康发展为准则。

2. 学术研究权

教师享有"从事科学研究、学术交流、参加专业的学术团体、在学术活动中发表意见"的权利，简称"学术研究权"。我国《宪法》第四十七条规定："中华人民共和国公民有进行科学研究、文学艺术创作和其他文化活动的自由。"教师的学术研究权是《宪法》这一规定的体现。教师"学术研究权"的主要内容包括：

（1）确定课题权。体现为教师可以自己确定科研课题和科研方法；

（2）参加学术团体权。体现为教师有权自己决定是否参加依法成立的学术团体，参加何种学术团体并在其中兼任工作。

（3）发表观点权。体现为教师在学术活动中有权发表自己的观点，开展学术争鸣的自由。但应注意的是，我国要求中小学教师在教育教学活动中的教学内容讲授应按照教学大纲的课程标准和教学基本要求进行，教师的学术自由主要表现在教育教学活动以外的专门科学研究活动之中。

（4）学术成果权。体现为教师有权将教育教学中的成功经验，或专业领域的研究成果，撰写成学术论文，著书立说。

教师的学术研究权是我国《宪法》第三十五条规定的"中华人民共和国公民有言论……的自由"和第四十七条规定的"科学研究……的自由"的体现。但教师在行使学术研究权的时候，不能影响正常的教育教学工作。尤其是在中小学，教师的学术研究最好能围绕提高教育教学质量进行。教师的学术自由与教育教学活动并不是相矛盾的。教师不能以进行学术活动为由放弃教学活动，或影响教学活动。比如，有的教师借口自己在参加学术研讨会，而不按课程表上课，放任学生自由，结果在上课时间两名同学打架，其中一名同学用小刀划伤了另一名同学的脸，这是要追究老师的责任的。

3. 管理学生权

教师享有"指导学生的学习和发展，评定学生的品行和学习成绩"的权利，简称"管理学生权"。管理学生权体现了教师在教育教学活动中的主导地位。具体来讲，主要包括三个方面：

（1）指导学生权。体现为教师有权根据学生的身心发展状况和特点，因材施教，有针对性地指导学生，并就学生的特长、就业、升学等方面的发展给予指导。

（2）成绩评定权。体现为教师有权对学生的思想政治、品德、学习等方面给予客观、公正和恰如其分的评价。

（3）个别教育权。体现为教师有权运用正确的指导思想，科学的方式方法，使学生的个性和能力得到充分发展。

教师的这一权利作为专门的职业权利受到法律保护，任何组织和个人不得以非法手段干预教师这项权利的行使。学校及其管理人员未经教师允许不得随意修改教师对学生所做的成绩评价和操行评定。同时，教师在行使学生管理权时必须尊重学生的权利。如不得侵犯学生的隐私权，随意查看、宣读学生日记，等等。在管理学生时应该公平，不能偏向某些学生，歧视另一些学生。如在给学生排座位时，不能只根据学习成绩来定，让学习好的坐前面，学习不好的坐后面，等等。

4. 报酬待遇权

教师享有"按时获取工资报酬，享有国家规定的福利待遇以及寒暑假期的带薪休假"的权利，简称"报酬待遇权"。教师待遇主要由教师工资报酬和其他福利待遇两部分组成。这项权利是教师应当享有的一项基本的物质权益，也是一项法定权利。教师的"报酬待遇权"包括两项内容：劳动报酬权，即按法律规定教师应当获得的物质报酬。劳动报酬是劳动者付出一定劳动而获得的物质补偿，在劳动法中，劳动报酬的形式包括工资、奖金、津贴等，其中最主要的是工资。福利待遇权，即教师有权享受国家规定的医疗、住房、退休等各种福利待遇和优惠政策，以及寒暑假期的带薪休假权利。福利待遇是除工资、奖金、津贴以外的各种优惠，其主要目的是提高劳动者的生活水平，减轻日常琐事的负担，使劳动者精力充沛地进行工作。福利待遇的形式是多种多样的。

关于教师的报酬待遇权，我国有关的具体法律规定主要有以下几个方面：

（1）教师的平均工资水平应当不低于国家公务员的平均工资水平，并逐步提高。建立正常晋级增薪制度。在工资制度方面可实行计时工资制、计件工资制、结构工资制、职务工资制、等级制等多种制度和形式。

（2）中小学教师和职业学校教师享受教龄津贴和其他津贴。其中包括：①为补偿教师特殊劳动消耗而建立的津贴。如班主任津贴、特殊教育教师津贴、兼课教师津贴等；②为保障教师实际收入和补偿教师生活费额外支出而建立的津贴，如地区生活费补贴等；③为鼓励教师提高教学科研水平和给优秀教师建立的津贴。如书报费、科研津贴、特殊教师津贴等；④为保障教师身体健康而建立的津贴，主要用于接触有毒、有害物质或其他有损身心健康岗位的教师。

（3）地方各级人民政府对教师以及具有中专以上学历的毕业生到少数民族地区和边远贫困地区从事教育教学工作的，应当予以补贴。

（4）地方各级人民政府和国务院有关部门，对城市教师住房的建设、租赁、出售实行优先、优惠。县、乡两级人民政府应当为农村中小学教师解决住房提供方便。

（5）教师的医疗同当地国家公务员享受同等的待遇，定期对教师进行身体健康检查，并因地制宜安排教师进行休养。医疗机构应当对当地教师的医疗提供方便。

（6）教师退休或者退职后，享受国家规定的退休或者退职待遇。县级以上地方人民政府可以适当提高长期从事教育教学工作的中小学退休教师的退休金比例。

（7）各级人民政府应当采取措施，改善国家补助、集体支付工资的中小学教师的待遇，逐步做到在工资收入上与国家支付工资的教师同工同酬，具体办法由地方各级人民政府根据本地区的实际情况规定。

（8）社会力量所办学校的教师的待遇，由举办者自行确定并予以保障。

（9）教师的工资必须按时按数发放，不得挪用、拖欠教师工资。对教师的工资，除了法律规定的情况外，任何单位、个人都不允许任意扣除。在下列情况下，允许扣除教师的工资：①学校可以依照人民法院的判决，从应负法律责任的教师工资中，扣除其应负担的扶养费、赡养费及损害赔偿等款项。②教师违反劳动纪律，受到留用察看处分者，留用察看期间停发工资；受到撤职处分者，必要时可以同时降低其一级或两级工资级别；对于玩忽职守，造成事故，使人民生命、财产遭损失者，或者工作不负责任，造成经济损失者，应责令其赔偿损失，可从教师本人的工资中扣除，但每月扣除的金额最多不得超过其月工资的20％。③教师在劳动教养期间，停发原工资，发给生活费。其家属生活确有困难者，原单位在其工资剩余部分中酌情给予补助。

2006 年修订的《义务教育法》对义务教育阶段教师的报酬待遇更是做了详细的规定，出现了一些新的变化。这些变化主要体现在四个方面：

（1）《义务教育法》规定各级人民政府要保障教师工资福利和社会保险待遇，改善教师工作和生活条件；完善农村教师工资经费保障机制。1986 年颁布的《义务教育法》只是笼统地提出，"国家保障教师的合法权益，改善教师的物质待遇，对优秀的教育工作者给予奖励"。对教师工资的保障责任和保障范围并没有做出清晰的界定。而新修订《义务教育法》的出台，从国家立法的高度，有力地保障了义务教育阶段教师的工资待遇问题，具体来讲：①明确了责任主体，即，保障教师工资福利待遇是各级人民政府的责任。②明确了教师福利待遇的内容，它包括工资福利、社会保险以及改善工作和生活条件等。③突出强调了进一步完善农村教师工资经费保障机制问题，它是保障义务教育教师工资的重点和难点。

（2）《义务教育法》规定教师的平均工资水平应当不低于当地公务员的平均工资水平。我国的《教师法》第二十五条规定："教师的平均工资水平应当不低于或者高于国家公务员的平均工资水平，并逐步提高。"而新修订《义务教育法》的规定，与《教师法》的上述表述有显著的区别，表现为：①将"不低于或者高于"统一为"不低于"，使得地方政府在落实保障教师工资待遇水平上更具有可操作性。②将"国家公务员"改为"当地公务员"，进一步明确了义务教育教师工资水平参照比较的对象为当地公务员，更具有可比性。

（3）《义务教育法》规定对于特殊教育教师和民族地区、边远贫困地区教师的补助津贴的规定：①《义务教育法》规定："特殊教育教师享有特殊岗位补助津贴。"特殊教育教师是指聋校、盲校、弱智学校的教师。根据按劳取酬的原则，特殊学校的教师应当享有特殊岗位补助津贴，得到更多报酬。②《义务教育法》规定："在民族地区和边远贫困地区工作的教师享有艰苦贫困地区补助津贴。"因为民族地区和边远、贫困地区，是普及义务教育难度很大的地区，这些地区交通不便，人口居住分散，经济和教育发展水平十分落后，条件艰苦，教师队伍不稳定。为了改变这些地区的落后面貌，需要加快发展义务教育事业。稳定这些地区的教师队伍，吸引更多的教师到这些地区任教，是加快发展这些地区义务教育的重要措施。这是我国第一次在教育法律中对特殊教育教师和在民族地区、边远贫困地区工作的教师享受特殊岗位津贴和艰苦贫困地区津贴问题做出明确规定，充分体现了国家对特殊教育教师以及在民族地区和边远贫困地区工作的教师待遇问题的高度重视，这必将有利于我国义务教育的均衡发展，有利于教育公平的实现和和谐社会的构建。

（4）《义务教育法》规定国务院和地方各级人民政府将义务教育经费纳入财政预算，按照教职工编制标准、工资标准等，及时足额拨付义务教育经费，确保教职工工资按照规定发放，并保证教职工工资逐步增长。这一规定为切实提高我国义务教育教师的待遇提供了有力保障，势必会激发广大中小学教师的工作热情，有助于提高教育教学质量，有助于义务教育的普及和国民素质的提升。

5. 参与管理权

教师享有"对学校教育教学、管理工作和教育行政部门的工作提出意见和建议，通过教职工代表大会或者其他形式，参与学校管理的民主权利"，简称"参与管理权"。这项权利是宪法所赋予的，我国《宪法》第二条规定："中华人民共和国的一切权力属于人民……人民依照法律规定，通过各种途径和形式，管理国家事务，管理经济和文化事务，管理社会事务。"《宪法》第二十七条规定："一切国家机关和国家工作人员必须依靠人民的支持，经常保持同人民的密切联系，倾听人民的意见和建议，接受人民的监督，努力为人民服务。"《宪法》第四十一条规定："中华人民共和国公民对于任何国家机关和国家工作人员，有提出批评建议的权利；对于任何国家机关和国家工作人员的违法失职行为，有向有关国家机关提出申诉、控告或者检举的权利。"根据宪法的规定，在学校里，教师有参与管理的权利。

教师参与管理的权利，可以依照法律由个人行使，如通过行使选举权和被选举权，通过对国家机关和国家工作人员提出批评和建议，提出申诉、控告或者检举等来实现。也可以通过其他形式来实现，其中比较主要的一种形式是教职工代表大会。在这种形式下，教师的参与管理权体现在以下几方面：

（1）听取校长的工作报告，讨论学校的年度工作计划、发展规划、改革方案、教职工队伍建设等重大问题，并提出意见和建议。

（2）讨论通过岗位责任制方案、教职工奖惩办法，以及其他与教职工有关的基本规章制度，由校长颁布施行。

（3）讨论决定教职工的住房分配、福利费管理使用的原则和办法，以及其他有关教职工的集体福利事项。

（4）监督学校各级领导干部，可以进行表扬、批评、评议、推荐，必要时可以建议上级机关予以嘉奖、晋升，或予以处分、免职。

在教师参与管理时，应注意遵循民主集中制的原则，少数服从多数。个人意见被否决以后，应服从多数人的决议。

6. 进修培训权

教师享有"参加进修或者其他方式的培训"的权利，简称"进修培训权"。进修培训权是教师不断接受教育，获得自我充实和提高的基本权利和必要手段。《宪法》第四十七条规定："国家对于从事教育、科学、技术、文学、艺术和其他文化事业的公民的有益于人民的创造性工作，给以鼓励和帮助。"教师的进修培训权是国家对从事教育的公民的有益于人民的创造性工作，给以鼓励和帮助的体现之一。教师的进修培训权可以通过多种形式来实现，其中比较主要的有以下几方面：

（1）各级人民政府和有关部门应当办好师范教育，并采取措施，鼓励优秀青年进入各级师范学校学习。

（2）各级教师进修学校承担培训中小学教师的任务。

（3）师范院校应当承担培养和培训中小学教师的任务。

（4）各级师范学校学生享受专业奖学金。

（5）各级人民政府教育行政部门、学校主管部门和学校应当制定教师培训规划，对教师进行多种形式的思想政治、业务培训。

（6）国家机关、企业事业单位和其他社会组织应当为教师的社会调查和社会实践提供方便，给予协助。

近年来，我国义务教育教师培训工作取得了一定进展。但当前，我国教师教育质量总体上还不能适应造就高素质专业化教师队伍的现实需要。为此，新修订的《义务教育法》强调："县级以上人民政府应当加强教师培养工作，采取措施发展教师教育。"这为进一步发展教师教育、为义务教育发展提供强有力的师资保障，奠定了坚实的法律基础。

当前，农村义务教育教师培训存在很多问题。首先，由于现在的教师培训大都面向的是各校的学科带头人、各级教学能手，以至于承担着教育主要任务的大多数农村学校教师却常常被各级培训所忽视。其次，由于各级教师进修学校所承担的培训主要以普通话和现代教育技术培训为主，学科内容很少，对于广大农村教师来说，难以学以致用。再次，是农村学校经费有限，培训投入少，农村教师待遇低，参加自费培训积极性不高。教师是提高学校办学质量的最积极因素，教师素质得不到提高，势必影响农村基础教育的发展和农村教育改革的深化，也会让城乡教育之间的质量进一步失衡。那么，我们应采取什么办法来改善农村教师培训难的问题呢？据报道，吉林大学附属中学在省内媒体上发布了一则广告，宣布将开办免费观摩课。令学校没有想到的是，吉林省各地农村学校和薄弱校来听课的教师竟然达到了6000多人次，有的教师甚至自己出路费来听课。我们可以看到，采用类似吉林大学附中的这种方式培训农村教师，不仅费用少，更切合农村教师的实际，也有利于推动城市教师素质的进一步提高，是值得借鉴的。

专题5 教师的义务

教师义务依据不同标准一般可以分为两类：第一类是积极义务与消

极义务。积极义务是必须做出一定行为的义务，如《教师法》规定教师在教育教学活动中，贯彻国家的教育方针，遵守规章制度的义务。消极义务是指不做出一定行为的义务，如不得体罚学生的义务。第二类是绝对义务与相对义务。绝对义务指对一般人承担的义务，如教师不得侵害法律所保护的任何公民的基本权利。相对义务是指对特定人承担的义务，如教师与学校签订的聘任合同中只对学校承担的义务。

与教师权利的来源类似，教师义务的来源也来自于三个方面：即公民义务、一般教师的义务和特定学校教师的义务。教师法所规定的教师义务，是与教师职业密切相关的义务。对不同类型的学校教师，义务要求的体现是不同的，这方面就不再赘述。

根据《教育法》和《教师法》的有关规定，教师的义务包括以下六个方面：遵纪守法、教育教学、思想教育、尊重学生人格、保护学生权益、提高水平的义务。

1. 遵纪守法义务

教师应当履行"遵守宪法、法律和职业道德，为人师表"的义务，简称"遵纪守法义务"。教师遵纪守法义务主要包括以下几方面：

（1）遵守宪法。宪法是我国的根本大法，具有最高的法律效力。教师在自己的工作中，必须以宪法为根本的活动准则，并且负有维护宪法尊严、保证宪法实施的职责。

（2）遵守法律。这里所说的法律包括除宪法以外的由全国人大常委会颁布的法律，国务院颁布的法规，各部委发布的规章，地方性法律、法规以及我国参加签订的国际条约等，广义上说还包括学校制定的规章制度。

（3）遵守职业道德。教师的职业道德非常广泛。原国家教委、全国教育总工会在 1997 年 9 月 1 日重新发布了《中小学教师职业道德规范》，共有 8 规定：依法执教、爱岗敬业、热爱学生、严谨治学、团结协作、尊重家长、廉洁从教和为人师表。作为教师应当熟记这 8 项规范。后来又发布了新版《中小学教师职业道德规范》，共有 6 条规定：爱国守法、爱岗敬业、关爱学生、教书育人、为人师表、终身学习。

（4）为人师表。教师的职业要求教师做出表率，身教胜于言教。为人师表对教师提出了多方面的要求，主要包括思想政治、工作态度、钻研业务、生活作风、服饰打扮等方面。教师的一言一行都对学生有潜移默化的影响，教师应当履行义务做到为人师表，以身作则。

遵守宪法、法律和职业道德是任何一种专业职业的人员都应该做到的。为人师表则是教师应尽的特殊义务。尤其是中小学生，他们模仿能力都很强，经常会以身边的人的一举一动作为自己的参考，因此就要求教师要以身示范，对学生以耳濡目染的熏陶，这样才能令学生更容易接受和更令人信服。然而有些教师却不能为人师表，甚至利用职务之便，侵害学生。

2. 教育教学义务

教师应履行"贯彻国家的教育方针，遵守规章制度，执行学校的教学计划，履行教师聘约，完成教育教学工作任务"的义务，简称"贯彻方针义务"。这项义务的内容主要包括：

（1）贯彻方针。教育方针是国家根据政治、经济的要求，为实现教育目的而规定的教育工作的总方向。教师是教育方针的具体执行者，一定要注意全面贯彻执行国家的教育方针，纠正和防止一味重视智育、片面追求分数等不良倾向。比如武汉某初中就采取加重学生负担的方式搞教育。据调查，武汉某初中声称搞素质教育，实际上却在日益加重学生负担，学校的教育教学活动仍然是围绕升学考试而安排的。这所学校给学生制定了一个这样的作息时间表：早上 7 时 15 分至 20 分到校；每天 8 节课，偶尔有一节自习课，也总是被占用而上了语文、数学、英语等课程；每天晚上还有不少家庭作业，学生一般要做到 11 点左右；除周六有大量家庭作业要做外，周日还要照常上课。在这样的重压之下，学生的睡眠严重不足，没有正常的休息和娱乐时间，没有机会锻炼身体，学生更没有机会做课外实践活动。虽然，学校、老师和家长这样做，是一番好心，希望学生能成才。但是，在这样的重压之下，在这样的状况中生活和学习，学生真的能够顺利长大成才吗？这个例子中学校的做法是违反教育规律、违反《义务教育法》的，不利于学生身心的健康发展。政府的教育督导部门应依法行政，加强依法监督检查评估工作。对该校明显违反教育规律，损害青少年身心健康发展的做法给予严厉的批评，责令及时整改。由这个实例，我们可以深切地体会到：教育质量的提高应着重在转变育人模式上下功夫，教育教学要按教育法规减轻学生负担，实行启发式教学，让学生更多地参加社会实践活动。要让学生在教育教学过程中德、智、体、美都能得到健康发展。

（2）遵守规章。这里的规章制度主要是指关于教育教学的规章制度。教师在教育教学工作中一定要遵守有关的规章制度，执行学校的教学计划。具体来说包括招生、课程设置、教学方法、教材选择、测验考试、辅导补课、课外活动、体育卫生等方面的规章制度。

（3）履行聘约。在实行教师聘任制以后，教师与学校签订聘任合同，明确规定双方的权利、义务和责任。教师应当按照聘约的规定完成教育教学工作任务。如果教师不能按照约定完成任务，那就可能承担违约的责任。依据《中学教师职务试行条例》，各级中学教师的责任概括起来，包括以下方面：①承担教学任务，备课、讲课、辅导、批改作业、考核学生成绩。②在课内外对学生进行思想品德教育，担任班主任或组织辅导学生课外活动。③承担或组织教育教学工作。④指导下级教师的教育教学工作或承担培养教师的任务。

有这样一个案例，江苏省苏中某镇初中一年级二班上午第四节课是音乐课，由于学期临近结束，各学科已全面进入复习迎考阶段，学生作业量普遍较大，为此，同学们要求音乐教师将这一节课让给他们做作业，钱老师想了想，便答应了同学们的请求，自己则回到教师办公室，改做其他事了。在上述案例中，钱老师的做法违反了《义务教育法》

的规定，因为课程计划和教学大纲是中小学校应自觉遵守和执行的教育法规，课堂就是教师的"战场"和"阵地"。音乐教师钱某尽管是"顺乎民意"，根据同学们的要求将音乐课改为同学们的作业自习课，但教师的职责是按照教学计划、教学大纲、课程方案和课表的要求，认真备好、上好每一节课，钱某无权做出"什么课可上，什么课可不上"的决定。这种做法显然违背了《义务教育法》的规定，钱老师没有尽到应尽的教育教学义务。

近几年来，随着社会力量办学的增加，各种课外辅导班、实习班也相继出现。有些教师就利用职权之便，在周末或假期休息之日，举办各种收费补习班；有的教师甚至在课堂上不好好讲，而利用补习班来弥补；还有的教师在补习班上讲下学期的新课，开学后就不再讲了。这样，学生要跟上进度，就只能去参加其补习班。教育行政部门虽然三令五申强调在职教师不允许以各种名义开办辅导班，但这种现象还是屡禁不止。还有的老师自己不办班，但却在外兼职，每天累得筋疲力尽而影响备课，从而影响正常的教学。这些都是没有好好地履行教育教学义务的行为，也是应追究其责任的。

3. 思想教育义务

教师应履行"对学生进行宪法所确定的基本原则的教育和爱国主义、民族团结教育、法制教育以及思想品德、文化、科学技术教育，组织带领学生开展有益的社会活动"的义务，简称"思想教育义务"。教师不仅要传授科学文化知识，而且要注意对学生进行思想教育。这项义务的内容主要包括：

（1）教学的思想性。教师在思想教育方面可以采取多种形式。通过教学过程对学生进行思想教育。在语文、政治、历史、地理、音乐、美术等文科课程中，注意发挥它们的思想性；在物理、化学、数学、生物等理科课程中，也要注意挖掘其中蕴含的思想教育因素，使思想教育工作渗透在传授知识的过程中，让学生在获得知识的同时，也受到深刻的思想教育。通过参观、访问、报告会、讲演、讨论、学习英雄事迹等活动，使学生受到思想教育。通过让学生参加社会实践和对学生提出行为要求，培养学生形成良好的思想品德。

（2）思想教育的任务。教师在德育工作方面的基本任务是把全体学生培养成为爱国的具有社会公德、文明行为习惯的遵纪守法的好公民。在这个基础上，引导他们逐步确立科学的人生观、世界观，并不断提高社会主义思想觉悟，使他们中的优秀分子将来都能够成为坚定的共产主义者。

（3）思想教育的内容。主要内容包括：①进行爱国主义的教育。使学生从小就了解中华民族的光辉历史和革命传统，了解一百多年来中华民族的深重灾难和共产党领导人民进行的反帝反封建的英勇斗争，以培养学生的民族自尊心、自信心。②进行集体主义教育。教育学生尊重他人、理解他人、帮助他人，教育他们逐步学会正确处理个人利益同集体利益的关系。③进行社会主义民主和遵纪守法的教育。培养学生具有民主意识和社会主义主人翁的精神，同时，要教育学生懂得民主和法制、纪律不可分，让学生了解公民的基本权利和义务，树立公民的法制观念。④进行劳动教育。认真培养学生的劳动观点、劳动习惯和勤俭节约、艰苦朴素的精神，不仅是实现学校教育目标的重要方面，而且关系着我们民族优良传统的发扬光大。⑤进行道德教育和良好的心理品质的培养。对中小学更多的是养成教育。

对学生进行思想教育是教师的一项重要义务，特别在改革开放深入发展的形势下，教师更应切实地承担起这项义务。有的教师练法轮功并且动员学生去练；还有的教师在课堂上给学生宣传封建迷信思想，讲一些关于鬼的故事；或向学生宣传宿命论，讲解人的命运，说人的命运是注定的，不可改变的，或向学生宣传宗教，动员学生信仰宗教等，这些都违反了教师的义务。

4. 尊重学生人格义务

教师应当履行"关心、爱护学生，尊重学生人格，促进学生在品德、智力、体质等方面全面发展"的义务，简称"尊重学生义务"。从法律角度来说，学生也是公民，他们与教师的法律地位是平等的，我国《宪法》规定："中华人民共和国公民的人格尊严不受侵犯。"这里就包括学生的人格尊严不受侵犯。教师尊重学生人格的义务主要包括以下几方面：

（1）教师应当关心、爱护全体学生。这包含着许多方面：①对全体学生应一视同仁，不得因为民族、种族、性别、残疾、贫富、地位、学习成绩等歧视任何学生；②不得使学生在危及人身安全、健康的校舍和其他教育教学设施中活动；③在学生患病或出现事故时，教师应当积极采取措施救治，不得置之不理。

（2）尊重学生人格。人格权在法律上解释为公民或法人维护自己的生存和尊严的权利，指生命健康权、自由权、名誉权、姓名权、名称权、肖像权等。学生作为公民拥有自己的人格权，教师应尊重。这主要包括以下几方面：①教师不得体罚、变相体罚学生。②教师不得侮辱、谩骂、讽刺、挖苦学生。③教师不得泄露学生隐私。④教师应当尊重学生的个性发展，坚持个性发展和全面发展相统一的观点。⑤教师不得强迫学生做丧失人格尊严的事情，如出租学生为他人送葬等。

（3）促进学生在品德、智力、体质等方面全面发展。从人格的角度来讲，教师应该培养所有学生全面发展，这是尊重人格的基本要求。为此，不能把学生分成尖子班、傻子班，这种做法是侮辱学生人格的，同时也不利于全面发展。

尊重学生人格义务还涉及如何对待学生的信件、日记等问题。这方面也存在一些教师不尊重学生人格的问题，如沈阳市新城区某中学的一位老师当众读了一名女生写给男生的情书，导致这名女学生回家后服毒自杀。这起案例引起很大轰动，类似的案例也不在少数。为此，教师在教育学生时一定要以尊重学生为前提，在教育的过程中要注意自己的言行，以免对学生造成伤害。

5. 保护学生权益义务

教师应当履行"制止有害于学生的行为或者其他侵犯学生合法权益的行为，批评和抵制有害于学生健康成长的现象"的义务，简称"维护权益义务"。我国《宪法》第四十九条规定："儿童受国家的保护。"我国新修订的《未成年人保护法》第三条规定："国家根据未成年人身心发展特点给予特殊、优先保护，保障未成年人的合法权益不受侵犯。"根据有关法律规定，维护学生的合法权益是教师应尽的义务，主要包括以下方面：

（1）制止有害于学生的行为。这里所说的有害于学生的行为，可以分为：①有害于学生身体健康的行为。例如，体罚学生，让学生在危及人身安全、健康的场所活动，包括有毒或者有危险的场所等，让学生吃有害于身体健康的食品，让学生参加有害于身体健康的劳动，违反规定加重学生学习负担等。②有害学生心理发展的行为。例如，歧视学生，向学生讲授封建迷信、恐怖、淫秽故事等。有害于学生的行为可能来自于校内，也可能来自于校外，无论来自哪里，教师都有义务加以制止。

（2）制止其他侵犯学生合法权益的行为。其他侵犯学生合法权益的行为很广泛，现在比较常见的有：①滥收费。表现为不合理的收学习费用，如转学费、升学费、留级费、补考费，还有强迫订购各种复习资料、报纸杂志、收不合理的班费等。②滥罚款。表现为地下有纸罚款、迟到罚款、不扫除罚款、不交作业罚款、答错题罚款、上课说话罚款等，名目繁多，以罚款代替思想教育工作。③侵犯学生的受教育权。如随意开除未成年学生，把犯了错误但并没影响课堂纪律的学生撵出教室，不让迟到的学生进教室上课，拒绝接收合乎条件的学生入学等。

（3）批评和抵制有害于学生健康成长的现象。有害于学生健康成长的现象，除了以上所说的内容之外，还包括社会上存在的种种不良现象：①雇用学龄儿童做童工，一些学龄儿童在街头卖艺；②有的家庭虐待子女，不让子女上学接受义务教育；③在电影、图书、音像、电视等方面存在的有害于学生健康成长的现象；④制造、贩卖有害于学生的物品、仪器，经营有害于学生的项目，如让未成年学生进入营业性舞厅等；⑤扰乱学校秩序，如到学校进行流氓滋扰、在校内外乱设摊点等。

对有害于学生健康成长的现象，每位教师都有义务进行批评和抵制。另外，教师在履行这项义务时要求有耐心，不能对所谓的"问题学生"采取不理不睬的态度。

6. 提高水平义务

教师应当履行"不断提高思想政治觉悟和教育教学业务水平"的义务，简称"提高水平义务"。这项义务与教师的"进修培训权"相互对应构成权利与义务的鲜明统一。随着客观形势的发展，对教师的要求也在不断提高。这在教师的"进修培训权利"中已经谈到。教师只有不断提高自己的水平，才能适应客观形势发展的需要。有些教师不注重知识更新，理论脱离实际，教案常年不变，"炒冷饭"现象较为严重。教师的"提高水平义务"主要包括以下方面：

（1）不断提高思想政治觉悟。教师的工作是培养人的工作。教师是园丁，是人类灵魂的工程师。只有教师自身具有高度的思想政治觉悟，才能培养学生具有高度的思想政治觉悟。一个自身思想政治觉悟低下的教师，培养不出高尚的学生。教师提高思想政治觉悟，要在以下几方面下功夫：①热爱社会主义祖国。②拥护四项基本原则。③学习和宣传马列主义毛泽东思想，在现阶段，要重点学习和掌握邓小平的教育思想，学习和掌握"三个代表"思想和科学发展观等。④热爱教育事业，发扬奉献精神。教育是一项职业，可以说是谋生的手段，但是，从更远的意义来说，教育是一项事业，是不能以金钱来衡量的。每位教师都应该意识到自己的责任重大，应该发扬奉献精神。⑤提高教育道德水平。

（2）不断提高教育教学业务水平。教师的教育教学业务水平直接影响教学质量。教师的水平尽管有教师资格制度的保证，但那只是最基本的要求。同国际相比，我国目前的状况，可以说要求是比较低的。达到教师资格的基本要求，只能算是可以基本合手教育教学需要了。要想培养高水平的人才，仅仅达到教师资格的基本要求是远远不够的，还必须超过它。科学技术在不断发展，教师所学的知识需要不断更新。社会传播媒介不断增加，学生接触的范围在扩大，知识面在增加，对教师的期望值也增加了，这些都向教师提出了不断提高教育教学水平的要求。教师应从三个方面努力：①教师应不断更新自己的知识，扩大知识面，适应教材的变化和学生对知识的渴求。②教师应不断地学习和掌握教育学、心理学方面的知识。教育学、心理学的知识也在不断变化，教师只有了解新的发展，才能在教育教学过程中，用适应学生心理发展的正确的教育方法，将知识有效地传授给学生。③教师应不断地进行教育教学的改革，在教育实践中进行研究和思考。既要吸收国内外的经验，又不墨守成规，使教育教学水平不断提高。

（3）提高水平应该主要靠自己。国家和学校为教师提供了进修和培养的机会，教师应该充分利用。然而，更主要、更大量的提高水平的工作要靠自己。每位教师都应自觉地制订提高水平的计划，通过个人的努力，不断提高自己的教育教学水平。

教师义务的各项内容主要是为保证国家的教育方针而设定的。这六项义务之间具有合理的逻辑关系，而正确理解它们之间的逻辑关系，将便于我们深刻理解和掌握教师的义务。

四、学　生

专题1　学生的含义与法律地位

学生是指在各级各类学校接受学历教育的公民。在我国制定颁布的大量教育法规中，对学生的权利、义务和法律责任作了一些规定。学生是教育法律关系的主体。学生的受教育活动是学校教育教学的中心，没有学生，学校、教育机构、教师及相关的行政机关，就失去了其存在的价值。学者们对教育权和受教育权问题探讨的重要目的之一，也就是要依法保障学生的受教育权。因此，明确学生的法律地位，掌握学生的权利与义务，是保障学生受教育权的基础，也是教育工作者的职责。

法律意义上的学生是指在各级各类学校及其他教育机构中注册并由其记录学业档案的受教育者。对这个概念的理解应注意以下四个关键词：首先是学校，学校是对学生学习、活动的场所认定；其次是注册，注册是对学生履行相关法律程序的认定；再次是记录学业档案，记录学业档案是对学生身份特征的认定；最后是受教育者，受教育者是对学生性质的认定。只有满足了以上的四个要求，才能称为法律意义上的学生。

《教育法》中对"受教育者"的界定是从广义上而说的，它包括各级各类学校的学生、违法犯罪的未成年人和一切接受教育的公民，也就是指在中华人民共和国境内接受基础教育、中等教育、高等教育、职业教育和成人教育的中国公民。学生按其学习的不同阶段，又可分为小学生、中学生、大学生和研究生（包括硕士研究生和博士研究生）。

学生的法律地位是指学生以其权利能力和行为能力在具体法律关系中取得的一种主体资格。这里也应注意以下三个关键词：权利能力、行为能力、主体资格。这三个关键词在前面我们已经详细分析，这里就不再赘述了。

就学生法律地位的来源看，主要体现在以下几个"身份"上：①公民身份。学生作为一般社会关系中的公民，具有《宪法》和法律如《刑法》《民法通则》《婚姻法》《合同法》等所赋予公民的各项基本权利。例如，《宪法》第四十六条第一款规定："中华人民共和国公民有受教育的权利和义务。"《教育法》第九条规定："中华人民共和国公民有受教育的权利和义务。""公民不分民族、种族、性别、职业、财产状况、宗教信仰等，依法享有平等的受教育机会。"这些规定是主要区别于非公民。②一般学生身份，即以学生身份享有的法律地位。《教育法》第三十六条第一款规定："受教育者在入学、升学、就业等方面依法享有平等权利。"这些规定，反映了学生作为法律关系主体的地位和权利。这主要区别于工人、农民等身份。③特定学生身份，即不同类型不同年龄阶段的学生享有不同的法律地位。小学生与大学生不同，未成年学生与成年人不同。如新修订的《义务教育法》第五条规定："各级人民政府及其有关部门应当履行本法规定的各项职责，保障适龄儿童、少年接受义务教育的权利。适龄儿童、少年的父母或者其他法定监护人应当依法保证其按时入学接受并完成义务教育。依法实施义务教育的学校应当按照规定标准完成教育教学任务，保证教育教学质量。社会组织和个人应当为适龄儿童、少年接受义务教育创造良好的环境。"这主要是学生间的区别。

就学生法律地位的体现来说，主要包括学生与学校、学生与教师之间的法律关系。由于教师是作为公务的执行者，学生与教师之间的法律关系更多地表现于学生与学校之间的关系。学生与学校之间的法律关系一般包括两个方面：

（1）学校与学生之间存在着教育与被教育、管理与被管理的关系。一方面，学校是由国家设立的为公众提供教育服务的服务性机构，它作为享有教育权力，承担教育任务的重要主体，实现着国家向公众提供教育的目的。因而，二者之间是教育与被教育的关系；另一方面，我国的教育法律通过授权的方式，规定了学校在学籍管理、学位授予、教学等方面与学生之间形成了管理与被管理的关系。

学校与学生之间的这种法律关系是给予学校的宗旨和任务，即贯彻国家的教育方针，执行国家教育教学方针，保证教育教学质量，维护受教育者的合法权益。要实现这一教育目标和教育效果，学校就必须享有一定的管理权限。从行政法的层面上来看，学校与学生之间的这种管理关系也是学校法律地位的体现。学校作为事业单位法人，带有较强的公务法人性质。学校与学生之间的关系无疑也具有行政法律关系的执行者与被行者。如学校对学生的纪律处分、退学或拒发毕业证、学位证的决定，均属于具有行政行为效果的行为。对于这些决定，如果学生不服，完全可以通过行政复议、行政诉讼的途径解决。

（2）学校与学生之间也存在着平等的权利主体关系。即学校与学生之间的平权型民事法律关系，它强调双方地位平等、自愿、等价有偿。具体而言，是指学校因提供学生在受教育过程中所需要的教学设施、生活设施，如学校向学生提供教科书、教室、图书馆、食宿等而形成的法律关系。

学校与学生之间的平等，从教育的角度来说，学校管理学生也是为了教育，严格管理也是必要的，但学生并不简单是被"管教"的对象。学校更多的应该为学生创造一种平等、民主的环境。从法律的角度来说，更多的是一种法律资格平等，如学生有权要求学校在学业成绩和品行鉴定上给予公正的评价；学生有权对学校给予的处分不服，并向有关部门申诉，甚至提起诉讼；学生有权对学校侵犯其人身权、财产权等合法权益提出申诉或依法提起诉讼。

学生承担法律责任有其自身的特点，对他们当中的违法行为进行制裁的时候，要考虑他们的各自特点。未成年学生由于年龄等原因，处于一个比较特殊的地位。按照法律来讲就是他们的责任能力可能因为年龄小而受到限制。如我国《治安管理处罚法》第十二条规定："已满十四岁不满十八岁的人违反治安管理的，从轻或者减轻处罚；不满十四岁的人违反治安管理的，不予处罚，但是应当责令其监护人严加管教。"由于这个年龄段的人大部分还在学校读书，还是学生，因此也是对学生的违法犯罪行为进行制裁特点的体现。在学校里，对违反学校规章制度和有关的教育法的学生进行制裁的时候也必须考虑这一点。

专题 2 学生的权利

学生的权利是法定的，可以分为两部分。一是指国家宪法和法律授予所有公民的权利。如《宪法》第四十六条规定，中华人民共和国公民有受教育的权利，公民的受教育权利受法律保护。我国公民的受教育权一律平等，不受民族、种族、性别、财产状况、社会地位、宗教信仰等方面的限制。二是指教育法律、法规授予尚处于学生阶段的公民的权利。根据《教育法》规定，学生享有以下五项权利，分别简称为：参加教育教学权、获得经济资助权、获得学业证书权、申诉起诉权和法定其他权。

1. 受教育权

受教育权是公民的一项基本权利。我国公民的受教育权指公民为了确保人格的健全及健康幸福的生活，有从国家接受文化教育的机会，以及获得受教育的物质帮助的权利。《宪法》第四十六条第一款规定："中华人民共和国公民有受教育的权利和义务"，表明受教育既是权利又是义务。但这种受教育权利义务一体化的立法模式，导致人们对受教育的性质认识模糊。法学界普遍认为，受教育权是必须得到尊重的基本人权，受教育权是国际人权法中一项稳固确定的权利。对目前我国宪法中"受教育既是权利也是义务"的规定，我们认为将"受教育"理解为一种权利更符合我国现行法律的立法精神。根据《义务教育法》第五条规定："各级人民政府及其有关部门应当履行本法规定的各项职责，保障适龄儿童、少年接受义务教育的权利。"《教育法》第十八条规定："各级人民政府采取各种措施保障适龄儿童、少年就学。"根据这两条法律推定，国家和社会是教育法上的义务主体，公民是权利主体。在此意义上，受教育权包括两个基本要素：一是公民均有上学接受教育的权利；二是国家有提供教育设施、为公民接受教育创造必要的机会和物质条件的义务，就是要求义务主体即国家积极行动保障公民的受教育权，以提高公民的福祉。受教育权首先是公民的一项消极权利，因为公民接受教育不应该被他人操纵和控制，其上学的机会不应该被他人肆意剥夺。受教育更是公民的一项积极权利，需要国家提供平等的教育机会，保证社会流动过程中的机会平等，即公民有权利从国家和社会实施的积极帮助中获取各种层次的教育。受教育权性质具有的内涵是受教育者的权利和国家义务的统一。

受教育是公民的一项权利，国家应该采取积极的措施来保证积极权利的实现。我国目前由于政府对教育经费投入不足，导致了教育高收费或乱收费，侵犯了贫困学生的平等受教育权。当前，我国为解决教育投入问题在法律体系中还没有单独的《教育投资法》明确国家和社会各方的投资义务与责任，规范国家、社会及个人对教育投资的行为，保障公民平等的受教育权。目前我国教育经费的分配和使用，既存在国家教育投资的不足，存在某些地方、学校的铺张浪费，也存在教育投资与分配的随意性。因为教育投资问题未纳入国家法律调控的轨道使得教育投资的不规范甚至混乱导致了教育乱收费、高收费，极大地损害了公民平等享受教育的权利。所以解决这些矛盾的手段之一就是尽快制定《教育投资法》，进一步明确办学主体和投资主体的多元化，并建立解决教育经费问题的保障机制，规范投资行为，以此确保教育经费，遏制教育高收费或乱收费，明确保障公民平等的受教育权。

同时，国家和社会对公民平等的受教育权给予的关注还不够。在我国的教育法律中，除了《教育法》第九条规定："中华人民共和国公民有受教育的权利和义务。公民不分民族、种族、性别、职业、财产状况、宗教信仰等，依法享有平等的受教育机会。"《教育法》第三十六条规定："受教育者在入学、升学、就业等方面依法享有平等权利。学校和有关行政部门应当按照国家有关规定，保障女子在入学、升学、就业、授予学位、派出留学等方面享有同男子平等的权利。"此外，其他的教育法律中再也没有对保护平等的受教育权予以较多的关注了。并且我国的法律并没有对侵犯公民平等的受教育权的行为有制约性的规定，国际公约的约束也显得软弱无力，受教育权实际并没有得到切实有效的保证和保护。我国民法中至今没有受教育权的规定，也没有侵害受教育权的罪名，仅有宪法、教育法规定"公民有受教育的权利和义务"。宪法基本权利通过法律保障并通过法律程序予以实现是国家法治的重要体现。对于侵犯宪法权利能否引入司法保障目前还存在争议。因为宪法没有为这一权利规定诉讼权，各国宪法中也不存在宪法里直接规定法律责任的现象，所以如果侵犯了宪法却用部门法里的法律责任来支持，在逻辑上显得有点混乱。对教育高收费侵犯贫困学生的受教育权以及其他侵犯受教育权的行为应该先通过完善部门法，比如像美国一样，通过制定

《教育机会平等法》来保护公民平等的受教育权，在合适的时候通过宪法诉讼，切实保障公民教育权的平等实现。

涉及受教育权的另外一个重要问题是，学生是否有权根据身心发展特点，或其他情况选择学校、专业、教育形式。我国学制系统内的基本教育阶段分为幼儿教育、初等教育、中等教育。每一教育阶段根据受教育对象和培养目标的不同而设立不同类型的学校。幼儿教育是学校教育的预备阶段。幼儿园、小学附设的学前班及其他幼儿教育机构和符合条件的公民经注册核准，可以实施幼儿教育，未成年人的父母或其他监护人可代为选择进行学习，接受教育。而小学和初级中学教育，一般来说，未成年人及其父母或其他监护人无选择权，必须按照义务教育法规定的义务教育的修业年限、学科进行学习。接受了义务教育并合格了的公民有选择普通高级中学、职业技术学校继续学习的权利，有选择进入不同高等学校各个专业进行学习的权利。这时，其父母或监护人可以代为选择，也可以帮助其选择，这都要根据学生身心发展的特点及学生的爱好、志向、学习成绩等来确定，不能搞全权代理。

2. 参加教育教学权

学生享有"参加教育教学计划安排的各种活动，使用教学设施、设备、图书资料"的权利，简称"参加教育教学权"。这是学生的基本权利。这项权利主要包括以下两方面：

（1）参加教育教学活动权。在教学过程中，学生有权参加教育教学计划安排的各种课堂教学、讲座、课堂讨论、观摩、实验、见习、实习、测验和考试等活动。任何组织和个人都不得以任何借口非法剥夺学生参加教育教学活动的权利。这体现了教学民主精神，是广大学生接受教育和获取知识的保障。教学是一种双边活动，必须调动教师和学生双方的积极性，体现平等、自主精神，才能达到教学目的，更好地贯彻党的教育方针。

（2）使用教育教学设施权。学生有平等使用教育教学设施、设备和图书资料的权利。为保障学生完成学习任务，学校及其他教育机构应当依法按规定提供符合卫生安全标准的教育教学设施、设备、图书资料及其他教育教学用品。

3. 获得经济资助权

学生享有"按照国家有关规定获得奖学金、贷学金、助学金"的权利。简称为"获得经济资助权"。这里的关键词是：奖学金、贷学金、助学金。

奖学金是为奖励品学兼优的学生和报考国家重点保证的、特殊的、条件艰苦的专业的学生而设立的经济自主制度。我国各级各类学校都设立了奖学金制度，尤其是高等学校在新的形势下大部分实行了奖学金制度，内容包括优秀学生奖学金、专业奖学金和定向奖学金等。优秀学生奖学金用于鼓励德、智、体全面发展的品学兼优的学生。不同的学校对优秀学生奖学金的称谓有所不同，如有的学校称校长奖学金。专业奖学金用于鼓励报考师范、农林、民族、航海等专业的学生设立的。定向奖学金是有关部门和地区为鼓励立志毕业后到边疆地区、经济贫困地区、自愿从事煤炭、矿业、石油、地质等艰苦行业和从军入伍的学生设立的。

贷学金是指为向家庭经济困难的学生提供帮助而设立的经济资助制度。当前，贫困家庭的孩子上不起学已引起社会各界的广泛关注，为此，教育部、财政部、人民银行、银监会联合下发了《关于进一步完善国家助学贷款工作的若干意见》，对助学贷款政策做出重大调整，其目的就是为了保障贫困家庭学生的法定受教育权利的有效实现，从而维护教育公平。凡符合规定条件的学生都可以通过学校申请贷学金，这是受教育者得以享受法律保护的平等权利。对贷学金的款额、对象，国家都有明文规定。

助学金，又称为勤工俭学金，是指为使学生，特别使家庭经济困难的学生通过参加劳动获得报酬，自主完成学业经济资助制度。凡是符合规定的学生都有权参加勤工俭学活动，并获得一定的劳动报酬，任何单位和个人不得克扣或拖欠学生的助学金。

4. 获得学业证书权

获得学业证书权是指学生享有"在学业成绩和品行上获得公正评价，完成规定的学业后获得相应的学业证书、学位证书"的权利。对此，我们可以分两个方面来进行理解：

（1）获得公正评价。按照学生学籍管理的规定，学生的学籍档案里有学习成绩登记表，学校要如实记录学生各科学习成绩和品行状况。学业成绩的评价是教育机构对学生在受教育的某一时期内学习情况和知识结构、知识水平的概括，具体包括课程考试成绩记录、平时学习情况和总评等。品行评价包括对政治觉悟、道德品质、劳动态度等的评价。在学业成绩和品行上获得公正评价是指学生有权在德、智、体、美等方面获得按照国家统一标准的一视同仁的客观评价。值得注意的是教师对学生的评价不应受到学生家长的权势、地位、金钱等影响，也不能受到其他与教育教学无关因素的影响。例如，不能受个人好恶的影响等。

（2）获得学业证书。一个学生完成规定的学业后就应该获得相应的学业证书或学位证书，这是学生的一项重大权利。根据国家相关教育法律法规的授权，学校可以制定校规、校纪对在校学生进行教学管理和违纪处分，但必须符合国家宪法和法律的规定，必须保护学生的合法权益。例如，不能以学生是否给学校提供捐助作为颁发学业证书的条件；不能增加和减少颁发学业证书的条件。从本质上来看，学业证书和学位证书是对学生一段受教育时期内的学业成绩、学术水平和品行的最终评定，学生除思想品德等方面合格外，学完或提前完成教育教学计划规定的全部课程，考试、考核及格或修满学分，在该教育阶段结束时均有权获得相应学业证书、学位证书。

国家建立教育证书制度。经国家批准或认可的学校及其他教育机构可以依照国家有关规定，颁发相应学历证书或资格证书及其他学业证书。国家实施教育考试制度，举办学历认定考试、自学考试、高等和中等专业学校招生考试及其他国家教育考试。教育考试，由国家教育考试机构或国家授权的其他机构依照法律、法规的规定进行。凡中华人民共和国公民，不受学校和年龄的限制，均可自愿申请参加高等教育和中等专业教育自学考试。国家公布考试专业，组织考试，颁发证书。对取得毕业证书者，国家承认其学历。未经国家批准颁发学历证书或资格证书的学校及其他教育机构的毕业生，如欲取得相应的学历证书或资格证书，须参加相应的国家教育考试，经考试成绩合格者，国家颁发相应的证书。实施职业技术教育和培训的学校和其他教育机构，可实行学业证书和技术等级证书双重证书制度。国家实行学位制度，学校及其他教育机构或有关科学研究机构依照法律、法规的规定，对具有一定学术或者专业技术水平的公民授予相应的学位。

5. 申诉起诉权

学生享有"对学校给予的处分不服，向有关部门提出申诉，对学校、教师侵犯其人身权、财产权等合法权益，提出申诉或者依法提起诉讼"的权利，简称"申诉起诉权"。这项权利主要包括两方面：申诉权和起诉权。

学生的合法权益受宪法保护，学校和教师均不得侵犯。学生的合法权益包括很多方面，除了上面所列举的之外，还有其他一些方面，如学生的人身自由权、财产权等。学生的人身自由包括学生的人身不受非法拘禁、逮捕、搜查以及侵害，人格尊严、通信自由不受侵犯。表现在学校里的常见的侵犯学生人身自由的行为有：体罚学生和变相体罚学生，如殴打学生、罚站、罚学生自己打耳光、指令学生进行不必要的有害身心健康的大量重复动作、强令学生进行劳动以作为惩罚手段等；侮辱学生人格尊严，如教师往学生嘴上贴橡皮膏等侮辱手段；非法搜查学生；侵犯学生通信自由权，如扣压学生信件、责令当面宣读等。

当学生的合法权益受到学校、教师的侵犯时，或者对学校给予的处分不服，学生有权提出申诉，任何人不得无理阻挠。有关部门应积极受理，并按规定及时予以答复。依据"无救济就无管理"的现代法治思想，各级学校及教育行政部门要建立健全学生申诉制度，确保学生享有申诉权和起诉权。因这两项权利在法律救济部分还要讲解，在此就不详述了。

6. 法定其他权

学生除了享有以上四项权利外，还享有"法律、法规规定的其他权利"，简称"法定其他权"。法律、法规规定的其他权利主要包括 3 种情况：

（1）教育法之外的法定权，即在其他法律、法规中已经规定，而教育法律、法规中设有重复规定的权利。教育法以外的其他法律、法规，具体来说，包括《宪法》《民法通则》《未成年人保护法》《义务教育法》《〈义务教育法〉实施细则》《教师法》和《预防未成年人犯罪法》等。例如，《未成年人保护法》规定的隐私权；《婚姻法》规定的婚姻权；体育、卫生行政部门赋予学生的身心健康的权利等。除此之外，还包括其他法律、法规赋予学生的姓名权、荣誉权、隐私权等。

（2）新颁布的法定权，即新颁布的法律、法规中对学生权利的新规定，包括新赋予的权利，对原有权利的修订、撤销等。例如，2006年修订的《义务教育法》规定实行"两免、一补"。义务教育阶段的学生可以免交杂费。

（3）变化的法定权，即教育法律、法规中已有规定，但是随着客观形势的发展变化，经法定解释，该项权利具有了新的含义。比如说，在校大学生过去不可以结婚，而现在可以了，这就是变化的法定权。

专题3 学生的义务

一定权利的享有对应着一定义务的履行。如果学生不积极履行自身的义务，就会影响教育教学任务的实现，也会影响自己权利的实现。如个别学生上晚自习时不看书，在教室里抽烟；个别学生趁人不注意在墙壁上画具有攻击性或低级下流的图画；个别学生考试时作弊；个别学生上课迟到；个别学生课堂上用手机发短信而不专心听讲等，这些行为不仅影响了这些学生自身的受教育权的实现，而且也妨碍了其他学生的受教育权的实现。因此，学生在行使权利的同时也必须履行相应的义务。

学生的义务也分为两部分，一部分是宪法和法律赋予每个公民的义务，学生作为公民也应该承担；另一部分是作为学生应特殊承担的义务。在教育法规中，对学生义务的规定，主要是教育教学过程中所涉及的方面。在这些义务中，学生作为公民的义务和作为学生的义务两者有重复的地方。《教育法》中对学生应当履行的义务作了明确规定，其主要包括以下四项义务，分别简称为："遵守法律义务""养成良习义务""努力学习义务"和"遵守校规义务"。

1. 遵守法律义务

学生应当履行"遵守法律、法规"的义务，简称"遵守法律义务"。这既是每个公民应当履行的义务，也是每个受教育者应当履行的义务。

我们可以分两个层次来理解。一方面，作为国家公民，学生首先要遵守国家的法律、法规，这是其作为公民必须履行的基本义务，如爱护公共设施、不偷盗、不赌博等。另一方面，作为学生，其要遵守教育法律中对学生义务的规定，如按照规定缴纳学费及有关费用、遵守学校管理制度等义务。学生遵守国家法律、法规，重点在于遵守法律、法规中对学生的有关规定。对不同层次和不同类型学校的学生有不同的要求。

2. 养成良习义务

学生应当履行"遵守学生行为规范，尊敬师长，养成良好的思想品德和行为习惯"的义务，简称"养成良习义务"。这是我国培养学生成为在德、智、体、美几方面都得到发展的有社会主义觉悟、有文化的社会主义事业的建设者和接班人的教育方针的具体要求。其主要包括"遵守行为规范""尊敬师长""思想品德良好"三方面内容。

对不同层次和不同类型学校的学生，履行这方面义务的标准是不同的。《小学生守则》《中学生守则》《小学生日常行为规范》《中学生日常行为规范》《中小学德育工作规程》《高等学校学生行为准则》等，对不同层次和类型学校的学生的相关义务有具体的规定。大家应学习和掌握新颁发的中小学生守则和行为规范。《小学生守则》中修改了见义勇为、艰苦朴素等要求，提出了见义智为等新的行为规范。

3. 努力学习义务

学生应当履行"努力学习，完成规定的学习任务"的义务，简称"努力学习义务"。学生完成规定的学习任务，是作为学生的一项最主要最基本的义务，这是学生区别于其他公民的一项主要义务。这项义务的具体内容主要是指：（1）明确学习目的；（2）遵守学校纪律；（3）端正学习态度；（4）按时完成作业；（5）遵守考试纪律；（6）争取优良成绩。

对于义务教育阶段的学生来说，这种义务是强迫的；对于非义务教育阶段的学生来说，这是依自愿入学在享受教育权利的同时应该承担的义务，同时也是学生获得学业证书权利的前提。上面所说的养成良好的思想品德和行为习惯主要是通过学习来实现。不同层次和类型学校的学生的相关义务有具体的规定。

4. 遵守校规义务

学生应当履行"遵守所在学校或者其他教育机构的管理制度"的

义务，简称"遵守校规义务"。

学校为了保证教育教学工作的顺利进行，需要制定有关的管理制度。学校管理制度包括学校学习、考试、生活、劳动、体育等各项工作的管理制度。对这些管理制度，学生有义务遵守。例如，受教育者应爱护校园公共设施，维护校园正常秩序；讲究文明礼貌，保持公共卫生；出入校门遵守学校门卫制度，主动接受门卫管理；遵守学生宿舍管理制度，等等。对这些管理制度，学生有义务遵守。

学生遵守这些管理制度，与遵守国家法律、法规在实质上是一致的。从广义上说，学校的管理制度是国家法律法规的具体化。学生如果违反其所在学校的管理制度，则必然违反了校规、校纪，因此要受到纪律处罚，严重的还要受到法律的制裁。

五、家　长

专题1　家长的含义与法律地位

1. 家长与监护人

家长一般泛指孩子的父、母等直系亲属，家长的权利也主要体现在对未成年学生的监护上。《民法通则》第十六条规定："未成年人的父母是未成年人的监护人。"所以对于未成年人，法律意义上的家长就是指监护人。我国法律规定，对未成年人的保护实行监护制度。

监护制度，是为了保护无民事行为能力人和限制民事行为能力人（未成年人）的人身和财产等方面的合法权益，以及其他合法权益而设置的对他们的行为和权益进行监督和保护的法律制度。未成年人大部分都是正在就读的学生，他们与监护人是一种法定人身关系。如果未成年人的父母已经死亡或没有监护能力的，由下列人员中有监护能力的人担任监护人：（1）祖父母、外祖父母；（2）兄、姐；（3）关系密切的其他亲属、朋友愿意承担监护责任，并经未成年人的父母所在单位或者未成年人住所地的居民委员会、村民委员会同意的。在有争议时，由未成年人的父母所在单位或者未成年人住所地的居民委员会、村民委员会在近亲属中指定，没有上述监护人的，可由居民委员会、村民委员会或者民政部门担任监护人。

家长的法律地位是指家长以其权利能力和行为能力，与其他教育法律关系主体发生具体的法律关系中的主体资格。家长拥有的权利和义务是家长法律地位的具体体现。关于家长的概念，我们需要注意的有两点：①家长的法律地位指的是一种主体资格。家长的这种主体资格既要求家长本身具备权利能力和行为能力，同时还必须拥有子女的监护资格，即家长与子女存在法律承认的监护关系。依法被剥夺监护人资格的家长则不拥有这种主体资格。②家长的法律地位体现于具体的法律关系之中。如家长与子女的监护关系，家长作为监护人与其他教育主体发生的法律关系等。

家长法律地位来源于以下两个"身份"，即作为直系亲属的家长和作为监护人的家长。

（1）作为直系亲属的家长。父母对其子女的抚养和教育拥有所谓的"天赋之权利"。这种权利又称为"家庭教育权"。我国《婚姻法》的第二十三条也规定了"父母有保护和教育未成年子女的权利和义务"。"家庭教育权"是基于家长一种作为父母身份而来的权利，是与生俱来的自然权利，是基于子女的出生而自然产生的。基于保障子女受教育权利，实现子女的最大利益，作为与子女利益有最密切关系的家长，在子女成年之前，必须为子女主张其教育上的权利，维护子女的最佳利益。

（2）作为监护人的家长。作为监护人的家长对子女的监护权利和义务是法律明确规定的，是不可放弃的权利和义务。我国《教育法》第四十九条规定："未成年人的父母或者其他监护人应当为其未成年子女或者其他被监护人受教育提供必要条件。未成年人的父母或者其他监护人应当配合学校及其他教育机构，对其未成年子女或者其他被监护人进行教育。学校、教师可以对学生家长提供家庭教育指导。"此时，家长的法律地位体现于现实的法律关系中是其以监护人的身份，代表被监护人（未成年人）与其他法律关系主体发生的平等的法律关系。

事实上，由这两种身份所赋予家长的权利和义务有一部分相互重叠，这里将父母与监护人作以区分主要是以与儿童的血缘关系、亲密程度和法律关系的不同而确定的。民法上对"父母子女"和"监护"的相关规定，确认了家长的监护权利和义务。具体包括：监督教育子女，对子女进行照顾、管束等。由此可知，监护权赋予家长和监护人的权利和义务在范围上要远远大于家长和监护人的家庭教育权。

2. 家长的法律地位

家长的法律地位具体可以体现在其与学校和国家对学生（子女）教育权利分配的关系中。同时，因为要考虑到未成年学生的生理和心理特点，家长的法律地位就变得特殊起来，具体体现为，家长拥有特殊的权利，同时也必须承担特殊的法律责任。

（1）家长与学校。在家长与学校的法律关系中，家长法律地位主要体现在家长对学校教学和管理工作中的参与权，具体包括知情权、提案发言权、共同决定权、教育监督和评价权等。理论上，扩大家长参与教育的权力，是建立开放的学校体系的必然选择，也是现代学校管理、运营中切实保障学生受教育权的重要环节。但实际上，家长参与权的实现取决于两个因素：一是学校教育的专业化程度。不同学校的教学内容是不同的。教学内容专业化程度较高的学校容易产生一种保守化的倾向，再加上学校受到政治、行政意味很强的权力观念的支配，这就更容易形成封闭甚至僵化的管理体制，于是家长容易处于某种无权利状态。二是学校与家长、学生的互动程度。一些学校虽然设立了家长学校，但这仅仅停留在表面层次。家长的参与仍然以家长会为主要方式，缺乏家长与学校和学生之间的互动。即便偶有参加学生活动，家长、教师、学校管理人员在活动目的上也难以统一，达不到应有的效果。家长的参与还远远谈不上是真正作为决策者的参与。由于以上两个方面的原因，目前来看，家庭在参与学校管理中的法律地位还是远远低于学校教育权的。

（2）家长与国家。从历史来看，现代社会的国家教育权是在社会现代化的进程中逐渐形成和增强的。它主要是从家庭教育权和家长的亲权中转移而来的。这一转移过程是与现代社会家庭功能的变化和国家功能的变化密切相关的。

在现代社会，无论是在哪种国家体制下，国家的教育权都大于家长的教育权利，在义务教育阶段尤为如此。通常来说，我国这样的中央集权制的国家教育权要大于分权制的国家教育权。在学校教育权一定的情况下，家庭教育权的大小取决于国家，即是由国家教育权决定的。在义务教育阶段，我国的国家教育权达到了极致，与此相对的，家庭教育权就被压缩到了极致。家长应享有的一些教育权利多以义务的形式在法律法规中出现。如，我国《义务教育法》第二条"义务教育是国家统一实施的所有适龄儿童、少年必须接受的教育，是国家必须予以保障的公益性事业"，明确规定了负有保障儿童、少年接受义务教育的义务主体是国家。国家在实现学生受教育权方面的主导作用表现在两方面：一是保证家庭、学校、社会义务的实现，对不履行义务者进行制裁；二是在家庭、学校、社会救助都不得力的时候，承担起最终的义务。家庭却只能扮演按国家规定保障受教育权实现的第一责任者的角色。

（3）家长的权利和责任的特殊性。家长权利和责任的特殊性是未成年人的无行为能力或者限制行为能力状况所赋予的。根据儿童受国家保护和刑事责任年龄的规定，对十八周岁以下的未成年学生，家长既负有特殊责任，同时也拥有特殊权利。对违反教育法规的家长的制裁必须考虑学生的年龄特点。例如，我国《宪法》规定"中华人民共和国公民的通信自由和通信秘密受法律的保护。除因国家安全或者追查刑事犯罪的需要，由公安机关或者检察机关依照法律规定的程序对通信进行检查外，任何组织或者个人不得以任何理由侵犯公民的通信自由和通信秘密。"但是对未成年学生的通信在一定条件和程序下，教师和家长可以进行检查。例如，十四周岁以下学生的通信自由和通信秘密权利不同于成年人。再有，儿童受国家的保护，家长可以说是国家保护儿童的主要力量，应按国家的有关规定保护儿童。他的地位决定他们可以在必要时采取特殊措施。这并不是说十四周岁以下的学生不受法律的平等保护，而是因为他们年龄幼小，不能真正了解自己行为的性质和后果，行为能力受到限制。我国《宪法》规定，"中华人民共和国公民有劳动的权利和义务""依法服兵役的义务"，但对十四周岁以下的学生来说不能实现。所以，家长在教育过程中所采取的某些行为对成年人来说可能是侵犯公民的权利，但对十四周岁以下的学生来说就未必是侵犯公民权利。

在对家长的制裁中，既要考虑他们的特殊权利，也要考虑他们的特殊责任。例如我国的《治安管理处罚法》规定，因违反治安管理造成的损失或者伤害，由违反治安管理的人赔偿损失或者负担医疗费用；如果造成损失、伤害的是不满十八周岁的人，则由他们的家长、监护人员负责。可见家长对十八周岁以下子女的行为负有特殊责任。当家长把自己的未满十八周岁的子女送进学校的时候，学校就取得了家长的地位，享有部分委托代理监护人的权利，并承担相应的责任。

专题 2　家长的权利

家长的权利包括两部分：一是家长抚养和教育孩子的权利；一是法律规定的监护权利。其实，家长拥有的这两项权利的内容，以及这两项权利所发挥的功能之间，有些交叉和重叠。我们这样区分的目的也只是凸显家长的身份和法律地位的独特性，便于对家长的责任和义务更加深刻的理解。

1. 家长抚养和教育孩子的权利

家长抚养和教育孩子的权利称之为"家庭教育权"，其主要内容包括以下几个方面。

（1）实施决定权。家长的实施决定权即"实施及决定家庭教育内容与方式"的权利与义务。它在内容上有两种含义。

首先是适应学校义务教育的实施决定权。表现在家庭教育上则是对学校教育的补充，以学校授课为主，家庭教育更多的是协助学校完成儿童教育社会化的任务。

其次是与学校教育权相对的实施决定权，表现为与学校教育相对独立的家庭教育。这种家庭教育是将学龄儿童留在家中就学，由家长或受聘专业教师对子女实施教育。子女所受到的一切教育内容、教育方法和教育目标等教育因素均由家长自己决定。这种教育模式是一种以家庭为基础、子女为受教育者、家长为主要教育者的教育形式。它不同于学校教育，家长出于对子女的个性发展与未来生活考虑，把子女留在家中接受合适的教育。就这一点来说，家庭教育较学校教育而言更能注重对儿童自身特点的发展。

但是，孩子不仅属于父母，而且同时属于他们自己和社会。家长在行使与学校教育权相对的实施决定权时必须慎重，其基本原则是确保孩子受到能够达到社会普通水平以上的教育，并且能够适应国家的升学或就业道路。国家和政府如果认可了这种教育模式，还必须对这种教育保持相应的监督和指导。教育毕竟是一种公益活动，并不是某个人或某个家庭简单的私事。具体到我国法律环境，我国相关的教育法律规定限制了家长不让子女接受学校教育的行为。如《教育法》第十八条规定"适龄儿童、少年的父母或者其他监护人以及有关社会组织和个人有义务使适龄儿童、少年接受并完成规定年限的义务教育"。2006 年修订的《义务教育法》第二条明确规定："国家实行九年义务教育制度。义务教育是国家统一实施的所有适龄儿童、少年必须接受的教育，是国家必须予以保障的公益性事业。"如果家长没有正当理由，必须保证其子女按时入学接受并完成义务教育。

（2）教育选择权。当国家宣布推行义务教育，建立起由其举办和控制的公共教育体系，并吸收了多数儿童入学以后，家长对其子女的教育的权利已经大大地减少了。在这种情况下，家长是否享有为其子女选择学校的权利就成为争论的主要问题，具体说来，家长能否为其子女选择在私立学校中或在家中教育？家长的教育选择权就是家长享有为子女选择最适当场所学习的权利和义务。家长的教育选择权可以分为：

①就读公立学校或私立学校的选择权。家长根据自己的意愿，为子女选择合适的学校，这既是家长教育自由权的重要组成部分，又是《世界人权宣言》赋予家长的在子女教育上"优先选择之权"的主要内容之一。在我国，随着家长对子女教育的不断关心和对学校要求的不断增加，以及对自由、竞争、公平、效率等基本市场价值意识的增强，他们对学校选择权的要求越益强烈，这是必然的趋势。

在教育的发展史上，私立学校的存在先于公立学校。家长对私立学校的选择权虽然在法律上没有明文规定，但就实际来看，越来越多的私立学校的出现可以证明，家长一直享有这项权利。在私立学校发达的国家，私立学校教育以教育中的多元价值为前提，是宗教、政治多元主义的社会保障人民的思想、信息多元性的重要方面。

②非义务教育阶段的学校类型和教育形态选择权。子女结束某一阶段的学校教育后将面临升学问题，而在存在有若干种类学校时，子女应上什么学校，国家不得干涉或介入，家长享有最后的选择权。这在非义务教育阶段表现得较为明显。如在我国初中毕业后如何选择高中、专科学校或其他类型的学校，应由家长根据子女的兴趣爱好、个人特点决定。我国目前存在着私立和公立两大类型的学校，在义务教育阶段，家长为子女选择私立或公立学校的权利得到了保障，但在选择哪所学校上却仍存在着问题。家长在选择学校时，可能要付出相当数目的教育费用，也就是"择校费"。这在法律上是违法的，但择校屡禁不止所暴露出来的一个主要问题就是家长权利的缺失。这种缺失表现为，法律不允许却实际存在的择校中，家长始终处于一种不利的境地，他们即便是为子女交纳了大量费用，可是却连最低限度的权利都没有争取到（如班额等）。目前来看，家长为了使子女受到良好的教育，不顾教育主管部门按学区就学的政策，千方百计选择条件好的学校就读。这种择校风近年来愈演愈烈。一些家长宁愿花更多的钱也要把子女送入好学校，而教育主管部门又规定不许额外收取择校费。这样就形成了所谓的"好"学校暗地里收费招收学生，变着法子逃避上级检查。而那些"差"学校却无人问津，造成教育资源的浪费和严重失衡的局面。这种现象已经成为严重影响我国义务教育的一个重要问题。解决择校问题的根本途径是创造出足够多的高质量教育机会供给，从根本上解决高质量教育的供求矛盾，实现人人都有享受高质量的教育机会这一更高层次的教育公平目标。我们必须依法治理教育领域内的不规范操作行为，综合运用法治手段，只有如此，才能从根本上维护学生的教育利益，才能维护教育运行的正常秩序，为实现教育公平创造条件。此外，家长还有选择专业、课程的自由。

③学校教育或在家教育的教育选择权。前一部分已经对在家教育的内容有所提及。在家教育应是同学校教育并列的一种教育方式。家长可以根据家庭经济条件等各项条件和子女的自身状况来选择。

具体到我国法律环境，《义务教育法》第五条、第五十八条规定，适龄儿童、少年的父母或其他法定监护人应当依法保护其按时入学接受并完成义务教育。适龄儿童、少年的父母或者其他法定监护人无正当理由未依照本法规定送适龄儿童、少年入学接受义务教育的，由当地乡镇政府或者县级人民政府教育行政部门给予批评教育、责令限期改正。这里所谓正当理由，在全面实现免费义务教育后，主要是指适龄儿童、少年因身体状况需要，经当地乡镇政府或者县级人民政府教育行政部门批准延缓入学或者休学等情形。

（3）教育参与权。从家长与学校、教师构成的法律关系的实质来看，家长有权参与学校的有关活动，这不仅是家长作为个人享有的权利，也是家长集体共同行使的权利之一，是家庭教育权中积极、能动权利的重要体现。家长教育参与权的种类主要有如下四种：

①知情权。家长的知情权即了解学校有关信息的权利，如教学计划、教学内容、教师的教学方法、成绩评价标准与方法等，以及与此相关联的家长直接参加的访问、参观学校的权利、进课堂听教师上课的权利等。教育行政机关、学校有义务为父母提供其所必要的信息，包括学生个人档案的记录等。知情权可以说是家长教育参与权的基础性权利，是确保家长参与学校、公共教育运行必不可少的权利。

②提案、发言权。教育行政部门、学校在做出某项决定、措施之前，要从程序上向家长说明理由。也就是说，家长有权利要求提供有关该决定、措施的说明，家长有权对该措施提出意见和建议。

③共同决定权。共同决定权是更强有力的教育参与权，家长与教育行政当局、学校处于同等权利的立场上，保障其共同参与、决定的权利。即，教育行政当局或学校对教育上的措施、决定必须征得家长的同

意，如果家长不同意，则该项措施、决定便不能生效。

④教育监督和评价权。家长拥有对学校教育监督和评价权，是通过知情权，教育过程参与权，如发言权、知情权、否决权等的保障来实现的。它是确保学校教育良性运行的重要保障，是促进和充分发挥学校领导、教师工作积极性的有效促进措施。家长对学校教育的监督权和评价权应结合到决策权中去，使之对学校领导和教职员工的聘任、考核、奖惩、职务职称的升迁发挥影响。只有这样，监督权和评价权才能落到实处，发挥实质性作用。

就我国现状而言，家长的教育参与权十分薄弱，表现为随意性、受动性和边缘性，即家长的参与缺乏法律和制度的保障，其权利随学校主观决定；家长和学校地位不对等，家长的权利受制于学校权利，家长同教育行政机关的关系更是如此；家长的教育参与权处于边缘位置，可有可无，突出表现在决策权的缺失。

家长的教育参与权，尤其是对于教育行政部门和学校措施的共同参与、决定权，通常是由家长集团的代表行使。在法律上承认家长教育参与权的国家，其有关的措施、决定，大多是由家长代表参加的，包括校长、教员、学生、社区居民、教育行政人员参加的组织共同决定。这种组织在不同国家有不同的名称。如德国称为学校会议、美国通常称为学校委员会、英国称为学校理事会等。尽管名称不同，但其宗旨或基本精神却是一样的。即，强调家长、学生对学校教育乃至公共教育的运营管理等的参与权，并使之得以真正行使。

现实中不难发现，家长会虽然在很多学校看似正在维持和沟通家长和教师的作用，但是从家长的态度不难看出这种沟通作用的"缩水性"和有限性。据调查，家长在接到家长会的通知后普遍产生为难、尴尬、焦虑、消极应付等负面情绪，家长会上一部分家长感到丧失尊严、无地自容。教师在会上往往注重比学生的成绩、比学生的家长，对学生和家长居高临下、嫌贫爱富、品头论足。这就造成了学校和家长双方各种权利和义务的错位。

美国教育之父约翰·杜威在其名著 *The Public and Its Problems* 一书中，倡导真正的校园民主化的四个含义，认为这是可操作的民主化进程。杜威说，"民主有四种不同的含义，四者相辅相成。民主最基本的意义是一种政府行为，由全体公民选出代表参与政治。一切政治上的决定，采取公开讨论的方式，然后由投票多数决定……民主的第二意义是一种社会理想，是一种'民治''民有'和'民享'的大同世界。民主的第三意义是一种教育方法。这个方法的特性是公开的讨论和批评，从而促进学术、文化、社会、和政治的进步。换句话说，不参加公开讨论或不接受批评的人便是反民主。但要实行这种方法，一定以全体人民都受过相当的教育才能办得到。民主的最后理想，当然不限于教育的方法，也并不仅是'民治、民有、民享'的一个空洞的理想。因此，民主的终极意义是一种生活方式，在这种共同生活方式之下，多人参与共同的生活而互相交换经验以求社会文化的进步。在这种民主生活方式之下，每一个个体的生命都不受任何抑制和阻碍，而能达到他们应有的发展。"作为教育契约主体一方的家长有权参与教育活动。家长的教育参与权，不是单纯的家长会，而应是一种平等主体之间的民主活动，再进展成为一种民主生活方式，彼此尊重。这有利于家长同学校、教师和教育行政部门的相互了解，有利于学校充分吸纳教育资源，有利于消解学校和教育行政部门过分集中的教育权，有利于家长对学校实施民主监督，有利于创造家长与学校、家长与教师、家长与教育行政部门平等互信的方式。

学校和家长的关系，不仅是平行的，而且是互为补充的。但处理不当，也可能发生对立和排斥，如家长和校领导、教师之间会发生一些纠纷和冲突等。因此，我们必须正确处理学校和家长的关系，使这两股教育力量合在一起，达到理想的联合状态。要达到这一结果，一方面学校应主动地联合家长，另一方面家长也要积极参与学校的活动，使家长的教育作用得到充分发挥。

2. 家长的监护权

监护人是被监护人的法定代理人，依法享有监护权，这也就含有家长对未成年学生的监护权。这些权利包括：

（1）监督教育被监护人，对被监护人进行必要的管束的权利。为此家长必须熟知学生的权利、义务和责任，努力提高家长教育的水平。家庭是人生最初的社会化场所，是一所知识启蒙学校。家长在其中扮演着最重要的角色。努力提高家长教育水平不仅对子女的学习、成长有利，更重要的是可以与学校教育达成一种默契，充分发挥家庭和学校的作用。家长的教育水平取决于家长的文化道德水平，取决于家长的道德价值观和家长的教育科学知识，其中很重要的是家长的教育法律知识。家长有权以健康的思想、品行和适当的方法教育未成年人，引导未成年学生进行有益身心健康的活动，预防和禁止未成年学生吸烟、酗酒、流浪以及赌博、吸毒、卖淫；不得让未成年学生订婚，更不得虐待、遗弃未成年学生。

（2）管理被监护人的财产，维护被监护人的合法权益的权利。尽管未成年学生是被监护人，然而也有接受赠予、继承财产的权利，因发明制造而获得财产的权利等。由于未成年学生是无民事行为能力人或限制民事行为能力人，这些合法财产只能由家长来管理，这是家长的权利。但家长要处理这些财产时，须征得未成年学生同意。家长还有保护未成年学生合法权益的权利，当学生的合法权益受到侵害时，家长有权出面保护。

（3）代理或者辅助被监护人进行民事活动的权利。代理是代理人以被代理人的名义与第三人进行的民事活动，在被代理人授权范围内进行的民事活动，其后果由被代理人承担。未成年学生的代理人是他们的家长，家长可以代理未成年学生进行一些民事活动。如家长可以代理学生选择就学的学校，当自己的未成年子女与他人发生民事争议时，代理其进行民事活动等。如就有这样一个案例，父亲状告教育局"作文误判"案。2005年，原本成绩很优异的小京（化名）在去年中考时以一分之差落选省实验中学。父亲在查卷后发现女儿的作文只得了 44.5 分。袁先生认为女儿的作文写得很好，是评卷老师判低了，并于去年 10 月 22 日向法院提起诉讼，要求沈阳市教育局纠正错误。沈河区人民法院证实该诉讼已正式立案。

专题 3　家长的义务

家长是未成年学生的监护人和法定代理人，依法享有权利，同时也负有监护义务，主要有：

1. 照顾学生生活的义务

我国制定的婚姻法和《未成年人保护法》中都提到了父母有照顾子女生活的义务。如《婚姻法》第十五条规定："父母对子女有抚养教育的义务。"父母即家长对子女的生活和学习提供一定的物质条件，承担必要的经济责任，直至其能够独立生活为止。2006 年修订的《未成年人保护法》第十条规定："父母或者其他监护人应当创造良好、和睦的家庭环境，依法履行对未成年人的监护职责和抚养义务。"从以上法律的规定我们可以看出家长有照顾子女（学生）生活的义务。这项义务在教育法规中主要体现在照顾学生的学习生活，保障学生的受教育权。如新修订的《未成年人保护法》第十三条规定："父母或者其他监护人应当尊重未成年人受教育的权利，必须使适龄未成年人依法入学接受并完成义务教育，不得使接受义务教育的未成年人辍学。"现在有些学生家长只考虑眼前利益，不让子女上学，或中途辍学去经商、做童工，这些都违背了《义务教育法》和《禁止使用童工的规定》等法规。

2. 监督教育学生，对学生进行必要管束的义务

父母或者其他监护人应当以健康的思想、品行和适当的方法教育学

生，引导学生进行有益身心健康的活动，预防和制止未成年人吸烟、酗酒、流浪以及赌博、吸毒、卖淫等不正当行为。家长应对学生进行必要的监督和教育，这种管束不能是独裁、专制的，这往往会压抑孩子的独立性、主动性和自尊心；也不能是保护主义和放任自流型，这会使孩子缺乏现实生活能力或者出现越轨行为。剖析未成年人犯罪的轨迹，我们可以明确地认识到，造成未成年人犯罪，除了社会和学校的原因外，家长也是有着重要责任的。家庭是孩子顺利成长的第一课堂，每一个父母都应献出自己的一片爱心，对自己的孩子多一些关心，这不但是家长的道德义务，也是法律义务。

3. 管理被监护人的财产，维护被监护人的合法权益的义务

因未成年学生的民事行为能力受到限制，只能进行一些与之相应的民事活动，所以家长有义务管理被监护人（学生）的财产，保护学生的合法权益。当学生的合法权益受到侵害时，家长有权以监护人的身份出面保护。如内蒙古扎兰屯第七中学初中一年级班主任王某在班里进行了一次投票，一位姓曹的同学被选为最差的学生，班主任把家长找来想让家长把曹同学转走，校领导也和班主任一个态度。最后家长经多次和校方交谈无效后，家长去上访，最终解决了这个问题，曹同学的接受义务教育的权利得到了保护。

4. 在被监护人侵犯他人人身或财产并致损害时，监护人应承担赔偿的民事责任

因为《民法通则》规定监护人的主要职责之一是对被监护人的不法行为承担民事责任。当被监护人造成他人损害时，有明确的监护人时，由监护人承担民事责任。

5. 代理或者辅导未成年学生进行民事活动的义务

家长是未成年学生的监护人，由于未成年学生是无民事行为能力人或限制民事行为能力人，一些重大民事活动，应由家长来代理。

六、社　会

专题1　社会的含义与法律地位

1. 社会与教育

社会是一个内部有机联系的、活动着的整体。教育是社会有机体的组成部分，是社会的子系统，是社会承袭和发展的纽带，是个人社会化的过程，是社会体制的一种综合反映，是社会主体发展自身的活动。社会的经济、政治、文化、法制、道德、家庭等因素的发展都对教育有着重大影响。教育法规是加强教育的宏观管理和保障教育事业发展的有力手段。近代世界各国都通过教育法规来规定社会教育的任务和要求，我国也制定了一系列教育法规来协调和规范社会的办学活动，在这些教育法律中对社会的规定主要有权利、义务和责任等方面内容。

2. 社会教育权利主体

从教育权利主体的角度来看的话，社会教育权利主体的含义有广义和狭义之分。广义上的社会教育权利主体指的是作为人类统一的整体，是一种抽象的概念。狭义上的社会教育权利主体则指的是区别于国家教育权利主体、家庭教育权利主体和学校教育权利主体的那部分教育权利主体。这个含义上的社会教育权利主体主要包括社会群体组织（含法人和非法人组织）和个人，主要指代表一定社会阶层或利益共同体的志愿性民间组织和个人。

社会作为教育法律的主体是比较广泛和分散的单位或者个人。每个单位或者个人在教育方面的权利和义务既有共性，同时又具有个性。社会的教育权利和义务不像学校、教师、学生的权利和义务那样肯定、明确、具体。本书对社会的教育权利和义务所做的概括，是从整体来谈的。对于不同的单位或个人，其权利和义务的侧重点可能是不同的，对社会的教育权利和义务应该具体情况具体分析。

社会教育权利主体的法律地位是指社会群体组织（包括法人和非法人组织）和个人与其他教育法律关系主体发生具体的法律关系中的主体资格。社会群体组织和个人拥有的权利和义务是其法律地位的具体体现。社会教育权利主体的法律地位的特殊性主要表现在以下几点：

（1）多样性。多样性包含两层意思，一是社会教育权利主体的多样；二是教育法律关系多样。社会教育权利主体具体来说涉及企事业组织、农村集体组织、民办学校、社会团体、家庭和公民等。社会教育权利主体涉及的法律关系也是多样的，包括行政法律关系、民事法律关系、经济法律关系等。在现代国家中，社会教育权利主体有时也会与国家权力发生法律关系。

（2）有限性。有限性指的是社会教育权的效力范围和责任范围是有限的，依据举办教育机构的出资和运营方式，社会教育主体拥有有限权利和负有限责任。从本质上讲，社会教育权利产生于社会举办者的出资办学。学校举办之后的具体运行过程中，举办者可能直接管理，也可能是直接或间接聘请管理人员管理，甚至于只出资，不参与任何管理工作。由社会举办的教育机构的出资和运营方式主要有以下几种：

①全额出资并自己运营。这时学校的举办者、办学者和经营者三者合一。②全额出资但由董事会聘人管理。这个时候经营的责任是由经营者来负责，出资人只负所投资额损失的责任，同时投资人也需要负因董

事会决议所带来的责任，具体的学校事务责任由经营者承担。③股份出资并由董事会聘人管理。这种情况同股份公司相似，此时，举办者、办学者和经营者是分离的，权利和责任也是分离的。④捐资并通过基金会（中介组织）投资和管理。这种情况下，出资人失去对投资份额的所有权，基金会是学校的代表者和经营者，对学校负全部责任。⑤捐资并通过基金会（中介组织）投资和聘人管理。这种情况下，出资人原则上失去了所有权，基金会是学校的代表，但是学校具体事务通过聘任的管理者经营，并负不同责任。基金会对自己的重大决策负责，管理者对具体决策负责，并对基金会负责。⑥部分出资并通过募捐或国家补贴等途径获得资本并自己运营。这种情况下，经营者和出资者重合，但由于经营者部分出资，其经营自由度受到限制。在责任方面，经营者应对行使的权利负全部责任，除非能证明权利的行使失误是由于外部压力导致。

（3）多重性。多重性是从社会教育权的权利和责任的分配来说的。社会教育权的权利责任是重合的还是分离的，并不能以单一的标准去衡量，必须从学校的举办者、办学者和经营者三种角色之间的关系综合考虑，这样才能很好地把握和适用法律。

（4）平等性。平等性指的是社会教育权利适用民法，权利义务主体之间的关系是平等的。社会教育权利主体之间发生的法律关系可以通过多种途径解决，如民事诉讼、民事仲裁、双方协定等。

专题2　社会在教育方面的权利

1. 社会有兴办教育事业的权利

这项权利可以被称为"兴办教育权"。兴办教育事业，既是国家的事，也是社会的事。国家机关、企业、事业组织、社会团体以及其他社会组织或者公民有依法举办学校的权利，并可以通过联合办学、委托培养、产学合作等多种方式，同高等学校、职业技术学校进行合作，并对学校的教育教学工作提出意见和建议。《教育振兴行动计划》提出，对社会力量办学实行"积极鼓励，大力支持，正确引导，加强管理"的方针。目前，基本形成以政府办学为主体、社会各界共同参与、公办学校和民办学校共同发展的办学体制。同时，制定有利于吸纳社会资金办教育和民办学校发展的优惠政策。

2. 社会有参与学校管理的权利

这项权利可以称为"参与管理权"。对危害儿童、青少年学生身心健康的社会现象，任何组织或者个人都有权进行批评，并可建议人民政府及有关部门采取措施，予以纠正。城市的居民委员会、企业、事业组织、社会团体及其他社会组织可以通过社区教育委员会及其他各种形式支持中小学的学校建设，参与学校管理。农村的村民委员会应积极参与本村的扫除文盲教育、义务教育及农民文化技术教育的实施，并从本村的实际情况出发，不断改善教学条件。

3. 社会有校外教育的权利

这项权利可以称为"校外教育权"。公共文化设施及大众传播媒介、应充分发挥自身的教育功能。国家重视儿童、青少年学生的校外教育，鼓励社会组织和公民发展校外教育设施。儿童、青少年的校外教育工作，由校外教育机构、居（村）民委员会、学校、企业、事业组织、社会团体及其他社会组织和公民共同参与，配合进行。社会团体、社会文化机构及其他社会组织和公民发展社会文化生活教育，丰富公民的社会文化生活，国家给予鼓励。

4. 社会有管理和发展教育事业的权利

这项权力可以称为"发展教育权"。这一权利主要体现在三个方面：首先，社会支持学校建设，参与学校管理。《教育法》第四十六条规定："企事业组织、社会团体及其他社会组织和个人，可以通过适当形式，支持学校的建设，参与学校管理。"其次，社会教育与学校教育相结合。社会相关机构应与学校密切配合，建立良好的社会教育机制，依法为学生提供内容丰富、形式多样、生动活泼、题材广泛的社会教育活动，为学校营造良好的外部环境。同时，可以通过合作办学、委托培养、产学研相结合的方式培养社会所需要的人才。最后，社会可以为学生实习和社会事件活动提供帮助和便利。《教育法》第四十七条规定："国家机关、军队、企业事业组织及其他社会组织应当为学校组织的学生实习、社会事件活动提供帮助和便利。"

专题3 社会在教育方面的义务

社会在教育方面的义务主要体现在学校以外对学生的教育和保护方面。社会保护特指在社会生活环境中对未成年人实行的保护，其作用归结到一点，就是创造一种有利于未成年人健康成长的社会环境。为此，2006 年修订的《未成年人保护法》增加一款："全社会应当树立尊重、保护、教育未成年人的良好风尚，关心、爱护未成年人。"

社会在教育方面的义务主要包括以下几方面：

1. 社会应积极发展和利用校外教育设施和有关设施，为学生的教育服务

这项义务可以称为"校外教育义务"。主要表现在以下几方面：

（1）具有教育功能的公共设施应对学生优惠。国家鼓励社会团体、企事业组织和其他组织及公民，开展多种形式的有利于未成年人健康成长的社会活动。各级人民政府应当创造条件，建立和改善适合未成年人文化生活需要的活动场所和设施。公共文化设施及大众传播媒体，具有教育的功能，公共图书馆、博物馆、纪念馆、文化馆、科技馆、体育场

馆、美术馆、动物园、公园及其他社会公共文体设施，应当向社会开放，向学生开放，为公民接受教育提供方便，对教师、学生实行优待。

针对未成年人活动场所不足、有些场所利用又不够充分等问题，2006 年修订后的《未成年人保护法》特别明确规定："爱国主义教育基地、图书馆、青少年宫、儿童活动中心应当对未成年人免费开放；博物馆、纪念馆、科技馆、展览馆、美术馆、文化馆以及影剧院、体育场（馆）、动物园、公园等场所，应当按照有关规定对未成年人免费或者优惠开放。""县级以上人民政府及其教育行政部门应当采取措施，鼓励和支持中小学校在节假日期间将文化体育设施对未成年人免费或者优惠开放。"并规定鼓励社会力量兴办适合未成年人的活动场所。

（2）有关单位和个人应对学生的教育活动提供便利条件。企业、事业组织及其有关的国家机关应当为学校组织的学生生产实习、社会实践等活动提供必要的帮助和便利。对高等学校和中等专业学校学生的生产实习、社会实践，有关的交通部门应按国家有关规定给予车船票的半价优惠。

（3）国家重视公民的国防教育，发展国防教育设施。各级人民政府、教育行政部门、人民武装部、高等学校和中等学校所在地的人民解放军部队，应当共同组织高中阶段及其以上学生的国防教育和军事训练，成年公民的国防教育由各级人民政府及其人民武装部组织进行。

（4）社会应积极发展校外教育设施为学生的教育服务。社会应积极建立青年宫、少年宫、业余学校等各种校外教育设施，为学生的教育服务。地方各级人民政府应当积极发展托幼事业，努力办好托儿所、幼儿园，搞好幼儿培养、保健和学前教育工作。

2. 社会应积极采取各种措施，保障学生的身心健康成长

这项义务可以称为"保障健康义务"。主要表现在以下几方面：

（1）社会的新闻、出版、广播、电影、电视、文艺等单位和作家、科学家、艺术家及其他公民，应创作或者提供有益于未成年人健康成长

的作品。对专门以未成年人为对象的图书、报刊、音像制品等出版物，国家给予扶持。

（2）社会的卫生部门应当为未成年人提供必要的卫生保健条件，做好预防疾病工作。社会的卫生部门应做好重大疾病的防治工作，定期为学生体检和接种疫苗。

（3）用于未成年人的产品、设施等，应有利于未成年人的身心健康成长。

儿童食品、玩具、用具和游乐设施，不得有害于儿童的安全和健康。现在有些不法商贩制造生产和销售一些假冒伪劣产品，坑害消费者利益。特别是儿童的食品、玩具等不合格产品尤为严重。这些不合格产品严重损害了儿童的身体健康。社会应当采取有效措施严格禁止这些产品的生产和销售。

3. 社会应积极保护学生的合法权益，对侵犯学生权益的行为要进行抵制

这项义务可以称为"保护权益义务"，主要包括以下几方面：

（1）社会应保障学生的受教育权。不得阻止或妨碍学生接受法律规定的教育。

①社会的民政部门或者其他有关部门应当负责将流浪乞讨或者离家出走的未成年人送归其父母或者其他监护人，暂时无法查明其父母或者其他监护人的，由民政部门设立的儿童福利机构收容抚养。为了更好地维护弱势未成年人群体的合法权益，新《未成年人保护法》规定："各级人民政府应当保障未成年人受教育的权利，并采取措施保障家庭经济困难的、残疾的和流动人口中的未成年人等接受义务教育。"并对孤儿和流浪、乞讨等生活无着未成年人的救助问题进一步作了规定。

②禁止使用童工。任何组织或者个人不得招用未满十六周岁的未成年人。童工是指未满十六周岁，与单位或者个人发生劳动关系，从事有

经济收入的劳动或者从事个体劳动的少年、儿童。未满十六周岁的少年、儿童，参加家庭劳动、学校组织的勤工俭学和省、自治区、直辖市人民政府允许从事的、无损于身心健康的、力所能及的辅助性劳动，不属于童工范畴。为此，禁止国家机关、社会团体、企事业单位和个体工商户、农户、城镇居民使用童工；禁止各种职业介绍机构以及其他单位和个人为未满十六周岁的少年、儿童介绍职业；各级工商行政管理部门不得为未满十六周岁的少年、儿童核发个体营业执照。这些都是对社会禁止使用童工方面的规定。如果违反了《禁止使用童工规定》并真正使用童工的单位和个人，劳动行政部门应当责令其立即将童工送回原居住地。对使用童工造成伤害和死亡的，应负责治疗，承担治疗期间的医疗费和生活费、丧葬补助费并给予经济赔偿。对童工伤、残、死亡负有责任的单位和个人，由县级以上劳动行政部门给予行政处罚；构成犯罪的，由司法机关依法追究刑事责任。任何组织和个人依据国家有关规定招收已满 16 周岁未满 18 周岁的未成年人的，应当在工种、劳动时间、劳动强度和保护措施等方面执行国家有关规定，不得安排过重、有毒、有害的劳动或者危险作业。

（2）社会应依法保护未成年人的智力成果和荣誉权不受侵犯。智力成果权和荣誉权是未成年学生的重要民事权利，包括未成年学生智力活动的发明权、发现权和专利权以及从事其他活动所取得的荣誉权，对这些权利国家要依法给予保护。此外，对有特殊天赋或者有突出成就的未成年人，国家、社会、家庭应当为他们的健康发展创造条件。

（3）社会应制止损害学生身心健康成长的行为。如营业性舞厅等不适宜未成年人活动的场所，不得允许未成年人进入。未成年人的心理发育还没成熟，没有完全的明辨是非能力，容易吸收社会上一些不健康的东西，这些场所应禁止未成年人进入。严禁任何组织或个人向未成年人出售、出租或者以其他方式传播淫秽、暴力、凶杀、恐怖等毒害未成年人的图书、报刊、音像制品等。

现在社会上的文化市场还存在大量的不健康的图书、报刊、音像制品，这些非法出版物不利于未成年人的健康成长。国家一方面禁止，另一方面对此采取措施给予打击，对传播淫秽、暴力、凶杀、恐怖等毒害未成年人的图书、报刊、音像制品的单位和个人给予处罚。

为了使未成年人免受不良文化的危害，《未成年人保护法》规定中小学周边不得设置营业性歌舞娱乐场所和互联网上网服务营业场所，如，网吧，其他地方设置的这些场所不得允许未成年人进入，禁止制作和向未成年人出售、出租不良文化产品。

（4）社会应保障学生依法行使其他权利和自由，对于侵权行为要坚决制止。学生的个人隐私和通信自由是其中比较重要的一个方面。任何组织和个人不得披露未成年人的个人隐私。《刑事诉讼法》规定：涉及未成年人的案件一般不公开审理、涉及个人隐私的案件不能公布。2012 年 10 月 26 日第十一届全国人民代表大会常务委员会第二十九次会议通过关于修改《预防未成年人犯罪法》的决定。会议决定对《预防未成年人犯罪法》作如下修改，将第四十五条第二款修改为："对于审判的时候被告人不满十八周岁的刑事案件，不公开审理。"该决定自2013 年 1 月 1 日起施行。《预防未成年人犯罪法》也根据该决定作相应修改，重新公布。

未成年人的隐私权也是重要的民事权利，如果对此侵害造成后果的，也要承担法律责任。未成年人有通信自由的权利，对未成年人的信件，任何组织和个人不得隐匿、毁弃，除因追查犯罪的需要由公安机关或者人民检察院依照法律规定的程序进行检察，或者对无行为能力的未成年人的信件由其父母或者其他监护人代为开拆外，任何组织或者个人不得开拆。但是，有些教育工作者，对这一点仍然认识不够，采取了一些违法行为。如某校高二的一位班主任平时工作极为认真负责，期中考试后他发现一女学生上课精神不集中，学习成绩明显下降。经了解，该女生和校外一男生交往，并不断有信寄到学校来。班主任找她谈话，说明利害，但未奏效，此女生甚至在课堂上看信、写信。于是班主任老师通知传达室将该生的一切来信统交班主任。某日，班主任手拿先后扣留的七封信，将该女生请到办公室，然后要该女生当着家长、老师的面拆信，并叫她念了其中一封。这一案例里，虽然这位班主任扣压该生信件的动机是好的，但做法是错误的，违法的，侵犯了学生的通信自由和通信秘密的权利，应给予批评教育。广大教育工作者应当从中吸取教训。

为了维护未成年人的人身权，新《未成年人保护法》还特别规定，禁止拐卖、绑架、虐待未成年人，禁止对未成年人实施性侵害；禁止胁迫、诱骗、利用未成年人乞讨或者组织未成年人进行有害其身心健康的表演等活动；公安机关应当采取有力措施，依法维护校园周边的治安和交通秩序，预防和制止侵害未成年人合法权益的违法犯罪行为等，并对用于未成年人的食品、药品等的质量标准、禁止向未成年人出售烟酒等问题作了规定。

4. 社会应积极监督有关部门贯彻落实相关的教育法规

这项义务可以称为"监督实施义务"。教育法的实施是一项广泛的综合性工程，涉及千家万户，以及社会的各个方面。社会应积极向有关部门反映情况，提出建议，依法监督有关部门落实教育。

七、教育经费与教育设施

专题1 教育经费

1. 教育经费的来源

国家建立以财政拨款为主、其他多种渠道为辅的筹措教育经费的体制，逐步增加对教育的投入，保证教育经费有稳定的来源。我国教育经费筹措实行六字方针，即"财、税、费、产、社、基"。

（1）"财"，即中央和地方各级财政对教育的拨款。在财政拨款方面，国家有以下具体规定：

关于教育经费的数额，目前尚无明确规定。自1998年起，中央本级财政按同口径每年提高1个百分点，2000年，将此比例提高3个百分点。各省、自治区、直辖市财政支出中教育经费所占的比例，也应根据各地实际每年提高1至2个百分点。

关于教育经费的增长，国家规定为：各级人民政府教育财政拨款的增长应当高于财政经常性收入的增长，并使按在校学生人数平均的教育费用逐步增长，保证教师工资和学生人均公用经费逐年增长（即"三个增长"），保证学校及其他教育机构的教学设施和装备水平逐步提高。关于义务教育阶段，新《义务教育法》第四十二条规定："国务院和地方各级人民政府用于实施义务教育财政拨款的增长比例应当高于财政经常性收入的增长比例，保证按照在校学生人数平均的义务教育费用逐步增长，保证教职工工资和学生人均公用经费逐步增长。"

（2）"税"，即各级政府依法征收用于教育的各种税收及附加费，目前主要是城乡教育费附加。各级人民政府应当责成税务部门按照国家有关规定，足额征收教育费附加，主要用于实施义务教育。省、自治区、直辖市在法律、法规规定的范围内，可以开征用于教育的税、费。

（3）"费"，即学校向学生收取的学杂费。实施义务教育的公办学校对接受义务教育的学生免收学费、杂费。除前款规定的情况外，学校及其他教育机构依照国家规定，可以收取学费和杂费。杂费、学费的范围、标准和收取办法，由省、自治区、直辖市教育、物价、财政部门根据当地群众经济收入水平研究制定方案，报人民政府批准后执行。

（4）"产"，即各级各类学校的校产、勤工俭学、社会服务收入中用于改善办学条件的部分。国家在税收、贷款等方面采取措施，鼓励和扶持学校组织社会服务，兴办校办产业。

（5）"社"，即社会力量集资办学和群众捐资助学。经县级人民政府或县级人民代表大会审议批准，乡（镇）人民政府可以组织本行政区域内的法人和公民在自愿、量力的基础上集资办学，用于本地区学校的危房改造和新建、改建、扩建校舍。国家鼓励企业、事业组织、其他社会组织和个人捐资助学。

（6）"基"，即国内外社会团体、各界人士和其他组织捐赠资金设立的各种教育基金等。国家鼓励运用金融、信贷手段融通资金，支持教育事业的发展。

2. 教育经费的使用

为了使有限的教育经费得到合理使用，发挥更大的效益，有关法规对此作了明确规定，概括来说，包括以下几点：

（1）明确各种开支标准。国务院教育行政部门会同其他有关行政部门制定各类学校的经费开支定额、学生平均公用经费开支标准、教职工编制标准和校舍、场地、图书资料、仪器设备等基本的办学条件标准，作为各级人民政府财政对教育拨款的重要依据。

（2）支付教师工资并用于公用经费。

（3）用于新建、改建、扩建校舍。

（4）用于扫除文盲。扫除文盲教育的经费，主要由乡、村负责筹集。

（5）对民办学校予以适当的经费扶持。民办学校的办学经费由其举办者负责筹措。各级人民政府可视具体情况，对民办学校予以适当的经费扶持。

（6）设立专项资金补助义务教育。中央和省级人民政府应设立义务教育补助专项资金，扶持农村义务教育的发展。

3. 教育经费的管理

我国经济还不发达，教育经费来之不易，必须加强管理，防止贪污浪费。在教育经费的管理方面，主要有以下几点规定：

（1）各级人民政府和教育行政部门应当对本地区的学校合理布局，加强学校及其他教育机构教育经费的管理，提高教育投资效益。

（2）农村地区财政预算内教育经费，由县级人民政府统筹管理。

（3）各级人民政府以及财政、审计等部门应对教育经费的管理使用，依法进行监督。

（4）在教育经费方面，具有下列情形之一的，按照管理权限，地方人民政府应当责令当事人限期改正，并直接或间接建议有关部门对直接责任人员给予行政处分或者处罚；情节严重，构成犯罪的，依法追究刑事责任：①不按预算规定核拨教育经费，给教育工作造成损失的；②挪用、克扣、贪污教育经费的；③非法向学校及其他教育机构乱收各种费用的。

在教育经费不断增加的情况下，我们必须更加有效地使用，以较少的投入，取得较大的发展。

专题 2　教育设施

1. 教育设施的含义

广义的教育设施是指进行教育、教学工作的、价值较高的建筑、器具等不易损耗的物品，包括教育设备，如教室、运动场、闭路电视、桌椅等。教育设施是教学的物质基础，是保证学生身心健康的重要条件。在现代社会里，国家必须提供尽可能完备的教育设施以保证教学任务的顺利完成，不能简单地认为学校里只要有学生和教师就够了，须知教师和学生都是通过利用教育设施来进行活动的，不合乎标准的教育设施将妨碍甚至损伤学生的身心发展。例如，教室的采光照明、桌椅的高度、座位的角度、距离、环境的色调等对学生的视力有着很大影响，对这些设施的忽略就会造成学生视力减退。而教室的建筑如果不符合要求，还会发生倒塌以致砸死砸伤学生的事故。为了保证学生的身心健康，必须从生理学、心理学、教育学等角度出发制定教育法规，对教育设施做出合理的规定。目前我国已有许多教育单行法规对教育设施的各个方面作了规定，有关的教育工作者和其他人员应认真学习和遵守。

举办学校的必备条件之一是有固定的教学场所和教学设施，在教育设施中很重要的一方面，是校舍。有些教育法规对校舍建设标准作了规定，如教职〔1990〕008 号《原国家教委关于颁发〈省级重点职业高级中学的标准〉的通知》（1990 年 8 月 16 日）第八条涉及校舍建设的标准规定如下："有与办学规模和专业设置相适应的工地和校舍，以保证教学、生活、生产、体育活动等方面的需要。校园占地面积，城市学校一般不少于生均 30 平方米，农村学校一般不少于生均 50 平方米，校舍建筑面积，一般不少于生均 20 平方米。住宿学校的学生宿舍建筑面积，每生不得少于 4 平方米。"

我们国家不但制定了一些具体的法规，规定了举办学校者必须具备一定标准的校舍，还规定了具体实施措施来加以保证。如地方各级人民政府设置的实施义务教育学校的基本建设投资，由地方各级人民政府筹措。社会力量举办实施义务教育学校的基建投资，由办学单位或经国家批准的私人办学者负责筹措；中央和地方财政视具体情况，对经济困难的地区和少数民族聚居地区实施义务教育给予适当补助。经过批准征用的学校、幼儿园的用地，免征耕地占用税；自筹建设学校的投资，免征建筑税；公立及已立案之私立学校自有自用的房地，免纳房地产税。

在校舍建设中最重要的是教室和办公室建设。学校的教室是进行教育和教学活动的主要场所，教室内的微小气候、采光、照明等环境质量应当符合国家有关标准，这是普通教室的要求。学校还应当有专用教室，如幼儿园的活动室，小学应有专用的艺术教室或活动室，初中、高中应有专用的音乐、美术教室，大学应有符合要求的大阶梯教室、电教室、体育教室等。办公室是学校行政工作人员进行管理活动和教师进行备课的场所，也是学校进行管理和教学活动的必备场所。这些场所包括会议室、备课室、教师休息室和专用办公室（如校长办公室、教务办公室、学生团委办公室等）。学校的实验室是加强学生的基本功训练，提高实验操作能力的重要教学场所。目前高等学校的实验室建设已初具规模，有的已装备齐全，但还要加强基础实验室的建设，力争开出基础课及专业基础课规定的全部教学实验。中小学的实验室建设需要进一步加强，应具备物理实验室、化学实验室、生物实验室。实验室要保持科学、文明、安全的实验教学环境。实验室人员负责实验室的建设与管理工作，各级教育主管部门应设立管理学校实验室的机构，并列入议事日程。学校还应建有符合标准的体操房、运动场、游泳池等。这些场所应设有专人管理，任何单位或者个人不得侵占、破坏。学校的图书馆和阅览室是教师和学生课余活动的主要场所，它的大小应根据学校的规模而定。此外学校校舍中还应设有必备的医务室、食堂、学生宿舍、教师宿舍等。

要办好学校，只具备校舍是不够的，还必须有其他完备的教育设施。这些设施包括实验设备、电教设备、体育器材、音乐教学器材、美术教学器材等。国家对哪级哪类学校应具有什么样的教育设备和器材都作了规定，这里不再一一说明。《中小学实验室工作的规定》中提到要"准备齐全实验用品和教学资料挂图"，"组织教学仪器设备和消耗器材的供应"等。以上都说明了实验室应具备符合要求的仪器、材料、药品、标本、模型、挂图、教具等。在电化教育设备方面，国家制定了配备的要求和标准。小学按《小学电化教育设备配备标准》配备，应有符合标准和数量的书写投影仪、自动幻灯机、手动幻灯机、照相机、透视幕、银幕、收录机、录像机（或单放机）、彩色电视机、话筒、录像带、录音机、计算机等教育设备。普通中学（含初中、高中及完全中学）按《中学电化教育设备配备标准》配备。在体育器材方面，学校的上级主管部门和学校应当按照国家或者地方制订的各类学校体育场、器材、设备标准，有计划地逐步配齐，学校的体育器材应当纳入教学仪器供应计划。在音乐、美术教学器材方面，国家也都作了明确规定。各级各类学校都应按照标准配备。

除以上教育设施外，还应具备其他一些教育设施，如校车、学校用地（实验田、林场等）。这些都是保证和促进教学工作顺利进行所必需的。

2. 加强教育设施建设

在加强教育设施方面，应采取的措施包括：

（1）地方各级人民政府及其有关行政部门必须把学校的基本建设纳入城乡建设规划，对学校的基本建设用地及所需物资给予统筹安排，实行优先、优惠。

（2）各级人民政府对教科书及教学用图书资料的出版发行，教学仪器、设备的生产和供应，用于学校教育教学和科学研究的图书资料、教学仪器、设备的进口，实行优惠。地方各级人民政府应当采取措施，保证普通中小学教材课前到书。新修订的《义务教育法》对教科书的编写、使用和出版发行也做了具体规定。

（3）县级以上人民政府应当发展卫星电视教育和电化教育设施，各有关行政部门应当予以优先安排和保证。国家鼓励学校及其他教育机构推广运用现代化教学手段。

（4）对侵占、破坏或以其他非法手段占有学校及其他教育机构的校舍、场地及其他财产的，地方人民政府应当按照管理权限，责令当事人限期改正，并直接或建议有关部门对直接责任人员给予行政处分或者处罚，对情节严重，构成犯罪的，应依法追究刑事责任。

校外的教育设施是指按照法律规定设立的能为学校所利用的那部分社会公共文化设施。国家机关、企业、事业、社会团体及其他社会组织和公民，应当为儿童、青少年学生的身心健康成长创造良好的育人环境。公共文化设施及大众传播媒体，具有教育的功能。公共图书馆、博物馆、文化馆、体育场馆、科技馆、美术馆及其他社会公共文体设施，应当向社会开放，为公民接受教育提供方便，对教师和学生实行优待。广播、电视台（站）应当开设各种教育节目，促进公民的政治思想、道德、文化和科学技术素质的提高。国家应当重视儿童、青少年学生的校外教育，鼓励社会组织和公民发展校外教育设施。儿童、青少年的校外教育工作由校外教育机构、居（村）民委员会、学校、企业、事业组织、社会团体及其他社会组织和公民共同参与、配合进行。国家重视公民的国防教育，发展国防教育设施。各级人民政府教育行政部门、人民武装部、高等学校和中等学校所在地的人民解放军部队，应当共同组织高中阶段及其以上学生的国防教育和军事训练。

第三部分

依法办学育人篇

《国家中长期教育改革和发展规划纲要（2010—2020 年）》指出，要建立依法办学、自主管理、民主监督、社会参与的现代学校制度。这四个方面的基本要求，它的核心是依法办学。依法办学是建设法治国家的必然要求，对其他三个方面起着统领作用，既要求政府要依法行政，又要求学校要依法管理，社会要依法参与、依法监督。对于中小学校来说，规范义务教育学校办学行为是义务教育发展的重要任务。当前，不同地区、不同学校之间管理水平存在较大差距，有的学校在管理上还有不少薄弱环节，办学行为不规范，出现了各种各样的问题，如乱招生、乱补课、乱收费、存在安全隐患等。2014 年 8 月，教育部制定印发了《义务教育学校管理标准（试行）》，制定管理标准，从某种意义上说就是要回应解决学校管理"管什么"的问题，为学校依法办学、科学管理提供参考和依据，也有利于地方教育部门规范学校办学行为，提高学校管理水平。

一、保障学校权利

专题1 教育管理中的教育问责

1. 教育问责制及教育法律责任

教育问责制是一个现代政治概念的演化物，是"岗位责任制"的追究制度。教育问责制实际上是在学校教育管理和教育行政过程中，对教育行政领导和学校校长及教师进行职、权与责的比照，强调教育效益。从操作层面上来理解，就是教育行政领导、学校校长以及教师在工作过程中，对教育教学工作履行足够的教育权利和教育义务。同时，对其工作过程中出现的因为疏忽或过失造成的教育事故，也要追究必要的教育责任，以提高学校的办学质量。

我国 2006 年 9 月 1 日起实施的《义务教育法》对义务教育阶段的法律责任，作了明确规定：

（1）政府的法律责任。①经费责任：未履行对义务教育经费保障职责的。（参见《义务教育法》第五十一条）②规划责任：未按照国家有关规定制定、调整学校的设置规划的。（参见《义务教育法》第五十二条）③标准责任：学校建设不符合国家规定的办学标准、选址要求和建设标准的。（参见《义务教育法》第五十二条）④校舍安全责任：

未定期对学校校舍安全进行检查，并及时维修、改造的。（参见《义务教育法》第五十二条）⑤均衡安排经费责任：未依照本法规定均衡安排义务教育经费的。（参见《义务教育法》第五十二条）⑥分设重点校的责任：将学校分为重点学校和非重点学校的。（参见《义务教育法》第五十三条）⑦改变公办学校性质的责任：改变或者变相改变公办学校性质的。（参见《义务教育法》第五十三条）⑧组织适龄儿童入学责任：县级人民政府教育行政部门或者乡镇人民政府未采取措施组织适龄儿童、少年入学或者防止辍学的。（参见《义务教育法》第五十三条）⑨侵占挪用经费责任：侵占、挪用义务教育经费的。（参见《义务教育法》第五十四条）⑩向学校非法收取费用责任：向学校非法收取或者摊派费用的。（参见《义务教育法》第五十四条）

（2）学校的法律责任。①违规收费的责任：学校违反国家规定收取费用的。（参见《义务教育法》第五十六条）②推销商品的责任：学校以向学生推销或者变相推销商品、服务等方式谋取利益的。③拒收残疾儿童的：拒绝接收具有接受普通教育能力的残疾适龄儿童、少年随班就读的责任。（参见《义务教育法》第五十七条）④分设重点班的责任；⑤违规开除学生的。⑥选用未经审定的教科书的责任：选用未经审定的教科书的。（参见《义务教育法》第五十七条）

（3）家庭的法律责任（参见《义务教育法》第五十八条）。适龄儿童、少年的父母或者其他法定监护人无正当理由未依照本法规定送适龄儿童、少年入学接受义务教育的，由当地乡镇人民政府或者县级人民政府教育行政部门给予批评教育，责令限期改正。

（4）社会的法律责任。①诱骗儿童失学的责任：（参见《义务教育法》第五十九条）胁迫或者诱骗应当接受义务教育的适龄儿童、少年失学、辍学的。②招用童工的责任：（参见《义务教育法》第五十九条）非法招用应当接受义务教育的适龄儿童、少年的。③编写教科书的责任：出版未经依法审定的教科书的。（参见《义务教育法》第五十

九条）国家机关工作人员和教科书审查人员参与或者变相参与教科书编写。（参见《义务教育法》第五十六条）

（5）其他相关主体的法律责任。（参见《义务教育法》第五十五条）学校或者教师在义务教育工作中违反教育法、教师法规定的，依照教育法、教师法的有关规定处罚。对于以上这些违法行为，《义务教育法》分别规定了责令限期改正、通报批评、行政处分、没收违法所得，依照有关法律、行政法规和规定予以处罚等制裁措施。《义务教育法》有关法律责任的规定，将有力保障义务教育的实施。

教育问责制的产生是我国现代社会民主政治发展和现代教育改革的结果。面对新世纪教育的民主进程，现代教育必须对教育资源进行有效的整合，站在全球化教育管理理论的高度，有效开展工作，这对提高教育行政主管部门的工作积极性和创造性是非常有益的，对学校的办学要求也会越来越高。作为现代教育管理制度，教育问责制是我国教育走向法制化的必由之路。

教育问责制将政府的教育职能进行有效转化，是现代教育管理发展的一种趋势。宏观上，这种管理有进步性，即教育行政部门的教育工作在具体落实的过程中，不会因为各学校自身的原因导致教育指令得不到有效落实，这对提高教育质量是非常有益的；微观上，教育问责制对学校的教育管理有了一定的指向性，在管理过程中，必须加强合作，从学校实际出发，积极探求适合学校发展的有效途径，进一步增强教育责任感，变被动工作为主动服务。

对学校内部治理而言，教育问责制首先是对校长负责制的一种肯定，同时也是对校长权力的制约。它有利于校长在学校管理过程中，确立正确的管理服务观和责任意识。教育问责制与校长负责制相比较，校长的权力在形式上增大了，同时，校长的压力也在不断增大。实行教育问责制，还要求必须对教师的工作进行合理定位，这是现代学校教育管理体制对社会的教育要求做出的有效回应，是将社会的矛盾进行有效分化的一条捷径。教育问责制在学校推行，是提高教师工作责任心的一种有效办法。

2. 我国教育问责机制存在的问题

目前看来，教育问责制度在我国尚未完全建立起来，还有一些制度配合上的障碍，问责的机制还不顺，仍需要教育管理部门和教育各方积极努力。从教育问责的内容来看，主要存在以下几个方面：

（1）经济问责。学校经济上接受公众的问责，意味着学校必须向公众证明资金没有被贪污或浪费，证明公布的经济预算已经兑现。经济问责要求：①学校准备公布官方预算，与规划中的收支相分离；②所公布预算的实际操作由国家机构独立审计；③独立审计的报告向大众公示；④随后的年度审计员由公众推荐，经济问责中表现良好的学校会赢得公众的信任，表现不好的学校可能会被刑事诉讼。

（2）学校监护问责。学校为学生的安全和监护接受家长的问责，即学校必须表明学生处于安全、健康而且有秩序的环境中，表明他们知道每个学生在校期间的下落。学校监护问责要求：①每一位教师对学生的日常出勤负责；②学生离开教室必须获得老师的批准，获得通行证。问责中表现好的教育工作者会让家长们信任学校，否则将被解聘。

（3）学校专业水平问责。学校在维持专业水平方面接受专业协会和委托协会的问责。学校专业水平表现为学校的投入，如学习场地的规模、图书馆中生均拥有的图书册、教师的学历、开设的课程以及师生比例、资源的开发等。问责中通过的学校才可由官方认可，否则专业协会可以进行罢工或者请求对学校进行制裁。

（4）学生实际学业成绩与资源利用关系问责。与理想中的学生学业成绩相比较，为学生实际取得的学业成绩需要接受家长、学生与纳税人的问责，并汇报实现如此结果所利用的资源。学生实际学业成绩与资源利用关系问责要求：①学校系统公开采用绩效目标；②单独评估与公开报道学生实现这些目标中取得的实际成绩；③单独评估与公开报道后来的努力及成功缩小绩效差距。

【典型案例】

某初级中学，在学年第二学期期末考试结束后做出决定，凡是考试不及格的学生，下学期开始按试读生对待，每人须交纳试读费13340元。第三学年第二学期，全校600余名学生中有不及格学科的达370人。学校又做出决定，各年级组教师可利用节假日为学生补课，并收取补课费。期末考试及格的学生每人须交5元，而不及格的学生每人须交10元。全校该年初共收补课费11020元。次年第一学期期末，学校对补考学生收取补考费，每科一元，三个年级共收了900多元。所收费用除学校留存小部分外，其余都作为教师和工作人员劳务费和津贴。国家教育机关对此事进行了调查，并对责任者进行了批评教育，并问责了该学校相关领导。

【法律分析】

在本案中，该校领导的行为是不是违法行为，应该承担么法律责任呢？下面，我们对这个问题进行法律上的分析。

1. 该校的做法违反了我国有关法规关于免收学费、杂费的规定

按照2006年新修订的《义务教育法》及国家有关规定，小学、初中阶段的学生免收学费和杂费。

对什么是学费问题，国家并无明文规定。一般来说，学费是维持正常教育教学过程所需要的基本费用，通常包括四个主要方面：教职工的工资、学校的建筑费（如教学楼、宿舍、实验楼等）、必要的教育教学设施费（如体育器材、卫生设施、图书资料、音乐器材等）、教育教学过程所必要的事业费（如差旅费、教师的办公用品费、正常教育教学活动所需要的费用等）。对义务教育阶段的学生免收学费就应该免收上述费用。在本案当中，该校向学生收取的试读费和补考费，是属于学费的一部分。学生考试不及格是属正常教育教学过程中出现的问题，学校

对不及格的学生可按规定采取留级或补考措施，这是学校正常工作的一部分，不能收取其他费用。而该校对属于自己的本职工作的正常活动收取费用，违反了我国义务教育免收学费的规定。

我国法律对学校杂费没有明确规定，一般来说学校教育过程中的杂费是指与教育教学过程相联系的辅助性的费用，主要包括文具费、教材费、扫除用品、服装费以及必要的教育教学活动所需的辅助性费用，如参观访问的乘车费、测验考试的试卷费、升学考试的报名费等。学校在完成正常的教学工作外，利用业余时间举办各种补习班、学前班、课后看护班、业余音乐班、美术班、舞蹈班、书法班以及在校生业余补习班等，可适当收费，但必须坚持自愿的原则，不得通过各种形式强制学生参加。对在校生补课班，原则限于初三和高三年级，其他年级的补课要严加控制；必须补课的要以学科编班，学生可以根据需要选择参加。不得利用补课时间讲新课。收费标准，由当地教育部门提出方案，会同物价、财政部门共同制定。

本案中，该校组织教师对不及格的学生进行补课，并收取一定费用，这是法律允许的。但是，该校的做法是错误的。一是该校强制所有学生都参加补课，这是不对的。应该以自愿为原则。二是该校确定的收费标准未得到省级部门批准。这是违反国家有关规定的。

本案中的补课费实际上不属于杂费的范围而是一种教师的劳务费。在这方面应特别注意防止教师中"一切向钱看"，上课时不讲明白，课后再补，以收取补课费的做法。

2. 该学校违反了国家关于学杂费使用的规定

国家教委在《关于坚决纠正中小学校乱收费的通知》中明确指出，学费和杂费收入，应用于补充学校的公用经费改善办学条件，不得用于发放教职工的补贴、奖金。在本案中，无论学校收取的试读费、补考费是学费还是杂费，都应按照国家的有关规定，用于补充学校的办公经费，改善办学条件，不得用于发放教职工的补贴、奖金。本案中收取学费就不对，又违反使用规定，就更不对了。

3. 此案的性质和该学校应负的责任

《教育法》第七十八条规定："学校及其他教育机构违反国家有关规定向受教育者收取费用的，由教育行政部门责令退还所收费用；对直接负责的主管人员和其他直接责任人员，依法给予行政处分。"该学校对考试不及格的学生收取补考费、试读费，实际上是以罚款的形式对学生进行惩罚。这一点也许学校并没有认识到，也就是说学校并不是明确以罚款为目的，但这里明显有惩罚的意思。罚款是指特定的行政机关或者法定的授权组织对违反特定的行政管理法规，但尚未构成犯罪的个人和组织采取的惩罚措施。学校无权对学生进行罚款处罚，由此可见性质是严重的。

另一方面必须指出，对学习不好的学生采取惩罚手段，本身也是错误的。对待学习成绩不好的学生，教师应该热情地帮助，分析其学习不好的原因，指导他们改进学习方法，提高他们的学习兴趣，这是教师的职责。而该学校不仅没有这样做，反而无视国家三令五申不许乱收费的规定，多次巧立名目，收取不合理费用，损害了学校的声誉和教师的形象，在社会上造成不良影响，其后果是严重的，学校当事人理应受到行政处分。国家教委《关于坚决禁止中小学乱收费通知》中规定："本通知发出后，凡继续违反规定乱收费的，应严肃处理，各级教育行政部门及其监察督导机关，要把制止中小学乱收费作为本职工作的一项重要内容，认真进行检查、清理。对违反规定的，轻者批评教育，情节严重的，给予纪律处分，直至撤销领导职务，触犯刑律的，依法追究刑事责任。"《国务院办公厅关于加强中小学收费重视工作通知》中规定："各级人民政府都要重视中小学收费工作，加强管理，制止乱收费、乱摊派，严肃查处违法违纪案件。今后哪里出现向中小学或中小学自己乱收费、乱摊派的问题，除追究当事人的责任外，还要追究当地人民政府有关部门负责人的责任。"本案中，该学校的行为尚不十分严重，可以给予批评教育。

针对学校的收费，我们应当注意：

（1）各级教育行政部门和学校都要增强全局观念，加强纪律性，严肃认真落实各级政府有关收费的规定，坚决纠正有令不行、有禁不止的现象。

（2）各级教育行政部门和学校要顾全大局，克服困难，努力办好学校。对学校经费紧缺，特别是拖欠教师工资等实际困难，应及时向政府和有关部门反映，通过正常渠道解决，不可以此为由乱收费。

（3）对于向学校乱摊派和通过学校搭配收费的做法，要坚决抵制，必要时可请当地政府出面制止。

（4）纠正学校乱收费并不等于禁止学校开展捐资助学活动，但在捐资助学活动中，不得把捐资助学同录取学生挂钩，坚决杜绝以钱买分，以钱买学籍，以钱择公办学校和重点学校的错误做法。

（5）我国的教育事业正在进行改革，收费问题也将面临改革。对收费工作中的一些特殊问题，应该进行调查和研究，在改革过程中，由教育行政管理部门审查批准，学校不得自行决定。

为解决教育经费短缺这个难题，党和国家提出多渠道筹措教育经费的措施。中小学能够通过正常的渠道，采取正确的措施，筹措教育经费，缓解教育经费短缺局面，但是，也有些学校违反了有关规定，采用了乱收费的错误做法。学校的乱收费现象，不仅加重学生家庭的经济负担，导致部分家庭经济困难的学生辍学，损害了人民群众的利益，而且败坏了学校的形象和风气，这种做法已受到社会多方面的谴责。为了维护教育教学秩序，保证教育事业顺利发展，恢复学校的形象，我们必须坚决纠正乱收费这一不正之风。产生乱收费的原因是多方面和复杂的，纠正这一不正之风，也需要多方面的配合。其中最主要的一个方面，就是提高中小学校长对收费的认识，使其遵守国家有关法律规定。在本案中，教育行政机关就对乱收费的学校领导进行了问责。

【法条链接】

《教育法》第七十八条规定："学校及其他教育机构违反国家有关规定向受教育者收取费用的，由教育行政部门责令退还所收费用；对直接负责的主管人员和其他直接责任人员，依法给予行政处分。"

《义务教育法》第二条规定："实施义务教育，不收学费、杂费。"

《国务院办公厅关于加强中小学收费管理工作的通知》中规定："无论是调整义务教育阶段的杂费标准，还是提高非义务教育阶段学杂费标准以及确需收取的其他费用项目和标准，都必须按规定程序研究报批。要坚持公布收费项目各标准的制度，取得社会的监督。"

《国务院办公厅关于加强中小学收费重视工作通知》中规定："各级人民政府都要重视中小学收费工作，加强管理，制止乱收费、乱摊派，严肃查处违法违纪案件。今后哪里出现向中小学或中小学自己乱收费、乱摊派的问题，除追究当事人的责任外，还要追究当地人民政府有关部门负责人的责任。"

专题2 教育行政处罚的管辖和种类

1. 行政处罚与教育行政处罚

行政处罚涉及公民的基本权利，必须采取法定原则，这是现代法治的要求。行政处罚的法定原则，包括：

（1）公民、法人或者其他组织违反行政管理秩序的行为，依照法律、法规或者规章明文规定应予行政处罚的，应当给予行政处罚。

（2）行政处罚由有权设定行政处罚的国家机关在职权范围内设定，无权设定的不得设定，也不得越权设定。

（3）实施行政处罚应当由行政机关依照法定程序实施。行政处罚的实施主要由行政机关实施，但有法律、行政法规或者地方性法规授权的组织也可以行使某些行政处罚权。这里，应注意，并不是所有的行政机关都有行政处罚权，法律、法规或者规章规定具有行政处罚权的行政机关，依照法律、法规或者规章确定的违法行为和规定给予的行政处罚，实施行政处罚。

（4）行政机关实施行政处罚，要严格依法进行，没有法定依据或者不遵守法定程序的，行政处罚无效。实施行政处罚必须遵守法律规定的程序，既包括行政处罚法规定的程序，也包括其他行政法律关于程序的规定。行政处罚法是一部程序法，是对行政机关如何实施行政处罚进行规范，一方面保障行政机关有效实施行政管理，另一方面也要在程序上进行必要的规范，防止滥施处罚

按照《教育行政处罚暂行实施办法》的规定，实施教育行政处罚的管辖权，可以分为以下几种情况：一是，在一般情况下，教育行政处罚由违法行为发生地的教育行政部门管辖。二是，对给予撤销学校或者其他教育机构的案件，由批准该学校或者其他教育机构设立的教育行政部门管辖。三是，以下案件由国务院教育行政部门管辖：①应当由其撤销高等学校或者其他教育机构的案件；②应当由其撤销教师资格的案件；③全国重大复杂的案件；④教育法律、法规规定由其管辖的处罚案件。四是，其他管辖。

除国务院教育行政部门管辖的处罚案件外，对其他各级各类学校或者其他教育机构及其内部人员处罚的案件管辖，《教育行政处罚暂行实施办法》还作了如下规定：①对高等学校或者其他高等教育机构及其内部人员的处罚，为省级人民政府教育行政部门；②对中等学校或者其他中等教育机构及其内部人员的处罚，为省级或地、设区的市级人民政府教育行政部门；③对实施初级中等以下义务教育的学校或者其他教育机构、幼儿园及其内部人员的处罚，为县、区级人民政府教育行政部门。

在管辖权发生争议或出现特殊情况时，可按以下办法划分管辖权。①提处：上一级教育行政部门认为必要时，可以将下一级教育行政部门管辖的处罚案件提到本部门处理；②报处：下一级教育行政部门认为所管辖的处罚案件重大、复杂或超出本部门职权范围的，应当报请上一级教育行政部门处理；③先立：两个以上教育行政部门对同一个违法行为都具有管辖权的，由先行立案的教育行政部门管辖；④移送：主要违法行为发生地的教育行政部门处理更为合适的，可以移送主要违法行为发生地的教育行政部门处理。⑤并处：教育行政部门发现正在处理的行政处罚案件，还应由其他行政主管机关处罚的，应向有关行政机关通报情况、移送材料并协商意见；⑥先送：对构成犯罪的，应先移送司法机关依法追究刑事责任。

《教育行政处罚暂行实施办法》对实施教育行政处罚的机关作了明确规定，大致可以分为三种情况：（1）实施教育行政处罚的机关必须是县级以上人民政府的教育行政部门。其中的"县级以上"应该理解为包括市辖区、乡（镇）、村和学校如果没有受到委托就没有教育行政处罚权。（2）教育行政部门可以委托其他组织实施教育行政处罚。受委托的组织必须符合《行政处罚法》第十九条规定。按照该条规定，受委托组织必须符合以下条件：①依法成立的管理公共事务的事业组织；②具有熟悉有关法律、法规、规章和业务组织；③对违法行为需要进行技术检查或者技术鉴定的，应当有条件组织进行相应的技术检查或者技术鉴定。按照这条规定，学校或其他符合条件的组织可以成为受委托的组织。教育行政部门在委托学校或其他符合条件的组织实施教育行政处罚时，应当与受委托组织签订《教育行政处罚委托书》，依法规定双方实施处罚的权利和义务。（3）法律、法规另有规定的。

实施行政处罚必须公正、公开、及时。这里所说的公正主要是指实施教育行政处罚时不能受法律以外的因素影响。一是处罚目的要公正，不能掺杂私心杂念；二是手段要公正，不能采用不正当手段；三是程序要公正，对每方当事人都要公正对待；四是结果要公正，不能错判、漏判、枉法裁判。这里所说的公开主要是指实施教育行政处罚时，除法律另有规定的外，所有材料和过程都应该让当事人和有关人员及公众知道，不应有任何隐瞒。应该公开的主要有以下几方面：一是处罚理由要公开；二是处罚内容要公开；三是处罚程序要公开；四是处罚结果要公开；五是当事人的权利和义务要公开。这里所说的及时主要是指实施教育行政处罚必须在法律规定的时限内完成。"及时"主要包括以下几方面：一是对违反教育行政管理秩序的行为必须及时开具处罚决定书；二是对违法行为必须及时纠正并挽回损失；三是必须及时实施处罚，不能打法律白条；四是对申诉者必须及时给予答复。

2. 教育行政处罚的种类

按照《教育行政处罚暂行实施办法》的规定，我国的教育行政处罚可分为 10 种：（1）警告；（2）罚款；（3）没收违法所得，没收违法颁发、印制的学历证书、学位证书及其他学位证书；（4）撤销违法举办的学校和其他教育机构；（5）取消颁发学历、学位和其他学业证书的资格；（6）撤销教师资格；（7）停考，停止申请认定资格；（8）责令停止招生；（9）吊销办学许可证；（10）法律、法规规定的其他教育行政处罚。

教育行政部门实施上述处罚时，应当责令当事人改正、限期改正违法行为。《教育行政处罚暂行实施办法》所规定的行政处罚大致可以归纳为：（1）警、罚：是指警告、罚款；（2）没收：是指①没收违法所得；②没收证书，即没收违法颁发、印制的学历证书、学位证书及其他学业证书；（3）"停"：是指①停考；②停止申请认定资格；③停止招生；（4）"销（消）"：是指①撤销教育机构，即撤销违法举办的学校和其他教育机构；②取消发证资格，即取消颁发学历、学位和其他学业证书的资格；③撤销教师资格；④吊销办学许可证；（5）其他：是指法律、法规规定的其他教育行政处罚。例如，《教育法》第七十九条规定："非法举办国家教育考试的，由教育行政部门宣布考试无效……。"

在实施教育行政处罚时，应该强调的是处罚是手段而不是目的，因此，在实施行政处罚的同时，还必须责令当事人改正违法行为。对一般的违法者给予行政处罚，更应强调教育，行政处罚的直接目的是，纠正违法行为，对违法者和广大人民进行教育，提高法制观念，使广大公民自觉地遵守法律、维护法律。必须指出，保障法律贯彻实施，最基本、最重要的是要靠宣传教育。宣传教育是最基本、最重要的，要进行广泛宣传教育，使广大人民群众了解，法律也才能有群众基础。当然，对少数违法分子，要给予行政处罚，行政处罚的目的，绝不是单纯为了处罚，而是为了纠正违法行为，教育公民、法人或者其他组织自觉守法，保障法律的贯彻实施。

《行政处罚法》规定，已满14周岁不满18周岁的人有违法行为的，从轻或者减轻行政处罚。这是《行政处罚法》贯彻对违法的未成年人，实行教育、感化、挽救方针，坚持教育为主、惩罚为辅的原则的具体体现。

从轻处罚，是指行政机关在法定的处罚方式和处罚幅度内，对行政违法行为人在几种可能的处罚方式内选择较低的处罚方式，或者在一种处罚方式下在允许的幅度内选择幅度的较低限行处罚。如《治安管理处罚法》规定，严厉禁止违反政府规定种植罂粟等毒品原植物，违者除铲除其所种罂粟等原植物以外，处15日以下拘留，可以单处或者并处3000元以下罚款。触犯此规定但如果能主动承认错误，并配合行政机关查处违法行为有立功表现的，公安机关就可以在拘留和3000元以下的罚款处罚中选择较轻的处罚，如决定罚款，可以处罚低额的罚款，如决定拘留，也可以在1日至15日内决定较低的期限。当然，从轻处罚也不是绝对要适用最轻的处罚方式，更不是一定要在幅度最低限进行处罚，行政机关要综合考虑其违法情节，同时针对违法者的具体情况，如是否属于未成年人，是否有受他人胁迫实施违法行为的因素，违法后是否有主动消除、减轻违法行为危害后果或者配合行政机关查处违法行为有立功表现等，做出如何从轻处罚的具体决定。

减轻处罚，是指行政机关在法定的处罚方式和处罚幅度最低限以下，对违法行为人适用行政处罚。在处罚的程度上，它界乎于从轻处罚和免除处罚之间。具体地说，减轻处罚有两种情况，一种情况是：行政机关在法定的处罚方式以下对违法者实施处罚。如：根据治安管理处罚条例规定，对于赌博或者为赌博提供条件的，处15日以下拘留，可以单处或者并处3000元以下罚款，或者依照规定实行劳动教养。实践中，对于一些轻微的赌博活动，违法者是初犯，同时又能主动承认错误，及时纠正违法行为，配合公安机关查处其他违法活动，对于这样的违法者，公安机关可以减轻处罚。如对其采取警告等手段，这就是在法定处罚方式拘留罚款、劳动教养之外，选择比这些法定处罚方式轻一些的警告方式进行处罚。另一种情况是行政机关在法定的处罚幅度最低限以下实施处罚。如根据《反不正当竞争法》规定，投标者串通投标，抬高标价或者压低标价；投标者和招标者相互勾结，以排挤竞争对手公平竞争的，其中标无效。监督检查部门可以根据情节处以1万元以上20万元以下的罚款。对于触犯这一规定，又有减轻处罚情节的违法者，行政执法部门可以对其处以1万元以下的罚款，这种减轻处罚，是在法定的"1万元以上20万元以下"的罚款幅度最低限以下给予的处罚。

当然必须指出，实施行政处罚有一个基本的前提，即以过罚相当为原则，即行政处罚要与违法行为的事实、性质、情节以及社会危害程度相当。因此，我们在运用从轻、减轻处罚的手段时，要注意综合考虑违法者违法行为的具体情况以及悔罪情节，对于有些法定只能从轻处罚而不能减轻处罚的，不能给予减轻处罚，更不能免除处罚。

《行政处罚法》规定，公民、法人或者其他组织对行政机关所给予的行政处罚，享有申辩权和陈述权。任何权力必须公正行使，对当事人不利的决定必须听取本人意见，这是现代法制的一个重要原则。行政处罚法规定了对被处罚的当事人依法享有申辩权和陈述权就是这一原则的体现。

行政处罚法还规定，公民、法人或者其他组织对行政处罚不服的，有权依法申请行政复议或者向人民法院提起行政诉讼。公民、法人或者其他组织因行政机关违法给予行政处罚受到损害的，可以依法提出赔偿要求。对此，《行政诉讼法》《行政复议法》和《国家赔偿法》作了具体的规定。

【典型案例】

河北省井陉县某小学期末统考前，该县上安镇岳家庄小学三年级教师梁某设法弄到了试卷，做出答案后让学生"牢记"，此举引起学生家长极大不满。

据一姓武的学生家长说，2月2日下午已到放学的时间了，然而孩子们都没有回家，家长们十分着急。晚上7时30分许，孩子们回到家告诉家长，因为"老师搞到卷子"，做出答案后让他们抄下来牢记。次日早上临考前，梁老师竟然又"加班"，给学生们抄了一道"写作题"。

家长们说，梁老师是公办教师，去年10月才来该校执教。他经常晚上加班开车，有时白天不能正常为孩子们上课。由于教师梁某不负责任，孩子们的成绩急剧下降，原来数一数二的优等生在上安镇的抽查考试中竟然不及格。为了让"学生们考个好成绩"，他竟然偷窃考试题。家长们认为，教师除了教书还要育人，梁老师如此"做手脚"，只会教孩子们学会"不劳而获"，又谈何"育人"呢？事后，井陉县教育局已委派上安镇中心学校专人调查此事，并对教师梁某做出了行政处罚的决定。

【法律分析】

本案中，教师梁某的行为违反了下列法律、法规：

（1）《教师法》第八条的规定，即"教师应当履行下列义务：（一）遵守宪法、法律和职业道德，为人师表；（二）贯彻国家的教育方针，遵守规章制度，执行学校的教学计划，履行教师聘约，完成教育教学工作任务；……（六）不断提高思想政治觉悟和教育教学业务水平"。本案中，梁某身为公办教师，为追求个人利益，利用晚间开车，致使其白天不能正常上课，学生们成绩急剧下降，不能完成学校的教育教学任务，这是违法违纪行为。

（2）《中小学教师职业道德规范》的第二条内容的规定："爱岗敬业。热爱教育、热爱学校、尽职尽责、教书育人，注意培养学生具有良好的思想品德。认真备课上课，认真批改作业，不敷衍塞责，不传播有害学生身心健康的思想。"这样规定，是为了提高中小学教师的道德素质水平，促使教师自觉规范其思想行为，从而成为人民满意的教育工作者。本案中，梁老师为让学生考好，采用了偷考题的手段，一方面说明了他对工作不负责任，敷衍了事；另一方面说明他并未真正做到教书育人，缺乏作为一名教师应具备的道德素质。

在此，应当说明的一点是，教师在高质量地完成自己的本职工作以外，可以因为额外劳动取得符合规定的额外报酬，我们不能把此统统斥之为"向钱看"。只有那些不劳而获，或置本职工作于不顾，以权谋私，损公肥私的人才是应该受到谴责的。

学校是国家的事业单位。特别是实施义务教育的学校，是依照《义务教育法》设立和从事教育工作的，具有国家性。根据有关规定和学校的性质，学校的校长、教师应视为国家工作人员。故本案中教师梁某的责任可依《教育行政处罚暂行实施办法》依法做出处罚。

【法条链接】

《教师法》第八条规定："教师应当履行下列义务：（一）遵守宪法、法律和职业道德，为人师表；（二）贯彻国家的教育方针，遵守规章制度，执行学校的教学计划，履行教师聘约，完成教育教学工作任务；……（六）不断提高思想政治觉悟和教育教学业务水平。"

《中小学教师职业道德规范》的第二条内容："爱岗敬业。热爱教育、热爱学校、尽职尽责、教书育人，注意培养学生具有良好的思想品德。认真备课上课，认真批改作业，不敷衍塞责，不传播有害学生身心健康的思想。"

专题3　教育行政处罚的一般程序

1. 行政处罚的程序

对于教育行政机关而言，做出教育行政处罚首先必须保证程序适当。《教育行政处罚暂行实施办法》所规定的 10 类教育行政处罚都可以采用一般程序。其程序如下：

（1）立案决定。教育行政部门发现公民、法人或者其他组织有应当给予教育行政处罚的违法行为的，应当做出立案决定。

（2）案件调查。教育行政部门必须按照法定程序和方法，全面、客观、公正地调查、收集有关证据，教育行政部门在调查时，执法人员不得少于两人。

（3）进行检查。必要时，依照法律、行政法规的规定，可以进行检查。教育行政部门在进行检查时，执法人员不得少于两人。

（4）登记封存。教育行政部门在收集证据时，对可能灭失或者以后难以取得的证据，经教育行政部门负责人批准，可以将证据先行登记，就地封存。

（5）处罚告知。在做出处罚决定前，教育行政部门应当发出《教育行政处罚告知书》，告知当事人作出处罚决定的事实、理由和依据，并告知当事人依法享有的陈述权、申辩权和其他权利。

（6）陈述申辩。当事人在收到《教育行政处罚告知书》后七日内，有权向教育行政部门以书面方式提出陈述、申辩意见以及相应的事实、理由和证据。教育行政部门必须充分听取当事人的意见，对当事人提出的事实、理由和证据应进行复核，当事人提出的事实、理由或者证据成立的，教育行政部门应当采纳。教育行政部门不得因当事人的申辩而加重处罚。

（7）调查呈报。调查终结后，案件承办人员应当向所在教育行政部门负责人提交《教育行政处罚调查处理意见书》，详细陈述所查明的事实、应当作出的处理意见及其理由和依据，并应附上全部证据材料。

（8）处理决定。教育行政部门负责人应当认真审查调查结果，按照《行政处罚法》第三十八条的规定，根据不同情况作出决定。

（9）制作处罚决定书。教育行政部门决定给予行政处罚的，应当按照《行政处罚法》第三十九条的规定，制作《教育行政处罚决定书》。行政机关依法作出行政处罚决定后，应当制作行政处罚决定书。行政处罚决定书是行政机关作出行政处罚的行政行为具备法律效力的表现形式。通过这一法律形式，确定行政机关实施行政处罚的法律效力，对当事人产生约束力，形成行政行为的合法的效果。因此，行政机关及其执法人员在作出行政处罚决定的时候，都必须出具行政处罚决定书。无论是当场处罚还是依照一般程序作出的处罚，都应当制作行政处罚决定书，并应当当场交付当事人。行政处罚决定书应当载明下列事项：①当事人的姓名或者名称、地址；②违反教育法律、教育法规或者教育规章的事实和证据；③教育行政处罚的种类和依据；④教育行政处罚的履行方式和期限；⑤不服教育行政处罚，申请行政复议或者提起行政诉讼的途径和期限；⑥作出教育行政处罚决定的教育行政机关名称和作出决定的日期；⑦教育行政处罚决定必须盖有作出教育行政处罚决定的教育行政机关的印章；

（10）《教育行政处罚告知书》的送达。《教育行政处罚告知书》的送达必须遵循以下规定：①送达回证：送达诉讼文书必须有送达回证，由受送达人在送达回证上记明收到日期，签名或者盖章。受送达人在送达回证上的签收日期为送达日期。②代收人：送达诉讼文书，应当直接送交受送达人。受送达人是公民的，本人不在交他的同住成年家属签收；受送达人是法人或者其他组织的，应当由法人的法定代表人、其他组织的主要负责人或者该法人、组织负责收件的人签收；受送达人有诉讼代理人的，可以送交其代理人签收；受送达人已向人民法院指定代收人的，送交代收人签收。受送达人的同住成年家属，法人或者其他组织的负责收件的人，诉讼代理人或者代收人在送达回证上签收的日期为送达日期。③拒收处理：受送达人或者他的同住成年家属拒绝接收诉讼文书的，送达人应当邀请有关基层组织或者所在单位的代表到场，说明情况，在送达回证上记明拒收事由和日期，由送达人、见证人签名或者盖章，把诉讼文书留在受送达人的住所，即视为送达。④间接送达：直接送达诉讼文书有困难的，可以委托其他人民法院代为送达，或者邮寄送达。邮寄送达的，以回执单上注明的收件日期为送达日期。⑤送达军人：受送达人是军人的，通过其所在部队团以上单位的政治机关转交。⑥送达监改人员：受送达人是被监禁的，通过其所在监所或者劳动改造单位转交。受送达人是被劳动教养的，通过其所在劳动教养单位转交。⑦送达日期：代为转交的机关、单位收到诉讼文书后，必须立即交送达人签收，以在送达回证上的签收日期为送达日期。⑧公告送达：受送达人下落不明，或者用本节规定的其他方式无法送达的，可采用公告送达。自发出公告之日起，经过六十日，即视为送达。公告送达，应当在案卷中记明原因和经过。

2. 听证

对有些教育行政处罚，当事人在教育行政部门告知后三日内有要求举行听证的权利，教育行政部门应当按照《行政处罚法》第四十二条的规定，组织听证。可以采用听证程序的教育行政处罚主要包括以下几种：①较大数额的罚款：按照《行政处罚法》的规定，这时所指的较大数额的罚款，标准为：由国务院教育行政部门作出罚款决定的，为五千元以上；由地方人民政府教育行政部门作出罚款决定的，具体标准由省级人民政府决定。②"没收"处罚：即没收违法所得，没收违法颁发、印制的学历证书、学位证书及其他学业证书；③"停"处罚：即停考、停止申请认定资格、停止招生；④"销（消）"处罚：即取消颁发学历、学位和其他学业证书的资格；撤销违法举办的学校和其他教育机构；撤销教师资格；吊销办学许可证。

凡符合执行听证程序的行政处罚应遵循以下要求：

（1）书面告知：即教育行政部门在作出上述行政处罚决定之前，除应当告知作出处罚决定的事实、理由和依据外，还应当书面告知当事人有要求举行听证的权利；

（2）提出时限：当事人要求举行听证的，应当在得到教育行政部门的告知后三日内提出；

（3）回复时限：教育行政机关应当在举行听证的七日前，通知当事人举行听证的时间、地点；

（4）听证组织：当事人在教育行政部门告知后三日内提出举行听证要求的，教育行政部门应当按照规定组织听证；

（5）听证方式：除涉及国家秘密、商业秘密或者个人隐私外，听证公开举行；

（6）听证主持：听证由行政机关指定的非本案调查人员主持；当事人认为主持人与本案有直接利害关系的，有权申请回避；

（7）参与方式：当事人可以亲自参加听证，也可以委托一至二人代理；

（8）听证内容：举行听证时，调查人员提出当事人违法的事实、证据和行政处罚建议；当事人进行申辩和质证；

（9）听证笔录：听证应当制作笔录；笔录应当交当事人审核无误

后签字或者盖章；

（10）听证呈报：听证结束后，听证主持人应当提出《教育行政处罚听证报告》连同听证笔录和有关证据呈报教育行政部门负责人；

（11）听证结论：教育行政部门负责人应当对《教育行政处罚报告》进行认真审查，并依照行政法的有关规定作出以下一种决定：①确有应受教育行政处罚的违法行为的，根据情节轻重及具体情况，作出教育行政处罚决定；②违法行为轻微，依法可以不予教育行政处罚的，不予教育行政处罚；③违法事实不能成立的，不得给予教育行政处罚；④违法行为已构成犯罪的，移送司法机关；⑤对情节复杂或者重大违法行为给予较重行政处罚的，教育行政机关的负责人应当集体讨论决定；

（12）听证异议：当事人对行政处罚决定不服的，有权依照法律、法规的规定，申请行政复议或者提起行政诉讼。行政复议、行政诉讼期间，行政处罚不停止执行。

3. 违反教育行政处罚的法律责任追究

教育行政部门及其工作人员在实施教育行政处罚中，有违反《行政处罚法》和本办法行为的，应当按照《行政处罚法》第七章的规定追究法律责任。按照该章的规定，在实施行政处罚中应当追究法律责任的行为主要包括以下几方面：

（1）没有依据：即没有法定的行政处罚依据的。行政处罚涉及对公民的人身权、财产权和法人的财产权的限制或剥夺，这些权利都是受宪法和法律保护的权利，没有法定依据，任何机关和组织不得限制和剥夺。处罚法定是行政处罚所应遵循的一项基本原则。行政处罚法规定，公民、法人或者其他组织违反行政管理秩序的行为，应当给予行政处罚的，依照本法由法律、法规或者规章规定，并由行政机关依照本法规定的程序实施。没有法定依据或者不遵守法定程序的，行政处罚无效。因此，行政机关实施行政处罚，必须有法律、法规或者规章作为依据。法律、法规或者规章没有规定行政处罚的，行政机关不得对公民、法人或者其他组织实施行政处罚。根据行政处罚法的规定，行政机关及其执法人员没有行政处罚法定依据而实施处罚的，由上级行政机关或者有关部门责令改正，可以对直接负责的主管人员和其他直接责任人员依法给予行政处分。

（2）擅改处罚：即擅自改变行政处罚种类、幅度的。擅自改变行政处罚种类、幅度是一种超越职权的行政违法行为。行政处罚法规定，对公民、法人或者其他组织实施行政处罚必须有法定依据。行政机关在法律、法规和规章规定的行政处罚的种类和幅度内，可以根据情况，自由地作出裁决。行政机关及其工作人员在实施处罚时超越了法律、法规规定的处罚种类和幅度的，属于违法行为。根据行政处罚法规定，对行政机关及其执法人员擅自改变行政处罚种类、幅度实施行政处罚的行为，由上级行政机关或者有关部门责令改正，可以对直接负责的主管人员和其他直接责任人员依法给予行政处分。

（3）违反程序：即违反法定的行政处罚程序的。处罚程序是行政机关合法、公正地实施处罚的有效保障。行政处罚法规定了行政处罚的简易程序和一般程序。除对50元以下罚款或者警告的行政处罚，可以适用简易程序，当场作出处罚决定外，其余行政处罚，必须适用一般程序。对责令停产停业、吊销许可证或者执照、较大数额罚款等行政处罚决定前，应当告知当事人有要求举行听证的权利；当事人要求听证的，行政机关应当组织听证。无论适用简易程序，还是适用一般程序，行政机关及其执行人员在作出行政处罚决定前，必须向当事人告知行政处罚的事实、理由和依据，听取当事人的陈述、申辩。此外，在行政处罚法制定前，已有一些单行法律、法规规定了实施某种行政处罚的特别程序，只要不与行政处罚法相冲突，这些程序依然有效，行政机关也要遵守。根据行政处罚法规定，行政机关在实施行政处罚的过程中，行政机关及其执法人员违反法律规定的行政处罚程序的，由上级机关或者有关部门责令改正，可以对直接负责的主管人员和其他直接责任人员依法给予行政处分。

（4）违法委托：即违反关于委托处罚的规定的。违反委托处罚的规定的行为主要有以下几点：①违规委托：即教育行政机关没有依照法律、法规或者规章的规定进行委托。这里既包括法律、法规或者规章关于委托处罚程序性的规定，也包括关于委托处罚实体性的规定。②越权委托：即教育行政机关超越其法定权限进行委托处罚。包括委托的处罚权超越法定的范围，或者把处罚权委托给不符合条件的组织或者个人。（受委托组织必须符合的条件参见本章知识点）③放任委托：即委托行政机关对受委托的组织实施行政处罚的行为未能实施有效监督，放任其实施行政处罚，造成违法后果，如受委托的组织越权处罚或者越权再委托等。

（5）违法使用单据：即对当事人进行处罚不使用罚款、没收财物单据或者使用非法定部门制发的罚款、没收财物单据的，当事人有权拒绝处罚，并有权予以检举。上级行政机关或者有关部门对使用的非法单据予以收缴销毁，对直接负责的主管人员和其他现任人员依法给予行政处分。

（6）罚缴不分：即没有按照罚缴分离的规定，自行收缴罚款的。为了防止行政机关及其执法人员行政管理活动中受经济利益驱动而滥施处罚，杜绝行政管理活动中的不正之风，行政处罚法规定了罚款的决定机关和收受罚款的机构相分离的制度。除行政处罚法第四十七条、第四十八条规定的情形外，作出行政处罚决定的行政机关及其执法人员不得自行收缴罚款。当事人应当自收到行政处罚决定书之日起 15 日内，到指定的银行缴纳罚款。银行应当收受罚款，并将罚款直接上缴国库。行政机关违反行政处罚法关于作出罚款决定的机关与收受罚款的机构分离的规定，自行收缴罚款的，由上级主管部门责令改正，对直接负责的主管人员和其他直接责任人员依法给予行政处分。

（7）截留罚款：即将罚款、没收的违法所得或者财物截留、私分或者变相私分的。罚款、没收违法所得和没收非法财物拍卖的款项是国有财产，应当全部上缴国库。根据行政处罚法的规定，行政机关将罚款、没收的违法所得或者财物截留、私分或者变相私分的，由财政部门或者有关部门予以追缴，对直接负责的主管人员和其他直接责任人员依法给予行政处分。情节严重构成犯罪的，依法追究刑事责任。根据《刑法》有关规定，国家工作人员利用职务上的便利，侵吞、窃取、骗取或者以其他手段非法占有公共财物的，构成贪污罪。对贪污罪，根据情节轻重，分别判处不同的刑罚：①个人贪污数额在 10 万元以上的，处 10 年以上有期徒刑或者无期徒刑，可以并处没收财产；情节特别严重的，处死刑，并处没收财产。②个人贪污数额在 5 万元以上不满 10 万元，处 5 年以上有期徒刑，可以并处没收财产；情节特别严重的，处无期徒刑，并处没收财产。③个人贪污数额在 5000 元以上不满 5 万元的，处五年以上 7 年以下有期徒刑；情节严重的，处 7 年以上 10 年以下有期徒刑。个人贪污数额在 5000 元以上不满 1 万元，犯罪后有悔改表现、积极退赃的，可以减轻处罚或者免予处罚，由其所在单位或者上级主管机关给予行政处分。④个人贪污数额不满 5000 元，情节较重的，处 2 年以下有期徒刑或者拘役；情节较轻的，由其所在单位或者上级主管机关酌情给予行政处分。

（8）损毁扣押财物：即使用或者损毁扣押的财物，对当事人造成损失的。扣押是行政机关强制扣留公民、法人的财产，限制公民、法人占有、使用和处分其财产的措施。它是一种行政强制措施，扣押的目的在于防止涉嫌违法的行为人转移、隐匿、毁坏证据或者可供执行的财产。扣押后，被扣押的财产一般由采取扣押措施的行政机关保管，也可以由行政机关委托有关单位或者个人保管。对于被扣押的财产，行政机关应当妥善保管，不得使用或者损毁。行政处罚法规定，行政机关使用或者损毁扣押的财产，给当事人造成损失的，应当依法予以赔偿。对直接负责的主管人员和其他直接责任人员，依法给予行政处分。

（9）违法检查（执行）：即违法实行检查措施或者执行措施，给公民人身或者财产造成损害、给法人或者其他组织造成损失的。根据行政处罚法的规定，行政机关违法实行检查措施或者执行措施，给公民人身或者财产造成损害、给法人或者其他组织造成损失的，应当依法予以赔偿，对直接负责的主管人员和其他直接责任人员依法给予行政处分；情节严重构成犯罪的，依法追究刑事责任。

（10）以行（处）代刑（罚）：即行政机关为牟取本单位私利，对应当依法移交司法机关追究刑事责任的不移交，以行政处罚代替刑罚的。行政机关为牟取本单位私利，对应当依法移交司法机关追究刑事责任的不移交，以行政处罚代替刑罚，由上级机关和有关部门责令改正；拒不改正的，对直接负责的主管人员给予行政处分。对于徇私舞弊，包庇纵容违法行为的，由于《刑法》规定的徇私舞弊罪的犯罪主体是司法工作人员，对行政执法人员有徇私舞弊行为构成犯罪的，没有直接规定如何处罚，所以《行政处罚法》规定比照《刑法》的规定追究刑事责任。1997 年《刑法》修改后，增加了行政执法人员徇私舞弊罪的规定。根据修订后的《刑法》规定，行政执法人员徇私枉法，对依法应当移交司法机关追究刑事责任的不移交，情节严重的，处 3 年以下有期徒刑或者拘役；造成严重后果的，处 3 年以上 10 以下有期徒刑。

（11）玩忽职守：即执法人员玩忽职守，对应当予以制止处罚的违法行为不予制止、处罚，致使公民、法人或者其他组织的合法权益、公共利益和社会秩序遭受损害的。根据《行政处罚法》的规定，执法人员玩忽职守，对应当予以制止和处罚的违法行为不予制止、处罚，致使公民、法人或者其他组织的合法权益。公共利益和社会秩序遭受损害的，对直接负责的主管人员和其他直接责任人员依法给予行政处分；情节严重构成犯罪的，依法追究刑事责任。根据《刑法》规定，国家机关工作人员滥用职权或者玩忽职守，致使公共财产、国家和人民利益遭受重大损失的，处 3 年以下有期徒刑或者拘役；情节特别严重的，处 3

年以上 7 年以下有期徒刑。

（12）索收财物：即执法人员利用职务上的便利，索取或者收受他人财物、收缴罚款据为己有。根据《行政处罚法》的规定，执法人员利用职务上的便利，索取或者收受他人财物、收缴罚款据为己有，构成犯罪的，依法追究刑事责任；情节轻微不构成犯罪的，依法给予行政处分。根据《刑法》规定，国家工作人员利用职务上的便利，索取他人财物的，或者非法收受他人财物，为他人谋取利益的，是受贿罪。对受贿罪，根据受贿所得数额及情节，依照《刑法》有关规定处罚。索贿的从重处罚。

按照《行政处罚法》的规定，违法的责任人员可以根据不同情况，分别或同时承担以下几种法律责任：①对当事人造成损失的，依法予以赔偿。②对情节轻微尚未触犯《刑法》构成犯罪的违法责任人依法给予行政处分。③情节严重构成犯罪的，依法追究刑事责任。④对于违法实施教育行政处罚的行为，凡应当并且能够改正的，应当责令责任人予以改正。⑤对于违法实施教育行政处罚所使用的单据、物品等，凡应当并且能够销毁的，应当予以销毁。

专题4　不按规定核拨教育经费

为了落实教育的战略地位，促进教育事业的发展，《教育法》规定了国家保障教育发展的重大措施。其中突出强调要努力增加教育投入和逐步改善教育发展的物质条件。

在教育投入方面，《教育法》规定了教育经费的筹措渠道和管理体制。国家举办学校的经费以国家财政拨款为主，其他多种渠道筹措为辅；企业事业组织、社会团体和公民个人依法举办的学校经费由举办者负责筹措，政府适当给予补助。《教育法》明确了国家财政性教育经费和各级人民政府教育财政拨款的增长原则。

《教育法》第五十四条规定："国家财政性教育经费支出占国民生产总值的比例应当随着国民经济的发展和财政收入的增长逐步提高。""全国各级财政支出总额中教育经费所占比例应当随着国民经济的发展逐步提高。"《教育法》第五十五条规定："各级人民政府教育财政拨款的增长应当高于财政经常性收入的增长，并使按在校学生人数平均的教育费用逐步增长，保证教师工资和学生人均公用经费逐步增长。"为了保证教育经费依法增长，改革教育经费的管理体制，合理有效地管理和使用教育经费，《教育法》第五十五条规定："各级人民政府的教育经费支出，按照事权和财权相统一的原则，在财政预算中单独列项。"

针对边远贫困地区、少数民族地区教育经费紧张的问题，《教育法》规定，国务院及县级以上地方各级人民政府应当设立教育专项资金，重点扶持边远贫困地区、少数民族地区实施义务教育。

对教育经费的其他多种筹措渠道，《教育法》也作了原则性规定，包括教育费附加的征收、管理和使用原则，用于教育的地方附加费的开征，国家对勤工俭学、社会服务、校办产业的优惠政策，农村教育集资，境内外捐资助学，运用金融手段支持教育等方面的原则规定。在明确规定了多方面增加教育经费，保障教育经费增长的同时，《教育法》还对教育经费的监督管理、教育投资效益的提高等做出了明确规定。

在教育条件保障方面，《教育法》规定在城市建设规划中，应列入学校建设规划，保障学校建设与城市改造、发展同步进行。另外，还对直接用于教育教学的教科书的出版、仪器设备的生产和进口等问题明确规定了国家的扶持和优惠政策。此外，《教育法》还规定了县级以上人民政府在发展现代化教学手段方面的责任。

《教育法》对教育经费和教育教学物质条件所做的明确规定，使经费的增长和物质条件的改善有了法律保障，这些规定对确保教育优先发展的战略地位，推动教育事业的发展有重要意义。

【典型案例】

某地区下属有五个县挪用教育经费为县教育局购买汽车的情况，共购买大小汽车7辆；有的县还挤占教育经费为县机关盖办公楼房；有的县教育局甚至挪用拨给中小学修缮危房校舍的专款为局机关买小汽车，添置沙发和软椅，还给局机关职工每人发两用椅一对。据审计部门审计结果，某省竟将总额达1149万元的教育经费挪用来购买了小汽车、盖办公楼房、做沙发，甚至给职工发毛毯、做服装等。

【法律分析】

不顾学校师生生命安全，挤占、挪用修缮学校危房校舍的专项资金的行为，是一种对人民生命财产极端不负责任的渎职行为。我国《教育法》明确规定了这种行为应负的法律责任。《教育法》第七十一条第二款规定："违反国家财政制度、财务制度，挪用、克扣教育经费的，由上级机关责令限期归还被挪用、克扣的经费，并对直接负责的主管人员和其他直接责任人员，依法给予行政处分；构成犯罪的，依法追究刑事责任。"对于这种渎职行为应当给予严惩。

首先，不按照预算核拨教育经费的行为是指违反《预算法》及国家关于教育经费管理体制等方面的规定要求，不按照经本级人民代表大会审查和批准的本级人民政府的预算内容，向教育行政部门、学校或者其他教育机构核拨相应教育经费的情形。具有核拨教育经费职责的主体范围，既包括各级财政部门，也包括相应的教育行政部门和其他部门。

根据《教育法》七十一条的规定，对不按照预算要求及时、足额核拨教育经费或者擅自调整、更改教育预算支出的，同级人民政府应当及时责成有关部门限期核拨。对情节严重的，即不及时、足额核拨教育经费，造成严重后果或者拒绝、拖延执行同级政府限期核拨要求等情况的，应当对直接负责的主管人员和其他经手、参与的直接责任人员，由主管部门或单位给予相应的行政处分。

其次，挪用、克扣教育经费的行为，是指各级政府的行政部门、学校或其他教育机构及企事业单位等社会组织，或者上述部门、组织中的主管负责、经手参与人员，违反国家财政预算内以及财政性质的预算外教育经费的核拨、征收、上缴、划分、使用等方面的管理制度，或者违反国家有关收支、核算、监督等方面的财务管理规定，挪用或者克扣教育经费的情形。

根据《教育法》规定，对挪用、克扣教育经费的，由上级机关责令限期归还被挪用、克扣的经费。对直接负责的主管人员和直接经手、参与的其他责任人员，应当由有关部门和单位予以相应的行政处分，构成犯罪的依法追究刑事责任。

【法条链接】

《预算法》第九十三条规定："各级政府及有关部门、单位有下列行为之一的，责令改正，对负有直接责任的主管人员和其他直接责任人员依法给予降级、撤职、开除的处分：（一）未将所有政府收入和支出列入预算或者虚列收入和支出的；（二）违反法律、行政法规的规定，多征、提前征收或者减征、免征、缓征应征预算收入的；（三）截留、占用、挪用或者拖欠应当上缴国库的预算收入的；（四）违反本法规定，改变预算支出用途的；（五）擅自改变上级政府专项转移支付资金用途的；（六）违反本法规定拨付预算支出资金，办理预算收入收纳、划分、留解、退付，或者违反本法规定冻结、动用国库库款或者以其他方式支配已入国库库款的。"

《预算法》第九十五条规定："各级政府有关部门、单位及其工作人员有下列行为之一的，责令改正，追回骗取、使用的资金，有违法所得的没收违法所得，对单位给予警告或者通报批评；对负有直接责任的主管人员和其他直接责任人员依法给予处分：（一）违反法律、法规的规定，改变预算收入上缴方式的；（二）以虚报、冒领等手段骗取预算资金的；（三）违反规定扩大开支范围、提高开支标准的；（四）其他违反财政管理规定的行为。"

《教育法》第七十一条规定："违反国家有关规定，不按照预算核拨教育经费的，由同级人民政府限期核拨；情节严重的，对直接负责的主管人员和其他直接责任人员，依法给予行政处分。违反国家财政制度、财务制度，挪用、克扣教育经费的，由上级机关责令限期归还被挪用、克扣的经费，并对直接负责的主管人员和其他直接责任人员，依法给予行政处分；构成犯罪的，依法追究刑事责任。"

专题5　违规向学校收费

违反国家有关规定，向学校或者其他教育机构收取费用，是指一些地区和部门的单位和个人，在国家法律法规和有关收费管理规定之外，无依据或违反有关收费标准、范围、用途和程序的要求，向学校或者其他教育机构乱收费、乱罚款和进行各种摊派活动。此外，有关单位不执行国家对有关学校及其他教育机构的税收减免政策，随意征收应当减免的税款或应当依法返还而不予返还的，也属于违法收费范围。

根据《教育法》的规定，对违法向学校或其他教育机构收取费用的，当地人民政府应当责令违法收费的部门和单位退还所收费用。对有关部门、单位直接负责的主管人员和其他违法收费的直接责任人员，依照干部管理权限由有关主管部门予以相应的行政处分或由当地人民政府责成有关部门予以行政处分。

我国经济还不发达，教育经费来之不易，必须加强管理，防止贪污浪费。在教育经费的管理方面，主要有以下几点规定：

①各级人民政府和教育行政部门应当对本地区的学校合理布局，加

强学校及其他教育机构教育经费的管理，提高教育投资效益。

②农村地区财政预算内教育经费，由县级人民政府统筹管理。

③各级人民政府以及财政、审计等部门应对教育经费的管理使用，依法进行监督。

④在教育经费方面，具有下列情形之一的，按照管理权限，地方人民政府应当责令当事人限期改正，并直接或间接建议有关部门对直接责任人员给予行政处分或者处罚；情节严重，构成犯罪的，依法追究刑事责任：

第一，不按预算规定核拨教育经费，给教育工作造成损失的；

第二，挪用、克扣、贪污教育经费的；

第三，非法向学校及其他教育机构乱收各种费用的。

在教育经费不断增加的情况下，我们必须更加有效地使用，以较少的投入，取得较大的发展。

在加强教育设施方面，应采取措施的有：

①地方各级人民政府及其有关行政部门必须把学校的基本建设纳入城乡建设规划，对学校的基本建设用地及所需物资给予统筹安排，实行优先、优惠。

②各级人民政府对教科书及教学用图书资料的出版发行，教学仪器、设备的生产和供应，用于学校教育教学和科学研究的图书资料、教学仪器、设备的进口，实行优惠。地方各级人民政府应当采取措施，保证普通中小学教材课前到书。新修订的《义务教育法》对教科书的编写、使用和出版发行也做了具体规定。

③县级以上人民政府应当发展卫星电视教育和电化教育设施，各有关行政部门应当予以优先安排和保证。国家鼓励学校及其他教育机构推广运用现代化教学手段。

④对侵占、破坏或以其他非法手段占有学校及其他教育机构的校舍、场地及其他财产的，地方人民政府应当按照管理权限，责令当事人

限期改正，并直接或建议有关部门对直接责任人员给予行政处分或者处罚，对情节严重，构成犯罪的，应依法追究刑事责任。

【典型案例】

某市地方学校教师深受乱集资、乱摊派、乱收费之苦，教师的生活和工作都受到极大的影响。当地教育局不仅直接向教师乱收费，甚至还以各种名义向学生收钱，并让教师代收，收到的钱全额上交。个别学生由于家庭经济困难无法交，就在教师工资中扣。这就成了有文件的乱收费。同时也造成家长对教师的误解。教师则"哑巴吃黄连"有苦说不出。

【法律分析】

直接向教师乱收费，是侵犯了教师合法权益的行为。而当有的学生因家庭经济困难交不上费时，竟然从教师的工资中扣除，就更是一种侵权行为。应由当地政府或者上级主管部门责令有关部门立即停止这种做法，应发还扣去的教师工资。如果所收费用为不合理收费，还应将所收的费用退还给学生，并向学生家长说明事实，为教师恢复名誉。教师也可以通过正当的法律救济渠道，向上级行政部门反映，或直接向人民法院起诉，要求当地教育局停止侵害自己权益的行为，并追究相关责任人的责任。

【法条链接】

《教育法》第七十一条规定："违反国家有关规定，不按照预算核拨教育经费的，由同级人民政府限期核拨；情节严重的，对直接负责的主管人员和其他直接责任人员，依法给予行政处分。违反国家财政制度、财务制度，挪用、克扣教育经费的，由上级机关责令限期归还被挪用、克扣的经费，并对直接负责的主管人员和其他直接责任人员，依法给予行政处分；构成犯罪的，依法追究刑事责任。"

《教育法》第七十八条规定："学校及其他教育机构违反国家有关

规定向受教育者收取费用的，由教育行政部门责令退还所收费用；对直接负责的主管人员和其他直接责任人员，依法给予行政处分。"

《教育法》第八十一条规定："违反本法规定，侵犯教师、受教育者、学校或者其他教育机构的合法权益，造成损失、损害的，应当依法承担民事责任。"

二、保障学生权利

专题 1　学生的受教育权

受教育权是我国《宪法》规定的公民的基本权利之一，它是指依照法律规定，公民在受教育方面可以作为或不作为，或要求他人为其受教育而作为或不作为的能力或资格。《宪法》第四十六条规定："中华人民共和国公民有受教育的权利和义务。"

《儿童权利公约》《世界人权宣言》均对受教育权有所规定，认为人人都有受教育的权利。可以这样说，只要是人就必然拥有受教育权，这也是受教育权的一个最显著的性质。公民的受教育权是生来所固有的一种权利。其他一切人，包括国家、社会组织、家庭及个人，都不得妨碍受教育权主体享有受教育权利的义务。如果有侵犯受教育权行为的发生，受教育权主体有权依法求得帮助和请求国家强制力依法处理。

　　我国公民的受教育权指公民为了确保人格的健全及健康幸福的生活，有从国家接受文化教育的机会，以及获得受教育的物质帮助的权利。但这种受教育权利义务一体化的立法模式，导致人们对受教育的性质认识模糊。法学界普遍认为，受教育权是必须得到尊重的基本人权，"受教育权是国际人权法中一项稳固确定的权利"。对目前我国《宪法》中"受教育既是权利也是义务"的规定，我们认为将"受教育"理解为一种权利更符合我国现行法律的立法精神。根据《义务教育法》第五条规定："各级人民政府及其有关部门应当履行本法规定的各项职责，保障适龄儿童、少年接受义务教育的权利"。《教育法》第十八条规定："各级人民政府采取各种措施保障适龄儿童、少年就学。"根据这两条法律推定，国家和社会是教育法上的义务主体，公民是权利主体。

　　在此意义上，受教育权包括两个基本要素：一是公民均有上学接受教育的权利；二是国家有提供教育设施，为公民受教育创造必要的机会和物质条件的义务，就是要求义务主体即国家积极行动保障公民的受教育权，以提高公民的福祉。受教育权首先是公民的一项消极权利，因为公民接受教育不应该被他人操纵和控制，其上学的机会不应该被他人肆意剥夺。

　　受教育更是公民的一项积极权利，需要国家提供平等的教育机会，保证社会流动过程中的机会平等，即公民有权利从国家和社会实施的积极帮助中获取各种层次的教育。受教育权所具有的内涵是受教育者的权利和国家义务的统一。

　　目前，国家和社会对公民平等的受教育权给予的关注还不够。在我国的教育法律中，除了《教育法》第九条规定："中华人民共和国公民有受教育的权利和义务。公民不分民族、种族、性别、职业、财产状况、宗教信仰等，依法享有平等的受教育机会。"和第三十六条："受教育者在入学、升学、就业等方面依法享有平等权利。学校和有关行政部门应当按照国家有关规定，保障女子在入学、升学、就业、授予学位、派出留学等方面享有同男子平等的权利。"此外，其他的教育法律中再也没有对保护平等的受教育权予以较多的关注了。并且我国的法律并没有对侵犯公民平等的受教育权的行为有制约性的规定，国际公约的约束也显得软弱无力，受教育权实际并没有得到切实有效的保证和保护。

我国民法中至今没有受教育权的规定，也没有侵害受教育权的罪名，仅有宪法、教育法规定"公民有受教育的权利和义务"。宪法基本权利通过法律保障并通过法律程序予以实现是国家法治的重要体现。对于侵犯宪法权利能否引入司法保障目前还存在争论。因为宪法没有为这一权利规定诉权，各国宪法中也不存在在宪法里直接规定法律责任的现象，所以如果侵犯了宪法却用部门法里的法律责任来支持，在逻辑上显得有点混乱。对教育高收费侵犯贫困学生的受教育权以及其他侵犯受教育权的行为应该先通过完善部门法，比如像美国一样，通过制定《教育机会平等法》来保护公民平等的受教育权，在合适的时候通过宪法诉讼，切实保障公民教育权的平等实现。

涉及受教育权的另外一个重要问题是，学生是否有权根据身心发展特点，或其他情况选择学校、专业、教育形式。我国学制系统内的基本教育阶段分为幼儿教育、初等教育、中等教育。每一教育阶段根据受教育对象和培养目标的不同而设立不同类型的学校。

幼儿教育是学校教育的预备阶段。幼儿园、小学附设的学前班及其他幼儿教育机构和符合条件的公民经注册核准，可以实施幼儿教育，未成年人的父母或其他监护人可代为选择进行学习，接受教育。

小学和初级中学教育，一般来说，未成年人及其父母或其他监护人无选择权，必须按照义务教育法规定的义务教育的修业年限、学科进行学习。

接受了义务教育并合格了的公民有选择普通高级中学、职业技术学校继续学习的权利，有选择进入不同高等学校各个专业进行学习的权利。这时，其父母或监护人可以代为选择，也可以帮助其选择，这都要根据学生身心发展的特点及学生的爱好、志向、学习成绩等来确定，不能搞全权代理。

在我们身边，经常可以听到一些教育案件，如教师体罚学生、学校开除学生、学生状告学校，等等，而其最终体现的都是教育权与受教育权的冲突与权衡问题。就拿学生考试作弊问题来说。有些学生因考试作弊被学校开除，有的法院判决学校不能开除学生，而有的法院则判决学校可以开除学生。其中，就涉及对教育权与受教育权的认识问题。尤其是在中小学义务教育阶段，能不能随意开除学生，也是涉及教育权与受教育权的问题。因此，弄清教育权与受教育权问题，就可以对教育法律纠纷有一个更加清晰、明确的认识。正确处理教育权与受教育权的关系，是保证教育事业顺利发展的关键，也是依法治校能否落实的关键。

1. 教育权与受教育权的基本特点

教育权与受教育权的共同特点表现在以下三个方面：其一，保障利益。二者都是教育法所确认和保障的一定主体所享有的利益。教育权保障的是国家机关及其工作人员、学校、社会、家庭的利益；而受教育权保障的是受教育者也就是学生的利益。其二，赋予资格。二者都是教育法所赋予一定主体的一种资格。换句话说，作为拥有教育权的国家机关及其工作人员、学校、社会、家庭与作为受教育者的学生都有一定的资格来享受一定的权利。其三，法律规定。二者都是教育法所保障或允许的，也就是说两者都受法律保护。例如，根据《义务教育法》的有关规定，适龄儿童或少年有权接受规定年限的义务教育，而国家行政机关也有权要求他们按时入学接受义务教育。但是，一名50岁的妇女能否到小学一年级接受义务教育，这就需要有法律的规定，否则就很难确认这一权利。

2. 教育权与受教育权的不同特点

它们的不同特点在于二者的主体与来源不同。具体表现在：其一，二者的主体不同。教育权主体主要是以国家、机构或组织的身份存在的，只有家庭教育权是以公民身份存在的；受教育权主体只能以公民的身份而存在。其二，二者的来源不同。在教育权主体中，国家教育权是公民所赋予的，它需要有公民承认政府的权利作为基础。国家教育权可以通过对学校、社会、家庭等其他教育主体的教育活动的领导和管理来保证国家教育权的实现。所以，在一定条件下，学校、社会、家庭也成为教育权主体的重要组成部分。

受教育权来源于人的生命权，是由于人的存在而存在的。作为对人的自由、尊严的尊重，人人有资格平等享受这项权利。其他一切人，包括国家、社会组织、家庭及个人，都有不妨碍受教育权主体享有受教育权利的义务。

3. 两者相互依托和制约

从总体来看，二者之间的关系可以用两个字来概括：依托。这种依托具体表现在：其一，受教育者的存在是二者的基础。社会的发展需要公民接受教育，并且每个人都有接受教育的权利，那么受教育权就产生了，然后才是想办法如何使他们接受这种教育，于是，又产生了教育权。这就决定了受教育者的存在是两者相互依托的前提和基础。其二，权利和义务是二者的纽带。我们大家都知道，权利和义务是相对应的。当我们享有某种权利的同时，就得履行相应的义务。无论是教育权主体，还是受教育权主体，都享有一定的权利，并担负着一定的义务。正因为如此，教育法在规定国家、社会、学校、家庭等教育权主体权利的同时，也规定了其应承担的义务；同样，在规定了受教育权主体权利的同时，也规定了其应履行的义务。而教育权主体的权利往往与受教育权主体的义务相对应，反之亦然。例如，教育法规定，学校有"对受教育者颁发相应的学业证书"的权利，相应的，受教育者也有"完成规定学业后获得相应的学业证书或学位证书"的权利。

同时，二者还相互制约，主要表现在以下两个方面：一方面，受教育权制约教育权。受教育权通过法律的形式确定下来，其目的在于保障受教育者的权利。例如，学校虽有行政权力、学术权利等，但教师一旦体罚学生，从表面上看，好像是为了更好地运用这些权利，维持正常的教学秩序，实际上却侵犯了受教育者的受教育权，是要受到法律制约的。另一方面，教育权制约受教育权。学生享有受教育权，但是国家可以划定就学区域，可以确定高考加分的条件等，这些规定在一定程度上可以制约受教育权。

【典型案例】

2004 年，白银市某中学一名初一学生王某因为作业没有完成，被班主任张某某打了一顿，张某某说不让王某上学了，并没收了他的凳子。王某回到家后，王某的父亲王某某发现儿子的脖子、脸和手上有伤痕。第二天早上，王某去学校给张老师交完期末试卷费后，又被张老师骂了回来。15 日早上，王某某让孩子再去上学，但就在全校出早操时，班主任张某某看见王某后，揪住王某的耳朵从学生中拉了出来，并骂道："王某，我不想看到你，我不希望你在这个班上学。"无奈孩子又回到了家。王某某看到孩子又被赶回来后，便领着孩子去学校找张某某，张某某说让孩子把作业补完后再来。下午，当孩子去学校补交作业时，却不知什么原因又被张某某打了一顿，并且还不让进教室上课。当日下午，孩子再次伤心地回到了家里，随后，其母亲又将王某领到了学校去见张某某。在张某某的宿舍里，张用木棍点着翻看了一下王某的作业，便让王某到宿舍外面去，孩子不情愿地出了门，在凛冽的寒风中站着。当王某母亲和张某某交谈一会儿出来后，却不见了王某，王母以为孩子去了教室，便回了家。走到家时，王某母亲发现孩子坐在房门旁边，身上一股浓浓的农药味，便将孩子送到海原县兴仁乡卫生院进行抢救。

【法律分析】

这是一起由教师侵犯学生受教育权而引起的学生自杀事件。教师张某某随意不让学生王某上课，侵犯了王某应有的受教育权。我国《宪法》和《义务教育法》中，都有"不得侵犯学生受教育权"的规定。受教育权是每个公民的固有权利，其具体表现在受教育者有权参加学校为实现教育方针而举办的各种教育教学活动，包括听教师讲课等。这种权利任何人和组织都不得干涉。本案中张某某的行为已经侵犯了学生王某的受教育权。

目前，在学校实际教学中，随意给学生停课并不是个别现象。这一案例是由于造成了严重后果才被曝光，而现实中有很多这样的事情因为没有造成什么严重后果也就不了了之了。所以，这应该引起我们的高度重视。

【法条链接】

《宪法》第四十六条规定："中华人民共和国公民有受教育的权力和义务。"

《教育法》第九条规定："中华人民共和国公民有受教育的权利和义务。公民不分民族、种族、性别、职业、财产状况、宗教信仰等，依法享有平等的受教育机会。"

《教育法》第十八条规定："各级人民政府采取各种措施保障适龄儿童、少年就学。"

《教育法》第三十六条规定："受教育者在入学、升学、就业等方面依法享有平等权利。学校和有关行政部门应当按照国家有关规定，保障女子在入学、升学、就业、授予学位、派出留学等方面享有同男子平等的权利。"

《义务教育法》第五条规定："各级人民政府及其有关部门应当履行本法规定的各项职责，保障适龄儿童、少年接受义务教育的权利。"

专题2　学生的财产权

1. 行政处罚权的主体

没收和暂扣财物属于行政处罚范畴，而作为教育机构的学校显然没有这样的权利。实施行政处罚措施必须具有相应的主体资格，根据我国1996年颁布的《行政处罚法》，享有行政处罚权的有以下三类主体：

（1）依法律规定享有行政处罚权的行政机关。《行政处罚法》第十五条规定："行政处罚由具有行政处罚权的行政机关在法定职权范围内实施。"

（2）法律、法规授权的组织。《行政处罚法》第十七条规定："法律、法规授权的具有管理公共事务职能的组织可以在法定授权范围内实施行政处罚。"

（3）受行政机关委托的组织。《行政处罚法》第十八条规定："依照法律、法规或者规章的规定，可以在其法定权限内委托符合本法第十九条规定条件的组织实施行政处罚。行政机关不得委托其他组织或者个人实施行政处罚。委托行政机关对受委托的组织实施行政处罚的行为应当负责监督，并对该行为的后果承担法律责任。受委托组织在委托范围内，以委托行政机关名义实施行政处罚；不得再委托其他任何组织或者个人实施行政处罚。"该法第十九条规定："受委托组织必须符合以下条件：（一）依法成立的管理公共事务的事业组织；（二）具有熟悉有关法律、法规、规章和业务的工作人员；（三）对违法行为需要进行技术检查或者技术鉴定的，应当有条件组织进行相应的技术检查或者技术鉴定。"

2. 教师和学校侵犯学生财产的行为

《民法通则》第一百零六条规定，公民、法人由于过错侵害他人财产的，应当承担民事责任。学生作为公民，其合法财产在学校同样受法律保护，学校和教师不得侵占、破坏或者非法扣押、没收。学生对学校和教师侵犯其财产权的行为可依法申诉或提起诉讼。总的来说，教师和学校侵犯学生财产的行为可以分为以下几类：

（1）损坏学生财物。有的教师因学生不认真听课、玩玩具而将玩具扔到地上摔坏；还有的教师因学生打篮球迟到而将学生的篮球用刀子割破。这些行为都属于故意损坏财物的侵权行为。对违反纪律、不认真学习的学生，教师应耐心帮助、教育，不能用损坏财物代替正常教育。

（2）乱收费。学校不是收费站，学生不是学校和教师的财源。乱收费同教育事业的性质和任务极不相称，侵犯了学生的财产权，败坏了学校声誉，在社会上产生了不良影响。因此中小学的收费应严格按照法律的规定，当收则收，不当收的则坚决不能收。

（3）乱罚款。根据《行政处罚法》规定，是指行政处罚主体依法强制违法行为人在一定期限内缴纳一定数额钱款的行政处罚形式。其必须具备以下条件：第一，罚款主体必须是具有行政处罚权的机关。罚款只能由行政机关、法律法规授权的组织或行政机关委托的组织依法实施，其他任何组织或个人不得实施。所以，学校和教师根本就不具备罚款主体资格。第二，无明文规定，不得设定罚款。罚款只有在行为人违反了相关法律法规，且该法律法规明文规定可以罚款时才可以做出。但是我国法律、法规和规章从来没有规定对违反纪律或成绩差的学生进行罚款这一处罚措施。而学校或班级规定的有关罚款的内部管理制度，与法律相抵触是无效的。第三，罚款的收缴必须遵循一定的程序，履行相应的手续。《行政处罚法》规定，除依法当场收缴的罚款外，作出罚款决定的机关及执法人员不得收缴罚款。当事人应自收到罚款决定书之日起，15日内到指定银行缴纳罚款，由银行上缴国库。并且当事人对行政机关当场收缴的罚款不使用罚款单据或者尽管使用罚款单据，但不是财政部门统一制作的，当事人有权拒绝缴纳。而学校和教师对学生进行罚款根本无程序可言。在教育教学中，对违反纪律的学生进行罚款，或对考试不及格的学生进行罚款，都违反了《行政处罚法》的规定，侵犯了学生的财产权。教师对违反纪律的学生进行批评教育是应当的，但不能以罚代教，对学生进行罚款则是违法的。对学生损害学校公共财物造成损失的，应由学生及其监护人按损坏程度照价进行赔偿，而不能以罚代赔。

（4）非法没收学生物品。有些学生上课不注意听讲，看课外书或者玩弄其他物品，有的老师不是教育学生认真听讲，耐心纠正学生的这些错误，而是将学生的课外书或者玩弄的物品没收。这种做法侵犯了学生对财产拥有的所有权。因为教师是没有财产没收权力的。如果教师将没收的学生财产丢失或据为己有，则是一种民事侵权行为，应当予以返还或承担赔偿责任。如果教师为维持课堂纪律，对学生上课所看的课外书暂时收缴无可非议。这种收缴可视为一种对书的暂时控制权，但教师应在下课后及时将书归还学生。并且依据《行政处罚法》有关规定，教师也无权没收学生的书。如果教师将学生课外书丢失，则是侵犯学生财产所有权的违法行为。教师为教育学生，制止其在上课时间看课外书、玩玩具，可以将这物品暂时收缴，但这也只能是暂时代为保管，应在下课或放学后还给学生。对一些贵重物品或违法物品如黄色小说、毒品、香烟、匕首等，应与监护人或有关机关联系，将其交给监护人或者有关机关处理。

（5）乱摊派。学校和教师不得向学生乱摊派、推销商品。教育部《关于进一步做好学校收费工作的通知》指出，严禁学校向学生推销各类商品。《关于进一步发展中小学勤工俭学若干问题的意见》指出，不提倡教师个人从事第二职业，严禁教师……个人经商。《关于禁止通过学生收集资费等有关事项的紧急通知》指出，严禁学校向学生乱摊派、乱集资，不得向学生强行推销各类商品。而一些学校和教师将学生作为倾销商品的对象，向学生推销商品、书籍资料的乱摊派现象，违反了上述规定，侵犯了学生的财产权。

3. 以例说法

目前，学生在校使用手机的情况日益增多，由此也引发了一系列的相关事件。如 2013 年 10 月 6 日，某高中为严肃考纪，校领导当着全体师生和家长的面，将没收的数十部学生手机集中砸毁，该校称：销毁手机是为了"引导学生诚实守信"。需要指出的是，学校、教师没收学生手机的行为，不是法律意义上的没收财产。法律意义上的没收，是指有关国家机关采取强制措施剥夺自然人、法人或其他组织的财产归国家无偿所有。学校、教师没收学生手机的行为，属于对学生手机的临时占有和管理，不是法律意义上的没收。学校、教师没收学生手机的行为，可以从以下几个方面来看：

（1）学校、教师有对学生在校使用手机进行限制和控制的权利。《教育法》第二十八条明确规定：学校及其他教育机构有权组织实施教学活动，对受教育者进行学籍管理，实施奖励和处分。《教师法》第七条规定：教师有指导学生学习和发展、评定学生品行和学业成绩的权利；第八条规定：教师有制止有害于学生的行为或者其他侵犯学生合法权益的行为，批评和抵制有害于学生健康成长的现象的义务。

（2）学校、教师没收学生手机没有侵犯学生的通信自由权。我国宪法明确规定：任何组织或者个人都不得以任何理由侵犯公民的通信自由和通信秘密。通信自由是指公民用信件、电报、电话等方式进行社会交往和传达感情与信息的自由。学校禁止学生在校使用手机并没有限制学生的通信自由，学生完全可以使用校内公用电话与家长进行联系和沟通。

（3）没收学生手机没有违反民法的规定。按照《民法通则》的规定，财产所有权包括四项权能——占有、使用、收益和处分权，其核心权能是处分权。学校、教师没收学生手机属于财产所有权中的占有权转移。而《民法通则》上的占有分为善意占有和恶意占有，学校和教师没收学生手机的行为是为了维护学校良好的教育教学秩序，以及学生的健康成长，属于《民法通则》上的善意占有，其行为并不违反《民法通则》的规定。

需要指出的是，学校、教师没收学生手机后，处于对学生手机的占有状态，形成了《合同法》中规定的保管关系。按照保管合同的规定，学校应妥善保管学生手机，并不得使用或者许可第三人使用手机。学校、教师如果在保管手机期间，造成学生手机毁损或灭失的，应承担赔偿责任。由于手机存储了学生的个人信息及有关隐私内容，不同于一般财物，根据《未成年人保护法》第三十九条的规定，对未成年人的信件、日记、电子邮件，任何组织或者个人不得隐匿、毁弃；除因追查犯罪的需要，由公安机关或者人民检察院依法进行检查，或者对无行为能力的未成年人的信件、日记、电子邮件由其父母或者其他监护人代为开拆、查阅外，任何组织或者个人不得开拆、查阅，所以，学校、教师没收学生手机后，应有学生在场，将学生手机当场封存，避免学生个人信息的泄露。这不仅尊重了学生的个人隐私权，也避免了以后引起不必要的纠纷。

学校、教师对于没收的学生手机，只有临时保管和控制权，没有最终处置权。上面案例中，学校领导砸毁没收的学生手机的行为是违法的。《民法通则》第一百零六条规定，公民、法人由于过错侵害国家、集体的财产，侵害他人财产、人身的，应当承担民事责任。因此，学校对于砸毁学生手机的行为应当承担民事赔偿责任。如果被砸毁的学生的手机价值在5000元以上，则学校和学校领导还触犯了《刑法》第二百七十五条故意损坏公私财物罪的规定，应承担刑事责任。另外，学校如果强迫学生自己砸毁手机，因学校的行为属于强制胁迫行为，那么也应当承担民事赔偿责任。

【典型案例】

某小学的张军一天上课时玩游戏机，被李丽老师发现后没收放至办公室。过了很长时间，张军找到李老师，要求归还游戏机。李老师说，已经没收了，就不再归还。几天后，办公室发生盗窃事件，游戏机丢失了。张军的父母得知后要求学校赔偿那台游戏机。但学校的意见是：张军上课时玩游戏机是错误的，李丽没收行为完全正确。至于游戏机被盗，完全属于意外事件，学校不应为此承担赔偿责任。

【法律分析】

综合我国《宪法》及其他相关法律，学生所享有的法律权利可归纳为以下几种：（1）生命健康权，包括学生的生命权、健康权和身体权；（2）姓名权、肖像权、名誉权和荣誉权；（3）人格尊严权、人身自由权和隐私权；（4）智力成果权；（5）受教育权；（6）受抚养权、遗产继承权；（7）财产所有权；（8）身心健康全面发展的权利。

本案中，李丽的行为侵犯了张军的财产权。财产所有权，是指所有人依法对其财产享有占有、使用、收益、处分的权利。教师为了教育学生，制止其在课堂上的某些行为，可以将其财产暂时没收，但只能是暂时保管，在下课或放学后应当归还给学生，或直接交给其监护人。

同时，作为未成年人在学校学习期间，其财产应该得到学校的管理和保护。学校没有尽到保护职责致使其财产受到损害时，应承担相应的民事责任。游戏机的被盗是由李丽的行为间接引起的，学校未尽保护职责，应承担赔偿责任。

总之，学生年龄虽小，但同样享有人身权、财产权、知识产权、受教育权、受抚养权和继承权等基本法律权利，任何人不得随意剥夺、侵犯。学校及其教师要充分认识学生所享有的法律权利，依法保障他们的身心全面发展，避免出现侵权行为。

【法条链接】

《行政处罚法》第十五条规定："行政处罚由具有行政处罚权的行

政机关在法定职权范围内实施。"

《行政处罚法》第十七条规定:"法律、法规授权的具有管理公共事务职能的组织可以在法定授权范围内实施行政处罚。"

《行政处罚法》第十八条规定:"依照法律、法规或者规章的规定,可以在其法定权限内委托符合本法第十九条规定条件的组织实施行政处罚。行政机关不得委托其他组织或者个人实施行政处罚。委托行政机关对受委托的组织实施行政处罚的行为应当负责监督,并对该行为的后果承担法律责任。受委托组织在委托范围内,以委托行政机关名义实施行政处罚;不得再委托其他任何组织或者个人实施行政处罚。"

《行政处罚法》第十九条规定:"受委托组织必须符合以下条件:(一)依法成立的管理公共事务的事业组织;(二)具有熟悉有关法律、法规、规章和业务的工作人员;(三)对违法行为需要进行技术检查或者技术鉴定的,应当有条件组织进行相应的技术检查或者技术鉴定。"

《民法通则》第一百零六条规定:"公民、法人违反合同或者不履行其他义务的,应当承担民事责任。公民、法人由于过错侵害国家的、集体的财产,侵害他人财产、人身的,应当承担民事责任。没有过错,但法律规定应当承担民事责任的,应当承担民事责任。"

专题3 学生的隐私与人格权

1. 教师和学校必须尊重学生的人格

各教育主体,尤其是教师必须尊重学生人格。对学生人格权的保护主要包括以下几方面:

(1)教师应当关心、爱护全体学生。这包含着许多方面:①对全体学生应一视同仁,不得因为民族、种族、性别、残疾、贫富、地位、学习成绩等歧视任何学生；②不得使学生在危及人身安全、健康的校舍和其他教育教学设施中活动；③在学生患病或出现事故时，教师应当积极采取措施救治，不得置之不理。

（2）尊重学生人格。人格权在法律上解释为公民或法人维护自己的生存和尊严的权利，指生命健康权、自由权、名誉权、姓名权、名称权、肖像权等。学生作为公民拥有自己的人格权，教师应尊重。这主要包括以下几方面：①教师不得体罚、变相体罚学生。②教师不得侮辱、谩骂、讽刺、挖苦学生。③教师不得泄露学生隐私。④教师应当尊重学生的个性发展，坚持个性发展和全面发展相统一的观点。⑤教师不得强迫学生做丧失人格尊严的事情。

（3）促进学生在品德、智力、体质等方面全面发展。从人格的角度来讲，教师应该培养所有学生全面发展，这是尊重人格的基本要求。为此，不能把学生分成尖子班、傻子班，这种做法是侮辱学生人格的，同时也不利于全面发展。

2. 教师侵犯学生人格与隐私的行为

目前，在中小学教师中，存在一种"语罚"行为。主要表现为，教师采取羞辱、讽刺、挖苦、贬斥等方式对学生进行"语言惩罚"，使学生的心灵受到伤害。当学生犯错时，什么"这么简单的问题都答不出，你比猪还笨""我看你这辈子是完了""你怎么打人了，缺爹娘教导""你是最差的一个""你简直就是个废物""你缺心眼啊！"等粗俗、尖刻的语言便自觉不自觉地从一些教师的口中冒了出来，严重伤害了学生的自尊心和自信心。"语罚"伤害的是孩子的心灵。

"语言惩罚"不仅侮辱了学生人格，损伤了孩子的自尊和自信，摧残学生心理健康，造成师生对立情绪，影响教育效果，而且还会导致学生心智失常，丧失生活勇气，引发厌学、逃学、违法犯罪、自杀等严重恶果。近年来，学生因不堪老师在课堂上的当众羞辱，出现精神异常，甚至不惜结束自己生命的现象时有发生。2004 年，江苏一名中学生因不堪老师在课堂上当众羞辱，写完遗书后结束了花季生命，至今仍让人感到惋惜。这一事件发生后不久，"中国少年儿童平安行动"组委会发布的"你认为最急迫需要解决的校园伤害"专项调查结果则显示：81.45%的被访小学生认为校园"语言伤害"是最亟须解决的问题。

法律面前人人平等，中小学生虽处于受教育者的地位，但同样具有自己独立的人格和自尊心。因此，我们的义务教育教师在教育教学过程中应注重因材施教，用引导代替斥责，用提醒代替讥讽，用"良言"去教育学生，切忌"语罚"，以便使学生对学习、对生活、对自身始终充满信心，从而使其健康成长。

尊重学生人格义务还涉及如何对待学生的信件、日记等问题。这方面也存在一些教师不尊重学生人格的问题，如沈阳市新城区某中学的一位老师当众读了一名女生写给男生的情书，导致这名女学生回家后服毒自杀。这起案例引起很大轰动。类似的案例也不在少数，为此，教师在教育学生时一定要以尊重学生为前提，在教育的过程中要注意自己的言行，以免对学生造成伤害。

每个人在社会上生活都有自己的隐私。在学校里，每个学生也毫无例外地有自己的隐私。教师由于工作的特点决定他们应全面地了解学生个人情况，其中也包括学生的隐私。一般而言，教师了解学生的方法和途径很多，例如让学生填写各种登记表，或到学生家长单位调查了解，或是通过日常观察等。在这过程中，教师的大部分做法都是必要的、合理合法的，但其中也可能有些做法欠妥，有意无意地侵犯了他人包括学生的隐私，情况严重者还可能造成恶劣的后果。因此，随着法律建设的发展和我们法律意识的增强，这就从客观上要求广大教师知法懂法，清楚哪些属于学生的隐私，知道应怎样对待学生的隐私等。

【典型案例】

案例一：一位母亲在北京丰台区人民法院开庭审理的一桩民事案件中，愤怒地要求为儿子在学校所受到的伤害和侮辱索赔经济损失75万余元，精神损失 30 万元。这位母亲在起诉中称，儿子 1990 年就读于丰台某小学，1994 年 7 月因考试分数低，未能升入中学，而后在该校留级，为了能让孩子继续升学，母亲应学校的要求到医院给孩子开了一张"中度智力低下的证明"，并向学校申请儿子年龄已大，不适宜留级，希望让他升入初中。然而她没想到这张证明给孩子带来了长达两年的精神伤害，学校很快把这个秘密公之于众，课上，老师当着众多同学的面多次侮辱他是"弱智、白痴、大傻子"，课间，个别同学还轮流打他，让他自己喊自己是"大傻子"。1998 年 2 月 6 日，她的儿子被医生诊断患了精神分裂症。她认为，是学校的部分老师和学生长时间持续地对孩子打骂侮辱，才导致了这种可悲的结果，为此她提出了巨额的赔偿要求。

案例二：为"促使学生进步"，涪陵城区第四小学一教师出"奇招"：考试成绩 90 分以下的，都当众跪下，用双膝走上讲台领考卷。据该班学生蒙蒙和其他几个同学反映，19 日语文单元测验发卷，教语文的张老师宣布，90 分以下就算不及格，不及格的人要从座位处跪着上讲台领卷子。之后，张老师站在讲台念姓名和成绩，被念到没上 90 分的，在一声"跪"的命令下，就当众跪下行走，其他人哄堂大笑。

案例三：2006 年元旦前后，济南市某中学不少学生没有收到同学、朋友寄给自己的贺年卡，因为他们的老师代他们将卡收下了。很多学生对此非常不满和不解。据某校教务处的老师介绍，该校一些学生的来往信件较多，分散了学生的注意力而影响学习成绩，有的老师就根据学生的不同情况，先把部分信件"保存"起来，以后再找机会给学生。据了解，老师"截留"学生贺年卡或信件的事情在许多学校不同程度地存在，一位同学说："我觉得我受到了侮辱，老师无权这样做。"对于老师"截留"学生贺年卡一事，一部分家长认为，只要是为了孩子好，他们没意见。有的家长则认为此做法欠妥。

【法律分析】

在案例一中，学校侵犯了学生的隐私权，造成学生精神分裂，对此学校要承担主要责任。隐私权亦称个人生活秘密权或生活秘密权，是指公民不愿公开或让他人知悉个人秘密的权利。我国公民的隐私权是受到法律保护的。最高人民法院《关于贯彻执行〈民法通则〉若干问题的意见》已认定"以书面、口头等形式宣扬他人的隐私"构成侵犯公民人身权。《未成年人保护法》第三十九条规定："任何组织和个人不得披露未成年人的个人隐私。"这强调了对未成年人隐私权的保护。另外，我国《刑法》《民事诉讼法》和《行政诉讼法》有关条款也规定了对隐私权的保护。在本案中，母亲及儿子对于医院所开具的"中度智力低下的证明"显然是不愿让他人知悉的，不愿公开的，而学校却将此秘密公布于众，这无疑是对学生隐私权的侵犯。

在案例二中，学校除了侵犯学生隐私权外，学校老师还多次当众侮辱学生，这是侵犯学生人格权的行为，违反了《教师法》《义务教育法》等法规的有关规定。

根据我国《民法通则》《教育法》《教育行政处罚条例》可对侮辱学生的教师和泄露学生隐私的有关教务人员做如下处理：

①学校或教育行政部门给予教师及有关责任人员以行政处分，对于造成严重后果的教师予以解聘或撤销教师资格。

②受害学生属于未成年人，故由其母亲作为法定代理人要求侵权人停止侵害，恢复受害学生的名誉，在学校内消除影响，向受害学生赔礼道歉，对于受害学生的医疗费等费用予以赔偿，对于由此给学生造成的精神损害予以赔偿。

在现实中，教师不尊重学生人格的案例举不胜举，目前比较有争议的就是关于学生隐私权的问题。尤其是关于教师在全班，甚至领导在全校公布学生的成绩及名次这一普遍行为，现在已经遭到非议。反对者认为，这是侵犯了学生的隐私权。但这个问题究竟如何下定论，还需要我们进一步研究，因为分数牵涉很多方面，比如考试制度等，涉及教师、学校的工作情况，涉及教学内容、方法、评价标准等。因此，不能绝对片面地看待分数问题。

在案例三中，需要注意的是教师不可以截留学生的信件。我国《宪法》第四十条规定："中华人民共和国公民的通信自由和通信秘密受法律的保护。除因国家安全或者追查刑事犯罪的需要，由公安机关或者检察机关依照法律规定的程序对通信进行检查外，任何组织或者个人不得以任何理由侵犯公民的通信自由和通信秘密。"此外，《未成年人保护法》第三十九条规定："对未成年人的信件、日记、电子邮件，任何组织或者个人不得隐匿、毁弃；除因追查犯罪的需要，由公安机关或者人民检察院依法进行检查，或者对无行为能力的未成年人的信件、日记、电子邮件由其父母或者其他监护人代为开拆、查阅外，任何组织或者个人不得开拆、查阅。"

未成年人的通信自由和通信秘密，原则上是与成年人一样。但是，由于未成年人生理和心理的发展不成熟，他们缺乏预见自己行为后果的能力。根据《民法通则》第十二条规定：不满十周岁的未成年人是无民事行为能力人，由他的法定代理人代理民事活动。十周岁以上的未成年人是限制民事行为能力人。对于限制民事行为能力的未成年人，由于其父母或监护人对其行为承担一定的法律责任，因此他们与成年人的通信自由和通信秘密是完全相同的。

在学校里，学校与未成年人之间只是部分委托代理监护的关系，主要承担教育和管理责任，未取得全部监护权，它不得妨碍未成年人的通信自由和通信秘密。在本案中，教师私自"截留"学生信件的行为，是违反法律规定的，侵犯了学生的通信自由和通信秘密的权利。

【法条链接】

《宪法》第三十八条规定："中华人民共和国公民的人格尊严不受侵犯。禁止用任何方法对公民进行侮辱、诽谤和诬告陷害。"

《宪法》中的第四十条规定："中华人民共和国公民的通信自由和通信秘密受法律的保护。除因国家安全或者追查刑事犯罪的需要，由公安机关或者检察机关依照法律规定的程序对通信进行检查外，任何组织或者个人不得以任何理由侵犯公民的通信自由和通信秘密。"

《宪法》第四十条规定:"中华人民共和国公民的通信自由和通信秘密受法律的保护。除因国家安全或者追查刑事犯罪的需要,由公安机关或者检察机关依照法律规定的程序对通信进行检查外,任何组织或者个人不得以任何理由侵犯公民的通信自由和通信秘密。"

《关于贯彻执行〈中华人民共和国民法通则〉若干问题的意见》规定:"以书面、口头等形式宣扬他人的隐私,或者捏造事实公然丑化他人人格,以及用侮辱、诽谤等方式损害他人名誉,造成一定影响的,应当认定为侵害公民名誉权的行为。以书面、口头等形式诋毁、诽谤法人名誉,给法人造成损害的,应当认定为侵害法人名誉权的行为。"

《未成年人保护法》第三十九条规定:"对未成年人的信件、日记、电子邮件,任何组织或者个人不得隐匿、毁弃;除因追查犯罪的需要,由公安机关或者人民检察院依法进行检查,或者对无行为能力的未成年人的信件、日记、电子邮件由其父母或者其他监护人代为开拆、查阅外,任何组织或者个人不得开拆、查阅。任何组织和个人不得披露未成年人的个人隐私。"

《刑事诉讼法》第一百五十二条规定:"有关国家秘密或者个人隐私的案件,不公开审理;十四岁以上不满十六岁未成年人犯罪的案件,一律不公开审理。十六岁以上不满十八岁未成年人犯罪的案件,一般也不公开审理。"

专题4 体罚与变相体罚

1. 体罚与变相体罚违法

事实上,不管是《教育法》《义务教育法》,还是《教师法》《未成年人保护法》都对体罚的违法性问题作出了明确的规定,也就是说,体罚学生，不管是否产生了严重的后果，其行为肯定是违法的。具体而言，体罚学生至少在以下几个方面侵犯了学生的权利：

（1）学生的人身自由权受到侵害。我国《宪法》第三十七条规定："中华人民共和国公民的人身自由权利不受侵犯。任何公民，非经人民检察院批准或者人民法院决定，并由公安机关执行，不受逮捕。禁止非法拘禁和非法剥夺或者限制公民的人身自由，禁止非法搜查公民的身体。"人身自由是宪法规定的每个公民享有的最基本的权利，学生也享有此项权利，教育教学中对违犯纪律学生关禁闭或者放学后长时间留学生补作业、面壁、罚站，以及为了没收玩具而搜身等，它不仅侵犯了学生的身体健康权，而且还侵犯了学生的人格尊严，更是在某一时间内限制学生的人身自由，这种体罚或变相体罚是一种严重的违法行为。

（2）学生的人格尊严受到侵害。人格尊严是每一个公民应享有的最基本的权利，《宪法》第三十八条明确规定："中华人民共和国公民应享有人格尊严不受侵犯，禁止用任何方法对公民进行侮辱、诽谤、诬告和陷害。"在教学工作中一些教师为了达到所谓的教学目的，所实施的一些体罚或变相体罚行为，如扯头发、打耳光、罚站立、罚劳动等，表面上出于对学生的惩戒，以达到教育的目的，其实质上教师已经将自身人格凌驾于学生人格之上，借用"教育者"这一名义进行的违法行为，尽管并非每一次体罚都触及学生的皮肉，但这种伤害却是心灵上永久的痛楚。

（3）学生的身体健康权受到侵害。健康权是有生命的主体，依法享有的保障其自身肌体生理功能的健康的权力，青少年尤其是中小学生正处于身体发育的黄金时期，采用暴力的方式体罚学生极易造成学生身体器官的损伤，严重者造成终身残疾，如陕西省商州某小学三年级学生李某，就因课后与同学们吵闹，被气急败坏的老师打成脑震荡，并伴有听力减退等症状。

（4）学生的受教育权受到侵害。受教育是每一个公民基本的权利，

《宪法》第四十六条规定："中华人民共和国公民享有受教育的权利和义务。"《义务教育法》第二条、第四条规定："国家实行九年义务教育。国家、学校和家庭依法保障适龄儿童、少年接受义务教育的权利。"《未成年人保护法》第十四条规定："学校应当尊重未成年人学生的受教育权。"但是在实际生活中，还有许多因违反校规、班规或劳动纪律，被教师逐出教室，罚站或以劳代学等不让学生进入课堂听讲的行为。这些行为剥夺了这些学生在教室听课的机会，致使他们不能享有和其他学生平等的受教育的机会，其实质就是侵犯了学生的受教育权。

2. 教师体罚和变相体罚的归责

教师和学校在体罚学生问题上的责任种类可以分为以下几种：

（1）体罚行为人应承担民事责任。

①一般性体罚，属于普通过错的，应归为法人侵权，由学校承担责任。对于法人的侵权行为能力，《民法通则》第一百零六条规定，法人不仅会违反合同或者不履行其他义务，而且会实施侵权行为，该条实质上确认了法人与公民一样有侵权能力，也应承担民事责任。学校作为一个社会组织，其一切活动只能通过自然人的行为来实现。因此，学校的行为，无论是民事法律行为，还是侵权行为等其他行为，都是由具体的自然人的行为体现出来的，教师是学校的职员，是代表学校向学生传授知识并管理学生，教师为了达到所谓的教学目的，采用一些非常规的教学手段对学生进行体罚或变相体罚，是一种不当的管理学生方式。因此，教师体罚学生属学校的行为，其过错形态属于普通过错，即学校有过错、教师没有过错，其民事责任应由学校承担。

②一般性体罚，属于共同过错的，应由学校与加害人过错大小分别承担责任。学校承担连带责任，《民法通则》第一百三十条规定："二人以上共同侵权造成他人损害的，应当承担连带责任。"共同过错的内容如果是共同故意和过失，包含以下几种形式，即共同过错既可以是共同故意，也可以是共同过失，还可以是一方愿意而另一方过失，也就是

说，数个行为人或其行为或结果具有共同的认识或者对某种结果的发生应该尽到合理的注意而没有注意，就具有共同过错，针对学校体罚学生中的共同过错来说，一般是指学校没有完善切实可行的制度禁令来约束教师的教学行为，制止杜绝教师体罚学生或者对教师体罚处于放任或半放任状态，而且某些教师为了个人目的，故意惩罚学生的情形，此时学校和教师应分别按照自已过错的大小承担相应的责任，当然，该行为是因为学校的教师在教育教学活动中的不规范行为引起的，学校应承担连带责任。

③一般性体罚，属于混合过错的，应由学校、加害人和受害人按过错大小分别承担责任。体罚中的混合过错是指学校没有完善的制度明令禁止教师体罚学生或者对教师体罚学生处于放任状态，教师为了个人目的故意体罚学生，体罚中学生也有过错的情形。混合过错制度，不仅体现了公平正义的要求，也体现了责任的自负精神，这种做法，对于教育和督促当事人合理行为，特别是促使受害人采取合理措施注意个人的财产和人身安全，从而预防和减少损害发生，具有更为重要的意义。

（2）体罚或变相体罚构成故意或过失伤害罪的行为及学校责任的划分。首先，根据《刑法》中的罪责自负原则，谁犯了罪，就应该由谁来承担刑事责任，《刑罚》只涉及犯罪者本人，而不能连累无辜。因而，严重的体罚，如殴打、羞辱等构成故意或者过失伤害罪的，犯罪的主体只能是实施了犯罪行为的人，即行为人，对于学校来说，也有可能为了方便管理，提高升学率，制止违纪行为，而对教师的体罚放任自流，但不可能放任犯罪，所以体罚中构成犯罪的，其过错肯定来自于行为人的主观方面。因而，行为人承担刑事责任，学校承担民事责任。

（3）体罚行为人应承担的行政责任。体罚学生本身就属违犯法律的行为，除了构成犯罪要追究刑事责任，造成损害要承担民事责任外，行为人所在单位还要给行为人一定的行政处罚，以严肃单位对本单位职工的管理。学校教师或其他工作人员体罚或者变相体罚学生，或者在履行职责过程中违反工作要求、操作规程、职业道德或者其他有关规定的行为，为学校带来了一定的损失，学校在承担法律责任的同时也可依照相关法律来对行为人进行行政处罚。《教师法》除了明确规定教师是履行教育教学职责的专业人员，承担教书育人，培养社会主义事业建设者和接班人，提高民族素质的使命外，还在第三十七条规定，教师体罚学生经教育不改的，由所在学校，其他教育机构或者教育行政部门给予行政处分或者解聘。

总之，体罚学生是一种侵权行为，同时教师也是学校的职工，其行为本身是一种职务行为，给学生造成伤害事故的应承担相应的民事责任。体罚行为触及法律规定，造成犯罪的，要追究当事人刑事责任，学校也应承担相应的民事责任，教师本身不按照各项规章制度规范个人的教育行为，违反相应的教育教学法规，也要受到相应的行政处罚，承担一定的行政责任。

【典型案例】

原告：张帅，男，11岁，原系鸡西市师范附属小学学生。法定代理人：张立波，原告张帅之父。被告：鸡西市师范附属小学。第三人：苗全收，鸡西市师范附属小学体育教师。

原告张帅原系被告学校学生，第三人苗全收曾任原告所在班级体育教师。苗全收在任教期间，曾因原告违反课堂纪律对其进行过两次体罚（用脚踢及橡皮筋崩脸）。一天上午上体育课时，原告私自到其他年级军训场地玩耍，苗追过去用手拽住张的红领巾推搡，并杵其一拳。张当时感到胸部发闷，中午回家后全身抽搐。经送鸡西市卫校附属医院诊断，被确诊为植物神经功能紊乱。因治疗效果不佳，又先后去矿总院、省康复医院等医院治疗。原告治疗先后共花医药费5655.6元，去外地治疗住宿费146元、交通费39.2元，药品邮资费24元。事后，原告父亲多次要求学校处理未果，代理原告向鸡西市鸡冠区人民法院提起诉讼，要求被告赔偿医疗费、交通费、护理费等8038.68元。

被告鸡西市师范附属小学及第三人苗全收辩称：原告所诉与事实不符。因原告扰乱课堂秩序，第三人只拽其红领巾推搡两下，有在场同学及其他教师证实。原告患有先天性癫痫病，就学期间一直治疗。

鸡西市鸡冠区人民法院受理案件后，委托鸡西市中级人民法院法医室鉴定，结论为：原告在治疗期间用药基本合理，可以去外地治疗；无法认定原告被打前是否有心脏病存在；解除精神刺激因素后，不会出现后遗症等。鸡西市鸡冠区人民法院认为：第三人苗全收在任课期间先后三次对原告张帅进行体罚，致原告植物神经功能紊乱，有证人证言及法医鉴定结论为证。苗全收的行为属职务行为，故全部责任应由学校承担，第三人的责任由学校按有关规定自行处理。被告未能提供原告患有先天性癫痫病的证据，其辩称理由不能成立。原告在药店及卫生所所购药品未经主治医生准许，不予支持。依照《民法通则》第一百一十九条和《未成年人保护法》第二十一条、第六十条规定，判决如下：

被告赔偿原告医药费 5321 元，住院营养费 150 元，伙食补助费 120 元，护理人员误工工资 150 元，外出治疗住宿费 146 元，交通费 39.2 元，药品邮资 24 元，总计 5950.2 元，于判决生效之日起 5 日内给付。

【法律分析】

本案在审理中，就如何确定被诉主体，存在四种不同意见。第一种意见认为，直接实施侵害行为的教师应作为被告；第二种意见认为，教师实施的行为是职务行为，应由所在学校作为被告，教师不参与诉讼；第三种意见认为，学校未尽到保护责任，与实施体罚行为的教师形成连带责任，应作为共同被告；第四种意见认为应由学校作为被告，教师以第三人的身份参与诉讼。鸡冠区人民法院采纳了第四种意见，理由是：

（1）教师体罚学生属法人侵权行为。鸡西市师范附属小学作为事业单位法人，其民事行为能力主要通过两种途径实施，其一，学校的重要民事活动由校长作为法定代表人，以学校的名义进行；其二，教师按学校安排从事日常的教学活动，学校从事教学活动的法人行为分解成教师直接开展教学活动的职务行为。苗全收为维护教学管理秩序对学生进行体罚，学校应当对教师的职务行为承担民事责任。

（2）教师体罚学生，在学校与学生间构成了特殊侵权损害赔偿责任，由此引起的人身损害赔偿诉讼，应由学校作为被告。侵权损害赔偿责任包括损害事实、违法行为、主观过错和因果关系四个构成要件。本案从损害事实看，苗全收在行使职务过程中的体罚行为导致了张帅的人身伤害；从违法行为看，苗全收的体罚行为违反了《未成年人保护法》《教师法》《民法通则》的有关规定；从主观过错看，苗全收体罚张帅存在主观上的故意，也体现了主管学校对教师监督管理的疏忽和懈怠；从因果关系看，张帅受到人身损害是由于苗全收在执行职务过程中造成的，其最终原因是学校未对学生尽到保护责任。综上所述，学校由于教师的体罚行为而与学生之间形成了特殊侵权损害赔偿责任，学生可以对学校提出人身损害赔偿诉讼，学校作为侵权方，理应以被告身份参与诉讼。

（3）教师体罚学生，在学校和教师之间不形成连带责任，教师只能以无独立请求权的第三人身份参与诉讼。连带责任是指在共同责任中，每一个责任人都有义务承担全部的民事责任，全部承担了连带责任的人，有权向其他共同责任人追偿超过自己应承担的部分。本案中，因教师的体罚行为，学校与学生之间形成了侵权损害赔偿责任，但教师与学校不负同一侵权损害赔偿之责，不形成连带责任，更不能作为共同被告参与诉讼。学校作为侵权的法人主体，因其没有尽到监管职责而作为被告参与诉讼。实施体罚的教师，因案件的处理结果同他有法律上的利害关系，只能作为无独立请求权的第三人参与诉讼。如果可以证实学校已尽到了监管职责，教师是因教学活动以外的原因实施侵害行为，方可由教师作为被告承担民事责任。学校在承担责任之后，可根据教师的过错和经济状况，在学校内部责令其承担部分损失。《教师法》规定了教师应承担的法律责任，即体罚学生，经教育不改的，由所在学校、其他教育机构或教育行政部门给予行政处分或解聘；情节严重，构成犯罪的，依法追究刑事责任。

【法条链接】

《宪法》第三十八条规定："中华人民共和国公民的人格尊严不受侵犯。禁止用任何方式对公民进行侮辱、诽谤和诬告陷害。"

《民法通则》第九十八条规定："公民享有生命健康权"。

专题5　校园学生暴力事件

学校教师应当履行"制止有害于学生的行为或者其他侵犯学生合法权益的行为，批评和抵制有害于学生健康成长的现象"的义务。我国《宪法》第四十九条规定："儿童受国家的保护。"我国《未成年人保护法》第三条规定："国家根据未成年人身心发展特点给予特殊、优先保护，保障未成年人的合法权益不受侵犯。"

根据有关法律规定，维护学生的合法权益是教师应尽的义务，主要包括以下方面：

（1）制止有害于学生的行为。这里所说的有害于学生的行为，可以分为：①有害于学生身体健康的行为。例如，体罚学生，让学生在危及人身安全、健康的场所活动，包括有毒或者有危险的场所等，让学生吃有害于身体健康的食品，让学生参加有害于身体健康的劳动，违反规定加重学生学习负担等。②有害学生心理发展的行为。例如，歧视学生，向学生讲授封建迷信、恐怖、淫秽故事等。有害于学生的行为可能来自于校内，也可能来自于校外，无论来自哪里，教师都有义务加以制止。

（2）制止其他侵犯学生合法权益的行为。其他侵犯学生合法权益的行为很广泛，现在比较常见的有：①乱收费。表现为不合理的收学习费用，如转学费、升学费、留级费、补考费，还有强迫订购各种复习资料、报纸杂志，收不合理的班费等。②滥罚款。表现为地下有纸罚款、迟到罚款、不扫除罚款、不交作业罚款、答错题罚款、上课说话罚款等，名目繁多，以罚款代替思想教育工作。③侵犯学生的受教育权。如随意开除未成年学生，把犯了错误但并没影响课堂纪律的学生撵出教室，不让迟到的学生进教室上课，拒绝接收合乎条件的学生入学等。

（3）批评和抵制有害于学生健康成长的现象。有害于学生健康成长的现象，除了以上所说的内容之外，还包括社会上存在的种种不良现象：①雇用学龄儿童做童工，一些学龄儿童在街头卖艺；②有的家庭虐待子女，不让子女上学接受义务教育；③在电影、图书、音像、电视等方面存在的有害于学生健康成长的现象；④制造、贩卖有害于学生的物品、仪器，经营有害于学生的项目，如让未成年学生进入营业性歌舞厅等；⑤扰乱学校秩序，如到学校进行流氓滋扰、在校内外乱设摊点等。

对有害于学生健康成长的现象，每位教师都有义务进行批评和抵制。另外，教师在履行这项义务时要求有耐心，不能对所谓的"问题学生"采取不理不睬的态度。

【典型案例】

年仅8岁的郑州某中心小学二年级女生陈某突然在学校内喝药自绝。陈的父亲陈某某说，当有学生将"陈某喝药了"的消息报告给教师后，他们没有及时将其送到医院抢救，只是派了两个七八岁的小学生来到家里叫家长。当陈某70多岁的老奶奶急忙骑着三轮车来到学校，把她送到医院抢救时，却因为送去得太晚，陈某于次日凌晨经抢救无效死亡。对女儿的死，陈某某认为学校负有不可推卸的责任。因为家庭条件不好，陈某回家后对家人说校园内许多同学经常歧视地喊她"傻子"，许多同学打骂她，而老师们却对此置之不理。陈某某说，老师们没有正确引导学生们如何对待贫困生，在教育中存在歧视行为，严重伤害了陈某的自尊心，这就是陈某喝药自绝的根本原因。

中心学校校长和老师们认为，陈某的死亡责任在于她自己，说在学校里喝药而死是不公平的。学校当时无法判定她是否真的喝了药，但及时通知了家长，说明学校及时采取了措施，并没有耽误治疗。那么，对于陈某之死，学校、教师是否应负责任吗？

【法律分析】

陈某之死除了自己有责任外，学校是有责任的。

首先，当教师得知许多同学经常歧视她，喊陈某"傻子"时，却采取了置之不理的态度，在这一点上教师是失职的。

其次，《教师法》第八条规定："教师应履行下列义务：……（四）关心、爱护全体学生，尊重学生人格，促进学生在品德、智力、体质等方面全面发展；（五）制止有害于学生的行为或者其他侵犯学生合法权益的行为，批评和抵制有害于学生健康成长的现象；……"事实上，学校的行为完全有悖于该法规定。因此，学校在本案中是有过错的。

再次，学校承担人身伤害侵权责任，必须具有以下三个条件：（一）侵权行为造成了损害事实，损害必须是学生在校期间发生；（二）学校行为须与损害事实有因果关系；（三）学校主观上有过错。

本案中，学校和教师没有制止有害于陈某同学的行为，致使陈某受到污辱，学校教师听到学生反映陈某喝药的消息后，没有引起足够重视，导致了治疗时间的延误。因此学校在主观上是有过错的。所以说学校在这起事故中是负有责任的。

【法条链接】

《未成年人保护法》第三条规定："国家根据未成年人身心发展特点给予特殊、优先保护，保障未成年人的合法权益不受侵犯。"

《教师法》第八条规定："教师应履行下列义务：……（四）关心、爱护全体学生，尊重学生人格，促进学生在品德、智力、体质等方面全面发展；（五）制止有害于学生的行为或者其他侵犯学生合法权益的行为，批评和抵制有害于学生健康成长的现象……"

三、保障教师权利

专题1 教师的教育教学权

教育教学权，是教师享有"进行教育教学活动，开展教育教学改革和实验"的权利。教育教学权是教师为履行教育教学职责而必须具备的基本权利，主要内容包括：（1）组织教学权，体现为教师可以依据教学计划、教学工作量的要求，结合自身特点自主地组织教学，如对学生提问、测验、布置作业和组织学生进行有益的课外活动等；（2）教学内容权，体现为教师可以在国家允许的范围内选择教材，按照教学大纲的要求确定教学内容和教学进度，并不断完善教学大纲等；（3）教学方法权，体现为教师可以自主确定教学方法和教具等；（4）教学改革权，体现为教师可以在不影响国家教学计划的前提下，针对不同的教育教学对象，在教育教学的形式、方法、具体内容等方面进行改革和实验等。

教育教学权是教师为履行教育教学职责而必须具备的基本权利，是一项很重要的权利，也是教师独有的权利。对教师的此项权利，任何个人或部门都无权干涉，但同样存在的问题是这种权利属于教师职务权，不可滥用。比如，去年上海某中学的教师被学生及家长联名上诉，理由是该教师在课堂上传播不健康思想。因此教师在行使这项权利时，必须要以有益于学生身心健康发展为准则。

另外，目前，学术界较有争议的有关教师教育教学权的主要问题在于教师惩戒权的合理运用。焦点在于教师对学生的体罚、停学、开除的权利。体罚在各国的发展情况均有所不同。目前，我国在理论上，普遍认为以下一些惩戒方式是合法和可行的：（1）语言责备，其主要是针对有轻微违纪行为的学生行使。（2）书面检查，查看违纪的学生写下书面检查，对自己的错误进行反省，另外还可以根据具体情况责令其在一定范围内当众检查。（3）点名批评，可以在班中或全校对违纪的学生点名进行批评。（4）剥夺特权，可以对违纪的学生采取剥夺一些与受教育权无关的特权，如参加课外小组，公益活动等。（5）增加作业，对贪玩并不认真写作业或者成绩差的学生可能增加其作业量，但增加量不宜过大，应给其留出必要的休息娱乐时间。（6）隔离措施，责令学生到教室的特定位置，以防止其扰乱其他学生或由学生处或班主任将严重扰乱课堂秩序的学生带离教室单独教育，这并没有侵害学生的受教育权，因为单独教育也是一种教育方式，而且还可以保证其他学生受教育权不被侵害。（7）留置学校，对有严重违纪情节，不及时进行教育会产生负面作用的学生，班主任或学校可以将学生在放学后留置在学校进行教育，但时间不宜过长，以不影响学生的正常生活为限，教师应当保证被留置学生的安全，必要时要通知家长，告知其子女被留置的事实。（8）没收，对于学生违反规定带到学校的物品，如刀具、游戏机、非法读物等，教师应当没收。（9）赔偿损失，对于损坏学校或其他学生物品要责令其根据实际价值进行赔偿。（10）处分，对于违纪的学生可以进行警告，严重警告、记过等处分。（11）其他惩戒方式，除上述之外，教师还可以采取在保证学生身体健康不受侵害，生命安全不受侵害，名誉权和隐私权等合法权益不受侵害的其他惩戒方式。

教师拥有教育教学权利的同时，也必须承担教育教学的义务。教师承担的教育教学义务就是教师在教育教学过程中必须做到和坚持的方针和原则。教师应履行"贯彻国家的教育方针，遵守规章制度，执行学校的教学计划，履行教师聘约，完成教育教学工作任务"的义务，简称"贯彻方针义务"。这项义务的内容主要包括：（1）贯彻方针。教育方针是国家根据政治、经济的要求，为实现教育目的而规定的教育工作的总方向。教师是教育方针的具体执行者，一定要注意全面贯彻执行国家的教育方针，纠正和防止一味重视智育、片面追求分数等不良倾向。（2）遵守规章。这里的规章制度主要是指关于教育教学的规章制度。教师在教育教学工作中一定要遵守有关的规章制度，执行学校的教学计划。具体来说包括招生、课程设置、教学方法、教材选择、测验考试、辅导补课、课外活动、体育卫生等方面的规章制度。（3）履行聘约。在实行教师聘任制以后，教师与学校签订聘任合同，明确规定双方的权利、义务和责任。教师应当按照聘约的规定完成教育教学工作任务。如果教师不能按照约定完成任务，那就可能承担违约的责任。

依据《中学教师职务试行条例》，各级中学教师的责任概括起来，还包括以下方面：（1）承担教学任务，备课、讲课、辅导、批改作业、考核学生成绩。（2）在课内外对学生进行思想品德教育，担任班主任或组织辅导学生课外活动。（3）承担或组织教育教学工作。（4）指导下级教师的教育教学工作或承担培养教师的任务。

需要注意的是，在教学内容方面，教师不能够任意超越课程标准的要求。有的教师对课程标准认识模糊，认为超越课程标准要求也很正常。其实，它一旦正式被学校采用，就成为教学的规范性文件，具有一体遵循的效力。在教育制度发达的美国，对课程标准的遵循也有同样的要求。例如，在美国公立学校，教师在讲授课程的时候，不能把"不良思想"灌输给学生。在讲授内容方面，要考虑学生的接受程度、理解与鉴别能力。美国曾有一名生物教师因为在健康课的教学过程中过分强调性的内容而被解雇。该教师承认教学过程中触及了课本以外的话题，但他坚决认为学生们需要性教育，而且心理健康是学生们健康教育更重要的方面。该教师认为他的言论属于《人权法案》中公民言论自由权的范畴，应该受到法律保护。法院否决了该教师的抗辩；法院判决该教师无权改变课程内容，认为这种无视同事们所认可的健康课程内容的行为是违法的。法院判决结论为：教师的学术自由权不允许教师随意表述课程内容。此判决结论即成为有效的判例法内容，这种法令明确地规范了公立学校教师如何选择教学内容。教材和课程标准是开展教学的基础。它是落实教学计划和教学指导思想的基本保证，是进行有效教学、开展教学评估的基本依据，也是指导学生学习、进行教学考核的指导性文件。教师可以重点选择需要教学的知识领域、探究方式对学生进行培养。所以，按照课程标准确立教学内容具有很大的制度约束力。其主要意义在于：第一，可以使教师教学的内容反映教学的根本目的，反映不同层次的教学对象的知识需求，有利于课程建设与学科建设的协调。第二，根据课程标准处理教材，选择教材可以明确教材在教学过程中的地位，使教材服务于教学目标的价值性更加明确；教师讲授教材的时候，可以根据教学对象的接受能力、理解水平补充教材的内容，结合本学科理论研究的最新成果进行探讨，启发学生的思想，开阔学生的视野。第三，按照课程标准进行讲授，可以规范教师的教学内容，提前写好教案；可以做到有的放矢，杜绝讲授内容的随意性，防止部分教师信马由缰，离题万里。

【法条链接】

《教师法》第三条规定："教师是履行教育教学职责的专业人员，承担教书育人，培养社会主义事业建设者和接班人、提高民族素质的使命。教师应当忠诚于人民的教育事业。"

《教师法》第八条规定："教师应当履行下列义务：（一）遵守宪

法、法律和职业道德，为人师表；（二）贯彻国家的教育方针，遵守规章制度，执行学校的教学计划，履行教师聘约，完成教育教学工作任务；（三）对学生进行宪法所确定的基本原则的教育和爱国主义、民族团结的教育，法制教育以及思想品德、文化、科学技术教育，组织、带领学生开展有益的社会活动；（四）关心、爱护全体学生，尊重学生人格，促进学生在品德、智力、体质等方面全面发展；（五）制止有害于学生的行为或者其他侵犯学生合法权益的行为，批评和抵制有害于学生健康成长的现象；（六）不断提高思想政治觉悟和教育教学业务水平。"

专题2　教师的报酬待遇权

报酬待遇权，是教师享有"按时获取工资报酬，享有国家规定的福利待遇以及寒暑假期的带薪休假"的权利，简称"报酬待遇权"。包括两项内容：（1）工资报酬权。按法律规定教师应当获得的物质报酬。劳动报酬是劳动者付出一定劳动而获得的物质补偿，在劳动法中，劳动报酬的形式包括工资、奖金、津贴等，其中最主要的是工资。（2）福利待遇权。教师有权享受国家规定的医疗、住房、退休等各种福利待遇和优惠政策，以及寒暑假期的带薪休假权利。福利待遇是除工资、奖金、津贴以外的各种优惠，其主要目的是提高劳动者的生活水平，减轻日常琐事的负担，使劳动者精力充沛地进行工作。福利待遇的形式是多种多样的。

现在教师是否算是公务员是一个争议很大的问题。但按照新修订的《义务教育法》规定，教师的平均工资水平应当不低于当地公务员的平均工资水平。

关于教师的报酬待遇权，我国有关的具体法律规定主要有以下几个方面：

（1）教师的平均工资水平应当不低于国家公务员的平均工资水平，并逐步提高。建立正常晋级增薪制度。在工资制度方面可实行计时工资制、计件工资制、结构工资制、职务工资制、等级制等多种制度和形式。

（2）中小学教师和职业学校教师享受教龄津贴和其他津贴。其中包括：①为补偿教师特殊劳动消耗而建立的津贴。如班主任津贴、特殊教育教师津贴、兼课教师津贴等；②为保障教师实际收入和补偿教师生活费额外支出而建立的津贴，如地区生活费补贴等；③为鼓励教师提高教学科研水平和给优秀教师建立的津贴。如书报费、科研津贴、特殊教师津贴等；④为保障教师身体健康而建立的津贴，主要用于接触有毒、有害物质或其他有损身心健康岗位的教师。

（3）地方各级人民政府对教师以及具有中专以上学历的毕业生到少数民族地区和边远贫困地区从事教育教学工作的，应当予以补贴。

（4）地方各级人民政府和国务院有关部门，对城市教师住房的建设、租赁、出售实行优先、优惠。县、乡两级人民政府应当为农村中小学教师解决住房提供方便。

（5）教师的医疗同当地国家公务员享受同等的待遇，定期对教师进行身体健康检查，并因地制宜安排教师进行休养。医疗机构应当对当地教师的医疗提供方便。

（6）教师退休或者退职后，享受国家规定的退休或者退职待遇。县级以上地方人民政府可以适当提高长期从事教育教学工作的中小学退休教师的退休金比例。

（7）各级人民政府应当采取措施，改善国家补助、集体支付工资的中小学教师的待遇，逐步做到在工资收入上与国家支付工资的教师同工同酬，具体办法由地方各级人民政府根据本地区的实际情况规定。

（8）社会力量所办学校的教师的待遇，由举办者自行确定并予以保障。

（9）教师的工资必须按时按数发放，不得挪用、拖欠教师工资。对教师的工资，除了法律规定的情况外，任何单位、个人都不允许任意扣除。

在下列情况下，允许扣除教师的工资：①学校可以依照人民法院的判决，从应负法律责任的教师工资中，扣除其应负担的扶养费、赡养费及损害赔偿等款项。②教师违反劳动纪律，受到留用察看处分者，留用察看期间停发工资；受到撤职处分者，必要时可以同时降低其一级或两级工资级别；对于玩忽职守，造成事故，使人民生命、财产遭受损失者，或者工作不负责任，造成经济损失者，应责令其赔偿损失，可从教师本人的工资中扣除，但每月扣除的金额最多不得超过其月工资的20%。③教师在劳动教养期间，停发原工资，发给生活费。其家属生活确有困难者，原单位在其工资剩余部分中酌情给予补助。

2006年修订的《义务教育法》对义务教育阶段教师的报酬待遇更是做了详细的规定，出现了一些新的变化。这些变化主要体现在以下四个方面：

（1）《义务教育法》规定各级人民政府要保障教师工资福利和社会保险待遇，改善教师工作和生活条件；完善农村教师工资经费保障机制。1986年颁布的《义务教育法》只是笼统地提出，"国家保障教师的合法权益，改善教师的物质待遇，对优秀的教育工作者给予奖励"。对教师工资的保障责任和保障范围并没有做出清晰的界定。而新修订《义务教育法》的出台，从国家立法的高度，有力地保障了义务教育阶段教师的工资待遇问题，具体来讲：①明确了责任主体，即保障教师工资福利待遇是各级人民政府的责任。②明确了教师福利待遇的内容，它包括工资福利、社会保险以及改善工作和生活条件等。③突出强调了进一步完善农村教师工资经费保障机制问题，它是保障义务教育教师工资的重点和难点。

（2）《义务教育法》规定教师的平均工资水平应当不低于当地公务员的平均工资水平。我国的《教师法》第二十五条规定："教师的平均工资水平应当不低于或者高于国家公务员的平均工资水平，并逐步提高。"而新修订《义务教育法》的规定，与《教师法》的上述表述有显著的区别，表现为：①将"不低于或者高于"统一为"不低于"，使得地方政府在落实保障教师工资待遇水平上更具有可操作性。②将"国家公务员"改为"当地公务员"，进一步明确了义务教育教师工资水平参照比较的对象为当地公务员，更具有可比性。

（3）《义务教育法》规定对于特殊教育教师和民族地区、边远贫困地区教师的补助津贴的规定：①《义务教育法》规定："特殊教育教师享有特殊岗位补助津贴。"特殊教育教师是指聋校、盲校、弱智学校的教师。根据按劳取酬的原则，特殊学校的教师应当享有特殊岗位补助津贴，得到更多报酬。②《义务教育法》规定："在民族地区和边远贫困地区工作的教师享有艰苦贫困地区补助津贴。"因为民族地区和边远、贫困地区，是普及义务教育难度很大的地区。这些地区交通不便，人口居住分散，经济和教育发展水平十分落后，条件艰苦，教师队伍不稳定。为了改变这些地区的落后面貌，需要加快发展义务教育事业。

（4）《义务教育法》规定国务院和地方各级人民政府将义务教育经费纳入财政预算，按照教职工编制标准、工资标准等，及时足额拨付义务教育经费，确保教职工工资按照规定发放，并保证教职工工资逐步增长。

【典型案例】

案例一： 安徽某学校教师殷某某，因不服学校以"联考"成绩差为由扣罚其浮动工资、奖金，认为他的合法财产权受到侵害，一纸诉状将红星厂及子弟学校推上被告席，合肥市郊区人民法院受理了这一诉讼案。"联考"是指红星厂和附近企业的子弟学校约定的联合考试，每学期举行一次，学校依据学生成绩对授课教师进行奖惩，并排名次，决定课时多少。"联考"风刮起后，一些教师为获取奖金或避免处罚而抢占课时、搜罗资料、竞猜考题，使学生负担加重、积极性受挫，而教师人人自危，有的把素质教育抛掷脑后。而安徽省教委早在4年前转发国家教委有关通知中指出，各级教育部门和个人不得单纯以考试成绩或升学率高低来排名次和评价学校、教师，领导部门不得向教育部门和学校下达学生考试成绩或升学率指标。

案例二：某中学，因翻修校舍，急需一部分资金，2000年扣留了全体教师7至9月的全部工资款额共计4.32万元。全体教师对学校的行为极为不满，联名向教育行政部门提出申诉。其申诉依据是：《教育法》第三十三条规定："国家保护教师的合法权益……教师的工资报酬，福利待遇，依法律法规的规定办理。"《教师法》第七条第四款规定：教师享有"按时获取工资报酬，享受国家规定的福利待遇以及寒暑假期的带薪休假"的权利，要求学校马上归还扣留教师的全部工资。

【法律分析】

案例一中需要我们分析的是，殷老师的做法是否符合法律规定，扣罚其浮动工资、奖金应该由谁来承担责任，承担什么责任？下面我们对这一问题进行分析。

首先，殷老师的做法是合乎法律规定的。根据我国《宪法》和有关规定，对职工的工资，除了法律规定的情况外，任何单位、个人都不允许任意扣除。我国《教师法》第七条明确规定：教师享有"按时获取工资报酬、享受国家规定的福利待遇以及寒暑假期的带薪休假……"当教师的合法财产权受到侵犯时，教师有权提出控告，以求得法律的保护。我国《教师法》第三十九条赋予了教师该项权利："教师对学校或者其他教育机构侵犯其合法权益的，或者对学校或其他教育机构作出的处理不服的，可以向教育行政部门提出申诉，教育行政部门应当在接到申诉的30日内，作出处理。教师认为当地人民政府有关行政部门侵犯其根据本法规定享有的权利的，可以向同级人民政府或者上一级人民政府有关部门提出申诉，同级人民政府或者上一级人民政府有关部门应当作出处理。"因此，殷老师状告学校是符合法律规定的。

其次，本案中，扣罚教师工资应当由谁来承担责任？根据国办发〔1997〕27 号《国务院办公厅关于保障教师工资按时发放有关问题的通知》："对挪用、截留教育经费而拖欠教师工资或者以各种名目克扣教师工资的违法行为，要依法惩处。"又根据我国《教师法》第三十八条的规定："地方人民政府对违反本法规定，拖欠教师工资或者侵犯教师其他合法权益的，应当责令其限期改正。违反国家财政制度、财务制度，挪用国家财政用于教育的经费，严重妨碍教育教学工作，拖欠教师工资，损害教师合法权益的，由上级机关责令限期归还被挪用的经费，并对直接责任人员给予行政处分；情节严重，构成犯罪的，依法追究刑事责任。"很明显，学校以"联考"成绩差为由扣罚教师工资的行为违反了有关国家政策和法律，应该由学校（法人）来承担法律责任。

针对案例二，我国《义务教育法》第三十一条规定："各级人民政府保障教师工资福利和社会保险待遇。"第五十四条规定，对于侵占、挪用义务教育经费的，上级人民政府或者上级人民政府教育行政部门、财政部门、价格行政部门和审计机关根据职责分工责令限期改正；情节严重的，对直接负责的主管人员和其他直接责任人员依法给予处分。经县教育行政部门深入调查，查明该校拖欠教师 3 个月工资的情况属实。依照《义务教育法》及其他法律相关规定，县教育行政部门责令该校及其责任人限期归还被挪用的教师工资，修建校舍的经费由该校另行解决，并决定对该校领导及其直接责任人员给予行政处分。

【法条链接】

《教育法》第三十三条规定："国家保护教师的合法权益……教师的工资报酬，福利待遇，依法律、法规的规定办理。"

《义务教育法》第三十一条规定："各级人民政府保障教师工资福利和社会保险待遇。"

《义务教育法》第五十四条："对于侵占、挪用义务教育经费的，上级人民政府或者上级人民政府教育行政部门、财政部门、价格行政部门和审计机关根据职责分工责令限期改正；情节严重的，对直接负责的主管人员和其他直接责任人员依法给予处分。"

《教师法》第七条规定：教师享有"按时获取工资报酬、享受国家规定的福利待遇以及寒暑假期带薪休假……"

《教师法》第三十八条规定："地方人民政府对违反本法规定，拖欠教师工资或者侵犯教师其他合法权益的，应当责令其限期改正。违反国家财政制度、财务制度，挪用国家财政用于教育的经费，严重妨碍教育教学工作，拖欠教师工资，损害教师合法权益的，由上级机关责令限期归还被挪用的经费，并对直接责任人员给予行政处分；情节严重构成犯罪的，依法追究刑事责任。"

专题3 教师的学术成果权

学术研究权，是教师享有"从事科学研究、学术交流、参加专业的学术团体、在学术活动中发表意见"的权利，简称"学术研究权"。主要内容包括：（1）确定课题权，体现为教师可以自己确定科研课题和科研方法。（2）参加学术团体权，体现为教师有权自己决定是否参加依法成立的学术团体，参加何种学术团体并在其中兼任工作。（3）发表观点权，体现为教师在学术活动中有权发表自己的观点，开展学术争鸣的自由。但应注意的是，我国要求中小学教师在教育教学活动中的教学内容讲授应按照教学大纲的课程标准和教学基本要求进行，教师的学术自由主要表现在教育教学活动以外的专门科学研究活动之中。（4）学术成果权，体现为教师有权将教育教学中的成功经验，或专业领域的研究成果，撰写成学术论文，著书立说。

需要注意的是，教师的学术自由与教育教学活动并不是相矛盾的。教师不能以进行学术活动为由放弃教学活动，或影响教学活动。

【典型案例】

高某某在重庆市某小学（以下简称校方）从事语文教学工作。按照校方的管理规定，高某某在每学期期末将自己所写的教案上交给校方供其检查，十余年间上交教案共计 48 本，但校方在例行检查之后并未将这些教案本返还给高某某。后来，高某某因总结教学经验并撰写论文需要，向校方提出返还其历年上交的教案，才得知 48 本教案中的 44 本已被校方以销毁或卖废品等方式处理掉。高某某认为校方漠视教师的劳动成果，践踏教师的心血结晶，侵犯其所写教案的知识产权及载有教案内容之教案本的所有权，遂与校方发生纠纷。在纠纷过程中，高某某遭到了校方蛮横无理和不公正的对待，直至下岗。高某某被迫拿起法律的武器，将校方诉至重庆市南岸区人民法院，要求校方返还 44 本教案，并赔偿经济损失 8800 元。

【法律分析】

重庆市南岸区人民法院初次接收本案之后，认为原被告之间并非平等的民事主体，本案不属法院管辖范围，遂裁定不予受理。高某某不服，上诉至重庆市第一中级人民法院（以下简称二审法院）。二审法院认为原被告之间以物权纠纷涉诉，属于平等主体，法院应予管辖，遂裁定发回南岸区人民法院（以下简称一审法院）重审。一审法院正式受理并开庭重审后，判决驳回高某某的诉讼请求，理由是高某某要求返还教案本的请求于法无据，不予支持，而认定高某某的请求于法无据的理由有三：（1）空白的教案本属于学校所有；（2）高某某的教案不属"作品"范畴，不受《著作权法》保护；（3）载有教案内容的教案本所有权的归属问题无明文规定，当事人之间亦无明确约定。

高某某不服一审判决，再次向二审法院提出上诉。二审法院认定教案包含教师个人的经验及智慧，是教师为完成校方工作任务而创作的职务作品，但二审法院显然认为这样的职务作品应属校方所有，遂判决驳回上诉，维持原判。

高某某不服二审判决，遂向检察院提出申诉。

本案经南岸区人民检察院、重庆市人民检察院第一分院、重庆市人民检察院三级检察机关仔细审查，重庆市人民检察院向重庆市高级人民法院提出抗诉。主要抗诉理由如下：

（1）原审判决对于教案应否享有著作权的认定含混不清，杜绝了原告方就教案著作权归属问题寻求法律救济的途径。本案一审判决认定教案不属"作品"范畴，不受《著作权法》的保护；二审判决虽承认教案属于职务作品，但显然认为职务作品应属校方所有。生效判决的既判力为高某某可能从著作权角度寻求司法保护的救济途径设置了不可逾越的障碍。

（2）原审判决对于附有教案内容的教案本所有权归属认定错误，侵犯了原告对其作品载体的所有权。空白的教案本被校方发放到原告手里之后就处于一个不停地被使用和消耗的过程，原告高某某在消耗空白教案本的基础上创造了载有教案内容的教案本，应当取得载有教案内容的教案本的所有权。

重庆市高级人民法院受理抗诉后，指令重庆市第一中级人民法院再审。重庆市第一中级人民法院经开庭审理后，作出了再审判决。对于各界及媒体十分关注、检察机关在其抗诉意见中也着重提及的著作权问题，再审判决认为，"高某某在向原审法院起诉时的诉讼请求为返还教案本或赔偿损失，并未涉及著作权的问题。原审判决亦没有对教案本是否具有著作权问题作出判决，如高某某认为其对教案本享有著作权，可另案解决"；而对于附载教案内容的教案本的所有权问题，再审判决仍然坚持原判决的意见，遂判决维持原判。

对于人民法院的再审结果，检察机关并未简单地做申诉人的息诉工作从而放弃自己的监督职责，而是一方面向高某某传达检察机关一如既往坚决支持其诉求的态度，使高某某重拾胜诉的信心；另一方面帮助高某某详细分析本案涉及的法律关系，找到法院再审判决的错误所在，并向其提出了另行起诉著作权的建议。在检察机关强有力的支持和帮助下，高某某于 2005 年 8 月毅然向重庆市第一中级人民法院提起著作权侵权之诉，状告校方私自处理自己教案本的行为侵犯了其所写教案的著作权。重庆市第一中级人民法院后来判决高某某对于自己所写教案享有著作权，校方的行为构成侵权。校方首次败诉，对判决不服而向重庆市高级人民法院提出上诉。最后，重庆市高级人民法院作出终审裁决，鉴于上诉人未在指定期间内预交二审案件受理费，本案依法按自动撤回上诉处理。一审判决自动生效，高某某胜诉成为定局。这一围绕著作权而展开的全国首例教案纠纷案终于划上一个较为圆满的句号。

【法条链接】

《著作权法》第二条规定："中国公民、法人或者其他组织的作品，不论是否发表，依照本法享有著作权。"

《著作权法》第三条规定："本法所称的作品，包括以下列形式创作的文学、艺术和自然科学、社会科学、工程技术等作品……"

《著作权法》第五条规定："本法不适用于：（三）历法、通用数表、通用表格和公式。"

专题 4　当教师遭遇"校园暴力"

在众多媒体倾情关注教师对学生如何不人道的同时，我们身边却发生着诸多学生或校外人员侮辱、殴打教师的事件，且有愈演愈烈的趋势。学生暴力袭击老师，也属于校园暴力的一部分。2009 年，《中国青年报》的一项调查就显示，八成学生对校园暴力心怀恐惧，九成家长担心孩子在校安全，两成教师坦诚自己所在学校面临着校园恶性伤害事件的威胁。2014 年 12 月 16 日上午，云南昭通市鲁甸县第一中学的教师，集体走上了操场罢课。据了解，前段时间该校高中部学生当众羞辱班主任，而随后又有初中部学生殴打历史女教师。由于事件未得到妥善解决，导致该校教师人人自危，集体休假不敢上课。目前，伤人学生已按照学校规定进行处罚，向受伤老师道歉，教学秩序恢复正常。在国外，校园暴力事件已经远远超出学校自治的范畴，因此在校园暴力事件发生之后，一般都会交给警方，最后由青少年法庭依法判决。"按照学校规定进行处罚"，"向受伤老师道歉"，鲁甸一中的处理办法，可能也是国内大多数学校采取的对策，出发点依然是传统的"大事化小、小事化了"。实际上，尽管教师顾全大局复课了，但这种处理事情的思维，已到了必须更新的地步。

校园暴力日益普遍的原因是多方面的。社会影响毫无疑问是重要因素，一个不文明的公共领域，必然传导给学生的校园生活，学生的校园生活又会影响至少一代人的社会。而对学校来说，社会因素是外部变量，无法控制，能够采取的，首先就是预防措施。国外很多学校建立了校园暴力早期识别系统，及时将学生的信息汇总和分析，一旦发现有异常情况，就会及时采取针对性的措施来预防暴力事件的发生，这无疑是值得我们学习的。

教师作为一名普通的公民，在其人身权益受到不法侵害时，除应受到社会保护、学校保护之外，还可主动采取法律途径维护自身权益。

根据《刑事诉讼法》一百零八条规定，被害人对侵犯其人身、财产权利的犯罪事实或犯罪嫌疑人，有权向公安机关、人民检察院或者人民法院报案或者控告。有关司法机关受理立案侦查后，认为属于公诉案件，由检察机关代表国家以公诉人的身份提请人民法院依法对该案审理，请求人民法院对犯罪分子进行惩罚。受校园暴力伤害的被害教师可向有关司法机关控告，通过检察机关提起公诉程序的形式来救济被侵害的权利。

同时，根据《刑事诉讼法》第二百一十八条的规定，即"被害人及其法定代理人不服地方各级人民法院第一审的判决的，自收到判决书后五日以内，有权请求人民检察院提出抗诉"。据此，遭受校园暴力侵害的被害教师如果对于法院的一审判决不服，可以向人民检察院申请提出抗诉；如果对发生法律效力的判决和裁定不服，可以向人民法院或者检察院提出申诉，即申请有关司法机关依法对该案件重新审判。

根据《刑事诉讼法》第二百零四条的规定，自诉案件有三类：第一类是告诉才处理的案件；第二类是被害人有证据证明的轻微刑事案件；第三类是被害人有证据证明对被告人侵犯自己人身、财产权利的行为应当依法追究刑事责任，而公安机关或者人民检察院不予追究被告人刑事责任的案件。据此，教师对于校园暴力导致轻伤等轻微刑事案件，可以直接向人民法院提起诉讼，要求人民法院追究其刑事责任。对于导致轻伤、重伤、死亡等重大刑事案件，被侵害教师本人或者其法定代理人可向有关司法机关（公安机关和检察机关）控告。如有关司法机关不予追究被告人刑事责任的，属于第三类案件被害教师或者其法定代理人可以直接向人民法院起诉。法律之所以这样规定，是为了解决实践中被害人告状无门，权益受侵害的情况，更好地维护被害人的利益。同时，根据《刑事诉讼法》的规定，在自诉程序中，被害教师同样拥有申请提出抗诉的权利和对生效裁判的申诉权。

社会上一直存在着对教师地位认识不足，尊重不够的现象，甚至暴力侵害教师权益的现象。为了杜绝上述现象的发生，必须在全社会培养重视教育、尊重教师的观念，并将其融入建设社会主义法治国家的基本目标，我们的教师也要勇于运用包括《刑事诉讼法》在内的各种法律手段保护救济自己被侵害的权利。只有这样，教师的权益才能得到真正的保护，法治的精神才能真正得以弘扬。

【典型案例】

案例一：10月20日，缙云盘溪中学初三学生丁某某以肚子痛为由，向班主任潘伟仙请假两节课。但丁某某沉迷于网络游戏，超过请假时间未按时回校上课。10月21日中午，丁某某回校，潘老师找他到办公室谈话。12时30分左右，两人从办公室走出，一起去丁某某外公家了解相关情况。丁某某是舒洪镇舒洪村人，家距学校步行约半小时。路上，丁某某骑着自行车，后座上搭着潘老师。中途，他怕潘老师见到他的外公外婆后，会对他批评教育，于是向潘老师谎称外公外婆已到山上采摘油茶籽。将潘老师骗至山上，将其杀害。22日早上，丁某某跟往常一样继续来到学校上课，没有异常表现。但潘老师仍未回校上课。学校领导便向上级作了情况汇报，并向公安机关报案。公安机关迅速立案侦查，于晚上10时左右，在山上找到潘伟仙老师遗体。

案例二：2005年10月5日晚，吉林永吉县大湖镇永吉八中校园内有三名教师被学生打伤。一名受伤教师被送入医院后，再次遭到包括学生家长在内的数人殴打。

案例三：2005年11月11日，温州市龙湾区灵昆镇中学校长黄玉生在学生家里家访时，被失去理智的学生家长持利刀割伤颈部，黄玉生当场死亡。

案例四：王老师是在某职业中学担任计算机教师的。这所职中在全市没名气，每年的生源都招不够，学校要求教师去招收学生，并承诺每招进一名学生给800元"辛苦费"，所以招进来的学生的素质都较低。这些学生大多目中无人，动辄就给他们这些授课老师眼色看，甚至对他们恶言相加。有一次上计算机实践自习课，王老师按照惯例来到机房给学生辅导功课。一走进机房，她就发现有几个学生正聚集在计算机前浏览一些不堪入目的黄色图片，于是上前制止。那几名学生不但不听，甚至对她说了些不堪入耳的话。王老师随后切断了计算机电源，不料那些学生当即指着她破口大骂："八婆，你找死啊！"王老师说，当时全班学生都目不转睛地注视着她，她觉得自己的人格和作为老师的尊严都受到了严重的侮辱。王老师称，遭遇这种"校园暴力"的老师不只她一个，去年她所在的学校有一位数学老师在校园内曾遭到几名不明身份人员袭击，在医院躺了整整一个星期，且这种事情在其他学校也屡见不鲜，只不过大家都不想张扬罢了。面对这种"校园暴力"，王老师称，没有一位老师敢对那些实施校园暴力的学生进行"反击"，否则就会被说成是虐待和体罚学生。

【法律分析】

由于学校学生的素质良莠不齐，有个别学生受社会上的不良风气影响，行事比较嚣张，对老师确实有较出格的言行。老师遇到这种情况时要及时反映，由学校出面教育。如果学生屡教不改，给学校教学秩序或老师人身安全造成损害的，学校要考虑将其作开除或劝退处理。学校也必须在德育方面加强对学生的法制教育工作，尽快杜绝这类现象。

目前我国保护教师合法权益的法律法规仅有《教师法》，里面规定：侮辱、殴打教师的，根据不同情况，分别给予行政处分或者行政处罚；造成损害的，责令赔偿损失；情节严重，构成犯罪的，依法追究刑事责任。教师可以通过正当的法律手段来维护自己的合法权益。假如出现未成年的中学生对教师有侮辱或殴打行为，老师可以直接起诉其监护人。

校园暴力对教师权益的侵犯主要是对其人身权（包括生命权、健康权、人身自由权）的侵犯。教师作为一名普通的公民，在其人身权益受到不法侵害时，除应受到社会保护、学校保护之外，还可主动采取法律途径维护自身权益。

如年满16周岁的人对教师实施暴力造成其轻伤或其人身自由受到限制的，或者年满14周岁未满16周岁的人对教师实施暴力造成其重伤或死亡的，其暴力行为构成犯罪，应依法追究其相关的刑事责任，以保护教师的人身权益等合法权益。如果不法侵害者侵犯了教师的合法权益，教师可以奋起保护自己免受不法侵害，如果不是过当防卫，教师不承担任何刑事责任。《刑法》第二十一条规定的紧急避险，是指为了使国家、公共利益、本人或者他人的人身、财产和其他权利免受正在发生的危险，不得已采取的紧急避险行为。紧急避险的本质在于当两个合法权益相冲突，又只能保全其中之一的紧急状态下，法律允许为了保全较大的权益而牺牲较小的权益。虽然造成了较小的权益的损害，但从总体上说，它是有益于社会统治秩序的行为，不仅不应承担刑事责任，而且应当受到鼓励和支持。所以，在紧急情况下，教师可以对校园暴力实施法律规定的紧急避险以最大限度地保护较大的合法权益，如未超过必要限度，教师不负任何刑事责任。

【法条链接】

《教师法》第三十五条规定："侮辱、殴打教师的，根据不同情况，分别给予行政处分或者行政处罚；造成损害的，责令赔偿损失；情节严重，构成犯罪的，依法追究刑事责任。"

《刑法》第二十条规定："为了使国家、公共利益、本人或者他人的人身、财产和其他权利免受正在进行的不法侵害，而采取的制止不法侵害的行为，对不法侵害人造成损害的，属于正当防卫，不负刑事责任。正当防卫明显超过必要限度造成重大损害的，应当负刑事责任，但是应当减轻或者免除处罚。对正在进行行凶、杀人、抢劫、强奸、绑架以及其他严重危及人身安全的暴力犯罪，采取防卫行为，造成不法侵害人伤亡的，不属于防卫过当，不负刑事责任。"

《刑法》第二十一条规定："为了使国家、公共利益、本人或者他人的人身、财产和其他权利免受正在发生的危险，不得已采取的紧急避险行为，造成损害的，不负刑事责任。紧急避险超过必要限度造成不应有的损害的，应当负刑事责任，但是应当减轻或者免除处罚。"

《刑事诉讼法》第一百零八条规定："任何单位和个人发现有犯罪

事实或者犯罪嫌疑人，有权利也有义务向公安机关、人民检察院或者人民法院报案或者举报。被害人对侵犯其人身、财产权利的犯罪事实或者犯罪嫌疑人，有权向公安机关、人民检察院或者人民法院报案或者控告。"

《刑事诉讼法》第一百一十二条规定："对于自诉案件，被害人有权向人民法院直接起诉。被害人死亡或者丧失行为能力的，被害人的法定代理人、近亲属有权向人民法院起诉。人民法院应当依法受理。"

专题5　教师的正当防卫

我国《刑法》重视公民的正当防卫权利，《刑法》第二十条第一款明确规定："为了使国家、公共利益、本人或者他人的人身、财产和其他权利免受正在进行的不法侵害，而采取的制止不法侵害的行为，对不法侵害人造成损害的，属于正当防卫，不负刑事责任。"根据这一规定，所谓正当防卫，就是指为了使国家、公共利益、本人或者他人的合法权益免受正在进行的不法侵害，而对不法侵害者实施一定限度损害的防卫行为。根据修订后《刑法》的有关规定，构成正当防卫必须符合下列相互统一、互相联系的五个条件：

（1）必须是为了保卫国家、公共利益、本人或者他人的人身、财产和其他权利免受不法侵害才能实行正当防卫，即防卫的目的必须正当。互相斗殴行为的双方都是为了侵害对方，而不是为了保卫公共利益和公民个人的合法权益，因此，双方的斗殴行为都属于不法侵害，而不是正当防卫。

（2）必须是对不法侵害行为才能实施正当防卫。所谓不法侵害行为，就是危害社会的行为，包括对国家利益、公共利益、本人或者他人的人身财产和其他权利的侵害。具体地说，不法侵害行为通常指犯罪行为，但也包括某些一般违法侵害行为，如违反《治安管理处罚条例》的某些行为。不法侵害行为的存在，是正当防卫的起因条件。只要法律保护的国家利益、公共利益、本人或他人的合法权益受到不法侵害，任何公民都有权实施正当防卫，以制止危害后果的发生。

必须注意的是，并不是对任何犯罪行为和一般违法侵害行为都必须实行正当防卫。由于不法侵害行为的种类、情节极为复杂，必须具体问题具体分析。一般来说，只有对那些带有一定紧迫性的不法侵害行为才可以实行正当防卫。对贪污、贿赂、侮辱、伪证等故意犯罪，不宜用正当防卫的手段。对群众之间发生的口角、吵骂侵害，不能实行正当防卫。对过失犯罪一般不能实行正当防卫。不法侵害是就人的行为而言的，不包括动物的侵袭。但是，对于行为人利用动物伤害他人的（如唆犬咬人），则可以实行正当防卫，防卫人可以将该动物作为不法侵害的工具处置，而不负故意毁坏他人财物的责任。

对未达到法定负刑事责任年龄的人的不法侵害行为和精神病人的不法侵害行为，也可以实行正当防卫。

（3）必须是对正在进行的不法侵害行为才能实行正当防卫。即：一是客观实际存在的侵害，而不是主观想象的或者推测侵害；二是已经着手实施或者直接面临的侵害，而不是尚未开始或者已经结束了的侵害。

（4）必须是针对不法侵害者本人实施正当防卫。所谓不法侵害者本人，是指在现场的不法侵害的组织者、指挥者、直接参与者。正当防卫行为不能加给没有实施不法侵害的第三者，如现场围观者、不法侵害者的家属和亲友等。

（5）正当防卫不能明显超过必要的限度，造成重大损害。修订后的《刑法》第二十条第二款规定："正当防卫明显超过必要限度造成重大损害的，应当负刑事责任，但是应当减轻或者免除处罚。"这一规定与原《刑法》第十七条第二款规定的"正当防卫超过必要限度造成不应有的危害的，应当负刑事责任"相比，放宽了对防卫必要限度的限制，进一步强化了公民正当防卫的权利。

为鼓励、支持公民积极主动地同违法犯罪行为作斗争，修订后的《刑法》增加了"对正在进行行凶、杀人、抢劫、强奸、绑架以及其他严重危及人身安全的暴力犯罪，采取防卫行为，造成不法侵害人伤亡的，不属于防卫过当，不负刑事责任"。这一规定，以法律形式对完全不负刑事责任的防卫行为作出了明确规定。这一规定表明，对严重危害社会治安的暴力犯罪，没有防卫限度的限制，只要实施防卫行为，应是正当防卫，即是所谓的"绝对正当防卫"。正当防卫的成立，必须同时具备上述条件。缺少任何一个条件，都不是正当防卫。

在实践中，认定正当防卫行为应当坚持以下几点：

（1）从有利于鼓励和支持公民同不法侵害行为作斗争出发，不能约束或限制公民同不法侵害行为作斗争。对于防卫行为没有明显超过必要限度，没有造成重大损害的，即应认定为正当防卫。

（2）从主、客观相统一出发，以防卫行为在客观上是否为制止不法侵害所必须为标准，又不能完全不考虑防卫人在紧迫情况下的主观心理状态。因为不法侵害往往是突然袭击，防卫人在一瞬间很难准确地判断侵害行为的性质和危害程度等，更难恰如其分地选择适当的手段和强度，所以，对正当防卫的限度不宜过于苛求，只要没有造成明显超出必要限度的重大损害，就不能以犯罪论处。

（3）从实际出发，对案件的时间、地点、环境和双方的体力与智力状况以及手段、强度、后果等因素，进行全面的、实事求是的具体分析。

【典型案例】

9月的一个深夜，一名歹徒闯入某县中学一女生集体宿舍企图强奸一名女学生。数学教师张某被尖叫声惊醒，匆忙中随手拿起木棍冲出房门直奔女生宿舍，操起木棍朝正想施暴的歹徒头上打去。歹徒从身上拔出一把尖刀，向张老师扑来，两人扭打成一团。歹徒朝张老师的肩上猛刺一刀，张老师忍痛把歹徒持刀的手咬了一口，夺下了尖刀。这时，歹徒紧紧掐住了张老师的脖子不放，危急中，张老师用刀朝歹徒胸部、腹部连刺数刀，歹徒当场死亡。

【法律分析】

张老师能够在歹徒侵犯学生人身权利的时候挺身而出，勇敢地同歹徒作斗争，在歹徒危及自己生命安全的情况下将不法歹徒刺死，是符合法律规定的，应受到法律的支持和保护，不应负刑事责任。

首先，我国《刑法》第二十条规定："为了使国家、公共利益、本人或他人的人身、财产和其他权利免受正在进行的不法侵害，而采取的制止不法侵害的行为，对不法侵害人造成损害的，属于正当防卫，不负刑事责任。对正在进行行凶、杀人、抢劫、强奸、绑架以及其他严重危及人身安全的暴力犯罪，采取防卫行为，造成不法侵害人伤亡的，不属于防卫过当，不负刑事责任。"正当防卫是与犯罪行为作斗争的一种重要形式，是法律赋予公民的一种合法的权利，受到法律的支持和保护，不负刑事责任。

其次，根据以上有关正当防卫的规定，在本案中，张老师的行为属于正当防卫。

（1）张老师是对不法侵害行为实行的正当防卫。在本案中，歹徒企图强奸女学生，这是严重的犯罪行为。我国《刑法》第二百三十六条规定："以暴力、胁迫或者其他手段强奸妇女的，处三年以上十年以下有期徒刑。奸淫不满十四岁幼女的，以强奸论，从重处罚。"对于强奸犯罪行为，不管是什么场合，对谁实施，任何人都有权对犯罪分子实施正当防卫，保护被侵害人的权益不受侵犯。我国《刑事诉讼法》第二条规定："教育公民自觉遵守法律，积极同犯罪行为作斗争，维护社会主义法制，保护公民的人身权利、民主权利和其他权利，保障社会主义建设事业的顺利进行。"从这些规定中，我们可以知道，同犯罪分子作斗争是法律赋予每个公民的权利，同时也是一项义务。在本案中，教师更负有同犯罪分子作斗争的不可推卸的责任和义务。我国《教师法》第八条规定："教师应当履行下列义务：……（五）制止有害于学生的行为或者其他侵犯学生合法权益的行为，批评和抵制有害于学生健康成长的现象……"保护未成年人，是国家机关、武装力量、政党、社会团体、企业事业组织、城乡基层群众性自治组织、未成年人的监护人和其他成年公民的共同责任。对侵犯未成年人合法权益的行为，任何组织和个人都有权予以劝阻、制止或者向有关部门提出检举或者控告。根据这些规定，当歹徒企图强奸女学生时，教师有权利同时也有义务同歹徒作斗争。因此，张老师的行为符合正当防卫的第一个条件。

（2）张老师是对正在进行的不法侵害行为实行防卫。歹徒正欲对女学生进行强奸，张老师为保护女学生的权益，与正在进行的不法侵害行为进行斗争。符合正当防卫的第二个条件。

（3）在本案中，张老师是对实施不法侵害的人实行防卫。符合正当防卫的第三个条件。

再次，本案中，张老师的行为应该受到表彰。我国《教师法》第三十三条规定："教师在教育教学、培养人才、科学研究、教学改革、学校建设、社会服务、勤工俭学等方面成绩优异的，由所在学校予以表彰、奖励。国务院和地方各级人民政府及其有关部门对有突出贡献的教师，应当予以表彰、奖励。对有重大贡献的教师，依照国家有关规定授予荣誉称号。"《未成年人保护法》第九条规定："各级人民政府和有关部门对保护未成年人有显著成绩的组织和个人，给予表彰和奖励。"根据上述规定，张老师在女学生遭到强暴时，见义勇为，挺身而出，与歹徒进行殊死搏斗，保护了女学生的权益。在这件事情上，张老师无愧于人民教师的光荣称号，是广大人民教师的学习榜样。当前，不法分子侵害师生权益的事情时有发生，一些人不敢与犯罪分子进行斗争，原因是多方面的，其中一个重要原因就是，我们没有大力鼓励和表彰与犯罪分子进行斗争的英雄行为。为了扭转社会的不良风气，保障学校教育教学工作的顺利进行，我们应该大力表彰与犯罪分子斗争的行为。因此，对张老师应予以奖励。

【法条链接】

《刑法》第二十条规定："为了使国家、公共利益、本人或他人的人身、财产和其他权利免受正在进行的不法侵害，而采取的制止不法侵害的行为，对不法侵害人造成损害的，属于正当防卫，不负刑事责任。对正在进行行凶、杀人、抢劫、强奸、绑架以及其他严重危及人身安全的暴力犯罪，采取防卫行为，造成不法侵害人伤亡的，不属于防卫过当，不负刑事责任。"

《刑事诉讼法》第二条规定："教育公民自觉遵守法律，积极同犯罪行为作斗争，维护社会主义法制，保护公民的人身权利、民主权利和其他权利，保障社会主义建设事业的顺利进行。"

《教师法》第八条规定："教师应当履行下列义务：……（五）制止有害于学生的行为或者其他侵犯学生合法权益的行为，批评和抵制有害于学生健康成长的现象……"

四、学校内部治理

专题1　依法落实学校章程

1. 学校章程及其主要内容

学校章程是指为保证学校正常运行，主要就办学宗旨、内部管理体制及财务活动等重大的基本的问题做出全面规范而形成的自律性基本文件。学校章程是学校自主管理、自律及政府监督管理的基本依据。一般说来，学校章程应包括以下内容：学校名称、办学宗旨、主要任务、教育教学形式、内部管理体制（包括决策机构、执行机构、监督机构、咨询机构、反馈机构等）、财务和人事管理制度、举办者及其权利义务、章程的修改程序以及其他必要事项。

关于其内容，我国法律尚无具体规定。在这方面，国外的做法值得借鉴。《〈日本学校教育法〉施行规则》规定，学校章程至少必须记载下列事项：（1）有关修业年限、学年、学期和停止授课日（以下称"停课日"）的事项。（2）有关部、科和课程的组织事项；（3）有关教育课程和授课日时数的事项；（4）有关学习的评价和课程修完的认定的事项；（5）有关学生定额和职员组织的事项；（6）有关入学、退学、转学、休学和毕业的事项；（7）有关学费及其他费用征收的事项；（8）有关赏罚的事项；（9）有关宿舍的事项等。

《俄罗斯联邦教育法》（1992 年 7 月 10 日批准）规定，教育机构章程中必须注明"名称、地点（法律上的真实地址）""教育机构创办人""教育机构的组织——法律形式""教育过程的目标，所实施的教育大纲的类型""组织教育过程的主要特点""教育机构的管理程序""教育过程参加者的权利和义务""旨在规定教育机构活动细则的局部性决定（命令、指示等）目录"等。

其中，"组织教育过程的主要特点"需包括如下内容：（1）教育和教学所使用的语言；（2）招生办法；（3）每个教学阶段的学习期限；（4）学生除名的程序和理由；（5）学生中期鉴定的评价方法、评价形成和程序；（6）学生的学习制度；（7）是否提供教育服务，以及提供教育服务的办法；（8）教育机构、学生或学生家长之间关系的规定和确立程序。

"教育机构财务、经营活动的内容"需包括如下内容：（1）使创办人确认归教育机构所有的各种财产；（2）为教育机构开展工作拨发经费并提供物质技术保证；（3）为教育机构开辟财源并设法集资；（4）从事企业的活动。

"教育机构的管理程序"需包括如下内容：（1）创办人的权限；（2）教育管理机关的组建结构和组建程序，以及它们的权限和开展工作的办法；（3）教育机构人员的配备程序和支付劳动报酬的议定程序；（4）教育机构章程的修改程序；（5）教育机构的改组和撤销程序。

2. 制订学校章程的依据、原则和程序

要制订出科学有效的学校章程，首先必须对学校章程的制订依据、原则、程序等有一个基本的认识。

（1）制订学校章程的主要依据。制订学校章程的主要依据包括客观依据和法律依据两个方面。①客观依据是指学校客观实际，包括学校各方面的实际情况。各学校情况不同，制订出的学校章程也就不可能一样。如学校章程中有关学校领导体制的内容，因各学校实行的体制不同（有的为校长负责制、有的为党委领导下的校长负责制、有的为董事会负责制等）而不一样。②法律依据，当前主要包括全国人大及其常委会制定的《教育法》《义务教育法》《职业教育法》《教师法》和《学位条例》等法律，国务院制定的《教师资格条例》《教学成果奖励条例》《普通高等学校设置条例》《学校体育工作条例》《学校卫生工作条例》等法规；国家教育行政部门制定的《小学管理规程》等规章，以及地方权力机关和行政机关、民族自治地方立法机关制定的有关教育的地方性法规、自治法规及规章等。

（2）制订学校章程的基本原则。学校章程的制订必须遵循下述原则：第一，必须符合法律法规及规章的规定，不得与法律法规和规章以及其他具有法律效力的规范性文件相抵触。如法律规定学校应当遵照国家有关规定收取费用并公开收费项目，学校章程就不能规定本校收费标准不得公开。第二，不能越权，不能超越本校的职权或被授权范围，把本来应由法律法规规定的内容规定在章程中。如学校章程不能对政府、有关行政部门和非本校人员等提出义务或禁止性要求。第三，要将原则性与可操作性相结合。学校章程作为学校的"小宪法"，须对学校重大的基本的问题做出原则的规定，而对于学校某一方面的工作以及许多具体问题不可能也没有必要做出具体规定。对于这些局部性问题，须通过制订其他管理规章来加以规范，并形成完备的学校内部管理规章体系。同时，学校章程的法律地位也要求其必须有较强的可操作性，以便政府监督调控和学校自主管理的正常运行。第四，要从本校实际出发。制订学校章程必须从学校的实际情况出发，而不能脱离本校现实的办学条件和特点、生搬硬套别的学校的经验。当然不容否认，同一类学校由于具有诸多共同的特性，决定了其学校章程的基本内容是大致相同的。

（3）制订学校章程的程序。在我国，学校章程的制订程序一般为：①由学校成立专门的起草工作小组，负责章程的调研起草工作；②起草工作小组在深入调查研究及广泛征求有关部门和专家学者的意见后，完成学校章程草案；③在起草工作小组反复修改的基础上，将章程草案提交学校教职工代表大会修改、讨论；④在充分汲取教职工代表大会意见后，交由学校决策机构（校长办公会、校务委员会或党组织、董事会）审议通过；⑤经学校决策机构审议通过后，将学校章程报送学校的主管教育行政部门核准。经主管部门审核批准后，学校章程制订程序也就宣告结束。此时的章程，也就具有了法律上确立的地位。

外界形势的变化以及学校自身的改革和发展，对学校章程将不断提出修改要求。学校章程的修改程序为：由学校提出章程中需修改的事项，经学校决策机构审议通过后，报主管的教育行政部门核准。

3. 民办学校章程

民办学校的章程应当包含的内容有：

（1）决策机构产生办法、人员构成、议事规则等。理事会、董事会或者其他形式的决策机构，是民办学校内部管理制度最重要的组成部分。在《民办教育促进法》制定过程中，对民办学校决策机构采用何种称谓，曾有过争论。有的认为，民办学校具有非营利性，应当使用理事会这一称谓；有的认为，我国民办学校在长期发展中多使用董事会的提法，现实中也有许多使用这一提法的民办学校。最后，《民办教育促进法》将理事会、董事会并列提出来，由举办者自行选择，可见，二者并无本质上的区别。

基于决策机构对于民办学校发展的重要性，《民办教育促进法实施条例》要求章程必须明确规定理事会、董事会的下列事项：①理事、董事以及理事长、董事长的产生办法，需要在章程中明确；②理事会、董事会的人员构成。章程应当规定适当的教职工代表数量；③理事、董事的任期。《民办教育促进法》及其实施条例没有规定理事、董事的任期，但要求在章程中作出明确规定。我国公司法关于有限责任公司和股份有限公司董事的任期为三年，借鉴这一做法，民办学校理事会、董事会的任期也不宜过长；④理事会、董事会的议事规则。即理事会、董事会讨论民办学校具体事项的议事方式和表决程序。

（2）学校的法定代表人。根据《民法通则》的有关规定，依照法律或者法人组织章程规定、代表法人行使职权的负责人，是法定代表人。法定代表人通常代表法人对外发生法律关系，签署具有法律效力的文件。法定代表人依法履行职务的行为，即为法人的行为，由法人承担由此产生的权利与义务。

在我国教育法律和实践中，通常由校长担任学校的法定代表人。但是，《民办教育促进法》及其实施条例则没有对民办学校的法定代表人作出明确规定，而是采取选择的办法规定民办学校的法定代表人由理事长、董事长或者校长担任，具体人选由民办学校的章程进行规定。实践中，几种情况都是存在的。至于究竟由谁担任民办学校的法定代表人，一般是根据民办学校举办资产的主要来源和性质而确定。

（3）出资人是否取得合理回报。出资人可以从民办学校的办学结余中取得合理回报，是《民办教育促进法》对举办民办学校的出资人创设的一项重要的奖励措施。是否取得合理回报，是区分民办学校享受不同优惠政策的重要标准。

依照《民办教育促进法实施条例》的有关规定，捐资举办的民办学校和出资人不要求取得合理回报的民办学校，依法享受与公办学校相同的税收及其他优惠政策。因此，民办学校的章程必须明确规定出资人是否要求取得回报。一旦章程规定为出资人不要求取得合理回报，该民办学校即依法获得了与公办学校同等的税收优惠政策，出资人不得擅自改变民办学校的性质，不得擅自再从民办学校的办学结余中取得回报，否则，就会承担相应的法律责任。

（4）学校自行终止的事由。所谓民办学校的终止，是指民办学校的举办者因种种原因不再举办民办学校。考虑到民办学校如果擅自停课，甚至停办，势必会引起学生及其家长的不满，甚至会引起一系列社会矛盾。因此，对于民办学校的停办，应当十分慎重，尤其是实施义务教育阶段的民办学校的停办，更应慎之又慎。当然，如果举办者有充足的理由，也是可以决定退出办学的，但这些理由应当事先明示。

（5）章程修改程序。章程是民办学校办学的重要依据，一般情况下不会轻易改变，但有时候也必须作出修改。依照《民办教育促进法》及其实施条例的有关规定，修改章程是民办学校理事会、董事会的职权；修改章程必须经过三分之二以上组成人员同意方可通过。但如何提出修改章程，以及修改的具体步骤，应当在章程中明确规定。

【典型案例】

依据深圳市教育局在官网发布的《深圳市中小学校全面推进现代学校制度建设指导意见》（以下简称《意见》），深圳中小学将全面推进现代学校制度建设，2016年，全市实现"一校一章程"，全部学校向社会公布章程，严格按章办学，接受社会监督；到2016年，全市各中小学要构建起以学校章程为依据，以校长负责制为主体，校务委员会、教职工代表大会和家长委员会民主参与的学校内部治理结构。

全面推进现代学校制度建设的主要任务包括三大项，分别为推进学校章程建设、健全学校治理结构、完善学校管理制度体系。

在推进学校章程建设方面，根据《意见》，2015年，全市依法治校示范校完成章程制定或修订工作。2016年，全市实现"一校一章程"，全部学校向社会公布章程，严格按章办学，接受社会监督。章程中要明确学校内部治理基本组织架构和运行机制。公办学校确定校长、校长办公会议、校务委员会、教职工代表大会和家长委员会等组织的职责、议事规则、管理制度、相互关系及学校自主管理权限、决策程序和监督机制等。民办学校按照民办教育促进法等法律法规确定理事会、董事会、校长等组织架构和运行机制。

《意见》还要求要严格执行科学民主的章程制订程序，充分听取和尊重各方意见，体现学校办学特色和发展目标，突出规范性、科学性和可操作性。此外，章程制定、修订后还要到主管教育行政部门核准或备案。

在健全学校治理结构方面，根据《意见》，到2016年，全市各中小学要构建起以学校章程为依据，鼓励和支持学校依法强化校本管理，加快学校自主特色发展。《意见》提出要健全中小学校长负责制，公办中小学由校长全面负责学校工作。完善校长、校级干部任职条件和任用办法。民办学校完善理事会、董事会领导下的校长负责制。

同时要完善中小学决策机制。公办学校应以校长办公会议作为最高决策机构，实行民主集中制原则。民办学校应当设立由举办者（或其代表）、校长、教职工代表等组成的理事会或董事会作为最高决策机构，履行法定职权。同时完善校务委员会、教职工代表大会和家长委员会对学校发展重大事项的决策咨询和审议功能。

此外，《意见》还提出要推进校务委员会建设、健全教职工代表大会、健全家长委员会、自主设立学术委员会等。

在完善学校管理制度方面，《意见》要求学校应建立以学校发展规划（以五年为发展周期的策略性规划）、学校发展年度计划书、学校年度质量报告书和校长年度述职报告等为主体的学校发展报告制度，并及时向学校全体师生及社会公示公告全部发展报告。同时，健全以岗位聘任为核心的教师职务职称聘任和聘期合同制度，规范按需设岗、竞聘上岗、以岗定酬等各项具体制度，并将师德档案作为教师档案的必要组成部分。

此外，还将全面推进财务公开制度、构建学校与社会沟通协调机制。

为保障上述工作落实，深圳将成立市教育局深入推进现代学校制度建设工作领导小组，也会安排专项资金。教育部门会将现代学校制度建设基础性达标考核与办学水平评估、督导检查等工作相结合，不达标学校原则上不能通过其他综合性教育督导评估。

【法律分析】

在我国法律文件中最早提到学校"章程"的是《教育法》。《教育法》第二十六条规定设立学校及其他教育机构必须具有章程《关于实施〈中华人民共和国教育法〉若干问题的意见》进一步强调:"各级各类学校及其他教育机构,原则上应实行'一校一章',《教育法》施行前依法设立的学校及其他教育机构,凡未制定章程的,应当逐步制定和完善学校的章程,并报主管教育行政部门核准。"

学校章程是学校针对具体的校情,依据相关的教育法律、法规和教育规律,对办学性质、办学宗旨、发展目标、培养目标、学校内部管理体制及运行机制、党的监督、教职工民主管理、行政管理、校内申诉及调解、学校决策程序等重大问题作出全面规范而形成的自律性的基本文件。它是校内的"小宪法",是依法管理学校的总纲。

学校章程具有如下几个特征:

(1)从学校章程的地位看,它是学校的"宪法",是学校最基本的规范性文件,是学校其他规章制度的基础和依据。学校应当按照章程自主管理。学校的主管部门、其他组织和个人均不得非法干预。学校章程的效力仅次于教育法律法规、教育部和省级政府所在地的市和国务院批准的较大的市政府制定的教育规章,高于学校的其他规章制度。学校的其他规章制度与学校章程不一致的,不产生法律效力。

(2)从学校章程的内容看,它规定的是一个学校重大的和基本的问题。各国教育法一般规定学校章程应当规定学校的名称和校址、办学宗旨和规模、学科门类的设置、教育形式、内部管理体制、经费来源、财产和财务制度、举办者和学校之间的权利与义务、校长的权利与义务、学校重大事项的决策程序、章程修改程序等重大事务。而学校的其他规章制度则只涉及学校某一特定方面或者某些次要方面的问题,学籍管理办法、学生宿舍管理制度、考试纪律、图书借阅规程等。

(3)从修订和修改的程序看,学校章程的制定和修改程序较学校其他规章制度更为严格。一般来说学校无权制定章程，章程应由举办者或其委任的筹备组织组建专门的章程起草小组提出草案，并经举办者批准后，报主管学校设立的教育行政部门核准。只有被主管教育行政部门核准，并等学校成立后，才生法律效力。

（4）从学校章程对人的效力看，学校章程不仅对学校师生员工具有法律效力，而且对学校举办者和教育行政部门有效力。我国《教育法》规定学校："按照章程自主管理。"《关于实施〈中华人民共和国教育法〉若干问题的意见》进一步规定："学校及其他教育机构依法行使办学自主权，任何单位和个人都不得非法干预。"这也可证明学校章程不仅对学校而且对政府及其他学校举办者也有法律约束力，而学校的其他规章制度则只对本校的师生员工产生法律效力。

【法条链接】

《教育法》第二十六条规定："设立学校及其他教育机构，必须具备下列基本条件：（一）有组织机构和章程……"

《教育法》第二十八条规定："学校及其他教育机构行使下列权利：（一）按照章程自主管理……"

《关于实施〈中华人民共和国教育法〉若干问题的意见》进一步强调："各级各类学校及其他教育机构，原则上应实行'一校一章'，《教育法》施行前依法设立的学校及其他教育机构，凡未制定章程的，应当逐步制定和完善学校的章程，并报主管教育行政部门核准。"

《关于实施〈中华人民共和国教育法〉若干问题的意见》进一步规定："学校及其他教育机构依法行使办学自主权，任何单位和个人都不得非法干预。"

《民办教育促进法实施条例》第十四条规定："民办学校的章程应当规定下列主要事项：（一）学校的名称、地址；（二）办学宗旨、规模、层次、形式等；（三）学校资产的数额、来源、性质等；（四）理事会、董事会或者其他形式决策机构的产生方法、人员构成、任期、议事规则等；（五）学校的法定代表人；（六）出资人是否要求取得合理回报；（七）学校自行终止的事由；（八）章程修改程序。"

专题2　教职工代表大会制度

1. 教职工代表大会的性质

教职工代表大会的性质问题是教职工代表大会的根本问题。正确认识教职工代表大会的性质，对于充分发挥教职工代表大会在学校民主管理工作中的作用具有重要意义。教职工代表大会是教职工行使民主权利、民主管理学校的重要形式。这是对教职工代表大会性质的表述。其含义是：

（1）教职工代表大会是教职工行使民主管理权的机构，但不是学校管理的最高权力机构。这一性质是学校社会主义性质的体现。教职工参加学校管理的民主权利是法律赋予的。教职工代表大会就是根据国家法律赋予教职工的民主权利建立起来的，它所做出的决定具有一定约束力，起着某种支配作用。但是，教职工代表大会不是学校管理的最高权力机构，它只是在法律赋予教职工民主管理学校权利的范围内行使权力的机构，它对学校某些重大管理问题只有建议权而没有决策权。对学校领导干部只有评议、监督和建议权而没有选任权。

（2）教职工代表大会是学校民主管理的基本形式，但不是学校民主管理的唯一形式，学校民主管理的形式多种多样，教职工代表大会是其中一种重要的和基本的形式，主要因为：一是它具有广泛的群众性和代表性，教职工代表是由选举产生，并来自学校各个方面；二是它具有一定的权威性和约束力，在法律赋予它的权利范围内所做出的决定、决议学校有关方面应当落实、执行；三是它有较健全的组织原则、组织体系、工作制度和程序，保证这一形式的制度化、法制化和规范化；四是它具有一定的法律地位，在国家颁布的一些法规如《教育法》《教师法》里都有明确规定。因此，教职工代表大会与学校其他民主管理形式相比较，更具有优越性，它与学校其他民主管理形式是统一的，相辅相成的，形成一个比较完整的民主管理体系。

教职工代表大会在学校中的重要地位，从它与学校管理体制的关系看，它是学校管理体制不可缺少的重要组成部分，是学校的一项基本制度。实践证明，它对于在学校全面落实党的全心全意依靠工人阶级的根本指导方针，充分调动广大教职工的主人翁积极性和创造性，切实维护教职工合法权益，促进学校教育改革和发展起到了不可低估的重要作用。它在学校管理中的地位是其他组织或形式不可替代的。

教职工代表大会在学校中的重要地位，从它与学校党组织和行政的关系看，教职工代表大会是在学校党组织领导下开展工作和活动，是党组织联系广大教职工群众的桥梁和纽带。它与学校行政是相互监督、支持和配合的，学校行政要尊重教职工代表大会的民主管理权利，落实、执行它依据法规所做出的决定；同时教职工代表大会要支持、维护行政行使职权，并教育和带领广大教职工遵守执行学校的各项制度完成各项任务。

教职工代表大会条例明确规定，教职工代表大会的组织原则是民主集中制。教职工代表大会要正确贯彻民主集中制的原则，就要做到凡提交大会讨论的问题，必须充分发扬民主进行讨论，广泛地听取意见和建议，在充分发扬民主的基础上，按照少数服从多数的原则形成高度的集中，达到统一教职工的思想和行动的目的。

教职工代表大会贯彻民主集中制必须：（1）严格坚持民主选举制。教职工代表大会的各项选举工作，都要充分尊重选举人的意志，不能以任何理由去限制选举人的权利。（2）在教职工代表大会组织内部成员之间建立平等关系。不管是领导干部代表还是一般教职工代表，都享有同等的权利和义务，在进行表决时都只有一票的权利。（3）在讨论问题时，必须充分发扬民主。都能畅所欲言地发表意见和建议，不能对教职工代表这一权利加以限制，更不能剥夺。（4）要坚持"少数服从多数，个人服从组织"的原则决定重大问题。不能少数人或个人违背大多数人的意志决定问题，更不能擅自改变以民主集中制原则做出的各项决议、决定。（5）教职工代表大会在其行使权利时，必须在法律规定的范围内进行，同时还要贯彻党和国家的方针、政策，执行教育行政部门的有关规定。

依据我国法律相关规定，学校教职工代表大会的组织原则有：（1）教职工代表大会每学年至少召开一次。遇有重大事项，经学校、学校工会或1/3以上教职工代表人会代表提议，可以临时召开教职工代表大会。（2）教职工代表大会每3年或5年为一届。期满应当进行换届选举。（3）教职工代表大会须有2/3以上教职工代表大会代表出席。（4）教职工代表大会根据需要可以邀请离退休教职工等非教职工代表大会代表，作为特邀或列席代表参加会议。特邀或列席代表在教职工代表大会上不具有选举权、被选举权和表决权。（5）教职工代表大会的议题，应当根据学校的中心工作、教职工的普遍要求，由学校工会提交学校研究确定，并提请教职工代表大会表决通过。（6）教职工代表大会的选举和表决，须经教职工代表大会代表总数半数以上通过方为有效。（7）教职工代表大会在教职工代表大会代表中推选人员，组成主席团主持会议。主席团应当由学校各方面人员组成，其中包括学校、学校工会主要领导，教师代表应占多数。（8）教职工代表大会可根据实际情况和需要设立若干专门委员会（工作小组），完成教职工代表大会交办的有关任务。专门委员会（工作小组）对教职工代表大会负责。（9）教职工代表大会根据实际情况和需要，可以在教职工代表大会代表中选举产生执行委员会。执行委员会中，教师代表应占多数。（10）教职工代表大会闭会期间，遇有急需解决的重要问题，可由执行委员会联系有关专门委员会（工作小组）与学校有关机构协商处理。其结果向下一次教职工代表大会报告。

2. 教职工代表大会的职权

明确教职工代表大会的职权，有效地保障各项职权的落实，是调动教职工积极参与学校民主管理、实现教职工代表大会任务的关键。根据教职工代表大会工作意见规定，教职工代表大会具有四项职权，简单概括为：审议建议权、审议通过权、审议决定权、评议监督权。四项职权的具体内容及实施办法是：

（1）审议建议权。即教职工代表大会依法享有的对学校重大决策审查、讨论的民主权利。审议建议权的内容包括：定期听取校长的工作报告，讨论和审议学校发展、建设、改革等重大问题。如学校的办学指导思想、发展规划、年度工作计划、重大改革方案（措施）、财务工作、教职工队伍建设及有关学校发展的重大问题。以上内容都是学校教育、教学管理方面的问题，对这些问题的决策，是行政领导和行政部门的职责，但教职工是学校的主人，有权参与教育、教学等方面的重大问题的决策。

（2）审议通过权。即教职工代表大会对涉及教职工切身利益的重要方案、规章制度等享有审议并就通过或不通过进行表决的职权。这是教职工代表大会对学校重要规章制度和方案的认可权。审议通过权的内容：凡是校内与教职工切身利益密切相关的改革方案、规章制度，如关于学校制定的岗位责任制方案、聘任办法、职工奖惩办法、教职工考核办法、工资调整方案、创收分配的原则和办法、教师职业道德规范及其他与教职工有关的基本规章制度。教职工代表大会这项职权的具体实施办法是：由教职工代表讨论通过，校长颁布施行。

（3）审议决定权。即教职工代表大会对教职工生活福利方面的重要问题做出决定的职权。这是教职工代表大会行使的一项决定权，主要是涉及教职工切身利益的有关问题。审议决定权的内容：关于教职工住房分配的原则和办法（条例）、福利费使用的原则和办法及其他有关教职工生活福利的重大事项。教职工代表大会这项职权的具体实施办法是：经教职工代表审议通过，大会作出决定，颁布执行。

（4）评议监督权。即教职工代表大会评议和监督学校领导干部的职权。这是教职工代表对干部行使的评议监督和任免建议权。评议监督权的内容：教职工代表对学校领导干部的德、能、勤、绩诸方面进行评议和监督（有的学校在实践中评议监督的对象包括学校党政部门主要负责人），根据主管部门安排参与民主推荐学校行政领导人员人选。教职工代表大会这项职权的具体实施办法是：听取干部的述职报告，进行评议，提出建议。

学校教职工代表大会是教职工依法参与学校民主管理和监督的基本形式。教职工代表大会和教职工代表大会代表应当遵守国家法律法规，遵守学校规章制度，正确处理国家、学校、集体和教职工的利益关系。

学校根据实际情况，可在其内部单位建立教职工代表大会制度或者教职工大会制度，在该范围内行使相应的职权。依照我国《学校教职工代表大会规定》第十五条的规定，有教职工80人以上的学校，应当建立教职工代表大会制度；不足80人的学校，建立由全体教职工直接参加的教职工大会制度。教职工大会制度的性质、领导关系、组织制度、运行规则等，与教职工代表大会制度相同。

教职工代表大会的职权是：

（1）听取学校章程草案的制定和修订情况报告，提出修改意见和建议；

（2）听取学校发展规划、教职工队伍建设、教育教学改革、校园建设以及其他重大改革和重大问题解决方案的报告，提出意见和建议；

（3）听取学校年度工作、财务工作、工会工作报告以及其他专项工作报告，提出意见和建议；

（4）讨论通过学校提出的与教职工利益直接相关的福利、校内分配实施方案以及相应的教职工聘任、考核、奖惩办法；

（5）审议学校上一届（次）教职工代表大会提案的办理情况报告；

（6）按照有关工作规定和安排评议学校领导干部；

（7）通过多种方式对学校工作提出意见和建议，监督学校章程、规章制度和决策的落实，提出整改意见和建议；

（8）讨论法律法规规章规定的以及学校与学校工会商定的其他事项。

教职工代表大会的意见和建议，以会议决议的方式做出。

依照我国法律相关规定，凡与学校签订聘任聘用合同、具有聘任聘用关系的教职工，均可当选为教职工代表大会代表。教职工代表大会代表占全体教职工的比例，由地方省级教育等部门确定；地方省级教育等部门没有确定的，由学校自主确定。

一般来说，教职工代表大会代表以学院、系（所、年级）、室（组）等为单位，由教职工直接选举产生。教职工代表大会代表可以按照选举单位组成代表团（组），并推选出团（组）长。

教职工代表大会代表以教师为主体，教师代表不得低于代表总数的60%，并应当根据学校实际，保证一定比例的青年教师和女教师代表。民族地区的学校和民族学校，少数民族代表应当占有一定比例。

教职工代表大会代表实行任期制，任期 3 年或 5 年，可以连选连任。

选举、更换和撤换教职工代表大会代表的程序，由学校根据相关规定，并结合本校实际予以明确规定。

依照《学校教职工代表大会规定》第十三条规定，教职工代表大会代表享有以下权利：

（1）在教职工代表大会上享有选举权、被选举权和表决权；

（2）在教职工代表大会上充分发表意见和建议；

（3）提出提案并对提案办理情况进行询问和监督；

（4）就学校工作向学校领导和学校有关机构反映教职工的意见和要求；

（5）因履行职责受到压制、阻挠或者打击报复时，向有关部门提出申诉和控告。

依照《学校教职工代表大会规定》第十四条规定，教职工代表大会代表须履行以下义务：

（1）努力学习并认真执行党的路线方针政策、国家的法律法规、党和国家关于教育改革发展的方针政策，不断提高思想政治素质和参与民主管理的能力；

（2）积极参加教职工代表大会的活动，认真宣传、贯彻教职工代表大会决议，完成教职工代表人会交给的任务；

（3）办事公正，为人正派，密切联系教职工群众，如实反映群众的意见和要求；

（4）及时向本部门教职工通报参加教职工代表大会活动和履行职责的情况，接受评议监督；

（5）自觉遵守学校的规章制度和职业道德，提高业务水平，做好本职工作。

专题3　学校信息公开制度

学校应当建立信息公示制度。从我国相关法律规定来看，学校公示的内容主要包括如下几个方面：

（1）学校教育收费公示。①凡上级规定的教育收费，公示的主要内容包括收费项目、收费标准、收费依据、收费范围、计费单位、投诉电话等，对家庭经济困难学生实行收费减免的政策也应进行公示。②学校要在校内通过公示栏、公示牌、公示墙等方式，向学生公示收费项目、收费标准等内容，学校在公示报告书中要注明有关收费项目和标准，在开学时或学期结束后，向学生家长报告本学期学校收费情况，让学生家长了解学校的实际收费与规定的收费是否一致。③在学校校内设立的公示栏、公示牌、公示墙的制作材料、规格、样式，应根据实际情况及动态管理、长期置放和清楚方便的要求进行规范，要尽可能独立置放、位置明显、字体端正、实用规范。遇有损坏或字迹不清的，学校要及时更换，维修或刷新。④教育收费公示的内容，事前必须经过财政主管部门和县教育行政部门的审核、公示收费的内容，要严格执行规定的收费项目、标准及范围等，禁止将越权收费、超标准收费、自立项目收费等乱收费行为通过公示"合法化"。⑤遇有政策调整或其他情况变化时，学校要及时更新公示的有关内容，学校要主动、及时向区价格、财政主管部门和区教育行政部门做好教育收费政策信息的沟通，传递工作，并做好学校公示栏、公示牌、公示墙的更新维护工作。

（2）学校重大事项公示。凡是涉及学校工作重点、学校建设和发展等重大事项，学校必须及时与学校家长委员会沟通。家长委员会若有意见或建议可用书面形式与学校联系，学校采纳后及时公开。

（3）学校重大活动公示。凡是涉及学校教育系统各项重大活动，如艺术节、运动会、各种表彰会及大型专题会议，学校应当及时公示。

（4）学校教学成果公示。学校新课程的开发、开设、进程等需要定期向家长展示。

（5）学校重大事故公示。一切涉及校园安全的重大安全责任事故、卫生事故，必须向家长公示。

目前，我国尚没有专门关于中小学校信息公开的管理办法，在依照《高等学校信息公开办法》的相关规定的基础上，我们认为中小学校至少应当主动公开以下信息：①学校名称、办学地点、办学性质、办学宗旨、办学层次、办学规模，内部管理体制、机构设置、学校领导等基本情况。②学校章程以及学校制定的各项规章制度。③学校发展规划和年度工作计划。④各层次、类型学历教育招生、考试与录取规定，学籍管理、学生申诉途径与处理程序等。⑤课程与教学计划，实验室、仪器设备配置与图书藏量，教学与科研成果评选，国家组织的教学评估结果等。⑥学生奖学金、助学金、学费减免、助学贷款与勤工俭学的申请与管理规定等。⑦教师和其他专业技术人员数量、专业技术职务等级，岗位设置管理与聘用办法，教师争议解决办法等。⑧收费的项目、依据、标准与投诉方式。⑨财务、资产与财务管理制度，学校经费来源、年度经费预算决算方案，财政性资金、受捐赠财产的使用与管理情况，仪器设备、图书、药品等物资设备采购和重大基建工程的招投标。⑩自然灾害等突发事件的应急处理预案、处置情况，涉及学校的重大事件的调查和处理情况。⑪对外交流与中外合作办学情况，外籍教师与留学生的管理制度。⑫法律、法规和规章规定需要公开的其他事项。

对申请人的信息公开申请，学校根据下列情况在 15 个工作日内分别作出答复：①属于公开范围的，应当告知申请人获取该信息的方式和途径。②属于不予公开范围的，应当告知申请人并说明理由。③不属于本校职责范围的或者该信息不存在的，应当告知申请人，对能够确定该信息的职责单位的，应当告知申请人该单位的名称、联系方式。④申请公开的信息含有不应当公开的内容但能够区分处理的，应当告知申请人并提供可以公开的信息内容，对不予公开的部分，应当说明理由。⑤申请内容不明确的，应当告知申请人作出更改、补充；申请人逾期未补正的，视为放弃本次申请。⑥同一申请人无正当理由重复向同一学校申请公开同一信息，学校已经作出答复且该信息未发生变化的，应当告知申请人，不再重复处理。⑦学校根据实际情况作出的其他答复。

学校违反有关法律法规，有下列情形之一的，由教育行政部门责令改正；情节严重的，由教育行政部门予以通报批评；对学校直接负责的主管领导和其他直接责任人员，由学校主管部门依据有关规定给予处分：①不依法履行信息公开义务的。②不及时更新公开的信息内容、信息公开指南和目录的。③公开不应当公开的信息的。④在信息公开工作中隐瞒或者捏造事实的。⑤违反规定收取费用的。⑥通过其他组织、个人以有偿服务方式提供信息的。⑦违反有关法律法规和本办法规定的其他行为的。学校上述行为侵害当事人合法权益，造成损失的，应当依法承担民事责任。

专题4　学校财产的保全

学校正常工作中有时会面对侵犯公私财物行为，这些行为主要包括：

（1）"偷窃、骗取、抢夺少量公私财物的"行为。偷窃，是指以非法占有为目的，秘密窃取公私财物的行为，一般属于小偷小摸，恶习不深。骗取公私财物，是以非法占有为目的，用虚构事实或隐瞒真相的方法，骗得少量公私财物的行为。抢夺公私财物，是指以非法占有为目的，乘人不备，公然夺取少量公私财物的行为。

（2）"哄抢国家、集体、个人财物的"行为。这是指用起哄的方法或乘乱、乘危抢得少量公私财物的行为。

（3）"敲诈勒索公私财物的"行为。这种行为是指用威胁或要挟等使人产生恐惧的方法，强索公私财物的行为。其特点是行为人通过恫吓造成被害人精神恐惧，而被迫交出财物。进行恫吓的方式有的是口头的，也有的是书面的；有的是直接的，有的是通过第三者进行的。

（4）"故意损坏公私财物的"行为。这种行为是指故意损坏公私物品的完整性或故意使公私物品丧失部分以至全部价值或使用价值的行为。这种行为的特点，不是以占有为目的，而是出于泄私愤、图报复将某项财物加以损坏。如某小学在一次象征性长跑中，四年级学生李某被沙子迷了眼，学校卫生室及时作了治疗处理，但回家后却红肿起来。第二天下午该生的父亲手持木棍冲入学校，不分青红皂白，把校长室等处的门窗玻璃打碎十几块，还扬言要找班主任老师算账，一时围观学生达200人。经公安派出所裁决，李某之父被拘留7天，罚款150元，并赔偿学校全部损失。

破坏学校及其他教育机构教育教学秩序的行为，是指有关人员或组织在学校及其他教育机构内部或者周围结伙斗殴、寻衅滋事，致使学校及其他教育机构的正常教育教学活动无法开展或造成其他严重影响的情形。破坏学校及其他教育机构财产的行为主要是指破坏校舍、场地以及其他财产的行为。

侵占学校及其他教育机构的财产是指有关单位和人员非法占有、使用学校及其他教育机构的校舍、场地和设备等情形。《教育法》第七十二条规定："结伙斗殴，寻衅滋事，扰乱学校及其他教育机构教育教学秩序或者破坏校舍、场地及其他财产的，由公安机关给予治安管理处罚；构成犯罪的，依法追究刑事责任。侵占学校及其他教育机构的校舍、场地及其他财产的，依法承担民事责任。"

【典型案例】

位于某省某县的某中学始建于20世纪80年代，以前一直是招收大王乡李漳村和原村乡四个村的学生入学。近年来，县政府根据上级机关下达的有关规定，决定将该中学一分为二，一部分划归原村乡某中学，另一部分划归大王乡某中学。规定下发后，两乡因校产的问题产生了争执，矛盾异常尖锐。在这种情况下县政府宣布：一、暂时不分校，学校的师生仍在原学校上课；二、在县政府未对此事做出处理以前，任何一方都不得动用学校的一草一木。

可是，对于县政府的明确规定，身为李漳村党支部书记的张某某却置若罔闻。4月6日，张某某和村长胡某某带领本村人强行抢走了学校的 3 棵桐树。为了进一步争夺校产，8 月 11 日，党支部书张某某和村长胡某某召集党支部会议，以向该中学投资为由，决定拆除该中学的部分校舍，并且于当晚召开村民小组组长会议，对拆房问题作出具体部署。8 月 12 日，他们组织了 300 多人挥舞着工具冲进了学校，只用一个多小时的时间，就拆毁了校舍 23 间，抢走课桌、办公桌、床 45 张，砸毁实验仪器和其他物品 115 件，10 名教职工丢失东西 190 件，总计直接经济损失 25900 多元，造成了严重的后果。

【法律分析】

本案中，学校蒙受了严重的经济损失，我们该如何追究责任呢？

（1）张某某和胡某某分别为李漳村的党支部书记和村长，却置国家法律和县政府的多次声明于不顾，先后两次到学校破坏公私财物，造成直接经济损失达 25900 多元，学校的正常生活被打乱，在学校和社会中产生了极其恶劣的影响。特别是 8 月 11 日，张、胡二人召集党支部委员会，以向某中学投资为由，决定拆除该中学的 23 间校舍，并召开村小组组长会议，对拆房作了具体部署。张、胡二人明知道行为会导致该中学师生无法正常上课，却以向该中学投资为由，进行强抢，这是直接故意的行为，属于故意犯罪。破坏学校公私财物的行为是张、胡等 300 多人共同作为的，构成共同犯罪。在这起案件中，张、胡二人是组织者，所以他们二人是主犯。《刑法》第二十六条明确规定："组织、领导犯罪集团进行犯罪活动的或者在共同犯罪中起主要作用的，是主犯。"张、胡二人共同策划，共同组织实施，是主犯，应当从重处罚。其他人是从犯，应当从轻、减轻处罚或者免于处罚。

（2）乡办中学的财产属集体所有，是公共财产。我国《宪法》第十二条规定："社会主义的公共财产神圣不可侵犯。国家保护社会主义的公共财产。禁止任何组织或者个人用任何手段侵犯或者破坏国家的和集体的财产。"张、胡等人拆毁该中学校舍、搬走课桌椅凳等，违反了《宪法》的有关规定。我国《教育法》第七十二条规定："结伙斗殴、寻衅滋事，扰乱学校及其他教育机构教育教学秩序或者破坏校舍、场地及其他财产的，由公安机关给予治安管理处罚；构成犯罪的，依法追究刑事责任。侵占学校及其他教育机构的校舍、场地及其他财产的，依法承担民事责任。"违反者根据不同情况，分别给予行政处分、行政处罚；造成损失的，责令赔偿损失；情节严重构成犯罪的，依法追究刑事责任。张、胡等人毁坏校舍 23 间，抢走其他许多公私财物，价值共计 25900 多元，已经构成犯罪，不仅要依照《民法通则》的有关规定，根据不同情况给予行政处分或行政处罚，对造成损失的应责令其赔偿损失，还要依照《刑法》的有关规定，对故意毁坏公共财物，情节严重的，处 3 年以下有期徒刑、拘役或罚金，追究其刑事责任。

（3）《民法通则》第一百一十七条规定，侵占国家的、集体的财产或者他人财产的，应当返还财产，不能返还财产的，应当折价赔偿。损坏国家的、集体的财产或他人财产的，应当恢复原状或者折价赔偿。受害人因此遭受重大损失的，侵害人并应当赔偿损失。鉴于张、胡等人的损坏事实清楚，所以应当在刑事诉讼中附民事诉讼，责令他们返还财产，并赔偿损失。

（4）《刑法》第十四条规定："明知自己的行为会发生危害社会的结果并且希望或者放任这种结果发生，因而构成犯罪的，是故意犯罪。故意犯罪，应当负刑事责任。"张、胡等人以向该中学投资为由，破坏该中学的公私财产，并且事前召集党支部委员会进行具体部署，希望这种破坏结果能够发生。他们的行为是有预谋、有组织的，是故意毁坏公私财物罪，应当按照《刑法》中有关故意毁坏公私财物罪处罚。

【法条链接】

《宪法》第十二条规定："社会主义的公共财产神圣不可侵犯。国家保护社会主义的公共财产。禁止任何组织或者个人用任何手段侵占或者破坏国家的和集体的财产。"

《民法通则》第一百一十七条规定："侵占国家的、集体的财产或者他人财产的，应当返还财产，不能返还财产的，应当折价赔偿。损坏国家的、集体的财产或他人财产的，应当恢复原状或者折价赔偿。受害人因此遭受重大损失的，侵害人并应当赔偿损失。"

《刑法》第十四条规定："明知自己的行为会发生危害社会的结果并且希望或者放任这种结果发生，因而构成犯罪的，是故意犯罪。故意犯罪，应当负刑事责任。"

《教育法》第七十二条规定："结伙斗殴，寻衅滋事，扰乱学校及其他教育机构教育教学秩序或者破坏校舍、场地及其他财产的，由公安机关给予治安管理处罚；构成犯罪的，依法追究刑事责任。侵占学校及其他教育机构的校舍、场地及其他财产的，依法承担民事责任。"

专题5　学校的捐赠、保险与融资

在现实生活中，学校捐赠活动比比皆是。例如，军田希望学校是益阳市第一所希望学校，学校本着向特困家庭子女提供免费教育的办学宗旨，通过18年的艰苦摸索实践，形成了独具特色的"军田办学模式"，并受到教育部的表彰。这所学校就是通过捐赠建立的。

所谓捐赠，是指为了社会公益事业或其他目的，无偿地将财产给予他人的法律行为。例如，为普及辽宁省农村中小学信息技术教育，解决贫困地区中小学计算机短缺问题，在省教育厅的号召下，辽宁省47所高等学校向15个贫困县中小学捐赠计算机568台。由此，我们不难看出，学校捐赠是学校参与社会公益事业的一项重要内容，同时也是一种特定的法律行为，对推动社会物质与精神文明建设具有重要意义。学校捐赠应坚持"自愿、量力"的原则，同时，应保证学校捐赠的合法性。

保险是保险人通过收取保险费的形式建立保险基金用于补偿因自然

灾害和意外事故所造成的经济损失或在人身保险事故（包括因死亡、疾病、伤残、年老、失业等）发生时给付保险金的一种经济补偿制度。学校保险是学校参与社会活动的一项基本内容。按保险政策的不同，学校保险可以分为商业保险和社会保险两大类，根据《保险法》的有关规定，学校可以根据自身条件和实际情况自行选定险种并投保。需要强调的是，学校保险属商业保险性质，根据《保险法》的有关规定：

（1）保险双方应遵循"自愿、平等、公平、诚信"等基本原则签订保险合同，任何一方不得把自己的意志强加给对方，因此，学校不得强行推销保险、代理保险，更不能侵吞保险费。

（2）鼓励参加保险。为较好地解决学校教育教学活动中的风险问题，国家鼓励各个学校参加学校责任保险，并提倡学生自愿参加意外伤害保险。教育部在 2002 年颁布的《学生伤害事故处理办法》第三十一条中明确规定："学校有条件的，应当依据保险法的有关规定，参加学校责任保险。教育行政部门可以根据实际情况，鼓励中小学参加学校责任保险。提倡学生自愿参加意外伤害保险。在尊重学生意愿的前提下，学校可以为学生参加意外伤害保险创造便利条件，但不得从中收取任何费用。"

社会保险，是指国家通过立法对社会劳动者暂时或永久丧失劳动能力，或失业带来收入减少时提供一定的物质帮助，以保障其基本生活的社会保障制度。对学校来说，应当按照国家的有关法律、法规，做好本校教职工的社会保险工作，并可按照《教师法》第三十条的有关规定，适当提高教师的退休金比例和养老保险待遇。

学校融资，具体是指学校从自身资金现状和运用情况出发，根据学校未来发展建设需要，经过科学的预测和决策，通过一定的渠道，采用一定的方式，利用学校内部积累或向学校的投资者、债权人、社会团体及个人筹集资金，组织资金的供应，以保证学校现实与未来发展建设需要的一种经济活动。

在学校融资过程中一定要遵守国家法律的规定，否则就有可能走上违法犯罪的道路。近年来，随着我国市场经济的发展和教育体制改革的不断深入，学校的融资方式发生了深刻变化。其主要表现为多元化融资体系。由于学校融资方式的变革，将会带来学校与政府、社会、家庭、个人之间的一些关系变化，并在此基础上，形成一些新的法律关系。例如，学校与银行间的信贷关系；学校与企业间的合同关系；学校与个人间的债权关系，等等，均需要运用相关的法律进行规范与调整。为此，学校应在加大融资力度的同时，也要注重维护自身的合法权益，建立合理合法的融资机制，严格遵守各项法律规范，坚决抵制和防范非法融资行为。否则，将会触犯法律，受到惩处。

【典型案例】

案例一： 2000 年 9 月，山西省阳泉一中共招收初中新生 250 人，学校要求新生交纳"学校改造捐赠款"，否则"不准上学"。许多学生家长纷纷向有关部门反映情况，市教委、财政局、物价局、纠风办联合组成了治理中小学乱收费检查组到阳泉一中进行检查。截至检查时，该校共计收到 694500 元，除十几个学生未交外，230 多名学生交了款，少则3000 元，最多的 9000 元。

案例二： 阳新县某中心小学 200 余名小学生因没有按照学校要求购买指定公司的学生平安保险，被学校"请"回了家。中国人民财产保险有限公司工作人员经学校同意，到学校门口销售学生平安保险。该公司在该校销售了每份 16 元的学生平安保险 300 多份。但开学时学校要要求学生购买保险费为 20 元的另一家保险公司的保险。为此，不少家长不约而同地领着孩子来到学校，找老师说明情况。老师说，这是校领导的要求。学生家长们认为："保险自愿，上级三令五申不准强行摊派，为什么这种事情总是禁而不止呢?"

【法律分析】

由案例一可以看出，学校捐赠活动也应当符合法律规定，应坚持

"自愿、量力"原则，反对强行摊派或变相摊派，确保捐赠的合法性。

目前，在学校商业保险中，学生保险已成为人们所关注的热点问题。随着我国保险业的不断发展，各保险公司之间的竞争日趋激烈，竞相将保险的触角伸向学校，不断推出各种类型的学生保险，一些公司还委托学校代办学生保险，由学校统一收取保险费，有些学校甚至强迫学生购买保险，还有些学校则私自截留、侵吞学生的保险费，等等。由此可知，在上述案例二中，学校强迫学生购买指定保险，违反了《保险法》的相关规定，属于违法行为。

学校在处理学生保险问题上，一方面要采取积极的态度，让学生了解保险知识，鼓励学生参加意外伤害保险，并根据学校的自身条件，积极参加学校责任保险；而另一方面，必须遵循《保险法》的有关规定，不得强迫学生投保，更不能从中渔利。

【法条链接】

《保险法》第十一条规定："订立保险合同，应当协商一致，遵循公平原则确定各方的权利和义务。除法律、行政法规规定必须保险的外，保险合同自愿订立。"

《教育法》第七十八条规定："学校及其他教育机构违反国家有关规定向受教育者收取费用的，由教育行政部门责令退还所收费用；对直接负责的主管人员和其他直接责任人员，依法给予行政处分。"

专题6　学校教师的聘任

《教师法》第十七条规定："学校和其他教育机构应当逐步实行教师聘任制。教师的聘任应当遵循双方地位平等的原则，由学校和教师签订聘任合同，明确规定双方的权利、义务和责任。"

　　教师聘任的形式主要包括以下四个方面：（1）招聘，即用人单位面向社会，公开择优选拔所需的具有教师资格的人员。按照国家有关规定，招聘需要有组织、有领导地进行。（2）续聘，即聘任期满后，聘任单位与教师继续签订聘任合同。聘任合同有关规定和协议可以同上次聘任相同，也可以根据实际需要变化。（3）解聘，即聘任单位因某种原因不适宜继续聘任教师，双方解除合同关系。解聘的原因较多，有些用人单位在聘任后发现受聘者不符合原定聘用条件，有些是工作中不称职或者违反规定等。聘任合同具有法律效力，聘任单位在解聘教师时，必须有正当理由，否则应承担相应法律责任。（4）辞聘，即教师主动请求用人单位解除聘任合同的法定行为。教师由于种种原因，不能继续履行聘任合同，可以提出辞聘。给聘任单位造成损失的，应依据聘任合同规定承担相应的法律责任。

　　教师聘任制的逐步实施是社会主义市场经济发展和教育改革的需要。教师聘任制是当前为适应社会主义市场经济而进行的教师任用制度改革中的重要组成部分。它有三个特征：（1）聘任是聘任人和受聘人双方的法律行为。（2）聘任双方在平等地位上签订的聘任合同具有法律效力，聘任合同对聘任双方均有约束力。（3）教师聘任制应体现按劳分配的原则。

　　由于我国学校内部目前还处在一个任命制向聘任制转化的过渡时期，所以校方与教师之间的关系既有通过行政任命的形式使用和管理教师的任命制行政法律关系，又有双方地位平等的双向选择，各自具有其相应权利与义务的聘任制的民事关系，实行聘任制使学校有了用人自主权，教师有了择业自主权，这更要求学校法人代表和教师提高法制意识，更新观念，确立遵纪守法的法制观念，尽职择优的竞争上岗观念，能进能出的人才流动观念。

　　聘任合同的内容应当包括聘任期限、工作内容、聘任双方在任期内的权利和义务、辞聘和解聘的条件、违纪等内容。教师聘任合同的期限包括试用期，一般为一年。根据聘任期限不同，聘任合同一般可以分为三类：（1）固定期限聘任合同，又称定期聘任合同。它是指双方当事人约定合同有效的起始和终止日期的聘任合同。经双方当事人统一，期限届满可以续订聘任合同。（2）无固定期限聘任合同，又称无定期聘任合同。它是指双方当事人不约定合同终止日期的聘任合同。只要不出现法律、法规规定或双方约定的可以接触、终止聘任合同的条件，聘任合同就不能解除。（3）任务聘任合同。它是指双方当事人将完成某项工作或任务作为合同终止日期的聘任合同。当工作或任务完成后，聘任合同自行终止。

学校教师的聘任应当遵循双方平等自愿的原则，由学校校长与受聘教师签订聘任合同。聘任教师必须遵守下列原则：（1）平等自愿原则。平等是指受聘教师与用人的学校双方法律地位平等；自愿是指订立教师聘任合同应当完全出于双方当事人自己的意志，任何一方不得将自己的意志强加给对方，任何第三者不得对其订立的聘任合同进行非法干涉。（2）合法原则。这里的合法有三层意思：一是聘任当事人应当合法。学校应当是依法成立的公立学校或社会力量办学的学校；受聘的教师也必须符合我国有关法律规定的任职条件；二是聘任合同的内容应当合法。教师聘任合同的内容应当不违反我国法律、行政法规的规定。三是聘任合同的形式应当合法。教师聘任合同必须以书面订立，才算合法，受到法律保护。

合同法规定，有下列情形之一的，合同无效：第一，一方以欺诈、胁迫的手段订立合同，损害国家利益；第二，恶意串通，损害国家、集体或者第三人利益；第三，以合法形式掩盖非法目的的；第四，损害社会公共利益；第五，违反法律、行政法规的强制性规定的。凡是有以上情形之一的合同，都是无效的。

合同无效分为整个合同无效和部分无效。合同部分无效的，不影响其他部分的效力，其他部分仍然有效。无效合同自始没有法律约束力。

合同无效，不影响合同中独立存在的有关解决争议方法条款的效力，有过错的一方应当赔偿对方因此所受到的损失。

合同法规定，下列合同可以变更或者撤销：第一，因重大误解订立的；第二，在订立合同时显失公平的；第三，一方以欺诈、胁迫的手段或者乘人之危，使对方在违背真实意思的情况下订立的合同。

可撤销合同必须由当事人提出，变更还是撤销当事人可以选择。提出的当事人负有举证责任。当事人提出后由人民法院或者仲裁机构作出裁决，在做出裁决前，该合同还是有效的。裁决对合同内容予以变更的，按裁决履行，如果被撤销，那么自始没有法律约束力。撤销权的行使有一定期限，具有撤销权的当事人自知道或者应当知道撤销事由之日起一年内没有行使撤销权，或者知道撤销事由后明确表示或者以自己的行为放弃撤销权的，撤销权消失。

订立的合同某些方面不符合生效要件，但并不属于无效合同或可撤销合同，应当采取补救的办法，有条件的尽量促使其成就。主要有以下几种情况：

一是主体有问题。例如，限制民事行为能力人订立的合同。在这种情况下，相对人可以催告法定代理人在一个月内予以追认，如果法定代理人追认了，该合同有效，否则合同不发生效力。但是纯获利益的合同或者与其年龄、智力、精神健康状况相适应而订立的合同，不必经法定代理人追认。代理方面发生的问题，主要有三种情况，一是代理人没有代理权；二是超越代理权；三是原来有代理权，在代理权终止后还以被代理人名义订立合同。产生这些情况时，相对人可以催告被代理人在一个月内予以追认，未被被代理人追认，对被代理人不发生效力，而由行为人承担责任。

二是客体有问题。例如，无处分权的人处分他人财产，或者未经其他共有人同意处分共有财产，如果经权利人追认或者无处分权人订立合同后取得处分权的，该合同有效。

合同纠纷发生后，需要采取适当的方式（或者途径）来解决。根据合同法的规定，合同纠纷发生后，当事人可以通过和解或者调解解决；当事人不愿和解、调解或者和解、调解不成的，可以根据仲裁协议向仲裁机构申请仲裁；当事人没有订立仲裁协议或者仲裁协议无效的，可以向人民法院起诉。从上述规定可以看出，解决合同纠纷的途径有四种，即：当事人和解；第三人调解；仲裁机构仲裁；法律诉讼。合同纠纷诉讼、仲裁的时效一般为二年，但法律另有规定的除外。

教师聘任合同的主要条款一般有：学校的名称，教师的姓名，双方的地址；标的，即教育教学活动；履行期限；报酬或工资；合同的变更、终止和解除；违约责任等。具体参考下面合同聘任书样本：

聘任合同书

甲方（聘任单位）：某某省某某市某某中学

乙方（受聘人）：某某某

甲乙双方根据国家和地方有关法规、政策，按照自愿、平等、协商一致的原则，签订本合同。

第一条 合同期限

1. 合同有效期：自×年×月×日至×年×月×日止（其中×年×月×日至×年×月×日为见习期），合同期满聘任关系自然终止。

2. 聘任合同期满前一个月，经双方协商同意，可以续订聘任合同。

3. 签订聘任合同的期限，不得超过国家规定的退（离）休时间，国家和本市另有规定可以延长（推迟）退休年龄（时间）的，可在乙方达到法定退休年龄时，再根据规定条件，续订聘任合同。

4. 本合同期满后，任何一方认为不再续订聘任合同的，应在合同期满前一个月书面通知对方。

第二条 工作岗位

1. 甲方根据工作任务需要及乙方的岗位意向与乙方签订岗位聘任合同，明确乙方的具体工作岗位及职责。

2. 甲方根据工作需要及乙方的教育教学能力和工作表现，可以调整乙方的工作岗位，重新签订岗位聘任合同。

第三条 工作条件

1. 甲方按国家规定实行每周工作 40 小时，每天工作 8 小时的工作制度。国家另有规定时，按国家政策变更。

2. 甲方为乙方提供教育教学活动必要的教学条件和仪器设备，保证乙方的正常的教育教学活动及人身安全。

3. 甲方可根据工作需要组织乙方参加必要的业务知识培训。

第四条 工作报酬

1. 根据国家、省、市教育部门的有关规定，甲方按月支付乙方的工资为 × 元人民币。

2. 甲方根据国家、省、市教育部门的有关规定，调整乙方的工资。

3. 乙方享受国家规定的福利待遇。

4. 乙方享受国家规定的法定节假日、寒暑假、探亲假、婚假、计划生育等假期。

5. 甲方按期为乙方缴付养老保险金、失业保险金和其他社会保险金。

第五条 工作纪律、奖励和惩处

1. 乙方应遵守国家的法律、法规。

2. 乙方应遵守甲方规定的各项规章制度和劳动纪律，自觉服从甲方的管理、教育。

3. 甲方按国家、省、市教育部门和学校的有关规定，依照乙方的工作实绩、贡献大小给予奖励。

4. 乙方如违反甲方的规章制度、劳动纪律，甲方按国家、省、市教育部门和学校的有关规定予以处罚。

第六条 聘任合同的变更、终止和解除

1. 聘任合同依法签订后，合同双方必须全面履行合同规定的义务，任何一方不得擅自变更合同。确需变更时，双方应协商一致，并按原签订程序变更合同。双方未达成一致意见的，原合同继续有效。

2. 聘任合同期满或者双方约定的合同终止条件出现时，聘任合同自行终止。在聘任合同期满前一个月，经双方协商同意，可以续订聘任合同。

3. 经聘任合同双方当事人协商一致，聘任合同可以解除。

4. 乙方有下列情形之一的，甲方可以解除聘任合同。

（1）在试用期内被证明不符合聘任条件的；

（2）严重违反工作纪律或甲方规章制度的；

（3）故意不完成教育教学任务，给甲方造成严重损失的；

（4）严重失职，对甲方学校利益造成重大损害的；

（5）被依法追究法律责任的。

5. 有下列情形之一的，甲方可以解除聘任合同。但应提前一个月以书面形式通知受聘人。

（1）乙方患病或非因工负伤医疗期满后，不能从事原工作，也不愿从事甲方另行安排适当工作的。

（2）乙方不能胜任工作，经过培训或者调整工作岗位，仍不能胜任工作的；

（3）乙方不履行聘任合同的。

6. 有下列情形之一的，甲方不能终止或解除聘任合同。

（1）乙方患病或负伤在规定的医疗期内；

（2）女职工在孕期、产期、哺乳期内的；

（3）法律、法规规定的其他情形。

7. 有下列情形之一的，乙方可以通知甲方解除聘任合同。

（1）在试用期内的；

（2）甲方未按照聘任合同约定支付工作报酬或者提供工作条件的。

8. 乙方要求解除聘任合同，应当提前一个月以书面形式通知甲方。

第七条 违反和解除聘任合同的经济补偿

1. 经聘任合同当事人协商一致，由甲方解除聘任合同的（不包括见习期内），甲方应根据乙方在本学校的工作年限，每满一年发给相当于一个月工资的经济补偿，最多不超过十二个月。

2. 乙方不能胜任工作，经过培训或者调整工作岗位仍不能胜任工作，由甲方解除聘任合同的，甲方应按其在本单位的工作年限，每满一年发给相当于一个月工资的经济补偿，最多不超过十二个月。

3. 聘任合同履行期内，乙方要求解除聘任合同的，应按不满聘任合同规定的期限，支付每月基本工资作为违约金给甲方。

4. 乙方因"用人单位未按照聘任合同的约定支付工资报酬"而通知甲方解除聘任合同的，甲方应按合同约定结算并解除聘任合同的同时支付欠发的工资报酬。

第八条　其他事项

1. 甲乙双方因实施聘任合同发生人事争议，按法律规定，先申请仲裁，对裁决不服，可向人民法院提起诉讼。

2. 本合同一式三份，甲方二份，乙方一份，经甲、乙双方签字后生效。

3. 本合同条款如与国家法律、法规相抵触时，以国家法律、法规为准。

甲方（盖章）　　　　　　　　　　　乙方（签字）

代表（签字）

签订时间：　　　年　　月　　日

【典型案例】

北方某城市某中学有位物理教师王某，毕业于某某师范专科学校。毕业后被分配到该中学任教。刚到该中学工作的第一年，学校决定安排王某担任该中学初中二年级物理课教师。但王某工作一年结束后，其所教班级学生的物理成绩都明显下降，并且学生对王某意见很大。学校经过调查发现，王某的专业基础太差，而且他又不认真研究本专业知识，一有时间就看一些与本专业知识无关的书，并且课前不能很好地备课，不能把所教的知识弄懂弄通。自己本来不明白，稀里糊涂，给学生也讲不明白，学生是一片怨声。

实践表明，王某不具备做教师的一些基本素质，在语言表达能力、逻辑思维能力、讲课的逻辑性、课堂教学、板书及教学机制等方面都非常差。作为一名教师，连这些教师应具备的最基本的素质都不能保证，谈不上传播基本知识，更说不上给学生解答疑难问题。更有甚者，王某还采取一些不正当手段，试图掩饰自己的水平。在期终考试时为提高自己的教学成绩，故意以讲课的形式把考试题透露给学生，这种暗示办法学生很快领会。这种行为很快被学校发现，于是学校认为王某不宜担任教学工作，决定调王某到图书馆工作。

王某不服，认为自己是正规师范院校的毕业生，理所当然应担任教学工作，认为学校的这一决定实际上是侵犯他的权利的行为，并提出控告。

【法律分析】

这类事件是中小学校长经常会遇到的，因此，我们有必要弄清，在这种情况下，王某有没有资格继续担任教师，学校不让其继续担任教师，调其到图书馆工作对不对？下面我们从法律角度对这一问题进行分析。

首先，教师的教育权实际上是一种职权。职权的取得必须要求具备一定的条件，并经过有关部门的考试检查，合格后才能授予。教育权的取得不是从学校带来的。教师毕业后，一般还需要通过聘任或任命才能取得这种权利。在聘任或任命之前，还要经过试用期。

按照我国有关法律规定，担任教师首先必须具备教师资格。我国《教师法》对教师资格作了明确规定。其中第十条规定："国家实行教师资格制度。中国公民凡遵守宪法和法律，热爱教育事业，具有良好的思想品德，具备本法规定的学历或者经国家教师资格考试合格，有教育教学能力经认定合格的，可以取得教师资格。"这里对教师资格提出了几个方面的要求：一是政治思想方面的要求；二是学历要求；三是教育教学能力要求；四是经认定合格。在学历要求方面，《教师法》第十一条规定："取得初级中学教师、初级职业学校文化、专业课教师资格，应当具备高等师范专科学校或者其他大学专科毕业及其以上学历。"

在本案中，王某的学历可以认为是符合要求的。政治思想方面由于比较抽象，也可以认为是合格的。但他的教育教学能力通过实践表明是不合格的。如果严格按照教师资格要求，他不应该取得教师资格。鉴于我国还没有严格实行教师资格制度，一般认为，师范院校毕业以后，就自然取得了教师资格，即使如此取得教师资格也不等于就能够担任教师，这里还涉及试用期和聘任制问题。

其次，我国《教师法》第十三条规定："取得教师资格的人员首次任教时，应当有试用期。"试用期是指在聘任新教师之前，对其进行试用以考察其实际工作能力的时间。试用期届满时，学校可以根据该教师政治思想状况、学术水平、教学能力以及其他教育教学素质确定该人是否适合担任教师工作。如果符合条件，应及时转正，如果不符合条件，可以按照规定辞退。

试用期是保证教师质量的必要措施。因为教师工作是一项复杂的劳动，认为一个人能否担任教师，不仅需要硬件标准，如学历、年龄、身体、政治面貌等，而且需要软件标准，如教育教学能力等。软件标准只有通过一段时间的实践才能表现出来，最少需要一年时间。有的国家规定了3至5年。试用并不等于录用为教师，这里还涉及教师聘任制问题。目前我国已逐步开始实行聘任制。实行聘任制是社会主义市场经济体制的需要，可以保证和促进教师的合理流动，有利于教师队伍的公平竞争，利于择优录用，从而提高教师队伍的质量。

再次，我国《教师法》第十七条规定："学校和其他教育机构应当逐步实行教师聘任制。教师的聘任应当遵循双方地位平等的原则，学校和教师签订聘任合同，明确规定双方的权利、义务和责任。"这里的

"双方地位平等"的含义是学校有权聘任或不聘任，教师本人有权应聘或拒聘。这应根据双方各自要求的是否达到为根据。如果学校认为该教师的教育教学能力达不到要求，可以不聘任。而教师本人如果认为学校的条件不符合自己的要求，也可以拒聘。当然这些都是以法律规定为依据，而不是个人的任意行为。在本案中，学校不聘任王某为教师的理由是充分的，是正确行使了学校的权利，不能认为是侵犯王某的权利。学校的行为符合《中学教师职务试行条例》的规定。

最后，《中学教师职务试行条例》对中学教师的任职条件作了明确规定。其中第八条规定："中学教师应拥护中国共产党的领导，热爱社会主义祖国，努力学习马克思主义和党的路线、方针、政策，有良好的师德，遵守法纪，教书育人，使学生在德育、智育、体育等方面得到全面发展，努力做好本职工作，并在完成本职工作的前提下结合工作需要，努力进修，提高教育和学术水平。"第九条规定"中学三级教师任职条件是，符合第一条要求的高等师范学校和其他高等学校专科毕业生，见习一年期满，经考核，表明具有教育学、心理学和教学法的基础知识，掌握所教学科的教材教法，能够完成初级中学一门学科的教学工作，并能履行三级教师职责。"该法第四条规定："中学三级教师职责：①承担初中一门学科的教学任务，备课、讲课、辅导、批改作业、考核学生成绩。②在高级教师或一级教师的指导下，在课内外对学生进行思想教育，担任初中班主任。③参加教学研究活动。"

王某在一年试用期间内，没有尽到中学三级教师的职责，没有达到三级教师的任职条件。主要表现在三个方面：一是在教育教学能力方面，没有掌握所教学科的教材教法，不能承担一门学科的教学任务；二是在思想品德方面，弄虚作假，没有起到为人师表的作用；三是本人不能努力进修，提高业务水平。尽管他是师范专科学校毕业，但实践证明，他没有掌握教育学、心理学和教学法的基础知识。因此，学校辞退他的决定是合乎法律规定的。

在这类案件中，我们应该注意以下几点：

（1）学校应当把教师一年试用期的有关具体要求讲明白。我国长期以来实行计划经济，师范院校毕业生必然分配到学校当教师，而且是铁饭碗、终身制。他对聘任制还不理解、不熟悉，缺乏竞争的意识。因此，学校应该对有关人员进行教育，使他们明确自己的权利、义务和责任，按照《中学教师职务试行条例》和聘任制的规定来规范自己的行为。

（2）学校对试用期的教师应该加强指导和教育。一些师范院校的毕业生，尽管在学校里学习和掌握了理论知识，但是，他们还缺乏实践经验，不适应课堂的教学。在这种情况下，学校应该让有经验的教师帮助和指导他们，使他们尽快地适应教学环境，提高教育教学水平。

（3）对于确实不适应担任教师的师范院校毕业生，应该做好思想工作，讲明道理，并根据他们个人的情况安排到其他工作岗位。如果学校不需要也可以辞退。绝不能怕得罪人就迁就这些人，让不合格的教师留在教学岗位上。对于经过努力可以达到教师条件的人，也可以采取限期提高的办法。

【法条链接】

《教师法》第十三条规定："取得教师资格的人员首次任教时，应当有试用期。试用期是指在聘任新教师之前，对其进行试用以考察其实际工作能力的时间。试用期届满时，学校可以根据该教师政治思想状况、学术水平、教学能力以及其他教育教学素质确定该人是否适合担任教师工作。如果符合条件，应及时转正，如果不符合条件，可以按照规定辞退。"

《教师法》第十七条规定："学校和其他教育机构应当逐步实行教师聘任制。"我国《教师法》第十七条还规定："教师的聘任应当遵循双方地位平等的原则，学校和教师签订聘任合同，明确规定双方的权利、义务和责任。"

《中学教师职务试行条例》第八条规定："中学教师应拥护中国共产党的领导，热爱社会主义祖国，努力学习马克思主义和党的路线、方针、政策，有良好的师德，遵守法纪，教书育人，使学生在德育、智育、体育等方面得到全面发展，努力做好本职工作，并在完成本职工作的前提下结合工作需要，努力进修，提高教育和学术水平。"

《中学教师职务试行条例》第九条规定："中学三级教师任职条件是，符合第一条要求的高等师范学校和其他高等学校专科毕业生，见习一年期满，经考核，表明具有教育学、心理学和教学法的基础知识，掌握所教学科的教材教法，能够完成初级中学一门学科的教学工作，并能履行三级教师职责。"

第四部分

校园安全事故篇

学生伤害事故一般是指在学校实施的教育活动或学校组织的校外活动中，以及在学校负有管理责任的校舍、场地、其他教育教学设施、生活设施内发生的，造成在校学生人身受到损害，导致受伤、残疾或者死亡的人身伤害事故。确定事故是否为学生伤害事故的关键是看事故是否发生在学校组织的教育活动或者学校负有管理责任的范围之内。

　　学生伤害事故一般具有如下特征："学生伤害事故"中的"学生"应该是指全日制在校学习的学生。包括国家或社会力量办学的全日制学校（全日制中小学、特殊教育学校、各类中等职业学校、高等学校）中全日制就读的受教育者。严格意义上讲不包括幼儿园的幼儿、其他教育机构的学生及学校注册的其他受教育者发生的伤害事故。事故发生的范围应该仅限于学校组织的教学活动中。事故地点大多在校园内，但有时也可能是发生在学校组织的校外活动中。事故种类一般包括人身伤害事故和死亡事故，包括学生本人的受伤害和死亡事故以及致伤他人的伤害事故和死亡事故。

一、校园安全事故的判定

专题1　事故责任行为要件

学生伤害事故的构成要件一般包括以下五个要素：第一，学生伤害事故的主体是学生，学生是受害人或加害人。第二，必须有客观的伤害结果发生。按照有关法律法规的规定，伤害结果应该是身体受伤或者死亡，一般情况下不包括仅是精神上所受的伤害。第三，伤害事故结果的发生与学校疏于教育管理保护行为有因果关系。第四，学校主观方面存在故意或过失。第五，从时间和地点上看，伤害行为或者结果必须有一项是发生在学校，对学生负有教育、管理、指导、保护等职责的期间和地域范围内。

伤害行为是校园事故侵权责任构成要件之一。伤害行为是承担侵权责任的前提，否则就无法要求加害方承担侵权责任。《侵权责任法》第一条就作出规定："为保护民事主体的合法权益，明确侵权责任，预防并制裁侵权行为，促进社会和谐稳定，制定本法。"由此可见"侵权责任"通常都是和"侵权行为"联系在一起的，侵权行为即加害行为，没有加害行为就无法要求其承担侵权责任。责任承担主体和加害行为人是一致的，因而实施加害行为的主体往往就是侵权责任主体。因此明确加害行为及其归属对于确定侵权责任具有重大意义。加害行为又称致害行为，是指行为人作出的致使他人的民事权利受到损害的行为。任何一个民事损害事实都与特定的加害行为相联系。从加害行为的表现形式上看，加害行为可以是作为，也可以是不作为，即既包括积极的行为，也包括消极的不行为，如因不履行法定义务而给他人造成侵权损害就是消极的不作为构成侵权的情形。学校作为特殊的教育机构，对学生负有教育、管理、保护等法定义务，其不履行义务的行为如果造成校园事故，要因此承担相应的侵权责任。

【典型案例】

某小学学生上课时拿出小刀削铅笔，不慎将同学的左眼划伤。在协调无果的情况下，法院作出判决，由被告家长和学校双方承担相应的赔偿责任。

涂某在某学校读一年级。2007 年某日下午，在上最后一节课时，要用铅笔。詹某拿出自己的小刀削铅笔，不小心把同学涂某的左眼划伤，顿时血流不止。

随后，涂某被送往医院治疗，后经医院诊断为左眼球全损伤，需将眼球摘除。为了保住涂某的左眼球，涂某的父母只好带他到更大的医院进行治疗，前后花去各项费用共计人民币 41276.36 元。由于就该治疗费用的承担问题不能与学校和詹某的父母达成一致，涂某向法院提起了民事诉讼。

法院经审理后认为：詹某在学校用小刀划伤了涂某的左眼，因被告詹某系无民事行为能力人，因此由其法定监护人承担民事赔偿责任。某小学对涂某在学校生活、学习期间，负有保护其人身不受到伤害的义务。在上课时，詹某不小心把涂某的左眼划伤，因此，詹某和学校都应当承担相应的赔偿责任。据此，法院判决詹某的父母和学校对涂某受到的伤害都承担相应的赔偿责任。

【法律分析】

在本案中，造成涂某眼睛被划伤这一损害后果的行为有两个：一个是直接积极的作为，即詹某用小刀划伤涂某眼睛的行为；另一个是间接消极的不作为，即学校未履行保护义务的行为。学校对涂某在学校生活、学习期间，有保护其人身不受到伤害的义务，但学校并没有尽到相应的义务，其行为实际上已经构成了不作为方式的行为。

《侵权责任法》第三十八条规定："无民事行为能力人在幼儿园、学校或者其他教育机构学习、生活期间受到人身损害的，幼儿园、学校或者其他教育机构应当承担责任。"这样的规定充分考虑到了在校园事故侵权案件中，学校等教育机构不履行保护义务实际上也是一种加害行为，因此要对侵权事故承担一定的责任。法院最后也确认了这一规定，判决詹某和学校都要对涂某眼睛被划伤这一损害后果承担责任。

另外，《侵权责任法》对于双方都有加害行为的情形作出了规定。该法第十二条规定："二人以上分别实施侵权行为造成同一损害，能够确定责任大小的，各自承担相应责任；难以确定责任大小的，平均承担赔偿责任。"学校和詹某在本案中的责任大小是不同的，应该根据各自责任的大小确定责任的承担。本案中，直接伤人者詹某应该承担主要责任，学校未尽保护义务，承担次要责任。

【法条链接】

《侵权责任法》第十二条规定："二人以上分别实施侵权行为造成同一损害，能够确定责任大小的，各自承担相应责任；难以确定责任大小的，平均承担赔偿责任。"

《侵权责任法》第三十八条规定："无民事行为能力人在幼儿园、学校或者其他教育机构学习、生活期间受到人身损害的，幼儿园、学校或者其他教育机构应当承担责任。"

专题 2　损害结果的认定

在侵害人身权中，损害作为一种事实状态，是指人身权品质的贬低，或者说是指一定行为或事件使某人的人身遭受到不利、不良后果或不良状态。侵害人身责任的主要功能在于对受害人遭受的损害给予补偿，因此损害赔偿有时可不以过错为责任构成要件，但必须遵循"无损害即无责任"，即"无损害即无赔偿"这一准则。损害事实是确定损害赔偿的基础，是认定侵害人身责任的逻辑起点。

损害事实的特点是：（1）损害是侵害合法权益的结果。合法的利益才会得到法律的保护。《民法通则》第五条规定："公民、法人的合法的民事权益受法律保护。"（2）损害具有可确定性。损害的确定性，是指损害事实在客观上能够被加以确认。不能确认的损害不能成为侵权法上的"损害"。损害的确定性表现在：损害是已经发生的事实，是客观真实存在的事实。如果损害的是"受害人"非现实的、未来的利益，或者损害的是"受害人"主观臆想的利益或不为社会一般观念所认可的利益，那么，这种损害就是不确定的。需要注意的是，对损害事实存在的理解不应只局限于对受害人财产或人身的实际毁损或伤害的层面上，而且还应包括对受害人现实权利侵害的内容。（3）损害具有可补救性。损害的补救性，是指受害人能够在法律上获得救济的最终后果。受害人的人身或财产上的损害，只有在法律上被认为具有补救的必要性时，才会使加害人承担民事责任，以对受害人的损害进行相应的补偿。这就要求受害人的损害必须达到一定的程度，如果受害人所遭受的只是极轻微的损害，那么，该损害就不具有补救的必要性，侵害人也就不会承担侵害责任。判定侵害是否达到需要补偿程度的依据有两个：一是法律的明确规定。二是法官根据法律的精神和社会公众的一般认识作出的判定。

侵害人身权的损害可以分为人身伤亡、生命健康权以外的人格权的损害和精神损害。人身死亡是侵权人的不法行为侵害他人的生命权或健康权，导致受害人伤残或死亡的后果。人身伤亡常常引起直接财产损失，但人身伤亡本身是指公民的生命健康权受到侵害，因此不同于财产损失。精神损害又称无形损害，是指行为人侵害公民的姓名权、肖像权、名誉权、荣誉权、隐私权、健康权等人身权利，使公民产生恐惧、悲伤、怨恨、绝望、羞辱等精神痛苦，以及使公民神经受到损害等。侵害他人的生命权，使他人的近亲属遭受丧失亲人的痛苦，也会造成精神损害。精神损害虽然是无形的，难以用金钱来衡量，但也可以物质补偿来抚慰受害人的精神痛苦。

在侵权行为中，实行无损害无侵权的原则，侵权责任的承担是以损害事实为基础的，如果不存在损害事实，则不存在侵权责任。下边案例中，经司法鉴定，"李某患了心因性精神障碍，其发病与被吓直接相关"，说明精神损害已经严重到形成精神疾病的程度。一般的精神损害，若只是造成精神上的痛苦，尚未造成其他严重后果，可认定为精神损害。但是，当侵害人的侵权行为导致受害人精神失常到患有精神疾病的程度，就不仅仅是精神损害，而应当认定为侵害了其以精神健康为内容的健康权。健康权是人身权利之一，指自然人保持身体功能正常和维护健康权益的权利。健康的范围，不仅包括生理健康，也包括心理健康。在下面案例中，若把张某对李某的损害仅认定为精神损害，受害人李某仅能得到精神损害赔偿，而无法得到人身损害的相关赔偿，即受害人为治疗精神疾病（人身损害）所支出的费用都无法得到补偿，这样的判决显然是很不合理的。《侵权责任法》第二十二条规定："侵害他人人身权益，造成他人严重精神损害的，被侵权人可以请求精神损害赔偿。"因此，将"李某患心因性精神障碍"认定为人身损害，李某既能得到人身损害赔偿，又能申请精神损害赔偿，这样既符合法理，又能充分保障李某的权利。

【典型案例】

李某（女，15岁）与张某（男，17岁）均为某中学初二年级学生。某日晚自习前，张某将一条蛇带到学校玩耍。张某出于恶作剧，将蛇放在李某的手臂上，李某当场就吓得尖叫着跑出教室，被课桌绊倒。同学将其扶起，李某大哭着跑出了教室。老师点名时发现李某不在，便向同学询问，得知李某被蛇吓后跑出教室一直未归，即刻通知其父母一起寻找。次日凌晨，才找到无目标游走的李某。后经某医科大学司法精神病学鉴定，李某患了心因性精神障碍，其发病与被惊吓直接相关。为此，李某用去医药鉴定费用6000元左右，李某监护人起诉到法院，要求张某和学校共同承担赔偿责任。

【法律分析】

法院审理此案时，在判定学校是否承担责任问题上，出现两种不同意见：

一种意见认为，学校应当承担赔偿责任，理由是：（1）原告李某与被告之一的张某系已满10周岁不满18周岁的限制民事行为能力人，他们的认知能力和行为能力相对较弱，需要自始至终处于被监护状态。李某是在特定场所（学校）和特定时间（上晚自习之前）被张某吓成心因性精神障碍的；（2）未成年学生一旦踏入学校大门，监护职责即由法定监护人全部自动地转移给了学校，学校即成为该未成年学生的监护人，学校对原被告有教育管理的责任，而学校却未尽其职，造成被告张某恶作剧用蛇将李某吓成心因性精神障碍，故学校应承担全部监护责任即赔偿责任。

另一种意见认为，学校不应当承担赔偿责任。理由是：（1）《民法通则》第十六条规定，担任未成年人的监护人范围没有学校，因此学校不是未成年人的监护人；（2）《最高人民法院关于贯彻执行中华人民共和国民法通则若干问题的意见（试行）》第一百六十条规定，在幼儿园、中小学学习生活的无民事行为能力人受到伤害或给他人造成损害的，单位有过错的，可责令这些单位给予适当赔偿。该条款尽管对限制民事行为能力人未作规定，但根据该条款对学校需尽较多照管义务的无民事行为能力学生承担责任以有过错为前提的精神，可以推导出对学校照管义务相对较少的限制行为能力人承担责任，也应当以学校有无过错为必要条件。本案中学校对原告李某受惊吓所致心因性精神障碍并无过错，故不承担赔偿责任。

在本案中，学生张某违反学校规定，将具有危险性的动物带进教室并以恶作剧方式吓唬学生李某。作为限制民事行为能力人，张某应当认识到自己的行为所产生的不良后果，对造成李某精神疾病的后果承担主要责任。那么学校应不应该承担责任？《侵权责任法》第三十九条规定："限制民事行为能力人在学校或者其他教育机构学习、生活期间受到人身损害，学校或者其他教育机构未尽到教育、管理职责的，应当承担责任。"学校如果要承担责任，必须以学校未尽到相关义务为前提。本案中，学生张某带蛇进学校，学校并不知道，也无法察觉（不可能对每一位进校的学生都查验，如果这样做又有侵害学生隐私权之嫌了），也就无法制止。事发时值晚自习之前，老师不在教室不属于脱离岗位的渎职情形。晚自习时教师点名发现受伤学生不在教室，当即过问并马上联系家长一起寻找。因此，学校在对学生的管理以及善后处理上均无过错。因此，学校对原告李某受惊吓所致心因性精神障碍并无过错，故不承担赔偿责任。

【法条链接】

《侵权责任法》第二十二条规定："侵害他人人身权益，造成他人严重精神损害的，被侵权人可以请求精神损害赔偿。"

《侵权责任法》第三十九条规定："限制民事行为能力人在学校或

者其他教育机构学习、生活期间受到人身损害，学校或者其他教育机构未尽到教育、管理职责的，应当承担责任。"

《最高人民法院关于审理人身损害赔偿案件适用法律若干问题的解释》第十八条规定："受害人或者死者近亲属遭受精神损害，赔偿权利人向人民法院请求赔偿精神损害抚慰金的，适用《最高人民法院关于确定民事侵权精神损害赔偿责任若干问题的解释》予以确定。精神损害抚慰金的请求权，不得让与或者继承。但赔偿义务人已经以书面方式承诺给予金钱赔偿，或者赔偿权利人已经向人民法院起诉的除外。"

《最高人民法院关于确定民事侵权精神损害赔偿责任若干问题的解释》第一条规定："自然人因下列人格权利遭受非法侵害，向人民法院起诉请求赔偿精神损害的，人民法院应当依法予以受理：（一）生命权、健康权、身体权；（二）姓名权、肖像权、名誉权、荣誉权；（三）人格尊严权、人身自由权。违反社会公共利益、社会公德侵害他人隐私或者其他人格利益，受害人以侵权为由向人民法院起诉请求赔偿精神损害的，人民法院应当依法予以受理。"

专题 3　因果关系的判断

侵权的因果关系，是指违法行为和损害事实之间的因果关系，即若不存在这种违法行为，损害就不会发生，则该行为是损害结果发生的原因；反之，即使不存在该行为，损害也会发生，则该行为就不是损害发生的原因。因果关系的认定是法院确定侵权责任赔偿的前提，加强侵权行为中因果关系的研究，探索因果关系的确认与排除规则，是确定本案侵权责任赔偿关键。

因果关系是侵权行为成立的基础，不论是大陆法系还是英美法系都把因果关系作为侵权责任的基本构成要件。目前，法学界总是倾向于将侵权责任因果关系的研究纳入哲学的范畴，认为是事物间普遍联系的关系，如果后一个事物的发生是前一个行为的结果，那么二者之间就存在因果关系。然而在现实的司法审判实践中，面对的都是些复杂而又真实的案件，有些案件能够借助于专业的技术人员告诉法官二者之间存在因果关系，但是更多的案件二者之间是否存在因果关系，还是需要我们的法官在前后众多的因素之间分析二者之间的因果关系，以便对此作出合理的判决。

法律上的因果关系是着眼于个案的特殊情况如何在众多的因素中研究思考认定归因的问题。根据因果所起的作用，可将因果关系分为责任成立的因果关系及责任范围的成立因果关系。前者是侵权责任成立的因果关系，后者是侵权责任成立后，承担损害赔偿责任大小之间的因果关系，后者必须以前者为基础。当侵权责任案件当事人诉请至法院请求责任赔偿时，法院首先是要通过对侵权责任构成要件的审理，认定被告是否应对原告承担侵权责任，侵权责任的成立后，法院在依据侵权行为造成损害结果的大小，认定具体的赔偿金额。责任成立的因果关系是侵权行为因果关系研究的重点。责任成立因果关系研究的果是损害事实，但对于其原因，学界有不同主张，目前我国学界的主流观点认为，因果关系只是确定责任的一个条件，查找因果关系的目的不在于考虑行为人的行为是否违法，而在于确定行为人的行为与损害结果之间的联系。目前我国颁布的《侵权责任法》对行为强调的仅是其致害性，并没有规定行为的违法性是其前提要件。

侵权行为法的立法目的是通过对侵权行为人施加一定的责任，来补偿受害人因侵权行为而遭受的损害。人的行为因素是认定侵权责任归责是否正当性的基础前提。如果法官将注意力集中在寻找违法行为上，甚至以违法性作为判断是否应当负责任的依据，则有可能将本应归责的人排除在外。民法上将行为分为作为和不作为，作为是指某人积极实施了一项侵权行为，不作为是某人具有法定上的义务而不主动履行导致的损害后果。侵权责任法因果关系的认定的目的是判断造成损害的后果是否是被告所为，该行为不论是作为还是不作为，都属于法官需要考量的范围。在对因果关系进行认定时，我们不但要根据原告所举的证据判断是否成立因果关系，还要全面分析原告提供的证据是否必然导致损害结果的发生。如认定被告的行为与原告所受损害存在事实因果关系，则认定二者之间因果关系成立；如客观事实上被告的行为并非原告所受损失的原因，则二者之间不存在因果关系，侵权责任的认定到此为止，除非法律另有特殊规定。因法官业务能力的局限性，在认定事实因果关系的基础上，应当最大限度地排除主观性的法律政策因素，将认定的这一过程交由一般人的通常观念或交由专业领域内的专家证明，法官只要对原告主张导致损害事实发生的被告人行为进行符合证据规则的判断即可。

【典型案例】

案例一：学生违反校规校纪，受到了老师的批评。几天后，该学生在家中服毒自杀。其父母遂将老师和学校一并告上法院。但因其无法证明孩子的死与教师和学校有因果关系。日前，法院驳回了这对父母的诉讼请求。

王华民、张维美之子小强原系莒县某中学复读班学生，李建庆系其班主任老师。2000年3月1日，小强与同班同学小民因琐事发生争吵。第二天，小强因丢失磁带再次与小民发生打斗。班主任李建庆获悉该事后，分别对二人进行了批评教育。3月3日，小强到校正常上课。4日上午8时许，小强的母亲张维美在家中发现孩子私藏的两节棍、录音机及录音磁带，便到学校找班主任李建庆反映情况。被留在家中的小强服下了毒药，然后自行到其父亲王华民的工作单位，告知王华民自己已经服毒。经抢救无效，小强于2000年3月4日死亡。儿子死亡后，王华民、张维美诉至法院，称李建庆对其子进行威胁恐吓，并勒令其回家闭门思过三天，小强因经受不住恐吓，精神崩溃，服毒自尽，因此请求法院判令学校及班主任李建庆赔偿死亡补偿费等各项损失 145248 元。

案例二： 张某和几个同学在上课时说话被老师发现，受到批评并责令写出检查，还要求家长在检查书上签名。次日，张某按时到校上课。第三天，张某母亲回家时发现煤气味很大，看到儿子躺在床上，后经抢救无效死亡，医院出具了煤气中毒死亡证明。张某父亲认为儿子的死亡应归结于老师的批评教育存在过错，便诉至法院请求学校赔偿交通费、丧葬费、死亡补助费、精神损失费等其计 10 余万元。

【法律分析】

《学生伤害事故处理办法》第十二条规定："学校已履行了相应职责，行为并无不当，学生自杀、自伤的，不负法律责任。"《最高人民法院关于审理人身损害赔偿案件适用法律若干问题的解释》第七条规定："对未成年人依法负有教育、管理、保护义务的学校、幼儿园或者其他教育机构，未尽到职责范围内的相关义务致使未成年人遭受人身损害或者未成年人致他人人身损害的，应当承担与其过错相应的赔偿责任。"

据此，老师对犯错误的学生进行批评教育是对学生进行教育管理的义务和进行教育的手段，关键在于是否采取了适当方式和方法，即应当结合教育学生的年龄、智力状况和心理承受能力，以绝大多数学生能够接受为原则。

在案例一中，山东省莒县人民法院审理后认为，该中学作为教学机构，李建庆作为人民教师，对在本校犯错误的在校学生，有进行批评教育的权利和义务。原告之子违反学校纪律，李建庆有权代表学校对其进行批评教育，原告不能提供充足证据证明李建庆在对小强进行批评教育中有体罚、威胁恐吓等不当言行，也不能证明小强之死与李建庆和学校的管理教育有因果关系。死者小强虽系限制民事行为能力人，但根据其自杀时的年龄、智力和受教育程度等情况，应当能够清楚地知道自杀行为所造成的后果，且其在自己家中服毒身亡，教师和学校无法进行监护，而身负监护之责的两原告未能尽到责任。因此李建庆、学校对小强的死亡没有过错。在案例二中，张某的老师善意地采取集体的方式对学生进行教育，并没有使用过激的语言，且在老师批评后第二天，张某还照常到校上课，其他学生也接受了老师的批评，因此学校的批评不存在过错，不应当承担赔偿责任，但可以基于公平原则给予相应的补偿。

【法条链接】

《侵权责任法》第三条规定："被侵权人有权请求侵权人承担侵权责任。"

《侵权责任法》第六条规定："行为人因过错侵害他人民事权益，应当承担侵权责任。根据法律规定推定行为人有过错，行为人不能证明自己没有过错的，应当承担侵权责任。"

《学生伤害事故处理办法》第十二条规定："学校已履行了相应职责，行为并无不当，学生自杀、自伤的，不负法律责任。"

《最高人民法院关于审理人身损害赔偿案件适用法律若干问题的解释》第七条规定："对未成年人依法负有教育、管理、保护义务的学校、幼儿园或者其他教育机构，未尽到职责范围内的相关义务致使未成年人遭受人身损害或者未成年人致他人人身损害的，应当承担与其过错相应的赔偿责任。"

二、校园安全事故中学校的义务

专题1　安全教育和保护义务

在学校中，学生的活动和对学生的控制构成了教育教学过程中的一对基本矛盾，这意味着只要开门办学，实施教育教学活动，就或多或少地存在着发生人身伤害事故的可能性。因此，学校理应给学生提供相应的安全保障措施。学校的安全保障义务是法律附加于学校之上令其承担的在办学活动过程中保障受教育者人身安全的义务。不同学校因其法律地位以及管理方式不同而存在差异，这些差异之处都会决定不同学校的安全保障义务在内容上的差异。但是，由于学校对未成年学生的这种安全保障义务是一种以教育、管理、保护为主要内容的义务，学校的安全保障义务又有着共同的、确定的内容。

为了规范教育机构的责任承担，《最高人民法院关于贯彻执行〈中华人民共和国民法通则〉若干问题的意见（试行）》（以下简称《民通意见》）第一百六十条，2003年《最高人民法院关于审理人身损害赔偿案件适用法律若干问题的解释》第七条，均对教育机构的责任进行明确，不管是幼儿园、小学、中学还是大学，教育机构承担的是过错责任。教育部《学生伤害事故处理办法》也是秉承这一原则。2003年

《最高人民法院关于审理人身损害赔偿案件适用法律若干问题的解释》第七条规定："对未成年人依法负有教育、管理、保护义务的学校、幼儿园或者其他教育机构，未尽职责范围内的相关义务致使未成年人遭受人身损害，或者未成年人致他人人身损害的，应当承担与其过错相应的赔偿责任。第三人侵权致未成年人遭受人身损害的，应当承担赔偿责任。学校、幼儿园等教育机构有过错的，应当承担相应的补充赔偿责任。"

这里的原则即是，不管是小学、中学还是大学，教育机构承担的是过错责任。教育机构是有一定公益性质的事业单位，通过立法明确过错为其承担责任的要件，减轻了教育机构的监管压力，防止教育机构因为学生受到伤害而陷入纠纷的泥潭。当然为了防止教育机构逃避责任，在其有过错时，应在过错程度内承担相应的赔偿责任。当然，在大学，学生已是成年人，学校的监管职责则不同于小学、中学，但其承担责任的原则是一样的。

教育机构对学生的教育和保护起着主导作用，教育机构在履行教育职责时，首先应保障学生的安全。根据《未成年人保护法》及教育部《学生伤害事故处理办法》的规定，教育机构对学生的安全保障负有以下义务：

（1）教育教学生活设施符合安全要求。学校提供的校舍、场地、其他公共设施，以及学校提供给学生使用的学具、教育教学和生活设施应符合国家规定的标准，符合安全使用的要求。

（2）配备称职的工作人员并加强管理。学校的教师或者其他工作人员患有不适宜担任教育教学工作的疾病，应采取必要措施或调离岗位。学校教师或者其他工作人员在履行职责时应遵守法律法规，不得体罚或者变相体罚学生，不得违反工作要求、操作规程、职业道德或者其他有关规定。

（3）有健全的安全管理制度。学校应有完备的安全保卫、消防、设施设备管理等安全管理制度；发现有明显疏漏或者存在重大安全隐患，应及时采取措施。

（4）学校提供的药品、食品、饮用水符合国家标准。学校向学生提供的药品、食品、饮用水应符合国家或者行业的有关标准、要求。

（5）安全组织校内外活动。学校组织学生参加教育教学活动或者校外活动，应对学生进行相应的安全教育，并在可预见的范围内采取必要的安全措施。

（6）根据学生体质合理安排劳动、教育教学活动。学生如果有特异体质或者特定疾病，不宜参加劳动、体育运动或者其他活动的，学校应给予必要的注意，防止发生危险。学校不得组织或者安排未成年学生从事不宜未成年人参加的劳动、体育运动或者其他活动。

（7）出现事故或危险状况时学校应及时处理。学生在校期间突发疾病或者受到伤害的，学校发现后应及时作出处理；未根据实际情况及时采取相应措施，导致不良后果加重的，学校应承担责任。学校教师或者其他工作人员在负有组织、管理未成年学生的职责期间，发现学生行为具有危险性，应进行必要的管理、告诫或者制止。

（8）未成年学生危险情况及时通知监护人。对未成年学生擅自离校等与学生人身安全直接相关的信息，学校发现或者知道，应及时告知未成年学生的监护人；学校未及时通知，导致未成年学生因脱离监护人的保护而发生伤害的，学校应承担责任。

（9）学校未依法履行职责的其他情形。学校对于学生的安全教育、管理和保护的义务，不同于监护责任，学校对学生伤害事故承担责任的归责原则也不同，法律有规定的或者学校依法接受委托承担相应监护职责的情形除外。以上九项义务是学校必须履行的法定安全保护义务，违反了以上义务而造成伤害，学校应承担相应责任。学校应在不同的受教育阶段，针对学生年龄、认知能力和法律行为能力的不同，采用相应的内容和预防措施。

【典型案例】

黄某是河源市龙川县附城镇某小学五年级男生。2002年10月15日下午，该校五、六年级的学生由体育老师黄某组织上体育课。课前，黄老师宣布参加乒乓球等项目比赛的同学进行训练，其余学生自由活动，同时要求学生不要去玩单双杠，不要影响其他学生训练。由于黄某不是参加比赛的运动员，便与几位同学擅自去玩单杠。黄某因身高不够，几次跳起没能抓住单杠，便爬上单杠旁边的砖墙，跳过去抓单杠，但因没抓着而跌落在地上，摔伤右手，造成严重骨折致7级伤残，并花去医疗费等相关费用66316元。事后，黄某认为自己受伤虽自己有过错，但是在学校上体育课时受伤，学校负有一定的管理责任。于是黄某将该学校告上龙川县法院，要求依法赔付其受伤致残造成的经济损失。

【法律分析】

《学生伤害事故处理办法》规定，学校组织学生参加教育教学活动或校外活动，未对学生进行安全教育，并未在可预见的范围内采取必要的安全措施的，要承担相应的责任。原告黄某在上体育课时违反学校管理制度，并且黄老师在课前对同学反复强调不许抓单杠以免发生危险。而黄某却不听从老师的要求，在没有体育老师组织和指导的情况下，擅自去抓单杠并且不按规定要求去抓单杠，由砖墙上往下跳去抓单杠，而最终导致受伤，致使7级伤残，所以最终黄某应负该事故的主要责任。而被告校方（体育老师）虽在上体育课时对学生提出不要去玩单双杠的要求，但校方并未在可预见的单杠区内采取必要的安全措施，以致学生受伤，校方应承担一定的责任。最终，法院作出判决：依照《民法通则》和《学生伤害事故处理办法》等法律规定，黄某造成损失的66316元由学校负责赔偿20%，即13263元，其余由原告黄某自负。

黄某在课堂上不遵守学校管理制度，并且不听从体育老师劝告，造成了自身的安全问题致残，引发人思考，而同时校方也应负相应责任，学校的安全隐患也应该进一步加强，对待一些比较顽皮的学生应该加强安全教育以及自身的行为规范的教育，以免类似的悲剧再次发生，应该引以为戒。让学校成为安全和谐的校园而不是一场场悲剧发生的地方，让学生有一个欣欣向荣、有安全保障的教育圣地。

【法条链接】

《最高人民法院关于审理人身损害赔偿案件适用法律若干问题的解释》第七条规定："对未成年人依法负有教育、管理、保护义务的学校、幼儿园或者其他教育机构，未尽职责范围内的相关义务致使未成年人遭受人身损害，或者未成年人致他人人身损害的，应当承担与其过错相应的赔偿责任。第三人侵权致未成年人遭受人身损害的，应当承担赔偿责任。学校、幼儿园等教育机构有过错的，应当承担相应的补充赔偿责任。"

《义务教育法》第二十四条规定："学校应当建立、健全安全制度和应急机制，对学生进行安全教育，加强管理，及时消除隐患，预防发生事故。县级以上地方人民政府定期对学校校舍安全进行检查；对需要维修、改造的，及时予以维修、改造。学校不得聘用曾经因故意犯罪被依法剥夺政治权利或者其他不适合从事义务教育工作的人担任工作人员。"

《未成年人保护法》第二十二条："学校、幼儿园、托儿所应当建立安全制度，加强对未成年人的安全教育，采取措施保障未成年人的人身安全。学校、幼儿园、托儿所不得在危及未成年人人身安全、健康的校舍和其他设施、场所中进行教育教学活动。学校、幼儿园安排未成年人参加集会、文化娱乐、社会实践等集体活动，应当有利于未成年人的健康成长，防止发生人身安全事故。"

专题 2　安全注意义务

注意义务作为侵权法中的一个重要概念，是一项要求行为人应采取合理的注意而避免给他人的人身或财产造成损害的义务。在侵权法中，若行为人能够合理地预见到其行为可能造成他人的人身伤害或财产损失，则其应该对可能受其行为影响的民事主体负有注意义务。确立注意义务的目的是针对那些法律未明确规范的侵权领域，通过一般人意识的认识和判断，来明确行为人是否尽到了不使他人受损的义务，从而对违反注意义务的侵权行为追究法律责任，使受害人的合法权益受到保护。注意义务的确立，有助于行为人在实施行为时留意到他人的权益，以提高其行为的安全性。

学校的安全注意义务要求处于管理地位的学校，在从事教育活动期间负有对接受其管理的主体的民事权利予以保护的责任。这种安全注意义务从广义上可包括学校对于参加其教育活动的任何主体的民事权利的保护，如教师、学生、家长等。从狭义上仅指学校对于其在校学生的民事权益的安全保障。因此，对于学校安全注意义务的认识不应仅从狭义的角度去考量，而需要全面地分析学校作为特殊管理主体所承担的注意义务。学校的安全注意义务是基于教育、管理和保护关系而产生的，因此其表现形态主要有三类：

1. 教育教学活动中的安全注意义务

包括对教师及其他从事教学工作人员的选任与监督、对教学计划的审查以及关注学生生理心理健康的义务。其中，在教学工作中人员的选任与监督的注意义务中，学校应任用适应教育教学的合格教师，保证学生接受良好且安全的教育。对于教学计划的审查在于避免不利于学生权益的课业安排出现，且在教育活动中关注学生精神层面上的健康状况，是因为在校学生的心智还在成长期，由于智力发展与对外界的认识水平有限，教学活动应考虑到其受教育对象的特殊性，提高注意程度。

2. 校园管理中的安全注意义务

包括对校园中物的管理和教学期间对人的管理。对物的管理涉及对校园设施、教学器材以及其他保证教学工作进行的物件。这类物品与学生的安全有着直接的联系，因此作为管理者，学校有义务注意在其控制之下的物对学生造成侵权的可能性，并积极采取措施防止损害的发生。而在教学期间对人的管理，存在三类注意义务：学校管理教职工的注意义务、学校管理学生的注意义务以及学校管理进入教学范围内的第三人的注意义务。其中学校管理教职工实质上是学校对学生的间接管理，该注意义务要求教师和其他教职人员不得以任何方式侵害学生的合法权益，并对学生的危险行为有防止或制止的义务。而学校管理学生的注意义务是学校对学生的直接管理，主要是在制度方面的管理，即为校规校纪。制度的实施情况可作为判定学校对学生管理的注意程度的标准。学校管理校外第三人的注意义务中分两类情况考虑，其一是经学校许可进入教学环境的第三人；其二是未经学校许可而擅自进入的第三人。对于经学校许可而进入的第三人，由于其行为应纳入学校注意义务的范围，若发生侵权事件则学校应承担违反注意义务的侵权责任。而对于未经许可擅自进入教学环境的第三人所造成的侵权，则需要结合学校的管理措施进行分析。如果学校存在过错，没有尽到安全保障义务，应担责；若学校已积极采取必要措施，第三人的擅入不是因管理的缺漏则由侵权人承担全部责任。

3. 学校保护学生免受侵害的注意义务

所保护的内容包括人身权益和财产权益，而教学环境作为保护的特定范围，不是仅限于校园之内，而且涵盖在教师指导之下的校外教育活动。保护的期间则从学校可控制学生行为活动之时起算，到学生脱离学校控制为止。

在我国《侵权责任法》上对学校侵权责任的认定，体现在该法的第四章关于责任主体的特殊认定中，其中第三十八条、第三十九条、第四十条均有具体规定。这类规定明确了学校等教育机构对于在校期间的无民事行为能力人与限制民事行为能力人的人身权的保护，其规定的安全注意义务的特点体现在以下方面：一是履行义务的主体是以学校为代表的教育机构；二是接受安全保障的对象是无民事行为能力人与限制民事行为能力人；三是受保护的客体是人身权；四是履行义务的内容主要是教育与管理；五是注意义务存在于被保护者在校学习、生活的期间。

【典型案例】

原告尹某、被告谭某均是被告汝城二中的高一学生，2012年3月6日上午课间休息期间，尹某、谭某及同班的几名同学一起到学校操场上厕所，从厕所出来后，尹某、谭某发生争执，从操场开始争吵，并用身体互相推挤、碰撞，直到下阶梯，在阶梯中间段，两人在推挤中，站在阶梯外侧的尹某跌下阶梯受伤。该阶梯位于操场与另一位置较低的空坪之间，是该校师生通往操场的主要通道，阶梯内侧是上、下坪墙体，外侧没有护栏，上、下总高度约2米，宽度约3.1米，原告尹某在阶梯中部约1米高处向外跌下。事发后，学校师生当即送尹某就医，尹某共用住院费11721.7元，医院诊断为左股骨颈骨折，施行了开放复位内固定术，医院证明后期取内固定术需费用约5000元，尹某伤情于2012年4月26日经郴州市庐阳司法鉴定所司法鉴定为9级伤残。

【法律分析】

原告尹某和被告谭某均是即将成年的在校高中生，其年龄、智力水平应当认识到在行走中戏耍、推挤可能导致自身或对方损伤的后果，但两人都放任这种结果的发生，双方都有过错，对造成原告尹某损伤的结果都应承担相应的过错责任；但站在阶梯内侧的被告谭某更应明白其行为极易使位于外侧的原告损伤，结合保护实际受害人的角度，谭某应承担比尹某较重的责任。事发阶梯缺乏护栏，与原告损伤的加重有一定因果关系；并且被告汝城县某中学对学生有教育、管理、保护的职责，对于一群受管理教育的不特定未成年人，应当预知其中部分活泼、好玩的学生，在玩乐中可能发生的损伤，应尽量完善设施，将损伤减少到最低限度；但鉴于阶梯实际较平缓、较宽，通常行走下不存在安全隐患，原告的损伤主要因原告与被告谭某的行为引起，学校只应承担相应的一定责任，尹某、谭某应承担主要责任；因此，原告主张两被告赔偿损失的请求，法院予以支持。

被告谭某辩称受他人推挤后撞到原告，没有证据证实，并与其最初陈述及其他证人陈述矛盾，其辩称意见法院不予采信；被告汝城县某中学辩称其不应承担责任的意见，与事实不符，故法院不予支持。原告主张两被告承担连带责任，因连带责任是法律苛求责任人较严厉的责任，该责任的适用应有法律明确规定，本案中两被告的行为不是共同实施侵权行为，也不是法律明确规定应承担连带责任情形，故原告的该请求，法院不予支持。因被告谭某是限制民事行为能力人，无个人财产，其赔偿责任应由其法定监护人承担。

关于原告提出的损失：医疗费中的 3840 元中草药费用无正式发票及用药情况，不予支持；延误教育损失及住院补助费没有法律依据，不予支持；护理费计算标准过高，时间过长（出院后部分没有相应依据）；营养费过高，法院酌定 1000 元；打印费无依据，不予支持；精神损害赔偿金过高，结合本地经济、生活水平，本院酌定为 10000 元；后续治疗费 5000 元，被告谭某提出是未实际发生费用，应待实际发生后另行诉讼，但原告后续手术是确定必然发生的，并有医院证明费用，费用总额在本案中所占比例不高，为减轻当事人诉累，应在本案中一并处理；住院伙食补助费只应计算一人；交通费，原告未提供依据，结合实际情况，法院酌定为 200 元。综上，原告损失经核定为医疗费 11721.7

元，护理费 905 元（45.25×20），营养费 1000 元，鉴定费 700 元，残疾赔偿金 26268 元（6567×20×20%），精神损害赔偿金 10000 元，后续治疗费 5000 元，住院伙食补助费 240 元，交通费 200 元，合计 56034.7 元。诉讼中，经法院主持调解，当事人未能达成一致协议，依据《侵权责任法》判决如下：原告尹某的医疗费、残疾赔偿金等损失合计 56034.7 元，由被告谭某承担 50% 即 28017 元，由被告谭某的法定监护人承担赔偿责任；被告汝城县某中学承担 20% 即赔偿 11207 元；其余 30% 由原告尹某自负（上述给付内容限判决生效后 10 日内给付）。

【法条链接】

《义务教育法》第二十四条规定："学校应当建立、健全安全制度和应急机制，对学生进行安全教育，加强管理，及时消除隐患，预防发生事故。县级以上地方人民政府定期对学校校舍安全进行检查；对需要维修、改造的，及时予以维修、改造。学校不得聘用曾经因故意犯罪被依法剥夺政治权利或者其他不适合从事义务教育工作的人担任工作人员。"

《未成年人保护法》第二十二条规定："学校、幼儿园、托儿所应当建立安全制度，加强对未成年人的安全教育，采取措施保障未成年人的人身安全。学校、幼儿园、托儿所不得在危及未成年人人身安全、健康的校舍和其他设施、场所中进行教育教学活动。学校、幼儿园安排未成年人参加集会、文化娱乐、社会实践等集体活动，应当有利于未成年人的健康成长，防止发生人身安全事故。"

专题 3　通知和告知义务

学校的通知和告知义务是指学校负有将学生在校的表现和情况通知和告知家长的义务。我国法律对学校通知和告知义务的具体内容并没有明确和统一的规定，但是在很多法律法规中都有所涉及。《教育法》第二十九条规定，学校应当履行的义务之一是"以适当方式为受教育者及其监护人了解受教育者的学习成绩及其他有关情况提供便利"。《学生伤害事故处理办法》第十五条规定，"发生学生伤害事故，学校应当及时救助受伤害学生，并应当及时告知未成年学生的监护人"。总结起来，学校的通知和告知义务的内容可以归纳为三点：（1）应当向家长告知"受教育者的学习成绩及其他有关情况"；（2）告知"学生身体和心理的异常状况等关系学生安全的信息"；（3）学生发生伤害事故，应当通知家长。这三项基本内容涵盖了学校的通知和告知义务的最主要方面。

学校的通知和告知义务是学校与未成年学生之间的法律关系决定的。学校与未成年学生之间的关系应当是一种以委托管理为基础的民事法律关系。在学校是有目的、有组织、有计划的教育机构，家长作为学生的监护人，基于对学校的特殊依赖把学生托付给学校，学校作为家长的代理人，对学生进行教育管理，从而与学生之间形成一种事实上的委托管理关系。在教育教学活动期间，学校对学生负有进行安全教育、通过约束指导进行管理、保障其安全健康成长的职责，学校与学生的关系应为教育、管理和保护关系，而不是民法上的监护关系，在未成年学生受教育期间，监护人的监护权不能够自动转移到学校。不适用《民法通则》第一百三十三条："无民事行为能力人、限制民事行为能力人造成他人损害的，由监护人承担民事责任。监护人尽了监护责任的，可以适当减轻他的民事责任。有财产的无民事行为能力人、限制民事行为能力人造成他人损害的，从本人财产中支付赔偿费用。不足部分，由监护人适当赔偿，但单位担任监护人的除外。"的规定。《学生伤害事故处理办法》第七条："未成年学生的父母或者其他监护人（以下称为监护人）应当依法履行监护职责，配合学校对学生进行安全教育、管理和保护工作。"学校对未成年学生不承担监护职责，但法律有规定的或者学校依法接受委托承担相应监护职责的情形除外。

法律关于学校通知和告知义务的相关规定，有利于保护家长正当和及时地行使监护权，确保学生的合法权利免受侵害。在学校期间，学生脱离了监护人的监护范围，因而家长很难了解学生的在校表现及在校的身体和心理异常状况。孩子作为无行为能力人和限制行为能力人，由于心理不成熟，对于很多事情不会应对和处理，必须要有家长在旁提醒、开导和帮助，而家长从孩子那里又很难了解到真实的信息，此时家长只能依靠学校通知和告知的方式了解到孩子的情况。法律为保护家长的这种信赖利益，因此规定学校应承担通知和告知的义务。学校认为自身没有告知的义务是与法律规定不相符的。

对于学校来说，学校必须建立点到制度，并做好记录，发现学生擅自离开学校或未到校及时报告学校领导和告知家长，尽到教育、保护、管理的义务。《中小学幼儿园安全管理办法》第二十四条明确规定，学校应当建立学生安全信息通报制度。

【典型案例】

案例一：某小学为方便统一管理学生上下学，与家长协商后每天用校车在约定的站点接送学生上下学。去年元旦前夕，学校决定12月31日下午2点半放学（比平时提前1小时），12月28日，学校将临时变动放学时间的通知提前两天写在教室的黑板上，让学生们向家长转告。当天下午2点半，校车把孩子们送到指定接送点，家长们一一将自己的孩子领走了。但7岁的陈某忘记将学校提前放学的通知告诉父母，家长不知变故，没有按照变动后的时间提前到接车点来接孩子。陈从校车中跑出来后，没有看到家长来接，就急急忙忙跑向马路，准备自己回家。走到路中央时，被一辆急速驶来的大货车撞倒，当场死亡。

有关部门做出了交通事故损害赔偿调解书，要求车辆肇事者承担主要责任（70%），死者本人承担次要责任（30%），家长无法接受。他们认为，这30%的责任应当由陈某所在学校承担。但校方认为，事故的发生与学校没有关系，因为学校早就将孩子安全送达到父母的接送点，关于提前放学的决定也在黑板上写了书面通知，孩子们应当告诉家长提前来接。

案例二：谢某是初中一年级的女生，一天下午课间时，因与同学吵架而擅自离开学校。晚自修时，班主任检查人数，发现谢某不在教室，问谢某的同桌同学，同学说谢某因与他人吵了架，可能回家了。班主任以为谢某真的回了家，未予追问，原想待谢某回校后再予批评。到第二天上午第二节课，发现谢某仍未返校。班主任才与谢某的家长联系，但谢某的家长说谢某昨晚并未回家。经谢某的家长与亲友联系，仍无下落，无奈之下，家长报案，但至今无下落。

案例三：2002年冬天，东北某省一中学的13岁的寄宿女生，在下晚自习后离开学校，当晚宿舍管理老师发现她不在宿舍后，没有向学校报告也没有通知该学生的家长，两天后一牧羊人发现了她已被冻僵后的尸体。

【法律分析】

案例一的焦点在于学校是否履行了告知义务。因为学校是用校车每天接送学生到固定的接送点上下学，学校变更放学时间，关系到家长能否与学校履行交接孩子的大事，应当及时通知到家长，以便学校和家长双方尽到保护学生安全的职责。通知和联系的方式应当考虑到它的有效性，学校给家长发通知，必须考虑到是否能准确无误地及时让家长接到。本案例中，学校将提前放学的通知写在黑板上，让学生转告家长，这是不适当的方式。因为学校的学生大多是无行为能力和限制行为能力的未成年人，他们的年龄和认知能力决定了他们兴趣容易转移，注意力不集中。学校写在黑板上的"重要"通知，这些学生可能看过后很快就忘在脑后了，更不用说让他们准确无误地转告家长了。学校本应当以书面形式写了通知由学生们交给家长，或者通过电话联系，让每一个家长都知道提前放学的事，但学校由于过于自信，轻信学校的通知可以以写在黑板上的方式让孩子们带回家。本案例中的受害人只有 7 岁，属于法律上规定的无民事行为能力人，学校写在黑板上的通知要让 7 岁的孩子转告家长，有效性值得怀疑。结果由于学校过于自信的过失，酿成了学生死亡的悲剧。因此，学校对这起人身伤亡事故未能很好地尽到告知义务，应当承担相应赔偿责任。

根据本案例的情况，事实上学校在校车的管理上也存在一定的漏洞。校车应配备随车教师负责，根据学生回程情况，严格监管学生的回程安全。在学生到达固定接送点时，如发现某学生家长没有到达时，应当采取一定的措施，或随车教师陪同返回，或及时联系家长，特别是当对象是无民事行为能力人时应当预计到可能发生的安全隐患，及时采取措施。

在案例二中，谢某的家长把学校告到法院，要求学校赔偿 10 万元。法院认为，学校老师知道谢某擅自离校后，未及时与家长取得联系，致使谢某的父母丧失了最佳的寻找时机，校方应承担相应的法律责任。

在案例三中，宿舍管理老师没有将女孩离校的消息通知其监护人，学校没有尽到教育、保护、管理的职责，根据《学生伤害事故处理办法》第三十四条（十三）项规定和《预防未成年人犯罪法》第十六条规定："中小学生旷课的，学校应当及时与其父母或者他监护人取得联系。"学校应当承担相应的法律责任。

【法条链接】

《侵权责任法》第六条规定："行为人因过错侵害他人民事权益，应当承担侵权责任。根据法律规定推定行为人有过错，行为人不能证明自己没有过错的，应当承担侵权责任。"

《教育法》第二十九条规定："学校及其他教育机构应当履行下列义务：（一）遵守法律、法规；（二）贯彻国家的教育方针，执行国家教育教学标准，保证教育教学质量；（三）维护受教育者、教师及其他职工的合法权益；（四）以适当方式为受教育者及其监护人了解受教育者的学业成绩及其他有关情况提供便利；（五）遵照国家有关规定收取费用并公开收费项目；（六）依法接受监督。"

《学生伤害事故处理办法》第十五条规定："发生学生伤害事故，学校应当及时救助受伤害学生，并应当及时告知未成年学生的监护人；有条件的，应当采取紧急救援等方式救助。"

专题4　及时救助义务

学生在学校里学习和生活，有时难免会出现一些意外事故，受到人身或财产伤害。在危险情况出现时，学校作为学生的教育者和管理者，充当着临时监护人的角色，应当及时采取措施应对，避免学生受到伤害，即使在学生受到的伤害不可逆转的情况下，也应及时采取救助措施，避免损害进一步扩大。为此，法律对学校的及时救助义务有明确规定。《未成年人保护法》第二十四条规定："学校对未成年学生在校内或者本校组织的校外活动中发生人身伤害事故的，应当及时救护，妥善处理，并及时向有关主管部门报告。"《学生伤害事故处理办法》第十五条也规定，当发生伤害事故时，学校应当及时采取措施救助受伤害学生。

之所以要规定学校及时救助的义务，是由于学生在学校中受到伤害时，家长并不在身边，无法及时给予救助。唯一能够帮助救护学生的就只有身边的学校和老师。学校作为临时监护人，如果不承担及时救助的义务，等家长了解到情况采取措施时，损害早已发生甚至已经扩大，救助就没有了及时性。

总之，学生在学校接受教育期间，生病以及受到伤害的情况会经常发生，学校作为学生的管理者和教育者应当依照法律的相关规定，尽到保护和救助学生的义务。如果学生在学校期间受到伤害或者突发疾病，学校未尽到该职责，则学校应当对由于学校的不作为，而给学生造成的不良后果加重承担赔偿责任。如果学生伤势轻微，如磕破皮肤等，学校医务室或校外一般诊所能够安全处理的，可在这些地方处理。如果学生伤势比较严重，学校应当根据情况，将学生及时地送往较大医院或条件较好的医院，使学生得到妥善救治。

法律规定了学校的及时救助义务，学校应当依法遵守。要将及时救助义务落到实处，除了学校和老师重视，学生和家长的配合等主体能动因素之外，学校加强及时救助制度和设施的建设和完善也是很重要的一个方面。例如建立突发事件通报、处理机制，学生受伤急救机制，校园医疗保健机制；完善消防安全设施，随时检查紧急疏散通道的畅通等。只有这样，才能切实履行好学校的及时救助义务，防止和减少学生损害事故的发生。

【典型案例】

案例一：2003 年 4 月 27 日下午 4 时许，课间时间，某初级中学初二学生 16 岁的崔某和同一班的郑某、侯某 3 人上厕所。当时年满 16 岁的辍学学生关某从厕所内向外推自行车，撞了崔某一下，崔某只在口中嘟嚷了一句。关某却不依不饶随即又用自行车猛撞崔某，崔某差点被撞倒，他甩手打了关某的头部一下。谁知关某丢下车随手从腰中掏出一把折叠刀用力扎向崔某，崔某躲闪不及，被扎中胸部，顿时血流如注，关某见事不好，拔腿就跑了。突如其来的一幕惊呆了在场的几名同学。郑某、侯某等几名同学赶紧搀着脸色发白的崔某向厕所外走，刚走到厕所门口，崔某突然瘫倒在地。侯某急忙去找校长，其余 3 名同学将崔某抬到操场上。当时操场上有七八名教师打篮球，郑某急忙呼救："扎死人了。"打球的几名教师停下走过来，可当他们看到满身是血的崔某不是本班学生时，竟从现场离开若无其事地继续玩球。后崔某被送至医院，但终因伤势过重停止呼吸。事发后，教育局迅速于 4 月 28 日晚拿出处理意见：给予学区校长邓某降职处分；给予某初中校长胡某，撤职处分，调离原单位；副校长、教导主任等人也都受到处分。

案例二：张某是小学六年级的学生，就在临近毕业时，突然在上课时感到左眼不适，于是，由其父亲带到医院检查，医生检查后认为须立即住院，后虽经尽力治疗，但认为张某左眼视力模糊已经很长时间了（至少在三周以上），最终还是左眼完全失明。张父认为，张某在两周前由学校组织的体检中，校医并没有告诉张某眼睛有异常情况。于是将学校告上法院。

案例三：某甲为某中学的学生，一天上午对其班主任讲，自己不舒服，想下午请假看病，班主任同意了，但某甲回到课室后便在课桌上趴着，这种状态一直持续到下午上课时间。期间，大家以为只是一般的不舒服，故无人过问此事，就在下午上课时，某甲突然用头向身边的窗户撞了两下，然后倒在地上，口吐白沫，上课的老师和学生以为是癫痫病发作，就让某甲平躺在地上，然后继续上课，同时通知学生家长。等家长到学校后，才将某甲送往医院救治，但因某甲脑出血过多，不治身亡。据医生讲，某甲患有先天性脑血管畸形，因突发性脑血管破裂、出血是导致死亡的原因。

案例四：太原市小店区某学校学生杨某在上课期间被同学小明（化名）用自动铅笔无意刺伤左眼，经鉴定构成10级伤残，但校方与小明家人均不愿承担责任。太原市小店区法院对该案审理终结，判决学校与小明家人共同承担对杨某造成的损失。3月10日15时许，某学校二年级学生小明在老师的允许下上讲台拿卷子，路过杨某座位时与其发生碰撞，致使杨某哭泣。期间老师并未对杨某进行详细询问。放学后，杨某眼部疼痛，后被送往山西省眼科医院进行医治。5月16日，杨某申请法院委托司法鉴定中心进行伤残等级评定：左眼角膜穿孔伤，左眼外伤性白内障，构成10级伤残。

【法律分析】

案例一是典型的学校救治不力，导致学生伤害加重的伤害事故，学校应当对该案承担一定的赔偿责任，学校是该事故的赔偿责任主体，同时，导致伤害发生的关某及其家长也是赔偿责任主体。总的来说，在这起案件中，学生崔某被刺身亡，加害人关某应当依法追究刑事责任，同时应当承担民事赔偿责任。数名玩篮球的本校教师见死不救，违反了有关法律规定的教师和学校负有保护学生人身财产安全的义务，致使受伤学生崔某因抢救不及时身亡，因此构成了学校责任事故，学校及有关人员也应当承担相应的责任。

在案例二中，经法院调查，在张某的体检报告单中，明确写明"左眼视力 0.2，右眼正常，建议进一步检查"。法院由此认为学校已知道张某的视力不正常，但未及时告知其家长，以致延误了治疗时间，造成张某左眼失明，学校有过错，应承担主要责任。张某自己也早亦感觉其左眼有问题，但未告诉其父母，其本人也有过错，应承担次要责任。

在案例三中，某甲如果抢救及时，有生存的可能。正因为该校老师对某甲的怠慢，失去了挽救某甲生命的宝贵时间，因此，学校对损害的发生要承担一定的赔偿责任。

案例四中，法院经审理查明，杨某所受之伤系在学校课堂教学期间因小明无意发生碰撞所致，小明虽不是故意侵犯杨某，但确已造成杨某受伤的事实，应当承担对杨某损害的赔偿责任，其赔偿责任应由其法定监护人承担。而学校在教学期间未能组织有序的课堂教学秩序，导致事故的发生，事故发生后未能根据实际情况及时采取相应措施，导致不良后果加重，也应承担相应赔偿责任。

【法条链接】

《学生伤害事故处理办法》第五条规定："学校应当对在校学生进行必要的安全教育和自护自救教育；应当按照规定，建立健全安全制度，采取相应的管理措施，预防和消除教育教学环境中存在的安全隐患；当发生伤害事故时，应当及时采取措施救助受伤害学生。学校对学生进行安全教育、管理和保护，应当针对学生年龄、认知能力和法律行为能力的不同，采用相应的内容和预防措施。"

《学生伤害事故处理办法》第九条规定："因下列情形之一造成的学生伤害事故，学校应当依法承担相应的责任：……（八）学生在校期间突发疾病或者受到伤害，学校发现，但未根据实际情况及时采取相应措施，导致不良后果加重的……"

《学生伤害事故处理办法》第十五条规定："发生学生伤害事故，学校应当及时救助受伤害学生，并应当及时告知未成年学生的监护人；有条件的，应当采取紧急救援等方式救助。"

《未成年人保护法》第二十四条规定："学校对未成年学生在校内或者本校组织的校外活动中发生人身伤害事故的，应当及时救护，妥善处理，并及时向有关主管部门报告。"

专题5　提供安全校园设施的义务

学校在教育活动中有依法保护学生人身安全的义务和职责，具体表现在学校应当提供符合安全标准的校舍、场地、其他教育教学设施和生活设施，以及对学生进行安全教育、管理和保护等方面。学校提供安全的校园设施是学校的一项重大义务，相关法律对此有明文规定。教育部颁布的《学生伤害事故处理办法》第四条规定："学校的举办者应当提供符合安全标准的校舍、场地、其他教育教学设施和生活设施。"

法律之所以规定学校有提供安全校园设施的义务，是由于学校是学生聚集的地方。学生数量多，人口密度大，学生需要长时间处于这一个环境中学习、娱乐和修习。学校的建筑和设施使用率是相当高的。如果学校不能保证学生学习的场所、使用的设施是安全的，那么一旦发生危险，损失是难以想象的。此外，学校，特别是中小学中的主要学生是未成年人，甚至是无行为能力人，他们年龄小，认知能力不足，往往无法对危险做出正确的判断，因而学校的建筑和设施更要保证是安全的，才能避免对这个群体造成伤害。所以对于学校的建筑和设施的安全性要求要更严格，并且要根据学生群体的需要和特点来进行设计。《学生伤害事故处理办法》第九条规定，因学校的校舍、场地、其他公共设施、设备不符合国家规定的标准，或者有明显不安全因素，造成学生伤害事故的，学校应当依法承担相应的责任。《中小学幼儿园安全管理办法》第十八条规定："学校应当建立校内安全定期检查制度和危房报告制度，按照国家有关规定安排对学校建筑物、构筑物、设备、设施进行安全检查、检验；发现存在安全隐患的，应当停止使用，及时维修或者更换；维修、更换前应当采取必要的防护措施或者设置警示标志。学校无力解决或者无法排除的重大安全隐患，应当及时书面报告主管部门和其他相关部门。学校应当在校内高地、水池、楼梯等易发生危险的地方设置警示标志或采取防护设施。"

为学生提供安全的教育教学设施实际上包含两层意思：（1）学校使用的教育教学、生活设施设备要符合相关安全、卫生标准。如果教育教学、生活设施不符合相关安全标准，严重的，构成教学设施重大责任事故罪，《刑法》第一百三十八条规定，明知校舍或者教育教学设施有危险，而不采取措施或者不及时报告，致使发生重大伤亡事故的，对直接责任人员，处以三年以下有期徒刑；后果特别严重的，处三年以上七年以下有期徒刑。（2）学校对教育教学、生活设施设备等管理、使用要得当。

给学生提供一个安全的学习生活环境是学校的基本义务，也是学校开展教育教学活动的前提和基础。因此《教育法》《未成年保护法》都规定了学校应当完善体育、卫生、校舍等设施，以维护学生的人身安全和受教育的安全。学校客观环境的安全是学校安全工作的头等大事，对于学校来讲，认真履行相关职责是减少事故、避免责任的重要保障。如果学校粗心大意，没有尽责提供符合标准的教学设施，则可能会给学生造成人身损害等后果，这时，在发生学生伤害事故以后，学校就应当承担对受害学生的赔偿责任。

这些事故中有两个问题值得注意：（1）教师应吸取教训，特别是理、化、体教师在设计教案时，要周密考虑教案实施时的安全系数及预防措施；在实施教案过程中要加强对学生的安全教育、操作规范教育，同时要采取安全保护措施，杜绝此类事故的重现。（2）教育学生要增强安全保护意识，无论何时何地都要警惕个人的行为会给自己和他人造成什么样的后果，要严格遵守行为规范和操作规范，时刻绷紧安全这根弦。

【典型案例】

案例一：四川某小学校的几名学生课间休息时，在学校空置的教室内玩耍。下午 1 时 40 分左右，学生玩耍的教室房顶突然坍塌，造成 1人死亡，3 人重伤，18 人不同程度的伤害。事故发生后，学生得到及时的救治，所有受伤的学生病情稳定。

案例二：某初中于 2002 年 6 月的一天下午第三节课，召集全体教师开会，学生上活动课，无护导老师。大部分学生都在操场打篮球、羽毛球或进行其他活动。其中初一（1）班有五个调皮的学生爬到篮球架上玩。由于篮球架基生锈了，不牢固，经不起五个学生的摇晃，突然倒塌。篮球圈砸到下边打篮球的同学陈某头部，陈某当场昏死过去。当学生跑到会议室报告情况时，校长立即拨打急救电话求助医院，并立即通知家长，果断地从校总务处支取 3000 元钱，组织老师马上将学生送往医院。幸亏及时急救，这个学生脱离了危险。在整个事故过程中，校方与学生家长相互体谅，积极配合，及时治疗，医护得力，使得陈某恢复较快，目前已能参加正常学习，情况良好。事后，家长首先是感谢学校的老师和校长，由于急救及时，使他儿子能转危为安。但紧接着就指出学校的过错：（1）运动场的设施陈旧，没有及时发现、及时翻新，留下了危急事故发生的隐患；（2）全体老师开会没有安排护导老师，管理制度不健全；（3）作为学校的管理和监督制度不完善，学校负有主要责任。家长提出如下要求：（1）学校必须承担全部医疗费用；（2）学生现在暂时恢复正常，但以后如果有脑部的后遗症，学校必须负责，或一次性赔偿营养费、交通费、护理费、生活补助费若干万元；（3）学生所耽误的学习，学校必须负责补上。这一事故来得突然，学校与家长之间意见分歧较大。几经调解，最后还是大事化小，和平解决：（1）由校方承担医疗费用；（2）安排有关老师为陈某补课；（3）校方担保此学生在校的安全。

【法律分析】

案例一中，该学校的教室明显有不安全因素，同时，学校也没有采取有效的安全措施，以致学生能够在该不安全的教室玩耍而造成严重的学生伤害事故。学校有关人员的行为明显构成了教育设施重大安全事故罪，应当依照《刑法》的规定予以处理。同时，学校还应当对受害学生或其家属承担民事赔偿责任，对于刑事责任按照《刑法》进行处理。这里主要分析民事赔偿事宜，根据《民法通则》第一百一十九条的规定：侵害公民身体造成伤害的，应当赔偿医疗费、因误工减少的收入、残废者生活补助费等费用；造成死亡的，并应当支付丧葬费、死者生前扶养的人必要的生活费等费用。可以肯定，学校对伤害事故应当承担民事责任，即学校是该伤害事故的赔偿主体。原因在于：第一，发生了严重的学生伤害事故，造成多人伤亡，即发生了严重的伤害后果。第二，学校没有能够对教室进行安全维护和采取安全措施保障学生免受伤害，学校的不作为行为明显违反法律的规定，违背法定的义务。第三，学校的不作为行为与损害后果有因果关系，是学校的不作为行为造成了学生伤害事故后果的发生。第四，学校存在主观过错。因此，学校对该事故承担责任，应当对学生的伤亡后果负责赔偿损失。总之，学校为本案的赔偿主体。这样，学校应当按照法律上的规定赔偿受伤亡学生的全部损失。

案例二中，学校篮球架不牢固，且无值日老师监督学生，因此，学校应负主要责任；五个学生违纪爬上篮球架，应负次要责任。学校处理此事合理。学校应加固篮球架，同时在篮球架上标明"不准攀爬"字样，以防类似事故发生。此外，自习课内教师不应离开学生，学校不应在自习课期间集中全体教师开会，如需召开教师会议，应安排值日老师，否则极易发生事故。

【法条链接】

《侵权责任法》第二十六条规定："被侵权人对损害的发生也有过错的，可以减轻侵权人的责任。"

《侵权责任法》第三十八条规定："无民事行为能力人在幼儿园、学校或者其他教育机构学习、生活期间受到人身损害的，幼儿园、学校或者其他教育机构应当承担责任，但能够证明尽到教育、管理职责的，不承担责任。"

《侵权责任法》第三十九条规定："限制民事行为能力人在学校或者其他教育机构学习、生活期间受到人身损害，学校或者其他教育机构未尽到教育、管理职责的，应当承担责任。"

《侵权责任法》第四十条规定："无民事行为能力人或者限制民事行为能力人在幼儿园、学校或者其他教育机构学习、生活期间，受到幼儿园、学校或者其他教育机构以外的人员人身损害的，由侵权人承担侵权责任；幼儿园、学校或者其他教育机构未尽到管理职责的，承担相应的补充责任。"

《学生伤害事故处理办法》第四条规定："学校的举办者应当提供符合安全标准的校舍、场地、其他教育教学设施和生活设施。教育行政部门应当加强学校安全工作，指导学校落实预防学生伤害事故的措施，指导、协助学校妥善处理学生伤害事故，维护学校正常的教育教学秩序。"

《学生伤害事故处理办法》第九条规定："因下列情形之一造成的学生伤害事故，学校应当依法承担相应的责任：（一）学校的校舍、场地、其他公共设施，以及学校提供给学生使用的学具、教育教学和生活设施、设备不符合国家规定的标准，或者有明显不安全因素的；（二）学校的安全保卫、消防、设施设备管理等安全管理制度有明显疏漏，或者管理混乱，存在重大安全隐患，而未及时采取措施的……"

《学生伤害事故处理办法》第十条规定："学生或者未成年学生监护人由于过错，有下列情形之一，造成学生伤害事故，应当依法承担相应的责任：（一）学生违反法律法规的规定，违反社会公共行为准则、学校的规章制度或者纪律，实施按其年龄和认知能力应当知道具有危险或者可能危及他人的行为的……"

《中小学幼儿园安全管理办法》第十八条规定："学校应当建立校内安全定期检查制度和危房报告制度，按照国家有关规定安排对学校建筑物、构筑物、设备、设施进行安全检查、检验；发现存在安全隐患的，应当停止使用，及时维修或者更换；维修、更换前应当采取必要的防护措施或者设置警示标志。学校无力解决或者无法排除的重大安全隐患，应当及时书面报告主管部门和其他相关部门。学校应当在校内高地、水池、楼梯等易发生危险的地方设置警示标志或采取防护设施。"

专题6 提供合格食品、药品、饮用水的义务

学校提供合格药品、食品、饮用水的义务是指学校负有为学生提供的药品、食品、饮用水应当符合国家安全卫生标准，不会损害人体健康并具有应有效用的义务。《学生伤害事故处理办法》第九条规定，学校向学生提供的药品、食品、饮用水等不符合国家或者行业的有关标准、

要求，造成学生伤害事故的，学校应当承担相应的责任。

　　学校不仅是学生学习和接受教育的场所，同时也是学生生活的场所。学校除了履行教育义务之外，还要履行保护义务。学生在学校的餐厅用餐，在学校的医院就医，在学校的宿舍休息，因而，在这些场所中的一切日常活动都应该得到保障。学校作为学生生活场所和餐宿用品的提供者，自然就负有提供合格药品、食品、饮用水的义务。

　　教育部与卫生部联合制定《学校食堂与学生集体用餐卫生管理规定》。该管理规定为学校食堂与学生集体用餐卫生做了明确的说明和指导，其中有关食堂从业人员卫生标准和卫生要求的条款。该管理规定第四条规定："食堂更应当保持内外环境整洁，采取有效措施，消除老鼠、蟑螂、苍蝇和其他有害昆虫及其孳生条件。"第十五条规定："食堂炊事员必须采用新鲜洁净的原料制作食品，不得加工或使用腐败变质和感官性状异常的食品及其原料。"第十六条规定："加工后的熟制品应当与食品原料或半成品分开存放，半成品应当与食品原料分开存放，防止交叉污染。食品不得接触有毒物、不洁物。不得向学生出售腐败变质或者感官性状异常，可能影响学生健康的食物。"从上述条款中可以看出，法律对于学校食品安全十分重视。学校作为教育机构，明知法律的规定，如果无视法律的权威与学生的安全与健康，应当依法承担相应的行政责任。依据该管理规定第三十四条，对违反本规定，玩忽职守、疏于管理，造成学生食物中毒或者其他食源性疾患的学校和责任人，由教育行政部门按照有关规定给予通报批评或行政处分。

　　承担行政责任并不意味着学校没有其他责任。《侵权责任法》第三十九条规定："限制民事行为能力人在学校或者其他教育机构学习、生活期间受到人身损害，学校或者其他教育机构未尽到教育、管理职责的，应当承担责任。"学校还需向受到人身损害的学生赔偿一定数量的医疗费用，并向学生家长道歉。

　　总之，在学校范围内，学校不仅是提供教育的机构，而且也是提供学生后勤保障的机构。这样，对于食品、饮用水等方面的供给，学校应当保证质量。如果学校向学生提供了不符合标准的食品、饮用水，而导致学生受到人身伤害，则学校应当承担赔偿责任。为保护学生群体的健康和安全，教育机构应当严格执行《学校食堂与学生集体用餐卫生管理规定》《餐饮业和学生集体用餐配送单位卫生规范》，严格遵守卫生操作规范。学校还应建立和完善食堂物资定点采购和登记制度，饭菜留验和记录制度，并形成给检查饮用水卫生和药品质量的常态机制。

【典型案例】

案例一：某县某小学为了学生生活、学习方便，长期为本校学生提供早餐服务。2003 年 5 月 6 日早晨，该校部分小学生在食用早餐 20 分钟后，有的学生出现头昏、腹泻、呕吐现象。学校发现后，立即将就餐学生送到医院救治，同时封闭食堂。后经相关部门检查确认，这些学生是因为食用了沾有剧毒鼠药的食品而导致的食物中毒。后经倒查，学校食堂管理员从学校总务处领回鼠药后，随手放到厨房的柜子里，其他从业人员并不知晓。谁知早起做饭的师傅不小心碰到药，药被碰溅到沸腾的锅里，导致中毒事件。学生经抢救，全部脱离了危险。

案例二：2001 年 9 月 5 日，东北某地 11 所学校的 2300 多名学生发生集体中毒事件，起因是某公司向学校提供的、并且学校要求学生必须服用的豆奶中的志贺杆菌超标，因而造成学生产生恶心、呕吐、腹痛、发热等症状。

【法律分析】

案例一是一起因学校食堂向学生提供的食品不符合卫生要求，而导致学生食物中毒事故的发生。第一，学校及其工作人员有过错和违法行为；第二，违法行为导致学生食物中毒的伤害事故，违法行为与损害后果有因果关系。因此，学校应当承担赔偿责任。学校为本案的赔偿主体。食堂管理人员作为学校的工作人员，不直接对学生中毒事故承担责任。但是，学校可以追究食堂管理人员的相关责任。

案例二中的学校伤害事故都是学校责任，给我们的教训是：一是食堂采购必须实施定点采购和食品留样制度；二是学校的食堂必须具备开办的条件，达到规定的考核量化标准。凡是学校向学生提供的药品、食品、饮用水等不符合标准，造成学生伤害事故的，学校都应依法承担相应的责任。学校可根据《学生伤害事故处理办法》第三十八条规定："其他单位和个人为学校提供产品与服务造成学生安全事故的，提供产品与服务的单位和个人应当承担损害赔偿责任；学校已先行支付赔偿费用的，应当向提供产品与服务的单位和个人行使追偿权。"

【法条链接】

《侵权责任法》第三十九条规定："限制民事行为能力人在学校或者其他教育机构学习、生活期间受到人身损害，学校或者其他教育机构未尽到教育、管理职责的，应当承担责任。"

《学生伤害事故处理办法》第九条规定："因下列情形之一造成的学生伤害事故，学校应当依法承担相应的责任：……（三）学校向学生提供的药品、食品、饮用水等不符合国家或者行业的有关标准、要求的……"

《学生伤害事故处理办法》第二十三条规定："对发生学生伤害事故负有责任的组织或者个人，应当按照法律法规的有关规定，承担相应的损害赔偿责任。"

《学校食堂与学生集体用餐卫生管理规定》第四条规定："食堂应当保持内外环境整洁，采取有效措施，消除老鼠、蟑螂、苍蝇和其他有害昆虫及其孳生条件。"

《学校食堂与学生集体用餐卫生管理规定》第十五条规定："食堂炊事员必须采用新鲜洁净的原料制作食品，不得加工或使用腐败变质和感官性状异常的食品及其原料。"

《学校食堂与学生集体用餐卫生管理规定》第十六条规定："加工食

品必须做到熟透，需要熟制加工的大块食品，其中心温度不低于70℃。加工后的熟制品应当与食品原料或半成品分开存放，半成品应当与食品原料分开存放，防止交叉污染。食品不得接触有毒物、不洁物。不得向学生出售腐败变质或者感官性状异常，可能影响学生健康的食物。"

《学校食堂与学生集体用餐卫生管理规定》第三十四条规定："要建立学校食品卫生责任追究制度。对违反本规定，玩忽职守、疏于管理，造成学生食物中毒或者其他食源性疾患的学校和责任人，以及造成食物中毒或其他食源性疾患后，隐瞒实情不上报的学校和责任人，由教育行政部门按照有关规定给予通报批评或行政处分。对不符合卫生许可证发放条件而发放卫生许可证造成食物中毒或其他食源性疾患的责任人，由卫生行政部门按照有关规定给予通报批评或行政处分。对违反本规定，造成重大食物中毒事件，情节特别严重的，要依法追究相应责任人的法律责任。"

三、学校应当承担责任的情形

专题1　学校行政行为

学校行政行为是指依法成立的公立学校根据法律、法规、规章的授权在学校管理领域内依照法定程序针对教师、学生做出的影响其权利、义务的具有法律效力的单方面行为。学校行政行为与学校民事行为的范畴不同，后者是平等主体间的民事活动，如向文具公司购买教学用具，与建筑公司签订建筑工程合同等。学校行政行为发生在学校的管理领域内。在这个领域内，学校与其管辖的教师、学生不是一种平等的民事法律关系，而是命令与服从的行政法律关系。

学校的行政行为具有明显的特征：（1）强制性。学校做出的决定，不管学生、教师的意愿如何，必须遵守。（2）单方面行。学校在做出决定时，虽然需要听取教师、学生的意见，但教师、学生的意见对学校不具有约束效力，学校可凭自己的意志做出决定。（3）公益性。学校的行政行为的目的不在于维护个别人的私人利益，而在与保障正常的教学秩序、科研秩序以及公共秩序等。基于学校行政行为的以上特征，学校在实施行政行为时不能随意而为，必须严格实施，依法实施。

开除学籍是对学生最严厉的处分，其制裁方式是剥夺违纪学生在某校受教育的的权利。学校不是行政机关，因此，其只有在法律法规授权的情况下，才具有行政职权。《教育法》第二十八条规定，学校具有招生、学籍管理、奖惩、颁发证书、组织教学、制定规章等方面的职权。因此，学校必须在法律法规授权的领域做出的行为才是行政行为。《未成年人保护法》第十八条规定："学校应当尊重未成年学生受教育的权利，关心、爱护学生，对品行有缺点、学习有困难的学生，应当耐心教育、帮助，不得歧视，不得违反法律和国家规定开除未成年学生。"这意味着学校行政行为只有符合法律和国家规定，才可以开除学生。同时，这也意味着学校开除学生的行为属于行政行为。

既然学校开除学生的行为属于行政行为，从相关法律规定来看，学校开除学生的行为可分为两种情形：（1）开除未成年学生，尤其是义务教育阶段的学生；（2）非义务教育阶段的学生。对于第一种情形，《义务教育法》第二十七条已经明确规定："对违反学校管理制度的学生，学校应当予以批评教育，不得开除。"这是一条强行规定，学校无权开除义务教育阶段的学生。对于第二种情形，至于高中阶段，法律尚无专门规定，但可依据《普通高等学校学生管理规定》第五十四条的相关条款作为参考。依照该条款规定的情形，学校可以开除学生学籍。

需要注意的是，学校行政行为侵权不同于民事侵权。学校行政行为侵犯学生的受教育权实质上是行政主体侵犯行政相对人的合法权益。因此，对于此类侵犯学生受教育权的行为，可以向学校和上级教育行政部门申诉，或者直接向法院提起行政诉讼，以维护自己的合法权益。

【典型案例】

案例一：2013 年，针对云南省陆良一中两名高中生因为在教学楼内"吹泡泡"和"扔纸飞机"被学校开除事件，陆良县教育局调查组认为学校处罚过重，责令陆良一中撤销对两名同学的处罚，作出书面检查，并对学校通报批评。

案例二：云南景谷县一中 3 名高中学生用纸碗和塑料袋提饭到教室，学校决定将 3 人开除学籍，并降为借读生留校察看半年，其中 2 人的补助金也被撤销。景谷一中负责人后来证实确有此事，虽开除学籍，但不影响继续上学。有网友列出 21 条"景谷一中新校规"，除了"端纸碗""用油脂袋提饭"，用手机、玩电脑、抽烟喝酒、上课睡觉、考试作弊、周末睡懒觉等，都会被"开除学籍"，甚至"碰铁门"也将受到同样处罚。

案例三：薛某是初中二年级学生，因在校和其他学生打架，学校以违反校规为由，将其开除学籍，现在辍学在家。薛某多次表示悔过，希望回学校上学，但找校方协商恢复学籍时，却屡次被校方拒绝。

【法律分析】

就学校是否有权利开除未成年学生的问题，根据我国《教育法》第二十八条的规定，学校及其他教育机构有权"对受教育者进行学籍管理，实施奖励或者处分"。由此学校获得了对在校学生法定的惩戒权，但这并不意味着学校就可以随意开除学生，尤其对于有权利接受义务教育的中学生。我国《宪法》规定，公民有受教育的权利，此项宪法权利，任何单位和组织都不能随意剥夺。另外，《未成年人保护法》第十八条规定："学校应当尊重未成年学生受教育的权利，关心、爱护学生，对品行有缺点、学习有困难的学生，应当耐心教育、帮助，不得歧视，不得违反法律和国家规定开除未成年学生。"第四十九条、第五十一条规定，未成年人的合法权益受到侵害的，被侵害人及其监护人或者其他组织和个人有权向有关部门投诉，有关部门应当依法及时处理，或者依法向法院提起诉讼。上述规定表明，学校可以通过合法手段惩戒未成年学生，但不能随意开除学生。

首先，学校不得仅以违反学校管理制度为由开除未成年学生。新修订的《义务教育法》第二十七条规定："对违反学校管理制度的学生，学校应当予以批评教育，不得开除。"无论是义务教育还是非义务教育阶段的未成年学生，如果仅仅是违反了学校管理制度，还未达到刑事处罚、收容教养或者劳动教养的条件，就不应开除，而只能对学生进行批评教育，甚至也要尽可能不给予其他纪律处分。

其次，学校不得通过"劝其退学"等形式变相开除学生。目前不少的学校为了减轻自己管理上的负担，通过劝学生退学等变相开除学生的形式，不负责任地把那些品行有缺点的学生推出校门，这不仅使这些学生丢失了受教育的权利，而且给社会治安带来了一定压力，他们当中有相当一部分人，从此走上了违法犯罪的道路。这就要求学校要端正办学方向，正确对待那些后进生。为此，新修订的《未成年人保护法》第十八条规定，学校应当尊重未成年学生受教育的权利，关心、爱护学生，对品行有缺点、学习有困难的学生，应当耐心教育、帮助，不得歧视。因此，对于这些学生，学校不得歧视或者无故迫使他们退学、转学。

【法条链接】

《教育法》第二十八条规定："学校及其他教育机构行使下列权利：

（一）按照章程自主管理；（二）组织实施教育教学活动；（三）招收学生或者其他受教育者；（四）对受教育者进行学籍管理，实施奖励或者处分；（五）对受教育者颁发相应的学业证书；（六）聘任教师及其他职工，实施奖励或者处分；（七）管理、使用本单位的设施和经费；（八）拒绝任何组织和个人对教育教学活动的非法干涉；（九）法律、法规规定的其他权利。"

《未成年人保护法》第十八条规定："学校应当尊重未成年学生受教育的权利，关心、爱护学生，对品行有缺点、学习有困难的学生，应当耐心教育、帮助，不得歧视，不得违反法律和国家规定开除未成年学生。"

《义务教育法》第二十七条规定："对违反学校管理制度的学生，学校应当予以批评教育，不得开除。"

专题2　学校过失

法律上的过错，不管刑事还是民事，都可分为两种形式，一种为故意，一种为过失。故意又可分为直接故意和间接故意，直接故意是指行为人明知或应当知道其行为会导致违法、违约或致人损害的后果，但其仍希望这种后果发生的主观状态。间接故意是指行为人明知或应当知道其行为会导致违法、违约或致人损害的后果，但其放任这种后果发生的主观状态。两者不同之处在于主观心理状态不同，直接故意为追求不法后果的发生，而间接故意是对不法后果是否发生放任不管。两者在主观上对不法后果都不具有排斥性。过失又可分为疏忽大意和过于自信。疏忽大意是指行为人应当预见到其行为可能会导致违法、违约或致人损害的后果，但由于一时大意而没有预见的主观状态。过于自信是指行为人已经预见到其行为可能会导致违法、违约或致人损害的后果，但由于对自己的经验、技术等因素过于自信，从而轻信这些后果不会发生的主观状态。两者不同在于一个是没有预见后果发生的可能，一个是轻信后果会避免，但两者在主观上对不法后果都具有排斥性。

无论是在《刑法》还是《民法通则》中，行为人都要对过失导致的损害承担责任。不是故意的，就可不承担责任的观念是错误的。

依据我国现有法律法规的有关规定，学校存在过错的情形主要包括：

（1）学校的设施、设备不符合国家的标准或有明显不安全因素的，如校舍、场地、其他公共设施、学具、生活设施、设备等。

（2）学校的安全管理制度有明显疏漏，或者管理混乱，存在重大安全隐患，未及时采取补救措施的，如门卫制度与管理行为、消防制度与行为、宿舍管理制度与行为、公共设施管理制度与行为等。学校在安全保卫、消防、设施设备上的管理一定要是规范的，要有多种健全制度，如果管理上出现的疏漏造成的伤害事故，学校负全责。

（3）学校向学生提供的食品、药品、饮用水等不符合国家或行业规定的标准与要求的。

（4）学校组织学生参加教育教学活动或者校外活动，未对学生进行安全教育，或未在可预见的范围内采取必要的防范措施的，如出发前的安全教育，采取必要防范措施（选派教师、监管学生），注意用车安全（大公司、验车、驾驶员执照、签订合同），旅行过程中（教师管理、避免危险地带），回校清点等。

（5）学校知道教师或者其他工作人员患有不适宜担任教育教学工作的疾病，但未采取必要措施的；如患有精神病、传染病等。学校知道教师或者其他工作人员患有不适宜担任教学工作的疾病，但未采取必要的措施的，如果教师是有精神病、急性传染病，由此造成的学生伤害事故学校是要负全责的，但有一个前提是学校是知道，如果教师是新来的或是新发病，学校不知道，学校免责。

（6）学校违反有关规定，组织或安排未成年学生从事不适宜未成年人参加的劳动、体育运动或者其他活动的。学校在组织学生参加集会、文化娱乐、社会实践等集体活动中发生的人身伤害，学校对其组织举办的校外活动负有管理职责，不管此活动是否在学校场地进行。学校在组织学生校外活动时，其照管职责的大小取决于特定的活动场所及环境，在不同的环境中学校应负担的照管职责的标准也相应不同，如因学校未履行或未适当履行照管职责导致学生受到人身损害则应根据其过错大小承担责任。

（7）学生有特异体质或特定疾病，不宜参加某种教育教学活动，学校知道或者应当知道，但未予以必要的注意。在此学校对学生身体状况，学生特殊体质或者有疾病要有必要的了解和注意。

（8）学生在校期间突发疾病或者受到伤害，学校发现，但未根据实际情况采取相应措施，导致不良后果加重的。

（9）教师或其他工作人员体罚或者变相体罚学生，或者在履行职责的过程中违反工作要求、操作规程、职业道德及其他有关规定的，如体罚、变相体罚；体育课、化学课、劳动课违反操作规程等。

（10）教师或其他工作人员在负有组织、管理未成年学生的职责期间，发现学生行为具有危险性，但未进行必要的管理、告知或制止的，如早读时间、上课时间、课间休息、午休时间、晚自习、熄灯就寝间歇等。

（11）对未成年学生擅自离校等与学生人身安全直接相关的信息，学校发现或者知道，但未及时告知未成年学生的监护人，导致未成年学生因脱离监护人的保护而发生伤害的，如擅自离校、身体不适、学校作息时间变更等。

（12）学校有未依法履行职责的其他情形，如校园车辆行驶等。

总之，预防学校责任事故应注意以下问题：设施达标、制度健全、教育经常、管理到位、救护及时。

【典型案例】

案例一： 2003 年 11 月 22 日上午经学校领导批准，班主任吴老师与学校的另两位老师一同组织该校五年级约 60 名学生到该市海边进行野炊活动，但学校要求不准学生下海游泳。野炊过程中，部分男生向班主任吴老师提出下海游泳要求，刚开始吴老师不同意，后经学生再三要求，吴老师便同意了学生下海的要求，游泳时周某不慎被海浪卷走，3 位老师积极抢救，并报"110""120"求救，也未能阻止学生周某溺水身亡悲剧的发生，吴老师最后被判有期徒刑一年，缓刑一年。

案例二： 某小学 10 岁的小学生于某参加了学校组织的鼓号队训练，中途休息时，其未按要求将队鼓卸下，在再次集合途中不慎跌倒，其腹部受到队鼓挤压，当时于某的伤情被前去观看训练的父母发现，随即将于某送到医院检查治疗，当时检查未发现异常，但医生要求于某住院观察，其父母以怕影响于某学习为由，要求暂时不住院，回家观察，并将情况告知了于某的班主任，要求留意观察，5 天后，于某自感阵痛加剧，被送到医院住院，诊断为脾破裂手术切除。

案例三： 某校初中组织拔河比赛，当比赛的一方获胜后，突然同时松开手中的绳子，致使对方的队员陆续倒地，其中多名队员踩压在学生杨某身上，杨某当场死亡，杨某的父母认为自己的孩子平时身体健康，此次意外死亡完全是由于学校的组织不利，将学校告上了法庭。法院审理认为，学校负有对危险性的体育运动妥善组织安排的职责，学校作为竞赛活动的组织者和管理者，假如在比赛前能向学生强调拔河中的纪律和注意事项，悲剧就不会发生，所以学校在这里的过错，主要是没有尽到适当的警示义务。

案例四： 星期天某小学开展学雷锋活动，组织三年级学生到汽车站打扫卫生，擦洗玻璃。出发前，班主任老师向学生交代了任务，强调了要求，要求大家在活动中遵守纪律注意安全，上午到达车站后分头打扫卫生，擦洗玻璃，其中部分女生到二楼擦洗玻璃，学生张某不小心从二楼窗台摔下，班主任和车站的领导及时赶来，将张某送往医院，诊断为小腿粉碎性骨折，事后经调解，达成协议由学校和车站分别给予赔偿。

案例五：吴某、邢某、陈某系某小学一年级学生（均为 8 岁）下午上课时，任课教师安排学生活动后离开教室，此时陈某与邢某在座位上互相嬉耍，陈某用铅笔指着邢某的脸说"你脸上有颗痣"，邢某随即反过来用铅笔点陈某时，笔尖正好戳到从过道上走过的吴某的左眼，至其左眼穿透伤，经鉴定吴某左眼损伤为 10 级伤残。

案例六：某中学初二学生李某在上语文课时，乘语文教师在黑板上写字之机，偷偷从教室后门溜出，来到学校操场，与正在上体育课的另一个班级学生踢球，李某因碰撞和孙某发生冲突，用脚将孙某踢倒在地，造成孙某肋骨骨折，事后学校和李某被告上法庭，判决由学校和李某各负担50%的赔偿责任。

【法律分析】

案例一中，学校有明确规定不准学生下海游泳，吴老师也意识到让 11 岁的学生下海会有危险，属于过于自信的过失，其过失行为与被害人的死亡有直接因果关系，吴老师作为学生活动的带队老师，不仅没有尽到教师对学生的管理、保护义务，反而因为自己的决定过失导致学生溺水死亡，对事故的发生负有不可推卸的责任。事故发生后，吴老师等能积极抢救，并主动报"110""120"求救，得到了减轻处罚，给吴老师定玩忽职守罪更为恰当。

案例二中，法院审理认为，学校在组织训练时，虽有安全措施，但没有做好防范措施，一百多名小学生集体训练只有一名年轻教师在场组织，10 岁左右小学生发育尚未成熟，身材不高，在胸前背上一个大鼓，必然挡住视线，而学校应当预料到学生在剧烈活动或奔跑时有可能发生事故，学校在管理中有疏忽，所以最后法院认为学校管理的过错是导致学生摔伤的主要原因，学校应当承担民事责任，遂判学校赔偿于某各项损失 3.78 万元。

案例三中需要我们注意的是，学校在组织拔河活动之前，一定要判定周密的活动预案，将活动时间、场地人员等事项进行组织安排，对注意事项，应急处理等问题提前进行策划、考虑部署，并对参加的学生进行必要的纪律教育，对注意事项要认真向学生讲清。只有做好充足的准备工作，才能使学生伤害事故不发生、少发生，即使有意外，学校也会因为工作无疏漏而免责。

在案例四事故中学校和车站都是有一定过错的，学校安排学生参加劳动项目不合适。三年级的小学生基本上还属于无民事行为能力人，此时安排他们去擦二楼的玻璃是明显不当的，对于学校来说，在学生活动时没有足够的教师跟随，不能及时发现和制止学生危险动作，这也是不当的。对于一个不满 10 岁的孩子，在外界活动时不能采用放羊式的组织形式，那样极容易发生意外，学校和车站没有对学生采取必要的防护措施这也是不妥的。在这起事故中，虽然学校的出发点是好的，组织学生参加一些社会公益性活动是有益于培养学生良好道德水准的，但在组织这类活动中学校应当注意活动的时间、地点，负责人都提前落实需要提前与有关单位联系的，要及早打好招呼，活动的项目一定要经过精心选择，适合学生智力、体力等情况，要力所能及。在活动中注意保护学生安全，不能带有商业色彩。尽量避免带学生到不适于未成年人进入的场所活动，一定保证有足够的教师跟随，既要避免学生违纪发生意外，也要防范外界对学生的不良影响和侵害。

案例五中，吴某的受伤是因为邢某挥动铅笔造成的，因此，邢某对事故的发生负有一定的责任，陈某的嬉戏行为同吴某的受伤并没有直接关系，所以陈某不应承担责任。对于学校来说，其老师在上课期间脱离课堂，使未成年学生失控，则是导致事故发生的一个主要原因，因此学校应承担主要责任。

案例六中，学校的过失主要表现在两个方面：一是上课时教师没有及时发现班中学生溜出教室，以致使李某失去监管，二是另一个班级的体育教师没有发现非本班学生混在班里，发生冲突时又没有及时制止，以致伤害发生。李某作为限制民事行为能力人，应当能够了解自己行为的后果，但其依然违反校规在上课期间溜出教室，并殴打他人致伤，过错也是明显的，其民事责任应当由其监护人承担。

在教育教学当中，经常会有一些学生给老师找麻烦，上课时偷偷溜出教室就是比较常见的一种，这些违纪的学生往往借老师正在黑板上书写，给同学做个别辅导或其他时机，偷偷溜出教室，老师对此也经常难以发现，而一旦逃课的学生发生意外，老师就很容易惹上麻烦，那么作为任课老师，学生如果在上课期间受伤，学校是否承担责任，就要看学校或学校的教师对于事故的发生是否是具有过错，任课教师在上课期间承担着传授知识、维护课堂纪律的责任，所以教师应当认真履行自己的教育教学职责。

【法条链接】

《侵权责任法》第三十八条规定："无民事行为能力人在幼儿园、学校或者其他教育机构学习、生活期间受到人身损害的，幼儿园、学校或者其他教育机构应当承担责任，但能够证明尽到教育、管理职责的，不承担责任。"

《中小学幼儿园安全管理办法》第二十八条规定："学校在日常的教育教学活动中应当遵循教学规范，落实安全管理要求，合理预见、积极防范可能发生的风险。学校组织学生参加的集体劳动、教学实习或者社会实践活动，应当符合学生的心理、生理特点和身体健康状况。学校以及接受学生参加教育教学活动的单位必须采取有效措施，为学生活动提供安全保障。"

《学生伤害事故处理办法》第九条规定："因下列情形之一造成的学生伤害事故，学校应当依法承担相应的责任：……（四）学校组织学生参加教育教学活动或者校外活动，未对学生进行相应的安全教育，并未在可预见的范围内采取必要的安全措施的……"

《学生伤害事故处理办法》第十条规定:"学生或者未成年学生监护人由于过错,有下列情形之一,造成学生伤害事故,应当依法承担相应的责任:……(二)学生行为具有危险性,学校、教师已经告诫、纠正,但学生不听劝阻、拒不改正的……"

专题3 不能证明无过错

未成年人特别是未满10周岁的无民事行为能力人天性好奇好动,但心智却远未成熟,对事物认识有限,缺乏自我保护的知识和能力,在学校等教育机构参加各类活动时难免受损害或致他人受损害。因此,法律也加大了对该群体的保护力度。《侵权责任法》第三十八条规定:"无民事行为能力人在幼儿园、学校或者其他教育机构学习、生活期间受到人身损害的,幼儿园、学校或者其他教育机构应当承担责任,但能够证明尽到教育、管理职责的,不承担责任。"本项规定实际上是通过设定学校的过错推定原则,将举证责任附加给学校等教育机构,这样更有利于保护无行为能力人的权利。

过错推定渊源是侵权责任法上划归责任的一种原则,也叫过失推定原则,是指发生损害结果后,受害人在诉讼中不需要证明侵权人存在过错,而是从损害事实本身推定加害人有过错,除非加害人能拿出证据证明自身不存在过错,否则加害人就要承担侵权责任。根据上述规定,无行为能力人一旦在学校或其他教育机构受到侵害,进入诉讼程序后无须证明教育机构存在过错,只要教育机构拿不出能够证明自己尽到教育、管理职责的证据,就应对无行为能力人的伤害负赔偿责任。

虽然从表面上来看,这样的规定对学校来说很不公平,但却是从实际操作上来考虑的，体现了实质上的公平。无行为能力人的认知能力有限，假设由作为受害方的无行为能力人举证证明学校存在过错，这种举证要求很不合理，也无法完成，实质上就变相排除了学校的责任。将证明自己无过错的举证责任附加给学校，一方面学校等教育机构本身就承担着无行为能力人的安全保障义务，应该尽量避免伤害事故的发生；另一方面，如果学校真的已经尽到积极保护的义务，相信举证证明对于校方来说并非难事。

有鉴于此，学校可以通过以下措施防范和分散风险：首先，学校等教育机构应尽量安装视频监控系统，通过视频监控，可以及时发现、制止事故苗头，同时也有利于学校举证证明已经尽到了相当的注意并且实施了合理的行为，以达到免责的目的，也不失为学校和学生家长都放心的措施；其次，推行学校责任险，分散风险，缓解学校的压力，也有利于发生损害后学生及时得到赔偿。校方责任险，是由学校作为投保人，因校方过失导致学生伤亡的事故及财产损失，由保险公司来赔偿，学校也是受益方，是一种责任保险；再次，设立校园伤害赔偿准备金。教育行政部门可以统筹学校通过财政拨款、社会捐赠等形式设立学生伤害赔偿准备金，以备不时之需，减轻学校压力；最后，家长也建议应正确看待校园伤害事件，不要认为把孩子交给学校就等于可以放任不管。此外可以替孩子购买学生意外伤害险等保险，与学校责任险构成双重保护。在事故发生后及时保管好相关证据材料，利于以后维权。

【典型案例】

点点、小蓝、小杨均是兴宁某小学学生。2011 年 10 月 18 日午餐时，两位值班的老师一位在教室里看管学生用餐，另一位则在教室门口看管吃完饭的学生休息或自由活动。三个小朋友吃完饭后在校内保卫室旁的一张长板凳旁玩耍。玩耍中，点点突然摔倒在地，值班老师经学生报告后将点点扶起，接着打电话通知家长和向学校汇报，并送点点去医院治疗。

对于点点在学校摔伤的事实，点点、小蓝、小杨三方家长及学校并没有异议，但点点是怎么受伤的，各方当事人说法不一，都不愿意承担责任。

学校认为，点点是自己玩耍时不慎从长凳上摔下来的，事发后学校也及时将点点送医治疗，已经尽到了应尽的教育、管理职责。小蓝、小杨的家长则认为，事实是点点吃过饭后过来要求小蓝、小杨把凳子抬起来玩耍，但小蓝、小杨不肯就走开了，之后点点自己摔倒了，并且孩子交给学校，监护职责已经转移。

点点的家长则认为，在点点住院手术期间，小杨的母亲和小蓝的奶奶前来探望，对点点的伤害表示了慰问，可以佐证点点所受伤害与小蓝和小杨有直接关系。

【法律分析】

一审诉讼中，原审法院制作了调查笔录。两位值班老师称："当时，小蓝、小杨、点点三人吃完饭后，在外面的凳子旁玩，我们一个老师看管那么多学生也不可能每个学生都留意到。具体摔倒的过程是瞬间发生的。"

一审法院依据过错原则判定学校承担责任，依据公平责任判定三位学生均承担责任。一审认为，本案中学校平时安排学生、吃完午餐后，到教室外短时间休息或自由活动再进行午睡的制度，有益于学生身体健康，且整个过程安排两位值日老师看护，其做法并无不妥，但事发当日值日老师没有预见到点点与小蓝、小杨在长凳旁玩耍有被致伤的可能性而未及时予以制止存在一定的过错，应承担 25% 的赔偿责任。而鉴于点点的损伤是点点、小蓝、小杨在长凳旁玩耍时瞬间发生的，具体的损伤过程及过错大小各执一词，根据案件实际，依据公平原则，确定由点点、小蓝、小杨承担此事故的同等责任，即小蓝、小杨各承担 25% 的赔偿责任，其余 25% 由点点自行承担。

小蓝、小杨的家长不服提起上诉，坚持认为自己不应承担责任。

梅州中院二审后认为，学校在接收点点入校后，即应对包括点点在内的儿童履行教育、管理和保护的义务，保障其人身安全。当点点在长板凳上玩耍时，值班老师未及时发现并制止，导致损害结果的发生，学校尽到教育、管理职责，对点点身体受到伤害具有过错，应对点点因人身损害造成的损失承担相应的赔偿责任。点点作为无民事行为能力人，在玩耍时不慎摔伤，其法定监护人亦应对其损伤承担一定的责任。鉴于点点的法定监护人对原审确定点点自行承担25%的损失未提出上诉，予以确认。

据此，梅州中院作出终审判决：点点的父母自行承担25%的责任，其余75%的责任应由学校承担，另两名学生不承担责任。

本案的三位小朋友均未满10周岁，在法律上属于无民事行为能力人。无民事行为能力人受到人身损害后，对事故的前因后果基本无法准确描述，不应该让他们或者已经没有实际管控他们的家长来证明学校有过错。法律对此类事故采用了过错推定原则，即无民事行为能力人在学校学习、生活期间受到人身损害的，如学校不能证明自己无过错，就要承担责任。

在此案中，学校没有证据证明自己对点点的人身损害的发生没有过错，就推定学校存在过错，应当承担责任。在法庭调查中，各方对值班老师对事情发生之时的陈述均无异议，对于点点究竟是自己摔伤的，还是与小蓝、小杨玩耍时摔伤的，无法准确判断。因此，根据目前证据无法证实点点摔伤与小蓝、小杨的行为有因果关系，小蓝、小杨不承担赔偿责任。

【法条链接】

《侵权责任法》第三十二条规定："无民事行为能力人、限制民事行为能力人造成他人损害的，由监护人承担侵权责任。监护人尽到监护责任的，可以减轻其侵权责任。有财产的无民事行为能力人、限制民事行为能力人造成他人损害的，从本人财产中支付赔偿费用。不足部分，由监护人赔偿。"

《侵权责任法》第三十八条规定："无民事行为能力人在幼儿园、学校或者其他教育机构学习、生活期间受到人身损害的，幼儿园、学校或者其他教育机构应当承担责任，但能够证明尽到教育、管理职责的，不承担责任。"

《最高人民法院关于审理人身损害赔偿案件适用法律若干问题的解释》第七条规定："对未成年人依法负有教育、管理、保护义务的学校、幼儿园或者其他教育机构，未尽职责范围内的相关义务致使未成年人遭受人身损害，或者未成年人致他人人身损害的，应当承担与其过错相应的赔偿责任。第三人侵权致未成年人遭受人身损害的，应当承担赔偿责任。学校、幼儿园等教育机构有过错的，应当承担相应的补充赔偿责任。"

专题4　教师职务行为

《侵权责任法》第三十四条规定："用人单位的工作人员因执行工作任务造成他人损害的，由用人单位承担侵权责任。"《侵权责任法》中的替代责任是指存在雇佣等关系的前提下，雇员在实施职务行为的过程中，侵害他人利益，法律规定由雇主承担赔偿责任，雇主在承担赔偿责任后向雇员追偿或者雇员直接造成雇主利益损失，雇主向雇员索赔。

在民法理论上，对职务行为的界定有两种观点：主观说和客观说。主观说包括法人主观说和法人工作人员主观说。法人主观说是以法人的意志为标准，执行职务的范围以法人指示办理的事项来决定。若采用主观说，法人容易以自己未指示为由而拒绝承担责任，对受害人保护不足，故理论界和实务界多不采用。法人的工作人员主观说，是以法人工作人员的主观意志为标准，凡执行法人指示的事件或者为法人的利益而为的事项即为职务行为。此说以工作人员的主观意志为标准，外人难以考察，对受害人保护亦有不足，故理论界和实务界亦多不采用。客观说，是以执行职务的外在表现形态为标准，如果行为在客观上表现为与法人指示办理的事项要求相一致，就应当认为属于执行职务的范围。此说有利于保护受害人，加强法人对其工作人员的监管教育，且从外观上较为容易判定，故此说为通说。

最高法院《人身损害赔偿解释》第八条就是采用了客观说。依客观说，所谓职务行为，就是指一切与法人要求执行之职务通常合理相关联的事项。即在确定损害行为是否为职务行为时，不能仅以法人的业务范围为限，与业务范围有相当关联的较为常见的工作人员损害行为、也应以职务行为论。一般来说，对于法人有明确授权或者指示的事件，工作人员为完成此事所进行的活动当然属于职务行为。但对于工作人员超出授权范围的行为是否属于职务行为，不能一概而论，要结合案件具体分析。如果工作人员的行为超出授权范围，但属于通常可以预见的合理行为，或者与执行职务有内在的联系，就应当认定为职务行为。在某些特殊情况下，即使工作人员的行为与法人的业务无关，也应认定为职务行为，法人亦要负替代责任。比如，旅馆服务员、公共汽车驾驶员、医院的护士等服务行业的雇员如果对顾客发脾气，即使纯粹出于个人原因，与雇主的业务完全无关，雇主也要负替代责任，因为这些行业本身的服务性质要求顾客受到较高程度的尊重和保护。因此，这些行业的雇主在挑选雇员时都必须特别小心，且对雇员的训练须特别严格。

对于学校教师而言，其职务行为就是教育教学活动，以及与教育教学活动有合理关联的活动。学校和教师的关系也是一种特殊的雇佣关系。学校作为雇主，向教师支付工资。教师作为雇员，理应做好本职工作。学校对于教师的失职行为，承担替代责任。之所以说学校与教师之间是特殊的雇佣关系，是因为教师职业具有道德要求，教师与学生之间不仅仅是经济利益的联系。替代责任的目的在于加强对受害人权益的保障。通过加重替代责任人的责任，促使其加强对被替代人的监督，避免侵权的再次发生。具体到学校和教师的关系上，学校对教师有一定的监督和指挥权，教师的教育、管理学生，甚至批评、责备学生的行为通常都是在执行学校的教育管理职责，属于职务行为。

在我国，教师对学生享有绝对的权威，学生对老师十分敬畏，言听计从。实践中，教师役使学生的事情很普遍，学生极少也不敢反对。这种役使学生的行为为现代教育理念和相关法律所不容，是一种越权行为。如果教师役使学生的行为与教育教学活动有合理的关联，应当认定役使学生的行为系职务行为。如果教师役使学生的行为纯粹是为谋己之私利，与教育教学活动无关，但以教师身份为个人目的役使学生的行为，一般也应认定为职务行为。因为教育事业本身的性质要求教师具备高尚的职业道德，不得以公谋私，并且要给予学生特别的保护。将这些行为认定为职务行为，一方面可以使受害学生得到及时、充分的赔偿；另一方面，可以督促学校对教师加强管理，使教师摈弃役使学生的陋习。学校在赔偿后，可根据《学生伤害事故处理办法》第二十七条向教师追偿。

【典型案例】

案例一：于某，10 岁，系某小学学生。一天在上课期间，其班主任派其到校外去买办公用品，不幸遭遇车祸，经抢救无效死亡。肇事司机下落不明。

案例二：某城区小学正在晨读。二年级二班的班主任齐某看到其他同事正在为打扫卫生忙得不亦乐乎，便让来拿作业本的本班学生李某去帮助打两壶开水。不料李某在打水回来上楼梯时不慎摔倒，右腿被开水烫伤。经医院诊断，右下肢烫伤面积为 9%。后因赔偿问题未达成协议，李某将教师齐某和学校诉至法院。

案例三：某中学初一（3）班英语代课教师刘某，动员所教学生中午休息时为其建私房搬砖。当日 1 时 30 分，10 多名学生把一楼的红砖搬到三楼屋顶。由于无人指挥，又无安全措施，一名学生不幸从三楼屋顶摔下，大脑严重受伤，经抢救无效死亡。

【法律分析】

以上三个案例均是教师役使学生造成的伤害事故，学校是否应承担责任，关键在于教师役使学生的行为是职务行为还是个人行为。最高人民法院《关于审理人身损害赔偿案件适用法律若干问题的解释》第八条第一款规定："法人或者其他组织的法定代表人、负责人以及工作人员，在执行职务中致人损害的，依照《民法通则》第一百二十一条的规定，由该法人或者其他组织承担民事责任。上述人员实施与职务无关的行为致人损害的，应当由行为人承担赔偿责任。"据此规定，法人的法定代表人或者工作人员职务侵权之构成，不以法人的过错为要件，而适用无过错责任原则，即只要是职务行为致人损害，法人就应承担责任；如果与职务行为无关，则由行为人承担责任。可见，"职务行为"是法人承担替代责任的决定性因素。

案例一购买办公用品是进行教育教学工作所必需的，教师役使学生到校外购买办公用品的越权行为是与教育教学工作有内在关联的，因此应当认定教师役使学生购买办公用品的行为属于职务行为，学校应对死亡学生承担一定的赔偿责任。有些细小的私人事件也可能引发侵权事故，比如雇员在工作时抽烟，烟头烧毁了顾客的东西。在工作中抽烟的行为是一般人可以预见到的，因此，是在工作范围之内。

案例二中，喝水是教师在工作中的一种必需的附属行为，教师役使学生打水的行为，是在工作范围之内，应认定为职务行为，由此造成的学生伤害应由学校承担。在类似的案例中，有的法院依照主观说，认为教师役使学生打水的行为是教师的个人意志和个人行为，而不是学校的意志和职务行为，因而判决教师个人承担责任。这是不妥当的，违背了最高法院《人身损害赔偿解释》第八条对职务行为的界定采用客观说的规定。《中小学教师职业道德规范》中明确规定：廉洁从教，不利用职责之便谋取私利。

案例三中，教师刘某严重违背职业道德，置学生安全于不顾，私自差遣学生为其个人建私房搬砖，虽纯属于个人私事，与教育教学业务无关，也应认定为职务行为，由学校承担赔偿责任。这是由教师行业本身的性质决定的。

【法条链接】

《侵权责任法》第三十四条规定："用人单位的工作人员因执行工作任务造成他人损害的，由用人单位承担侵权责任。劳务派遣期间，被派遣的工作人员因执行工作任务造成他人损害的，由接受劳务派遣的用工单位承担侵权责任；劳务派遣单位有过错的，承担相应的补充责任。"

《学生伤害事故处理办法》第九条规定："因下列情形之一造成的学生伤害事故，学校应当依法承担相应的责任：……（九）学校教师或者其他工作人员体罚或者变相体罚学生，或者在履行职责过程中违反工作要求、操作规程、职业道德或者其他有关规定的；……"

《学生伤害事故处理办法》第十四条规定："因学校教师或者其他工作人员与其职务无关的个人行为，或者因学生、教师及其他个人故意实施的违法犯罪行为，造成学生人身损害的，由致害人依法承担相应的责任。"

《学生伤害事故处理办法》第二十七条规定："因学校教师或者其他工作人员在履行职务中的故意或者重大过失造成的学生伤害事故，学校予以赔偿后，可以向有关责任人员追偿。"

专题5 学校承担补充责任

《人身损害赔偿司法解释》第七条第二款规定了一个特别的学校责任，就是补充的补偿责任。条文的内容是："第三人侵权致未成年人遭受人身损害的，应当承担赔偿责任。学校、幼儿园等教育机构有过错的，应当承担相应的补充赔偿责任。"《侵权责任法》第四十条规定："无民事行为能力人或者限制民事行为能力人在幼儿园、学校或者其他教育机构以外的人员人身损害的，由侵权人承担侵权责任；幼儿园、学校或者其他教育机构未尽到管理职责的，承担相应的补充责任。"依照该规定，未成年人在校园内受到校园外人员伤害的，由侵权行为人承担赔偿责任（赔偿全额）。此是处理校园外人员伤害校园内未成年人案件的原则。条文第二句规定此项原则的特别规则：侵权行为人（加害人）不能承担责任或者不能承担全部责任的，由学校承担"相应的补充责任"。关于补充责任，应当区分下述层次：

（1）如果加害人（校外人员）能够承担责任（有赔偿能力），法庭应当判决被告加害人承担全部赔偿责任，而不考虑学校是否存在管理瑕疵。

（2）如果加害人不能承担责任、不能承担全部责任（或者找不到加害人），则应由学校承担"补充责任"。加害人能够承担全部赔偿责任，则不发生学校承担补充责任的问题。学校承担补充责任，以监护人不能承担责任或者不能承担全部责任为前提条件。

（3）法律对学校的补充责任设有限制，即学校只承担"相应的"补充责任，而不是"全部"补充责任。即使在加害人完全没有赔偿能力或者找不到加害人的案件中，也不能判决学校承担全部赔偿责任（补充全部）。理由是因为毕竟学校不是加害人，且按照本法的立法政策和制度设计，加害人的加害行为与学校的管理瑕疵（不行为）不构成共同侵权行为。请特别注意，按照本法，加害行为与加害行为构成共同侵权，加害行为与不行为（如管理瑕疵）不构成共同侵权。并且，唯有共同侵权，才发生连带责任。

（4）此"相应的"补充责任，授权法庭结合案件事实，根据社会生活经验，自由裁量：可以是30%，40%，或者50%，甚至更多，但无论如何不能是百分之百。

（5）《侵权责任法》第四十条规定："无民事行为能力人或者限制民事行为能力人在幼儿园、学校或者其他教育机构以外的人员人身损害的，由侵权人承担。"第四十条条文"未尽到管理职责"一语，该法第三十八、三十九条"未尽到教育、管理职责"，有所不同。在第三十八、三十九条"未尽到教育、管理职责"（即存在管理瑕疵），是学校承担侵权责任的构成要件，庭审中需要原告举证证明（第三十九条）或者被告反证（第三十八条）；而在第四十条，依据设立本条的立法目的，"未尽到管理职责"之判断，既不要求受害人举证证明被告学校"未尽到管理职责"，也不允许被告学校反证自己已"尽到管理职责"，而由法庭按照社会生活经验予以认定。校园外人员进入校园造成未成年人人身伤害的事实本身，就足以表明被告学校"未尽到管理职责"。假设被告学校已"尽到管理职责"，就绝不会发生本案伤害事实。

（6）学校承担相应的补充责任之后，如果找到加害人，可以追偿。追偿额度可以是学校承担赔偿责任的全额。理由是非连带责任。既然找到加害人且加害人有赔偿能力，就应当由加害人承担全部责任，而不发生补充责任问题。

【典型案例】

2006年12月10日晚，某县城中学的学生正在上晚自习。一名校外人员吴某喝醉酒后骑摩托车回家，但为了避免绕原路，于是想到横穿学校。他看门口传达室没人，就直接开车闯进校园。由于天黑看不清路，加上吴某醉酒后车速很快，在校园内将下晚自习的一名学生朱某撞成重伤。学校发现后将学生送往医院并配合肇事者吴某积极救治。期间，学校对受害学生和家长在各方面给予了应有的关心，受伤学生出院后，总体治疗效果较好，但可能留下轻度听力障碍。后来经调查得知，学校门口传达室的保安人员在值班时间，未经批准私自到校外网吧上网，疏于管理，才酿成悲剧。家长认为，孩子是在校园里被撞的，责任应由学校承担，因此在学生治疗期间，家长任何事情只找学校，而对肇事者的责任却避而不谈。学校则认为是吴某醉酒撞人，责任在他。双方争执不下，家长一方天天到学校吵闹，于是学校以诉讼主体的身份向法院提起诉讼。

【法律分析】

在本案中，直接侵权人是肇事者吴某。根据《侵权责任法》的规定，完全民事行为能力人因醉酒对自己的行为暂时没有意识或者失去控制造成他人损害的，应当承担侵权责任。因此，虽然当时吴某处于醉酒状态，认识不清醒，但仍要对自己的行为负责。同时，吴某醉酒驾驶摩托车的行为，属于违法行为，造成学生受伤的损害后果，应依法承担法律责任及民事赔偿责任。

学校传达室的保安人员擅离职守是校外人员得以进入校园的原因，继而造成撞伤学生的后果，因此，学校未尽到管理责任，明显存在过错。依据《侵权责任法》第四十条规定，学校应当承担补充赔偿责任，学校认为责任只在直接肇事者的想法是片面的。

受伤学生家长的做法也是不妥的，不能任何事情只找学校，而对肇事者的责任却避而不谈。学校承担的是补充责任，而非连带责任。受害人应当直接向直接责任人吴某请求赔偿，只有在吴某不能全部赔偿，或者不能赔偿，或者下落不明的时候，才可以请求学校承担侵权损害赔偿责任。若最终肇事者无法承担赔偿责任，学校为此承担了补充责任，学校也有权利要求吴某承担起支付赔偿款的全部损失。

《学生伤害事故处理办法》第二十七条规定："因学校教师或者其他工作人员在履行职务中的故意或者重大过失造成的学生伤害事故，学校予以赔偿后，可以向有关责任人员追偿。"学校传达室的保安人员私自离职外出的行为就属于履行职务中的重大过失行为，学校承担的补充责任实质上也是一种替代责任，学校承担责任后可向该保安人员追偿。

【法条链接】

《侵权责任法》第三十三条规定："完全民事行为能力人对自己的行为暂时没有意识或者失去控制造成他人损害有过错的，应当承担侵权责任；没有过错的，根据行为人的经济状况对受害人适当补偿。完全民事行为能力人因醉酒、滥用麻醉药品或者精神药品对自己的行为暂时没有意识或者失去控制造成他人损害的，应当承担侵权责任。"

《侵权责任法》第三十七条规定："宾馆、商场、银行、车站、娱乐场所等公共场所的管理人或者群众性活动的组织者，未尽到安全保障义务，造成他人损害的，应当承担侵权责任。因第三人的行为造成他人损害的，由第三人承担侵权责任；管理人或者组织者未尽到安全保障义务的，承担相应的补充责任。"

《侵权责任法》第四十条规定："无民事行为能力人或者限制民事行为能力人在幼儿园、学校或者其他教育机构学习、生活期间，受到幼儿园、学校或者其他教育机构以外的人员人身损害的，由侵权人承担侵权责任；幼儿园、学校或者其他教育机构未尽到管理职责的，承担相应的补充责任。"

《学生伤害事故处理办法》第二十七条规定："因学校教师或者其他工作人员在履行职务中的故意或者重大过失造成的学生伤害事故，学校予以赔偿后，可以向有关责任人员追偿。"

四、学校免责事由或减轻责任情形

专题 1 学校无过错

依照我国相关法律的规定，一般来说，学校或者监护人由于有过错，有下列情形之一，造成学生伤害事故，应当依法承担相应的责任：（1）学生违反法律法规的规定，违反社会公共行为准则、学校的规章制度或者纪律的，实施按其年龄和认知能力应当知道具有危险或者可能危及他人的行为；（2）学生行为具有危险性，学校、教师已经告诫、纠正，但学生不听劝阻、拒不改正的；（3）学生或者其监护人知道学生有特异体质，或者患有特定疾病，但未告知学校的；（4）未成年学生的身体状况、行为、情绪等有异常情况，监护人知道或者已被学校告知，但未履行相应监护职责的；（5）学生或者未成年学生监护人有其他过错的。

实际上，学生在校的监护责任，实际上不可能由校外其他主体承担，但是，学校并不是对每一起在校学生伤害事故都必须承担责任。学校只是代为履行学生在校期间其监护人不便于行使的部分监护职责，包括对在校未成年学生的照顾、保护、教育、管理职责。与未成年人监护人之于侵权或其他法定义务的监护职责不同的是，该职责应限于学校所能管理和控制的特定时间和空间范围内。同时，学校只有在未尽法定"谨慎义务"，即存在过失的情况下，方可被要求承担责任。换句话说，学校无过错就可免责。

《学生伤害事故办法》第七条规定："学校对未成年学生不承担监护职责，但法律有规定的或者学校依法接受委托承担相应监护职责的情形除外。"这一规定明确了学校不承担对学生的监护职责。这就是说，即使是在校期间，家长仍要为自己未成年孩子的行为承担相应的法律责任，不应抱有"把孩子完全交给学校"的想法。例如，在学校无过错的情况下，学生归因行为不当而对自己造成伤害，其责任要有家长来负；如果因其他未成年人的不当行为给自己的孩子造成伤害，致害的未成年人的家长才是诉讼对象。

在校园侵权案件中的被侵权人是限制行为能力人的情况下，学校承担的是过错责任，即学校在有过错的情况下才承担责任。此时，无过错是一个当然的免责事由，并且一般情况下能够完全免除校方的责任。但在学校和受害学生双方都无过错的情况下，如果受害学生受有重大损害，而学校虽无过错的情形，则应当考察适用法律关于公平责任的规定，由学校分担部分损失。《侵权责任法》第二十四条规定："受害人和行为人对损害的发生都没有过错的，可以根据实际情况，由双方分担损失。"所谓公平责任是指在当事人对造成的损害都无过错、不能使用无过错则让你要求加害人承担赔偿责任，但如果不赔偿受害人遭受的损失又显失公平的情况下，由人民法院根据当事人的财产状况及其他实际情况，责令加害人对受害人的财产损失基于适当补偿的一种制度。《民法通则》第一百三十二条规定："当事人对造成损害都没有过错的，可以根据实际情况，由当事人分担民事责任。"无过错可以作为行为人抗辩的事由，以对抗对方的主张，从而免除侵权责任，但是无侵权责任不等于完全无责任，在使用公平责任的情况下，行为人需要承担一定的经济补偿责任以弥补受害人的损失，从而维护社会的公平正义。

学校因没有过错而不用承担责任，但这并非意味着所有学生斗殴的事件学校都不承担责任。具体来讲，学校有可能承担责任的学生斗殴情况主要有以下几种：（1）学校管理混乱，例如在学校食堂，学生打饭的秩序混乱，经常发生摩擦，而学校对此没有进行必要的整顿，以致学生因打饭发生冲突而打架，这里学校应承担的是管理不力的责任。（2）学校的教师对于学生斗殴行为没有及时制止，以致学生受伤，在这里学校承担的是不作为的责任。（3）教师对于学生反映的有关情况没有及时解决，以致学生矛盾扩大导致的学生斗殴。（4）发生学生斗殴事件后，学校的救治不及时，以致学生的伤情扩大。所以，作为学校除了要对学生进行必要的教育，强化学校的纪律和管理工作之外，还应针对出现的问题对症下药，以避免学校的教育教学和管理工作中出现失误。

关于实验课上发生的人身损害，学生在进行危险的化学实验以及在给学生安全指导过程中，实验教师需要负责高度的照管职责，若损害系由于实验设施的瑕疵，如漏电、泄毒等造成人身损害，或由于教师管理、教导不当所致则毫无疑问应由学校承担全部责任，若损害系由于学生本人突发，未被同意且教师无法预见的行为引起，则一般应认定学校无过失，不承担责任。

出于对学生的安全考虑，为了保险起见，许多学校采取了一些切实可行的方法，有的学校在课间安排了值周的教师和学生干部，有的学校对学生再三强调课间的安全纪律，但有些学校的做法未免有些过度，例如有些学校规定在课间除了上厕所，只有坐在自己的座位上，这样虽然避免了学生发生故事，却极度不符合教育的规律，不符合学生生理的需要，也不能使学生利用课间在室外放松紧张的头脑。

对于学校来说，还有一个特殊的时间段，即学生上、下学时。学生在上学、放学途中发生的人身伤害，由于法律并没有规定学生上学、放学途中亦属于学校管理范围，学校也就没有义务配备专门人员接送学生上学、放学。因此对学生在上学、放学途中发生的人身损害，学校一般不应当承担责任。但如果学校在校门口设立了值勤人员，却未能对学生提供恰当、合理的照管，学校要对其过失承担责任。根据《学生伤害事故处理办法》第十三条第一款的规定，一般情况下，由学生自行上学、放学返校，离校时候发生的事故，学校一般不会承担责任的，只有在特殊情况下，学校才会承担责任。如某小学在租用距学校较远的某运动场开运动会时，通知家长下午5点到体育场接孩子，但运动会下午4点就结束了，该校一年级的几名学生见不到家长来接，便自作主张自行回家，路上在横穿马路时，因没有注意车辆，一名学生被撞伤，在这一起事故中，学校是有一定过错的，因为学校没有按通知家长的时间散场，致使学校的管理和家长的监护脱节，造成学生自行回家并发生事故。

还有目前许多学校的做法是开学生班车，并配备班车老师进行管理，这种做法学校的初衷是好的，这样做学校的责任是加重，必须要保证学生的安全。班车配备司机要要求有五年驾龄以上、两年内无驾驶违章者。

【典型案例】

案例一：某校三年级的学生，9岁，在学校食堂打饭时，不小心将菜汤洒到6年级学生吴某（12岁）身上，吴某恼羞成怒，转身朝李某的腹下部踢了一脚，李某疼得坐在地上大哭起来，闻讯赶来的教师将李某送到医务室进行简单处理后，转到市医院治疗，医院诊断为阴茎挫裂伤，并进行了手术治疗，李某的家长找到校长要求学校赔偿损失。

案例二：在上体育课中，学生肖某将排球踢出了学校围墙，为外出捡球，肖某提议由范、李两位学生抱其双腿，协助其爬墙，在爬墙时，肖某不慎从围墙上摔下头先着地，范、李两位学生见状后将肖某送往学校医务室，医务室人员是一名退休的体育老师回聘的，他为肖某头部做了治疗后，进行观察，同时即与肖某的母亲联系，因联系不上，班主任老师又骑车去肖某母亲单位找，下午3时，肖某母亲的同事来到学校将肖某送往医院治疗，经诊断肖某颅内出血致左上肘，左右下肢瘫痪，生活不能自理。

案例三：语文教师兼班主任徐某下课后，始终没有离开教室，此时班中的学生刘某，在到讲台交完作业后，回到自己的座位时，身后的同学王某（11 岁）突然用脚勾动刘某的凳子，刘某一屁股坐到凳子角上，立刻感到臀部又疼又麻，但刘某并没有向老师反映情况，下午还在学校上课，但第二天去医院检查时被诊断为"尾椎骨粉碎性骨折"在同学校协商未果的情况下，刘某将学校和王某告上法庭要求赔偿自己的损失。

案例四：许某与曾某系某中学初三学生，上午课间时，许某离开其座位外出，曾某则坐在许某的座位上与同学聊天，许某回来后即叫曾某让开，由于曾某与他人聊得起劲而未从许某的座位上让开，许某即推了曾某一下，双方互相推了数下，曾某即拿起课桌上的物理课本向许某打去，碰巧打在许某的左眼上，致许某左眼视网膜脱离，经法医鉴定，许某的眼伤为 8 级伤残。

案例五：某小学排路队放学回家，教师于某随行护送，学生郭某走在队伍最后，学生张某则走在倒数第二，当走到某条街时，于老师听见身后有人喊"有人跌倒了"，她回头一看，张某已倒在地上，左胳膊不能动弹，于老师当即将张某送往医院救治，诊断结果为左肱骨踝上骨折，经询问张某与郭某，得知事发时郭某推了张某一下，学校将情况告知郭某的家长，郭父便买了慰问品并送来 6000 元现金，请学校转交给张某的家长，出院时，医生告知张某的家长，张某的骨折愈合部位畸形应在 12 周岁后做矫形手术，后张某将学校和郭某告上法庭要求两被告赔偿有关损失。

【法律分析】

案例一中，法院审理认为李某的受伤是由于吴某的暴力行为直接所致，对于这一突发性的危险行为，学校无从预见及采取合理措施加以防范，因此不应认定学校具有过错。对于李某的伤情应当由吴某的监护人承担全部责任。

案例二中，法院在审理这起伤害事故时认为《民法通则》将未成年人分为无民事行为能力的人和限制民事行为能力的人，限制民事行为能力的人，可以进行与他的年龄、智力相适应的民事活动，肖某在爬墙摔伤时已年满12岁，是限制民事行为能力的人，对于爬墙的危险性应该是能认识的，其在体育课期间擅自爬墙，造成摔伤，应该说过错在于肖某本人，体育课配备了两位教师，符合教育管理要求，并将不得擅自翻墙外也作为学校纪律，因此说学校尽到了教育管理义务。在这一阶段学校并无过错，但当肖某摔伤后学校没有马上送医院抢救，一味地找家长，确实延误了肖某的救治时间，因此学校是过错的，对范、李两位学生虽然帮助肖某爬墙是应肖的要求，但作为限制民事行为能力人，对肖爬墙，二者也是具有过错的，最后由于这个伤害事故案情比较复杂，媒体关注密切，社会影响大，且学生家长情绪激烈，如处理不当还会导致矛盾激化，故特请示最高人民法院，最高法院认为五十四中学没有及时送肖某去医院是造成目前的损害结果的重要原因，应负主要责任，肖作为限制民事行为能力人，因违反学校纪律擅自爬墙摔伤，对损害后果负次要责任，范、李明知爬墙有危险仍然协助肖某爬墙，对损害后果承担一定的责任。

案例三中，法院审理中认为造成学生刘某尾椎骨粉碎性骨折的直接原因是她的同学王某，王某已满11岁，是限制行为能力的人，他在勾动刘某凳子时，根据其年龄的认知能力，应当知道其行为可能会伤害到刘某，但王某却故意实施了该行动，因此王某应承担对刘某的赔偿责任，由于王某是限制民事行为能力人无赔偿能力，其赔偿责任依法由其监护人承担，学校在管理教育中，对学生进行了合法的管理和安全教育，而且事情发生在课间休息时间，学校客观上无过错，不应承担赔偿责任。

案例四中，法院审理后认为，许某左眼致残，系在与曾某课间休息期间相互玩耍中被曾某的行为所致，两人在明知学校对学生在课间休息期间的行为有禁止性规定的情况下，不遵守学校的规定致使损害结果发生，对此，双方均有过错，曾某应承担主要责任，许某应承担次要责任，因两人未成年，民事责任由双方监护人承担，某中学对学生在课间休息期间的纪律规定了制度，并对学生进行了一定的安全教育，但在对安全制度的落实和监督方面措施不力而存有疏忽，未能有效地防止事故的发生，具有过错，应承担相应的责任，据此依照《法民通则》曾某承担55%赔偿责任，许某自负35%责任，学校承担10%责任。实际上，在本案中，判决学校承担10%的理由是牵强的，因为在目前的条件下，要求教师随时随地陪护学生是不现实的，如果在正常上课期间，教师当然要保证在教室管理学生，但课间学生休息期间要求教师也要全程监护每一位学生的活动是不可能的，所以法院认为学校因为在对安全制度的落实和监督方面措施不力而存在疏忽，未能有效地防止事故的发生，具有过错的理由是值得商榷的，但这也给我们提了醒，学校不仅应制订出课间的纪律要求和管理制度，还应具体落实。一般来说课间的学生不同于正常上课，在课间教师对学生的监管和保护自然不会像课堂上一样，所以如果学生因为打闹、开玩笑导致的伤害，一般学校不会具有过错，因此也不应承担责任。

案例五中，法庭审理中法官主要需要查明学校和教师是否有过错，一般来讲，学校并没有护送学生回家的义务，但该校既然有教师负责带领学生回家，学校就会因为自己的行为承担起保证学生安全的义务，这种行为在法律上被称为"无因管理"，但这种义务的归责原则依然是过错责任原则，即只有在学校和教师因自己的过错导致学生受伤时，才会承担赔偿责任，从这起事故的发生来看，是因为郭某推了张某一下，导致摔伤的，郭某的这个突发性的动作可以说带队老师无法预见的，也是无法及时阻止的，而且教师于某在了解发生事故之后及时将张某送往医院已经尽到了自己的责任，因此不能认为学校有过错。有法官认为，即使学校在事故中没有过错，但发生了事故就说明学校教育有问题，这种看法是片面的，学校有没有过错要在具体的环境中考虑的，并不是所有学生伤害事故的发生都是因为学校教育有失误，如果那样认为，学校承担责任的范围就未免过大，对学校来说也就未免太不公平，所以，学校是否有过错还是应当在案件发生的环境中具体认定。

【法条链接】

《侵权责任法》第六条规定："行为人因过错侵害他人民事权益，应当承担侵权责任。根据法律规定推定行为人有过错，行为人不能证明自己没有过错的，应当承担侵权责任。"

《侵权责任法》第二十四条规定："受害人和行为人对损害的发生都没有过错的，可以根据实际情况，由双方分担损失。"

《侵权责任法》第三十九条规定："限制民事行为能力人在学校或者其他教育机构学习、生活期间受到人身损害，学校或者其他教育机构未尽到教育、管理职责的，应当承担责任。"

《民法通则》第一百三十二条规定："当事人对造成损害都没有过错的，可以根据实际情况，由当事人分担民事责任。"

《最高人民法院关于贯彻执行〈中华人民共和国民法通则〉若干问题的意见》第一百五十七条："当事人对造成损害均无过错，但一方是在为对方的利益或者共同的利益进行活动的过程中受到损害的，可以责令对方或者受益人给予一定的经济补偿。"

《学生伤害事故处理办法》第十二条规定："因下列情形之一造成的学生伤害事故，学校已履行了相应职责，行为并无不当的，无法律责任：……（五）在对抗性或者具有风险性的体育竞赛活动中发生意外伤害的；……"

专题 2 不可抗力

对于学校来说，不可抗力的标准是指不能预见、不能避免并且不能克服的客观情况，即当事人对可能出现这类事件在采取了一定合理措施后仍不能防止其发生，并且对发生的后果无法挽回或不能避免。不可抗力作为免责的因素在民事法律规定中是较为常见的。因不可抗力造成事故，学校要在合理期间内取得相关证明才能免责，即学校应负举证责任。

不可抗力，是法律规定的免除责任的事由。《民法通则》第一百五十三条规定：本法所称的"不可抗力"，是指不能预见、不能避免并不能克服的客观情况。不可抗力是指人力所不可抗拒的力量，它包括某些自然现象（如地震、台风、洪水、海啸等）和某些社会现象（如战争等）。不可抗力是独立于人的行为之外，并且不受当事人的意志所支配的现象，它在各国法律中都是免责事由。除法律另有规定外，不可抗力将导致当事人被部分或者全部免责。

不可抗力事件的不可预见性和偶然性决定了人们不可能列举出它的全部内容，不能穷尽人类和自然界可能发生的种种偶然事件。因此尽管世界各国都承认不可抗力可以免责，但是没有一个国家能够确切地规定不可抗力的范围，而且由于习惯和法律意识的不同，各国对不可抗力的范围理解也不同。

在侵权法领域，不可抗力免责是指由于发生了不能预见、不能避免并不能克服的客观情况，导致侵权事故的发生，行为人可以据此主张不承担责任。《侵权责任法》第二十九条规定："因不可抗力造成他人损害的，不承担责任。法律另有规定的，依照另有规定。"法律之所以如此规定，是由于行为人往往无力阻止侵权事故的发生，而且行为人本身并不希望发生侵权事故，若由此就要行为人承担侵权责任，显然有悖公平。《学生伤害事故处理办法》第十二条第一项规定，地震、雷击、台风、洪水等不可抗力的自然因素造成的学生伤害事故，学校已履行了相应职责，行为并无不当的，无法律责任。自然因素的表现较多，因为这种因素造成的学生伤害，已经超过了学校的管理能力，这些事故属于典型的意外事故，因此，学校不承担责任。这些事故中，如果学生参加了意外伤害保险，学生可以向保险公司进行索赔。

需要指出的，依照我国相关法律规定，无效可以免责的情形共有六种：（1）地震、雷击、台风、洪水等不可抗力的自然因素造成的。（2）来自学校外部的、突然性、偶发性侵害造成的，如犯恶意杀人，报复社会所为，罪犯混入学校有很强的隐蔽性和突发性，学校无法预见等。（3）学生有特异体质，特定疾病或者异常心理状态，学校不知道或者难于知道的。（4）学生自杀、自伤的。中小学生自杀事件近几年来时有发生并呈上升趋势，判断学校学生自杀事件是否有责任，需要分析导致学生自杀的原因，看学校对学生的自杀是否有过错以及是否存在因果关系，如果学校对学生进行教育管理的行为方式适当，没有过激言语，歧视或其他侵犯学生合法权益的行为，学生因个人心理素质差等原因自杀，尽管学生的死亡与学校的批评教育有一定的因果关系，但学校没有过错，则不应承担责任，如学生仅仅因为不满学校对自己因违反学校纪律进行的处分而自杀的，学校不负责任。反之，如果学校教师对学生的在教育管理上行为不当，如讽刺、嘲笑、体罚学生，使学生身心受到伤害导致学生自杀身亡的，不论自杀发生在学校，还是在其他场所，学校对此有一定的过错，应承担相应的民事责任。（5）在对抗性或者具有风险性的体育竞赛活动中发生意外伤害的。（6）其他意外因素造成的。

需要一提的是，自杀、自伤的情况属于由于受害人自身行为造成其人身伤害，对此法律通常规定其他人可以免责，如我国保险法中规定保险公司不对被保险人的自杀、自残造成的人身损害支付保险赔偿金。但是学生自杀、自伤的原因是多种多样的，如因学校的因素造成，则是学校存在过错，就应当承担责任。

【典型案例】

某山区某小学依山而建，一排土坯房教室成丁字形紧挨山坎下，山坎因过度采伐，所剩树木不多，女教师耿某和她的一年级29名学生的教室正好在丁字头。春夏之交，阴雨绵绵，山上流下的水已变成小溪在教室边流淌，教室有点漏雨，连墙上都是湿漉漉的好像要渗出水似的。下午第二节课耿老师在上课，突然雷声隆隆，接着唰唰地下起雨来。就在这时，耿老师突然听见有点异样的响声，回头看，只见有碎土从黑板边掉下来，接着靠山的墙也掉下土，孩子们惊恐不安，耿老师边安慰孩子边要孩子将课桌椅往中间移。这时靠山的一边墙倒下来了，耿老师大声叫孩子们快跑，可有两个孩子吓呆了，不知所措地站在那里，耿老师扑上去护住孩子，而天花板掉下一块，砸在耿老师身上，耿老师当即受重伤，两个孩子一个小腿骨折，另一个安然无恙。

【法律分析】

第一，本案不属于学校责任事故，学校不承担过错赔偿责任。本案中，该山区小学的教室在当地的经济发展状况和地理环境状况下，是安全建筑。只是由于春夏之交的雷雨引发了山洪，从而导致了校园中教室的倒塌；而且事故发生时，教师耿某也已尽了其应尽的疏散与保护学生人身权利的义务。因此，学校对于一名学生小腿骨折的伤害后果的发生既没有主观上的故意，也没有主观的过失，因此这不是一起学校责任事故，学校对此不负过错赔偿责任。

第二，本案实际上是一起发生在学校的学生伤害意外事故。其中导致学校意外事故发生的原因之中，就包括地震、雷击、台风、洪水等不可抗力因素。本案中之所以会出现教室倒塌并造成学生伤害的后果，不是因为校舍的安全没有得到保证，主要是由于春夏季节阴雨连绵的天气造成的山洪暴发，而雷雨和山洪都属于不可抗力的因素，故本案属意外事故，而非重大的责任事故。另外，教师耿某在这次事故中也受到重伤，因其是履行教学职务和保护学生的过程中受伤的，学校应当对教师耿某给予补偿，以及行政奖励。

第三，根据我国有关教育的法律、行政法规的规定，对于在校学习的未成年的中小学生实行意外保险，即中、小学生都应当参加人身意外伤害责任保险。因此，基于本案中受到人身伤害的小学生是由于意外事故造成的（即雷雨天气），因此可由受害学生依法向承担保险责任的保险公司申请理赔，由保险公司调查、核实后依法予以赔偿。如果保险公司拒绝理赔，受害学生及其监护人可以向人民法院提起诉讼，受害学生所在学校可以支持其提起民事诉讼。

【法条链接】

《侵权责任法》第二十九条规定："因不可抗力造成他人损害的，不承担责任。法律另有规定的，依照另有规定。"

《民法通则》第一百五十三条规定：本法所称的"不可抗力"，是指不能预见、不能避免并不能克服的客观情况

《学生伤害事故处理办法》第十二条规定："因下列情形之一造成的学生伤害事故，学校已履行了相应职责，行为并无不当的，无法律责任：（一）地震、雷击、台风、洪水等不可抗的自然因素造成的；……"

专题 3　受害人同意

所谓受害人同意的行为，是指受害人实现明确表示愿意自行承担某种损害结果，而且不违反法律和社会公共利益的行为。因为权利人对自

己的权利有权自我处分，因此一般来说，行为人经受害人同意实施的侵权行为可以不承担侵权责任。

《侵权责任法》第三十九条规定："限制民事行为能力人在学校或者其他教育机构学习、生活期间受到人身损害，学校或者其他教育机构未尽到教育、管理职责的，应当承担责任。"《最高人民法院关于审理人身损害赔偿案件适用法律若干问题的解释》第七条规定："对未成年人依法负有教育、管理、保护义务的学校、幼儿园或者其他教育机构，未尽职责范围内的相关义务致使未成年人遭受人身损害，或者未成年人致他人人身损害的，应当承担与其过错相应的赔偿责任。"由此可见，学校对校园伤害事故的归责原则为过错责任原则，在其责任范围内学校有过错的，应该承担与其过错相应的赔偿责任，无过错不担责。《学生伤害事故处理办法》第十二条也规定，在对抗性或者具有风险性的体育竞赛活动中发生意外伤害的，学校已履行相应职责，行为并无不当的，无法律责任。

需要特别值得注意的是在体育课中的安全注意事项。关于体育课上发生的人身损害大致包括几种情况：（1）如果器材放置不当，存在危险因素，竞赛选手搭配不当，诱导学生从事其身心没有准备的活动，或在险象环生场合布置几种不同的体育活动，导致学生人身损害则应由学校承担损害赔偿责任。（2）如系体育运动本身具有风险，学校并无过错则不承担责任，例如学校组织球类比赛，在依规则进行比赛时，因球员互撞造成的人身损害学校不应承担责任。（3）若学生未按老师指导行事，造成人身伤害的，则根据加害人、受害人双方责任的大小，由其监护人承担相应责任，学校如有管理过错，则与致害人、受害人形成混合过错，应根据各自过错程序承担责任，学校如无管理过失则可免责。

总之，学生在体育活动中受到伤害的情况很多，体育竞赛中，许多活动又是具有对抗性和风险性的。对于在对抗性与风险性的体育活动中，导致学生受到伤害的情况，如果其中的当事人不存在主观上的过错，则就属于意外事故。在这种情况下，当事人不应因为自己正当的体育活动行为而承担赔偿责任。但根据《民法通则》第一百三十二条的规定：当事人对造成损害都没有过错的，可以根据实际情况，由当事人分担民事责任。在意外事故中并不排斥依照公平原则来分担责任和进行一定的补偿。

【典型案例】

案例一：原告张为和被告刘波系同学，某日在校，利用午休时间与其他数名同学在学校操场上踢足球。原告作守门员，被告射门踢出的足球经过原告手挡之后，击中原告左眼造成伤害。原告以刘波和所在学校为共同被告起诉，请求人身赔偿损害。法院认定，足球运动具有群体性、对抗性及人身危险性，出现人身伤害事件属于正常现象，应在意料之中，参与者无一例外地处于潜在的危险之中，既是危险的潜在制造者，又是危险的潜在承担者。足球运动中出现的正当危险后果是被允许的，刘波的行为不违反运动规则，不存在过错，不属于侵权行为。此外，学校对原告的伤害发生没有过错，在本案中不承担赔偿责任。依照《民法通则》第一百三十二条规定，由当事人刘波及原告张为依照公平原则的规定来分担损害后果。

案例二：2000 年 11 月 29 日上午第二节课间休息时，张某看见其他几位老师在踢球，便与几位同学一起同老师们踢球。在踢球的过程中，体育老师潘老师的行为致张某小腿受伤，潘老师随即将张送往医院救治，后经北京积水潭医院诊断为右腿腓骨骨折，随即学生家长将学校和教师告上法庭要求赔偿。

【法律分析】

案例一这个案件是按照《民法通则》第一百三十二条的规定处理，因为双方当事人都无过错，可以由双方当事人分担责任。一般认为《民法通则》第一百三十二条规定的公平责任原则适用的条件是行为人的行为造成了受害人损害，双方当事人对于损害的发生均没有过错，即可由双方当事人分担损失。在本案中，双方当事人都是在校学生，在课余时间进行踢球的体育活动，在正常的体育活动过程中，刘波作为进攻队员踢球射门，张为作为守门员进行扑球，都是正当的行为，没有不当行为，他们对于损害的发生也都没有过错。对此，学校也不存在任何过错，不应承担责任。因此，本案应适用《民法通则》第一百三十二条规定的公平责任原则，即由双方当事人分担损失，被告对原告的损失给予一定的补偿。法院对本案做这样的判决，是符合法律规定的。按照常理，足球运动是一种对抗强烈的体育活动，冲撞、抢夺、扑救、冲击是基本的运动行为。在强烈的身体对抗中，发生人身损害是极有可能的。任何人参加这样的体育运动，都应当意识到这样的风险，发生人身损害的事实之后，就不能认定对方的行为是侵权行为。既然是参加或者参观体育活动，就应当预见到风险，只要不是运动员故意或者违反运动规则的行为，而在正常的体育活动中造成其他运动员或者参观者的伤害，都应当适用公平责任原则判决分担损害。

在案例二中，法院认为足球运动是一种激烈的对抗性竞技运动，具有一定的危险性，在足球运动中，人体发生直接接触，踢球时球员之间发生碰撞不是参加者主观所能控制的，双方球员极有可能出现身体损伤，该项运动的性质决定了参与者难以避免面临潜在的人身危险，参与者自愿参加足球运动，应属于自愿承担危险的行为，张某虽系未成年人，但应当具备一定的认识和判断能力，应当知道参加足球活动可能存在的风险，没有证据证明潘老师在踢球中有故意和犯规行为，故潘老师无过错。潘老师只是作为一方球员与张某踢球，且属于课间自由活动，并非履行职务行为，故校方无过错。

但从另一个角度看，在学校教师之间踢球，是成年人之间进行的活动，小学六年级的学生也参与其间，无论是从生理发育、体力、技巧、技能还是从认识防范危险的意识上，双方都不在同一层次上，双方之间难能有相适应的自愿承担危险基础，虽然踢球发生在课间休息时，老师踢球也不是履行教学职责的行为，但此时未成年学生们在学校保护的时间和区域范围内，老师也应当意识到在成年人之间进行这种对抗性活动时，未成年人参与其中的适应性，因而作为成年人的教师负有更高的注意义务。最后法院根据双方无过错原则，对损害结果造成的经济损失可由双方依据公平原则予以分担。

在这起伤害事中还有一点争议是，老师在课间自由活动时踢球并非履行职务的行为，应当认为课间自由活动时间也属于学校管理和控制的时间和空间范围，而且学校管理是双向的，既对学生又对老师，但重点在于对未成年学生课间自由活动时的安全保护方面的管理和控制。

【法条链接】

《侵权责任法》第二十四条规定："受害人和行为人对损害的发生都没有过错的，可以根据实际情况，由双方分担损失。"

《侵权责任法》第三十九条规定："限制民事行为能力人在学校或者其他教育机构学习、生活期间受到人身损害，学校或者其他教育机构未尽到教育、管理职责的，应当承担责任。"

《最高人民法院关于审理人身损害赔偿案件适用法律若干问题的解释》第七条规定："对未成年人依法负有教育、管理、保护义务的学校、幼儿园或者其他教育机构，未尽职责范围内的相关义务致使未成年人遭受人身损害，或者未成年人致他人人身损害的，应当承担与其过错相应的赔偿责任。"

《学生伤害事故处理办法》第十二条规定："因下列情形之一造成的学生伤害事故，学校已履行了相应职责，行为并无不当的，无法律责任：……（五）在对抗性或者具有风险性的体育竞赛活动中发生意外伤害的；……"

五、多方当事人侵权的责任情形

专题1　共同危险行为

共同危险行为是涉及多方当事人的侵权行为。在典型的共同侵权中，损害后果是侵权人各方共同侵权造成的。共同危险行为虽然有共同侵权的行为，但是损害结果只是由其中一个行为造成的，只是由于具体侵害人无法确定，由此法律规定比照共同侵权责任的承担方式来确定责任。

所谓共同危险行为是指两个或者两个以上的行为人实施可能造成让人损害的危险行为并实际致人损害，而无法确定加害人的侵权行为，也就是在侵权案件中，可能存在多个人实施侵权行为，各侵权行为都存在导致损害的危险性，并且其中一个的加害行为造成实际的损害后果，但无法确定到底是哪一个人造成了损害。由于无法确定加害人，法律推定各行为人的行为与损害后果都存在因果关系，因此各行为人都是加害人，并承担连带责任。我国《民法通则》中对此并没有相关规定，但是在实际的审判过程中出现过这种案例。2003 年《最高人民法院关于审理人身损害赔偿案件适用法律若干问题的解释》中对这种情形作出了相应的司法解释。《侵权责任法》第十条规定："二人以上实施危及他人人身、财产安全的行为，其中一人或者数人的行为造成他人损害，能够确定具体侵权人的，由侵权人承担侵权责任；不能确定具体侵权人的，行为人承担连带责任。"

另外，根据 2001 年《最高人民法院关于民事诉讼证据的若干规定》和 2003 年《最高人民法院关于审理人身损害赔偿案件适用法律若干问题的解释》，加害人可以举证证明推翻因果关系的推定，即加害人能够证明损害后果不是由其行为造成的，不承担赔偿责任。这是法律规定的唯一的免责事由，除此之外，不能免除被告的责任。

共同危险行为作为一种共同侵权，一般来说具备以下法律特征：（1）侵害行为由熟人实施；（2）行为的性质具有危险性；（3）这种具有危险性的共同行为是致人损害的原因；（4）损害结果不是共同危险行为人全体所致，而是其中不能确定的人所致。根据法律规定，在共同危险行为造成损害的情况下，应由共同危险行为人共同承担责任。有人认为损害并非是全体共同危险行为人所致，对于实际上未致害他人的行为人来说不公平。但是，在不能查明谁是加害人，不能确定具体的义务主体的情况下，如果不让全体共同危险行为人承担赔偿责任，受害人的损害就不可能得到赔偿。从这个角度上说，必然是对受害人显失公平。民法的公平原则正是为了保护受害人的权利，使受害人的损失得到合理而适当的补偿。

【典型案例】

甲、乙、丙三人是某小学二年级的学生。某天轮到三人值日，放学后他们没有像平时一样回家，而是留下来打扫教室和楼道卫生。在打扫的过程中，三人有说有笑，边玩边打扫。三人在打扫教室阳台时，发现阳台上放了一些旧的饮料玻璃瓶。由于教室在五楼，他们觉得把瓶子拿到楼下的垃圾桶里扔掉很麻烦，同时三人出于好玩的想法，每人拿起一个，到楼道窗户前，用手把瓶子伸到楼外，喊了声"1、2、3"，就一起松手，把瓶子扔了出去。恰好这时两个高年级学生从楼下经过，一个落下的瓶子不偏不倚正好砸到了一个学生的头上，造成该学生当即倒地，血流不止。另一个学生见状大声呼救，路过的老师听到呼救赶紧拨打了急救电话，将受伤学生紧急送往医院。由于抢救及时，伤者脱离了生命危险，但是医生告诉伤者父母可能会有后遗症。该受伤学生在医院治疗3个月后回家休养。受伤学生的家长找到甲、乙、丙要求赔偿，三方家长都说不是自己的孩子砸的。由于不能确定到底是哪个学生砸伤的，受害方的家长将甲、乙、丙三人作为共同被告向法院起诉，要求法院判决三被告赔偿医疗费等各项支出共6万余元。

【法律分析】

在此案中，三个孩子的行为就是共同危险行为。三人从楼道窗户往外扔瓶子是共同实施的具有危险性的行为，由于不能确定究竟是谁扔的瓶子砸到人，三名被告中也没有人能提出证据证明砸中原告的瓶子不是自己抛出的，因此应当由三个孩子的监护人承担连带赔偿责任。法院最后判决三被告承担连带赔偿责任，支持了原告的赔偿请求。

在本案中的另一个焦点是学校的责任问题。学生在学校里被楼上掉下的重物砸伤，学校应不应该承担责任呢？就本案来说，砸伤人的瓶子是由本校的学生故意扔下来的，并非学校管理失误而致使瓶子坠落。从具体案情中可以了解到学校在管理中并不存在明显的过错，如果要求学校对该伤害负责，是极不合理。毕竟，学生从楼上扔瓶子，学校是不可能预先知道并采取相应的措施加以避免的，如果要求学校防止这种危险的发生，几乎是不可能的，很明显者已经超出学校的保护能力，因此，学校不承担责任，而应由伤人学生的监护人来承担。

最后，受害人家长提出赔偿6万余元的诉讼请求，赔偿的费用是如何计算的呢？《侵权责任法》第十六条规定："侵害他人造成人身损害的，应当赔偿医疗费、护理费、交通费等为治疗和康复支出的合理费用，以及因误工减少的收入。造成残疾的，还应当赔偿残疾生活辅助具费和残疾赔偿金。造成死亡的，还应当赔偿丧葬费和死亡赔偿金。"在本案中，受害人家长要求侵权人赔偿医疗费、护理费、交通费、误工费等费用是合理的，并且于法有据，得到了法院的支持。

【法条链接】

《侵权责任法》第十条规定："二人以上实施危及他人人身、财产安全的行为，其中一人或者数人的行为造成他人损害，能够确定具体侵权人的，由侵权人承担责任；不能确定具体侵权人的，行为人承担连带责任。"

《侵权责任法》第十六条规定："侵害他人造成人身损害的，应当赔偿医疗费、护理费、交通费等为治疗和康复支出的合理费用，以及因误工减少的收入。造成残疾的，还应当赔偿残疾生活辅助具费和残疾赔偿金。造成死亡的，还应当赔偿丧葬费和死亡赔偿金。"

《最高人民法院关于民事诉讼证据的若干规定》第四条规定："下列侵权诉讼，按照以下规定承担举证责任：……（七）因共同危险行为致人损害的侵权诉讼，由实施危险行为的人就其行为与损害后果不存在因果关系承担举证责任；……"

《最高人民法院关于审理人身损害赔偿案件适用法律若干问题的解释》第四条规定："二人以上共同实施危及他人人身安全的行为并造成损害后果，不能确定实际侵害行为人的，应当依照民法通则第一百三十条规定承担连带责任。共同危险行为人能够证明损害后果不是由其行为造成的，不承担赔偿责任。"

专题2 教唆无行为能力人

在学校日常教学中，有时会出现老师对学生的体罚现象。在有些体罚中，老师并不直接动手打学生，而是指使班内学生对受罚学生进行打骂，这样的情况下，教师是否就不用承担责任了呢？

我国《侵权责任法》第九条规定："教唆、帮助他人实施侵权行为的，应当与行为人承担连带责任。教唆、帮助无民事行为能力人，限制民事行为能力人实施侵权的，应当承担侵权责任；该无民事行为能力人、限制民事行为能力人的监护人未尽到监护责任的，应当承担相应的责任。"所谓无民事行为能力人就是指完全不能正确认识自己和控制自己行为和行为所产生后果的人；而限制民事行为能力人则是指不能完全认识自己和控制自己行为和行为所产生后果的人。依据我国《民法通则》规定，不满 10 周岁的未成年人及不能辨认自己行为的精神病人是无民事名为能力人，限制民事行为能力人则包括 10 周岁以上的未成年人和不能完全辨认自己行为的精神病人。由于这类群体本身心智并未成熟，也不具备进行民事活动的能力，因而民事活动由他们的法定代理人代理。因此，法律上规定对于教唆、帮助无民事行为能力人、限制民事行为能力人实施侵权行为的，应当承担侵权责任。

教唆行为是指利用言辞对他人进行开导、说服，或通过刺激、理由、怂恿等方法使他人从事侵权行为。帮助行为是指给予他人以帮助（如提供工具或者指导方法），以便使该人实行侵权行为。教唆人与帮助人在符合以下条件时，应与行为人承担连带责任。（1）教唆人或者帮助人主观上具有故意，即教唆人或者帮助人故意教唆或者帮助他人实施侵权行为。（2）教唆或者帮助让人实施的侵权行为与损害后果之间具有相当因果关系。这一点包含两层含义：其一，被教唆人或者帮助人实施的侵权行为正是教唆的内容或者帮助的对象；其二，正是该侵权行为造成了他人的损害。（3）被教唆人或者被帮助人属于完全行为能力人。如果教唆或者帮助无民事行为能力人和限制民事行为能力人实施侵权行为，教唆人或帮助人当然要承担侵权责任。但是，如果被教唆人或帮助的无民事行为能力人或限制行为能力人的监护人未尽到监护责任的，也应当承担相应的责任。

【典型案例】

某小学例行卫生检查。在这次检查中，四年级二班的卫生区因为有一根扫帚苗未被打扫干净，被学校扣掉1分。该班班主任赵某知道后很不高兴。这时负责打扫卫生的8名同学中有人报告说：与他们一起值日的王某不好好打扫卫生，光顾着自己玩。赵某听后立即把打扫卫生的8名同学叫到一起，让他们每人打王某3个耳光。在第三个同学打的时候，王某已经哭了，可余下的同学在赵某的逼迫下还是把耳光打完了。

进到教室，等同学们都坐好后，赵某还是不解气，又让王某走到每个学生面前，要每人再打他3个耳光。王某只好流着泪走到每个同学面前挨打。有个叫李某的同学平常与王某关系较好，打的较轻了，赵某看见了就令李某的同桌打了李某3个耳光。看到这种情况，就每人再不敢轻打了。那些在教室外已经打过王某的值日生，跟着又打了王某一遍。王某当场被打得两耳嗡嗡作响，但强忍着眼泪不敢吭声。

中午王某没有回家，晚上回家后，家长发现王某的左脸肿得厉害，连正常的说话声都听不清楚，经询问后就带他到医院检查，并迅速向学校报告情况。学校极为重视，查明了事实。班主任赵某指使全班学生，每人打王某3记耳光，使得王某脸部、耳朵受伤。经研究，学校决定对赵某实行停职检查，停职期间赵某必须进行反省，向学生本人和学生家长赔礼道歉，并承担相应的行政责任和民事责任。

【法律分析】

在此案中，班主任赵某没有直接动手打王某，而是指使班内同学对王某进行打骂，依照《侵权责任法》第九条规定："教唆、帮助他人实施侵权行为的，应当与行为人承担连带责任。教唆、帮助无民事行为能力人，限制民事行为能力人实施侵权的，应当承担侵权责任；该无民事行为能力人、限制民事行为能力人的监护人未尽到监护责任的，应当承担相应的责任。"本案中的学生是小学四年级的学生，都是无民事行为能力人或者限制民事行为能力人。老师赵某教唆同学打王某，就属于法律规定的教唆无民事行为能力人和限制民事行为能力人侵权的情形，因而老师应当承担侵权责任。

至于打人的学生要不要承担连带责任呢？根据《民法通则》第一百三十三条规定：无民事行为能力人、限制民事行为能力人造成他人损害的，由监护人承担民事责任。因而，打人的学生是不能直接承担责任的，即使要承担，也要由他们的监护人即家长承担。那么家长的责任如何确定呢？《侵权责任法》第九条第二款规定："教唆、帮助无民事行为能力人，限制民事行为能力人实施侵权的，应当承担侵权责任；该无民事行为能力人、限制民事行为能力人的监护人未尽到监护责任的，应当承担相应的责任。"即是说，家长是否尽到了监护义务是判断是否承担责任的依据。

从班主任赵某对王某的惩罚行为来看，让全班同学去打王某完全是一个强迫行为。学生在学校期间，家长无法尽到监护责任，家长并不存在过错，因此教师赵某应对此承担全部责任，而不应由动手打王某的同学及其家长分担责任。班主任赵某的行为严重侵犯了学生的名誉权和身体健康权，依法应为学生消除影响、恢复名誉，并赔礼道歉，学校也应承担一定的赔偿责任。此外，老师也应承担一定的行政责任，学校决定对赵某实行停职检查是正确的。

【法条链接】

《侵权责任法》第九条规定："教唆、帮助他人实施侵权行为的，应当与行为人承担连带责任。教唆、帮助无民事行为能力人，限制民事行为能力人实施侵权的，应当承担侵权责任；该无民事行为能力人、限制民事行为能力人的监护人未尽到监护责任的，应当承担相应的责任。"

《民法通则》第一百三十三条规定："无民事行为能力人、限制民事行为能力人造成他人损害的，由监护人承担民事责任。监护人进了监护责任的，可以适当减轻他的民事责任。"

专题3　无意思联络的数人侵权

无意思联络的数人侵权属于涉及多方当事人的侵权的一种，由于当事人间并没有共同的故意和过失，缺乏彼此的意思联络，因而不同于共同侵权行为。在责任承担时侵权各方不需要承担连带赔偿责任，只需根据各自过错的大小来承担赔偿责任。但在现实中，有些侵权案件中也存在责任的主次、大小难以确定的情况，此时可以援引《侵权责任法》第十二条的有关规定，要求侵权各方平均承担赔偿责任。

【典型案例】

某市某小学为了丰富学生的课外活动，决定由老师领队，组织学生到电影院观看电影。一直到电影放映前5分钟，电影院仍未进行检票，老师就去和电影院协商，要求赶快检票。电影院检票时，电影已经开始放映。由于电影院管理失误，入场检票时比较匆忙，单号、双号门紧闭，致使五六百学生检票后仅能进入廊厅而不能进入放映场。电影开演五六分钟后，电影院才仅开单号门让学生进入放映场。学生一拥而入。放映厅内天窗紧闭，又没有开点灯，黑暗中学生发生拥挤，致使3名学生被挤倒，其中高三学生孟某经抢救无效死亡，另二人受轻伤。

受害学生的家长找到学校，学校则认为责任不在自己，而在电影院，应由电影院承担赔偿责任。

【法律分析】

此案是一桩学校组织校外互动，造成学生伤害的案件。在本案中，学校和电影院都是有一定责任的。

《侵权责任法》第三十七条规定："宾馆、商场、银行、车站、娱乐场所等公共场所的管理人或者群众性活动的组织者，未尽到安全保障义务，造成他人损害的，应当承担侵权责任。"电影院是为公众提供休闲娱乐的经营场所，应按规定为购票的观众提供安全的观看场所，做好维持秩序的工作。在本案中，由于电影院管理失误，入场检票时门没有打开，致使学生在黑暗中发生拥挤和踩踏事故，因而整个事故的主要责任在电影院。

那么，学校对事件的发生是否有责任呢？根据《学生伤害事故处理办法》第九条规定，学校组织学生参加教育教学活动或者校外互动，未对学校进行相应的安全教育，并未在可预见的范围内采取必要的安全措施的，学校应当依法承担相应的责任。学校在组织学生参加大型集体活动时，应当做好一切准备工作。特别是有教育经验的人应当意识到，学生在入场时如果不按一定的秩序，很容易发生拥挤和踩踏的情况，因而学校对踩踏事故的发生是可以预见的，如果采取有效的防范措施是可以有效防止其发生，因此，学校也是该侵权案件中的侵权人。

由此可知，学校和电影院同为本案的侵权人，那么二者是否构成了共同侵权呢？共同侵权是指二人以上共同故意或者过失侵权。显然学校和电影院之间并不存在共同伤害的意思联络，因而并不构成共同侵权。学校和电影院的损害行为实际上构成了无意思联络的数人侵权。学校和电影院都存在一定过失，并且无意思联络的过失行为偶然结合导致了学生的死亡和受伤。《最高人民法院关于审理人身损害赔偿案件适用法律若干问题的解释》第三条第二款规定："二人以上没有共同故意或者共同过失，但其分别实施的数个行为间接结合发生同一损害后果的，应当根据过失大小或者原因为比例各自承担相应的赔偿责任。"《学生伤害事故处理办法》第十一条规定："学校安排学生参加活动，因提供场地、设备、交通安全、食品及其他消费与服务的经营者，或者学校以外的活动组织者的过错造成的学生伤害事故，有过错的当事人应当依法承担相应的责任。"因而学校和电影院应当根据过错的大小比例承担相应的赔偿责任。在本案中，电影院管理不当，是事故发生的主要原因，承担主要责任；学校的过错程度较轻，应对受害学生或其家属承担一定的赔偿责任。

【法条链接】

《侵权责任法》第十二条规定："二人以上分别实施侵权行为造成同一损害，能够确定责任大小的，各自承担相应的责任；难以确定责任大小的，平均承担赔偿责任。"

《侵权责任法》第三十七条第一款规定："宾馆、商场、银行、车站、娱乐场所托给公公场所的管理人或者群众性活动的组织者，未尽到安全保障义务，造成他人损害的，应当承担侵权责任。因第三人的行为造成他人损害的，由第三人承担侵权责任；管理人或者组织者未尽到安全保障义务的，承担相应的补充责任。"

《最高人民法院关于审理人身损害赔偿案件适用法律若干问题的解释》第三条规定："二人以上没有共同故意或者共同过失，但其分别实施的数个行为间接结合发生同一损害后果的，应当根据过失大小或者原因为比例各自承担相应的赔偿责任。"

《学生伤害事故处理办法》第九条规定："学校组织学生参加教育教学活动或者校外互动，未对学校进行相应的安全教育，并未在可预见的范围内采取必要的安全措施的，学校应当依法承担相应的责任。"

《学生伤害事故处理办法》第十一条规定："学校安排学生参加活动，因提供场地、设备、交通安全、食品及其他消费与服务的经营者，或者学校以外的活动组织者的过错造成的学生伤害事故，有过错的当事人应当依法承担相应的责任。"

六、学生伤害事故处理

专题1 事故处理程序

发生学生伤害事故，学校应当及时救助受伤害学生，保护现场，保全证据；并应当及时告知未成年学生的监护人；有条件的，应当采取紧急救援等方式救助。需要注意的是，学校在发生学生伤害事故后，不管是谁造成的，都负有救助的责任，而且应当及时地、有效地救助，绝不能因纠缠于追究事故发生的责任而不提供救助，也不能敷衍了事。

1. 事故情况的一般处理

（1）学生在课间活动中，追逐打闹、跌倒碰伤、撞伤、互相间撕打扭伤等所引起的伤害，首先，把学生送到学校卫生室进行简单处理；如伤害较重，应及时把学生送往附近的医院治疗；同时通知监护人到医院配合治疗，做好受伤学生家长的情绪稳定工作，并及时调查事故原因，分清责任，提出处理办法。老师事后主动为学生补课，办理伤害事故的赔保事宜。

（2）在体育课上擅自行动或运动不当等造成的伤害，除现场急救外，力争在最短的时间内将受害者送到附近医院治疗，并通知其监护人。待事故调查清楚，分清责任后，再提出处理办法。

（3）学生在上学、放学途中，发生伤害，学校在获悉情况后，要立即组织人员赴现场了解情况，组织急救，通知监护人，并及时报警。

（4）若有学生在校食用午餐或饮用水后发生不适，应由学校教师立即护送到附近医院诊断治疗，通知学生的监护人；若大面积发生学生不适情况，学校应立即组织抢救，并向卫生、防疫、教育主管部门报告，同时通知学生的监护人。保护现场及48小时留样食品；及时上报，2小时内分别向所在地卫生监督所、教育主管部门报告，并积极配合卫生监督所调查取证；如怀疑人为投毒，必须及时报警，控制人员流动，配合公安部门调查取证。

（5）学校房屋给学生带来伤害时，立即将学生撤离到安全地带，就地组织抢救，并拨打"120"，力争在最短的时间内将学生送医院治疗，同时通知学生的监护人，及时报告教育主管部门。

（6）场地、设施等给学生带来伤害时，立即就地组织急救，力争在最短的时间内将学生送医院治疗，同时通知学生的监护人。

（7）组织学生外出参观和社会实践活动等引起伤害时，就地组织急救，并拨打"120"，力争在最短的时间内将学生送医院治疗，同时通知学生的监护人。

（8）校内任何发现火情的人应及时拨打"119/110"，在消防人员未到达之前，学校应及时疏散学生到安全地带，尽量避免人身伤害；如怀疑人为纵火，必须及时报警，控制人员流动，配合公安部门调查取证。

2. 事故的报告

学校需要进行报告的事故范围是情形严重的学生伤害事故：可能导致残疾；学生个体死亡；群死群伤；涉及面广，影响正常教育教学秩序导致社会不稳定因素等伤害事故。报告的要求如下：

（1）发生学生伤害事故，情形严重的，学校应当及时向主管教育行政部门报告（一般在事故发生后24小时内口头报告，并在7个工作日内提供有关事故的书面报告）。

（2）属于重大伤亡事故的，教育行政部门应当按照有关规定及时向同级人民政府和上一级教育行政部门报告。

（3）当学生伤害事故涉及其他行政部门管辖范围时，学校还应同时报告其他有关部门（主要有公安、消防、卫生防疫、疾控中心等部门）。

学校的主管教育行政部门应学校要求或者认为必要，可以指导、协助学校进行事故的处理工作，尽快恢复学校正常的教育教学秩序。

3. 事故处理方式

（1）学校与受伤害学生或者学生家长可以通过协商方式解决。

（2）双方自愿，可以书面请求主管教育行政部门进行调解。

（3）成年学生或者未成年学生的监护人也可以依法直接提起诉讼。

需要注意的是，学校或其他事故责任人与受伤害的学生或家长进行协商时，应遵循以下原则：①当事人应当有相应的民事行为能力。中小学校的学生是未成年人，是限制行为能力人，因此在中小学校未满十八岁的学生受到伤害，应由其监护人代理其与学校进行协商。②协议应当是当事人的真实意愿。协议的开始、进行与最后达成应该建立在自愿的基础上，任何一方不得用胁迫、欺诈或其他手段强迫另一方进行协商或使对方就范。③协商应遵循平等自愿、互谅互让的原则。协商达成的协议应该是事故当事人各方互相妥协和让步的结果，不能显失公平，过分损害一方当事人的正当利益。④协商的内容应当合法，不得违反国家法律法规的强制性规定和社会公共利益，也不得损害第三人的合法权益，否则会导致该协议的相关内容无效，不受法律保护。协商应当以书面方式进行，通过协商达成的协议要做成书面协议并由双方当事人签字。

4. 事故的调解程序

（1）教育行政部门收到调解请求，认为有必要的，可以指定专门人员进行调解，并应当在受理申请之日起60日内完成调解。

（2）经教育行政部门调解，双方就事故处理达成一致意见的，应当在调解人员的见证下签订调解协议，结束调解。

（3）在调解期限内，双方不能达成一致意见，或者调解过程中一方提起诉讼，人民法院已经受理的，应当终止调解。

（4）调解结束或者终止调解，教育行政部门应当书面通知当事人。

（5）对经调解达成的协议，一方当事人不履行或反悔的，双方可以依法提起诉讼。

一般来说，调解可分为民间调解、行政调解和司法调解，此处的调解属于行政调解，即由专门的行政机关进行的争议调解。学生伤害事故发生后，对于协商不成的或未经协商的，事故的双方当事人在自愿的基础上，可以书面向主管教育行政机关申请调解。所以，调解不是解决争议的必经程序。同时应注意，调解不具有终局的效力，如果不履行调解协议或反悔的，另一方仍享有向法院起诉的权利。

调解申请的提出须满足以下条件：①当事人调解应当向有管辖权的教育行政机关提出；②当事人申请调解的基础是资源，教育行政机关不能进行主动的、强制的调解；③申请的主体必须是与学生伤害事故赔偿有直接利害关系的当事人；④调解在申请提出之前必须没有向法院提起诉讼。

5. 处理结束程序

事故处理结束，学校应当将事故处理结果书面报告主管教育行政部门。

重大伤亡事故的处理结果，学校的主管教育行政部门应当向同级人民政府和上一级教育行政部门报告。

专题 2　事故损害的赔偿

对发生学生伤害事故负有责任的组织和个人，应当按照法律法规的有关规定，承担相应的损害赔偿责任。赔偿一般依据过错责任原则。关于学生伤害事故的赔偿范围与标准，如果行政法规或者地方性法规中作出明文规定的，可比照适用；对于没有明文规定的情况，则适用相关司法解释的规定。

根据现实情况，学生伤害事故的受害者遭受的损害有三种：一般损害、造成残疾和死亡。在这三种情况下受害学生和家长可得的赔偿项目是不同的。受害学生遭受一般人身伤害的索赔，主要涉及医疗支出的各项费用，包括医疗费、护理费、交通费、住宿费、住院伙食补助费、必要的营养费、学生父母或者监护人照料学生的误工费等。受害学生造成伤残时，除了医疗支出的各项费用外，主要涉及因增加生活需要所支出的必要费用以及因丧失劳动能力导致的收入损失，包括残疾赔偿金、残疾辅助器具费以及康复护理、继续治疗时发生的必要的康复费、护理费、后续治疗费。受害学生造成死亡时的索赔，除医疗支出的各项费用外，主要涉及赔偿丧葬费、死亡补偿费以及受害人亲属办理丧葬事宜支出的交通费、住宿费和误工损失等其他合理费用。除以上赔偿项目外，在上述三种情形下，受害学生或死者近亲属遭受精神损害，还可以请求赔偿精神损害抚慰金，适用《最高人民法院关于确定民事侵权精神损害赔偿责任若干问题的解释》。

1. 一般伤害赔偿

发生学生伤害事故未造成残疾、死亡的，应赔偿实际发生的下列费用：

（1）医疗费。它是指受害人在遭受人身伤害之后接受医学上的检查、治疗与康复训练所必须支出的费用。医疗费的赔偿范围一般包括：医药费、住院费、必要的康复费、适当的整容费、后续治疗费。其中所说的后续治疗费是指相对于起诉情况下一审法庭辩论终结时间而言，其内容也无非是医药费、住院费等，因此可被前述费用涵盖而无须单列，可在计算赔偿金额时一并计算。上述费用都必须根据医疗机构出具的收款凭证，结合病历和诊断证明等相关证据确定，并且康复费、整容费以必要和适当为宜，在具体的实践中主要包括：挂号费、医药费、治疗费、检查费、住院费、代用器官费及固定器材费、再次手术费等。

需要注意的是，当事人履行人民法院的判决，赔偿后续治疗费后，如受害人日后实际发生的治疗费用超出原判决的费用，只要受害人有证据证明该部分费用是用于人身损害所支出的，对超出部分可另行起诉。

医疗费的赔偿金额计算公式：医疗费赔偿金额＝医药费＋住院费＋康复费＋整容费＋其他费用

（2）住院伙食补助费。它是指受害人在住院治疗期间因为必要的饮食消费而有权要求的补助。在受害人有必要到外地治疗，因客观原因不能住院的情况下，受害人本人及其陪护人员实际发生的伙食费，也应属于这种住院伙食补助费的范畴。

住院伙食补助费的计算主要是参照当地国家机关一般工作人员的出差伙食补助标准来确定的。所谓一般工作人员，就要区别于有级别的领导标准。（对于哪些人员为一般工作人员，每个地方各有不同）

住院伙食补助费的赔偿金额计算公式：住院伙食补助费＝当地国家机关一般工作人员出差伙食补助标准（元/天）×住院天数

在确定受害人的住院伙食补助费时需要注意以下问题：①住院伙食补助费仅指受害人因住院而超出自己日常生活中的伙食费的那一部分，不管是在本地住院还是在外地住院；②如果受害人需要陪护人员的，因为陪护人员有护理费，护理费中包括了陪护人员的生活费，且陪护人员不是住院伙食补助费的补助对象，所以陪护人员没有住院伙食补助费。

（3）营养费。它是指为了使受伤害学生获得恢复健康确实需要的营养，而对其支出的费用所进行的补偿。《最高人民法院关于审理人身损害赔偿案件适用法律若干问题的解释》第二十四条规定："营养费根据受害人伤残情况参照医疗机构的意见确定。"所以关于营养费赔偿并没有明确标准。一般认为，经法医鉴定或治疗医院证明，受害人伤情严重，确须补充营养食品作为辅助治疗的，其费用可以酌情赔偿。亲友探视时所携带的营养品应认定为赠予，在计算营养费赔偿金时不应计入。

是否需要赔偿受害人营养费，要视受害人受伤害或者残疾的具体情况而定。一般说来，受害人可以请求营养费赔偿的情形有：①受害人年幼、年迈或因严重伤害或者损伤部位特殊而影响进食的；②因手术或危重病住院后处于恢复期的；③非手术或非危重病恢复期，但治疗医院建议应增加特别营养的。人民法院应当根据医疗机构的意见，在对受害人伤残情况及恢复情况进行核实的基础上，确认受害人确须补充营养食品作为辅助治疗或者恢复身体机能的，可酌情决定赔偿营养费用。

需要注意的是，人民法院对于医疗机构的意见只是进行参照，并非必须依照医疗机构的意见。如果赔偿义务人对医疗机构出具的意见有异议，可以就受害人不需要营养费、医疗机构出具意见时所提的营养费数额过高等举证，由人民法院根据证据规则进行判决。

（4）误工费。它是指学生父母或者其他监护人因学生伤害确须陪同诊疗或者进行处理，不能参加工作而减少的合法劳动报酬收入。学生家长或其他监护人所能获得的误工费的赔偿金额，可以根据有无固定收入而区分为两种情况：

第一，有固定收入的，误工费按照实际减少的收入计算。实际减少的收入是指在学生诊疗过程各种所必需的陪同时间内，学生家长因不能参加工作而减少的收入，此项陪同时间应由医疗机构出具证明确定，然后按照这项时间和收入状况最终确定误工费数额。

第二，无固定收入的，根据权利人能否举证证明最近三年的平均收入状况，又可分为两种情况：①能够证明其最近三年的平均收入状况的，按照其最近三年的平均收入计算。②不能证明其最近三年的平均收入状况的，参照其所在地相同或者相近行业上一年度职工的平均工资计算。所谓相同或者相近行业是与其所在行业存在直接竞争或者替代关系的行业。

误工费的赔偿金额计算公式：①有固定收入的误工费赔偿金额 = 误

工时间（天）×收入水平（元/天）；②无固定收入，能够证明其最近三年的平均收入状况的误工费赔偿金额＝误工时间（天）×最近三年平均收入水平（元/天）；③无固定收入，不能够证明其最近三年的平均收入状况的误工费赔偿金额＝误工时间（天）×当地相同、相近行业上一年职工平均收入工资（元/天）

（5）护理费。其指受伤害学生在诊疗期间，按医院意见或司法鉴定，需要专人进行陪护，并因此所需支出的费用。需要注意的是，这里所说的护理费仅指诊疗期间的护理费用，而不包括定残后的护理费用。在受害人住院治疗期间，医院统一安排的护士护理费已纳入医疗费的范围，不应列入护理费。

护理费的计算应该首先确定护理人员的收入状况和护理人数，然后确定护理期限，护理期限一般为诊疗直至受害人恢复生活自理能力时止。残疾的可确定一个合理期限，但最长不得超过20年。根据护理人员有无收入，可以分为两种情况计算：①护理人员有收入的，按照误工费的规定计算；②护理人员无收入或者雇用护工的，参照当地护工从事同等级别护理的劳务报酬标准计算。

护理费赔偿金额计算公式：①护理人员有收入的，按照误工费的规定计算；②护理人员无收入或者雇用护工的，护理费赔偿金额＝同等级别护理的劳务报酬×护理期限

对于护理期限，有三个问题需要注意：①在考虑护理期限时应当将受害人受害时的年龄与受诉法院所在的省、自治区或直辖市的人均期望寿命进行比较，用该人均期望寿命减去受害人在遭受损害时的年龄，再结合受害人的身体状况因素进行适当调整后，确定一个期限。②如果受害人实际被护理的期限超过了法院判决确定的护理期限，赔偿权利人向人民法院起诉请求继续给付护理费的，人民法院应予受理。赔偿权利人确须继续护理的，人民法院应当判令赔偿义务人继续给付相关费用5至10年。③如果受害人实际被护理的期限短于法院判决确定的护理期限，

即在没有改期限的时候被护理人就死亡了，而赔偿义务人一次性已经支付了该期限内的全部护理费，多余的护理费用受害人的继承人不负有返还的义务，赔偿义务人也不得起诉要求返还。

（6）住宿费。它是指在学生伤害事件发生后，学生及其监护人到外地就医、配置残疾用具、参加事故处理等必须支出的住宿费用。因客观原因不能住院，而需要暂时居住在旅馆或招待所等地所支出的费用。住宿费经常包括的情形有：到门诊就诊当天不能返回或等待检查结果，伤者及陪护人员的住宿费；应当住院，但暂无病床，在外等待病床期间的住宿费用；伤者需要亲友陪护，亲友的住宿费用；经医院同意的转院过程中伤者及陪护人员的住宿费用；参加事故处理过程中的住宿费用等。

住宿费一般以国家机关一般工作人员出差住宿标准为标准进行计算，并且应以实际支出的合理费用为限。在实践中，受害人或其亲属因住宿而支出的费用，如果与受害人本人赴外地就医等必要活动有关，且未超过当地国家机关一般工作人员的出差住宿标准，应当属于合理支出的费用。国家机关一般工作人员的出差住宿标准，为处级以下的工作人员的出差标准。

住宿费赔偿金额计算公式：住宿费赔偿金额＝国家机关一般工作人员出差住宿标准×出差时间

对于是否属于"确有必要到外地治疗"，赔偿义务人应当提出充分的证据加以证明，例如本地的医疗机构出具的建议到外地治疗的书面文件，或者本地确实没有条件从事某种手术而需要到外地进行手术的证据等。

如果受害人本人因嫌医院条件不好，而在能够住院治疗时不住院治疗，由此产生的住宿费与伙食费不应给予赔偿。

（7）交通费。它是指学生、学生父母及其他监护人为救治、陪护或因病情需要转院所支出的往返路费。交通费的计算虽然是实际发生的费用，但一般说来也有相关的标准范围。交通费一般以送医院就诊，检查治疗和转院治疗过程实际的交通费结合交通条件确定，主要包括必要的车船费、抬搬费等，按照当事人实际必需的费用计算凭据支付。其标准按照国家机关工作人员出差的最低标准计算，乘坐公共交通汽车、火车硬座、轮船三等舱以下的普通交通工具。如果超出了这一标准，如本应乘坐火车硬座而乘坐了火车软座的，就不一定按照实际发生的费用计算。但在某些特殊的情况下，确实需要且受害人有合理说明的，在确定方面可以灵活一些，例如，受害人伤病较重或有残疾行动不便而乘坐出租车、飞机，由此支付的交通费用，应当列入责任人应负担的交通费范围。另外，交通费的支出，涉及责任人的经济负担，费用的支出应当遵循必要原则，这也要求费用的支出必须合理，有必要限制护送受害人就医、看护住院的受害人、办理死者丧葬事宜、参加交通事故处理等必要事项的受害人的亲属的人数，以适当控制车、船票费的支出额。

交通费赔偿金额计算公式：交通费赔偿金额 = 往返费用 × 往返次数 × 往返人数

2. 残疾赔偿

在学生伤害事故发生后，对受伤害学生的伤残结果，由法定鉴定机构依照法定程序，就学生受到伤害的原因、因果关系、伤害的性质和程度作出科学的技术认定，以便明确事故的责任。需要注意的是，此处的鉴定只指伤残鉴定，不包括死亡鉴定。死亡鉴定是由专门机构的法医通过对死者身体解剖进行的死因鉴定。伤残鉴定是对受伤致残的学生进行伤残程度的鉴定。伤残程度，即损伤程度，是指人的身体受到外部致害物的作用直接造成机体、肢体、器官等正常组织结构发生破坏或其功能发生障碍的状况。有鉴定资格的医院或有关机构，是指由省级人民政府司法行政机关授予伤残司法鉴定业务资格的医院或有关机构。

伤残鉴定作为对受伤害学生伤害结果的一种鉴定，是判断学生受伤害程度的技术性工作，鉴定的结果往往起到关键证据的作用，直接关系到学生伤害事故是否能够正确处理。

因学生伤害事故造成残疾的，除一般伤害赔偿外，还可要求赔偿下列费用：

（1）残疾用具费。它是指学生因伤害事故造成残疾，需要配置补偿功能器具所需的费用。残疾用具费的计算主要以"普通适用"为标准，特殊需要可以特别确定。辅助器具的更换周期和赔偿期限参照配置机构的意见确定。

残疾用具费赔偿金额计算公式：残疾用具费赔偿金额＝普通适用器具的合理费用×器具数量

（2）残疾赔偿金。它是指学生因伤害事故造成残疾，并因此而丧失全部或部分劳动能力，影响了其日后的就业以及获取收入的能力，从而对其进行赔偿的基本生活费。

受害学生造成残疾的，其残疾生活补助费按照受诉法院所在地的人均收入来进行计算，期限为20年，并根据城镇居民与农村居民的不同而有所区别。

受害学生为城镇居民的，可获得的残疾生活补助费按照其居住地上一年度城镇居民人均可支配收入的标准，自定残之日起按20年计算。

受害学生为农村居民的，可获得的残疾生活补助费按照其居住地上一年度农村居民人均纯收入的标准，自定残之日起按20年计算。

其中所称"城镇居民人均可支配收入""农村居民人均纯收入"按照政府统计部门公布的相关统计数据确定。

残疾赔偿金额计算公式：①受害学生为城镇居民的：残疾赔偿金＝受诉法院所在地上一年度城镇居民人均可支配收入（元/年）×20年×伤残等级系数；②受害学生为农村居民的：残疾赔偿金＝受诉法院所在地上一年度农村居民人均纯收入（元/年）×20年×伤残等级系数

伤残等级系数：十级伤残10%，九级伤残20%……二级伤残90%，一级伤残100%。

需要说明的是，"城镇居民人均可支配收入"是城镇居民按家庭常住人口平均的可支配收入；"农村居民人均纯收入"是指农村住户当年从各个来源得到的总收入相应地扣除所发生的费用后的收入总和。

对残疾赔偿金进行调整有两种情形：①受害人因伤致残但实际收入没有减少，可以对残疾赔偿金作相应调整。这是指受害人获得的收入并不取决于其劳动能力，因此虽然部分丧失或者完全丧失了劳动能力，但是受害人的实际收入却并不发生减少。相应的调整是在按照上面原则确定了残疾赔偿金数额后再进行适当地减少。②受害人的伤残等级较轻但造成职业妨害严重影响其劳动就业的，可以对残疾赔偿金作相应调整。这是指受害人所从事的职业对其身体健康程度的要求较其他职业更高的场合。相应的调整是在按照上面原则确定了残疾赔偿金额后再进行适当的增加。

（3）残疾护理补助费。它是指学生因残疾需要专人护理所需支出的费用。此处所称残疾护理费与前述护理费的区别主要在于，护理费是在受害学生受诊疗期间发生的费用，而残疾护理费是受害学生因事故致残后即诊疗期满后发生的护理费用。

在学生因伤害事故造成残疾的情形下，护理费的计算应该首先根据其年龄、健康状况等因素确定合理的护理期限，最长不得超过 20 年，然后确定护理人员的收入状况和护理人数。根据护理人员有无收入，可以分为两种情况：①护理人员有收入的，按照误工费的规定计算。②护理人员无收入或者雇用护工的，参照当地护工从事同等级别护理的劳务报酬标准计算。

残疾护理补助费赔偿金额计算公式：①护理人员有收入的，按照误工费的规定计算。②护理人员无收入或者雇用护工的护理费赔偿金额 ＝ 同等级别护理的劳务报酬×护理期限

3. 死亡赔偿

学生因伤害事故死亡的，除一般伤害赔偿外，死亡学生父母或其他

监护人可要求赔偿下列费用：

（1）丧葬补助费。它是指学生因伤害事故死亡，处理死亡学生丧葬事宜所需的必要费用。这部分费用的支出是伤害事故的直接后果，受害学生家长有权利要求赔偿。

丧葬费用的计算以受害学生居住地上一年度职工月平均工资为标准，以 6 个月的总额计算。

丧葬补助费赔偿金额计算公式：丧葬补助费 = 受诉法院所在地上一年度职工月平均工资 ×6 个月

这里需要说的是，"受诉法院所在地上一年度职工月平均工资"指的是政府统计部门公布的受诉法院所在省、自治区、直辖市上一年度的职工月平均工资。因人身损害造成受害人死亡的，不管受害人的职业、身份、工作、性别、年龄等情况有何不同，也不管其生前是生活在城镇还是农村，在涉及支付丧葬费标准这一问题时，不再有任何差异，都适用统一标准予以确定。

（2）死亡赔偿金。也可称为死亡补偿费，是指学生因伤害事故死亡的，补偿给死亡学生父母或其他监护人因抚养学生而支出的费用。死亡赔偿金的计算标准根据城镇居民和农村居民而有所不同，分为两种情况：

受害学生为城镇居民的，按照其居住地上一年度城镇居民人均可支配收入为标准进行计算，计算期限为 20 年。

受害学生为农村居民的，按照其居住地上一年度农村居民人均纯收入为标准进行计算，计算期限也为 20 年。

死亡赔偿金计算公式：①受害学生为城镇居民的：死亡赔偿金 = 受诉法院所在地上一年度城镇居民人均可支配收入 ×20 年；②受害学生为农村居民的：死亡赔偿金 = 受诉法院所在地上一年度农村居民人均纯收入 ×20 年。

（3）精神损害抚慰金。它是指学生因伤害事故而导致身体健康或者生命受损，即其身体权、健康权或者生命权受到侵害且后果严重，其本人或家人蒙受精神创伤，因此有权利要求给予一定的金钱赔偿。在学生伤害事故造成严重后果的情形下，受害学生及其亲属的精神利益损失是客观而不容回避的，应该予以赔偿。

根据《最高人民法院关于确定民事侵权精神损害赔偿责任若干问题的解释》第九条、第十条规定，精神损害抚慰金的赔偿问题，有些部分为残疾赔偿金和死亡赔偿金所涵盖，在此不再赘述；其他情形的精神抚慰金，主要是损害学生健康权的精神损害赔偿，则应综合侵权人的过错、行为方式、后果、侵权人的经济承担能力、居住地的平均生活水平等各个方面的因素来综合确定。

4. 伤残争议解决

学生伤残鉴定主要是指学生伤害事故发生后，对受伤害学生的伤残鉴定结果，由法定的鉴定机构依照法定程序，就学生受到伤害的原因、原因和后果的关系以及伤害的性质和程度作出科学技术认定。伤残鉴定的结果往往会起到案件证据的作用，直接关系到学生伤害事故能否正确处理。对受伤害学生的伤残程度存在争议的，可以委托当地具有相应鉴定资格的医院或有关机构，依据国家规定的人体伤残标准进行鉴定。在解决不同案件纠纷的过程中，鉴定的要求和程序不同。

5. 学校赔偿原则

（1）学校对学生伤害事故负有责任的，根据责任大小，适当予以经济赔偿，但不承担解决户口、住房、就业等与救助受伤害学生、赔偿相应经济损失无直接关系的其他事项。

（2）学校无责任的，如果有条件，可以根据实际情况，本着自愿和可能的原则，对受伤害学生给予适当的帮助。

（3）因教师或其他工作人员在履行职务中的故意或重大过失造成的学生伤害事故，学校予以赔偿后，可以向有关责任人员追偿。

学校在向受害学生进行赔偿以后的追偿权，是指学校向受伤害学生支付赔偿金后，可以要求违法行使职权的教师或工作人员承担全部赔偿费用。需要明确的是，因学校教师或者其他工作人员在履行职务中的故意或者重大过失造成的学生伤害事故，学校是承担民事赔偿责任的主体，而不是教师等个人。即只要是在学校教育管理活动中发生的侵害未成年人合法权益的行为，即使行为人是某个教师，学校也应当首先承担责任。如果行为人有过错的，学校可以向其追缴全部或部分赔偿费用。但学校不能以行为人是个人为由拒绝承担责任，因为学校是否向相关人员追偿并不影响学校本身向受害学生的经济赔偿。另外，学校追偿权的行使以相关人员的故意、重大过失为前提，如果相关人员没有过错或者仅有一般过失或轻微过失，则学校不得向其行使追偿权。

6. 赔偿经费的筹措责任

（1）根据双方达成的协议、经调解形成的协议或者人民法院的生效判决，应由学校负担的赔偿金，学校应当负责筹措。

（2）学校无力筹措的，由学校的主管部门或者举办者协助筹措。

（3）县级以上人民政府教育行政部门或者学校举办者有条件的，可以通过设立学生伤害赔偿准备金等多种形式，依法筹措伤害赔偿金。

学校在法律上具有法律资格，是事业法人。这就是说，学校自批准设立或者登记注册之日就取得法人资格，依法以自己的名义从事民事活动，享有民事权利，承担民事责任。如果对学生伤害事故学校应支付相应赔偿金，则首先应当由学校向受害人支付，为保证学校承担损害赔偿责任的情况下受害学生及其父母或者其他监护人能真正得到赔偿，学校应积极筹措赔偿金。在学校不能完全筹措的情况下，学校的主管部门或者举办者应当筹措。按照我国现行的教育行政体制，学校的主管部门指各级教育行政部门，如教育厅、教育局、教育部等。民办学校的举办者是指以出资、筹资等方式，发起并具体负责创办民办学校的社会组织或者公民个人。公立学校能够筹措赔偿金而不筹措赔偿金的，或民办学校的举办者不协助筹措赔偿金的，教育行政部门应责令其及时筹措。公立学校的主管部门不协助学校筹措赔偿金的，上级教育行政部门应责令其协助筹措。

（4）学校有条件的，应当依据《保险法》的有关规定，参加学校责任保险；教育行政部门可以根据实际情况，鼓励中小学生参加学校责任保险；提倡学生自愿参加意外伤害保险。在尊重学生意愿的前提下，学校可以为学生参加意外伤害保险创造便利条件，但不得从中收取任何费用。

根据《保险法》的规定，保险公司对某些学生伤害事故承担赔偿责任。保险公司之所以承担责任，是由于当事人与保险公司之间签订的保险合同。根据国家的有关保险法律、法规的规定，这是化解风险、进行救济的一种行之有效的途径。实践中，当学校或者学生与保险公司签订了责任保险或者意外伤害保险的，对于发生的学生伤害事故，属于保险合同约定的保险范围的，学生不仅可以要求致害人来承担相应的过错责任，而且可以直接向投保的保险公司要求保险金以补偿损失。对于保险公司承担的保险责任不能全额补偿学生伤害所受到的损失的，学生仍然可以向致害当事人要求赔偿未偿还的相应损失。

学校责任保险和学生意外伤害保险有助于处理学生伤害事故。学校责任保险是指由于学校的过错造成学生的人身伤害，依法应当由学校承担的赔偿，依照保险合同的规定由投保的保险公司负责赔偿。学生意外伤害保险是由学生、学生父母或者其他监护人自愿支付费用，为学生自己的人身安全向保险公司投保，当发生特定范围内的意外导致学生残疾或者死亡时，保险公司依据保险合同的规定作出赔偿。

专题3　学校承担事故责任的过错情形

本部分概述了学校要承担相应责任事故的过错情形。给学生提供安全的学习、生活环境是学校的基本义务，学校负有维护校园环境安全的法定义务，这里尤其要注意的是，教师作为学校的工作人员，在进行教学的过程中，由于实施违法的体罚学生的行为，属于法律上所讲的职务行为，由于体罚而给学生造成伤害的，学校应承担赔偿责任。

（1）学校的校舍、场地、其他公共设施以及学校提供给学生使用的学具、教育教学和生活设施、设备不符合国家规定的标准或者有明显不安全因素的

学校的校舍、场地以及其他的公共设施的特点是公共性和开放性，它是客观存在的，是供学生使用的，所以它必须是安全的，合乎标准的，由于这些设施不安全和不标准造成的伤害事故，由学校负全责。

根据有关规定，校舍、场地、其他教育教学设施和生活设施的安全标准由建设部门制定、验收；如果未达到安全标准，发生事故后，学校的举办者应当承担相应责任。《学生伤害事故处理办法》第四条规定："学校的举办者应当提供符合安全标准的校舍、场地、其他教育教学设施和生活设施。"其中，公办学校的举办者是各级人民政府；民办学校的举办者是指以出资、筹资等方式，发起、倡议并具体负责创办民办学校的社会组织或公民个人。此处需要注意的是，学校举办者的责任不同于学校的责任，因为学校举办者的责任主要是保证校舍、场地、其他教育教学设施和生活设施的安全，而学校的责任范围更广，既有对学生进行安全教育的责任，也有消除安全隐患的责任，还有对学生伤害进行制止和救助的责任。

案例：某职业高中组织学生进行年级拔河友谊赛，因为系在拔河中间用来判断胜负标志的红布条随风飘动影响比赛裁决，学校组织者便在红布条下端系上一个直径24毫米的铁螺母，以便使红布条垂直向下，在高一和高二两个年级的比赛激烈时，拔河绳突然从中崩断，红布条上所系的螺母因惯性甩起，直接飞向高二年级站在第一位的学生刘某的头部，老师们随即将刘某送往医院，刘某被诊断为重度开放性颅脑损伤，

受伤程度被定为伤残八级，法院判决学校赔偿刘某经济损失 14 万元。

学校作为学生拔河比赛的组织者，负有保证器材符合安全规范，防止发生人身安全事故的责任，对于绑在红布条上的铁螺母有可能伤人的情况，学校应当能够提前预见到，但学校因为疏忽，没有尽到相应的注意义务，从而导致铁螺母伤人事件的发生，因此学校是具有过错的，这种过错属于过错类型中的过失，与故意相区别。

案例：某小学为了方便学生悬挂衣物，在教室后墙上安装了许多铁钩，该校 8 岁的一年级学生吴某与同学在教室玩耍追逐时，不慎撞到教室的后墙上，一只铁钩扎入他的左眼，造成左眼破裂，教师立即将其送往医院，法院认为 8 岁的吴某系无民事行为能力人，好动是小学生的特点，其无法也不可能预见自己与他人嬉闹行为所带来的后果，学校由于疏忽了小学生的生理特点，未能谨慎注意到其安装的铁钩与小学生的身高体征相近，铁钩的高度正好与学生的眼睛同高度，具有不合理的安全隐患，所以学校对吴某的伤残应当承担过错责任。

为了保证学校的公共设施安全，学校应定期进行安全检查，不能认为没事就过于自信，而处在有过失过错状态，一般过失的出现都是在一般认为无事时出现的，学校有些设施是有强制性标准的，不能只是用警示来提示注意安全，因为我们面对的是小学生，所以对学校公共设施的安全必须采取客观措施。

学校作为学生活动的组织者，应当对活动中使用的器械提前进行检查，在活动进行当中，也要随时留心器械的使用情况，以防止器械发生问题，导致学生受到伤害。因学校器械存在安全隐患而导致的学生伤害，学校应当承担相应责任。

（2）学校的安全保卫、消防、设施设备管理等安全管理制度有明

显疏漏，或者管理混乱，存在重大安全隐患，而未及时采取措施的

学校在安全保卫、消防、设施设备上的管理一定要规范，要有多种健全制度，由于管理上出现的疏漏造成的伤害事故，学校负全责。严重的，构成教学设施重大责任事故罪，《刑法》第一百三十八条规定，明知校舍或者教育教学设施有危险，而不采取措施或者不及时报告，致使发生重大伤亡事故的，对直接责任人员，处以三年以下有期徒刑；后果特别严重的，处三年以上七年以下有期徒刑。

案例一：某小学课间时，几个学生在教室时追逐，其中一学生冲出教室门口，刹不住，翻越栏杆，坠楼身亡，经查，该校栏杆高只有90厘米（按国家标准应为110厘米）。

案例二：2002年10月6日，某中学学生鲁某在上体育课当中，被一同玩耍的同学推倒在学校操场正在施工的管道沟内，导致左臂多发性骨折，法医鉴定为10级伤残。鲁某家长遂将某生和学校起诉到法院，要求学校承担部分赔偿责任。而该校对已挖成的坑道未做充分的防护设施，因此对于鲁某的伤害，学校有过错，应当承担补偿责任。

以上两个案例的处理是依据《未成年人保护法》第十六条明确规定"学校不得使未成年学生在危及人身安全、健康的校舍和其他教育教学设施中活动"和《学生伤害事故处理办法》第九条规定："学校的教育教学、生活服务设施设备必须符合安全、卫生标准，并按规定配备消防设备，保证安全通道的畅通。学校举办者应当为学校配备符合标准的教育教学、生活服务设施设备，提供必需的人员、经费保障；学校自行添置的设施设备亦应当符合安全、卫生标准。学校应当加强对设施设备的管理和保养，确保其使用安全；对有危险性的设施设备、教学科研实验仪器及其他有毒有害物品、易燃易爆物品，必须建立健全使用和管理制度，并实行严格管理。学校应当在具有危险性的教育教学、生活服

务设施设备上及校内施工区，设置明显的安全警示标志。"学校严格按规定为学生提供安全健康的校舍和其他教育教学设施，如果发现不符合规定的必须及时整改和停止使用。

（3）学校向学生提供的药品、食品、饮用水等不符合国家或者行业的有关标准、要求的

案例：2001 年 12 月 7 日下午四点三十分，桥头镇某学校发生 83 人中毒事件。经英德市卫生监督所对呕吐物进行化验，证明是有机磷农药中毒。经对该校饭堂检查，卫生状况差，没有必备的洗、冲、消三级用池及洗菜、洗肉的专用池，不具备学校饭堂及集体饭堂的条件。

这起事件是学校的责任，它给我们的教训是：一是食堂采购必须实施定点采购和食品留样制度；二是学校的食堂必须具备开办的条件，达到上级规定的考核量化标准。凡是学校向学生提供的药品、食品、饮用水等不符合标准，造成学生伤害事故的，学校都应依法承担相应的责任。学校可根据《处理办法》第三十八条规定："其他单位和个人为学校提供产品与服务造成学生安全事故的，提供产品与服务的单位和个人应当承担损害赔偿责任；学校已先行支付赔偿费用的，应当向提供产品与服务的单位和个人行使追偿权。"

（4）学校组织学生参加教育活动或者校外活动，未对学生进行相应的安全教育，且未在可预见的范围内采取必要的安全措施的

学校在组织学生参加集会、文化娱乐、社会实践等集体活动中发生的人身伤害，学校对其组织举办的校外活动负有管理职责，不管此活动是否在学校场地进行，学校在组织学生校外活动时，其照管职责的大小取决于活动场所及环境，在不同的环境中学校应负担的照管职责的标准也相应不同，如因学校未履行或未适当履行照管职责导致学生受到人身损害则应根据其过错大小承担责任。

（5）学校知道教师或者其他工作人员患有不适宜担任教育教学工作的疾病，但未采取必要的措施的

学校知道教师或者其他工作人员患有不适宜担任教学工作的疾病，但未采取必要的措施的，如果教师患有精神病、急性传染病，由此造成的学生伤害事故学校是要负全责的。但有一个前提是学校知情，如果教师是新来的或是新发病，学校不知道，学校免责。

（6）学校违反有关规定，组织或者安排未成年学生从事不宜未成年人参加的劳动，体育运动或者其他活动的

学生是否可以参加某些活动或劳动，教师应该采用大家认可的方式，或用自己孩子的标准来判断是否可以这样做一般就不会出现问题。

（7）学生有特异体质或者特定疾病，不宜参加某种教育教学活动，学校知道或者应当知道，但未予以必要的注意的

如果家长已经告知学校学生的身体存在疾病，学校仍旧安排其参加不适于其进行的体育锻炼，如果教师发现了，又没有及时制止，或者教师发现学生有一些异常表现，而依然强迫其训练以致发生意外的，学校也应当承担相应的过错责任。在此学校对学生身体状况、学生特殊体质或者有疾病要有必要的了解和注意。学校的注意义务应限于必要的范围内，不可能完全预见到，下面这个案例就是这种情况。

案例： 某中学高一学生张某在 400 米跑测试中突然倒地昏迷不醒，教师及时将张某送往医院，但张某经抢救无效死亡，后经查明张某患有先天性心脏病，但其为了顺利被该中学录取故意隐瞒了病情，而且为了不使学校发觉，坚持参加了体育测验。本案中，张某死亡是由于自身健康原因所致，学校没有过错，所以学校不应当承担责任。张某和家长为了被学校录取，隐瞒了自己的病情应承担全部责任。

（8）学生在校期间突发疾病或者受到伤害，学校发现，但未根据

实际情况及时采取相应措施，导致不良后果加重的

学生进入学校后，学校应当承担起对其教育管理和保护的责任，在学生遇到疾病等突发事件时，应当对学生进行及时的救治，有的学生因为性格内向，自觉不适时也硬挺着，而不报告教师，所以任课教师应当认真观察学生，以便及时发现有异常表现的学生，当发现学生身体不适时，应当及时采取必要的措施，对于轻微不适的学生，可以让其暂停一些剧烈的活动，注意观察，对于状况严重的学生，应当及时将其送到医院，并尽快通知家长。

学校在学生应该得到救助时，学校一定要提供能力范围内的救助，以不加重伤害后果为前提，要就近送医院治疗。学校要有救助预案，组织机构，使学生需要救助时能及时顺利地进行。

案例： 某小学四年级学生小虎上课时突然发病，额头出汗，任课教师发现后即派两名学生小刚和小强送小虎回家，到家时发现家里锁着门，就把小虎放在门口地上，返回学校。后来同村的陶老太太发现小虎闭着眼，嘴鼻发青，就喊同村的郭某抱着小虎去村里的医院看病，但未找到医生，途中遇见小虎的父亲，小虎才被送到乡医院。三天后，又转到市医院，但为时已晚，小虎因食物中毒，多脏器衰竭而死。教师虽然对突发疾病的小虎采取了一定的措施，但这种措施是明显不当的，也正是因为这个不当的措施，最终导致学校承担了一定的责任。

（9）学校教师或者其他工作人员体罚或者变相体罚学生，或者在履行职责过程中违反工作要求操作规程，职业道德或者其他有关规定的

体罚的案例，我们已经讨论很多了。需要注意的是，在理论上，普遍认为以下一些惩戒方式是合法和可行的：

①语言责备。其主要针对有轻微违纪行为的学生行使。

②书面检查。查看违纪的学生写下书面检查，对自己的错误进行反

省，另外还可以根据具体情况责令其在一定范围内当众检查。

③点名批评。可以在班中或全校对违纪的学生点名进行批评。

④剥夺特权。可以对违纪的学生采取剥夺一些与受教育权无关的特权，如参加课外小组、公益活动等。

⑤增加作业。对贪玩并不认真写作业或者成绩差的学生可以增加其作业量，但增加量不宜过大，应给其留出必要的休息娱乐时间。

⑥隔离措施。责令学生到教室的特定位置，以防止其扰乱其他学生。由班主任将严重扰乱课堂秩序的学生带离教室单独教育，这并没有侵害学生的受教育权，因为单独教育也是一种教育方式，而且还可以保证其他学生受教育权不被侵害。

⑦留置学校。对有严重违纪情节，不及时进行教育会产生负面作用的学生，班主任或学校可以将学生在放学后留置在学校进行教育，但时间不宜过长，以不影响学生的正常生活为限，教师应当保证被留置学生的安全，必要时要通知家长，告知其子女被留置的事实。

⑧没收。对于学生违反规定带到学校的物品，如刀具、游戏机、非法读物等，教师应当没收。

⑨赔偿损失。对于损坏学校或其他学生物品的，要责令其根据实际价值进行赔偿。

⑩处分。对于违纪的学生可以进行警告、严重警告、记过等处分。

⑪其他惩戒方式。除上述惩戒方式外，教师还可以采取在保证学生身体健康不受侵害，生命安全不受侵害，名誉权和隐私权等合法权益不受侵害情况下的其他惩戒方式。

（10）学校老师或者其他工作人员在负有组织管理未成年学生的职责期间，发现学生行为具有危险性，但未进行必要的管理、告诫或者制止的

主要表现在课堂上学生疯淘打闹，老师却不管，如果由于老师不作为造成的伤害事故学校有责。

（11）对未成年学生擅自离校等与学生人身安全直接相关的信息，学校发现或者知道，但未及时告知未成年学生的监护人导致未成年学生因脱离监护人的保护而发生伤害的

案例： 1995 年 4 月 28 日下午，某中学初二学生孙某的外公像往常一样到学校去接孙某回家，但一直未等到孙某，孙某的父母闻讯后急忙赶到学校查询，班主任说下午没有见到孙某前来上课，也没有交过请假条，不知道哪去了。当晚孙某父母报了案，但经过几年的查找，孙某依然不见踪影。2001 年 9 月，孙某家长把学校告上了法庭。

本案中，学校是有一定过错的，具体表现在班主任发现孙某没有上课，也没有请假时没有及时与其家长联系、询问原因、通报情况，以致在下午放学后才由家长发觉孙某失踪，失去了寻找孙某的最佳时机，虽然学校没有直接导致孙某失踪，但在孙某失踪中具有一定过错，影响了对孙某的及时查找，所以法院判决学校承担一部分责任。上案中给我们的启示：当学生入学时，班主任一定要记录好学生家长的一些情况，其中包括家长的联系方式，以备出现意外情况及时与家长取得联系。

（12）学校有未依法履行职责的其他情况的

除上述案例提及的法律外，还有许多法律约束学校，如果学校有违法而造成的伤害事故学校负全责。

案例一： 某甲，女，系某小学二年级的学生。一天下午放学时，某甲的父亲到学校接其回家，见到某甲哭过，问某甲发生了什么事情，某甲说同班的一个男同学打她。于是，某甲的父亲带着某甲回到班里找那位男同学，走到某甲所在班级门口时，恰逢学生某乙走出门口，某甲指着某乙对其父亲说："就是他打我。"某甲的父亲一把抓住某乙的衣领，说："你凭什么打我的女儿？"某乙还没反应过来，便极力挣脱，某甲

的父亲打了某乙一个耳光。这时，某乙的班主任从教室走出，看见此情景，便对某甲的父亲说："有什么事跟我说，怎么能打人呢？"某甲的父亲则说："他打我女儿时你怎么不管？"班主任气愤地说道："你打吧，一切后果你负责。"便转身回办公室了。之后，某甲的父亲继续用手指着某乙的头教训某乙，某乙则往某甲的父亲身上吐口水，某甲的父亲又打了某乙两个耳光，并将某乙推倒在地，才带着某甲回家。当某乙被打时，也有学生围观，但都不敢作声。当年级组长听完班主任的反映后，就同班主任一起到出事地点，只见到某乙一边哭，一边擦鼻血，某甲和其父亲已不在现场。于是，班主任让围观的学生都散去，帮某乙止住鼻血，嘱咐某乙说"以后不要再惹是生非了"。这时，某乙的家长也来学校接某乙，听班主任说明情况后，便带某乙到医院检查，医院诊断，某乙右耳膜穿孔，听力下降。某乙及其监护人将某甲的父亲及学校告到法院，要求赔偿各项损失合计 5 万元。法院最后判决认为，某乙的班主任在发现本班学生的合法权益被他人侵犯时，虽出面制止，但方法不当，没有能够有效地制止他人的侵权行为，班主任的行为又属执行职务不当的情形，因此，学校应承担20%的责任。

案例二：某住宿学校里开了两个小店之后，将其转给他人承包经营。时间长了，两个小店争抢客源，造成恶性竞争，其中一个故意在另一个小店出售的食物里投毒，致多名学生食物中毒。案情查明后，投毒者被刑事拘留。随后，学生家长起诉学校，法院裁定学校没有刑事责任，但违反了国家相关部门禁止在校内开商店，或者出租校舍的政策，因此，学校具有一定的附带责任，判令给予受伤害学生适当经济补偿。

这是一个值得许多学校关注、借鉴的案例。虽然因学校教师或者其他工作人员与其职务无关的个人行为，或者因学生、教师及其他个人故意实施的违法犯罪行为，造成学生人身损害的，致害人依法承担相应的责任。但是，事故是在学校负有管理责任的校舍、场地、其他教育教学设施、生活设施范围内发生，况且，学校将商店出租，违反了教育业内的相关规定，因此，应该负有一定的责任。

专题4　学校不承担事故责任的具体情形

1. 学生自行上学、放学、离校、返校途中发生的

学校的管理范围是有限的，除非学校组织的教育教学活动延伸到校外，否则，发生的校外的伤害，学校一般不承担责任。上学、放学是指走读生，返校、离校是指住校生。法律这样的规定意在确认在学校管理职责范围之外发生的学生伤害事故，如学校的行为并无不当，则不承担事故责任；事故责任应当按照有关法律或规定认定。此处值得注意的是，学校并无不当是一个必要条件，否则学校不能免责。

我国法律并没有规定学生上学、放学亦属于学校管辖范围，因此对学生在上学、放学途中发生的人身损害，学校一般不应当承担责任，但如果学校在路口设立了执勤人员，却未能对学生提供恰当、合理的照管，学校则要对其过失承担责任。

2. 学生不服从管理擅自外出或者自行组织活动期间发生的

自行外出是指学生在学校没有对学生的在校时间提出要求，或者学校虽有要求但得到学校允许的情况下，自己主动到学校以外活动的情形。擅自离校则是学生违反学校的有关规定，在学校不允许、不知情的情况下，离开学校管理范围的情形。因此两种情形都是学生自主脱离了学校的管理范围，学校无法对其实施管理，因而学校亦免除其责任。当然，如果学校或老师发现学校擅自离校后不及时与家长联系，以致学生受到伤害，则学校要承担相应的责任。这一法律依据是《学生伤害事故处理办法》第九条第十一款："因下列情形之一造成学生伤害事故，学校应当依法承担相应的责任：……（十一）学校教师或者其他工作人员在负有组织、管理未成年学生的职责期间，发现学生行为具有危险性，但未进行必要的管理、告诫或者制止的……"

3. 在放学或放假期间，学生违反学校规定自行滞留学校或者自行到校活动期间发生的

这种情况下，事故虽然发生在学校之内，但从时间上，却是在学校工作时间之外。此时，学校的教育教学活动已经结束，对学生管理和保护的职责也相应结束，因此，应当属于在学校管理职责的范围之外。但是，如果损害是因学校的设施存在不安全因素造成的，则学校亦难免其责。

案例：2004 年上半年的下午放学后，某中学初三一名男学生在校外受到其他三名同学围攻，他为了取得学校保护，跑回到学校，在男厕所里又被打，值日教师发现后，立即给予制止，并通知其家长来校解决。当时，该生没发生不良反应，过了半个月后，出现不良症状，经医院检查确定为脑积水，生命垂危，立即动手术，医药费用了 3 万多元，经派出所协调，由另外三位学生的监护人承担。

下一学期，受害家长提出向学校索赔，并向法院起诉，经法庭调解，学校免于责任。

4. 学生违反法律、法规、规章和社会公共行为准则，违反学校规章制度与纪律，经学校教育拒不改正，实施按其年龄和认知能力应当知道危险或者可能危及他人的行为的

学生行为具有危险性，学校、教师已经告诫、纠正，但学生不听劝阻、拒不改正，造成侵权伤害后，由学生或未成年学生的监护人承担事故责任。这里有两个前提：一是学生行为有危险性；二是学校、教师已经告诫、纠正，但学生不听劝阻、拒不改正。因此，只有符合这两个前提的情况下，学校对具有危险性行为的学生本人才可免责；如果是其他

无辜学生刚受到这个具有危险性行为学生的伤害，不能一概而论，应以学校对该无辜学生的受害是否存在过错而作不同处理。另外，学校、教师的告诫、纠正还有一个程度问题，比如，对于可以马上制止的学生危险性行为，教师就应立即制止而不能仅是口头告诫，否则就可以认为教师没有有效地进行纠正，则学校就应对此负责。

案例一：某校是半封闭初级中学，学校规定，上课时间非经校领导的放行条，学生不得离开学校，并由门卫把守。一天，门卫发现学生某甲正准备翻越围墙，便大喊"给我回来，不准爬墙"。某甲见自己被发现，非但不听门卫劝阻，反而迅速爬墙，在慌乱中，某甲不慎从围墙上摔下来，造成左脚骨折。

案例二：潘某和霍某系某中学高二年级同学，因琐事于2001年6月18日下午放学回家后，潘某从家中偷带了一把自制刀返回学校，将霍某腹部捅了两刀，造成霍某左肾切除、七级伤残的严重后果。学校得知情况后立即将霍某送到最近的医院抢救，使霍某脱离了生命危险。事后霍某向法院提起刑事附带民事诉讼，将学校列为刑事附带民事诉讼的共同被告人，要求学校赔偿其医疗费、继续治疗费、精神损失费等计人民币50万元。法院最后判决学校不承担责任，该判决是正确的。因为在本案中霍某受到潘某故意伤害，而学校根本无法预见潘某放学后拿刀子将霍某致伤事故的发生。另外霍某受伤后，学校立即施救，尽到了义务，避免了严重后果的发生。所以说在此事故中学校没有过错，不应当承担责任，而故意伤害霍某的潘某已是高二年级学生，具有了一定的民事行为能力，应对其行为承担民事赔偿责任。

5. 学生有特异体质、异常心理状态、特殊疾病，学校不知道，学生、学生父母或者其他监护人未告知学校的

这样规定的关键在于学校是否知情。如果学生或者其监护人知道学

生有特异体质或患有特定疾病而未告知学校，结果学校安排学生从事了本不应该参加且可以避免的互动，从而使学生受到伤害的，学校不应承担责任，应当由过错方的学生或未成年学生家长自行承担。对于学校是否知晓这些情况的举证责任在受害学生及监护人一方，如果不能举证证明学校已经知晓或应该知晓，则受害方的赔偿请求不能得到支持。

案例一：某甲是某校初一学生，从外表看，某甲身体状况良好，该生及其家长亦未说明某甲身体有什么疾病。一天下午的体育课，体育老师要求全班同学环操场跑四圈（每圈400米），但当某甲跑到第三圈时，突然跌倒在地，口吐白沫，老师及同学急忙将某甲送往医院抢救，但最终仍未抢救过来。原来，某甲患有先天性心脏病，在跑步时，因血液循环加快，心血管破裂，造成心脏大出血。因某甲及其家长并未告知学校某甲患有此疾病，学校及体育老师均无过错，故学校不承担责任。

案例二：徐汇区某中学高二某班正在上体育课，教师要求全班学生围绕200米的小操场慢跑3圈，共600米，小王尾随班长身后慢跑。当跑到第2圈时，小王突然倒地，不省人事。教师立即将其送至附近的市六医院，经抢救无效死亡。法医解剖结果为小王患有先天性心脏病，因心脏供血不足导致死亡。依照有关规定，该情况校方无责。后经学校、家长、区青保办协调，学校按公平责任原则予以了适当补偿。

6. 学校发现学生有行为、身体、情绪上的异常情况，采取必要措施后，及时告知其父母或其他监护人，但学生父母或其他监护人未履行相应监护职责的

经常是学生在学校或者在生活中遇到挫折，一时想不开，而发生的自伤、自杀或者离家出走等。这类案件的关键是学校要尽告知义务。

案例：某中学有一个班上体育课要跑800米，未跑前老师问学生：

"有谁身体不适吗？"两个女生举了手。老师说，你们两个就不用跑了，在场外走动走动就行。可是，其中一个女生，坚持要跑。结果，不幸发生了，跑完800米，该女生突然倒地身亡。家长把学校告上了法庭，法院审理判决，学校不用负责任。家长不服上诉，终审仍维持原判。

7. 教师及其他职工实施与其职务无关的个人行为造成的

老师在校的行为，并不都是职务行为的。

案例一：马某，于1975年出生，1994年在某职业高中高三年级学习，当年19岁。其班主任以个人的名义在校外承包了一项安装有线电视的工程，马某在班上学习优秀，动手能力强，但家庭经济比较困难，听说班主任在外面承包了工程，便主动提出希望跟着老师干活，老师也同意并答应给马某一些劳动报酬。一天下午，因没有安排课程，学生在教室上自习，班主任没有向学校请示，便带着马某到自己承包的一栋家属楼安装闭路电视线路，只是嘱咐马某注意安全，并没有采取其他安全措施。当马某在四楼一家住户安装室外线路时，不慎从四楼摔到地面上，当场死亡。本案中，班主任的行为与学校的教学实践任务无任何关系，完全是一种超越教师职责范围的行为，班主任不但没有按规定程序履行报批手续，而且事实上企图隐瞒承包工程的事情，其个人的行为造成的一切后果应由其独立承担责任。

案例二：某小学的一名男老师，在从事教师工作前，没有任何不良记录，担任教学工作后，还多次被评为优秀教师。然而，在其从事教学工作的第十年开始，利用教师的身份，让个别女学生到自己的办公室去交作业或者谈话，趁机对学生实施性侵害。先后共对三名女学生实施了奸淫行为，学生对此不敢作任何反抗，也不敢向家里人说，直到一名学生家长看到孩子情绪异常，一再追问，才知道事情的真相。该学生家长向当地公安机关报案，公安机关经过侦查，最后以奸淫幼女罪将该老师逮捕。本案中，该教师应当对自己的犯罪行为承担全部责任。学校并无用人不当之责。

8. 学生之间的意外行为造成的

未成年的学生课间追逐打闹从孩子的天性来讲是不可避免的，从教育者的角度来说，也是正常的，不应当限制，学校未禁止学生的此类行为，并不属于管理的疏忽和过错。如果孩子的玩耍在正常的范围内，只是由于偶然的和难以防范的意外而发生事故，那么学校就没有管理的过错。但由于学生是未成年人，其对危险的认知和判断是有限的，学校和教师还是有义务制止他们明显的危险行为的，如在危险的地方玩耍、以危险的方式游戏、以危险的手段开玩笑等。如果学校、教师发现了此类行为而未及时予以制止，那么就应对事故后果承担部分责任。当然，对事故责任的判断是难以完全予以客观化描述的，关键还是以教师是否根据专业的知识、职业的道德，尽到了谨慎管理的义务为依据，在具体的案件中应当具体地分析。

案例：小枫和小伟（均系化名）都是浦东新区某小学四年级学生。2001 年 4 月 27 日，他俩由老师安排到教师办公室做作业。上课预备铃响过后，老师让他们回教室上课。两人走到走廊时，小枫突然顽皮地从身后一把将小伟拦腰抱住。小伟没能挣脱，随即用手中的铅笔向后戳去，小枫"哎呀"叫了一声，双手捂住眼睛蹲了下去，指间渗出鲜血。小伟赶紧回办公室叫来老师，将小枫送到学校医务室。卫生老师为小枫进行了简单的伤口包扎，同时通知了小枫的父母。当天，小枫的父母把他送到儿童医学中心进行诊治。5 月 5 日至 11 日，小枫住进眼耳鼻喉科医院，接受右眼巩膜修补术。复旦大学医学院法医系为小枫的损伤程序进行评定，结论为右眼损伤后视力下降为 0.4，矫正后可达 1.0，构成轻伤。

事后，小枫和小伟的家长就有关赔偿事宜进行调解，但未达成一致。9月，小枫的父母以儿子的名义起诉，要求小伟赔偿医疗费、护理费、营养费、精神损失费等共计2.7万余元，并要求所在学校承担连带责任。

法院经审理认为，小伟用铅笔戳伤小枫的眼睛，侵害了小枫的健康权，应当承担赔偿责任。而小枫在上课铃响后抱住小伟，因而发生伤害事故，也有一定的过错。在本案中，小枫受伤是由于学生之间的打闹造成的，学校对学生的管理并无不当，所以原告要求学校承担连带赔偿责任缺乏依据和理由，法院不予支持。法院最后根据实际、合理原则，判决被告赔偿原告医疗费1823元、护理费580元、营养费240元等，原告其余诉讼请求不予支持。

9. 学校和学生自身原因以外的突发性、偶发性因素造成的

案例：广州市发生过这样一件事，一家幼儿园的学生正在上课，突然，一位精神病人持刀冲进学校的课室，见人就砍，结果砍伤了十几位小朋友。某校也发生过一头疯狗钻进校园，咬伤学生的事件。

10. 学生自杀、自伤、突发疾病或者其他自身原因造成的

案例：某小学三年级的学生甲，在2001年4月9日的上午，因未完成作业，被班主任罚站并补做作业。放学时，班主任将甲的情况向其母亲做了说明。在回家吃饭时某甲受到母亲的批评，其独自哭了一阵后，在自己的房间里自缢身亡。某甲的监护人认为，班主任对某甲有长期的体罚行为，4月9日的体罚更是导致某甲自杀的原因，学校应承担相应的责任。法院审理后认为，某甲是在家中自缢的，不是在学校管理的时间和范围内，原告不能提供教师的职务行为与某甲的死亡存在因果

关系，因而驳回了原告的诉讼请求。当然，如果学生的自杀行为是因老师严重体罚、辱骂所致，则学校是应当承担责任的。

11. 在对抗性或者具有风险性的体育竞赛活动中发生意外伤害的

这里，所谓意外，是指行为人不是故意的，但此类案件在实际处理中要复杂得多，法院处理时往往是适用公平责任原则处理，因为受害人对自己受伤并无过错，如果要其自行承担责任是很不公平的。

案例一：某中学甲邀请同市的另一所中学乙举行学生足球友谊赛，在比赛中，甲中学的一名足球队员与乙中学的一名队员在交锋时相撞，导致甲中学的队员被踢中腹部，因脾脏破裂而死亡。事后，法院认为本案属于意外事件，双方当事人都没有过错，根据公平原则，责令甲中学和乙中学分别向受害人的监护人补偿损失4万元。

案例二：2005年下半年，某高中运动会上，高三学生卢某在三级跳远中，由于动作变形造成大腿骨折，学校立即将其送到医院治疗，并代付了住院费六千多元。在整个治疗过程中花费了3万元左右。事发后，家长与村干部来校要求学校索赔医药费，学校拒绝赔付医药费，理由是根据《学生伤害事故处理办法》中的第三十五条第十一款的规定，但学校鉴于学生家庭经济困难，何况学生是为了班集体参加运动会造成的，学校发动全体师生捐款，解决了医药费问题，处理得比较妥当。

学生在校运动会上受伤确实令人同情，学校如果有条件，对受伤害学生可以给予适当的经济帮助，这里体现的是人道主义精神和道义上的帮助，体现的是学校对学生的关爱。

12. 不可抗力造成的

如地震、雷击、台风、洪水等不可抗力的自然因素造成的（学校已履行了相应职责的，如安全教育等）。

13. 其他依法不应当由学校承担责任的情形

案例： 某校要组织美术专业的学生到野外采风。考虑到路途较远，就跟某旅行社联系，以组团形式出行，双方签订了团体旅游协议，学校也派有教师全程跟随。途中，学生乘坐的一辆汽车发生意外翻车，6名学生不同程度受伤，随团教师在现场组织并协助抢救，并及时向学校汇报，学校也第一时间告知受伤学生家长。其中，一名学生重伤致残，家长状告学校要求赔偿。法院驳回学生家长的诉讼。之后，判令接团旅行社承担全部责任。

当前，相当一部分的学校，对组织学生进行校外实践活动，存在不同程度的顾虑，其中，最关键的一个因素就是：一旦发生意外，学生的安全责任谁负？《学生伤害事故处理办法》的出台，已为学校提供了法律的保障。以上述案例分析，学校与旅行社签订组团合同后，依据国家《合同法》，不论是随团的学校教师，还是参加活动的学生，都已成为旅行社的签约对象，受到相关旅游法规的保障。

学校组织学生外出采风，是正常的教学教育活动，且事故发生后，学校教师在现场组织并协助抢救，履行了教育保护的职责；又及时汇报校方，校方在第一时间告知家长，履行了管理和告知职责，完全符合职业要求。

学生的意外事故，是"因提供场地、设备、交通工具、食品及其他消费与服务的经营者，或者学校以外的活动组织者的过错造成的"，即旅行社提供的交通工具造成的，所以，应该由过错的当事人（即旅行社）承担全部责任。

中小学
依法治校实务

马雷军　刘晓巍◎编著

下

中国民主法制出版社
全国百佳图书出版单位

前　言

　　教育部早在 1999 年就提出了依法治校的要求，2003 年印发了《教育部关于加强依法治校工作的若干意见》。2012 年为了进一步推动《国家中长期教育改革和发展规划纲要（2010—2020 年）》的实施，教育部印发了《全面推进依法治校实施纲要》。《实施纲要》根据实践发展，全面阐述了依法治校的内涵、意义和指导思想，系统地提出了总体要求和具体措施。党的十八大以来，依法治国，建立法治国家更是被提到了我国发展的战略高度上。党的十八届四中全会决定绘制了"法治中国"的宏伟蓝图，明确了法治国家建设路线图，而依法治校、依法治教就是其中重要的建设内容。

　　从理念层面上来看，实行依法治校，就是要严格按照教育法律的原则与规定，开展教育教学活动，尊重学生人格，维护学生合法权益，形成符合法治精神的育人环境，不断提高学校管理者、教师的法律素质，提高学校依法处理各种关系的能力。从制度层面上来看，实行依法治校，就是要在依法理顺政府与学校的关系、落实学校办学自主权的基础上，完善学校各项民主管理制度，实现学校管理与运行的制度化、规范化、程序化，依法保障学校、教师、学生的合法权益，形成教育行政部门依法行政，学校依法自主办学、依法接受监督的格局。依法治校不仅是一种理念或是一种制度构建，更多涉及的是现实学校办学和管理中的具体技术细节。只有从操作层面上真正地依靠法律、依据法律去做、去实践，依法治校的法治意识和工作格局才有可能真正逐渐开始得到建立，依法治校的法治氛围才有可能真正确立，依法治校的法治思维也才有可能真正得以树立。

　　依规办事是依法治校的基础。法治思维和法治意识最基本的要求就是做到合法合规，这就要求师生想问题办事情必须遵循主体合法性、职权合法性、程序合法性，要养成依法依规办事的习惯，先立规矩后办事。尤其是随着我国市场经济的确立和社会主义民主法制建设进程的加快，学校的法律地位明显发生了变化，学校与教育行政部门、举办者、教师、受教育者之间的法律关系出现了新的特点。理顺各主体之间的关系，解决教育活动中出现的新问题，实现教育为人民服务的宗旨，需要各级各类学校校长和教育工作者树立法治意识，自觉养成办事依法、遇事找法、解决问题用法、化解矛盾靠法的法治思维。正是为了使广大教育工作者对教育法律的相关规定有更全面和深入的了解，体会依法治校、依法治教的重要意义，掌握教育法规的重要内容，进而不断提高办学质量和教育水平，我们编撰了此书。

本书具有以下特点：第一，强调了依法行政。依法行政是依法治校的前提和保障。各级教育行政部门必须按照依法治教和依法治校的要求，切实转变不适应形势需要的行政管理方式、方法，依据法律规定的职责、权限与程序对学校进行管理，切实维护学校的办学自主权。第二，强调了制度建设和民主监督。学校要依据法律法规制定和完善学校章程，经主管教育行政部门审核后，作为学校办学活动的重要依据。于此同时，还要进一步完善教职工代表大会制度，切实保障教职工参与学校民主管理和民主监督的权利，保证教职工对学校重大事项决策的知情权和民主参与权。依法治校要求学校必须全面实行校务公开制度，学校改革与发展的重大决策、学校的财务收支情况、福利待遇以及涉及教职工权益的其他事项，要及时向教职工公布。第三，强调了学生和教师的权益保护。教育行政部门要严格依照《教师法》《教师资格条例》的规定认定教师资格。学校要依法聘任具有相应资格的教师，依法与教师签订聘任合同，明确双方的权利、义务与责任，尊重教师权利，落实和保障教师待遇。学校在日常教育教学活动中还要树立以人为本的理念，自觉尊重并维护学生的人格权和其他人身权益。

虽然近十年来，依法治校已经逐步走向规范化、制度化，但相对于目前的依法治国总体布局，中小学依法治校模式和体制机制还有待进一步完善，广大师生的法治意识还须进一步提高。新形势下，学校管理者更需要增强法治思维，提高依法治校能力。

本书的编写过程中注重理论与实际的密切联系，在进行理论介绍的同时，结合常见的案例，突出以案说法，注重提高实际运用法律的能力。本书特别适用于中小学教师、校长、教育行政工作人员和其他教育工作者进行教育法规培训和学习之用。

本书的大纲和体例由马雷军和刘晓巍共同研究决定，刘晓巍执笔完成了全部书稿的编撰，最后由马雷军审校、修订完成。由于编者水平有限，时间仓促，书中难免有不当之处，敬请读者批评指正。

刘晓巍

2015 年 4 月 17 日

总 目 录

下册目录

第五部分

教育法律救济篇

法律救济是指法律关系主体的合法权益受到侵犯并造成损害时，获得恢复和补救的法律制度。这里有三个关键词：合法权益、受到损害、恢复补救。我们可以从以下几方面进一步理解法律救济的含义：①基础：法律救济是以保障合法权益的实现为基础的。②启动：法律救济是在合法权益受到侵犯并造成损害时得以启动的。③补救：法律救济是对受侵害合法权益的恢复和补救，可以采取多种方式，包括司法救济方式、行政救济方式以及其他通过组织内部或民间渠道进行救济的方式等。

在我们国家，相关法律主体认为，其合法权益受到侵害后，基本上是通过两种渠道寻求救济。如图所示：

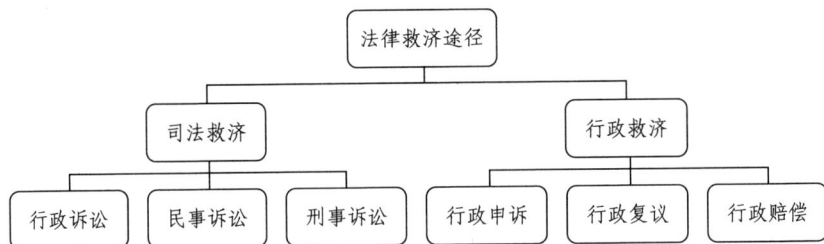

司法救济渠道。司法救济渠道是指通过法定诉讼制度寻求法律救济的途径。依据法律规定，受害人可通过现行的行政诉讼、民事诉讼、刑事诉讼的司法制度求得司法裁决，获得法律救济。

行政救济渠道。行政救济渠道，是指法律关系主体，尤其是公民、法人或其他组织认为具体行政行为直接侵害其合法权益，请求有权的国家机关依法对行政违法或行政不当行为实行纠正，并追究其行政责任，以保护行政相对人的合法权益的法律救济途径。我国有明确的行政申诉、行政复议和行政赔偿等形式的行政救济方式。

一、校内调解

专题 1　校内调解的范围与原则

调解在教育活动中的表现形式依其调解的性质、范围和主持者的不同，也可分为校内调解、教育行政调解和法院调解。所谓校内调解，是指在校内设立调解委员会，并通过校内调解委员会对校内发生的纠纷进行调解，促使当事人达成协议，解决矛盾，消除分歧的活动。

1. 校内调解委员会的组成

校内调解主持者是学校教职工自我教育、自我约束、自我解决纠纷的一种群众性组织。不同于国家行政机关，也不同于国家的审判机关，既没有行政命令权，也没有审判权。校内调解委员会在调解纠纷时，与各方当事人的地位是平等的，不带有任何限制性。

校内调解委员会一般由 3 至 9 人组成，成员来自三方面，即教职工代表、学校行政代表和学校工会委员会代表。校内调解委员会委员必须为人公正、品质高尚、热心于调解工作且具有一定的法律知识和政策水平。校内调解委员会承担着调解校内纠纷，并通过调解工作宣传法律、法规、规章和政策，教育教职员工及学生遵纪守法、遵守职业道德及社会公德等重要任务。

2. 校内调解的范围

校内调解是由教育活动或与教育有关的活动引起的校内纠纷，是解决纠纷的非诉讼活动，属于诉讼外的民间调解。各方当事人在协商的基础上达成的协议，主要靠当事人的承诺、信用等约束当事人自觉履行，不具有法律上的强制性。而人民法院主持调解所达成的协议，一经送达就发生与判决书同等的效力，如果一方当事人不自动履行，另一方当事人可申请人民法院强制执行。校内调解如一方当事人或双方当事人反悔，均有权向人民法院提起诉讼或根据双方约定向仲裁机构申请仲裁。

校内调解的校内纠纷主要包括：①民事纠纷，如学生在校发生伤害事故而引起的人身损害赔偿纠纷，侵犯姓名权、名誉权等其他合法权益引起的纠纷等；②轻微的刑事纠纷，如我国《刑法》规定的告诉才处理的危害不严重的侮辱、诽谤、轻伤害等轻微的刑事违法行为引起的纠纷；③因违反教师职业道德或社会公德而引起的纠纷。这类纠纷虽然不违反法律规范，也缺少权利义务内容，但如果不及时解决就可能导致事态扩大，矛盾激化。

3. 校内调解应遵循的原则

（1）合法原则。合法原则是指校内调解委员会调解校内纠纷，必须依照法律、法规、规章和政策进行调解；法律、法规、规章和政策没有规定的，依据社会公德进行调解。这是社会主义法制原则对校内调解的要求，也是正确解决校内发生的各种纠纷的保证。校内调解委员会在调解校内纠纷过程中，要严格依据法律、法规、规章和政策，不能毫无原则地"和稀泥"。对于当事人达成的协议，也要审查是否符合有关规定，确保当事人的处分权在法律规定的范围内行使。

（2）自愿原则。校内调解委员会调解校内纠纷，双方当事人必须自愿，不能对其施加任何压力，用简单粗暴的办法强迫当事人达成调解协议。自愿原则贯穿在校内调解的整个过程中：首先，校内纠纷发生后，是否由校内调解委员会进行调解，完全取决于当事人的自愿，不得采取任何强制的方法迫使当事人接受调解；其次，校内调解委员会在调解具体纠纷时，要对当事人做耐心细致的思想工作，不能采用任何压制、逼迫，甚至体罚等粗暴手段；最后，调解协议的达成及执行，也必须基于双方当事人的自愿，不能勉强，更不能在当事人思想不通、相互未达成谅解的情况下强迫他们达成协议和强制执行协议。只有始终坚持自愿的原则，才能彻底解决纠纷。

（3）可以起诉原则。根据有关法律的规定，公民、法人和其他任何组织为了保护其合法权益，可以向人民法院提起诉讼。这是任何人不能限制和剥夺的一项权益。校内调解委员会的调解是诉讼外调解，不是诉讼的必经程序。当事人发生纠纷后，不愿调解、调解不成或反悔的，可以向人民法院提起诉讼。调解人员不得阻挠、干涉当事人的起诉，人民法院也不得以未经调解为理由拒绝受理。

专题2　校内调解的一般程序

校内调解因纠纷的当事人不同、纠纷的性质和程度不同，调解的方式也多种多样。一般来说，要经过以下工作程序：

1. 受理纠纷

校内调解委员会受理校内纠纷：一方面，依据纠纷当事人一方或双方的请求，请求可以是口头的，也可以是书面的；另一方面，是纠纷发生后，为防止矛盾扩大、激化，主动前往调解。无论是哪种情况，均必须以当事人的意愿和便利为准。调解委员会受理纠纷时，在条件具备的情况下，应进行登记备案。

2. 查明事实，分清是非

调解委员会受理纠纷后，应认真对纠纷进行调查研究，查明纠纷发生的原因、性质及其他有关情况，并依据法律判断是非，分清责任。

3. 主持调解

调解委员会在查明事实、分清是非、判明责任的基础上，首先，将双方当事人召集在一起，讲明对此纠纷事实的认定和有关法律、法规的规定及各方应承担的责任，以取得对基本事实和适用法律等方面基本一致的意见；其次，调解委员会应分别做当事人的工作，讲明利弊，确定各自对调解提出的方案；最后，就双方提出的调解方案，进行说和，找出都能接受调解的途径。

4. 促成当事人达成协议

经过耐心细致的说服劝导工作，当事人在原则问题上已统一认识，调解委员会则应促使其达成协议。协议可以由当事人草拟，意见一致后，由调解委员会定稿；也可以由调解委员会起草，在征得双方同意后定稿。协议要合法、明确、可行。

5. 调解协议的执行

校内调解达成的协议虽不具有法律上的强制性，但由于协议反映的是双方当事人的真实意愿，靠双方当事人相互承诺、信用、社会舆论和道德力量能够促使其自觉履行。当事人对调解协议的执行只负有道义上的责任，调解委员会无权采取强制措施使其执行调解协议。在执行时，如出现新的情况，调解委员会可重新进行调解，双方可对协议进行修改。协议不能执行或一方反悔的，当事人可以向人民法院提起诉讼。

二、教育仲裁

专题 1　教育仲裁的特点与步骤

仲裁作为解决民事经济纠纷的一种方式，在世界范围内被普遍承认和采用。从字义上诠释，"仲"表示地位居中，"裁"表示衡量、判断，"仲裁"即居中公断之意。法学上将"仲裁"解释为争议双方在争议发生前或争议发生后达成协议，自愿将争议交给第三者做出裁决，双方有义务执行的一种解决争议的方法。

仲裁渠道与行政、司法渠道不同。行政、司法救济是由国家机关运用国家强制力实施的，仲裁则没有国家机关的参与，是建立在纠纷双方自愿接受仲裁的基础上，由非国家机关的仲裁机构进行的。

1. 仲裁的基本特点

（1）提交仲裁以双方当事人自愿为前提。仲裁必须具有三方活动主体，第三方的行为以当事人双方自愿为基础，当事人一方或双方不同意提交仲裁，第三方则不能进行仲裁。在仲裁的过程中，当事人也具有很强的自愿性，可以自主选择仲裁员、约定仲裁程序，并根据当事人的要求决定公开还是不公开审理案件。

（2）仲裁的客体是当事人双方之间发生的一定范围的争议。可仲裁的争议范围不但取决于当事人的意愿，而且取决于法律或者法律惯例，目前我国的仲裁客体大致包括经济纠纷、劳动纠纷、对外经济贸易纠纷、海事纠纷等。

（3）裁决具有强制性。当事人一旦选择用仲裁的方式解决其争议，仲裁者所做的裁决即具有法律效力，对双方当事人都有拘束力，当事人应当履行，否则权利人可以向法院申请强制执行。

教育仲裁是指学校、教师、学生将其在教育教学过程中发生的有关教育关系的权利义务的法律纠纷提交给依法设立的专门处理教育法律纠纷的教育仲裁委员会，并由其对双方的纠纷进行处理，并做出对双方具有约束力的裁决，从而解决教育法律纠纷的活动和制度。

2. 教育仲裁的步骤

随着教育法制的健全，可以尝试在教育领域中建立教育仲裁委员会，促进教育领域内纠纷的解决，保障教育法律关系主体的合法权益。教育仲裁委员会可以通过以下几个步骤建立。

（1）组成教育仲裁委员会。可以参照我国《仲裁法》的有关规定，结合《民法》要求，抽调法院、教育行政部门、青少年维权组织的有关人士及律师或其他专业人士组成教育仲裁委员会，专门处理教育领域中的问题。仲裁委员会的仲裁员应当包括多方面领域的专家，以便当事人根据自己争议的性质和案情选择合适的仲裁员。仲裁委员会的主要职责是，受理教育领域中发生的各种纠纷。该仲裁委员会业务上可以直接受人民法院的指导和监督，并同时独立进行仲裁，其裁决为终局裁决，仲裁结果具有法律效力，任何一方都不得再提请诉讼。

（2）选聘仲裁员。仲裁员是仲裁庭的成员，具体承担审理案件的任务。参照我国《仲裁法》仲裁员应具备的条件的规定，选聘仲裁员。仲裁员应该精通《民法》《刑法》《行政法》《教育法》《未成年人保护法》等相关法律方面的专业知识。仲裁员经仲裁委员会聘任后，列入仲裁员名册并公诸大众，供当事人选择。

（3）组成仲裁庭。选任仲裁员是当事人的权利。仲裁机构应当向双方当事人提交仲裁员名册，由申诉人和被诉人各指定一名仲裁员。仲裁机构在申诉人、被诉人指定仲裁员后确定首席仲裁员。申诉人、被诉人在规定的期限内未指定仲裁员的，仲裁机构可以以仲裁委员会主席的名义指定。申诉人和被诉人也可以委托仲裁机构指定仲裁员。仲裁案件有两个或者两个以上申诉人或者被诉人时，申诉人之间或被诉人之间应当协商指定一名仲裁员，协商不成的，由仲裁机构指定。

【典型案例】

原告张某等3人分别是原北京市立新学校初中语文组、高中数学教研组、体育教研组的教师。2003年5月，立新学校为进行新学年的岗位聘任工作，制定并公布了《2002—2003年学年度教职工方案》，其中规定了该校考核工作的原则、考核方法、考核内容、工作程序等具体内容。2003年6月，该校又制定了《教职工岗位聘任工作办法》，后该校组织学校教师参加了相关的考评活动，3名教师均参加了这次自评和互评活动。

2003年7月，立新学校决定新学年不聘任3名教师从事教学岗位工作，并建议其另外选择学校或在校从事流动服务岗位工作，3名教师未选择另行择校。同年7月25日，立新学校向3人发放了《立新学校聘任协议书》，聘任岗位为流动服务岗位，聘任期限为2003年9月开学至2004年7月。后3人以要求回原岗位工作、补发相应待遇为由向北京市海淀区人事仲裁委员会提出申诉。2004年2月24日，该委裁决如下：（1）对申请人关于"要求回原岗位，一切待遇与其他教师平等"的请求不予支持；（2）对于申请人关于"人事争议仲裁期间的经济损失由学校按月双倍赔偿"请求不予支持；（3）对于申请人关于"要求精神损害补偿费"的请求不予支持。3名教师接到仲裁书后不服人事仲裁决定，随后向海淀区人民法院提起诉讼。

【法律分析】

经过调查审理法院认为，根据《教育法》的规定，国家实行教师资格、职务聘任制度，学校及其他教育机构有权行使聘任教师的权利。立新学校根据有关政策文件规定，制定、实施考核方案及聘任工作办法，三人在考核中被评定为称职，具备了受聘从事教学岗位的资格，但其是否能从事教学岗位工作，还须根据立新学校岗位需求决定。根据立新学校核定的教师编制，初中语文组须聘任在编教师 11 名，原告张某考核成绩在该教研组中名列第 12 位；高中数学组须聘任在编教师 6 名，原告二包某考核成绩在该组中名列第 7 名；体育组须聘任在编教师 6 名，原告三于某考核成绩在该教研组中名列第 7 位。该校根据末位淘汰的原则及相关部门的意见，决定不聘任三人从事教学岗位工作，并无不妥，所以对三名原告教师要求立新学校安排其从事教学岗位工作的主张，人民法院不予支持。最终法院判决驳回三名原告教师要求立新学校安排其从事教学岗位工作、补发工资、福利待遇的诉讼请求。送达判决书后，目前已经有两名原告提起了上诉。

专题 2　教育仲裁的一般程序

教育仲裁程序主要包括以下几个过程：

1. 申请

教育纠纷发生后，双方主体可以在自愿的基础上签订书面的仲裁协议，向协议中约定的仲裁机构提出申请。申诉人申请仲裁时，应当向仲裁机构提交仲裁申请书、仲裁协议及有关证据材料，并按规定交纳仲裁费。申请书应当写明：申诉人和被诉人的名称、地址、申请仲裁的要求及所依据的事实和证据。

2. 受理

仲裁机构在接到当事人提出的仲裁申请后，经调查符合受理条件的，应予以受理。受理仲裁的条件是：具有合法有效的仲裁协议；申诉人与本案具有直接利害关系；具有明确的被诉人、具体的请求；申请日期未超过申请仲裁的法定期限。仲裁机构应在受理之日起 10 日内将受理通知书和申诉人的仲裁申请书副本发送被诉人。

3. 答辩和反诉

被诉人应当在收到受理通知书和仲裁申请书副本之日起 15 日内向仲裁机构提交答辩书及有关证明材料。被诉人未按时提交答辩书的，不影响仲裁机构审理。被诉人可以在答辩书规定的期限内提起反诉。反诉书应当写明反诉要求及所依据的事实和证据，并附上有关证明材料。

4. 代理

当事人可以委托代理人办理仲裁事项，代理人应当向仲裁机构提交由委托人签名盖章的授权委托书。代理人在委托人授权范围内办理仲裁事项所产生的法律后果，由委托人承担。

5. 证据

当事人应当就申诉和答辩依据的事实提出证据。仲裁庭认为必要时，也可以主动调查，收集证据。

6. 审理

开庭审理的日期、地点由仲裁机构决定，并提前 10 日通知当事人。当事人无正当理由而不出席的，仲裁庭可以缺席审理并做出裁决。当事人可以约定是否公开审理，当事人没有或者未经当事人双方同意的，仲裁庭应当不公开审理。

7. 调解

当事人可以约定是否进行调解，当事人双方约定或同意，仲裁庭可以在开庭审理前或开庭审理中进行调解。经调解达成协议的，应当制作调解书。调解书一经送达，与裁决书具有同等法律效力。

8. 裁决

调解不成的，应当及时做出裁决。仲裁实行一裁定案制度。仲裁裁决既不允许向上级仲裁机构上诉，也不允许向人民法院起诉，一经做出即发生法律效力，当事人不得通过仲裁协议规定上诉或再行起诉。

三、教育申诉

专题 1　教育申诉的一般规定

我国的申诉可以分为诉讼上的申诉制度和非诉讼上的申诉制度，而非诉讼上的申诉制度的范围更加广泛。

非诉讼上的申诉制度是指不以发生法律效力的判决、裁定为必要前提，当事人或其他公民不服处分、处罚，依法向司法机关以外的机构提出要求改正的申诉。正是由于它不以法律为必要前提，受理机关也不限于司法机关，因此，这种申诉制度较诉讼上的申诉制度范围更广。

教育申诉制度就是一种非诉讼上的申诉制度，它的含义是：指作为教育法律关系主体的个体及教育行政相对人，在其合法权益受到侵害时，向相应的国家行政机关申诉理由，请求处理或重新处理的制度。这里有四个关键词：相关主体、受到侵害、行政机关、请求处理。我国的教育申诉制度主要有教师申诉制度和学生申诉制度，这两个制度既有联系又有区别。

为切实保障教师的合法权益，抵制可能出现的来自学校或者政府有关部门的侵权行为，《教师法》赋予了教师申诉的权利，并对申诉权利的行使以及对申诉的处理作了原则性的规定，教师对学校或者其他教育机构侵犯其合法权益的，或者对学校或者其他教育机构做出的处理不服的，可以向教育行政部门提出申诉，教育行政部门应当在接到申诉的30日内，作出处理。

根据这一规定，当教师对学校的处理决定不服时，可以向所在学校的主管教育行政部门提出申诉，要求教育行政部门对学校的处理决定进行审查，并作出处理决定，以维护自身的合法权益。教育行政部门在接到教师的申诉后，应当在30日内作出处理决定。在具体处理上，教育行政部门应当就教师的申诉情况进行调查，广泛听取学校、其他教师以及申诉的教师本人的意见，在查清事实的基础上，根据《教师法》和有关教育方面的法律、法规、规章的规定作出处理决定。如学校的处理决定事实清楚、证据确凿，适用依据正确、程序合法、内容适当的，则对学校的处理决定予以维持；如学校的处理决定事实不清、证据不足、适用依据错误、违反法定程序的，则撤销学校的原处理决定，并责令学校重新作出处理决定。

【典型案例】

某中学一名女教师怀孕期间，学校为了照顾她，将其在一线的教学工作改为在政教处工作。这名女教师生产并休满3个月的产假后来校上班时，校长找其谈话说："你现在的工作已安排了人，你看你想干什么工作？"这位女教师说："我想教课。"校长说："好吧，我们研究研究。"最后学校研究的结果是：由于该女教师过去的工作岗位已安排了他人，让该教师自己找单位。该女教师不得已向教育局提出申诉。经教育局有关部门与学校多次协调后，学校勉强留下了这位教师。这名教师的工作经过教育局做工作虽然安排了，但这名教师觉得这件事已经得罪了校长，怕校长给小鞋穿，因此最后还是调到了另一个单位去工作。

【法律分析】

在该案例中，女教师休产假是其法定的权利，学校并未侵害女教师（女教师生产并休满 3 个月的产假后上班）的这一权利，并且学校在女教师休产假期间，为了填补女教师休假而导致的岗位空缺招来代课教师，来缓解女教师因休产假而带来的空缺岗位，也属于学校职权范围内的权利，是合情、合法、合理的。然而，学校在女教师休产假之后将之解聘，单方面解除聘任合同，却没有法律依据。我国《教师法》第三十七条明确规定："教师有下列情况之一的，由所在学校、其他教育机构或者教育行政部门给予行政处分或者解聘：故意不完成教育教学任务，给教育教学工作造成损失的；体罚学生，经教育不改的；品行不良、侮辱学生，影响恶劣的。"而在该案例中，女教师并没有做出上述三种行为中的任何一种，因此，学校将女教师解聘并不是合理、合法的。根据国家《劳动法》《合同法》《教育法》等相关规定，妇女在经期、孕期、产期、哺乳期受特殊保护。任何单位以结婚、怀孕、产假、哺乳为由辞退女职工的，由所在单位或者上级机关责令改正，并可根据具体情况，对直接责任人给予行政处分。在此案例中，教育行政部门应当依据法律规定，视对教师权利侵害的具体情况，酌情给予校长行政处分。

专题 2　教师的申诉

《教师法》第三十九条规定："教师对学校或者其他教育机构侵犯其合法权益，或者对学校或者其他教育机构做出的处理不服的，可以向教育行政部门提出申诉，教育行政部门应当在接到申诉的 30 日内，作出处理。教师认为当地人民政府有关行政部门侵犯其根据本法规定享有的权利的，可以向同级人民政府或者上一级人民政府有关部门提出申诉；同级人民政府或者上一级人民政府有关部门应当做出处理。"

1. 教师申诉的范围

根据《教师法》的规定，教师申诉的范围包括：

（1）认为学校侵权。《教师法》中规定了教师在职务聘任、科研教学、工作条件、民主管理、培训进修、考核奖惩、福利待遇等各方面的合法权益。如果教师认为学校及其他教育机构侵犯了其上述合法权益，就可以进行申诉。

（2）对学校处理决定不服。如果教师认定学校及其他教育机构或教育行政部门对某一项事物处理得不公正、不客观、不合法时，可以向上一级教育行政部门提出申诉，由受理机关裁决学校及其他教育机构是否真的侵犯了教师的合法权益。

（3）认为有关行政部门侵权。被申诉人只限于当地人民政府的有关行政部门，即教师认为实施侵权行为的具体行政部门，而不能是当地人民政府。

此外，《教师法》除规定教师可以申诉的范围外，也规定了其不受理的范围，如下图所示。

```
┌─────────────────────────────────────────┐
│ 教师认为学校或者其他教育机构侵犯其合法权益，或者 │
│ 对学校或者其他教育机构做出的处理决定不服的       │
└─────────────────────────────────────────┘
                    │
              ┌──────────┐
              │ 提出申诉   │
              └──────────┘
         ┌─────────┴──────────┐
┌──────────────────┐  ┌──────────────────────┐
│ 符合条件决定受理    │  │ 不符合申诉条件不予受理，制作 │
└──────────────────┘  │ 不予《受理决定书》送达申诉人 │
         │             └──────────────────────┘
┌──────────────────────────────────┐
│ 向被申诉人发出《受理通知书》和《申诉      │
│ 书》副本，并要求其7日内提出书面答复      │
└──────────────────────────────────┘
         │
┌──────────────────────────────────────────┐
│ 收到答复后，承办人审核情况，根据案情调查取证，并与有关处室共同 │
│ 研究，提出处理意见，制作《申诉决定书》并报委领导批准          │
└──────────────────────────────────────────┘
         │
┌──────────────────────────────────┐
│ 在收到申诉书的次日起30日内，做出处理      │
│ 决定，并分别送达申诉人和被申诉人         │
└──────────────────────────────────┘
    ┌────────┴──────────────┐
┌──────────────────┐  ┌────────────────────────────────┐
│ 服从处理决定，申诉案 │  │ 不服处理决定，当事人可以自收到《申诉处理决定书》 │
│ 件终止             │  │ 之日起60日内到中华人民共和国教育部或市人民政府申 │
└──────────────────┘  │ 请行政复议；或在收到《申诉处理决定书》之日起三个   │
         │             │ 月内到区人民法院提起行政诉讼                   │
         │             └────────────────────────────────┘
         │                         │
         │             ┌──────────────────────┐
         │             │ 经过复议、诉讼程序，最终结案 │
         │             └──────────────────────┘
    ┌────────────────┐
    │ 整理案卷，归档    │
    └────────────────┘
```

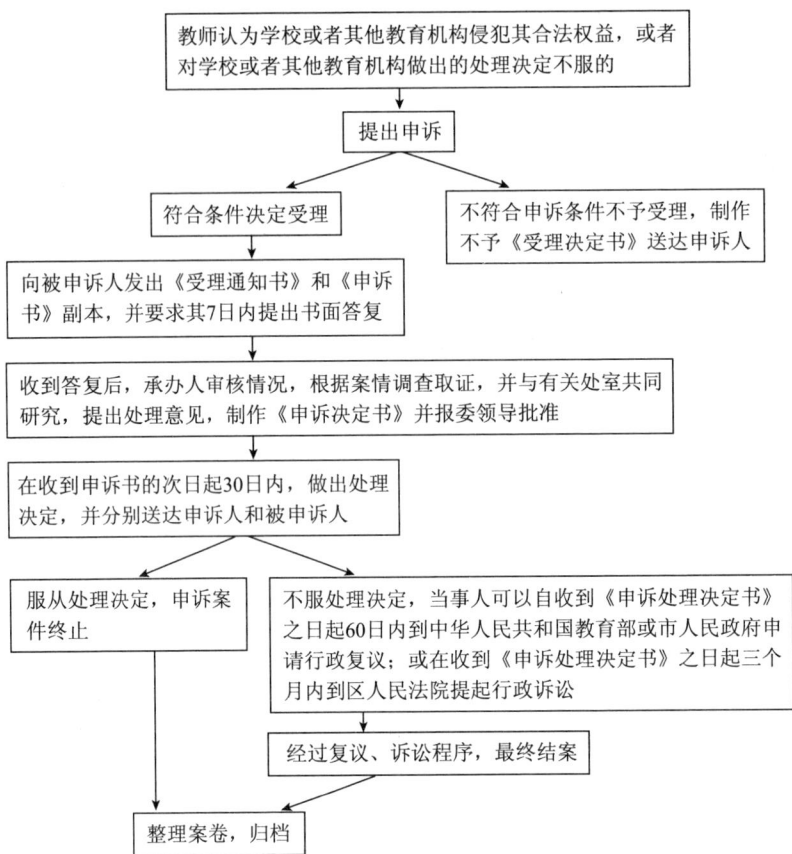

教师申诉工作流程图

在此，我们要明确：

（1）不能以政府为被申诉对象。

（2）其他企业、事业单位或个人侵犯教师合法权益的，不列入教师申诉制度的范围。

教师申诉的受理没有特定条件的限制。教师只要主观上认为学校及其他教育机构或当地人民政府的各有关行政部门侵犯其合法权益，或对学校及其他教育机构做出的处理不服，就可以提出申诉。教师申诉的受理机关因被申诉人的不同而不同。如果对学校或其他教育机构提出申诉的，受理的机关为教育行政部门；如果对当地人民政府的有关行政部门提出申诉的，受理的机关为同一级人民政府或上一级人民政府；如果申诉对象是当地人民政府，受理的机关则是上级人民政府。教师提出申诉是向行政机关提出申诉，而不是向行政部门的个人提出申诉。

2. 教师申诉的程序

教师申诉的程序主要由申诉的提出、申诉的受理和申诉的处理三个环节构成。如果有不受理或对处理结果不服的情况可以从第一个环节重新开始。

（1）申诉的提出。教师提出申诉，应当以书面的形式向受理机关送交申诉书。申诉书应当写明的内容有：①申诉人的基本情况。如姓名、性别、年龄、教师类别、职称、住址等。②被申诉人的情况。如名称、单位性质、地址、法定代表人的姓名、性别、职务等。③诉讼请求。写明申诉人具体的申诉要求。④申诉理由。写明受侵害的事实依据，或不服被申诉人的处理决定的事实依据，同时写明纠正被申诉人的错误决定或侵权补救方法的法律依据。⑤提供所需要的相关物证的原件或复印件等。

（2）申诉的受理。受理申诉的行政机关在接到申诉书后，应当及时对申诉人的资格和申诉条件进行审查，根据不同的情况做出处理。对符合申诉条件的，应予以受理；对不符合申诉条件的，应当以书面形式决定不予受理，并通知申诉人；对申诉书没有写清楚的事项或缺少的材料，要求申诉人重新提交申诉书或提交有关所缺的材料。

（3）申诉的处理。行政机关对受理的申诉案件，应当进行全面调查核实，根据不同情况，做出处理决定。对被申诉人的行为或决定符合法定权限和程序，没有不当的，可以维持原处理结果；对被申诉人没有按照法律法规行事的，其行为构成对申诉人的侵权或其决定不当的，就需要变更原处理决定，责令限期改正；被申诉人的行为违反法律法规的，就要撤销原处理结果。对学校或其他教育机构提出的申诉，主管教育行政部门应当在收到申诉书的次日起30日内进行处理。

对当地人民政府有关行政部门提出的申诉，受理申诉的行政机关也应当及时做出处理。行政机关在做出申诉处理的决定后，应当把《申诉处理决定书》发送给申诉当事人。申诉处理决定自送达之日起生效。

如果申诉当事人对申诉处理决定不服的，可向原处理机关隶属的人民政府申请复核。其申诉内容直接涉及人身权、财产权及其他属于行政复议、行政诉讼受案范围事项的，可以依法提起行政复议或者行政诉讼。

专题3 学生的申诉

1. 学生申诉的范围

学生申诉制度是指学生对学校给予的处分不服，或认为学校、教师侵犯了他们的合法权益，依法向有关部门提起申诉，请求处理的制度。我国《教育法》第四十二条规定，学生对学校给予的处分不服，或者对学校、教师侵犯其人身权、财产权等合法权益的行为，可向有关部门提起诉讼。

根据相关教育法律的规定，学生申诉的范围主要有以下几种：

（1）学生对学校给予的处分不服。这些处分包括学籍、考试、纪律、校规等方面。如果学生认定学校的处理不公正或侵害了其合法权益，可以提出申诉。

（2）学校或教师违反规定乱收费。学校乱收费、乱摊派，强迫学生购买与教学无关的东西，学生可以提出申诉。如某小学校长不顾国家教委三令五申制止学校乱收费的规定，强行统一给近两千名学生买书包和校服，并强行让学生吃课间餐——蛋糕，对这种做法学生就可以提出申诉。

（3）学校或教师侵犯学生人身权。我国有关法律规定学校或教师不得体罚或变相体罚学生，不得侮辱学生人格尊严，否则学生有权提出申诉。如学生做错题要罚抄10000遍，孩子不仅学不到应学的知识，不能纠正学习上的失误，反而加重了孩子的身心负担，对这种变相的体罚的行为同样可以提出申诉。

（4）学校或教师对学生的评价不公正。学生的评价包括多方面，从日常的操行评语，到小考、中考、期末考、毕业考、升学考等，学校和教师对所有这些评价都必须坚持客观、公正原则。如果学生认为评价不公正，影响到学生的学业、生活或升学，就可以提出申诉。

（5）学生的其他合法权益受到侵害的。其他合法权益包括侵犯学生的隐私权、知识产权、荣誉权、肖像权等，对这些侵权行为，学生可以提出申诉。

2. 学生申诉的程序

学生申诉的程序包括申诉的提出、申诉的受理和申诉的处理等，如果对申诉处理不服的，还可以向法院提起诉讼。

（1）申诉的提出。学生提出申诉可以以口头形式或书面形式。以口头形式提出的要讲明申诉人和被申诉人的自然状况，申诉的理由和事件发生的基本事实经过，最后提出申诉的要求。

书面形式的申诉要求：①申诉人的基本情况。如姓名、性别、年龄、住址、和被申诉人的关系。②被申诉人的情况。如名称、地址、法定代表人的姓名、性别、职务等。③诉讼请求。写明申诉人对被申诉者因侵犯其合法权益不服处理决定或对某个具体行为的实施，要求受理机关重新处理或撤销决定的具体要求。④申诉理由。写明受侵害的事实依据，或不服被申诉人的处理决定的事实依据。同时写明纠正被申诉人的错误决定或侵权补救方法的法律依据。只要认为受到侵害，学生就可以提出申诉。

（2）学生申诉的受理。主管机关接到学生的口头或书面申诉后，要依具体情况经审查后作出不同的处理。主管机关对于口头申诉应当在当时或规定时间内作出是否受理的答复；对于书面申诉则应在规定时间内给予是否受理的正式通知，各个学校都应对申诉的受理时间限制作出明确规定。

（3）学生申诉的处理。如果主管机关对申诉进行受理，则应该对事件进行调查核实，根据不同情况作出不同处理：①如果学校、教师或其他教育机构的行为或决定符合法定权限或程序，适用法律规定正确，可以维持原来的处分决定和结果。②如果处分或决定违反相关的法律法规规定，侵害申诉人合法权益，就可以撤销原处理决定或责令被申诉人限期改正。③具体处分决定或具体行为决定的一部分适用法律、法规，则部分撤销原决定。④处分或决定所依据的规章制度或校规校纪与法律、法规及其他规范性文件相抵触时，可以撤销原处理决定。⑤如果是对侵犯人身权、财产权等进行的申诉，学生对申诉处理结果不服，可依法向法院提起诉讼。

四、教育行政复议

专题1 教育行政复议的范围

1. 教育行政复议及其特征

教育行政复议，是指教育行政机关或个人在行使教育行政职权时，与作为被管理对象的相对人就已生效的具体行政行为发生争议，根据相对人的申请，由该教育行政机关的上一级教育行政机关，对引起争议的具体教育行政行为进行复查并做出决定的一种法律制度。

教育行政复议机关在查明事实，判明具体行政行为是否合法、合理的基础上，对违法的具体行政行为可以撤销，对不当的行政行为可以变更，对行政机关造成相对人的损害可以责令其赔偿等。教育行政复议机关对相对人提出的复议申请，必须按照《中华人民共和国行政复议法》（以下简称《行政复议法》）规定的程序进行审查，并在法定期限内作出处理和裁决。

教育行政复议有以下基本特征：

（1）教育行政复议是一种带有司法性质的特殊行政行为。教育行政复议范围、复议管辖、受理等和复议程序，较之一般的行政行为更为规范、严格，接近司法程序，可以说是一种行政司法行为。因为教育行政复议虽是行政机关的行为，但从其法律关系、行为程序和方式来看，又具有司法活动的特征。教育行政复议是行政机关依法行使职权的行为，是为解决教育行政纠纷而作出的行政行为，虽带有司法性质，但从本质上讲，它不是司法机关解决纠纷的诉讼活动。

（2）教育行政复议是一种依申请的行政行为。教育行政复议是以行政管理相对方的申请为前提，是行政机关一种"不告不理"的行为，而不是行政机关依照自己的职权而主动进行的行为。

（3）教育行政复议的对象只能是具体行政行为，而不能是抽象行政行为。也就是说，教育行政机关的具体行政行为是教育行政复议的前提，对抽象行政行为不服不能申请行政复议，而只能向制定该规范文件的行政机关的同级权力机关或该行政机关的上一级行政机关提出申请。

（4）教育行政复议的申请人只能是教育行政管理相对人（包括教师、学生和其他公民、组织等），被申请人是做出具体行政行为的教育行政机关或其他行政机关。

（5）一般而言，教育行政复议同一般行政复议制度一样实行一级复议制，即申请人对复议决定不服不得再申请复议，但可以依法向人民法院提起行政诉讼。

（6）教育行政复议执行不适用调解的原则。这也是一般行政复议的一个基本原则，目的在于维护法律的公正和严肃，给处于服从地位的行政相对人以保护自己合法权益的公平机会。所以教育行政复议，不能以调解作为最后方式，必须有明确的裁决结果。

2. 教育行政复议与教育申诉的区别与联系

教育行政复议与教育申诉虽同属行政救济渠道，但两者却有很大的差别：

（1）提出的原因不同。教育行政复议是在管理相对人认为行政机关的具体行政行为侵犯了其《教育法》所保护的合法权益时提出的。教育申诉是在教师、学生认为其受宪法、法律或组织章程所保护的权益受到侵害时提出的。因而，提出申诉的原因不仅包括由行政机关具体行政行为所引起的侵害，而且包括行政机关的抽象行政行为所引起的侵害。另外，非行政机关，如学校或其他教育机构所引起的侵害，同样可以作为申诉的理由。可见，教育申诉的受案范围远远大于教育行政复议的受案范围。

（2）提出的主体不同。教育行政复议由行政管理相对人提出。所谓行政管理相对人，不仅包括教师、学生、行政机关工作人员，而且包括学校或其他教育机构等组织。而申诉的提出只能是特定的人，如教师、学生，而不能是组织。教育行政复议与申诉虽然存在较大差异，但仍有交叉之处。例如，当政府部门向教师乱摊派时，教师既可以提出申诉，又可以提出行政复议。

行政复议是指行政相对人认为行政机关的具体行政行为侵犯其合法权益，依法向上级行政机关或者法律、法规规定的其他机关提出申请，由受申请的行政机关对具体行政行为依法进行审查并作出处理决定的活动。

行政复议是有法律依据的，其法律依据是 1999 年 4 月 29 日通过的《行政复议法》。这部法律不仅为行政复议提供了法律依据，还规定了行政复议的范围。

3. 行政复议的范围

《行政复议法》分两方面规定行政复议范围：一方面，它规定了可以复议的具体行政行为，也即是什么样的行为可以进行行政复议；另一方面，又规定了行政复议的排除范围，也即是什么样的行为不可以行政复议。

（1）可予复议的具体行政行为。按照《行政复议法》第六条的规定，可予复议的具体行政行为包括 11 项，见下图：

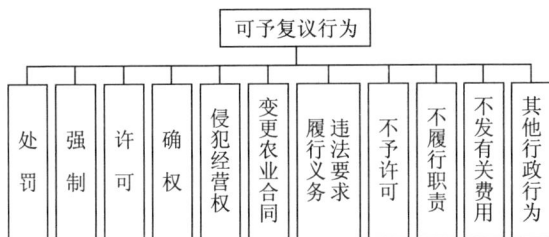

（2）行政复议的排除范围。《行政复议法》除明确规定复议机关应当受理的各种行政复议案件外，还专门规定了复议机关不予受理的范围。根据《行政复议法》第八条的规定，对以下两种事项不能申请行政复议：

第一，不服行政处分及其他人事处理决定的。对行政处分不服，根据有关规定，可通过内部行政申诉的途径获得救济；对人事处理决定引起的复议，可采用申诉或人事仲裁的方式予以解决。

第二，不服行政机关对民事纠纷作出的调解和其他处理的。对此，可通过仲裁或直接向法院起诉的方式获得解决。

对于一般行政复议来说，所有侵犯相对人的人身权和财产权的具体行政行为都属于复议申请范围。根据《行政复议法》和有关的教育法律法规，对下列情形，可以依法申请行政复议：

①对教育行政处罚行为不服的。对拘留、罚款、吊销办学许可证和执照、责令退学、没收学校财产等行政处罚不服的，可以申请行政复议。

②对教育行政强制措施行为不服的。对限制人身自由或者对财产的查封、扣押、冻结等行政强制措施不服的，可以申请行政复议。

③不作为违法的。符合法定条件办学，向行政机关申请颁发许可证和执照，行政机关拒绝颁发或者不予答复的；申请行政机关履行保护人身权、财产权的法定职责，行政机关拒绝或不予答复的；行政机关没有依法足额拨付教育经费的等，相对人可向行政机关提起复议。

④对教育行政的侵权行为。主要包括对教育行政相对人自主经营权的侵犯、违法设定义务以及侵犯人身权和财产权。

【典型案例】

1999 年，学校根据《学校内部管理体制改革方案》，与教师王某签订了一年的"聘任协议书"。到 2000 年 9 月聘任期满，经学校考核领导小组审核，因王某 1999 年 1 月至 8 月未在学校上班，考核为不合格，不予调资，未被学校聘任。2002 年 3 月 13 日，王某向该学校的上级主管部门教育厅提出申诉，某教育厅对王某提出的申诉不予受理。2002 年 4 月 9 日，王某以教育厅未履行法定职责为由，向省政府申请行政复议。省政府经审查，认为教育厅未依法履行《教师法》赋予的法定职责，遂根据《行政复议法》第二十八条第一款第（二）项的规定，作出责令教育厅履行法定职责的复议决定。2002 年 6 月，教育厅对王某的申诉进行了处理，作出了《关于对王某申诉问题的处理意见》，该处理意见认为："学校年终考核行为属学校内部管理行为，应由学校按有关规定办理。"王某对教育厅的处理意见不服，于 2002 年 6 月 28 日再次向省政府申请行政复议，认为教育厅没有依法进行考核，请求重新考核。

【法律分析】

本案王某先后两次通过行政复议程序上告教育厅。第一次是属于上述可予复议的具体行政行为中的第九种"不履行法定职责"的情形。由于教育行政部门没有依法履行法定职责，构成行政不作为的违法行为，省政府作出了责令被申请人履行法定职责的复议决定，是正确的。第二次是王某由于对教育行政部门作出的申诉处理意见不服，再次依法向省政府递交行政复议申请，也属于上述可予复议的具体行政行为，因此教师王某有权再次提起行政复议。

专题2　教育行政复议的一般程序

教育行政复议程序同一般行政复议程序一样，大致分为复议申请、复议受理、复议审理、复议决定、复议决定执行五个阶段。

1. 复议申请

（1）申请期限。复议申请人提出复议申请必须在法定期限内，超过法定期限就会丧失申请复议的权利。

在我国，提出复议申请的法定期限一般在告知具体行政行为之日起15日内，法律法规另有规定的除外。因不可抗力或其他特殊原因耽误，未能在法定期限内提出复议申请的，可在障碍消除后10日内提出申请延长期限，是否准许延长，延长多久，由有管辖权的复议机关决定。

（2）申请复议的条件。申请教育行政复议的基本条件：①申请人是认为具体行政行为直接侵犯其合法教育权益的相对人。②有明确的被申请人。③有具体的复议请求和事实根据。④属于申请教育行政复议的范围。⑤属于受理教育行政复议机关管辖。⑥有关的法律、法规规定的其他条件。

（3）复议申请书。申请人在提出教育行政复议申请时，应向复议机关递交复议申请书及按被申请人人数提交复议申请书副本，申请书作为提起复议的法律文书应载明以下内容：①申请人姓名、性别、年龄、职业、住址，法人或其他组织的名称、地址、法人代表的姓名等；②被申请人的名称、地址；③申请复议的要求和理由；④提出复议申请的日期。

2. 复议申请的受理

教育行政复议机关在收到复议申请书后，依法应于收到之日起 10 日内，对复议分别做出如下处理：对符合申请条件的，且没有向人民法院起诉的复议申请，依法做出予以受理的决定；对复议申请书不符合要求的复议申请，发还申请人，限期补正；逾期未补正的，视为未申请；对不符合条件的复议申请，告知理由不予受理。

申请人在受理阶段还享有一定申诉权，即对复议机关不予受理的裁决不服的，可依法向人民法院提起诉讼。复议机关的上一级行政机关或法律规定的行政机关，在复议机关无正当理由拒绝受理复议申请或对复议申请不予答复的情况下，有权责令其受理或答复。

3. 复议案件的审理

根据《中华人民共和国行政复议法实施条例》，行政复议案件的审理应遵循以下要求和步骤：

（1）复议机关应在受理之日起 7 天内将《复议申请书》副本发送被申请人，被申请人在接到申请副本的 10 日内，向复议机关提交做出具体行政行为的有关材料和证据，并提出答辩书，逾期不答辩的不影响审理。

（2）审理阶段的有关制度。复议案件在审理过程实行以下制度：①书面审理为主，其他方式为辅；②复议期间不停止执行原具体行政行为原则，但也有例外；③复议审理的法律依据。复议案件的审理，以法律、行政法规、地方性法规、规章、上级行政机关依法制定和发布的具有普遍约束力的决定、命令为依据，在审理民族自治地方的复议案件时，并以民族自治地方的自治条例、单行条例为依据。

4. 作出复议决定

在对复议案件进行审理后，复议机关要根据具体行政行为的合法性和适当性做出相应的裁决，复议裁决的具体决定有以下几个：

（1）维持决定。原教育行政执法行为经审理被认为适用法律、法规、规章正确，事实清楚，符合法定权限和程序，复议机关应做出维持决定。

（2）补正程序决定。审理后认为，教育行政执法事实清楚，权限合法，适用法律正确，仅仅程序不足且未影响行政行为的正确性或复议申请人权益的，复议机关对被申请人做出补正程序的决定。

（3）撤销和变更决定。审理后认为原教育行政执法行为有下列情形之一的，复议机关应做出撤销或变更决定，并可责令被申请人重新做出具体行政行为：主要事实不清；适用法律、法规和具有普遍约束力的决定错误；违反法定程序，影响申请人合法权益；超越或滥用职权；具体行政行为明显不当。

在复议决定阶段，教育行政复议机关要在收到复议申请书之日起两个月内做出复议决定，法律、法规另有规定的按规定处理。

5. 执行

教育行政复议决定一经宣布即发生法律效力，复议双方应自觉履行，否则应由有关部门强制执行。若申请人对复议决定不服，可在收到复议决定书之日起 15 日内，或在法律法规规定的期限内向法院起诉。

五、教育行政诉讼

专题1　教育行政诉讼的范围

行政诉讼是指行政相对人认为行政机关及其工作人员的具体行政行为侵犯其合法权益，依法向人民法院起诉，请求给予法律补救；人民法院对行政机关的具体行政行为的合法性进行审查，维护和监督行政职权的依法行使，矫正或撤销违法侵权的行政行为，给予相对人的合法权益以特殊保护的法律救济活动。这里有四个关键词：行政相对人、侵犯权益、向法院起诉和审查处理。

行政诉讼作为诉讼上的法律救济手段，具有：（1）主管恒定（主管机关只属于人民法院）；（2）诉权专属（由行政相对人提起）；（3）标的明确（法律规定的具体行政行为）；（4）被告举证（作为被告的行政机关负有举证责任）；（5）不得调解（不得采取调解作为审理程序和结案方式）等特点。

行政诉讼和前面讲过的行政复议，二者虽然只差两个字，但是它们完全不同。行政诉讼和行政复议作为两种不同的行政救济制度，其区别主要表现在以下几方面：

（1）裁决机关不同。行政诉讼是人民法院运用审判权的司法活动；

行政复议则是行政机关运用行政权的行政行为。

（2）审查范围不同。行政诉讼原则上只审查具体行政行为的合法性；而行政复议对具体行政行为是否合法与适当进行全面审查。

（3）适用程序不同。行政诉讼按照《中华人民共和国行政诉讼法》（以下简称《行政诉讼法》）的规定，适用严格的普通司法程序，具有严格、全面的特点；行政复议则是按照《行政复议法》的规定，适用准司法程序，虽具有一定的司法性质，但同时又具有行政性，从总体上说仍是一种行政程序，要体现行政特有的迅速、简便等特点。

（4）法律效力不同。除有法律明文规定之外，行政复议决定不具有最终的法律效力，即复议申请人不服复议决定的，可依法向人民法院提起行政诉讼，行政诉讼的终审判决则具有最终的法律效力。

《行政诉讼法》从以下两方面规定了行政诉讼的范围。

（1）可提起行政诉讼的范围。《行政诉讼法》规定，公民、法人或者其他组织认为行政机关和行政机关工作人员的具体行政行为侵犯其合法权益，有权依照本法向人民法院提起诉讼。人民法院受理公民、法人和其他组织对具体行政行为不服提起的诉讼，同时，规定了可提起诉讼的具体行为，共有8项。

教育领域中涉及行政诉讼的受案范围主要包括以下内容：①对行政处罚不服的。包括拘留、罚款、吊销许可证和执照、责令停产停业、没收财物等。教育行政处罚包括行政拘留学校校长或教职工、学生，罚款、吊销办学许可证和执照，责令停学停课、没收学校财产等，如果相对人对处罚不服的，可以提出行政诉讼。如某区教委吊销了某社会力量办学教育机构的办学许可证，该教育机构如果对此行政处罚不服，就可以进行教育行政诉讼。②对行政强制措施不服的。相对人对教育行政部门限制其人身自由或对财产的查封、扣押、冻结等行政强制措施不服的，可以向人民法院提起行政诉讼。例如，某家长因孩子受罚之事与孩子的老师发生口角，以致二人厮打在一起，使学校无法正常进行教育教学活动，公安局接到报案后立即对该家长强行扣押，家长对此行政措施不服，就可以向人民法院提起教育行政诉讼。③对行政机关拖延或拒不履行其行政职责的。相对人认为符合法定条件申请行政机关颁发许可证和执照，行政机关拒绝颁发或者不予答复的；申请行政机关保护人身权、财产权的法定职责，行政机关拒绝履行或者不予答复的；地方政府机关不依法履行向学校下拨教育财政经费等，相对人可以依法向人民法院提出行政诉讼。如某社会力量办学筹备处认为自己符合、具备办学条件，向教育行政部门申请办学许可证，该教育行政部门拒绝颁发，该筹备处就可以向人民法院提起行政诉讼。再如，学生胡某被几名校外青年纠缠跑到学校，要学校保护她，学校保卫科工作人员不但不采取措施，反问她是不是生活不检点，结果胡某回家途中被几人强奸，胡父愤然把学校告上法庭。④行政机关侵犯相对人其他人身权、财产权的。如果相对人认为行政机关侵犯了其人身权、财产权，可以针对具体的行政行为提出行政诉讼。如某校屡发盗窃案，校方怀疑是学生王某所为，于是强行搜其宿舍，并在王某坚决否认之后，派人跟在旁边监视，不允许王某擅自行动，王某知道后，向法院提起诉讼。

（2）不可提起行政诉讼的范围。应当特别注意，《行政诉讼法》还规定人民法院不受理提起诉讼的范围，包括四项：①国家行为。国防、外交等国家行为。②抽象行政行为。指行政法规、规章或者行政机关制定、发布的具有普遍约束力的决定、命令。③奖惩任免。行政机关对行政机关工作人员的奖惩、任免等决定。④行政终裁。法律规定由行政机关最终裁决的具体行政行为。

值得注意的是，依照我国法律相关规定，抽象的行政行为不能提起行政诉讼。国家机关在行使执行、指挥、组织、监督等职能过程中所采取的行为称为行政行为，也就是国家机关行使国家行政职能的行为。行政行为一般可以分为抽象行政行为和具体行政行为。

（1）抽象行政行为。它是指国家行政机关在行使行政职能过程中，制定和发布普遍性行为规则的行为，又称为制定行政规范的行为。抽象行政行为不是针对特定的、具体的个人、组织或事项，而是具有普遍适用效力的，它起到约束具体行政行为的作用。例如，国家教委制定颁布《全国中小学校长任职条件和岗位要求（试行)》的行为就是抽象行政行为。

（2）具体行政行为。它是指国家行政机关在管理活动中对特定的、具体的个人、组织或事项进行处理的行为，又称为采取行政措施的行为。具体行政行为是抽象行政行为的体现和保障。例如，行政部门根据《全国中小学校长任职条件和岗位要求（试行)》任免校长的行为，就是具体行政行为。

专题 2　教育行政诉讼的一般程序

一般民事诉讼由被告户籍所在地，即由被告住所地人民法院管辖。被告住所地，与经常居住地不一致的，由经常居住地人民法院管辖。对企事业单位、机关团体提起的民事诉讼，由被起诉单位所在地人民法院管辖。一般管辖，实行"原告就被告"的原则。

1. 民事诉讼的一般程序

民事诉讼一般经过以下阶段：（1）起诉和受理；（2）审理前的准备；（3）开庭审理；（4）判决和裁定；（5）上诉阶段；（6）强制执行。不是每一个具体的民事案件都要经历上述六个阶段。但各阶段必须依次进行，不能逾越。

2. 提起诉讼

提起诉讼也称起诉，根据《民事诉讼法》第一百零八条规定，起诉必须符合以下四个条件：（1）原告是与本案有直接利害关系的公民、法人或其他组织。有诉讼权利能力的人可以作为原告。没有诉讼行为能力的人，由他的法定代理人代为起诉；没有法定代理人的，由人民法院指定代理人。企业事业单位、机关、团体可以作为原告，当事人、法人的法定代表人、法定代理人，都可以委托 1～2 人代为诉讼。（2）有明确的被告。明确的被告，是指要求被告是具体的，而不能是抽象的或猜测的，要指明被告的姓名（名称）、性别、住址等具体情况。（3）有具体的诉讼请求和事实、理由。即指要求性质明确，如在合同纠纷中，应明确请求法院判令被告履行合同，还是给予赔偿，或两者兼有，同时要求范围明确，即所请求的数量大小应当确定，如果有多项请求，那么应分别明确。有关案件的事实、理由是进行诉讼、审理民事案件的依据。（4）属于人民法院受理民事诉讼的范围和受诉人民法院管辖。在提起诉讼时，必须弄清是否应由人民法院审理和某一级某一地区的法院审理。

3. 诉讼调解

诉讼调解，指诉讼中的调解，又称法院调解。诉讼调解是指在民事诉讼中，双方当事人在人民法院由审判员一人主持，或由合议庭主持下进行调解。诉讼调解是人民法院审理民事案件的一种重要方式。诉讼中的调解协议，经过法院确认，即具有法律上的效力。

诉讼调解应坚持的原则：（1）查明事实、分清是非的原则；（2）双方当事人必须自愿的原则；（3）调解协议内容合法的原则；（4）调解不成的，人民法院应当及时判决。

调解达成协议，一般应制作调解书。调解书与调解协议，是两种既有联系又有区别的文书。调解书应当写明诉讼请求、案件的事实和调解的结果。调解书由审判人员、书记员署名，加盖人民法院印章，送达双方当事人。

调解书经双方当事人签收后，即具有法律效力，终了诉讼程序。如果一方当事人在调解书送达前反悔的，调解书就不发生效力，人民法院应当及时判决。

根据《民事诉讼法》第九十条规定："对不需要制作调解书的协议，应当记入笔录，由双方当事人、审判人员、书记员签名或者盖章后，即具有法律效力。"

4. 当事人在民事诉讼中的权利和义务

当事人在民事诉讼中的权利和义务，是宪法确定的公民基本权利义务在民事诉讼中的体现。

（1）当事人在民事诉讼中的权利。根据《民事诉讼法》的规定，当事人主要享有以下诉讼权利：①请求司法保护权。这是当事人在民事诉讼中一项最基本的权利。其含义是，当事人有权请求法院公正审判，依法维护自己的民事权益。②委托代理人的权利。任何一方当事人在诉讼上需要他人给予法律帮助时，都有权委托代理人为其诉讼。③申请回避权。当事人有权依据法定理由提出回避申请，要求更换审判人员和其他有关人员，以保证对案件进行公正审判。④提供证据权。当事人有权收集和向法院提供证据，证明自己陈述的事实或者反驳对方陈述的事实，维护自己的诉讼请求或反驳对方的诉讼请求。⑤进行辩论权。当事人有权通过书面或口头方式对争议问题充分发表意见，进行争论和辩驳，以维护自己的诉讼主张。⑥请求调解权。当事人有权请求人民法院对纠纷进行调解，并以调解方式结束诉讼。⑦提起反诉讼权。被告有权在诉讼进行中提起反诉，以本诉原告为被告而提出与本案相关的诉讼请求，要求人民法院合并审理。⑧自行和解权。双方当事人可以在诉讼过程中相互协商，达成和解协议，自行和解已经诉诸法院的纠纷。⑨提起上诉权。当事人不服第一审人民法院判决的，除法律规定不能上诉的外，均有权在法定期间内（即判决书送达之日起15日内）向上一级人民法院提起上诉。⑩申请执行权。在执行程序中，享有实体权利的当事人有权申请法院执行已经生效的判决、裁定。此外，当事人享有其他诉讼权利，如向人民法院申请保全证据的权利、查阅并自费复制本案有关材料的权利等等。

（2）当事人在民事诉讼中的义务。根据《民事诉讼法》的规定，当事人在民事诉讼中的义务主要有以下三方面：①必须依法行使诉讼权利。当事人必须严格按照民事诉讼规定行使自己的诉讼权利，不得滥用。例如，不得滥用提供证据权故意提供伪证，不得滥用辩论权肆意侮辱、谩骂对方当事人等。②必须遵守诉讼秩序。当事人在诉讼中应当服从法院的诉讼指挥，遵守有关规则，尊重法院的审判权以及对方当事人、其他诉讼参与人的诉讼权利，使诉讼按法定的程序顺利进行。③必须履行发生法律效力的判决书、裁定书或调解书确定的义务。

5. 执行

执行，是指人民法院行使司法执行权，实施具有执行内容的法律文书，保障当事人的权利得以实现的行为。通过审判程序确定了当事人的权利义务之后，如果有义务的人自动履行了法律文书确认的义务，就不发生执行问题。如果义务人不自动履行自己的义务，权利人就可以通过执行程序来实现自己的权利。

根据《人民法院组织法》和《民事诉讼法》规定，我国采取"审执分立"体制，地方各级人民法院都设立了专门的执行组织，具体行使法院的执行权，负责办理发生法律效力的民事案件、经济纠纷案件判决、裁定的执行事项，也负责办理刑事案件判决、裁定中关于财产部分的执行事项。

强制执行措施包括以下几种：①提取、扣留被执行人应当履行义务部分的储蓄存款或其劳动收入；②查封、扣押、冻结被执行人应当履行义务部分的财产，以至变卖被执行人的被查封、扣押的财产；③责令被执行人或有关人交付法律文书所指定的财物、票证；④责令和强制被执行人迁出占有的房屋，退出占有的土地；⑤责令和强制被执行人根据法律文书，为一定行为或不为一定行为。

6. 民事起诉状

民事起诉状，或称民事起诉书，是原告向人民法院提起诉讼的重要诉讼文书。按照《民事诉讼法》第一百一十九条规定，起诉状应当记明下列事项：①原告的姓名、性别、年龄、民族、职业、工作单位、住所、联系方式，法人或者其他组织的名称、住所和法定代表人或者主要负责人的姓名、职务、联系方式；②诉讼请求和所根据的事实与理由；③证据和证据来源，证人姓名和住所。原告在起诉状中不得有谩骂和人身攻击之词。

7. 答辩状

答辩状又称答辩书。人民法院应当在立案之日起5日内将原告起诉书的副本发送被告；被告在收到之日起15日内向人民法院提出答辩状。

答辩状要针对原告所提出的主张作出肯定或否定的答复。一般应明确原告所提出的事实是对还是错，证据是真还是假，请求是轻还是重。这就要求答辩状与原告的起诉状在内容上互相呼应，在观点上主要是针锋相对。格式没有统一规定，依据所答辩的问题而定。

答辩状一般包括以下几方面：①否认，即否认对方提出的某种事实存在或否认对方所主张的要求，否认可分全部否认或部分否认；②抗辩，既不简单地否认对方所提出的事实和要求，而是提出一种新事实、新要求来对抗他方所主张的事实和要求；③反诉，指被告以原告为被告，而提出与原诉有一定联系的诉讼。被告不提出答辩状，或是不按期提出答辩状，不影响人民法院审理工作的进行。

8. 民事上诉状

民事上诉状，又称民事上诉书，是指当事人不服地方人民法院第一审判决或裁定，而向上一级人民法院提起上诉，请求变更原判决或裁定的诉讼文书。民事上诉状与民事起诉状在主体结构上是相同的。

六、教育行政赔偿

专题1　教育行政赔偿的特点与范围

　　行政赔偿是指行政机关在行政管理活动中，由于其违法或不当的行政处理决定给相对人在行政法上的合法权益造成损害，由行政机关承担赔偿的一种行政违法责任形式。行政赔偿是国家赔偿的一种。我国法律对行政赔偿有明确规定。如《宪法》规定，由于国家机关或国家工作人员侵犯公民权利而受到损失的人，有依法律规定取得赔偿的权利；《民法通则》规定，国家机关或者国家机关工作人员在执行职务中，侵犯公民、法人的合法权益造成损害的，应当承担民事责任；《行政诉讼法》规定，行政机关或者行政机关工作人员作出的具体行政行为侵犯公民、法人或者其他组织的合法权益造成损害的，由该行政机关或者行政机关工作人员所在的行政机关负责赔偿。行政机关赔偿损失后，应当责令有故意或者重大过失的行政机关工作人员承担部分或全部赔偿费用。

　　需要注意以下几项内容：

　　(1) 行政赔偿责任是行政机关及其工作人员在执行公务时的违法行为引起的，他们的合法行为或非公务行为给相对人造成的损害，不发生行政赔偿问题。

（2）行政赔偿责任主要是一种财产责任，以金钱支付为原则。也可同时采取承认错误、赔礼道歉、恢复名誉、消除影响、返还权益等方式。行政赔偿与行政补偿、民事赔偿、刑事赔偿是有区别的。

（3）赔偿的范围。行政赔偿应将法定的豁免范围以内的事项除外。例如，国防行为、外交行为、战争行为等引起实际损害的，免除行政赔偿的责任。因受害人自己的过错造成损害的，不应赔偿。已从其他途径得到赔偿的，也不得再向行政机关索赔。在行政赔偿中，主要赔偿物质性损失，对精神损失的赔偿，应严格限制在可以用物质形式估价的范围内。

（4）赔偿的手段。国家行政赔偿的手段主要是金钱。在某些情况下，也可以用实物。一般来说，应先采用承认错误、赔礼道歉、返还原物、消除影响等手段，只有在这些手段不足以抵销行政侵权的严重后果时，才应以金钱或实物加以赔偿。

（5）赔偿额的计算。行政赔偿中所采取的是赔偿直接损失的原则。对间接损失的赔偿，应参照对财产权益和人身权益受损害人的物质赔偿计算办法或参照有关法律规定。

（6）赔偿经费的来源。我国《行政诉讼法》规定：国家行政机关的赔偿经费的来源是国家的财政收入。这一规定体现了国家对公民、社会组织合法权益的充分保障，使得受害人不会发生受偿无着的情况。

《行政诉讼法》还规定，各级人民政府可以责令有责任的行政机关支付部分或者全部赔偿费用。这是各级人民政府对所属的各职能行政管理部门实行监督和约束的重要措施，使行政机关的执法活动与机关的切身利益联系起来，有利于促使行政机关及其工作人员更好地依法进行行政管理。

专题2 教育行政赔偿的申请与处理

在我国提起行政赔偿有两种途径：一是单独就赔偿问题向行政机关或者人民法院提出；二是在行政复议、行政诉讼中一并提出。

（1）单独提出教育行政赔偿请求及先行程序。受害人单独提起行政赔偿请求的，应该先向教育行政赔偿义务机关提出，这就是先行程序。在赔偿义务机关不予赔偿或对赔偿数额有异议时，赔偿请求人可以向上级行政机关申请复议或者直接向人民法院提起诉讼。

（2）一并提出赔偿请求。即赔偿请求人在申请教育行政复议或提起教育行政诉讼中一并提出赔偿要求。复议机关或人民法院须先审查行政行为的合法性，而后根据结论再处理赔偿问题。

（3）允许提出数项赔偿请求。依据《赔偿法》的规定，请求人根据自己受害的程度，可以同时提出数项赔偿请求。

（4）行政赔偿申请书。申请书是赔偿请求人向赔偿义务机关提出赔偿请求的书面文件，也是赔偿义务机关据以审查赔偿请求的资料。申请书应载明下列事项：①受害人姓名、性别、年龄、工作单位和住所，法人或其他组织的名称、住所和法定代表人或者主要负责人的姓名、职务。②具体的要求、事实根据和理由。③申请的年、月、日。赔偿请求人书写申请书确有困难的，可以委托他人代书，也可口头申请，由赔偿义务机关记入笔录。

值得注意的是，行政赔偿与行政复议、行政诉讼不同，不是依申请的行政行为，根据《赔偿法》规定的精神，行政赔偿并非必须是受害人请求才能实施的，行政赔偿义务机关负有主动赔偿的义务。

（1）行政赔偿义务机关处理赔偿请求的程序。多数情况下，教育行政赔偿义务机关是在收到受害人的行政赔偿请求书后启动处理赔偿程序的。教育行政赔偿义务机关在收到行政赔偿请求书后，首先应对赔偿请求书中所陈述的事实和理由进行审查和确认。

这种审查和确认并不以受害人请求教育行政赔偿的范围为限，且法定期限为两个月。自赔偿义务机关收到申请之日起计算，赔偿义务机关逾期不予赔偿或赔偿请求人对赔偿数额有异议的，赔偿请求人可以自期限届满之日起 3 个月内向人民法院提起诉讼。

（2）人民法院审理行政赔偿案件的程序。人民法院在审理赔偿案件时，除遵照《行政诉讼法》规定，还要遵循以下几个原则：一是行政赔偿先向行政义务机关提出，经先行程序无法解决，再提起诉讼，不能直接单独向法院提起行政赔偿诉讼；二是赔偿诉讼当事人按"谁主张，谁举证"的原则分担举证责任；三是赔偿诉讼可以适用调解；四是赔偿诉讼中法院的司法权不受特别限制；五是在赔偿诉讼中法院不得向赔偿请求人收取任何费用。

教育行政赔偿与行政赔偿同样有三种赔偿方式：一是金钱赔偿。它是以货币形式支付赔偿金额的一种赔偿方式，支付赔偿金是国家赔偿的主要方式。二是返还财产。它是行政机关将违法占有或控制的受害人的财产还给受害人的赔偿方式。三是恢复原状。它是公民、法人或其他组织的财产因遭到违法分割或损毁以致破坏，若有恢复可能，应由赔偿义务机关负责修复，能够返还财产或者恢复原状的，予以返还财产或恢复原状。

第六部分

教育法规解读篇

我国的教育从无法可依到初步形成了有中国特色的社会主义教育法律法规体系，现有教育法规六部以及条例十二部，这些都为教育的重大问题和教育工作的重要方面提供了法律的依据和保障，这是一个根本性的变化。此外，还有若干部法律中涉及了对教育领域问题的规范。通过法定程序把发展我国教育事业的一系列重大方针、政策和决定、决策及时转变为体现国家统一意志、政府行政依据、社会言行准则的法律法规，充分反映了国家对教育战略地位的高度重视。本部分就有关涉及教育领域问题的法律和重要教育法规一一加以介绍。

专题 1　宪　法

《宪法》是一个国家的根本大法，它规定了国家最基本的政治、经济、文化等各项制度。宪法具有最高的法律效力，是各种法律的渊源。教育是一项国家和民族的事业，在现代已成为社会生活的重要方面，在社会事业中处于举足轻重的地位。教育作为传播科学知识，提高全民素质，把科学技术这种生产力由可能性变成现实性的一种重要手段，已被放在突出的战略地位。百年大计，教育为本。无论从其作为国家的一项事业的角度，还是作为公民的基本权利的角度来说，必然会在宪法中得以体现。《宪法》中的教育条款，就是指宪法条文中与教育事业有关的条款。

一、关于学校教育制度的规定

学校教育制度，简称学制，是由各级各类学校教育机构构成的教育内部的结构及其相互联系的体系，是各级各类学校系统的总和。学制调整各级各类教育之间的衔接、交叉、比例关系以及教育权力在国家、学校、公民之间的分配关系。我国现行的灵活的学制体系就是依据《宪法》建立起来的。

首先，从学制的类型看，《宪法》第十九条规定："国家举办各种学校，普及初等义务教育，发展中等教育，职业教育和高等教育，并且发展学前教育。"第四十五条规定："……国家和社会帮助安排盲、聋、哑和其他有残疾的公民的劳动、生活和教育。"第四十二条规定："……国家对就业前的公民进行必要的劳动就业训练。"第十九条规定："国家发展各种教育设施，扫除文盲，对工人、农民、国家工作人员和其他劳动者进行政治、文化、科学、技术、业务的教育，鼓励自学成才。"这些规定表明，我国的学制构成种类繁多，既包括国家的正规学校教育，又包括对各类成人的业余教育；既涵盖了对正常人的教育，也不缺乏对残疾人的教育；不仅积极普及初等教育，扫除文盲，而且努力发展高等教育，培养人才。《宪法》中对学制规定的条款体现出我国学制结构的多样化，同时也体现出学制结构应具有的统一性。前面所列的这些条款都冠以"国家"字样，足以说明我国学制结构体现出的统一性。只有保证国家的统一领导，才能使各级各类学校构成一个完整的体系，保证各级各类教育有计划、按比例地发展；同时学制结构也应多样化，以培养多类型、多层次的合格人才，适应社会主义市场经济发展对不同类型人才的需要。

其次，从办学主体看，《宪法》第十九条规定："国家发展社会主义的教育事业，提高全国人民的科学文化水平。""国家鼓励集体经济组织、国家企业事业组织和其他社会力量依照法律规定举办各种教育事业。""国家发展各种教育设施……鼓励自学成才。"我国正处于社会主义初级阶段，大力发展教育事业是加快经济发展的当务之急。然而，由于我国现阶段的综合国力和文化教育水平还比较落后，因此，必须结合实际国情发展教育，结合我国当前社会发展的现状采取各式各样的教育形式：一方面，国家花大力气，用足够的资金举办教育事业；另一方面，国家还需要鼓励各种社会力量办学，其中包括集体经济组织、国家企事业组织和其他社会组织以及私人办学者。这样，我国的教育事业在充分利用现有条件的前提下才有可能快速发展。由此看出，《宪法》的这一规定是符合我国国情的，也是中国共产党的思想路线和群众路线的集中体现。

最后，从教育内容看，我国的教育事业是社会主义的教育事业，教育内容要以马列主义、毛泽东思想为指导，以提高全国人民的科学文化水平为目标。《宪法》第二十四条规定："国家通过普及理想教育、道德教育、文化教育、纪律和法制教育，通过在城乡不同范围的群众中制定和执行各种守则、公约，加强社会主义精神文明的建设。国家提倡爱祖国、爱人民、爱劳动、爱科学、爱社会主义的公德，在人民中进行爱国主义、集体主义和国际主义、共产主义的教育，进行辩证唯物主义和历史唯物主义的教育，反对资本主义的、封建主义的和其他的腐朽思想。"我国的教育要为全体国民服务，《宪法》规定每个公民都享有平等的受教育权，因此，教育内容要能满足不同公民的需要，对此《宪法》第四十五条第三款规定："国家和社会帮助安排盲、聋、哑和其他有残疾的公民的劳动、生活和教育。"

二、关于教育目的和培养目标的规定

教育目的是把受教育者培养成为一定社会所需要的人的总要求；培养目标是指各级各类学校对受教育者身心发展所提出的具体标准和要求，是国家总体教育目的在不同教育阶段或不同类型学校、不同专业的具体化。教育目的和培养目标是一般与个别的关系，教育目的具有总体性，培养目标则有其个体性。

教育目的是一切教育活动的起点和归宿，它的制定和提出要遵循一定的依据：第一，教育目的要符合一定社会政治经济的需要。第二，教育目的要反映生产力和科技发展对人才的需求。生产力不仅为教育提供了物质条件，也对人才的培养规格提出了要求。生产力和科学技术的发展水平制约教育目的的确定。第三，教育目的要符合受教育者的身心发展规律。

我国教育目的的建立以马克思的人的全面发展理论为基础，在《宪法》中体现在第四十六条规定："国家培养青年、少年、儿童在品德、智力、体质等方面全面发展。"这是在我国在新中国成立以后经过反复的理论探索和时间教育实践检验，经过深刻的正反两方面经验教训得出的比较完善的对培养目标的规定。只有使年青一代具有坚定的社会主义方向和科学的世界观、人生观，具有坚实的科学文化知识，具有坚强健康的体魄，才能培养出一代新人，实现学校教育的培养目标。

三、关于公民在教育方面的权利和义务的规定

《宪法》以相当的篇幅明确规定了我国公民的基本权利和义务，公民在教育方面的权利和义务是公民基本权利的重要组成部分。从狭义上讲，所谓权利是指公民依照法律规定可以做某种行为或要求他人做某种行为；所谓义务是指公民依照法律规定应履行的某种责任，表现为负有义务的公民必须做出一定行为或被禁止做出一定行为。我国公民的权利和义务的一个最大特点就是权利与义务的一致性，正如《宪法》第三十三条的规定："任何公民享有宪法和法律规定的权利，同时必须履行宪法和法律规定的义务。"

《宪法》第四十六条明文规定："中华人民共和国公民有受教育的权利和义务。"这一条款对我国公民受教育权利和义务作出了明确的规定。我国公民的受教育权是指公民依法享有接受文化知识教育、劳动技能教育和其他方面教育的权利。受教育不仅是公民的基本权利，同时也是公民的一项基本义务。《宪法》中这一条款明确说明，受教育是每个公民的法定权利，任何人不得以任何理由和手段剥夺和侵犯他人这项权利，否则公民有权向主管部门提出控告。同时，受教育也是公民的一项义务，也就是公民应履行的责任，这主要体现在义务教育阶段。我国通过《宪法》和其他教育法律（主要是《义务教育法》）规定强制公民接受九年义务教育，适龄儿童和少年都要在其父母或者其他法定监护人的监护下入学接受并完成义务教育，若父母或法定监护人无故不送适龄儿童少年入学就要承担法律责任。此外，公民就业前接受劳动就业训练不仅是公民的权利，也是公民应履行的责任，如果公民拒不履行这种责任，有关单位可采取强制措施或其他制裁方法。

另外，应该指出，少年儿童是未成年人，作为受教育权的享有者和

接受教育义务的履行者具有特殊性。根据《民法通则》的规定，每个公民自出生时起就具有享有权利并承担义务的资格，即具有权利能力。公民具有享有权利并承担义务的资格，并不一定都能真正地享有权利并承担义务，只有通过自己的行为参与行使权利和承担义务，才能真正地享有权利和承担义务，这也就是所谓的行为能力。应注意的是，并不是每个公民都具有行为能力，有的是因为年龄的原因，身心没有发育成熟，无法行使权利和承担义务；有的是由于生理有缺陷而无法独立行使权利和承担义务。这里我们要说明的是，作为未成年的少年儿童，由于其年龄的缘故，虽具有权利能力但没有行为能力，或有受限制的行为能力，也就是说，他们无法独立行使自己的权利和承担应尽的义务。因此《宪法》明文规定："儿童受国家保护""父母有抚养教育未成年子女的义务。"为此，儿童的权利和义务也就全部或部分成为其家长的权利和义务，或者说应由其家长代为行使。例如，如果适龄儿童没有履行受教育的义务，没有按时上学或无故中途辍学，那么有关部门就要对其家长进行制裁，这不仅是对未履行义务者的惩罚，也是对少年儿童合法权利的保护。

四、关于教师的规定

《宪法》中没有单独提到教师，但可以从某些条款的规定中推论出对教师的规定。

关于教师的地位。《宪法》中第一次把知识分子作为社会主义建设的依靠力量，在序言中规定："社会主义建设必须依靠工人、农民、知识分子。"教师作为人类灵魂的工程师，自然包含在知识分子当中，这是对广大教师地位的肯定，也是对教师极大的鼓舞。《宪法》对知识分子在社会主义现代化建设中的重要地位给予了充分肯定，第二十三条规定："国家培养为社会主义服务的各种专业人才，扩大知识分子的队伍，创造条件，充分发挥他们在社会主义现代化建设中的作用。"第四十七条规定："国家对从事教育事业的公民的有益于人民的创造性工作，给以鼓励和帮助。"《宪法》中关于知识分子的规定为教育工作者完成自己的职责提供了必要的条件，《宪法》的正确执行必将促使全社会普遍尊重教育工作者并大力支持他们的光荣劳动。

教师及教育行政人员的侵权责任。《宪法》中没有对教师和教育行政人员侵权的行为作具体规定，但《宪法》第四十一条明文规定："对于任何国家机关和国家工作人员的违法失职行为，有向有关国家机关提出申诉、控告或者检举的权利，但是不得捏造或者歪曲事实进行诬告陷害对于公民的申述、控告或者检举，有关国家机关必须查清事实，负责处理。任何人不得压制和打击报复"，"由于国家工作人员侵犯公民权利而受到损失的人，有依照法律规定取得赔偿的权利。"《宪法》中规定的"侵犯公民权利"的行为主要有两种：一种是失职行为，即上面所述，没有按法律规定行使自己的职权，简言之就是该做的事没有做；另一种是越权行为，即超越了自己的职权范围，做了不允许做的事。首先，教育行政人员作为国家工作人员的一部分，适用于《宪法》该条款的规定，因此，他们在工作中有侵害教师和学生的合法权益、渎职等行为，应当承担相应的法律责任。其次，义务教育的教师作为国家工作人员在对学生进行教育时，应注意到学生由于在心理和生理上尚未完全成熟，在很多情况下缺乏应对危险情况的能力。这些特点要求教师在学校活动中必须能根据当时情况预见到可能发生的危险并积极采取相应的预防措施。如果教师没有采取必要的措施，则要对所发生的损害学生的后果负相应的法律责任。此外，学校作为教育的主体，对侵权行为也要负担一定的责任，如学校未能及时维修校舍，造成房屋坍塌，砸死砸伤学生，学校应负侵犯公民权利的责任。

《宪法》中有关教育事业的条款无疑为教育工作指明了方向，并为其发展提供了最根本的法律保证。

专题 2 教育法

　　《教育法》于 1995 年 3 月 18 日经第八届全国人民代表大会第三次会议审议通过，并于 1995 年 9 月 1 日开始实施。这部教育根本大法是在党中央的高度重视和关怀下经过全国人大、全国政协、各民主党派、国务院和政府各部门、社会各方面和广大教育工作者的共同努力，在总结了四十多年来我国经济建设和教育改革与发展的经验，借鉴了国外教育立法的有益经验，分析了当代国际政治、经济、科技、教育发展的新趋势的基础上制定的。《教育法》的颁行，对于我国教育法制建设进程具有里程碑意义，标志着我国的教育事业进一步走上了全面依法治教的轨道，开始进入依法治教的新时期。这对于我国教育改革和发展，以及社会主义精神文明建设必将产生重大而深远的影响。

一、制定《教育法》的必要性

（一）制定《教育法》，是确保教育优先发展的迫切需要

　　国运兴衰，系于教育。改革开放以来，随着党和国家工作中心的转移和改革开放不断深入，教育作为关系到社会主义现代化建设全局的一个根本问题被摆在了突出位置。党的十二大、十三大、十四大都提出要将教育摆在社会主义事业建设优先发展的战略地位，并将这一举措视为我国现代化建设的根本大计。但是，由于多方面的原因，在实际工作中教育优先发展的战略地位并未得到完全落实，教育投入普遍不足，公用经费比例下降，办学条件较差。这些问题的存在，严重制约着教育事业的进一步发展。因此，加快教育法规制定以确保教育的优先发展战略地位，推动教育事业的健康发展显得十分迫切。

（二）制定《教育法》是巩固教育体制改革成果，引导和保障教育体制改革的深入进行，建立适应社会主义市场经济体制的新教育体制和运行机制的迫切需要

改革开放以来，我们在教育体制改革和教育事业发展方面积累了许多有益经验，需要从法律上加以确认和巩固。同时，我国教育在总体上还处于比较落后的状况，还不适应社会各方面发展的需要，尤其是在进一步推进教育体制改革、完善教育行政管理、落实学校办学自主权、加强宏观管理等方面，更需要通过立法加以规范和引导。因此，制定《教育法》，为教育体制改革提供法律依据和法律保障，确保教育改革顺利开展是十分必要的。

（三）制定《教育法》，是全面实现"依法治教"的需要

党的十一届三中全会以来，随着社会主义民主与法制建设的加强和教育的改革与发展，教育立法工作也逐步得到重视和加强。全国人大及人大常委会先后制定了《中华人民共和国学位条例》《义务教育法》《教师法》，国务院还制定了16个有关教育的行政法规，国家教委出台了数百部行政规章，地方人大、地方政府也制定了大量地方性教育法规及规章。这些教育法规的实施，初步结束了我国教育工作无法可依的局面。但是，与建立社会主义市场经济体制的要求以及教育自身改革和发展的需要相比，教育立法还处于落后状态。为了加快教育法制建设，确保教育事业尽快、全面地走上法制轨道，迫切需要制定《教育法》。

二、《教育法》的法律地位及适用范围

《教育法》是我国最高权力机关——全国人民代表大会审议通过的，是我国历史上颁布的第一部全面规范教育领域的大法，在国家法律体系中处于国家基本法律地位。此法是国家全面调整各类教育关系，规范我国教育工作的基本法律，在我国教育法规体系中，处于"母法"的地位，具有最高的法律权威。《教育法》作为有关教育的总法，是全

面规范全国各种教育关系的重要法律，其他单行教育法律、法规的制定和实施，都要以《教育法》为基本依据，不得与《教育法》确立的原则和规范相违背。在我国法律体系中，《教育法》是宪法之下的国家基本法律，与《刑法》、《民法》等基本法律处于同等的法律地位。随着我国教育立法步伐的加快和教育法规体系的逐渐完善，《教育法》的地位也日益突出。《教育法》第二条规定："在中华人民共和国境内的各级各类教育，适用本法。"这里明确规定了《教育法》的适用范围。《教育法》是在中华人民共和国的全国范围内适用，即在全国范围内具有统一遵循的效力。但《香港特别行政区基本法》《澳门特别行政区基本法》等特定区域的基本法另有规定的除外，根据现代教育发展的趋势，从"大教育"的现代教育观出发，《教育法》规定本法适用于国家教育制度内的各级各类教育。各级教育包括学前教育、初等教育、中等教育和高等教育；各类教育则包括根据不同的教育分类标准所划分的不同类别的教育，这样规定有利于促进我国教育制度的进一步改革完善，并为各级各类教育的改革和发展留有必要的余地。由于军事学校教育、宗教学校教育等具有不同于国民教育的特殊性，《教育法》第八十二条规定："军事学校教育由中央军事委员会根据本法的原则规定。宗教学校教育由国务院另行规定。"

三、我国教育的性质、方针和基本原则

（一）我国教育的性质

《教育法》第三条规定："国家坚持以马克思列宁主义、毛泽东思想和建设有中国特色社会主义理论为指导，遵循宪法确定的基本原则，发展社会主义的教育事业。"这一规定，明确表明了我国教育是社会主义性质的教育。

我国教育的社会主义性质首先体现在坚持以马克思列宁主义、毛泽东思想和建设有中国特色的社会主义理论为指导。马克思列宁主义、毛

泽东思想是我国社会主义教育的根本指导思想。建设有中国特色的社会主义理论，继承和发展马克思列宁主义、毛泽东思想，是当代中国的马克思主义。建设有中国特色的社会主义理论是我们制定和执行党的基本路线和各项方针政策的思想理论基础，是建设有中国特色的社会主义事业，实现新的历史时期任务的强大思想武器，同时也是发展我国社会主义教育事业的根本指导思想。

《教育法》第五条还规定了我国的教育方针："教育必须为社会主义现代化建设服务，必须与生产劳动相结合，培养德、智、体等方面全面发展的社会主义事业的建设者和接班人。"1999 年召开的第三次全教会在《教育法》的基础上提出了新的教育方针，即"坚持教育为社会主义为人民服务，坚持教育与社会实践相结合，以提高国民素质为根本宗旨，以培养学生的创新精神和实践能力为重点，努力造就'有理想、有道德、有文化、有纪律'的，德育、智育、体育、美育等全面发展的社会主义事业建设者和接班人"。教育方针是一个国家教育工作的发展的总方向，从这一条我们也能看出我国教育的社会主义性质，体现了新时期教育的发展方向。

我国教育的社会主义性质还体现在遵循《宪法》确定的基本原则。我国《宪法》所确定的基本原则包括：坚持社会主义道路，坚持人民民主专政，坚持共产党的领导，坚持马列主义、毛泽东思想。在这些基本原则中，最核心的是坚持中国共产党的领导。我国教育应"遵循宪法确定的基本原则"，主要就是指坚持中国共产党的领导。这是我国教育的社会主义方向的根本保证。

（二）我国的教育方针的发展过程

国家的教育方针，是国家在一定的历史时期内，根据政治、经济发展要求而制定的教育工作的总体方向和行动指南。教育方针是不同时代革命和建设事业对教育的要求的集中体现，是不同时代教育实践经验的高度总结。我国的教育方针亦随着形势的变化而变化、发展。

新中国成立初期，我国处于新民主主义向社会主义过渡的时期。为适应过渡时期经济和社会发展需要，由《中国人民政治协商会议共同纲领》提出的教育方针是："中华人民共和国的文化教育为新民主主义的、民族的、科学的、大众的文化教育……应以提高人民的文化水平，培养国家建设人才，肃清封建的、买办的、法西斯主义的思想，发展为人民服务的思想为主要任务。"但它不是一个独立的教育方针，只是具有教育方针意义的教育指导思想。

1957年，毛泽东根据社会主义政治经济和生产建设的需要，在《关于正确处理人民内部矛盾的问题》中首次提出了当时的教育方针，这就是："我们的教育方针应该使受教育者在德育、智育、体育几个方面都得到发展，成为有社会主义觉悟的有文化的劳动者"。毛泽东提出的这个教育方针反映了社会主义发展对人才规格的要求，对我国教育工作产生了巨大影响。

1958年9月，中共中央、国务院发布了《关于教育工作的指示》，其中第三条明确提出："党的教育工作方针，是教育为无产阶级政治服务，教育与生产劳动相结合。为了实现这个方针，教育工作必须由党来领导。"

"文化大革命"期间，我国的教育事业遭受了严重破坏，学校普遍停课闹"革命"，高考被取消，党的教育方针被肆意歪曲，已无教育和教育方针可言。

1981年，党的十一届六中全会通过的《关于建国以来党的若干历史问题的决议》中重新确立了教育方针，即"用马克思主义世界观和共产主义道德教育人民和青年，坚持德、智、体全面发展，又红又专，知识分子与工人农民相结合，脑力劳动与体力劳动相结合的教育方针"。

此后，党和国家对教育方针又作了若干修改，但都没有提出正式的教育方针。1993年，中共中央、国务院印发的《中国教育改革和发展纲要》（以下简称《纲要》）总结了新中国成立 40 多年来，特别是总结了党的十一届三中全会以来教育改革和发展的经验，提出了 90 年代我国教育改革和发展的目标、方针、政策和措施。《纲要》提出"教育改革和发展的根本目的是提高民族素质，多出人才，出好人才。各级各类学校要认真贯彻；教育必须为社会主义现代化建设服务，必须与生产劳动相结合，培养德、智、体等方面全面发展的建设者和接班人"的方针，努力使教育质量在 90 年代上一个新台阶。这一表述成为 1995 年《教育法》规定我国现行教育方针的重要依据。

《教育法》中对《纲要》提出的教育方针进一步确认，重新表述为："教育必须为社会主义现代化建设服务，必须与生产劳动相结合，培养德、智、体等方面全面发展的社会主义事业的建设者和接班人。"在新的提法中对人才素质的培养规格提出了德、智、体等方面的全面发展；对于培养什么人的问题上更强调的是"社会主义事业的建设者和接班人"的性质和方向，这就更进一步明确了我国教育的社会主义性质和方向。这个教育方针对于指导我国教育工作起了重要作用，其基本精神至今依然适用。但是，面对不断发展的国际国内形势，为了更好地指导教育事业的发展，有必要对教育方针的某些提法进行修改，同时融入新的时代主题。

在 1999 年 6 月召开的改革开放后的第三次全国教育工作会议上，江泽民总书记作了重要讲话，对我国的教育方针进行了新的概括与总结，即坚持教育为社会主义为人民服务，坚持教育与社会实践相结合，以提高国民素质为根本宗旨，以培养学生的创新精神和实践能力为重点，努力造就"有理想、有道德、有文化、有纪律"的，德育、智育、体育、美育等全面发展的社会主义事业建设者和接班人。与《教育法》的阐述相比，这个新的教育方针内容更加完整，表述更加科学，主题更加鲜明，重点更加突出。

（1）坚持教育为社会主义为人民服务，确立了我国教育工作的总方向。我国是人民民主专政的社会主义国家，因此我们的教育首先就要遵循《宪法》所确立的基本原则，为巩固我国的社会主义制度服务，如对广大青少年和人民群众进行社会主义、集体主义和爱国主义教育，坚持四项基本原则的教育等。同时，还要充分发挥教育在社会主义现代化建设中的重大作用，为社会主义物质文明建设和精神文明建设提供强大的精神动力和智力支持。我国的教育又是人民的教育，人民教育人民办，人民教育为人民。坚持教育为人民服务与坚持教育为社会主义服务既有统一性，又各有侧重，两者缺一不可，共同构成了我国教育工作的总方向。

（2）坚持教育与社会实践相结合，是指导我国教育工作的重要原则。这主要包括两方面含义：一方面，我国目前正处于社会主义初级阶段，教育作为经济、政治、文化建设的基础工程，不仅要为现代化建设提供人才和智力储备，而且要直接参与各方面的建设事业。教育同经济、科技、社会实践的紧密结合，是推动科技进步和经济、社会发展的强大力量。另一方面，广大青少年不能仅仅在学校内接受教育，还必须投身于广阔的社会实践中去，实践出真知，实践出人才。与生产劳动的提法相比，社会实践的范围更加广泛。教育与社会实践相结合，是造就"四有""四育"的社会主义事业建设者和接班人的重要途径。

（3）明确提出以提高国民素质为根本宗旨。21世纪的竞争，是综合国力的竞争，更是人才的竞争、国民素质的竞争。中国的富强，离不开国民素质的整体提高。素质教育从本质上说，就是以提高国民素质为目标的教育。新的教育方针突出的一点就是把素质教育思想融入其中，从而实现素质教育——这一当今中国教育主题，与教育方针的有机统一。

（4）明确提出以培养学生的创新精神和实践能力为重点。创新是一个国家、一个民族的灵魂，正如江泽民所言："面对世界科技飞速发展的挑战，我们必须把增强民族创新能力提高到关系中华民族兴衰存亡的高度来认识。"教育在培养民族创新精神和培养创造性人才方面，肩负着特殊的使命。因此，要努力培养学生的创新精神和实践能力，并把它贯穿于各级各类教育中，这也是素质教育的重点。

（5）培养"四有""四育"的社会主义事业的建设者和接班人，是我国各级各类教育的总的培养目标。把青少年学生培养成为什么样的人，这是关系到社会主义事业的兴衰成败，国家前途命运的一个极为重大的问题。为了建设富强、民主、文明的社会主义现代化强国，实现中华民族的伟大复兴，我们的教育必须不断适应形势发展的需要，努力培养社会主义事业的建设者和接班人。这样的人，必定是具有远大理想，富有高尚道德情操，掌握现代科学文化知识，遵守纪律的人；必定是德育、智育、体育、美育等全面发展的人。与《教育法》相比，新的教育方针把美育与德育、智育、体育并列，作为培养人才的基本素质，从而使全面发展的含义更加完整而科学。

2002年11月召开的党的十六大，对我国的教育方针有了新的扩展，提出"坚持教育为社会主义现代化建设服务，为人民服务，与生产劳动和社会实践相结合，培养德智体美全面发展的社会主义建设者和接班人"。十六大报告对党的教育方针有新的发展，第一次把"为人民服务"纳入教育方针，写到教育的旗帜上，充分体现了"以人为本"的思想和人文关怀精神。这一方针突出强调教育要努力促进人的德、智、体、美的全面发展，教育不仅要与生产劳动相结合，更要与社会实践相结合，走与经济社会相结合的道路。

新时期党的教育方针的提出，是以现实国情和国际环境为背景的。当今世界，科学技术突飞猛进，知识经济已见端倪，国力竞争日趋激烈。在世界多极化、经济全球化、文化多元化的浪潮中，我国已进入实施社会主义现代化建设的关键阶段。文化与经济的日益融合，极大地推动了生产力的解放和发展。了解教育方针制定的背景和依据，有助于我们理解教育方针的内涵，提高贯彻落实教育方针的自觉性。

（三）我国教育的基本原则

为了全面贯彻教育方针，《教育法》规定了教育活动应当遵循的基本原则。这些基本原则主要有：对受教育者进行政治思想品德教育的原则；教育应当继承和弘扬中华民族优秀的历史文化传统与吸收人类文明发展的一切优秀成果相结合的原则；公民依法享有平等受教育权利的原则；国家帮助少数民族、贫困地区、残疾人等处于不利境地的地区和群体发展教育事业的原则；教育的改革与协调发展的原则；教育活动必须符合国家和社会公共利益，并实行教育与宗教相分离的原则；任何组织和个人不得以营利为目的举办学校及其他教育机构的原则等。这些原则从不同方面体现了具有中国特色的社会主义教育事业的本质特征。

四、我国教育的战略地位及其保障

（一）我国教育的战略地位

《教育法》第四条规定："教育是社会主义现代化建设的基础，国家保障教育事业优先发展。"这就以法律的形式确定了教育的战略地位和国家优先发展教育的基本原则。教育是我国社会主义现代化建设的基础和战略重点，关系到社会主义现代化建设的全局和社会主义的历史命运，应摆在优先发展的战略地位。这是邓小平同志建设有中国特色社会主义理论和其教育思想的重要内容，又是党中央从我国国情出发，总结我国现代化建设经验反复强调的实现我国现代化、加快建设和谐社会的根本大计。《教育法》把教育的战略地位和优先发展的原则以法律形式确定下来，使之有了法律保障，更有利于落实教育的战略地位，促进教育的改革和发展，早日实现社会主义现代化建设的宏伟目标。

（二）教育投入与条件保障

为了落实教育的战略地位，促进教育事业的发展，《教育法》规定了国家保障教育发展的重大措施。其中突出强调要努力增加教育投入和逐步改善教育发展的物质条件。

在教育投入方面，《教育法》规定了教育经费的筹措渠道和管理体制。国家举办学校的经费以国家财政拨款为主，其他多种渠道筹措为辅；企业事业组织、社会团体和公民个人依法举办的学校经费由举办者负责筹措，政府适当给予补助。《教育法》明确了国家财政性教育经费和各级人民政府教育财政拨款的增长原则。《教育法》第五十四条规定："国家财政性教育经费支出占国民生产总值的比例应当随着国民经济的发展和财政收入的增长逐步提高。""全国各级财政支出总额中教育经费所占比例应当随着国民经济的发展逐步提高。"《教育法》第五十五条规定："各级人民政府教育财政拨款的增长应当高于财政经常性收入的增长，并按在校学生人数平均的教育费用逐步增长，保证教师工资和学生人均公用经费逐步增长。"为了保证教育经费依法增长，改革教育经费的管理体制，合理有效地管理和使用教育经费，《教育法》第五十五条规定："各级人民政府的教育经费支出，按照事权和财权相统一的原则，在财政预算中单独列项。"针对边远贫困地区、少数民族地区教育经费紧张的问题，《教育法》规定："国务院及县级以上地方各级人民政府应当设立教育专项资金，重点扶持边远贫困地区、少数民族地区实施义务教育。"对教育经费的其他多种筹措渠道，《教育法》也作了原则性规定，包括教育费附加的征收、管理和使用原则，用于教育的地方附加费的开征，国家对勤工俭学、社会服务、校办产业的优惠政策，农村教育集资，境内外捐资助学，运用金融手段支持教育等方面的原则规定。在明确规定多方面增加教育经费、保障教育经费增长的同时，《教育法》还对教育经费的监督管理、教育投资效益的提高等作出了明确规定。

在教育条件保障方面，《教育法》规定在城市建设规划中，应列入学校建设规划，保障学校建设与城市改造、发展同步进行。另外，还对直接用于教育教学的教科书的出版、仪器设备的生产和进口等问题明确规定了国家的扶持和优惠政策。此外，《教育法》还规定了县级以上人民政府在发展现代化教学手段方面的责任。

《教育法》对教育经费和教育教学物质条件所作的明确规定，使教育经费的增长和物质条件的改善有了法律保障，这些规定对确保教育优先发展的战略地位、推动教育事业的发展有重要意义。

五、我国的教育制度

《教育法》确立了具有中国特色的社会主义现代教育制度的法律基础。《教育法》规定了我国的教育基本制度，包括学校教育制度、义务教育制度、职业教育制度、成人教育制度、国家教育考试制度、学业证书制度、学位制度、教育督导制度和教育评估制度等。这些制度的确立，奠定了我国终身教育体系的基础，对于为公民提供广泛的受教育的机会，保障公民受教育权的实现，使教育活动有序地进行，具有重要意义。

学校教育制度是我国教育制度的主体，是按受教育者的身心发展规律系统实施学前教育、初等教育、中等教育、高等教育的各级各类学校教育的总称。它包括各级各类学校的性质、入学条件、学习年限以及相互间的衔接和关系等，也可以称为学制。

义务教育是指依照法律规定，适龄儿童和少年必须接受的，国家、社会、学校、家庭必须予以保证的国民初等教育和初级中等教育。义务教育制度是国家依照法律的规定对适龄儿童、少年实施一定年限强迫教育的制度，其主要职能是为适龄儿童、少年将来继续接受教育及参与社会生活打下必备的文化知识基础，是提高国民整体素质的重要途径。建立我国的义务教育制度，是社会主义物质文明和精神文明建设的重要组成部分，反映了广大人民群众的愿望，体现了国家、集体和个人三方面的长远利益，具有普及性、强制性和公益性的特点。

职业教育制度和成人教育制度是我国现代教育制度的重要组成部分。职业教育是指使受教育者获得某种职业或生产劳动所需要的职业道德知识和技能的教育，主要是对公民实施的职业学校教育、职业培训及职业预备教育。建立和完善我国职业教育制度，努力造就能够适应社会主义市场经济发展需要，具有良好素质的劳动者和建设者，对我国现代化建设具有重要作用。成人教育主要是指通过多种形式对成年公民进行的，适应成年公民多种不同需要的教育，其对象是除了婴幼儿和学制系统内全日制学校青少年学生之外的所有社会成员，以业余、脱产或半脱产形式，对受教育者进行教育，是学校教育的补充和延伸，具有社会化、多样性、实用性、终身性等特点，是传统学校教育向终身教育发展的一种新型的教育制度。建立和完善我国的成人教育制度，提高劳动者的思想道德素质和科学文化素质，使经济和社会的发展具有更加坚实的人才基础，这对于把我国建设成为富强、民主、文明的社会主义现代化国家具有重要的战略意义。

国家教育考试制度也是教育基本制度组成之一。国家教育考试是指国家批准实施教育考试的机构根据一定的考试目的，对受教育者的知识水平和能力按一定的标准所进行的测定，主要包括入学考试，如中考、高考、研究生入学考试等；水平考试，如高中会考、汉语水平考试、外语水平考试等；还有文凭方面的考试，如自学考试、学历文凭考试等。实行国家考试制度对于实现教育机会均等，保护受教育者的合法权益具有十分重要的意义。国家教育考试由国务院教育行政部门确定种类，并由国家批准的实施教育考试的机构承办。

学业证书制度是我国教育制度的重要支柱之一。学业证书是指经国家批准设立或者认可的学校及其他教育机构，对在该学校或者其他教育机构正式注册并完成规定学业的受教育者颁发的证书，主要有毕业证书、结业证书、肄业证书等，包括学历证书和非学历性的其他学业证书，表明受教育者完成了一定阶段、一定范围或程度的知识和技能的学习，达到了国家规定的教育标准。实行学业证书制度，对于维护教育活动正常而有序地进行，保证教育质量，起着重要的作用。

我国实行学位制度。学位制度是指国家设立学士、硕士和博士三级学位，由国务院授权的学位授予单位对达到一定的学术水平或者专业技术水平的人员授予相应的学位，并颁发学位证书。目前，我国在哲学、经济学、法学、教育法、文学、历史学、理学、工学、农学、医学、管理学等十一个学科门类授予学位。学士学位由国务院授权的高等学校授予，博士和硕士学位由国务院授权的高等学校和科研机构授予。国务院设立学位委员会，负责领导全国的学位授予工作。实行学位制度，对于促进我国科学技术专门人才的成长，促进各门学科学术水平的提高和教育科学事业的发展，具有重要的推动作用。

我国实行教育督导制度和教育评估制度。教育督导是指县以上各级人民政府为保证国家有关教育的法律法规、方针政策的贯彻执行和教育目标的实现，对所辖地区的教育工作进行监督、检查、评估、指导的制度。建立教育督导制度，对于促进教育事业的健康发展，保障教育法律法规的贯彻实施，实现依法治教，具有重要作用。教育评估是指各级教育行政部门或经认可的社会组织，对学校及其他教育机构的办学水平、办学质量、办学条件等，进行综合的或单项的考核和评定制度。建立这一制度，是在市场经济条件下改革教育管理体制，从过去的以直接管理、微观管理为主转变为以间接管理、宏观管理为主，贯彻实施国家教育标准，监督检查教育活动的实施情况，实现对学校及其他教育机构进行宏观调控的必要手段。教育评估主要有合格评估、办学水平评估和选优评估等形式。

扫除文盲工作是促进我国全民素质提高的一项重要工作。根据国家规定，凡年满15周岁以上的文盲、半文盲公民，除丧失学习能力的以外，不分性别、民族、种族等，均有接受扫除文盲教育的权利和义务。实施扫除文盲教育的主体是各级人民政府、基层群众性自治组织和企业事业组织。

六、各类教育关系主体的法律地位及权利、义务

《教育法》分别确立了各教育关系主体的法律地位及权利、义务，把教育关系主体的行为纳入了法制化、规范化的轨道。同时，还规定了保护教育关系主体合法权益的法律措施。教育关系主体主要包括学校及其他教育机构、教师和其他教育工作者、受教育者、家长、国家及其他社会组织。

（一）学校及其他教育机构

学校是指学制系统内专门实施教育教学的机构，其他教育机构是指实施非学历性教育的机构。学校及其他教育机构是实施教育教学活动的重要场所，是构成各类教育关系的重要主体。

1. 我国的办学体制及办学的基本原则

《教育法》规定了我国的办学体制，即以国家办学为主、社会各界共同参与办学。《教育法》第二十五条规定："国家制定教育发展规划，并举办学校及其他教育机构。国家鼓励企业事业组织、社会团体、其他社会组织及公民个人依法举办学校及其他教育机构。"《教育法》所确立的这种办学体制是符合我国国情的、具有中国特色的办学体制，在实践中将会得到进一步的发展和完善。

《教育法》规定了举办学校及其他教育机构必须遵循的基本原则。《教育法》第二十五条第三款规定："任何组织和个人不得以营利为目的举办学校和其他教育机构。"学校及其他教育机构是公益性的社会组织，是实施教育教学活动的场所，其根本目的在于培养德、智、体、美等方面全面发展的社会主义事业的建设者和接班人，提高全民族的素质。任何组织和个人都不得把举办学校及其他教育机构作为赚钱牟利的工具、不得以营利为办学目的，并不是说学校及其他教育机构不可从事经营性活动并获得收益，而是指这些收益应用于学校的办学活动，不得作为投资利润按办学资金的份额分配给参与办学的单位和个人。在不以

营利为目的办学的前提下，国家采取措施，保护办学者的合法权益及提高其办学积极性。

2. 设立学校及其他教育机构必须具备的基本条件

《教育法》第二十六条规定了设立学校及其他教育机构必须具备的基本条件，如下：

（1）有组织机构和章程；

（2）有合格的教师；

（3）有符合规定标准的教学场所及设施、设备等；

（4）有必备的办学资金和稳定的经费来源。

在学校及其他教育机构设立、变更和终止的程序方面，《教育法》第二十七条规定："学校及其他教育机构的设立、变更和终止，应当按照国家的有关规定办理审核、批准、注册或是备案手续。"

3. 学校及其他教育机构享有的权利及应履行的义务

《教育法》从我国基本国情出发，参考借鉴国外关于学校法律地位及其权利、义务的规定，确立了我国学校及其他教育机构的基本权利和基本义务。《教育法》第二十八条规定学校及其他教育机构行使下列权利，包括：

（1）按照章程自主管理；

（2）组织实施教育教学活动；

（3）招收学生或其他受教育者；

（4）对受教育者进行学籍管理，实施奖励或者处分；

（5）对受教育者颁发相应的学业证书；

（6）聘任教师及其他职工，实施奖励或者处分；

（7）管理、使用本单位的设施和经费；

（8）拒绝任何组织和个人对教育教学活动的非法干涉；

（9）法律、法规规定的其他权利。

《教育法》第二十九条规定学校及其他教育机构应履行下列义务：

（1）遵守法律、法规；

（2）贯彻国家的教育方针，执行国家教育教学标准，保证教育教学质量；

（3）维护受教育者、教师及其他职工的合法权益；

（4）以适当方式为受教育者及其监护人了解受教育者的学业成绩及其他有关情况提供便利；

（5）遵照国家有关规定收取费用并公开收费项目；

（6）依法接受监督。

4. 学校及其他教育机构的内部管理

教育机构的内部管理活动，直接关系到教育机构的办学效益和教育质量，关系到教师、学生的合法权益。《教育法》对教育机构内部管理的一些重要问题作出了原则性规定。

首先，规定了教育机构内部管理体制问题。《教育法》第三十条规定："学校及其他教育机构的举办者按照国家有关规定，确定其所举办的学校或者其他教育机构的管理体制。"这一规定将确定管理体制的权力赋予了举办者，由举办者从教育机构的实际出发，加强和完善党的基层组织在学校中的地位、作用，依照国家有关法律、法规及政策的规定，确定具有各自特色的管理体制。

其次，规定了学校及其他教育机构的校长或者主要行政负责人的任职条件及基本职权，其任职条件是：必须具备我国国籍，并在中国境内定居，具备国家规定的任职条件。其任免按照国家有关规定办理。校长全面负责学校的教学及其他行政管理工作。

最后，规定了教育机构应实行民主管理和监督的原则。《教育法》规定："学校及其他教育机构应当按照国家有关规定，通过以教师为主体的教职工代表大会等组织形式，保障教职工参与民主管理和监督。"这一原则有利于调动广大教师、职工参与学校管理的积极性，激发他们热爱学校的主人翁精神，也有利于保证全面贯彻国家的教育方针，提高教育质量。

5. 学校及其他教育机构的法律地位

《教育法》明确了学校及其他教育机构的法律地位。《教育法》第三十一条规定："学校及其他教育机构具备法人条件的，自批准设立或者登记注册之日起取得法人资格。"学校法人制度的确立赋予具有法人资格的学校以法人资格，从法律上明确了学校的办学自主权。这些规定有利于学校及其他教育机构发挥主体能力，形成自我管理、自我发展、自我约束的新机制。

（二）教师和其他教育工作者

教师和其他教育工作者是教育工作的主体，也是构成各类教育关系的重要主体之一。教师是指在学校和其他教育机构内履行教育教学职责的专业人员；其他教育工作者是指学校和其他教育机构中除教师以外的教学辅助人员、其他专业技术人员、管理人员。教师和其他教育工作者对于教育事业的改革和发展，对于提高民族素质、培养人才和现代化建设起着重要作用。

《教育法》从原则上规定了教师享有法律规定的权利，履行法律规定的义务；国家保护教师的合法权益，改善教师的工作条件和生活条件，提高教师的社会地位；国家实行教师资格、职务、聘任制度，通过考核、奖励、培养和培训，提高教师素质，加强教师队伍建设。《教师法》对上述规定进行了详尽的阐述。

《教育法》对其他教育工作者的任用制度也作了原则性规定。学校及其他教育机构中的管理人员，既不是专业技术人员，也不是国家公务员，因而应当采取适合其特点的任用制度。《教育法》第三十五条规定："学校及其他教育机构中的管理人员，实行教育职员制度。"根据这一规定，国家将积极制定教育职员的有关规定，尽快实施这一制度。此外，《教育法》还规定对学校及其他教育机构中的教辅人员及其他专业技术人员实行专业技术职务聘任制度。

（三）受教育者

受教育者是教育教学活动中最活跃、最广泛的主体，主要是指在学校及其他教育机构登记注册、正在接受教育的学生和其他公民个人，包括中国公民和来华留学的外国公民。《教育法》对受教育者受教育合法权益的保障及权利与义务作出了明确规定。受教育权是《宪法》保障的我国公民的一项基本权利，切实保障受教育者的合法权利也是《教育法》一项重要的立法宗旨。

1. 受教育者在受教育方面享有平等权利

《教育法》明确规定："受教育者在入学、升学、就业等方面依法享有平等权利。"这是保障公民受教育权利的一条重要原则。根据法律规定，受教育者不仅在入学、升学、就业上享有平等权利，而且在教育过程的其他环节，如参加教学活动、表彰先进、评定品行和学业成绩等各个方面，也都享有平等权利，不因民族、性别、财产状况等差异而受到歧视。

为了使所有的受教育者都能平等地享有受教育权，我国《教育法》还作出了以下一些特殊规定：

（1）学校和有关行政部门应当按照国家有关规定，保障女子在入学、升学、就业、授予学位、派出留学等方面享有同男子平等的权利。

（2）国家、社会对符合入学条件、家庭经济困难的儿童、少年、青年，提供各种形式资助。资助方式有奖学金、贷学金、助学金、勤工助学基金和减免学杂费等。

（3）国家、社会、学校及其他教育机构应当根据残疾人身心特性和需要实施教育，并为其提供帮助和便利。

（4）国家、社会、家庭、学校及其他教育机构应当为有犯罪行为的未成年人接受教育创造条件。

此外，在保障从业人员受教育权利问题上，《教育法》也作了规定，要求"国家机关、企业事业组织和其他社会组织，应当为本单位职工的学习和培训提供条件和便利"。同时，"国家鼓励学校及其他教育机构、社会组织采取措施，为公民接受终身教育创造条件"。

2. 受教育者享有的权利及应履行的义务

受教育者享有下列权利：

（1）参加教育教学计划安排的各种活动，使用教育教学设施、设备、图书资料；

（2）按照国家有关规定获得奖学金、贷学金、助学金；

（3）在学业成绩和品行上获得公正评价，完成规定的学业后获得相应的学业证书、学位证书；

（4）对学校给予的处分不服可向有关部门提出申诉，对学校、教师侵犯其人身权、财产权等合法权益，提出申诉或者依法提起诉讼；

（5）法律、法规规定的其他权利。

受教育者应当履行下列义务：

（1）遵守法律、法规；

（2）遵守学生行为规范，尊敬师长，养成良好的思想品德和行为习惯；

（3）努力学习，完成规定的学习任务；

（4）遵守所在学校或者其他教育机构的管理制度。

（四）家长、国家和社会

家长是指未成年人的父母或者其他监护人，是实施家庭教育的主体，在对学生进行教育过程中起着重要作用，是构成教育关系的主体之一。在教育活动中，家长享有对未成年子女或其他被监护人的监护权，依法维护未成年子女或其他被监护人的受教育权。同时家长也要履行相应的义务，如为其未成年子女或其他被监护人受教育提供必要条件，对其未成年子女或者其他被监护人进行教育等义务。

国家是特殊的教育关系主体，主要是指各级人民政府及其教育行政主管部门等。《教育法》第十四条规定："国务院和地方各级人民政府根据分级管理、分工负责的原则，领导和管理教育工作。中等及中等以下教育在国务院领导下，由地方人民政府管理。高等教育由国务院和省、自治区、直辖市人民政府管理。"这一条款规定了我国教育管理体制的基本原则，即"分级管理、分工负责"。《教育法》对国家在教育活动中应履行的职责作出了规定，主要包括：制定教育发展规划和目标；制定办学标准，改善办学条件；提供教育场所、教育经费及其他物质保障；帮助困难地区和困难人群接受教育；培养和培训教师及其他教育工作者；建立监督检查制度，实行奖励和惩罚措施；为受教育者接受教育提供各种便利等等。

社会作为教育关系的主体，主要是指企业事业单位，社会团体及公民个人。《教育法》第二十五、四十五、四十六、四十八条都对在教育活动中涉及社会主体的内容进行了规定，并对社会主体所享有的权利和应承担的义务作出了规定，主要包括：依法举办各类学校并承担所需各项经费，不断改善办学条件；捐资助学；参与学校管理；为受教育者接受教育提供便利；不招收使用童工；依法维护受教育者及教育机构的合法权益；尊重教师等。

七、法律责任

《教育法》针对确定的义务性规范和禁止性规范，结合我国实际，对违反《教育法》的各种行为，确定了相应的法律责任。

（一）不按照预算核拨教育经费和挪用、克扣教育经费的行为

不按照预算核拨教育经费的行为是指违反《预算法》及国家关于教育经费管理体制等方面的规定要求，不按照经本级人民代表大会审查和批准的本级人民政府的预算内容向教育行政部门、学校或者其他教育机构核拨相应教育经费的情形。具有核拨教育经费职责的主体范围，既包括各级财政部门，也包括相应的教育行政部门和其他部门。

根据《教育法》第七十一条规定，对违反国家有关规定，不按照

预算核拨教育经费的，由同级人民政府限期核拨；情节严重的，对直接负责的主管人员和其他直接责任人员，依法给予行政处分。

挪用、克扣教育经费的行为，是指各级政府的行政部门、学校或其他教育机构及其企事业单位等社会组织，或者上述部门、组织中的主管负责、经手参与人员，违反国家财政预算内以及财政性质的预算外教育经费的核拨、征收、上缴、划分、使用等方面的管理制度，或者违反国家有关收支、核算、监督等方面的财务管理规定，挪用或者克扣教育经费的情形。根据《教育法》规定，对挪用、克扣教育经费的，由上级机关责令限期归还被挪用、克扣的经费。对直接负责的主管人员和直接经手、参与的其他责任人员，应当由有关部门和单位予以相应的行政处分；构成犯罪的，依法追究刑事责任。

（二）破坏学校及其他教育机构教育教学秩序和财产以及侵占学校及其他教育机构财产的行为

破坏学校及其他教育机构教育教学秩序的行为，是指有关人员或组织在学校及其他教育机构内部或者周围结伙斗殴、寻衅滋事，致使学校及其他教育机构的正常教育教学活动无法开展或造成其他严重影响的情形。破坏学校及其他教育机构财产的行为主要是指破坏校舍、场地以及其他校产的行为。

侵占学校及其他教育机构的财产是指有关单位和人员非法占有、使用学校及其他教育机构的校舍、场地和设备等情形。《教育法》第七十二条规定："结伙斗殴，寻衅滋事，扰乱学校及其他教育机构教育教学秩序或者破坏校舍、场地及其他财产的，由公安机关给予治安管理处罚；构成犯罪的，依法追究刑事责任。侵占学校及其他教育机构的校舍、场地及其他财产的，依法承担民事责任。"

（三）明知校舍或者其他教育教学设施有危险，应当采取措施而不采取措施，致使造成严重危害后果的行为

明知校舍或者其他教育教学设施有危险，而不采取措施，造成人员

伤亡或者重大财产损失的情形主要有:

（1）负责房屋维修及教育教学设施的购买、保管、维护的单位和个人,不认真履行职责,发现隐患不及时报告或通知有关人员的;

（2）设计、建筑校舍及设计、学生教育教学设施的单位及个人,在设计、建筑、生产过程中因设计失误、粗制滥造及偷工减料造成不安全的隐患,已发现、察觉有危险而不及时采取补救措施或故意隐瞒真相,欺骗学校及有关人员的;

（3）学校及其他教育机构的负责人、教师及其他员工,已经知道或发现校舍、教育教学设施不安全,可能发生危险事故,不及时报告或采取有效措施进行预防和修缮的;

（4）教育及其他有关主管部门、当地人民政府的有关负责人员,在得知有关事故隐患或险情报告后,推脱搪塞,久议不决或有其他玩忽职守及严重官僚主义的。

《教育法》规定,对具有上述情形之一,造成人员伤亡或者重大财产损失有直接责任的主管人员和其他责任人员,根据主体的不同类别,依照《刑法》的有关规定,追究其刑事责任。

（四）违法向学校或其他教育机构收取费用的行为

违反国家有关规定,向学校或者其他教育机构收取费用,是指一些地区和部门的单位和个人,在国家法律法规和有关收费管理规定之外,无依据或违反有关收费标准、范围、用途和程序的要求,向学校或者其他教育机构乱收费、乱罚款和进行各种摊派活动。此外,有关单位不执行国家对有关学校及其他教育机构的税收减免政策,随意征收应当减免的税款或应当依法返还而不予返还的,也属于违法收费范围。

根据《教育法》的规定,对违法向学校或其他教育机构收取费用的,当地人民政府应当责令违法收费的部门和单位退还所收费用。对有关部门、单位直接负责的主管人员和其他违法收费的直接责任人员,依照干部管理权限由有关主管部门予以相应的行政处分或由当地人民政府责成有关部门予以行政处分。

（五）非法举办学校或其他教育机构的行为

我国在教育机构的设置管理上，实行批准设立制度和登记注册制度。举办教育机构，必须经主管教育行政机关批准或者经主管教育行政机关登记注册才能取得合法地位，并受法律保护。违背《教育法》及其他有关法律、法规、规章关于教育机构设置管理的规定举办的学校或其他教育机构是非法的。非法举办学校及其他教育机构的行为主要有：一是不经批准或登记注册擅自设立教育机构，并且经教育主管部门责令限期改正而逾期不予改正的；二是不符合国家规定的设置标准，弄虚作假，骗取主管机关批准或登记注册的；三是主管机关徇私枉法批准设立学校或其他教育机构的；四是无权或越权"批准"设立学校或其他教育机构的。

根据《教育法》的规定，对非法举办学校和其他教育机构的，由主管的教育行政部门予以撤销；有违法所得的，没收违法所得；对直接负责的主管人员和其他直接责任人员，依法给予行政处分。

（六）违反国家规定招收学员的行为

学校及其他教育机构或者其他社会组织、个人，违反国家规定招收学员的情形主要有：

（1）不具有办学资格和相应办学权限的主体乱办学、乱办班、违法招生的；

（2）擅自更改招生计划，超额、超计划招生的；

（3）违反有关规定，招收旁听生、试读生，办"超前班"或利用函授、夜大的生源计划办脱产班的；

（4）应纳入统一招生范围的，不通过统一入学考试自行招生的；

（5）办专业证书班不按规定履行审批手续，擅自降低入学条件的；

（6）弄虚作假，混淆学历教育与非学历教育的界限，进行欺骗招生或颁发混同于学历文凭的学业证书的；

(7) 自学考试主考学校招收举办全日制住校或业余助学辅导班，违背办学与办考分离要求的；

(8) 其他违反规定乱招学员，给招生管理带来损害和在社会上造成不良影响的。

根据《教育法》第七十六条的规定，对违反国家有关规定招收学员的由教育行政部门责令退回招收的学员，退还所收费用；对直接负责的主管人员及其他责任人员，依法给予行政处分。

（七）招生工作中徇私舞弊的行为

在招生工作中徇私舞弊的，主要指主管、直接从事和参与学校及其他教育机构统一招生工作的人员，违反招生管理的有关规定和要求，利用职权或工作之便，为了达到使考生或其他人员被学校及其他教育机构招收录取等个人目的，故意采取隐瞒、虚构、篡改、毁灭、泄露、提示、协助考生作弊等手段，在招生考试、考核、体检、保送生推荐等各个环节上实施歪曲事实、掩盖真相、以假乱真等徇私枉法或渎职行为，使不应该被招收录取的考生及其他人员被招收录取或使符合招收录取条件的考生及其他人员未被招收录取的情形。

根据《教育法》的规定，对在招生中徇私舞弊的，由教育行政部门责令退回招收的人员，对直接负责的主管人员和其他直接责任人员，依法给予行政处分；构成犯罪的，依法追究刑事责任。

（八）学校及其他教育机构向受教育者违法收费的行为

学校及其他教育机构违反国家有关规定向受教育者收取费用，主要指国家和社会力量举办的各级各类学校及其他教育机构，违反国家有关收费范围、收费项目、收费标准以及有关收费事宜的审批、核准、备案以及收费的减免等方面的规定，自立收费项目或超过收费标准，非法或不合理向受教育者收取费用，给受教育者的财产权益和其他合法权益带来损害的情形。

根据《教育法》第七十八条规定，学校及其他教育机构违反国家规定向受教育者收取费用的，由教育行政部门责令退还所收费用；对直接负责的主管人员和其他直接责任人员，依法给予行政处分。

（九）在国家教育考试中作弊和非法举办国家教育考试的行为

在国家教育考试中作弊包括参加普通高等学校、高级中等学校招生统一入学考试以及高等教育自学考试、高中会考等国家教育考试的考生及其他人员的作弊行为，也包括负责组织、实施有关国家教育考试工作的单位直接主管人员及其他参与人员的作弊行为。

根据《教育法》第七十九条的规定，对在国家考试中作弊的，由教育行政部门宣布考试无效，对直接负责的主管人员和其他直接责任人员，依法给予行政处分。

非法举办国家教育考试是指学校及其他教育机构、社会组织和个人，未经国家教育考试管理机构的批准或授权，擅自举办各种国家教育考试，或设立国家教育考试考点，或与境外有关组织合作举办属于国家教育考试范围的考试项目等情形。

根据《教育法》第七十九条的规定，对非法举办国家教育考试的，由教育行政部门宣布考试无效；有违法所得的，没收违法所得；对直接负责的主管人员和其他直接责任人员，依法给予行政处分。

（十）违法颁发学位证书、学历证书或者其他学业证书的行为

违法颁发学位证书、学历证书或者其他学业证书的行为主要有：

（1）不具有颁发学业证书和学位证书资格而发放学业证书、学位证书的；

（2）伪造、编造、买卖学业证书、学位证书的；

（3）在颁发学业证书、学位证书中弄虚作假、徇私舞弊的；

（4）对不符合规定条件的受教育者和其他人员颁发学业证书、学位证书的；

（5）滥发学业证书、学位证书牟利的。

根据《教育法》第八十条的规定，对上述行为，由教育行政部门

依职权宣布证书无效，责令收回或予以没收；有违法所得的，没收违法所得；情节严重的，取消其颁发证书的资格。

（十一）侵犯教师、受教育者、学校或其他教育机构合法权益的行为

侵犯教师、受教育者、学校或其他教育机构合法权益的内容，主要包括以下几方面：

（1）侵犯教师、受教育者的生命健康权和人格权，包括姓名权、肖像权、名誉权和荣誉权；

（2）侵犯学校或其他教育机构的名称权、名誉权、荣誉权；

（3）侵占学校或其他教育机构的校舍、场地或者损害学校或其他教育机构、教师、受教育者的财产所有权；

（4）侵犯教师、受教育者、学校或其他教育机构的著作权、专利权、商标专用权、发现权、发明权和其他科技成果权。

根据《教育法》第八十一条的规定，侵犯教师、受教育者、学校或其他教育机构的合法权益，造成损失、损害的，应当依法承担民事责任。

八、《教育法》的贯彻实施

《教育法》的颁布，为全面实行依法治教提供了基本的法律依据。能否真正使教育工作纳入全面依法治教的轨道，关键在于《教育法》的贯彻实施。中共中央宣传部、全国人大教科文卫委员会、国家教委、司法部、全国教育工会联合发布了《关于学习宣传和贯彻实施〈教育法〉的通知》，国家教委于1995年8月15日印发了《关于实施〈中华人民共和国教育法〉若干问题的意见》，对有关《教育法》的实施问题作了总体部署。当前，贯彻实施《教育法》应做好以下几方面的工作：

（一）深入学习，广泛宣传《教育法》

《教育法》的颁布实施，是我国社会生活中的一件大事，应引起全社会的高度重视。当前要认真学习并大力宣传《教育法》，在全社会树立起全面依法治教的观念，形成人人关心教育、全社会重视教育、支持教育的社会风尚，为全面实行依法治教创造良好的舆论环境。只有这样，才能增强贯彻实施《教育法》的自觉性和主动性，进而充分运用法律来维护自己的合法权益。

各级党政领导干部，特别是教育战线的各级领导干部，尤其要努力学习《教育法》，要完整准确地理解和掌握《教育法》的内容和精神，研究解决《教育法》实施中的重大问题，组织落实《教育法》规定的发展教育的各项措施。各级教育行政部门要适应依法治教的需要，在深入学习《教育法》的基础上，转变职能，加强教育法制工作，提高依法治教水平。学校及其他教育机构，也应从实际出发，组织教师、学生及其他受教育者认真学习《教育法》，依法维护自身的合法权益，自觉履行法律所规定的义务。

（二）要正确认识和处理好实施《教育法》与贯彻其他重要政策的关系

实施《教育法》，要注意处理好与贯彻其他重要政策的关系，避免将它们对立或者割裂开来，应把它们的有机结合上升到正确认识政策与法律关系的高度。其他重要的政策包括《国家中长期教育改革和发展规划纲要（2010—2020年)》《关于深化教育改革 全面推进素质教育的决定》等，它们是党中央、国务院制定的指导我国自20世纪90年代以及21世纪初期的教育改革和发展的纲领性文件，它们根据客观形势的发展确定教育改革和发展的主要原则、目标、战略、指导方针。许多重大政策措施是制定《教育法》的政策基础，直接指导《教育法》的制定和实施。《教育法》则将这些政策所提出的重大原则和政策措施加以规范化，充分体现这些政策的精神，它们在主要精神上是一致的，在实施上也是相辅相成的。这些政策对我国教育工作发挥着全面的、根本的指导作用；《教育法》则为我国实行依法治教发挥着规范作用和强制作用。在依法治教的过程中，既要认真贯彻实施《教育法》，严格依法办事，也要充分发挥有关政策及其实施意见的指导作用，二者不可偏废。

（三）努力解决当前教育改革和发展中的突出问题

各级教育行政部门要以《教育法》为依据，结合当前教育改革和发展的实际，努力解决一些突出问题。如增加教育投入，改善办学条件，提高教师待遇；全面贯彻教育方针，提高教育质量和办学效益；推进教育管理体制改革，实现"两基"目标等重要问题。当前，尤其要依法加强对举办学校及其他教育机构的规范化管理，完善学校自主办学的运行机制，这是贯彻实施《教育法》的重要方面。

（四）加快《教育法》配套法律、法规的制定工作

贯彻实施《教育法》，要进一步加强教育立法工作，抓紧制定与《教育法》实施相配套的法律、法规。目前，要抓紧制定"教育经费法"等重要法律，同时也要制定一系列的法规、规章。各地要根据本地区的实际情况，结合当地教育改革的突出问题制定本地区的法规和规章。同时，在立法工作中，要根据《教育法》的规定，对现行的教育法规、规章、规范性文件和校内规章制度进行全面的清理，凡是与《教育法》相抵触的，都要进行修改或废止，以保障《教育法》的全面落实。

（五）进一步建立和完善教育执法监督机制，加强执法监督工作

教育执法监督机制包括各级权力机关对教育法律实施的监督、各级政府及有关行政部门的行政执法和监督、司法机关的执法以及教育纠纷的调解、申诉、仲裁制度。加强教育执法监督工作，当前最迫切的是各级政府及有关行政部门应尽快充实和加强教育法制工作职能，加强教育法制工作队伍建设；要进一步明确教育执法程序；要建立、健全有关教育的调解、申诉和仲裁制度，以及通过行政复议、诉讼等手段，及时妥善地处理日益增多的教育纠纷，维护当事人的合法权益。目前，要建立和健全以下三种制度：一是教育行政处罚制度；二是教师、学生的行政申诉制度；三是教育仲裁制度。这是完善和保证教育执法的关键。教育

行政部门还要积极协助同级人大开展教育执法监督检查，并进一步发挥教育督导机构的行政监督职能，充分发挥司法机关、党组织和社会的监督作用，保证《教育法》的贯彻实施。

专题3　教师法

《教师法》从 1994 年 1 月 1 日起开始施行。这是我国教育界的一件大事。中共中央宣传部、全国人大教科文卫委员会、国家教育委员会、司法部、国务院法制局、全国教育工会联合发出《关于认真学习、宣传〈中华人民共和国教师法〉的通知》，特别强调了学习、宣传《教师法》的重要性。为了保证《教师法》贯彻执行，每个教育工作者都应该认真学习、掌握《教师法》的有关内容。

一、制定《教师法》的必要性

（一）制定《教师法》是我国社会主义现代化建设事业的需要

社会主义现代化建设事业需要一批又一批既具有坚定正确的政治方向，又掌握现代科学文化知识的社会主义事业的建设者和接班人。而这样的人才只能由社会主义的学校培养，教师无疑是关键的力量。没有教师的辛勤劳动，就不会有下一代的茁壮成长。振兴民族的希望在教育，振兴教育的希望在教师。为此，我们必须加强教师队伍的建设，而要做到这一点，没有法制的保障是不可能的，教师队伍的建设需要制定《教师法》。

（二）制定《教师法》是进一步提高教师队伍素质的需要

我国教师队伍建设还存在一些问题，为保障教师队伍健康发展，用立法加以规范，有必要通过立法，对教师的思想品德和业务素质作出明确规定，以加强教师队伍的建设。

（三）制定《教师法》是维护教师合法权益的需要

为了稳定教师队伍，吸引优秀人才从事教育工作，我们必须提高教师的地位和待遇，保障教师的合法权益不受侵犯。这既是广大教师的殷切期望，也有利于我国教育事业的长远发展。但是，由于种种原因，在一些地方，教师权益受到侵害的现象还屡有发生。教师所受到的不公正待遇，严重影响了教师的健康和工作条件，极不利于教师积极性的发挥。教师外流情况日益严重，即使不外流，也不能安心于本职工作。解决教师的地位和待遇问题，保障教师的合法权益不受侵犯，仅依靠社会舆论和个别领导人的认识程度是实现不了的，必须采取法律手段。

（四）制定《教师法》是教师队伍建设规范化的需要

新中国成立以后，教师队伍的管理主要依靠一些政策和制度。这些政策和制度缺乏法律上的效力，没有强制性，并且缺乏法律所需要的具体性、明确性和肯定性，缺乏稳定性和连续性，使教师队伍的管理，因人而异，因时而异，因地而异，随意性很强，致使教师队伍管理和建设都不正规。随着教师队伍的发展，特别是随着社会主义市场经济体制的不断完善，教师队伍的管理和建设迫切需要用法律来加以规范。

二、教师的资格

（一）教师的条件

如前文所述，教师是履行教育教学工作的专业人员，所以作为教师必须具备专门的资格，符合特定的要求。那么，作为教师需要符合哪些条件呢？《教师法》、《教师资格条例》，2000 年 6 月 22 日教育部发布的《〈教师资格条例〉实施办法》等法律法规都对获得教师资格的条件作了规定。具体来说，作为教师要符合以下条件：

1. 国籍条件

取得中国教师资格，必须首先是中国公民，虽然外国公民符合规定的条件也可以进入中国各级各类学校及其他教育机构任教，但是，这并不等于他们取得了中国教师的资格。

2. 思想条件

教师担负着培养社会主义事业建设者和接班人，提高民族素质的光荣使命，所以作为教师要具有良好的思想道德素质。要具有坚定正确的政治方向，要热爱社会主义祖国，热爱党，忠诚于党的教育事业，能够认真贯彻执行党的教育方针、政策，努力钻研业务，忠于职守，关心爱护学生，大公无私，勇于奉献，作风正派，团结协作等。要达到《中小学教师职业道德规范》的要求。

3. 学历条件

教师作为一种专业人员，要具备专门知识和接受过专门训练。所以，要成为教师首先要达到国家所规定的相应学历，《教师法》第十一条对取得中小学教师资格应当具备的相应学历作了如下规定："……（二）取得小学教师资格，应当具备中等师范学校毕业及其以上学历；（三）取得初级中学教师，初级职业学校文化、专业课教师资格，应当具备高等师范专科学校或者其他大学专科毕业及其以上学历……""不具备本法规定的教师资格学历的公民，申请获取教师资格，必须通过国家教师资格考试。"

4. 能力条件

教师要直接承担教育教学职责，从这一角度看，作为一名教师除要具有相应的学历外，还应具有作为教师的能力，如组织教学的能力、班主任工作能力、语言表达能力、灵活运用教育教学原则、正确使用教育教学方法的能力等。这就要求教师除了掌握所教学科的专业知识外，还应掌握教育学、心理学和教育方法的基本知识。此外，还要努力练好教育教学基本功，如普通话、毛笔字等。同时，还应掌握一些现代教育技术等。

5. 身体条件

教师工作的特点，从客观上要求教师的身体状况应当符合有关规定。这就要求教师身体健康，不能有法律、法规所规定的疾病或其他情况。一般来说，教师的身体要求应参照高校招生时对师范生的体检标准和《〈教师资格条例〉实施办法》来执行，如患有两耳听力均在3米以内或一耳听力在5米、另一耳全聋的，有严重口吃的，面部畸形的，艾滋病，精神病，传染病等疾病的人，不能申请教师资格。对已经获得教师资格，但在教育教学过程中患上疾病的教师，应当根据教育教学情况合理处置。总的来说，无论何时都应以学生的利益为重，不能迁就个人，以免影响教育教学工作。

6. 其他条件

作为教师还应符合其他条件，这其中主要包括良好的心理素质。教师工作是十分复杂的，在工作中常常要遇到挑战与挫折，要面对不同类型的学生和家长，要能承受工作中的成功与失败，喜悦与悲伤，以及来自各方面的压力。所以作为教师要具有良好的心理素质，只有这样才能够从容面对挑战、失败与挫折，变压力为动力，更好地完成本职工作。

（二）教师的聘任

《教师法》规定："学校和其他教育机构应当逐步实行教师聘任制。"也就是说，取得了教师资格之后，如果未被学校或其他教育机构聘任，那么还不能成为教师。只有在被聘任并直接承担教育教学职责之后，才能成为教师。

教师的聘任要经过以下程序：首先，取得教师资格的人员必须经过认定。根据《教师法》和《教师资格条例》有关规定，幼儿园、小学和初级中学教师资格，由申请人户籍所在地或者申请人任教学校所在地的县级人民政府教育行政部门认定。教师资格的认定还要经过以下程序：

1. 提出申请

教师资格认定机构每年春季、秋季各受理一次教师资格认定申请。具体受理时间由省级人民政府教育行政部门统一规定，并通过新闻媒体等形式予以公布。申请认定教师资格者，应当在受理申请期限内向相应的教师资格认定机构提交下列基本材料：（1）由本人填写的《教师资格认定申请表》一式两份；（2）身份证原件和复印件；（3）学历证书原件和复印件；（4）教师资格认定机构指定的县级以上医院出具的体格检查合格证明；（5）普通话水平测试等级证书原件和复印件；（6）思想品德情况的鉴定或者证明材料。需要指出的是，体检项目由省级人民政府教育行政部门规定，其中必须包含"传染病史"和"精神病史"项目。申请认定幼儿园和小学教师资格的，参照《中等师范学校招生体检标准》的有关规定执行；申请认定初级中学及以上教师资格的，参照《高等师范学校招生体检标准》的有关规定执行。普通话水平测试由教育行政部门和语言文字工作机构共同组织实施，对合格者颁发由国务院教育行政部门统一印制的《普通话水平测试等级证书》。申请人思想品德情况的鉴定或者证明材料按照《思想品德情况鉴定表》要求填写，在职申请人，该表由其工作单位填写；非在职申请人，该表由其户籍所在地街道办事处或乡级人民政府填写；应届毕业生由毕业学校负责提供鉴定。必要时，有关单位可应教师资格认定机构要求提供更为详细的证明材料。各级各类学校师范教育类专业毕业生可以持毕业证书，向任教学校所在地或户籍所在地教师资格认定机构申请直接认定相应的教师资格。

2. 资格审查

教师资格认定机构应当及时根据申请人提供的材料进行初步审查。应当组织成立教师资格专家审查委员会。教师资格专家审查委员会根据需要成立若干小组，按照省级教育行政部门制定的测试办法和标准组织面试、试讲，对申请人的教育教学能力进行考查，提出审查意见，呈报教师资格认定机构。教师资格认定机构根据教师资格专家委员会的审查意见，在受理申请期限终止之日起30个法定工作日内作出是否认定教师资格的结论，并将认定结果通知申请人。符合法定认定条件者，颁发相应的《教师资格证书》。教师资格证书由国务院教育行政部门统一印制。教师资格证书终身有效，全国通用，具有很高的权威性和稳定性。已取得教师资格的公民拟取得更高等级学校或者其他教育机构教师资格的，应当通过相应的教师资格考试或者取得《教师法》规定的相应学历，经认定合格后，由教育行政部门或者受委托的高等学校颁发相应的教师资格证书。

经过认定后，教师就可以与学校或其他教育机构签订合同。在签合同时，应注意遵循双方地位平等的原则，明确规定双方的权利、义务和责任。合同生效后，教师就可以承担教育教学工作了。但须指出的是，首次任教的人员应当有试用期。此外，教师在工作过程中，还要接受考核，《教师法》对此作了专章规定：考核应由学校或其他教育机构进行，教育行政部门进行指导、监督；考核的内容包括教师的政治思想、业务水平、工作态度和工作成绩；考核应当客观、公正、准确，充分听取教师本人、其他教师以及学生的意见；考核的结果应该作为受聘任教、晋升工资、实施奖惩的依据。

教师被聘任后还应努力学习、刻苦钻研，不断提高自己的知识和业务水平，丰富和完善自己的能力。只有这样，才能适应社会的不断发展变化，更好地履行教育教学职责。

《教师资格条例》中还规定，对有下列情形之一的，由县级以上人民政府教育行政部门撤销其教师资格：（1）弄虚作假骗取教师资格的；（2）品行不良，侮辱学生，影响恶劣的。被撤销教师资格的，自撤销之日起 5 年内不得重新认定教师资格，其教师资格证书由县级以上人民政府教育行政部门收缴。对于在教师资格考试中有作弊行为的，其考试成绩作废，3 年内不得再次参加教师资格考试。

三、教师的权利

教师的权利可以分为两部分：一是作为公民所享有的各种权利；二

是作为教师所享有的各种权利。这些权利与教师的职业特点相联系，也可以说是一种职业权利。《教师法》主要对教师的职业权利作了规定，包括以下6项：

（1）进行教育教学活动，开展教育教学改革和实验。这项权利可以称为"教育教学权"。

（2）从事科学研究、学术交流，参加专业的学术团体，在学术活动中充分发表意见。这项权利可以称为"学术研究权"。

（3）指导学生的学习和发展，评定学生的品行和学业成绩。这项权利可以称为"学生管理权"。

（4）按时获取工资报酬，享受国家规定的福利待遇以及寒暑假期的带薪休假。这项权利可以称为"报酬待遇权"。

（5）对学校教育教学、管理工作和教育行政部门的工作提出意见和建议，通过教职工代表大会或者其他形式，参与学校的民主管理。这项权利可以称为"参与管理权"。

（6）参加进修或者其他方式的培训。这项权利可以称为"进修培训权"。

四、教师的义务

教师的义务同样可以分为两部分：一是作为公民应承担的义务；二是作为教师应承担的义务。这些义务与教师的职业特点相联系，是一种职业义务。《教师法》对教师的职业义务规定如下：

（1）遵守宪法、法律和职业道德，为人师表。这项义务可称为"遵守法规义务"。

（2）贯彻国家的教育方针，遵守规章制度，执行学校的教学计划，履行教师聘约，完成教育教学工作任务。这项义务可称为"教育教学义务"。

（3）对学生进行宪法所确定的基本原则的教育和爱国主义、民族团结的教育，法制教育以及思想品德、文化、教学技术教育，组织、带领学生开展有益的社会活动。这项义务可称为"思想教育义务"。

（4）关心、爱护全体学生，尊重学生人格，促进学生在品德、智力、体质等方面全面发展。这项义务可称为"尊重学生人格义务"。

（5）制止有害于学生的行为或者其他侵犯学生合法权益的行为，批评和抵制有害于学生健康成长的现象。这项义务可称为"保护学生权益义务"。

（6）不断提高思想政治觉悟和教育教学业务水平。这项义务可称为"提高水平义务"。

五、教师的权利与义务的关系

对教师的权利和义务，除了应该认识到它们的内容之外，还应认识到它们之间的关系。只有把握住二者之间的关系，才能更深刻地理解权利和义务的内容。教师的权利和义务之间的关系主要包括以下两方面：

（一）教师的权利和义务是统一的

这种统一性，首先表现在教师在享受权利的同时，也应承担义务。换言之，教师既不能只享受权利，不承担义务，也不能只承担义务，不享受权利。这是我国公民在法律面前人人平等的要求。其次，这种权利和义务的统一性表现在一方有权利，他方有义务，或者说，一方有义务，他方有权利。例如，教师有获取报酬享受待遇权，那么，国家和有关人员就有义务保证教师工资按时发放，享受规定的待遇。再如，教师有尊重学生人格的义务，那么，学生和家长等有关人员，就有权利要求教师不做出侵犯学生人格的行为。

（二）教师的权利与义务是交叉的

这种交叉性是指教师的某些权利和义务是同一的，也就是说，法律上赋予的权利其本身也是义务，同时法律上规定的义务，其本身也是权利，特别是教师职务上的权利和义务更具有这种同一性。例如，《教师法》在教师权利中规定："进行教育教学活动，开展教育教学改革和实验。"这是《教师法》赋予教师的一项权利，而这项权利本身也是教师的一项义务。教师的工作本身必然要求他履行教育教学责任。又如，《教师法》规定："制止有害于学生的行为或者其他侵犯学生合法权益的行为，批评和抵制有害于学生健康成长的现象。"这是教师应承担的一项义务，而这项义务本身也是教师的一项权利。对于既是权利，又是义务的内容，由于着眼点不同，有时放在权利条款中，有时放在义务条款中，但都不影响它们既是权利又是义务的性质。

六、教师待遇

在市场经济条件下，教师待遇问题已成为关乎教师队伍稳定，对教育质量起举足轻重作用的大问题。教师待遇保障是能否吸引优秀人才加入到教师队伍中的重要条件，也是教师能否安心工作，全身心投入教育事业的基础。自 20 世纪 80 年代以来，提高教师待遇的呼声日益高涨，这个问题也是《教师法》的一项重要内容。作为广大教育工作者最关心的内容之一，我们有必要对这一问题加深理解。

（一）提高教师待遇的指导思想

1. 使教师的待遇有较大提高

我国教师的待遇目前是比较低的。在国际上，复杂劳动和简单劳动的收入比值是 1.5：1 至 2.1：1。这是符合马克思的"复杂劳动是简单劳动倍加"的理论和国际惯例的。在我国，教师待遇偏低是历史问题，教师所享受的待遇与教师所承担的责任，与对教师素质的要求，与教师的劳动性质相比，都极不相称。因此，《教师法》把提高教师待遇，如工资、住房、医疗、退休金等，作为重要内容加以规定。最近，国家教育部提出要把教师工资提高到中上水平，体现了国家对教育工作的高度重视。

2. 提高教师待遇要从实际出发

人们非常希望立刻大幅度地提高教师的待遇，这是良好的愿望。然而，我们不能不考虑到我国的实际情况。一是我国的经济还不够发达，提高教师待遇不能一蹴而就。二是我国的教师队伍结构还不是很合理，人浮于事的现象还比较严重，盲目提高现在所有教师的待遇，容易造成不公平，产生负面影响。三是教师队伍的整体素质还需要进一步提高，其中一部分教师还未达到国家规定的资格要求。鉴于这些实际情况，提高教师待遇需要有一个过程，逐步实行。但是，也不能因此而无限期地拖下去，应该采取措施，努力争取在最短的时间内解决这些问题。

3. 提高教师待遇的主要责任在政府

按照我国的社会主义性质，应该是国家办学为主。因此，提高教师待遇的责任也主要应由政府承担。不能把学校创收、教师搞第二职业作为提高教师待遇的主渠道。政府在提高教师待遇问题上，应该调动中央和地方两方面的积极性。

4. 提高教师待遇也要贯彻改革精神

我国正处在由计划经济向社会主义市场经济体制过渡过程中，教师的待遇也将受到冲击，并且应当进行相应的改革。在这一过程中，既要考虑教师待遇的稳定性，同时，也应该考虑打破平均主义、"大锅饭"；既要破除"铁交椅"，也要保持教师队伍的相对稳定。在改革中，要充分考虑教师职业的特点。

（二）提高教师待遇的主要方面

1. 教师工资

教师的平均工资水平应当不低于或者高于国家公务员的平均工资水平，并逐步提高。《国家公务员暂行条例》规定："国家公务员工资水平与国有企业相当人员的平均工资水平大体持平。"因此，三者之间的工资水平基本是一致的。教师工资与公务员并列，符合国际的通例。除了确定教师的工资水平之外，《教师法》还明确规定："建立正常晋级增薪制度。"这样可以切实保证教师的工资水平随国民收入的增长逐步提高，同时有利于调动教师工作的积极性，体现按劳分配的原则。

2. 教师津贴和补贴

教师津贴包括教龄津贴和其他津贴。教龄津贴是根据教师从事教育工作的年限所给予的额外报酬，其目的是鼓励教师长期安心从事教育工作。教师的其他津贴种类很多，主要有班主任津贴、特殊教育教师津贴等。这是对其多付出劳动的承认，体现了按劳分配原则。教师补贴种类也很多，主要是地区性补贴。这一措施的目的是鼓励教师到边远地区、文化经济落后地区、生活困难、交通不便地区去工作，以促进这些地区教育事业的发展。

3. 教师住房

《教师法》规定，对教师住房实行优先、优惠，这是教师工作的需要。教师的许多工作需要在家里完成，如备课、批改作业、进修等，因此，教师的家起着办公室的作用，其住房面积应该比一般居民大一些。《中国教育改革和发展纲要》提出，教师住房的最低标准是"城市教职工家庭人均住房面积达到当地居民的平均水平"。

《教师法》还对教师的医疗、退休金、民办教师的待遇问题作了相关规定。这些也都体现了国家对教师的关心和鼓励。

七、教师的法律责任与法律制裁

为了贯彻落实《教师法》，使其变成人们的行为规定，就必须对违法者追究责任。广大教育工作者有必要了解法律责任的问题。

（一）法律责任与法律制裁的概念

法律责任是指人们对违反国家法律的行为应承担的法律上的责任，包括行政责任、民事责任和刑事责任。

行政责任是指违反行政法规，犯有轻微违法失职行为尚不够刑事处分，以及违反行政纪律的人员应该承担的法律责任。对应承担行政责任的人可以给予行政制裁，主要有行政处分和行政处罚两种。行政处分有警告、记过、记大过、降级、降职、撤职、开除留用察看、开除等。行政处罚有警告、罚款、拘留、没收、劳动教养以及吊销执照、扣留财务、停止营业等。

民事责任是指违反民事法规的人员应承担的法律责任。违反民事法规主要包括以下几种情况：侵权行为、不履行债务、不履行民事义务等。对拒不承担民事责任的人，可以给予民事制裁，主要有：停止侵害、排除妨碍、消除危险、返还财产、恢复原状、赔偿损失、支付违约金、赔礼道歉、恢复名誉等。

刑事责任是指违反刑事法规的人员应承担的法律责任。对违反刑事法规的人可给予的制裁包括主刑和附加刑。主刑有管制、拘役、有期徒刑、无期徒刑、死刑。附加刑有罚金、剥夺政治权利、没收财产等。

（二）教师的法律责任

《教师法》中对教师的法律责任作了比较明确的规定。

1. 教师可能承担法律责任、受到法律制裁的行为

（1）故意不完成教育教学任务给教育教学工作造成损失的，包括无故不上课、不批改作业、泄露考试题目等。

（2）体罚学生，经教育不改的，包括真正体罚和变相体罚。真正体罚指拳打脚踢、捆绑等；变相体罚种类较多，如罚站、罚饿、罚冻、罚劳动、超过限量的重复训练（如罚一篇课文抄写1000遍、罚做一个动作上百次等）、关禁闭等。

（3）品行不良、侮辱学生，影响恶劣的，包括猥亵、奸污女学生，辱骂学生，批斗学生，让学生吃屎等。《教师法》所列举的教师可能受到法律制裁的行为，只是比较常见和比较主要的。还有许多行为列在其他法规中，教师也必须了解。如《未成年人保护法》中的一些规定，教师不得拆看未成年学生的信件，不得披露未成年学生的个人隐私，不得在未成年人集中活动的室内吸烟等。

2. 教师做出违法行为以后，可能受到的法律制裁

即行政制裁、民事制裁和刑事制裁。

《教育法》所规定的法律责任是根据当时的情况有所侧重的，有的强调了行政制裁，有的强调了刑事制裁。实际上，许多违法行为，可能同时受到几种制裁，如体罚学生严重的既可能受刑事制裁，也可能同时受到行政制裁和民事制裁。在理解教师应承担的法律责任时，还应结合其他法律的规定。

3. 其他人员应承担的法律责任

《教师法》还对侵犯教师权益的人员应承担的法律责任作了规定。

（1）侵犯教师权益的行为主要有以下几种：

①侮辱、殴打教师。

②对依法提出申诉、控告、检举的教师进行打击报复的。

③拖欠教师工资。

④侵犯教师其他合法权益。

《教师法》所列举的侵犯教师权益的行为是比较常见和比较重要的。还有许多行为列在其他法规中，如妨碍教师教育教学工作、诬陷教师、泄露教师隐私、侵犯教师通信自由等。我们应结合其他法律的有关规定，全面理解侵犯教师权益的行为。

（2）侵犯教师权益的主体主要分为以下四类：

①一般公民。

②国家工作人员。

③学校或其他教育机构。

④当地人民政府有关行政部门。

对不同的责任人，教师可以采取不同的追究责任的方式。

（3）侵犯教师权益的人员可能承担的责任，同样可以分为行政责任、民事责任、刑事责任，并分别受到行政制裁、民事制裁和刑事制裁。

八、《教师法》的执行及其监督

《教师法》的执行可以分为行政执行和司法执行。从广义上理解，还包括广大人民群众的遵守。这里着重谈一谈行政执行。

《教师法》的行政执行主要由各级政府负责，包括布置任务、选择执行人员、确定执行机构的职责范围、督促执行、检查执行工作的结果、总结经验教训、实行纪律处分等指挥、组织、监督活动。在执行过程中，有权力的国家教育行政机关可以发布带强制性的行政命令。对违反强制性行政命令的人，有权力的机关可依法给予行政处分和行政处罚，必要时可交给司法部门处理。

按照《教师法》的规定，各级政府的职责主要有以下几项：

（1）国务院教育行政部门主管全国的教师工作。国务院有关部门在各自职权范围内负责有关的教师工作。学校和其他教育机构根据国家规定，自主进行教师管理工作。

（2）各级人民政府应当采取措施，加强教师的思想政治教育和业务培训，改善教师的工作条件和生活条件，保障教师的合法权益，提高教师的社会地位。

（3）国家实行教师资格制度。

（4）国家实行教师职务制度，具体办法由国务院规定。

（5）各级人民政府和有关部门应当办好师范教育，并采取措施，鼓励优秀青年进入各级师范学校学习。

（6）各级人民政府教育行政部门、学校主管部门和学校应当制定教师培训规划，对教师进行多种形式的思想政治、业务培训。

（7）教育行政部门对教师的考核工作进行指导、监督。

（8）国务院和地方人民政府及有关部门对有突出贡献的教师，应当予以表彰、奖励。

（9）各级人民政府应当采取措施，保证教师享受《教师法》规定的各项待遇，包括工资、津贴、补贴、住房、医疗、退休金等。

（10）各级人民政府对违反《教师法》侵犯教师权益的行为，应当采取措施，及时制止和纠正，并追究行为人的责任。

《教师法》的行政执行，范围很广，以上列举的只是其中比较主要的方面。

《教师法》的贯彻，除了有关部门和人员的认真执行之外，还要对其执行情况进行监督，包括党的监督、立法机关的监督、社会监督、司法监督、行政机关内部的监督、专设机构的监督等。从我国目前的情况来看，各级人民代表大会的监督作用更大。另外，国家将设立教育督导机构，以监督和指导《教师法》的贯彻执行。

专题4　义务教育法

《义务教育法》于1986年4月12日第六届全国人民代表大会第四次会议通过，2006年6月29日第十届全国人民代表大会常务委员会第二十二次会议修订，2006年6月29日中华人民共和国主席令第五十二号公布，自2006年9月1日起开始施行。在全面建设小康社会和构建社会主义和谐社会的新形势下，对《义务教育法》进行修订是我国教育事业发展进程中的一件大事，可以看作中国教育事业发展的又一新的里程碑，我国义务教育发展史也翻开了崭新的一页。新修订的《义务教育法》以科学发展观为指导，将以人为本作为立法的根本宗旨，在实施素质教育、义务教育均衡发展和人的全面发展等方面做出了制度创新。它以法律的形式规定了我国九年义务教育的性质、培养目标，明确了义务教育的管理体制和经费保障机制。这些重大的创新必将对我国在新世纪普及义务教育、提高义务教育质量奠定坚实的基础。新《义务教育法》的颁布和实施对于保障公民接受义务教育的权利、提高全民族素质，实施科教兴国战略和人才强国战略，对于落实科学发展观，推进社会主义和谐社会建设和实现全面建设小康社会的目标，具有重大的现实意义和深远的历史意义。

一、制定和实施《义务教育法》的必要性

（一）制定和实施《义务教育法》，是我国社会主义现代化建设的需要

我国幅员广大，人口众多，劳动力充足，这是我们进行社会主义现代化建设的优势。但是广大劳动者的科学文化素质不高，人才缺乏，则是我们现代化建设一个亟待解决的问题。在科学技术高度发展的现代社会里，知识问题、人才问题已经越来越成为生产力发展的决定因素。21世纪的竞争，必将是科技的竞争、人才的竞争。这种竞争不仅要致力于高级专门人才的培养，而且要致力于对劳动者进行符合现代社会要求的教育和训练，以期把现代科学技术尽快转化为生产力。我国正在进行的社会主义现代化建设的伟大事业要求我们必须注重劳动者素质的提高。颁布和实施《义务教育法》，实行九年义务教育是提高劳动者素质的根本途径。

（二）制定和实施《义务教育法》，是我国基础教育发展的迫切需要

现代化建设的基础是教育，中小学教育是基础的基础。搞好基础教育，必将推动我国全部教育工作的发展。当前，我国的基础教育仍然很薄弱，不能适应社会主义现代化建设的需要。表现为：相当一部分农村地区至今尚未普及小学教育；许多中小学教师文化业务素质尚未达到国家的要求；相当一部分中小学校舍破旧失修，教学设备和文体设备严重缺乏；在一些城镇和乡村，初中学生中途辍学的情况比较突出；一些企业招用学龄儿童、少年的现象时有发生。基础教育的这种落后状况，同建设富强、民主、文明的社会主义现代化国家的目标形成了尖锐的矛盾。因此，必须用法律手段来保障我国基础教育的发展。

（三）制定和实施《义务教育法》，是普及九年制义务教育的法律保障

我国1982年《宪法》明确规定国家要普及初等义务教育。1985年《中共中央关于教育体制改革的决定》（以下简称《决定》）中提出，

在我国实行九年制义务教育。在我国人口众多、基础教育薄弱的情况下，实施这样伟大艰巨的工程，如果没有法律保障是根本做不到的。因此，在总结我国历史经验教训和借鉴外国普及义务教育经验的基础上，根据《宪法》中的有关规定和《决定》的要求，颁布《义务教育法》，并根据它于 1992 年颁布了《中华人民共和国义务教育法实施细则》，此后于 2006 年 9 月开始实施新修订的《义务教育法》。

二、修订《义务教育法》的必要性和突破

（一）对《义务教育法》进行修订的必要性

1986 年 7 月施行的《中华人民共和国义务教育法》，虽然对基本普及九年制义务教育、提高全民族素质发挥了重要作用，但义务教育领域依然存在一些问题。在《义务教育法》颁行后 20 年中，随着经济、社会的快速发展，人们对教育的要求也越来越高，期望值越来越大，义务教育也出现了一些新情况和新问题，有必要在总结实践经验的基础上，对《义务教育法》进行修改、完善。

（二）新《义务教育法》的突破

新修订的《义务教育法》共八章六十三条，1986 年颁行的《义务教育法》只有十八条，1992 年颁布的《义务教育法实施细则》也仅四十六条，新法首先在条例数目上比旧法有了很大的扩充，而且在内容上也有很大突破。

（1）突出义务教育的公益性。新《义务教育法》规定国家将义务教育全面纳入国家财政保障范围，将义务教育经费保障机制以法律的形式固定下来，明确义务教育不收学费、杂费。免费性和公益性是紧密结合的，《义务教育法》规定免除义务教育阶段的学费和杂费，就是突出义务教育是公益性事业，为更好地实施作为国民教育基础的义务教育提供了法律保障。

（2）明确规定素质教育。新《义务教育法》将素质教育上升到法

律的高度，进一步明确了义务教育目标，为提高义务教育质量，促进学生全面发展提供了法律保障。新《义务教育法》关于素质教育的一系列规定，有利于促进学生的全面发展，为培养高素质劳动者和创新人才奠定坚实基础。

（3）确立义务教育均衡发展方向。推进教育均衡发展是社会主义制度的本质体现，是构建社会主义和谐社会的基础性工作。新《义务教育法》将促进义务教育均衡发展作为方向性要求确定下来，明确各级政府应当合理配置教育资源，不得划分重点校或重点班，为保障适龄儿童、少年接受义务教育的权利，促进教育公平提供法律保障。新《义务教育法》关于教育均衡发展的规定，有利于进一步推进义务教育均衡发展，保障不同地区、不同条件的适龄儿童和少年都能平等地接受义务教育，关注每一个学生的健康成长。

（4）为依法治教奠定法律基础。从 1980 年开始，我国已颁布了包括《义务教育法》在内的七部教育法规，这些法规为我国的教育事业发挥了重要保障作用，但随着社会的发展有必要对它们进行修订。此次对《义务教育法》进行的修订，体现了党和国家对义务教育的重视以及对义务教育的新要求。新《义务教育法》的颁布，为新时期开展依法治教，加强教育执法和监督力度提供了法律依据和法制基础，为提高我国教育法制建设水平奠定基础。

三、义务教育的性质

义务教育，是依照法律规定，适龄儿童和少年必须接受的、国家、社会、学校、家庭必须予以保证的基础的学校教育。实行义务教育，既是国家对人民的义务，也是家长对国家和社会的义务。义务教育具有下列性质。

1. 义务教育具有强制性

义务的含义就是依照法律规定应履行的某种责任，表现为必须做一定行为和禁止做一定行为两方面。不论是必须做还是禁止做都体现出一定的强制性，具体表现为以下几方面。

（1）对适龄儿童及其家长或监护人的要求。《义务教育法》第四条规定："凡具有中华人民共和国国籍的适龄儿童、少年，不分性别、民族、种族、家庭财产状况、宗教信仰等，依法享有平等接受义务教育的权利，并履行接受义务教育的义务。"可见，适龄儿童、少年入学接受义务教育是一项义务。其第十一条规定："凡年满六周岁的儿童，其父母或者其他法定监护人应当送其入学接受并完成义务教育；条件不具备的地区的儿童，可以推迟到七周岁。适龄儿童、少年因身体状况需要延缓入学或者休学的，其父母或者其他法定监护人应当提出申请，由当地乡镇人民政府或者县级人民政府教育行政部门批准。"这一条又明确指出了适龄儿童、少年的父母及其监护人的义务。由于儿童、少年的行为能力有限，其父母或监护人就必须承担使适龄子女或被监护人接受义务教育的义务，这是法律规定的他们必须履行的职责。

（2）对社会组织的强制和要求。现行《义务教育法》突出了各级政府对义务教育的保障责任，尤其明确政府要加大经费保障力度，强化了义务教育的公益性。《义务教育法》第六章明确规定了国家各级政府对义务教育进行财政保障的相关内容。第四十二条规定："国家将义务教育全面纳入财政保障范围，义务教育经费由国务院和地方各级人民政府依照本法规定予以保障。国务院和地方各级人民政府将义务教育经费纳入财政预算，按照教职工编制标准、工资标准和学校建设标准、学生人均公用经费标准等，及时足额拨付义务教育经费，确保学校的正常运转和校舍安全，确保教职工工资按照规定发放。"《义务教育法》第四十九条规定："义务教育经费严格按照预算规定用于义务教育；任何组织和个人不得侵占、挪用义务教育经费，不得向学校非法收取或者摊派费用。"此外，《义务教育法》第七章还列举了其他社会组织和个人违反《义务教育法》，未能保证适龄儿童、少年接受义务教育行为的处罚措施，较旧法有了较强的惩戒性。

（3）对违反《义务教育法》者给予必要的法律制裁。《义务教育法》第七章列举了违反《义务教育法》的若干行为，并明确指出对违反行为的处罚规定。对违反《义务教育法》的行为列举包括为履行财政保障职责、学校建设不符合相关规定、将学校分类和改变公立学校性质、学校和教师行为违法、开除学生和拒收有缺陷学生、选用未经审定的教科书、引诱未接受义务教育适龄儿童和少年辍学以及招收童工等行为，基本涵盖了义务教育领域的所有问题，具有很强的针对性，对违返《义务教育法》行为处罚进行明确规定，加强教育法规的约束力，是促使义务教育得以真正实施的有效保障。

2. 义务教育具有国家性

《义务教育法》第二条规定："国家实行九年制义务教育。"第五条规定："各级人民政府及其有关部门应当履行本法规定的各项职责，保障适龄儿童、少年接受义务教育的权利。"义务教育是与国家利益密切相关的公共事业，保证适龄儿童、少年接受义务教育不是个人或家庭的私事，它代表了广大人民群众的根本利益。义务教育的国家性体现在第七条规定："义务教育实行国务院领导，省、自治区、直辖市人民政府统筹规划实施，县级人民政府为主管理的体制。"还体现在第六条规定："国务院和县级以上地方人民政府应当合理配置教育资源，促进义务教育均衡发展，改善薄弱学校的办学条件，并采取措施，保障农村地区、民族地区实施义务教育，保障家庭经济困难的和残疾的适龄儿童、少年接受义务教育。"第四十二条规定："国家将义务教育全面纳入财政保障范围，义务教育经费由国务院和地方各级人民政府依照本法规定予以保障。"义务教育的国家性有利于对全国的义务教育情况进行平衡，有助于保证义务教育的质量，还有助于避免教会办学和私人办学的弊端。义务教育的国家性把义务教育控制在广大人民手中，使义务教育贯彻正确的教育方针，为提高全民族的素质，培养有理想、有道德、有文化、有纪律的社会主义人才奠定基础。

3. 义务教育具有免费性

《义务教育法》第二条规定："实施义务教育，不收学费、杂费。"第四十四条还指出："各级人民政府对家庭经济困难的适龄儿童、少年免费提供教科书并补助寄宿生生活费。"新法规定义务教育不仅不收学费，而且要免除杂费，这是新法的一个重要改革，避免有些学校以杂费名义乱收费，将义务教育免费向前推进一大步。实行免费教育是义务教育的基本原则和手段。目前世界各国都实行不同层次的义务教育免费制，经济较发达的国家免费的范围较广，不仅免收学费，而且还免收各种杂费、书费及其他学习用品费。从我国当前的经济发展水平来看，我们的义务教育还不能达到发达国家的水平，国家在原本免除学费的基础上进一步免除杂费，体现了对义务教育的重视程度。

四、义务教育的学制

（一）义务教育的年限

《义务教育法》第二条规定："国家实行九年制义务教育制度。"实行九年制义务教育是在总结和借鉴国内、国外基础教育发展经验的基础上，根据我国市场经济条件和社会主义现代化建设的客观要求以及经济、政治、科学文化发展的实际状况而制定的，是符合世界各国义务教育发展趋势和我国实际情况的。

（二）义务教育的对象

义务教育的对象是义务教育的适龄儿童和少年。《义务教育法》第四条规定："凡具有中华人民共和国国籍的适龄儿童、少年，不分性别、民族、种族、家庭财产状况、宗教信仰等，依法享有平等接受义务教育的权利，并履行接受义务教育的义务。"第十一条又进一步规定："凡年满六周岁的儿童，其父母或者其他法定监护人应当送其入学接受并完成义务教育；条件不具备的地区的儿童，可以推迟到七周岁。"我国规定六周岁为入学年龄，是具有科学依据的，它不仅符合我国儿童身心发展的客观规律，而且符合我国社会的实际情况和世界义务教育的发展趋势。但目前我国绝大多数地区，小学入学年龄为七周岁，如果在短期内各地都一下子改为六周岁，势必给师资、校舍、设备等带来人为的困难。所以，不具备条件的地区，尤其是农村，可以推迟到七周岁，但各地都应从实际出发，创造必要条件，使小学入学年龄逐步过渡到六周岁。

为了保证所有的适龄儿童、少年都能接受义务教育，《义务教育法》及《实施细则》还作出了以下特殊规定：

（1）适龄儿童、少年因身体状况需要延缓入学或者休学的，其父母或者其他法定监护人应当提出申请，由当地乡镇人民政府或者县级人民政府教育行政部门批准。因身体原因申请免学、缓学的，应当附具县级以上教育主管部门指定的医疗机构的证明。这里的缓学，是指晚于规定年龄入学，一旦延缓的原因消失，则仍应入学。免学是指免除就学义务，没有时间规定。

（2）为了使盲、聋、哑、弱智儿童接受义务教育，县级以上地方人民政府根据需要设置相应的实施特殊教育的学校（班），对视力残疾、听力残疾、语言残疾和智力残疾的适龄儿童、少年实施义务教育。特殊教育学校（班）应当具备适应残疾儿童、少年学习、康复、生活特点的场所和设施。此外，普通学校应当接收具有接受普通教育能力的残疾适龄儿童、少年随班就读，并为其学习、康复提供帮助。

（3）各省、自治区、直辖市规定的义务教育年限，为适龄儿童、少年必须接受的法定学习期限。如期达到毕业程度或虽未满学习年限而达到毕业程度的，发给毕业证书。凡学满规定的义务教育年限但未达到毕业程度的，发给结业证书。

（三）义务教育的阶段和学制

我国目前义务教育阶段可分为初等教育和初级中等教育两个阶段。

初等教育即小学教育，是实施义务教育的第一阶段。初级中等教育是在初等教育基础之上继续实施的初级中等普通教育和初级中等职业技术教育。

目前，我国小学和初中的学制年限有"六三"制、"五四"制、"五三"制和九年一贯制等多种形式。从长远来看，小学和初中应该有一个基本的学制，这样有利于九年制义务教育的实施。

五、义务教育的实施

（一）实施义务教育的方针和原则

《义务教育法》第三条规定："义务教育必须贯彻国家的教育方针，实施素质教育，提高教育质量，使适龄儿童、少年在品德、智力、体质等方面全面发展，为培养有理想、有道德、有文化、有纪律的社会主义建设者和接班人奠定基础。"这表明实施义务教育必须全面贯彻国家的教育方针，并首次将素质教育纳入教育法律体系必须为社会主义现代化建设服务，尊重和服从教育教学规律，培养全面发展的社会主义新人，不能片面发展，单纯追求升学率。

实施义务教育必须遵循以下原则：

（1）依法实施的原则。实施义务教育应当依照《义务教育法》以及有关义务教育的地方性法规和规章的规定执行，使义务教育的实施纳入法制轨道，做到有法可依、有法必依、执法必严、违法必究。

（2）统一性和灵活性相结合的原则。实施义务教育，国家有统一的标准和要求。但在具体实施过程中，各地可从实际情况出发，采取适合本地区实际的步骤、形式和措施，积极推进义务教育。

（3）普及与提高相结合的原则。义务教育具有普及性，它要求凡在义务教育适龄期内的儿童、少年，除依法批准免学的以外，都应当入学接受规定年限的义务教育，使适龄儿童、少年普遍地接受义务教育。同时，在义务教育实施过程中，要逐步提高义务教育的办学水平和教育质量，提高义务教育的年限。

（4）国家、社会、学校、家庭予以保障的原则。义务教育是关系到提高中华民族素质的伟大的社会工程。义务教育事业是一项全社会共同的事业，需要国家、社会、学校、家庭的共同参与和努力。在实施义务教育的过程中，它们各自承担相应的义务，以保障适龄儿童、少年接受义务教育。

（二）实施义务教育的步骤

促进义务教育均衡发展是义务教育实施的一项长期的重要任务。2000 年我国实现了基本普及九年义务教育的目标。近年来我国将农村教育作为全国教育工作的重点，采取一系列措施减少地区间、城乡间、学校间的差别，以利于义务教育的均衡发展。《义务教育法》第六条规定："国务院和县级以上地方人民政府应当合理配置教育资源，促进义务教育均衡发展，改善薄弱学校的办学条件，并采取措施，保障农村地区、民族地区实施义务教育，保障家庭经济困难的和残疾的适龄儿童、少年接受义务教育。国家组织和鼓励经济发达地区支援经济欠发达地区实施义务教育。"这一条款旨在缩小地区间、城乡间、学校间的差距，促进义务教育的均衡发展，保证所有适龄儿童、少年平等地享有义务教育权利，是义务教育均衡发展的重要指导思想。

（三）义务教育的管理体制及办学体制

我国《义务教育法》第七条规定："义务教育实行国务院领导，省、自治区、直辖市人民政府统筹规划实施，县级人民政府为主管理的体制。""县级以上人民政府教育行政部门具体负责义务教育实施工作；县级以上人民政府其他有关部门在各自的职责范围内负责义务教育实施工作。"这一条款规定了政府及其有关部门对义务教育管理的原则，明确了各级政府及其有关部门对义务教育实施管理职责。与1986 年《义务教育法》规定的"义务教育事业，在国务院领导下，实行地方负责，分级管理"的管理体制相比，新法进一步明确了地方的管理职责。

（1）"国务院领导。"国务院作为国家最高权力机关的执行机关，是最高国家行政机关，有权力有责任对义务教育根据需要制定必要的行政法规，发布相关命令来保障义务教育的顺利有效实施。国务院各有关部门和地方各级人民政府应当在国务院的统一领导下按照《义务教育法》规定的职责保障义务教育实施。

（2）"省、自治区、直辖市人民政府统筹规划实施。"这一点要求省级人民政府要根据本省的实际情况，具体制定本省的义务教育实施计划。对于尚未实现普及九年义务教育的农村和落后地区，首先要制定加快实现普及九年义务教育目标的措施，全面推进普及九年义务教育工作。对已实现普及九年义务教育的地区，在进一步巩固普及九年义务教育成果的基础上促进实施素质教育和提高教育质量。根据"统筹规划实施"这一规定，省级人民政府可以制定一些规范性的文件，进一步明确本省市、县、乡镇等级政府实施义务教育的职责。这不仅强化了省级政府的责任，也有利于分清各级政府对义务教育的管理责任，便于各司其职，共同促进义务教育的发展。

（3）"县级人民政府为主管理。"根据本法的规定，县级政府管理包括以下方面：①保障适龄儿童、少年入学和完成九年义务教育的管理职责。②依法设置学校的职责。③促进学校均衡发展的义务。④保障学校安全的职责。

本条第二款是关于县级以上人民政府教育行政部门和其他有关部门负责义务教育工作的职责规定。"县级以上人民政府教育行政部门"包括国务院、省、市、县教育行政部门。"其他有关部门"包括计划、财政、人事、劳动等行政部门。

教育行政部门在本级人民政府的领导下，具体负责义务教育实施工作，包括保障辖区范围内的适龄儿童、少年按时入学完成九年义务教育；按照政府有关规定进行学校规划；推行素质教育；进行有关义务教育阶段教师管理方面的相关工作等。关于其他部门有关部门负责义务教育实施的工作，《义务教育法》也做出了具体规定，在此不过多说明。

（四）义务教育的师资

建立一支数量足够、质量合格、结构合理并相对稳定的师资队伍，是实施义务教育的关键之所在。《义务教育法》对义务教育教师的资格、地位及责任等作出了原则性规定。

在教师资格方面，《义务教育法》第三十条规定："教师应当取得国家规定的教师资格。"为了适应九年制义务教育的需要，要发展和改革师范教育，培养和补充新师资。对此我国《义务教育法》第三十三条规定："国务院和地方各级人民政府鼓励和支持城市学校教师和高等学校毕业生到农村地区、民族地区从事义务教育工作。""国家鼓励高等学校毕业生以志愿者的方式到农村地区、民族地区缺乏教师的学校任教。县级人民政府教育行政部门依法认定其教师资格，其任教时间计入工龄。"

在教师地位方面，《义务教育法》第二十八条明确规定："教师享有法律规定的权利，履行法律规定的义务，应当为人师表，忠诚于人民的教育事业。""全社会应当尊重教师。""国家保障教师的合法权益，采取措施提高教师的社会地位，改善教师的物质待遇，对优秀的教育工作者给予鼓励。"义务教育是我国教育事业发展的基础，义务教育阶段的教师也应享受到应有的待遇，近年来国家采取各种措施来提高义务教育阶段教师的地位，此次《义务教育法》的修订中则突出义务教育阶段教师权利保障。《义务教育法》第三十一条规定："各级人民政府保障教师工资福利和社会保险待遇，改善教师工作和生活条件；完善农村教师工资经费保障机制。""教师的平均工资水平应当不低于当地公务员的平均工资水平。""特殊教育教师享有特殊岗位补助津贴。在民族地区和边远贫困地区工作的教师享有艰苦贫困地区补助津贴。"

（五）义务教育的经费

完善的经费保障是确保义务教育顺利实施的必要保证。我国义务教育经费保障机制方面仍存在很多问题，影响了义务教育事业的健康发展。因此，新《义务教育法》在第六章对义务教育经费保障进行规定，进一步明确义务教育来源经费，规定国家和各级政府的职责。

《义务教育法》规定义务教育经费投入实行国务院和地方各级人民政府根据职责共同承担，省、自治区、直辖市政府负责统筹落实的体制；农村义务教育所需经费由各级人民政府根据国务院的规定分项目、按比例地承担；各级政府资助经济困难家庭学生接受义务教育；国务院和省级人民政府通过加大一般性转移支付规模和规范义务教育专项转移支持措施，支持和引导地方各级政府加大义务教育投入。不仅如此，《义务教育法》还对学生人均公用经费标准、义务教育经费预算、义务教育专项资金、义务教育捐赠及设立义务教育基金、义务教育经费使用、义务教育经费的审计监督和统计公告制度等方面内容进行了规定。

《义务教育法》第四十二条规定："国家将义务教育全面纳入财政保障范围，义务教育经费由国务院和地方各级人民政府依照本法规定予以保障。""国务院和地方各级人民政府将义务教育经费纳入财政预算，按照教职工编制标准、工资标准和学校建设标准、学生人均公用经费标准等，及时足额拨付义务教育经费，确保学校的正常运转和校舍安全，确保教职工工资按照规定发放。""国务院和地方各级人民政府用于实施义务教育财政拨款的增长比例应当高于财政经常性收入的增长比例，保证按照在校学生人数平均的义务教育费用逐步增长，保证教职工工资和学生人均公用经费逐步增长。"这是对义务教育经费保障总体要求的规定，其中第一款明确规定："国家将义务教育全面纳入财政保障范围，义务教育经费由国务院和地方各级人民政府依照本法规定予以保障。"由此可见，义务教育经费是各级人民政府的共同责任，国务院和各级人民政府都是义务教育经费的保障主体。

本条第二款还规定了对义务教育经费的保障要求。一是国务院和地方各级人民政府应当将义务教育经费纳入财政预算。将义务教育经费纳入财政预算是把义务教育全面纳入财政保障范围的基本措施。二是国务院和地方各级人民政府应当按照教职工编制标准、工资标准和学校建设标准、学生人均公用经费标准等，及时足额拨付义务教育经费。三是国务院和地方各级人民政府应当确保学校的正常运转和校舍安全，确保教职工工资按照规定发放。

本条第三款是关于义务教育经费投入"三个增长"的规定。首先，国务院和地方各级人民政府用于实施义务教育财政拨款的增长比例应当高于财政经常性收入的增长比例。随着国民经济的快速增长，各级财政收入增长很快，各级政府用于实施义务教育的财政拨款资金也应随之提高，并且要高于财政经常性收入的年增长比例，从而保证义务教育经费每年有较大的增加。其次，各级政府用于义务教育的财政拨款增长，应保证按照在校学生人数平均的义务教育费用逐步增长。这样才能保证义务教育阶段的学生人均经费保持增长，从而更好地适应义务教育质量发展的标准。最后，各级政府用于义务教育的财政拨款增长应当保证教职工工资和学生人均公用经费逐步增长。虽然近年来义务教育经费有所增加，但是用于支付教职工工资的经费也在逐步增长，实际用于教育教学活动的经费并没有得到应有的提高。所以本条款明确提出在保障教职工工资逐步增长的同时，也要保证学生公用经费增长，这样才能使教育教学条件得到明显提高。

六、义务教育的法律责任

法律责任是法律规范中必不可少的重要组成部分，如果一个法律规范中缺少法律责任的规定，法律所规定的权利和义务就形同虚设。结合以往教育法规约束力差的实际情况，此次《义务教育法》的修订为加大《义务教育法》的约束力度和执行力度，用一整章来对违反义务教育管理制度的行为进行规定。各种违法行为所涉及的主体，既包括各级人民政府及其教育行政主管部门，也包括学校、教师、学生家长及其他与义务教育实施有关的社会组织和个人。违法行为所应当承担的法律责任包括行政处分、行政处罚等行政责任，也包括退还违规所收取的费用等民事责任，还包括刑事责任。《义务教育法》用一章共十条对违法行为所应承担的法律责任进行了详细而明确的规定，对违法行为也进行了列举。其中包括对未履行义务教育经费保障职责所应承担的法律责任的规定，县级以上地方人民政府及其相关工作人员违法所应承担的法律责任的规定，区分重点校和重点班、改变公立学校性质以及未采取措施组织入学或防止辍学所应承担的法律责任的规定，侵占、挪用义务教育经费以及向学校非法索取或摊派费用所应承担的法律责任的规定，学校违规收取费用和相关人员违反教科书编写规定所应承担的法律责任的规定等。

专题 5　未成年人保护法

一、修订《未成年人保护法》的必要性和重要意义

《未成年人保护法》于 1991 年 9 月 4 日，由第七届全国人民代表大会常务委员会第二十一次会议通过并颁布。它确立了我国保护未成年人的指导思想和工作原则。此法的颁布将未成年人合法权益保护问题纳入了法制轨道，对于增强全社会依法保护未成年人的意识，创建有利于未成年人健康成长的社会环境发挥了巨大作用。《未成年人保护法》颁布以来，对未成年身心和权利保护起到一定作用。随着社会发展和社会形势不断变化，未成年人保护还存在一些不尽如人意的地方，如对未成年人保护工作发展还很不平衡；社会不良文化对未成年人带来的不良冲击很大；贫困地区和流动人口中，未成年人失学辍学问题比较严重；校园

及其周边仍存在许多不安全的因素；未成年人的犯罪率依然较高，对未成年人的司法保护在一些地方还不尽如人意等一些社会问题。因此2006 年 12 月 29 日第十届全国人民代表大会常务委员会第二十五次会议对《未成年人保护法》进行修订，并于 2007 年 6 月 1 日开始实施。此举对保护未成年人的身心健康，保障未成年人的合法权益具有重要意义。未成年人是指未满 18 周岁的公民，他们正处于长身体、长知识的年龄段，身心发育还未完全成熟，缺乏明辨是非的能力，世界观还未形成，属于具有民事权利人，但不具有完全民事行为能力或完全不具有民事行为能力。未成年人是祖国的未来和希望，为他们的健康成长创造良好的外部环境，关系到每一个孩子、每一个家庭、每一所学校，甚至整个民族的明天。适时修订《未成年人保护法》对进一步保护未成年人权利，"保护未成年人的身心健康，保障未成年人的合法权益，促进未成年人在品德、智力、体质等方面全面发展，培养有理想、有道德、有文化、有纪律的社会主义建设者和接班人"具有重大意义。

二、未成年人保护工作应当遵循的原则

保护未成年人的工作，应当遵循下列原则：

（1）保护权益原则，法律的制定和实施的作用就是保障全体公民的合法权利，未成年人作为公民的一部分，他们的权益保护应该备受关注。尤其近年来涉及未成年人人身权利被各类犯罪行为侵害的刑事案件逐年上升，涉及未成年人人身损害的民事案件、未成年人被抚养权、未成年人受教育权受侵害的案件也逐年上升，使未成年人权益保护成为全社会普遍关注的焦点，保护未成年人首先要保护他们的合法权益不受侵犯。

（2）尊重人格原则，即尊重未成年人的人格尊严。人格尊严是一种权利，一般指生命健康权、自由权、名誉权、姓名权、名称权、肖像权等。尊重未成年人的人格尊严，包括尊重未成年人的上述权利。如不

得泄露学生隐私，不得歧视、侮辱、体罚学生等。

（3）适应发展原则，即适应未成年人身心发展的特点。未成年人的身心发展尚不成熟，正处于生长发育时期。在安排未成年人的活动时，应考虑未成年人身心的承受能力，不能进行对未成年人身心发展有害的活动。

（4）教保结合原则，即教育与保护相结合。未成年人由于身心发展不成熟，并且缺乏社会生活经验，缺乏知识，在处理事情时，容易偏激，出现过错。但是，未成年人的可塑性比较强，容易认识自己的错误，并努力纠正。对未成年人应遵循教育与保护相结合的原则：一方面，要教育未成年人认识到自己过错的危害；另一方面，又要注意保护未成年人的名誉，以有利于他们回归社会。

三、新《未成年人保护法》的主要内容

修订后的《未成年人保护法》从 1991 年《未成年人保护法》的 56 条增加到 72 条。其中，有 25 条是新增加的；另外 47 条中，32 条有实质性修改，11 条有文字性修改，未改的仅有 4 条，可以说这次修订是一次全面的修订。修订的内容主要集中在以下几方面：

（一）进一步明确未成年人的权利

在 1991 年《未成年人保护法》基础上，修订后的新《未成年人保护法》第三条第一款明确规定："未成年人享有生存权、发展权、受保护权、参与权等权利。"尤其要指出的是，新法特别强调未成年人受教育的权利。我国《宪法》规定："中华人民共和国公民有受教育的权利和义务。""国家培养青年、少年、儿童在品德、智力、体质等方面全面发展。"正是基于受教育权对未成年人成长的特殊重要性，修订后的《未成年人保护法》第三条第二款规定："未成年人享有受教育权，国家、社会、学校和家庭尊重和保障未成年人的受教育权。"

（二）进一步明确执法主体，强化政府责任

修订前的《未成年人保护法》的突出问题之一是执法主体不够明

确。为保证未成年人保护工作切实落实，明确政府及其有关部门执法主体的地位和职责显得尤为重要。新《未成年人保护法》第七条明确规定："中央和地方各级国家机关应当在各自的职责范围内做好未成年人保护工作。国务院和地方各级人民政府领导有关部门做好未成年人保护工作；将未成年人保护工作纳入国民经济和社会发展规划及年度计划，相关经费纳入本级政府预算。"此项规定明确了各级政府对未成年人保护工作的领导地位和责任，并特别强调将未成年人保护工作纳入国民经济和社会发展规划及年度计划，相关经费纳入本级政府预算，这将对保障未成年人权利起到重要的保障作用，是《未成年人保护法》修订后的突出之处。

（三）为了保障未成年人权利的实现，新《未成年人保护法》在家庭保护、学校保护、社会保护、司法保护和法律责任各章，从不同方面做出了相应的新规定，为更好地保障未成年人的各项权利提供了法律依据

1. 家庭保护

家长是孩子第一任老师，家庭是未成年人与社会接触的第一个平台，家庭教育对未成年人的影响是终身的。针对当前社会中出现的家长教育孩子方式极端化现象，新法增加了以下内容。

《民法通则》第十六条规定：未成年人的监护人可以由父母、祖父母、外祖父母、兄、姐、关系密切的其他亲属、朋友担任。监护人必须认真履行监护职责，不得滥用监护权，否则，将撤销其监护人资格。家庭保护是通过监护人对未成年人履行监护职责来完成的，主要有以下几方面：

（1）抚养。监护人对未成年人有抚养义务，不得虐待、遗弃未成年人；不能歧视女性、残疾未成年人；禁止溺婴、弃婴。《婚姻法》规定父母对子女有抚养义务，这一义务是无条件的，任何时候都不能免除，即使父母离婚了，这种义务仍然存在；其他监护人有负担能力的，也有此义务；虐待、遗弃未成年人情节严重的要追究其刑事责任。溺婴、弃婴是法律上不允许的。

（2）教育。监护人对未成年人有教育的义务。应当让未成年人接受九年制义务教育。不得使在学校接受九年制义务教育的学生辍学。家长应尊重其子女接受教育的权利，不应剥夺子女接受义务教育的权利。

（3）思想教育。监护人应当以健康的思想、品行和适当的方法教育未成年人，预防和制止未成年人吸烟、酗酒、流浪以及聚赌、吸毒、卖淫。家长是未成年子女的第一任教师，一言一行对未成年子女都有潜移默化的影响，因此家长应以模范的行动引导子女参加有益的活动，用正确的方法教育子女。

（4）婚姻。按照《婚姻法》规定，未成年人未达到法定结婚年龄，不应当结婚。因此父母及其他监护人不得允许或者迫使未成年人结婚。

新修订的《未成年人保护法》第十条明确规定："父母或者其他监护人应当创造良好、和睦的家庭环境，依法履行对未成年人的监护职责和抚养义务。""禁止对未成年人实施家庭暴力。"其第十二条规定："父母或者其他监护人应当学习家庭教育知识，正确履行监护职责，抚养教育未成年人。""有关国家机关和社会组织应当为未成年人的父母或者其他监护人提供家庭教育指导。"为明确未成年人父母或者其他监护人的法律责任，新法第五十三条规定："父母或者其他监护人不依法履行监护职责，或者侵害未成年人合法权益的，由其所在单位或者居民委员会、村民委员会予以劝诫、制止；构成违反治安管理行为的，由公安机关依法给予行政处罚。"

2. 学校保护

未成年人绝大部分是中小学学生或幼儿园儿童，因此学校保护工作显得尤为重要。其主要内容如下：

（1）受教育权。学校应当尊重未成年人的受教育权，不得随意开除未成年学生。学校的领导、教师应关心爱护学生，对品行有缺点、学习有困难的学生，应当教育帮助，不应当歧视或者为追求升学率而开除学生。对有违法和轻微犯罪行为的中学生，可采取送工读学校的办法。新法提出学校应全面贯彻国家的教育方针，实施素质教育，提高教育质量，注重培养未成年学生独立思考能力、创新能力和实践能力，促进未成年学生全面发展。

（2）人格尊严。学校幼儿园的教职员工应当尊重未成年人的人格尊严，不得实施体罚、变相体罚以及其他侮辱人格的行为。学生有过错，教师应尽职尽责地进行管理教育，包括必要的纪律处分，都是正当的。但是对学生实施体罚或变相体罚则是错误的，也是违法的，要依据其情节轻重追究其相应责任。

（3）身心健康。学校不得使未成年学生在危及人身安全、健康的校舍和其他教育教学设施中活动。学校首先要保证校舍安全，要为在校学生的人身安全负责。此外，任何组织和个人不得扰乱学校秩序。学校秩序是进行教育教学工作的保障。一些学校的秩序常常受到来自社会人员、学生家长、校内人员以至于个别基层干部的侵扰，妨碍教学工作的正常进行。侵扰学校秩序的行为常常伴之以殴打学校人员、侵占毁坏校舍，这势必影响未成年学生的合法权益，是违法的行为。学校和老师进行的教育教学活动要符合未成年人的心理特点，学校应关注未成年人的心理健康。学校组织的集体活动和课外活动，也要有利于未成年人的健康成长，防止发生人身安全事故。此外，新法第二十条还规定："学校、幼儿园、托儿所应当建立安全制度，加强对未成年人的安全教育，采取措施保障未成年人的人身安全。"

在此基础上，为保障未成年人健康成长，新《未成年人保护法》还针对当前未成年人学校保护方面提出了一些新规定。

针对当前未成年人学习负担过重，导致身体素质普遍滑坡的情况，新法第二十条规定："学校应当与未成年学生的父母或者其他监护人互相配合，保证未成年学生的睡眠、娱乐和体育锻炼时间，不得加重其学习负担。"

为预防未成年人违法犯罪，新法第二十五条规定："对于在学校接受教育的有严重不良行为的未成年学生，学校和父母或者其他监护人应当互相配合加以管教；无力管教或者管教无效的，可以按照有关规定将其送专门学校继续接受教育。"

为保障所有未成年人的权利，体现教育的公平性原则，又体现了学生是受教育主体的指导思想，突出学生的主体地位，新法明确规定"学校应当尊重未成年学生受教育的权利，关心、爱护学生，对品行有缺点、学习有困难的学生，应当耐心教育、帮助，不得歧视，不得违反法律和国家规定开除未成年学生。"

3. 社会保护

未成年人的健康成长关系到国家和民族的未来，保护未成年人是全社会的共同责任。为此，这次修订在社会保护一章增加一款原则性的规定："全社会应当树立尊重、保护、教育未成年人的良好风尚，关心、爱护未成年人。"

社会对未成年人的保护就是要给未成年人提供好的条件、场所，禁止他们参加一些不利于未成年人成长的活动，旧《未成年人保护法》都是通过授权性（鼓励）规范和禁止性规范完成这一保护，新法则加大了约束力度。

第一，针对未成年人活动场所不足、有些场所利用又不够充分等问题，《义务教育法》第三十条规定："爱国主义教育基地、图书馆、青少年宫、儿童活动中心应当对未成年人免费开放；博物馆、纪念馆、科技馆、展览馆、美术馆、文化馆以及影剧院、体育场（馆）、动物园、公园等场所，应当按照有关规定对未成年人免费或者优惠开放。"由此，在2007年6月1日之后，免费开放已经是爱国主义教育基地、图书馆、青少年宫、儿童活动中心的法定义务，再对未成年人进行收费就是违法行为。

第二，面对当前社会多种文化冲击和不良文化侵袭，未成年人辨别是非能力和抵制诱惑能力还比较薄弱，《未成年人保护法》制定了保护未成年人免受不良文化危害的规定。其中第三十六条规定："中小学周边不得设置营业性歌舞娱乐场所和互联网上网服务营业场所等不适宜未成年人活动的场所。营业性歌舞娱乐场所、互联网上网服务营业场所等不适宜未成年人活动的场所，不得允许未成年人进入，经营者应当在显著位置设置未成年人禁入标志；对难以判明是否已成年的，应当要求其出示身份证件。"

第三，近年来，未成年人由于沉迷网络而误入歧途的现象越来越严重，迷恋不良网络不能自拔的未成年人更是不在少数，针对这一突出社会问题，修订后《未成年人保护法》特别加以规定，第三十三条规定："国家采取措施，预防未成年人沉迷网络。国家鼓励研究开发有利于未成年人健康成长的网络产品，推广阻止未成年人沉迷网络的新技术。"这一规定，要求政府有关部门采取各种措施，从源头上限制不利于未成年人身心健康的信息进入网络系统以及阻断未成年人沉迷网络游戏的渠道等，体现了"堵疏结合"的方式。

第四，《未成年人保护法》第四十二条规定："公安机关应当采取有力措施，依法维护校园周边的治安和交通秩序，预防和制止侵害未成年人合法权益的违法犯罪行为。"这一规定加大了对学校周边环境的保护力度，努力为学校营造良好环境。对用于未成年人的食品、药品等的质量标准，禁止向未成年人出售烟酒，《未成年人保护法》也作出了具体规定。

第五，未成年人一般尚处于义务教育阶段，义务教育具有的公平性也应体现在对未成年人受教育权保护方面。为了更好地维护弱势未成年人群体的合法权益，《未成年人保护法》第二十八条规定："各级人民政府应当保障未成年人受教育的权利，并采取措施保障家庭经济困难的、残疾的和流动人口中的未成年人等接受义务教育。"

第六，增加了对未成年人权益的保障措施，《未成年人保护法》第四十九条规定："未成年人的合法权益受到侵害的，被侵害人及其监护人或者其他组织和公民有权向有关部门投诉，有关部门应当依法及时处理。"

第七，加强基层基础工作，对居委会、村委会在保护未成年人工作中的责任也做出了相应规定。

4. 司法保护

司法保护是指对违法犯罪的未成年人，实行教育、感化、挽救的方针，坚持教育为主、惩罚为辅的原则。《未成年人保护法》第五十条明确规定："公安机关、人民检察院、人民法院以及司法行政部门，应当依法履行职责，在司法活动中保护未成年人的合法权益。"并具体规定了司法机关办案过程中通过依法履行职责对未成年人实施专门保护。例如：

一是规定对违法犯罪的未成年人，应当依法从轻、减轻或者免除处罚。

二是规定"未成年人的合法权益受到侵害，依法向人民法院提起诉讼的，人民法院应当依法及时审理，并考虑未成年人生理、心理特点和健康成长的需要，保障未成年人的合法权益""公安机关、人民检察院讯问未成年犯罪嫌疑人，询问未成年证人、被害人，应当通知监护人到场"，并根据需要设立专门机构或者指定专人办理。讯问未成年犯罪嫌疑人，询问未成年证人、被害人，应当通知其监护人到场。注意保护未成年人名誉，对未成年人犯罪案件，新闻报道、影视节目、公开出版物、网络等不得披露有关该未成年人的个人资料以及能推断出该未成年人的资料。对未成年人进行羁押和未成年人服刑，都应当与成年人分别关押。对违法犯罪的未成年人，应当依法从轻、减轻或者免除处罚。

三是对未成年人的法律援助和司法救济作了规定。当未成年人的合法权益受到侵害，依法向人民法院提起诉讼，人民法院应当依法及时进行审理。案件审理过程中，人民法院应考虑未成年人生理、心理特点和健康成长的需要，保障未成年人的合法权益。未成年人在司法活动中需要法律援助或者司法救助，法律援助机构或者人民法院应当给予帮助，依法为未成年人提供法律援助或者司法救助。义务教育是我国所有适龄儿童、少年必须接受的教育，这既是义务更是权利，因此羁押、服刑的未成年人没有完成义务教育的，应当对其进行义务教育，并且对于那些已经解除羁押、服刑期满的未成年人，他们的复学、升学、就业不应受歧视。

四是为更好贯彻教育、感化、挽救的方针，新修《未成年人保护法》补充了新规定："对违法犯罪的未成年人，应当依法从轻、减轻或者免除处罚。"

五是《继承法》与《婚姻法》方面的保护。按照《继承法》养老育幼的原则规定，在审理继承案件时，应当依法保护未成年人的继承权和受遗赠权。《婚姻法》规定，未成年人的父母离婚后，血缘关系并未消除，关于子女的抚养问题，哺乳期间的子女以随母亲生活为原则。哺乳期后子女由谁抚养，可由双方协议，若发生争执，由人民法院根据双方具体情况及父母与子女原来的感情联系，从有利于子女的利益出发进行判决。子女不论由谁抚养，所需生活费和教育费，应由父母双方共同负担。人民法院审理离婚案件，涉及未成年子女抚养问题的，应当听取有表达意愿能力的未成年子女的意见，根据保障子女权益的原则和双方具体情况依法作出处理。如果父母或者其他监护人不履行监护职责或者侵害被监护的未成年人的合法权益并屡教不改的，人民法院可以根据有关人员或者有关单位的申请，撤销其监护人的资格，依法另行指定监护人。被撤销监护资格的父母还应当依法继续负担抚养费用。

5. 法律责任

侵害未成年人的合法权益，要承担刑事责任、行政责任以及民事责任。强化法律责任，增强法律的可操作性，是本次《未成年人保护法》

修改的重点内容之一。目前对未成年人的保护不利主要是由于执法工作不到位,有法不依、执法不严和违法不究造成的。

第一,刑事责任。违反《未成年人保护法》造成人身财产损失或者其他损害,造成犯罪的,依法追究其刑事责任。虐待未成年人的家庭成员情节严重的,依照《刑法》第一百八十二条的规定追究其刑事责任;溺婴的,依照《刑法》第一百三十二条的规定追究其刑事责任。通过对侵害未成年人合法权益的犯罪行为追究刑事责任,依法重罚,来保护未成年人的合法权益,保证《未成年人保护法》的实施。

第二,行政责任。通过对侵犯未成年人合法权益的违法行为给予行政处分、责令停业、责令改正、罚款等行政制裁手段,来贯彻《未成年人保护法》。为强化国家机关及其工作人员在未成年人保护工作中的法律责任,《未成年人保护法》第六十一条规定:"国家机关及其工作人员不依法履行保护未成年人合法权益的责任,或者侵害未成年人合法权益,或者对提出申诉、控告、检举的人进行打击报复的,由其所在单位或者上级机关责令改正,对直接负责的主管人员和其他直接责任人员依法给予行政处分"。此外《未成年人保护法》针对以下违法行为,规定了对其行为人的行政责任和行政处罚:未成年人父母或者其他监护人不履行监护职责;学校、幼儿园、托儿所侵害未成年人合法权益的;生产、销售不符合质量标准的用于未成年人的食品、药品、玩具、用具和游乐设施;在中小学校园周边设置营业性歌舞娱乐场所、互联网上网服务营业场所并允许未成年人进入;向未成年人出售烟酒;招用已满十六周岁的未成年人从事过重、有毒、有害等危害未成年人身心健康的劳动或者危险作业;侵犯未成年人隐私权;未成年人救助机构、儿童福利机构及其工作人员失职、渎职;胁迫、诱骗、利用未成年人乞讨或者组织未成年人进行有害其身心健康的表演等活动的相关责任人的行政法律责任以及行政处罚。

第三,民事责任。对违反《未成年人保护法》,侵害未成年人合法权益的，除了按照法律规定追究刑事责任和行政责任之外，还可以依据《民法通则》等有关规定，追究其民事责任，如要求停止侵害、排除妨碍、消除危险、返还财产等。

专题6　学生伤害事故处理办法

学校安全问题，一直是教育领域乃至社会各界普遍关注的问题。《学生伤害事故处理办法》（以下简称《办法》）是教育部发布的于2002年9月1日起施行的一个部门规章。该《办法》是第一个从中央层面发布的关于学生伤害事故的专项法规文件。在这之前只有上海市于2001年出台的关于学生伤害事故处理的地方性法规。《办法》的出台，还是比较及时的，规定也比较全面，对学生的伤害事故处理具备一定的参考价值。

一、《办法》颁布的必要性及重要意义

（1）预防学生伤害事故的发生。教育部就2006年全国中小学安全事故总体形势发布分析报告，这是我国首次以报告的形式分析全国中小学的安全形势。根据报告，2006年全国各地上报的各类中小学校园安全事故中，61.61%发生在校外，主要以溺水和交通事故为主，两类事故发生数量占全年各类事故总数的50.89%，造成的学生死亡人数超过了全年事故死亡总人数的60%。从地域上来看，2006年全国各地上报的各类中小学校园安全事故中，27.68%发生在城市，72.32%发生在农村。农村中小学的安全事故发生数、死亡人数和受伤人数都明显高于城市。

这里列举的仅仅是死亡人数的统计数据，大多数学生伤害事故还不

至于到这种严重的程度。从众多的案例分析来看，学生的伤害事故有大部分是由于当事人缺乏法律意识及必要的法律常识造成的。比如，教师体罚学生、学校仅为逃避责任而掩盖事实真相造成更大的麻烦、学生监护人不分黑白将学校告上法庭或到学校无理取闹扰乱正常的教育教学秩序等。《办法》明确规定了学生伤害事故的责任，同时也会起到增强学校和家长等有关方面预防伤害学生事故意识的作用。

（2）为正确处理伤害学生事故提供了依据。《办法》的颁布有利于分清责任，有利于保证教育教学秩序的正常进行。避免发生以往因责任不明确造成的各有关方面相互推诿的局面，最终导致更多不必要的麻烦。

（3）进一步完善教育法规体系。该《办法》的颁布既是我国《教育法》《义务教育法》《教师法》《未成年人保护法》等法律的落实，同时，又为我们各级各类学校进一步完善相关的规章提供了法律依据，将有力地推动我国依法治教的进程。

二、《办法》的主要内容

该《办法》共六章四十条，分别对事故责任的认定、处理程序、损害赔偿以及责任者的处理等方面作了详细的规定。对责任的认定充分体现了过错责任原则在事故处理中的运用。无论是谁，其承担责任与否、承担责任的大小都要根据其行为是否有过错、过错大小，其行为与伤害之间是否有因果关系而决定。

（一）事故责任的认定及责任者的处理

《办法》彻底纠正了以往事事都要学校承担责任的状况，对学校承担责任的一般事故作了以下明确规定：

（1）设备不安全。设备包括校舍、场地、其他公共设施。学校设备是进行教育教学的硬件基础。安全的设备是学校进行正常教育教学的最低保障。在内蒙古自治区发生的教学楼楼梯扶手断裂造成重大学生伤亡事故就是设备不安全的典型案例。在这种情况下，学校毫无疑问要承担相应的责任。

（2）制度不完善。管理制度不完善往往是学生伤害事故的罪魁祸首。有时在不完善的制度之下，教师也可能成为受害者。《办法》中第九条第二、三、四款规定，学校的管理不到位造成的学生伤害事故学校必须承担相应的责任。如最引人注目的学生大面积中毒事件：郑州中州大学两百多名学生食堂就餐后中毒；辽宁海城学生豆奶中毒事件等，均属于学校管理有漏洞造成的严重后果。

（3）未告知过错责任。《办法》第九条第七、八、十、十一款规定的学校应承担责任的状况可以简单概括为未告知过错责任。包括：学生有特异体质或者特定疾病；学生突发疾病；学生行为具有危险性；未成年学生擅自离校等，学校对以上事情视而不见，或未能及时通知其监护人造成的学生伤害事故，学校须承担相应的后果。

（4）学校对教职工教育不当。《办法》第九条第五、六、九款规定学校本身违反相关规定或教师等工作人员违反规定造成的学生伤害事故应负有责任。2003年9月末，沈阳市中级人民法院审理一起案件：教师体罚学生间接造成学生精神病，教师要赔偿学生一定的经济损失（2.7万元），学校同时负有连带责任。

除了学校的过错以外，学生本人以及监护人有时也会因过错造成伤害事故，《办法》对这种情况也作了较为详尽的规定。其中学生要承担责任的包括：学生本人违反纪律或不听教师劝阻而发生事故的学校不负责任；监护人没有让学校行使告知义务或未履行监护职责的监护人要承担相应责任。比如在某小学一名叫小明的10岁男孩将另一名男孩推倒，造成其左腿骨折，教师对小明进行了一定的思想教育，并对受伤男孩儿予以恰当的救助措施，受伤男孩儿在住院期间所花费用及其父母因其耽误的误工费均应由小明的父母承担，此时该小学就没有责任。这样的规定避免了以往监护人经常有理没理都要让学校负责的错误行为，在一定程度上能够保证教育教学秩序的正常运行。

《办法》同时对学校的一些免责行为也作出了规定，主要体现在以下三方面：

（1）学校履行了相应职责，行为没有不当的情况，主要包括：自然灾害、突发事件、学校难以知道的学生疾病或异常心理状态、自杀、自伤以及对抗性体育活动中学校难以预料的伤害事故等。

（2）不属于学校管理范围内的伤害事故学校不负责任，主要包括：学生自行上学、放学、返校、离校途中发生的；学生擅自外出不听学校劝阻导致的；学校工作时间以外学生在校发生的事故等。

（3）与职务无关的个人行为或故意造成伤害的，只由致害人承担责任，学校可以免责。

对于造成学生伤害事故责任者的处理，《办法》主要对教育行政部门的职能作出了规定。其中包括教育行政部门可以有适当的行政处罚的权利；情节严重的及时告知公安机关的权利等。对教育行政部门本身有失责行为的，由上一级主管部门予以相应的处罚。同时《办法》对学生本人及监护人有不正当行为的惩罚也予以了规定。（第三十五、三十六条）

（二）事故损害赔偿的相关规定

对于学生伤害事故的赔偿，《办法》的规定主要依过错责任原则进行。赔偿包括以下几方面：

（1）学校的赔偿责任。①学校确有责任的必须进行相关赔偿；②学校可以先行赔偿，再向相关责任人追偿；③学校可以依据公平原则在无责任的情况下承担一部分赔偿，以缓解赔偿人的经济压力；④学校可以参加保险或教育学生自愿参加保险。

（2）教育行政部门的职能。其职能主要体现在提出调解方案以及设立学生伤害赔偿金等筹措赔偿金的渠道。

（3）学生及监护人的赔偿责任。

（三）事故处理程序

事故处理程序上，《办法》的规定还是比较详尽的，主要包括以下几方面：①及时救助。在发生学生伤害事故时，摆在第一位的应该是及时救助受伤学生，而不是纠缠责任问题。②及时告知。在救助的同时，要将事故情况及时告知相关人员，如监护人、父母等，并向主管部门报告。③可以调解。④可以起诉。⑤及时处理。即负有责任的部门要及时处理。

三、《办法》的主要精神

该《办法》的主要精神是保证学生的人身安全，贯彻党的教育方针，主要体现以下五方面：

（1）以预防为主。《办法》明确规定了必要的预防措施，把伤害事故消灭在发生之前。

（2）明确责任。《办法》对学校、教育行政部门、学生及监护人的责任都予以了明确规定，避免了以往事事都要学校承担责任的状况。同时事故处理不能有倾向性，也就是既不能偏向学校，也不能偏向学生，而应当依照法律，客观公正，合理适当，及时、妥善地处理。在处理过程中，既要考虑到学校教育的特殊性，保护学校教师工作的积极性；同时，又要考虑学生年龄、生理、心理的特殊性，保护学生的健康成长。

（3）完善程序。程序的规定实际上是保证伤害事故有关主体的权利和义务的重要措施。《办法》的规定充分体现了人文精神，即事故发生时无论过错在谁，都要先采取救助的行为，这也是学校教育学生的重要责任。

（4）合理赔偿。赔偿是《办法》的核心。赔偿的确定应根据《民法》等相关法律。该《办法》的规定使《民法》等相关规定更加具体，更便于操作，而且《办法》提出的设立学生赔偿金、参加学校责任保险、学生意外伤害保险等措施可以使学生受到意外伤害得到迅速有效的救助。

（5）追究责任。责任处理主要有五方面：纪律处分、行政处分、行政处罚、刑事责任、民事赔偿等。责任人的认定如前所述，规定还是比较完整的。

四、《办法》的特点

（一）具体化

该《办法》出台是依法治教深入发展的重要标志，使依法治教更加具体、明确，更有针对性，有利于解决教育领域中关于学生伤害事故责任的热点、难点问题。

（二）积极化

该《办法》明确了学生伤害事故责任的过错原则，明确划分了学校、教师、学生、学生监护人、教育行政部门及相关的其他人员等的法律责任。这样就使学校、教师可以放心地从事正常的教育教学活动，保证教育教学程序，提高学校、教师、学生的积极性。

（三）规范化

该《办法》明确了学生伤害事故处理程序和赔偿办法，这可以确保事故处理公正、公平，并保证受伤害者及时得到赔偿，使学生伤害事故的处理更加规范化。

五、如何依照《办法》确定法律责任

正确确定学生伤害事故的责任，这是该《办法》的最终目的。该《办法》列举了一些应该由谁承担责任或不承担法律责任的学生伤害事故。依据《办法》确定学生伤害事故法律责任时，主要应考虑以下几方面：

（1）教育教学活动的性质，即是谁组织的，是由学校组织的，还是学生个人行为等。

（2）教育教学活动的类型，即是否是学校日程表内的活动等。

（3）教育教学活动的内容，即是课堂讲授，还是实习等。

（4）事故发生的时间，即是否在学校规定活动的时间内等。

（5）事故发生的地点，即是否在学校确定的活动地点等。

（6）事故发生的情节，即事故的有关责任人员是如何行为的，是否是违法行为。

（7）受到伤害的学生的状况。

（8）学校的情况，如学校的级别，初等学校还是高等学校；学校的属性，公办学校还是民办学校；学校的种类，普通学校还是职业学校等。

六、《最高人民法院关于审理人身损害赔偿案件适用法律若干问题的解释》中有关未成年人伤害事故的相关条款

《最高人民法院关于审理人身损害赔偿案件适用法律若干问题的解释》已于 2003 年 12 月 4 日由最高人民法院审判委员会第 1299 次会议通过，自 2004 年 5 月 1 日起施行。

该司法解释规定对因生命、健康、身体遭受侵害，赔偿权利人起诉请求赔偿义务人赔偿财产损失和精神损害的，人民法院均应予以受理。

这里所说的"赔偿权利人"，是指因侵权行为或者其他致害原因直接遭受人身损害的受害人、依法由受害人承担扶养义务人以及死亡受害人的近亲属。

本条所称"赔偿义务人"，是指因自己或者他人的侵权行为以及其他致害原因依法应当承担民事责任的自然人、法人或者其他组织。

该司法解释中的第七条对未成年人的人身损害也做了以下规定：

对未成年人依法负有教育、管理、保护义务的学校、幼儿园或者其他教育机构，未尽职责范围内的相关义务致使未成年人遭受人身损害，或者未成年人致他人人身损害的，应当承担与其过错相应的赔偿责任。

第三人侵权致未成年人遭受人身损害的，应当承担赔偿责任。学校、幼儿园等教育机构有过错的，应当承担相应的补充赔偿责任。

专题 7　治安管理处罚法

　　《治安管理处罚法》的前身是 1987 年 1 月 1 日开始施行的《治安管理处罚条例》。在近 30 年的社会发展中，社会治安情况已经发生了巨大的变化，《治安管理处罚条例》已不再适应新形势和新变化。在这样的背景下，2005 年 8 月 28 日，全国人大常委会第十七次会议通过了《治安管理处罚法》，并于 2006 年 3 月 1 日起施行，原来的《治安管理处罚条例》同时废止。《治安管理处罚法》中涉及与学校的教育教学工作密切相关的内容，广大教育工作者有必要学习和掌握。

一、制定《治安管理处罚法》的目的

　　制定《治安管理处罚法》的目的是：维护社会治安秩序，保障公共安全，保护公民、法人和其他组织的合法权益，规范和保障公安机关及其人民警察依法履行治安管理职责。其中，维护社会治安秩序是制定《治安管理处罚法》的首要目的。这对于维护学校的教育教学秩序，培养德、智、体全面发展的社会主义建设者和接班人，具有非常重要的意义。

　　《治安管理处罚法》主要针对违反治安管理的行为，包括扰乱社会秩序，妨碍公共安全，侵犯公民人身权利，侵犯公私财产，尚不够刑事处罚的，应当给予治安管理处罚的行为。

二、治安管理处罚的基本原则

　　治安管理处罚必须遵循的基本原则如下：

　　（1）错罚相当原则。治安管理处罚必须以事实为依据，与违反治安管理行为的性质、情节以及社会危害程度相当。

（2）尊重人权原则。实施治安管理处罚，应当公开、公正，尊重和保障人权，爱护公民的人格尊严。

（3）教罚结合原则。办理治安案件应当坚持教育与处罚相结合的原则。

三、治安管理处罚的种类

对违反治安管理行为的处罚分为下列几种：

（1）警告。

（2）罚款：一元以上，二百元以下。专门条款如本法第三十条规定罚款额可达五千元。

（3）拘留：一日以上，十五日以下。

（4）吊销公安机关发放的许可证。

（5）收缴。办理治安案件所查获的毒品、淫秽物品等违禁品，赌具、赌资，吸食、注射毒品的用具以及直接用于实施违反治安管理行为的本人所有的工具，应当收缴，按照规定处理。

（6）拍卖。违反治安管理所得的财物，追缴退还被侵害人；没有被侵害人的，登记造册，公开拍卖或者按照国家有关规定处理，所得款项上缴国库。

四、治安管理处罚的运用

（一）关于年龄

已满14周岁、不满18周岁的人违反治安管理的，从轻处罚；不满14周岁的人违反治安管理的，免予处罚，但是可以予以训诫，并责令其监护人严加管教。

（二）关于精神病人

精神病人在不能辨认或者不能控制自己行为的时候违反治安管理的，不予处罚，但是应当责令其监护人严加看管和治疗。间歇性的精神病人在精神正常的时候违反治安管理的，应予处罚。

（三）关于盲聋哑人

又聋又哑的人或者盲人违反治安管理的，可以从轻、减轻或者不予处罚。

（四）关于醉酒的人

醉酒的人违反治安管理的，应予处罚。醉酒人在醉酒状态中，对本人有危险或者对他人的人身、财产或者公共安全有威胁的，应当对其采取保护性措施约束到酒醒。

（五）关于合并执行

有两种以上违反治安管理行为的，分别决定，合并执行。行政拘留处罚合并执行的，最长不超过二十日。

（六）关于共同违反治安管理的行为人

共同违反治安管理的，根据违反治安管理行为人在违反治安管理行为中所起的作用，分别处罚。教唆、胁迫、诱骗他人违反治安管理的，按照其教唆、胁迫、诱骗的行为处罚。

（七）关于单位

单位违反治安管理的，对其直接负责的主管人员和其他直接责任人员依照本法的规定处罚。其他法律、行政法规对同一行为规定给予单位处罚的，依照其规定处罚。

（八）关于减轻或者不予处罚

违反治安管理有下列情形之一的，可以从轻或者免予处罚：

（1）情节特别轻微的；

（2）主动消除或者减轻违法后果，并取得被害人谅解的；

（3）出于他人胁迫或者诱骗的；

（4）主动投案，向公安机关如实陈述自己的违法行为的；

（5）有立功表现的。

（九）关于从重

违反治安管理有下列情形之一的，可以从重处罚：

（1）有较严重后果的；

（2）教唆、胁迫、诱骗他人违反治安管理的；

（3）对报案人、控告人、举报人、证人打击报复的；

（4）六个月内曾受过治安管理处罚的。

（十）关于追究期限

违反治安管理行为在六个月内公安机关没有发现的，不再处罚。

五、学校教育教学工作中常遇到的违反治安管理的行为

（一）扰乱学校秩序的行为

良好的社会环境和社会秩序，是保障机关、团体、企业、事业单位正常工作的基础。学校作为开展教育教学工作的主要场所，自然也需要有序的教学环境作为保障。《治安管理处罚法》第二十三条第一项规定，"扰乱机关、团体、企业、事业单位秩序，致使工作、生产、营业、医疗、教学、科研不能正常进行，尚未造成严重损失的"，应予处罚。无论是学校外部的人员还是内部人员，只要扰乱学校秩序，致使教学、工作、校办企业的生产不能正常进行即适用本项。如果扰乱行为仅限于很小范围，尚未影响学校教学、工作、校办企业生产的正常进行，不应处罚；如果扰乱行为情节严重，致使工作、教学、生产无法进行，造成严重损失，则构成扰乱社会秩序罪。

案例： 2007年2月20日傍晚，某小学六年级学生蔡某与同学李某在放学途中打架，后被同学拉开，二人各自回家。回家后，蔡某把与李某打架的事情告诉了父亲，并认为自己吃了亏。第二天上午7点40分，蔡某的父亲来到学校，直奔李某所在教室，不顾老师正在上课，大声询问："谁是李某？"然后就往外拽李某。班主任老师见状上前询问情况

并劝说蔡某父亲离开教室，蔡某父亲不听，仍大吵大闹，致使无法继续上课。班主任只好请校长来帮助解决。该校校长、教导主任一起劝说蔡某父亲到校长办公室解决，蔡父不予理睬，在校园里大吵大闹，影响了学校教学秩序的正常进行。在这种情况下，校长报警。警察赶到后，将蔡父带到派出所询问，蔡父承认了自己扰乱学校正常教学秩序的事实。公安机关依法对蔡父处以行政拘留。

（二）妨害学校（公共）安全的行为

1. 违反国家对危险物质管理的行为

爆炸性、毒害性、放射性、腐蚀性或者传染病病原体等危险物质，本身具有巨大的破坏性、传染性和杀伤力。因此，国家历来对该类危险物质的合理利用（包括生产、运输、储存）都实行严格的管理制度。《治安管理处罚法》第三十条规定："违反国家规定，制造、买卖、储存、运输、邮寄、携带、使用、提供、处置爆炸性、毒害性、放射性、腐蚀性物质或者传染病病原体等危险物质的，处十日以上十五日以下拘留；情节较轻的，处五日以上十日以下拘留。"学校实验教学、生活、生产中运输、储存、使用上述危险物品必须符合国家有关规定，否则即可构成违反治安管理行为。

2. 组织群众集会、活动不采取安全措施的行为

《治安管理处罚法》第三十八条规定："举办文化、体育等大型群众性互动，违反有关规定，有发生安全事故危险的，责令停止活动，立即疏散；对组织者处五日以上十日以下拘留，并处二百元以上五百元以下罚款，情节较轻的，处五日以下拘留或五百元以下罚款。"

案例：某中学组织全校性的"中秋节赏月文艺晚会"，由于事先缺乏安全措施，组织不力，大量校外人员涌入，拥挤不堪。有些人为了看演出，爬上宣传橱窗顶部，致使水泥预制板脱落，造成校内外十余人受伤。

学校组织较大规模的集会、活动时，务必采取相应的安全措施，并事先向公安机关报告，按照公安机关的要求做好群众性集会活动的安全工作。

3. "在车辆、行人通行的地方施工，对沟井坎穴不设覆盖物、防围和警示标志的，或者故意损毁、移动覆盖物、防围和警示标志"的行为

《治安管理处罚法》第三十七条第二项规定："在车辆、行人通行的地方施工，对沟井坎穴不设覆盖物、防围和警示标志的，或者故意损毁、移动覆盖物、防围和警示标志的，处五日以上拘留或者五百元以下罚款；情节严重的，处五日以上十日以下拘留，可以并处五百元以下罚款。"

（三）侵犯他人人身权利的行为

1. "非法限制他人人身自由、非法侵入他人住宅或者非法搜查他人身体"的行为

人身自由，是指公民人身行动不受侵犯。非法限制他人人身自由，是指不依照法律规定，随意侵犯他人人身自由的行为，包括非法跟踪、看管、搜查等行为。

案例：某校初二（5）班班主任发现三块窗帘布被撕坏，就反复要求学生说出这事是谁干的，但没有结果。第二天下午课后，这位班主任老师命令全班学生一律留在教室，每人发给白纸一张书写"坦白""检举"材料，直到晚上8点多钟，家长纷纷找到学校，学生才陆续回去。这是限制他人人身自由的行为，是违法的。

非法侵入他人住宅，是指未经住宅主人的同意，没有正当理由擅自进入或住宅主人要求退出而无故不退出的行为，不包括误入他人住宅的行为。

2. "公然侮辱他人或者捏造事实诽谤他人"的行为

公然侮辱他人，是在众多人面前，或者是在可能使众多的人了解的情况下，故意损害他人人格，破坏他人名誉的行为。捏造事实诽谤他人，

是指故意无中生有，凭空制造虚假事实进行散布，以损害他人人格和名誉的行为。

案例：在某中学的一次教职工代表大会会议上，教师王某正式提出该校主管总务工作的郭副校长在修理澡堂的工程中，收取回扣1000元。学校多方调查无此事实，王某也提不出任何证据，妄称是在路上听别人说的。与此同时，郭副校长气得心脏病复发。王某的行为已属捏造事实诽谤他人的行为。

3."殴打他人，或者故意伤害他人身体"的行为

未造成任何伤害的轻微殴打，不应予以处罚；如果殴打他人造成伤害，伤害的程度已超过轻微的界限，则构成伤害罪。

案例：某小学新教师孙某，因学生刘小正上课做小动作，不服批评教育反而一再辱骂教师，孙某一气之下抬腿把刘小正踢倒，造成其多处软组织损伤。由于受侵害人也有过错，孙某认错态度好，故免予行政处罚，而由教育行政部门给予通报批评、严重警告的行政处分，并承担赔偿责任。

4."虐待家庭成员"的行为

虐待家庭成员是指以打骂、冻饿、禁闭、体罚、迫使从事过度的劳动、有病不给治病或其他方法，故意折磨、摧残家庭成员的行为。行为人与被虐待人之间，必须是具有一定的亲属关系或抚养、赡养关系，而且又是共同生活在一个家庭内的成员，才构成这一违反治安管理的行为，并且只有受虐待人要求处理的，方予以治安管理处罚。

5."写恐吓信或者用其他方法威胁他人安全"的行为

"其他方法"包括用语言、物品、动物等进行威胁、干扰。

6. "冒领、隐匿、毁弃、私自开拆或者非法检查他人邮件"的行为

隐匿、毁弃或者私自开拆他人邮件、电报，应是出于故意的行为。

案例：某校高三班主任张老师，对工作认真负责，所带的班连年被评为"优秀班集体"。第一学期期中以后，一名品学兼优、升大学大有希望的女生李某突然注意力不集中，成绩明显下降，有时上课看信。张老师判断该生是在交男朋友，于是通知传达室将该生来信均先交班主任。某日，张老师把李某的母亲请来，手拿扣留的 7 封信，当面拆开其中的一封，确证是男孩子的来信，该生因而受到其母的严厉责骂。张老师在主观上是为了教育好学生，也花费了很大的精力，但是他的行为属于侵犯他人人身权利的行为。

（四）侵犯公私财物行为

1. "偷窃、骗取、抢夺少量公私财物的"行为

偷窃，是指以非法占有为目的，秘密窃取公私财物的行为，一般属于小偷小摸，恶习不深。骗取公私财物，是以非法占有为目的，用虚构事实或隐瞒真相的方法，骗得少量公私财物的行为。抢夺公私财物，是指以非法占有为目的，乘人不备，公然夺取少量公私财物的行为。

2. "哄抢国家、集体、个人财物的"行为

这是指用起哄的方法或乘乱、乘危抢得少量公私财物的行为。

3. "敲诈勒索公私财物的"行为

这种行为是指用威胁或要挟等使人产生恐惧的方法，强索公私财物的行为，其特点是行为人通过恫吓造成被害人精神恐惧，而被迫交出财物。进行恫吓的方式有的是口头的，也有的是书面的；有的是直接的，有的是通过第三者进行的。

4. "故意损坏公私财物的"行为

这种行为是指故意损坏公私物品的完整性或故意使公私物品丧失部分以至全部价值或使用价值的行为。这种行为的特点，不是以占有为目

的，而是出于泄私愤、图报复将某项财物加以损坏。

案例： 某小学在一次象征性长跑中，四年级学生李某被沙子迷了眼，学校卫生室及时作了治疗处理，但回家后却红肿起来。第二天下午该生之父手持木棍冲入学校，不分青红皂白，把校长室等处的门窗玻璃打碎十几块，还扬言要找班主任老师算账，一时围观学生达 200 人。经公安派出所裁决，李某之父被拘留 7 天，罚款 150 元，并赔偿学校全部损失。

以上侵犯公私财物行为，可以对其中一种行为同时适用两种处罚，即可以在给予拘留或警告的同时并处罚款。情节严重的，可以分别构成盗窃罪、诈骗罪、抢夺罪、敲诈勒索罪和故意毁坏公私财物罪。

（五）其他妨害社会管理秩序的行为

1. 违反文物保护管理的行为

《治安管理处罚法》第六十三条规定："刻画、涂污或者以其他方式故意损坏国家保护的文物、名胜古迹的；违反国家规定，在文物保护单位附近进行爆破、挖掘等活动，危及文物安全的"，应予以治安管理处罚。

2. "制造噪声干扰他人正常生活"的行为

《治安管理处罚法》第五十八条规定："违反关于社会生活噪声污染防治的法律规定，制造噪声干扰他人正常生活的，处警告；警告后不改正的，处二百元以上五百元以下罚款。"

六、治安管理处罚的决定和执行

（一）治安管理处罚的决定机关

（1）治安管理处罚由县级以上人民政府公安机关决定；其中警告、五百元以下的罚款可以由公安派出所决定（《治安管理处罚法》第九十一条）。

（2）公安机关办理治安案件的期限，自受理之日起不得超过 30 日；案情重大、复杂的，经上一级公安机关批准，可以延长 30 日。

为查明案情进行鉴定的时间，不计入办理治安案件的期限（《治安管理处罚法》第九十九条）。

（二）不服治安管理处罚的申诉

被裁决受治安管理处罚的人或者被侵害人，不服治安管理处罚裁决的，在接到通知后 5 日内，可以向上一级公安机关提出申诉，即提出行政复议的申请。

不服上一级公安机关裁决的，可以在接到通知后 5 日内向当地人民法院提起行政诉讼。

（三）公安机关实施治安管理处罚的执法监督

（1）《治安管理处罚法》第一百一十二条、第一百一十三条、第一百一十四条规定，公安机关及其人民警察办理治安案件，应当依法、公正、严格、高效，执法不得徇私舞弊，禁止对违反治安管理行为人打骂、虐待或者侮辱，应当自觉接受社会和公民的监督。

（2）人民警察办理治安案件违反《治安管理处罚法》第一百一十六条所规定的十一种行为的，依法给予行政处分；构成犯罪的，依法追究刑事责任。办理治安案件的公安机关违反上述规定的，对直接负责的主管人员和其他直接责任人员给予相应的行政处分。

（3）《治安管理处罚法》第一百一十七条规定："公安机关及其人民警察违法行使职权，侵犯公民、法人和其他组织合法权益的，应当赔礼道歉；造成损害的，应当依法承担赔偿责任。"

专题 8 预防未成年人犯罪法

1999 年 6 月 28 日，第九届全国人民代表大会常务委员会第十二次会议通过了《预防未成年人犯罪法》，并于 1999 年 11 月 1 日起施行。该法凝结了广大青少年工作者的集体智慧和理想，反映了社会稳定发展的需要，反映了预防未成人犯罪的总体战略。该法的颁布和实施，需要动员社会各方面的力量，采用政治、经济、文化、教育、道德、行政、法律等各种手段。该法对教育行政部门、学校、教师、家长等教育工作者作出了比较明确的规定，与教育教学活动有着密切关系。因此，广大教育工作者和相关人员都必须认真学习和掌握该法的有关内容，在教育教学活动过程中，贯彻实施该法，预防和减少未成年人的犯罪行为，这不仅关系到青少年一代健康成长，而且关系到我们国家、民族的发展。

一、《预防未成年人犯罪法》颁布的背景

青少年是祖国的希望和未来，是各条战线的主力军和后备军。按照德、智、体全面发展的要求，把我国青少年培养成为有社会主义觉悟的有文化的劳动者，这是全党和全国各族人民的共同任务，这一工作的好坏，不仅关系到安定团结政治局面的长期巩固，关系到社会主义现代化建设的加速发展，而且直接影响着新的一代人的成长，关系到我们党和国家的前途，关系到我们民族的兴衰。

同世界上大多数国家一样，青少年犯罪问题也是我国面临的一个突出的社会问题。且近几年来，未成年人犯罪如同成年人的犯罪一样，呈一定的上升态势，出现了以下一些新的特点：

（一）犯罪成员低龄化

随着我国人民生活水平的提高，青少年身体发育成熟期有所提前。据有关研究资料表明，目前我国未成年人发育成熟期比20世纪50年代提前2至3年，由此也带来违法犯罪成员向低龄化发展的趋势，中国青少年犯罪研究会统计资料显示：近年来，青少年犯罪总数已占全国刑事犯罪总数的70%以上，其中14至18周岁的青少年犯罪案件又占到了青少年犯罪案件总数的70%以上。

（二）犯罪手段成人化

主要表现在犯罪前有预谋，犯罪中有伪装，犯罪后有对策。有的在

作案前探讨反侦查手段，制定作案的最佳方式，作案中进行伪装，作案后有对付侦讯的伎俩，有的作案带有一定的专业性。有一名16岁的盗窃犯，专门盗窃农村乡镇的小卖部，每次偷钱时只偷少量的，他认为这样"每次只偷两三百元，一般不容易被发现，即使被发现了，失主也不会因为这么一点钱去报案。就是报了案，派出所一般也不会管这种小事"。

（三）结伙犯罪突出

近几年来，由于各种原因，封建社会的行帮意识在青少年中有所抬头，加之人们的防范意识增强，青少年犯罪经历也告诉他们单个作案成功率低，而群体作案既能互相壮胆，又能分工合作，成功率高。青少年多数是与同校、同院、同村、同经历、同爱好的同龄人一起作案，特别值得注意的是，各地发现不少由在校生组成的带有浓厚封建行帮色彩的犯罪团伙，有的还参加了黑社会性质的犯罪团伙。近年来，青少年犯罪中结伙作案的占70%。

（四）影响未成年人成长的不利因素日渐增多，从而导致青少年犯罪

如夫妻离婚，家庭解体后夫妻双方对未成年人监护的失责；学校为了促使学校无犯罪记录的荣誉或者出于升学率的需要，将一些属于"三差生"（思想品德差、学习成绩差、遵守纪律差）的未成年人拒之于校门外，使他们流入社会逐渐变成危害社会的犯罪群体。以"性挑逗"和"暴力残杀"为代表的书刊、影视、音像制品、网页不仅暗流涌动，而且大有改头换面公开粉墨登场之势，多年的课堂教育往往抵挡不了几分钟的"浊流"；市场经济的负面影响就是社会人员受经济利益驱动，以不正当的手段谋取暴利，通过钻法律滞后的空子损害大多数人的利益，以此扩散出人际关系冷漠、金钱至上的资产阶级道德观。未成年人眼中看到的是路边发廊一家紧挨一家连成一片，妖媚女子招客时的丑态等社会异化现象。这一切就都成了未成年人新的犯罪增长点的源头。这不仅影响社会治安，而且直接关系到培养造就新世纪高素质人才的重大问题，引起社会各界的广泛关注。寻求行之有效的特殊预防对策

来治理这一特殊犯罪群体成为迫在眉睫的课题。正是为了解决这个问题，我国政府于 1999 年 6 月 28 日制定并颁布了《预防未成年人犯罪法》。

二、《预防未成年人犯罪法》的重大意义

为保护未成年人的健康成长、维护他们的合法权益，我国政府和人民进行了长期不懈的多方面的努力。特别是我国实行改革开放以来，在重点进行经济建设的同时，从整个社会发展和进步角度出发，我国从立法和司法上把保护未成年人权益的问题摆在了特殊重要位置。

1991 年我国颁布《未成年人保护法》在家庭保护、学校保护、社会保护等方面，作了具体的规定，旨在尽力创造条件，保护未成年人的身心健康，保障未成年人的合法权益。为了更好地预防和减少未成年人的犯罪，1999 年 6 月 28 日我国政府颁布《预防未成年人犯罪法》，这有着极其重大的意义：

（1）有利于保护未成年人的健康成长。《预防未成年人犯罪法》的颁布对于保障未成年人身心健康，培养未成年人的良好品行，确保未成年人能在社会上过有意义的生活，并在其一生中最易沾染不良行为的时期，使其成长和受教育过程尽可能不受犯罪和不法行为的影响有着重要的意义。

（2）有利于提高未成年人的法律意识。这对于预防和减少未成年人犯罪，增加社会的稳定性有着重大的意义。

（3）有利于保护学校秩序，保证教育顺利进行。对于促进未成年人在品德、智力、体质等方面全面发展，把他们培养成有理想、有道德、有文化、有纪律的社会主义事业接班人，也有着十分重大的意义。

（4）有利于形成良好的社会育人环境。

（5）有利于明确预防未成年人犯罪的责任、权利与义务，把预防未成年人犯罪的工作落到实处。

三、《预防未成年人犯罪法》的原则

(一) 预防与矫治相结合原则

一般来说,未成年人涉世不深,主观恶性较小,具有很大的可塑性和可改造性。为了解决未成年人犯罪问题,我国坚持预防和教育为主的原则。例如,《预防未成年人犯罪法》第六条、第二十四条规定:"对未成年人应当加强理想、道德、法制和爱国主义、集体主义、社会主义教育。对于达到义务教育年龄的未成年人,在进行上述教育的同时,应当进行预防犯罪的教育。""教育行政部门、学校应当举办各种形式的讲座、座谈、培训等活动,针对未成年人不同时期的生理、心理特点,介绍良好有效的教育方法,指导教师、未成年人的父母和其他监护人有效地防止、矫治未成年人的不良行为。"

(二) 教育与保护相结合原则

未成年人由于身心发展不成熟,缺乏社会生活经验和知识,在处理事情时,容易偏激,出现过错。但是,未成年人的可塑性比较大,容易认识自己的错误,并努力纠正。对未成年人应坚持教育与保护相结合的原则。一方面,要教育未成年人认识到自己过错的危害性;另一方面,又要注意保护未成年人的名誉,以有利于他们回归社会。对于未成年被告人,我国《刑法》、《刑事诉讼法》和《未成年人保护法》,都作了一系列有别于成年被告人的具体规定,在审判、处刑、诉讼权利、执行刑罚等方面都给予了充分的法律保障和有效、公平、合乎人道的对待,既保护了未成年人的成长,又维护了社会的良好秩序。同时,对于违法犯罪的未成年人,我国实行教育、感化、挽救的方针和教育为主、惩罚为辅的原则。《预防未成年人犯罪法》第四十五、四十六条规定:"对于审判的时候被告人不满 18 周岁的刑事案件,不公开审理。""对被拘留、逮捕和执行刑罚的未成年人与成年人应当分别关押、分别管理、分别教育。未成年犯在被执行刑罚期间,执行机关应当加强对未成年犯罪的法制教育，对未成年犯进行职业技术教育。对没有完成义务教育的未成年罪犯，执行机关应当保证其继续接受义务教育。"这充分体现了教育与保护相结合的原则。

（三）综合治理和专项打击结合

预防未成年人犯罪，我国坚持综合治理的原则，在各级人民政府组织领导下，实行综合治理。政府有关部门、司法机关、人民团体、有关社会团体、学校、家庭、城市居民委员会、农村村民委员会等各方面共同参与，各负其责，在各自职责范围内做好预防未成年人犯罪工作，为未成年人身心健康发展创造良好的社会环境。

（四）适应性和提高性结合

未成年人是指未满 18 周岁的公民，正处于长身体、长知识的年龄段，身心发育还未完全成熟，缺乏明辨是非的能力，世界观还未形成，属于具有民事权利人，但不具有完全民事行为能力或完全不具有民事行为能力。因此，在安排未成年人的活动时，应考虑未成年人身心的承受能力，考虑对未成年人身心发展造成的影响，不能进行对未成年人身心发展有害的活动。

四、《预防未成年人犯罪法》的主要内容

（一）预防未成年人犯罪的教育

预防未成年人犯罪的教育的目的，是增强未成年人的法制观念，使未成年人懂得违法和犯罪行为对个人、家庭、社会造成的危害，违法和犯罪行为应当承担的法律责任，树立遵纪守法和防范违法犯罪的意识。因此，中央和地方各级机关及未成年人的监护人应当在各自的职责范围内对未成年人进行预防犯罪的教育。其主要内容如下：

（1）教育行政部门、学校应当将预防犯罪的教育作为法制教育的内容纳入学校教育教学计划，结合常见多发的未成年人犯罪，对不同年龄的未成年人进行有针对性的预防犯罪教育。

学校应当结合实际举办以预防未成年人犯罪的教育为主要内容的活动。学校应当聘任从事法制教育的专职或者兼职教师。学校根据条件可聘请校外法律辅导员。学校在对学生进行预防犯罪教育时，应当将教育计划告知未成年人的父母或者其他监护人。

教育行政部门应当将预防未成年人犯罪教育的工作效果作为考核学校工作的一项重要内容。

（2）司法行政部门、教育行政部门、共产主义青年团、少年先锋队应当结合实际，组织、举办展览会、报告会、演讲会等多种形式的预防未成年人犯罪的法制宣传活动。少年宫、青少年活动中心等校外活动场所、城市居民委员会、农村村民委员会都应当把预防未成年人犯罪的教育作为一项重要的工作内容，开展多种形式的宣传教育活动。

（3）未成年人的父母或者其他监护人对未成年人的法制教育负有直接责任。未成年人的父母或者其他监护人应当结合学校的计划，针对具体情况进行教育。

（4）对于已满16周岁不满18周岁准备就业的未成年人，职业教育培训机构、用人单位应当将法律知识和预防犯罪教育纳入职业培训的内容。

（二）对未成年人不良行为的预防

青少年是由未成年向成年过渡的一个特殊群体，有其特殊的生理和心理。他们年纪小，法制观念薄弱，自控能力较差，实施各种行为比较轻率。他们犯罪，有的往往出于好奇、模仿、顽劣。因此，对未成年人不良行为的预防就是要教育他们明辨是非，禁止他们做出不良行为以及参与一些不利于未成年人成长的活动。预防和治理青少年违法犯罪，应继续巩固和加强好三道防线即学校、家庭、社会。这一预防工作主要有下述几项内容：

（1）未成年人的父母或者其他监护人和学校应当教育未成年人不得吸烟、酗酒，发现未成年人组织或者参加实施不良行为的团伙的，应当及时制止。发现该团伙有违法犯罪行为的、发现有人教唆、引诱未成年人违法犯罪的，应当向公安机关报告。

学校对有不良行为的未成年人应当加强教育、管理，不得歧视。中小学生旷课的，学校应当及时与其父母或监护人取得联系。对未成年人擅自外出夜不归宿或离家出走的，其父母或者其他监护人、其所在的寄宿学校负责人应当及时查找，或者向公安机关报告，请求帮助。

教育行政部门、学校应当举办各种形式的讲座、座谈、培训等活动，针对未成年人不同时期的生理、心理特点，介绍良好有效的教育方法，指导教师、未成年人的父母和其他监护人有效地防止、矫治未成年人的不良行为。对于教唆、胁迫、引诱未成年人实施不良行为或者品行不良，影响恶劣，不适宜在学校工作的教职员工，应当予以解聘或者辞退；构成犯罪的，依法追究刑事责任。

未成年人的父母或者其他监护人对未成年人不得放任不管，不得迫使其离家出走，不得让不满 16 周岁的未成年人脱离监护单独居住。未成年人的父母离异的，离异双方对子女都有教育的义务，任何一方都不得因离异而不履行教育子女的义务。继父母、养父母对受其抚养教育的未成年继子女、养子女，应当履行该法所规定的父母对未成年子女的预防犯罪方面的职责。

（2）任何人不得教唆、胁迫、引诱未成年人实施该法规定的不良行为，或者为未成年人实施不良行为提供条件。任何经营场所不得向未成年人出售烟酒。任何单位和个人不得制作或向未成年人出售、出租、提供（包含利用通信、计算机网络等方式）含有诱发未成年人违法犯罪以及渲染暴力、色情、赌博、恐怖活动等危害未成年人身心健康内容的读物、音像制品或者电子出版物。

广播、电影、电视、戏剧节目，不得有渲染暴力、色情、赌博、恐怖活动等危害未成年人身心健康的内容。广播电影电视行政部门、文化行政部门必须加强对广播、电影、电视、戏剧节目以及各类演播场所的管理。

禁止在中小学校附近开办营业性歌舞厅、营业性电子游戏场所以及其他未成年人不适宜进入的场所。营业性歌舞厅以及其他未成年人不适宜进入的场所、营业性电子游戏场所（在国家法定节假日外），不得允许未成年人进入，并应当设置明显的未成年人禁止进入的标志。

（3）公安机关应当加强中小学校周围环境的治安管理，及时制止、处理中小学校周围发生的违法犯罪行为。公安派出所、城市居民委员会、农村村民委员会应当掌握本辖区内暂住人口中未成年人的就学、就业情况。对暂住人口中未成年人实施不良行为的，应当督促其父母或者其他监护人进行有效的教育、制止。城市居民委员会、农村村民委员会应当协助公安机关做好维护中小学校周围治安的工作。

（三）对未成年人严重不良行为的矫治

这里所说的"严重的不良行为"是指下列严重危害社会，尚不够刑事处罚的违法行为：（1）纠集他人结伙滋事，扰乱治安；（2）携带管制刀具，屡教不改；（3）多次拦截殴打他人或者强行索要他人财物；（4）传播淫秽的读物或者音像制品等；（5）进行淫乱或者色情、卖淫活动；（6）多次偷窃；（7）参与赌博，屡教不改；（8）吸毒、注射毒品；（9）其他严重危害社会的行为。对未成年人实施上述严重不良行为的，应当及时予以制止。其主要内容如下：

（1）对于有上述严重不良行为的未成年人，其父母或者其他监护人和学校应当相互配合，采取措施严加管教，也可以送工读学校进行矫治和接受教育。对于有上述严重不良行为的未成年人，构成违反治安管理行为的，由公安机关依法予以治安处罚。因不满14周岁或者情节特别轻微免予处罚的，可以予以训诫。因不满16周岁不予刑事处罚的，责令他的父母或者其他监护人严加管教；在必要的时候，也可以由政府依法收容教养。

（2）工读学校对就读的未成年人应当严格管理和教育。工读学校除按照《义务教育法》的要求，在课程设置上与普通学校相同外，应当加强法制教育的内容，针对未成年人严重不良行为产生的原因以及有严重不良行为的未成年人的心理特点，开展矫治工作。未成年人在被收容教养期间，执行机关应当保证其继续接受文化知识、法律知识或者职业技术教育；对没有完成义务教育的未成年人，执行机关应当保证其继续接受义务教育。

家庭、学校应当关心、爱护在工读学校就读的未成年人，尊重他们的人格尊严，不得体罚、虐待和歧视。工读学校毕业以及解除收容教养、劳动教养的未成年人，在复学、升学、就业等方面与普通学校毕业的其他未成年人享有同等的权利，任何单位和个人不得歧视。

（四）未成年人对犯罪的自我防范

除了社会、家庭、学校以及有关部门应对预防未成年人的犯罪负有责任和义务外，未成年人也应对犯罪进行自我防范。未成年人应当遵守法律、法规及社会公共道德规范，树立自尊、自律、自强意识，增强辨别是非和自我保护的能力，自觉抵制各种不良行为及违法犯罪行为的引诱和侵害。主要内容如下：

（1）被父母或者其他监护人遗弃、虐待的未成年人，有权向公安机关、民政部门、共产主义青年团、妇女联合会、未成年人保护组织或者学校、城市居民委员会、农村村民委员会请求保护。被请求的上述部门和组织都应当接受，根据情况需要采取救助措施的，应当先采取救助措施。

（2）未成年人发现任何人对自己或者对其他未成年人实施该法第三章规定不得实施的行为或者犯罪行为，可以通过所在学校、其父母或者其他监护人向公安机关或者政府有关主管部门报告，也可以自己向上述机关报告。受理报告的机关应当及时依法查处。

（3）对同犯罪行为作斗争以及举报犯罪行为的未成年人，司法机关、学校、社会应当加强保护，保障使其不受打击报复。

（五）对未成年人重新犯罪的预防

对于犯罪已被追究刑事责任的未成年人，应当实行教育、感化、挽救的方针，坚持教育为主、惩罚为辅的原则，以防止未成年人重新走上犯罪的道路。其具体内容如下：

（1）司法机关审理未成年人犯罪案件，应当保障未成年人行使其诉讼权利，保障未成年人得到法律帮助，并根据未成年人的生理、心理特点和犯罪的情况，有针对性地进行法制教育。人民法院审判未成年人犯罪的刑事案件，应当由熟悉未成年人身心特点的审判员或者审判员和人民陪审员依法组成少年法庭进行。对于已满 14 周岁不满 16 周岁未成年人犯罪的案件，一律不公开审理。已满 16 周岁不满 18 周岁未成年人犯罪的案件，一般也不公开审理。对未成年人犯罪案件，新闻报道、影视节目、公开出版物不得披露该未成年人的姓名、住所、照片及可能推断出该未成年人的资料。

（2）对被拘留、逮捕和执行刑罚的未成年人与成年人应当分别关押、分别管理、分别教育。对于被采取刑事强制措施的未成年学生，在人民法院的判决生效以前，不得取消其学籍。未成年犯在被执行刑罚期间，执行机关应当加强对未成年犯的法制教育，对未成年犯进行职业技术教育。对没有完成义务教育的未成年犯，执行机关应当保证其继续接受义务教育。

（3）未成年人的父母或者其他监护人和学校、城市居民委员会、农村村民委员会，对因不满 16 周岁而不予刑事处罚、免予刑事处罚的未成年人，或者被判处非监禁刑罚、被判处刑罚宣告缓刑、被假释的未成年人，应当采取有效的帮助措施，协助司法机关做好对未成年人的教育、挽救工作。

（4）依法免予刑事处罚、判处非监禁刑罚、判处刑罚宣告缓刑、假释或者刑罚执行完毕的未成年人，在复学、升学、就业等方面与其他未成年人享有同等权利，任何单位和个人不得歧视。

五、法律责任

违反《预防未成年人犯罪法》规定内容，不履行义务、不承担责任的，应依法追究其刑事责任和行政责任。

（一）刑事责任

公安机关的工作人员，接到报告后，不及时查处或者采取有效措施，造成严重后果，构成犯罪的，依法追究刑事责任。制作、复制宣扬淫秽内容的出版物，或者向未成年人出售、出租、传播宣扬淫秽内容的出版物，构成犯罪的，依法追究刑事责任。教唆、胁迫、引诱未成年人实施该法规定的不良行为，或者为未成年人实施不良行为、严重不良行为提供条件，构成犯罪的，依法追究刑事责任。通过对违反预防未成年人犯罪法规定的犯罪行为追究刑事责任，依法重罚，来预防未成年人犯罪，保证《预防未成年人犯罪法》的实施。

（二）行政责任

通过对违反《预防未成年人犯罪法》的违法行为给予行政处分、训诫、警告、责令改正、罚款等行政制裁手段，来贯彻《预防未成年人犯罪法》。例如其第五十五条规定："营业性歌舞厅以及其他未成年人不适宜进入的场所、营业性电子游戏场所，违反本法第三十三条的规定，不设置明显的未成年人禁止进入标志，或者允许未成年人进入的，由文化行政部门责令改正、给予警告、责令停业整顿、没收违法所得，处以罚款，并对直接负责的主管人员和其他直接责任人员处以罚款；情节严重的，由工商行政部门吊销营业执照"等。

（三）民事责任

对违反《预防未成年人犯罪法》，侵害未成年人合法权益的，除了按照法律规定追究刑事责任和行政责任之外，还可以依据《民法通则》等有关规定，追究民事责任，如要求停止侵害、排除妨碍、消除危险等。

六、《预防未成年人犯罪法》的实施

（一）预防未成年人犯罪是国家机关、政党、社会团体、企业事业组织、城乡基层群众性自治组织、未成年人的监护人和其他成年公民的共同责任

对违反《预防未成年人犯罪法》的违法行为，任何组织和个人都有权予以劝阻、制止或者向有关部门提出检举或者控告。

国家、社会、学校和家庭应当教育和帮助未成年人运用法律手段，维护自己的合法权益。

（二）中央和地方各级国家机关应当在各自的职责范围内做好预防未成年人犯罪的工作

预防未成年人犯罪，在各级人民政府领导下，实行综合治理。政府有关部门、司法机关、人民团体、有关社会团体、学校、家庭、城市居民委员会、农村村民委员会等各方面共同参与，各负其责，在各自职责范围内做好预防未成年人犯罪工作，为未成年人身心健康发展创造良好的社会环境。

专题9 教育行政处罚暂行实施办法

《教育行政处罚暂行实施办法》（以下简称《处罚办法》）于1998年3月6日经原国家教育委员会主任朱开轩签署，正式施行。

《处罚办法》的实施是我国教育法制史上的一个里程碑，对教育行政执法，具有相当重要的意义。与教育行政、学校管理、教育教学以及其他从事教育教学和学习的人员具有密切关系。为了全面深入准确地贯彻依法治教的精神，我们必须认真学习、掌握和运用《处罚办法》。

一、《处罚办法》的意义

《处罚办法》最主要的意义就是它将有力地促进教育法的落实。自党的十一届三中全会以来，我国的教育法律体系已基本形成。这为依法治教提供了前提。但是，我国现已通过的教育法律，基本上是对教育行为的规范，或者是对违反教育法者承担法律责任的规定，而对于谁来执法，如何执法，则缺乏明确的规定。有法必依和违法必究的问题仍急需解决。《处罚办法》明确了教育法的行政执行的有关问题，并明确了对违反教育法的行为应当如何进行行政处罚。这些规定将有力地促进教育法的落实。

二、《处罚办法》的目的

颁布实施《处罚办法》的主要目的包括以下几方面：

（一）规范教育行政处罚行为

《处罚办法》对教育行政处罚的执行者、处罚办法、处罚程序及应受处罚的行为，都作出了明确规定。这为教育行政处罚提供了明确具体的标准，使教育行政处罚有法可依，有章可循，既为教育行政提供了行使处罚权的根据，同时也为其提供了限制，以此达到规范教育行政处罚的目的。

（二）保障教育行政管理有效实施

教育行政管理主要是完成教育活动的组织、监督、协调等任务，其中最重要的一项手段就是对违反教育法律，不服从教育行政管理的人员和行为进行处罚。如果没有处罚这一手段，教育法就等同于一纸空文，教育行政管理部门也就失去了权威，他们组织、监督、协调等工作也就不会奏效，国家和社会的教育活动也将陷入混乱状态。《处罚办法》的颁布实施为教育行政管理的实施提供了法律保障。

（三）监督教育行政管理合法实施

《处罚办法》规定教育行政部门享有处罚权，这有利于保障教育行政管理的有效实施。但是，我们也应该认识到，教育行政部门的处罚不能是不受约束的、为所欲为的行为。根据我国的《宪法》原则，任何部门和个人都应该平等地享有法律赋予的权利，同时，也应该平等地承担法律赋予的义务。教育行政部门在行使处罚权的同时，也同样应该受到法律的限制。教育行政部门实施教育行政处罚的行为应当而且必须受到监督，以防止有人滥用职权，随意处罚，防止从另一个极端破坏正常的教育秩序。《处罚办法》可以发挥监督教育行政管理合法实施的作用，在一定程度上防止教育行政的腐败。

（四）保护公民的合法权益

我国的《教育法》及其他相关法律、法规，明确规定了广大公民包括法人和其他组织在教育方面享有的权益，这些权益的正确行使，将保证教育事业的合理发展，保证公民素质的迅速提高，从而保证社会主义建设事业的顺利进行。然而，在教育活动中，不可避免地会出现一些侵害公民合法的教育权益的行为，对这些行为给予适当的教育行政处罚，是保护公民合法权益的需要。《处罚办法》在这一方面将发挥重要作用。

《处罚办法》的四个目的是互相联系、相辅相成的，在实践中不能片面强调其中一方面，而忽视其他方面，更不能把它们对立起来。《处罚办法》的最终目的就是要纠正违法行为，教育有关人员自觉守法，建立正常的适合社会主义建设需要的教育秩序，以培养更多的德育、智育、体育、美育等全面发展的社会主义事业建设者和接班人。

三、《处罚办法》的适用范围

《处罚办法》对教育行政处罚的范围作了明确规定，具体规定如下：

（1）应该受到教育行政处罚的必须是"违序的行为"，即违反教育行政管理秩序的行为

这里所说的教育行政管理秩序主要包括教育法律、教育法规、教育规章等法律形式所作出的有关规定，其内容主要为有关教育行政管理的权力、义务以及有关程序的规定，违反教育行政管理秩序的行为主要包括越权行为、渎职行为等。

（2）应该受到教育行政处罚的行为必须是"应罚的行为"，即按照教育法律应当给予行政处罚的行为

这里所说的"应罚的行为"主要是指，行为人违反教育行政管理秩序的行为（包括不行为）已达到了一定的严重程度，必须给予教育行政处罚，才能达到纠正违法行为、惩罚和教育违法行为人并进而达到教育其他人、维护正常教育的目的。有些行为虽然违反了教育行政管理秩序的规定，但是并不严重，那就不必给予教育行政处罚。

（3）实施教育行政处罚必须"依据有关规定"，即实施教育行政处罚必须依据《中华人民共和国行政处罚法》和《教育行政处罚暂行实施办法》的规定

这里所说的"依据有关规定"包含以下四方面：

（1）所要给予处罚的行为是否违反了有关法律；

（2）所要给予处罚的违反有关法律的行为是否已达到了一定严重程度，必须给予处罚；

（3）对必须给予处罚的行为，应该遵照规定的程序；

（4）在给予处罚的过程中，应该注意运用法律技术。

在实施教育行政处罚时，我们必须明确处罚的界限，对于严重违反教育行政管理秩序的行为，必须严惩，不能手软，而对于那些改革过程中出现的尚不能准确定性的问题，则应该采取慎重态度。

四、《处罚办法》的实施原则

在实施教育行政处罚的过程中，我们所面对的情况是复杂的，所应

依据的法律条文是纷繁的。同时，法律条文是静止的，不可避免地带有制定时的时代烙印，而客观形势是发展变化的。这就要求我们在实施教育行政处罚时，必须考虑有关教育行政处罚的基本精神、最终目的，必须体现法律的公平，必须维护社会正义，必须考虑社会的发展变化和新的要求。要做到这些，就必须遵守教育《行政处罚办法》的基本原则，主要包括以下几方面：

（一）以事实为依据

实施教育行政处罚时，必须以事实为依据。这里所说的事实必须是符合法律规定的事实，必须是行为（或不行为），必须是实际发生的事实，而不能是想象的事，不能是一种思想。

（二）以法律为准绳

以法律为准绳是指在实施教育行政处罚时，只能以有关的法律规定作为制定处罚的标准，法律规定应该严惩的就应该从重处罚，法律规定应该从宽的，就应该从轻处罚。从宽与从严的范围都应该在法律规定的范围之内，宽大无边与严惩无限都是不符合法律原则的。

（三）公正、公开、及时

1. 实施教育行政处罚必须公正

这里所说的"公正"主要是指实施教育行政处罚时不能受法律以外的因素影响：一是处罚目的要公正，不能掺杂私心杂念；二是手段要公正，不能采用不正当手段；三是程序要公正，对每方当事人都要公正对待；四是结果要公正，不能错判、漏判、枉法裁判。

2. 实施教育行政处罚必须公开

这里所说的"公开"主要是指实施教育行政处罚时，除法律另有规定的外，所有材料和过程都应该让当事人和有关人员及公众知道，不应有任何隐瞒。应该公开的主要有以下几方面：一是处罚理由要公开；二是处罚内容要公开；三是处罚程序要公开；四是处罚结果要公开；五是当事人的权利和义务要公开。

3. 实施教育行政处罚必须及时

这里所说的"及时"主要是指实施教育行政处罚必须在法律规定的时限内完成。"及时"主要包括以下几方面：一是对违反教育行政管理秩序的行为必须及时开具处罚决定书；二是对违法行为必须及时纠正并挽回损失；三是必须及时实施处罚，不能打法律白条；四是对申诉者必须及时给予答复。

4. 教育与处罚相结合

实施教育行政处罚应当坚持教育与处罚相结合的原则。实施教育行政处罚的主要目的是纠正违法行为，维护教育行政管理秩序。这主要包括两个方面：一方面，对违反教育行政管理秩序的行为必须给予处罚，如果不处罚，就会助长违法者的气焰，破坏教育行政管理秩序，广大人民群众的利益将得不到保护，党和国家的教育方针将得不到贯彻落实。因此，惩罚是不可放弃的手段。另一方面，惩罚又不是最终目的。采用惩罚措施是我们在迫不得已的情况下不得不采取的手段，最终目的仍然是教育违反者本人和其他人。因此，我们在采用惩罚手段时应该不忘教育目的。从教育目的出发来进行惩罚，用惩罚手段来达到教育目的。

五、《处罚办法》的实施机关

《处罚办法》对实施教育行政处罚的机关作了明确规定，大致可以分为三种情况：

（一）实施教育行政处罚的机关必须是县级以上人民政府的教育行政部门

其中的"县级以上"应该理解为包括市辖区。乡镇、村和学校如果没有受到委托就没有教育行政处罚权。

（二）教育行政部门可以委托其他组织实施教育行政处罚

受委托的组织必须符合《中华人民共和国行政处罚法》第十九条规定。按照该条规定，受委托组织必须符合以下条件：（1）依法成立的管理公共事务的事业组织；（2）具有熟悉有关法律、法规、规章和业务的组织；（3）对违法行为需要进行技术检查或者技术鉴定的，应当有条件组织进行相应的技术检查或者技术鉴定。

按照这条规定，学校或其他符合条件的组织可以成为受委托的组织。教育行政部门在委托学校或其他符合条件的组织实施教育行政处罚时，应当与受委托组织签订《教育行政处罚委托书》，依法规定双方实施处罚的权利和义务。

（三）法律、法规另有规定的

六、实施教育行政处罚的管辖权

按照《处罚办法》的规定，实施教育行政处罚的管辖权，可以分为以下几种情况：

（一）管辖权的划分

（1）在一般情况下，教育行政处罚由违法行为发生地的教育行政部门管辖。

（2）对给予撤销学校或者其他教育机构的案件，由批准该学校或者其他教育机构设立的教育行政部门管辖。

（3）以下案件由国务院教育行政部门管辖：

①应当由其撤销高等学校或者其他教育机构的案件；

②应当由其撤销教师资格的案件；

③全国重大复杂的案件；

④教育法律、法规规定由其管辖的处罚案件。

（4）其他管辖

除国务院教育行政部门管辖的处罚案件外，对其他各级各类学校或者其他教育机构及其内部人员处罚的案件管辖，《处罚办法》还作了如下规定：

（1）对高等学校或者其他高等教育机构及其内部人员的处罚，为省级人民政府教育行政部门；

（2）对中等学校或者其他中等教育机构及其内部人员的处罚，为省级或地、设区的市级人民政府教育行政部门；

（3）对实施初级中等以下义务教育的学校或者其他教育机构、幼儿园及其内部人员的处罚，为县、区级人民政府教育行政部门。

（二）管辖权的协调

在管辖权发生争议或出现特殊情况时，可按以下办法划分管辖权。

（1）提处。上一级教育行政部门认为必要时，可以将下一级教育行政部门管辖的处罚案件提到本部门处理。

（2）报处。下一级教育行政部门认为所管辖的处罚案件重大、复杂或超出本部门职权范围的，应当报请上一级教育行政部门处理。

（3）先立。两个以上教育行政部门对同一个违法行为都具有管辖权的，由先行立案的教育行政部门管辖。

（4）移送。主要违法行为发生地的教育行政部门处理更为合适的，可以移送主要违法行为发生地的教育行政部门处理。

（5）并处。教育行政部门发现正在处理的行政处罚案件，还应由其他行政主管机关处罚的，应向有关行政机关通报情况、移送材料并协商意见。

（6）先送。对构成犯罪的，应先移送司法机关依法追究刑事责任。

七、教育行政处罚的种类

按照《处罚办法》的规定，我国的教育行政处罚可分为以下十种：

（1）警告；

（2）罚款；

（3）没收违法所得，没收违法颁发、印制的学历证书、学位证书及其他学位证书；

（4）撤销违法举办的学校和其他教育机构；

（5）取消颁发学历、学位和其他学业证书的资格；

（6）撤销教师资格；

（7）停考，停止申请认定资格；

（8）责令停止招生；

（9）吊销办学许可证；

（10）法律、法规规定的其他教育行政处罚。

教育行政部门实施上述处罚时，应当责令当事人改正、限期改正违法行为。

《处罚办法》所规定的行政处罚大致可以归纳为：警、罚；没收；个停；个销（消）；其他。具体来说，包括以下内容：

（1）警、罚，是指警告、罚款。

（2）没收，是指：①没收违法所得；②没收证书，即没收违法颁发、印制的学历证书、学位证书及其他学业证书。

（3）个停，是指：①停考；②停止申请认定资格；③停止招生。

（4）个销（消），是指：①撤销教育机构，即撤销违法举办的学校和其他教育机构；②取消发证资格，即取消颁发学历、学位和其他学业证书的资格；③撤销教师资格；④吊销办学许可证。

（5）其他，是指法律、法规规定的其他教育行政处罚。例如，《中华人民共和国教育法》第八十条规定："非法举办国家教育考试的，由教育行政部门宣布考试无效等。"

在实施教育行政处罚时，应该强调的是处罚是手段而不是目的，因此，在实施行政处罚的同时，还必须责令当事人改正违法行为。

八、应受教育行政处罚的主要违法情形

《处罚办法》第三章对应受教育行政处罚的主要违法情形作了比较明确的规定。这些违法情形集中了《教育法》《教师法》《义务教育法》《未成年人保护法》以及其他相关法律、法规的规定，内容比较全

面、具体。根据该部分的规定，应受教育行政处罚的违法情形大致可以归纳为以下种类：

（一）幼儿教育工作中应受教育行政处罚的主要违法情形

按照所实施的行为来划分，幼儿教育工作中应受教育行政处罚的违法情形大致可以归纳为以下几种：

1. 违序行为

其主要是指幼儿园或其他行为人的行为违反了法律、法规有关程序、秩序的规定，使幼儿教育教学不能正常进行的行为。主要包括以下几种情形：

（1）擅自招生：是指未经注册登记，擅自招收幼儿的；

（2）克扣经费：是指克扣、挪用幼儿园经费的；

（3）侵占园舍：是指侵占、破坏幼儿园园舍、设备的；

（4）干扰秩序：是指干扰幼儿园正常工作秩序的。

2. 妨害行为

其主要是指幼儿园或其他行为人的行为违反了法律、法规的有关规定，妨害幼儿的身心健康和幼儿园教育环境的行为，主要包括以下几种情形：

（1）园舍不符合标准：是指园舍、设施不符合国家卫生标准、安全标准，妨害幼儿身体或危及幼儿生命安全的。

（2）教育违背规律：是指教育内容和方法违背幼儿教育规律，损害幼儿身心健康的。包括体罚和变相体罚幼儿；使用有毒、有害物质制作教具、玩具；侮辱幼儿人格尊严等。

（3）建筑影响环境：是指在幼儿园周围设置有危险、有污染或者影响幼儿园采光的建筑和设施等。

（二）监护人应受教育行政处罚的主要违法情形

拒送被监护人就学：是指适龄儿童、少年的父母或监护人，未按法律规定送子女或监护人就学接受义务教育，经教育仍拒绝送子女或被监护人就学的行为。

（三）办学中应受教育行政处罚的主要违法情形

按照《处罚办法》的规定，办学中应受教育行政处罚的情形主要有以下几种：

（1）非法举办：是指违反法律、法规和国家有关规定举办学校或其他教育机构的行为；

（2）虚假出资：是指社会力量举办的教育机构，举办者虚假出资的行为；

（3）抽逃出资：是指社会力量举办的教育机构，举办者在教育机构成立后抽逃出资的行为；

（4）不确定工资福利比例的：是指社会力量举办的学校或者其他教育机构不确定各类人员的工资福利开支占经常办学费用的比例或者不按照确定的比例执行的行为；

（5）非法使用积累：是指将积累用于分配或者校外投资的行为；

（6）管理混乱：是指社会力量举办的学校或者其他教育机构管理混乱、教学质量低下，造成恶劣影响的行为；

（7）违法发证：是指学校或其他教育机构违反法律、行政法规的规定，颁发学位、学历或者其他学业证书的行为。

（四）国家教育考试中应受教育行政处罚的主要违法情形

按照《处罚办法》的规定，在国家教育考试中应受教育行政处罚的情形主要有以下几种：

（1）非法举办：是指非法举办国家教育考试的行为；

（2）欺诈行为：是指参加国家教育考试的考生以虚报或伪造、涂改有关材料及其他欺诈手段取得考试资格的行为；

（3）舞弊行为：是指参加国家教育考试的考生在考试中有夹带、传递、抄袭、换卷、代考等考场舞弊的行为；

（4）破坏行为：是指参加国家教育考试的考生，破坏报名点、考场、评卷地点秩序，使考试工作不能正常进行或以其他方法影响、妨碍考试工作人员使其不能正常履行责任以及其他严重违反考场规则的行为。

（五）教师应受教育行政处罚的主要违法情形

按照《处罚办法》的规定，教师应受教育行政处罚的违法情形主要有以下几种：

（1）骗取资格：是指弄虚作假或以其他欺骗手段获得教师资格的；

（2）品行不良：是指品行不良、侮辱学生，影响恶劣的；

（3）受到刑罚：是指受到剥夺政治权利或因故意犯罪受到有期徒刑以上刑事处罚的教师；

（4）作弊行为：是指参加教师资格考试的人员有作弊行为的。

九、教育行政处罚的处罚程序

实施教育行政处罚，应当根据法定的条件和案例的具体情况分别适用《行政处罚法》和本办法规定的简易程序、听证程序和一般程序。

（一）简易程序

1. 简易程序的定义

教育行政处罚执法人员持有能够证明违法事实的确凿证据和法定的依据，对公民处以五十元以下，对法人或者其他组织处以一千元以下罚款或给予警告处罚的，可以适用简易程序，当场作出处罚决定，但应报所属教育行政部门备案。

2. 简易程序的适用条件

简易程序的适用条件主要包括以下几方面：

（1）操作：按照简易程序的规定，教育行政处罚执法人员可以当场作出处罚决定。这是简易程序与其他程序的显著区别。

（2）证据：执法人员必须持有能够证明违法事实的证据。

（3）依据：执法人员必须持有能够对该违法事实给予处罚的法定

依据。

（4）范围：处罚的范围必须在以下三种情况范围内：

①对公民处以五十元以下处罚的；

②对法人或者其他组织处以一千元以下罚款的；

③给予警告处罚的。

（5）备案：执法人员在应用简易程序进行教育行政处罚之后，应报所属教育行政部门备案。

3. 简易程序的执行

执法人员在应用简易程序当场作出教育行政处罚时，应按照以下规定执行：

（1）出示证件，即向当事人出示执法身份证件。

（2）制作笔录，即应当制作《教育行政处罚当场处罚笔录》。

（3）填写决定书，即填写《教育行政处罚当场处罚决定书》，该决定书应当载明以下事项：①违法行为；②处罚依据；③处罚种类；④处罚时间；⑤处罚地点；⑥教育行政部门的名称；⑦执法人员签名或盖章。

（4）交付当事人，即教育行政执法人员应将《教育行政处罚当场处罚决定书》交付当事人。

（二）听证程序

1. 听证程序的定义

对有些教育行政处罚，当事人在教育行政部门告知后三日内有要求举行听证的权利，教育行政部门应当按照《行政处罚法》第四十二条的规定，组织听证。

2. 听证程序的适用条件

听证程序的适用条件主要包括以下几方面：

（1）适用范围：可以采用听证程序的教育行政处罚主要包括以下几种：

①较大数额的罚款：按照《处罚办法》的规定，这时所指的较大数额的罚款，标准为：由国务院教育行政部门作出罚款决定的，为五千元以上；由地方人民政府教育行政部门作出罚款决定的，具体标准由省一级人民政府决定。

②两个"没收"处罚：没收违法所得，没收违法颁发、印制的学历证书、学位证书及其他学业证书。

③三个"停"处罚：停考、停止申请认定资格、停止招生。

④四个"销（消）"处罚：取消颁发学历、学位和其他学业证书的资格；撤销违法举办的学校和其他教育机构；撤销教师资格；吊销办学许可证。

3. 听证程序的执行

凡符合执行听证程序的行政处罚应遵循以下要求：

（1）书面告知：教育行政部门在作出上述行政处罚决定之前，除应当告知作出处罚决定的事实、理由和依据外，还应当书面告知当事人有要求举行听证的权利；

（2）提出时限：当事人要求举行听证的，应当在得到教育行政部门的告知后三日内提出；

（3）回复时限：教育行政机关应当在举行听证的七日前，通知当事人举行听证的时间、地点；

（4）听证组织：当事人在教育行政部门告知后三日内提出举行听证要求的，教育行政部门应当按照规定组织听证；

（5）听证方式：除涉及国家秘密、商业秘密或者个人隐私外，听证公开举行；

（6）听证主持：听证由行政机关指定的非本案调查人员主持；当事人认为主持人与本案有直接利害关系的，有权申请回避；

（7）参与方式：当事人可以亲自参加听证，也可以委托一至二人代理；

（8）听证内容：举行听证时，调查人员提出当事人违法的事实、证据和行政处罚建议；当事人进行申辩和质证；

（9）听证笔录：听证应当制作笔录；笔录应当交当事人审核无误后签字或者盖章；

（10）听证呈报：听证结束后，听证主持人应当提出《教育行政处罚听证报告》连同听证笔录和有关证据呈报教育行政部门负责人；

（11）听证结论：教育行政部门负责人应当对《教育行政处罚报告》进行认真审查，并依照行政法的有关规定作出以下之一种决定：①确有应受教育行政处罚的违法行为的，根据情节轻重及具体情况，作出教育行政处罚决定；②违法行为轻微，依法可以不予教育行政处罚的，不予教育行政处罚；③违法事实不能成立的，不得给予教育行政处罚；④违法行为已构成犯罪的，移送司法机关；⑤对情节复杂或者重大违法行为给予较重的行政处罚，教育行政机关的负责人应当集体讨论决定；

（12）听证异议：当事人对行政处罚决定不服的，有权依照法律、法规的规定，申请行政复议或者提起行政诉讼。行政复议、行政诉讼期间，行政处罚不停止执行。

（三）一般程序

1. 一般程序的定义

除依法适用简易程序和听证程序以外，对其他教育违法行为的处罚应当适用一般程序。

2. 一般程序的适用范围

除依法适用简易程序和听证程序以外的情况，《处罚办法》所规定的十类教育行政处罚都可以采用一般程序。

3. 一般程序的执行

（1）立案决定。教育行政部门发现公民、法人或者其他组织有应当给予教育行政处罚的违法行为的，应当作出立案决定。

（2）案件调查。教育行政部门必须按照法定程序和方法，全面、客观、公正地调查、收集有关证据，教育行政部门在调查时，执法人员不得少于两人。

（3）进行检查。必要时，依照法律、行政法规的规定，可以进行检查。教育行政部门在进行检查时，执法人员不得少于两人。

（4）登记封存。教育行政部门在收集证据时，对可能灭失或者以后难以取得的证据，经教育行政部门负责人批准，可以将证据先行登记，就地封存。

（5）处罚告知。在作出处罚决定前，教育行政部门应当发出《教育行政处罚告知书》，告知当事人作出处罚决定的事实、理由和依据，并告知当事人依法享有的陈述权、申辩权和其他权利。

（6）陈述申辩。当事人在收到《教育行政处罚告知书》后七日内，有权向教育行政部门以书面方式提出陈述、申辩意见以及相应的事实、理由和证据。教育行政部门必须充分听取当事人的意见，对当事人提出的事实、理由和证据应进行复核，当事人提出的事实、理由或者证据成立的，教育行政部门应当采纳。教育行政部门不得因当事人的申辩而加重处罚。

（7）调查呈报。调查终结后，案件承办人员应当向所在教育行政部门负责人提交《教育行政处罚调查处理意见书》，详细陈述所查明的事实、应当作出的处理意见及其理由和依据，并应附上全部证据材料。

（8）处理决定。教育行政部门负责人应当认真审查调查结果，按照《行政处罚法》第三十八条的规定，根据不同情况作出决定。

（9）制作处罚决定书。教育行政部门决定给予行政处罚的，应当按照《中华人民和国行政处罚法》第三十九条的规定，制作《教育行政处罚决定书》。

《行政处罚决定书》应当载明下列事项：①当事人的姓名或者名称、地址；②违反教育法律、教育法规或者教育规章的事实和证据；③

教育行政处罚的种类和依据；④教育行政处罚的履行方式和期限；⑤不服教育行政处罚，申请行政复议或者提起行政诉讼的途径和期限；⑥作出教育行政处罚决定的教育行政机关名称和作出决定的日期；⑦教育行政处罚决定必须盖有作出教育行政处罚决定的教育行政机关的印章。

（10）《教育行政处罚决定书》的送达。《教育行政处罚决定书》的送达应当按照以下规定执行：①当场交付：当事人在场的，《教育行政处罚决定书》应当在宣告后当场交付当事人；②转达交付：当事人不在场的，教育行政机关应当在七日内依照《民事诉讼法》的有关规定，将《教育行政处罚决定书》送达当事人。

《教育行政处罚决定书》的送达还必须遵循以下规定：

①送达回证。送达诉讼文书必须有送达回证，由受送达人在送达回证上记明收到日期，签名或者盖章。受送达人在送达回证上的签收日期为送达日期。

②代收人。送达诉讼文书，应当直接送交受送达人。受送达人是公民的，本人不在交他的同住成年家属签收；受送达人是法人或者其他组织的，应当由法人的法定代表人、其他组织的主要负责人或者该法人、组织负责收件的人签收；受送达人有诉讼代理人的，可以送交其代理人签收；受送达人已向人民法院指定代收人的，送交代收人签收。

受送达人的同住成年家属，法人或者其他组织的负责收件的人，诉讼代理人或者代收人在送达回证上签收的日期为送达日期。

③拒收处理。受送达人或者他的同住成年家属拒绝接收诉讼文书的，送达人应当邀请有关基层组织或者所在单位的代表到场，说明情况，在送达回证上记明拒收事由和日期，由送达人、见证人签名或者盖章，把诉讼文书留在受送达人的住所，即视为送达。

④间接送达。直接送达诉讼文书有困难的，可以委托其他人民法院代为送达，或者邮寄送达。邮寄送达的，以回执上注明的收件日期为送达日期。

⑤送达军人。受送达人是军人的，通过其所在部队团以上单位的政治机关转交。

⑥送达监改人员。受送达人是被监禁的，通过其所在监所或者劳动改造单位转交。

受送达人是被劳动教养的，通过其所在劳动教养单位转交。

⑦送达日期。代为转交的机关、单位收到诉讼文书后，必须立即交送达人签收，以在送达回证上的签收日期，为送达日期。

⑧公告送达。受送达人下落不明，或者用本节规定的其他方式无法送达的，可采用公告送达。自发出公告之日起，经过六十日，即视为送达。

公告送达，应当在案卷中记明原因和经过。

十、教育行政处罚的执行

在教育行政部门作出处罚决定，并制定和送达《教育行政处罚决定书》之后，教育行政部门就应当按照规定执行所作出的教育行政处罚。

（一）当场收缴罚款

在以下几种情况下，教育行政部门执法人员可以当场收缴罚款：

（1）依法给予20元以下的罚款的；

（2）不当场收缴事后难以执行的；

（3）在边远、水上、交通不便地区，教育行政机关及其执法人员依照规定作出罚款决定后，当事人向指定的银行缴纳罚款确有困难，经当事人提出，教育行政机关及其执法人员可以当场收缴罚款。该情况限于对公民处以50元以下，对法人或者其他组织处以1000元以下罚款者。

（二）罚缴分离

除依照规定可以当场收缴罚款外，作出罚款决定的教育行政部门应当与收缴罚款的机构分离，有关罚款的收取、缴纳及相关活动，适用国务院《罚款决定与罚款收缴分离实施办法》的规定。

（三）强制执行

教育行政处罚决定作出后，当事人应当在行政处罚决定的期限内，予以履行。当事人逾期不履行的，教育行政部门可以申请人民法院强制执行。

（四）不停止执行

当事人对行政处罚决定不服的，有权依据法律、法规的规定，申请行政复议或者提起行政诉讼。

行政复议、行政诉讼期间，行政处罚不停止执行。

（五）处罚名义

教育行政部门的职能机构查处教育行政违法案件需要给予处罚的，应当以其所属的教育行政部门的名义作出处罚决定。

（六）执法监督

教育行政部门的法制工作机构，依法对教育行政执法工作进行监督检查，对教育行政部门的其他职能机构作出的行政处罚调查处理意见进行复核，并在其职责范围内具体负责组织听证及其他行政处罚工作。

教育行政部门应当加强对行政处罚的监督检查，认真审查处理有关申诉和检举，发现教育行政处罚有错误的，应当主动改正；对当事人造成损害的，应当依法赔偿。

（七）统计报告

教育行政部门应当建立行政处罚统计制度，每年向上一级教育行政部门和本级人民政府提交一次行政处罚统计报告。

十一、法律责任

教育行政部门及其工作人员在实施教育行政处罚中，有违反《行政处罚法》和本办法行为的，应当按照《行政处罚法》第七章的规定追究法律责任。按照该章的规定，在实施行政处罚中应当追究法律责任的行为主要包括以下几方面：

（1）没有依据，即没有法定的行政处罚依据的。

（2）擅改处罚，即擅自改变行政处罚种类、幅度的。

（3）违反程序，即违反法定的行政处罚程序的。

（4）违法委托，即违反关于委托处罚的规定的。

违反委托处罚的规定的行为主要有以下几点：①违规委托，即教育行政机关没有依照法律、法规或者规章的规定进行委托。这里既包括法律、法规或者规章关于委托处罚程序性的规定，也包括关于委托处罚实体性的规定。②越权委托，即教育行政机关超越其法定权限进行委托处罚。包括委托的处罚权超越法定的范围，或者把处罚权委托给不符合条件的组织或者个人。按照我国《行政处罚法》的规定，受委托组织必须符合以下条件：A. 依法成立的管理公共事务的事业组织；B. 具有熟悉有关法律、法规、规章和业务的工作人员；C. 对违法行为需要进行技术检查或者技术鉴定的，应当有条件组织进行相应的技术检查或者技术鉴定。③放任委托，即委托行政机关对受委托的组织实施行政处罚的行为未能实施有效监督，放任其实施行政处罚，造成违法后果，如受委托的组织越权处罚或者越权再委托等。

（5）违法使用单据，即对当事人进行处罚不使用罚款、没收财物单据或者使用非法定部门制发的罚款、没收财物单据的，当事人有权拒绝处罚，并有权予以检举。

（6）罚缴不分，即没有按照罚缴分离的规定，自行收缴罚款的。

（7）截留罚款，即将罚款、没收的违法所得或者财物截留、私分或者变相私分的。

（8）损毁扣押财物：即使用或者损毁扣押的财物，对当事人造成损失的。

（9）违法检查（执行），即违法实行检查措施或者执行措施，给公民人身或者财产造成损害、给法人或者其他组织造成损失的。

（10）以行（处）代刑（罚），即行政机关为牟取本单位私利，对应当依法移交司法机关追究刑事责任的不移交，以行政处罚代替刑罚的。

（11）玩忽职守，即执法人员玩忽职守，对应当予以制止处罚的违法行为不予制止、处罚，致使公民、法人或者其他组织的合法权益、公共利益和社会秩序遭受损害的。

（12）索收财物，即执法人员利用职务上的便利，索取或者收受他人财物、收缴罚款据为己有。

按照《行政处罚法》的规定，违法的责任人员可以根据不同情况，分别或同时承担以下几种法律责任：①对当事人造成损失的，依法予以赔偿。②对情节轻微尚未触犯刑法构成犯罪的违法责任人依法给予行政处分。③情节严重构成犯罪的，依法追究刑事责任。④对于违法实施教育行政处罚的行为，凡应当并且能够改正的，应当责令责任人予以改正。⑤对于违法实施教育行政处罚所使用的单据、物品等，凡应当并且能够销毁的，应当予以销毁。

专题 10　刑　法

我国第一部较完整的《刑法》是于 1979 年 7 月 1 日通过，并于 1980 年 1 月 1 日生效的《刑法》。这部法典在保障教育事业顺利发展方面，发挥了极其重要的作用。在实施 17 年之后，为了使其适应社会主义建设和与犯罪分子作斗争的需要，第八届全国人民代表大会第五次会议对 1979 年的《刑法》进行了修订，并于 1997 年 3 月 14 日颁布了修订后的《刑法》。修订后的《刑法》与原《刑法》相比，有了较大幅度的修改。该法的颁布施行与广大教育工作者有着密切关系。能否正确理解和实施修订后的《刑法》，直接关系到教育工作者能否正确运用法律保障教育事业的顺利运行。因此，广大教育工作者应该认真学习和掌握修订后的《刑法》。

一、刑法的概念和任务

（一）刑法的概念

刑法有广义刑法和狭义刑法。广义的刑法是指一切由国家制定的规定犯罪与刑罚的一切形式的法律规范的总称。在这个意义上使用的"刑法"，既包括综合统一的刑法，也包括单项刑事法规，同时还包括有权机关对刑法的修改、补充的决定等。狭义的刑法仅指一部综合的统一的刑法典。

（二）刑法的任务

刑法的任务是用刑罚同一切反革命和其他刑事犯罪行为作斗争，以保卫无产阶级专政制度，保护社会主义的全民所有的财产和劳动群众集体所有的财产，保护公民私人所有的合法财产，保护公民的人身权利、民主权利和其他权利，维护社会秩序、生产秩序、工作秩序、教学科研秩序和人民群众生活秩序，保障社会主义建设事业的顺利进行。

二、刑法的基本原则

刑法的基本原则，是指体现刑法本质特征的，贯穿于整部刑法规范之中，指导和制约刑法的立法、执法和守法活动的具有全局性和根本性意义的准则。我国刑法的基本原则主要有以下四项：

（一）罪刑法定原则

罪刑法定原则的基本含义是："法无明文规定不为罪""法无明文规定不处罚。"也就是说，在对某一行为进行定罪量刑时，必须按照法律规定，法律没有将某行为规定为犯罪或对某种行为没有规定的，对行为人不得定罪判刑；如果法律将某种行为规定为犯罪，只能以法律的具体规定定罪判刑。罪刑法定化原则主要包括两方面：犯罪的法定化和刑罚的法定化。我国《刑法》第三条规定："法律明文规定为犯罪行为的，依照法律定罪处刑；法律没有明文规定为犯罪行为的，不得定罪处刑。"这一条规定体现了罪刑法定原则。

（二）罪刑相当原则

罪刑相当原则的基本含义是：刑罚的轻重应当与犯罪的轻重相适应，即罪刑相适应或罪刑均衡原则。罪刑相当原则要求相关工作人员对犯罪人进行处罚时要做到：

（1）有罪当罚，无罪不罚；

（2）轻罪轻罚，重罪重罚；

（3）一罪一罚，数罪并罚；

（4）同罪同罚，罪罚相当；

（5）刑罚的性质应当与犯罪的性质相适应。这一原则的核心是区别对待，依法量刑。

我国《刑法》第五条规定："刑罚的轻重，应当与犯罪分子所犯罪行和承担的刑事责任相适应。"这条规定体现了罪刑相当原则。

（三）罪责自负原则

罪责自负的基本含义是：刑罚只能施加于犯罪者本人，不得株连无辜，即"刑罚止于犯罪人自身"。罪责自负原则的基本要求是：对没有犯罪的人不能定罪。

（四）主客观相统一原则

主客观相统一原则的基本含义是：对刑事被告人追究刑事责任必须同时具备主客观两方面的条件。即符合犯罪主体条件的被告人，在其主观故意或者过失危害社会的支配下，客观上实施了一定的危害社会的行为，对《刑法》所保护的社会关系构成了严重威胁或已经造成现实的侵害。如果缺少其中主观或者客观任何一个方面的条件，犯罪就不能成立，不能令被告人承担刑事责任。主客观相统一的原则坚决反对主观归罪和客观归罪的做法。我国《刑法》第十四条、第十五条、第十六条对犯罪故意和犯罪过失的规定，第十八条对精神病人实施危害行为的规定，第二十条、第二十一条关于正当防卫、紧急避险行为的规定等，都体现了主客观相统一的原则。

刑法的四条基本原则是相互联系的，在实际工作中，应当综合运用，绝不能把它们对立起来。

三、关于犯罪

（一）犯罪的概念

我国《刑法》第十三条对什么是犯罪作了明确的规定："一切危害国家主权、领土完整和安全，分裂国家，颠覆人民民主专政的政权和推翻社会主义制度、破坏社会秩序和经济秩序，侵犯国有财产或者劳动群众集体所有的财产，侵犯公民私人所有的财产，侵犯公民的人身权利、民主权利和其他权利，以及其他危害社会的行为，依照法律应当受刑罚处罚的，都是犯罪；但是情节显著轻微危害不大的，不认为是犯罪。"从这一规定可看出犯罪具有以下三个特征：

第一，犯罪是危害社会的行为，即具有社会危害性。一切违法行为都是具有社会危害性的，犯罪的社会危害性已达到《刑法》所规定的程度。所谓具有社会危害性，既包括对社会已经造成的危害，也包括对社会可能造成的危害。但后者必须符合《刑法》规定。行为的社会危害性是犯罪的最本质的特征。

第二，犯罪是违犯刑律的行为，即具有刑事违法性。

确定某一行为是否为犯罪，必须严格以刑律为依据，刑律以外的其他法规不能定人以罪。

第三，犯罪是应当受到刑罚处罚的行为，即具有应受刑罚处罚性。犯罪的应受刑罚处罚性，是行为的社会危害性和刑事违法性的法律后果。某一行为只有按照刑事规定应当受到刑罚处罚时，才是犯罪。上述三个犯罪特征是密切联系的，必须三者同时具备，才是犯罪。

（二）刑事责任年龄

刑事责任年龄，是指《刑法》规定的行为人对自己犯罪行为承担刑事责任必须达到的年龄。我国《刑法》第十七条规定："已满十四周岁不满十六周岁的人，犯故意杀人、故意伤害致人重伤或者死亡、强奸、抢劫、贩卖毒品、放火、爆炸、投毒罪的，应当负刑事责任。已满16周岁的人犯罪，应当负刑事责任。"

我国《刑法》第十七条还规定："已满十四周岁不满十八周岁的人犯罪，应当从轻或者减轻处罚。""因不满十六周岁不予刑事处罚的，责令他的家长或者监护人加以管教；在必要的时候，也可以由政府收容教养。"

我国《刑法》第四十九条还规定，犯罪的时候不满18周岁的人，不适用死刑。

刑事责任年龄计算是按实足年龄即周岁进行计算的。周岁一律按照公历的年、月、日计算，1周岁以12个月计，每满12个月即为1周岁。每满1周岁应以日计算，而且是过了几周岁生日，从第二天起，才认为是已满周岁。

（三）刑事责任能力

刑事责任能力，是指一个人有辨认自己行为的性质和有控制自己的行为，从而对自己所实施的刑事法律所禁止的危害社会行为承担刑事责任的能力。

在一般情况下，达到了刑事责任年龄的人就具有了刑事责任能力。但有的人由于生理缺陷或精神障碍而丧失了刑事责任能力。我国《刑法》第十八条规定："精神病人在不能辨认或者不能控制自己行为的时候造成危害结果，经法定程序鉴定确认的，不负刑事责任，但是应当责令他的家属或者监护人严加看管和医疗；在必要的时候，由政府强制医疗。间歇性的精神病人在精神正常的时候犯罪，应当负刑事责任。醉酒的人犯罪，应当负刑事责任。"行为人在醉酒后虽然辨认和控制能力有所减弱，但其能力并没有丧失，而且醉酒是人为的，是可以避免的，有的人是借酒耍疯，因此，对醉酒人犯罪应当追究其刑事责任。我国《刑法》第十九条规定："又聋又哑的人或者盲人犯罪，可以从轻、减轻或者免除处罚。"这是因为他们的生理有缺陷，在接受教育、判断情况、明辨是非等方面受到一定限制，比起正常人的辨认和控制能力要差一些。但是又聋又哑的人或者盲人犯罪，仍须负刑事责任。

四、关于刑罚

（一）刑罚的概念

刑罚是《刑法》规定的对于违犯刑律的犯罪分子依其所应承担的刑事责任而实施的惩罚。刑罚与其他强制方法相比，具有以下特征：刑罚是一种最严厉的强制方法，它不仅可以剥夺犯罪分子的财产、政治权利和人身自由，甚至可以剥夺其生命；刑罚只能对犯罪分子适用，对没有构成犯罪的人不能适用；刑罚只能由人民法院依法判处，其他任何国家机关都无权适用。

（二）刑罚的种类

我国刑罚分主刑和附加刑两类。

1. 主刑的种类（《刑法》第三十三条）

（1）管制。管制是对犯罪分子不实行关押，但限制其一定自由，交由公安机关管束和群众监督改造的刑罚方法。管制的期限，为 3 个月以上 2 年以下，数罪并罚的最高期限不能超过 3 年。

（2）拘役。拘役是短期剥夺犯罪分子的人身自由，并就近强制实行劳动改造的刑罚方法。拘役的期限，为 1 个月以上 6 个月以下。数罪并罚的最高期限不能超过 1 年。

（3）有期徒刑。有期徒刑是剥夺犯罪分子一定期限的人身自由，并强制劳动改造的刑罚方法。有期徒刑的期限，为 6 个月以上 15 年以下，数罪并罚的期限最高不能超过 20 年。

（4）无期徒刑。无期徒刑是剥夺犯罪分子终身自由，并强制劳动改造的刑罚方法。被判处无期徒刑的犯罪分子，在执行期间，如果确有悔改或有立功表现，在刑罚执行一定期限后，可以减刑或假释（附条件地将犯罪分子提前释放）。

（5）死刑。死刑只适用于罪大恶极的犯罪分子。对于应当判处死刑的犯罪分子，如果不是必须立即执行的，可以判处死刑同时宣告缓期 2 年执行。在死刑缓期执行期间，如果确有悔改，2 年期满以后，减为无期徒刑。

2. 附加刑的种类

附加刑既可以附加在主刑上适用，也可以独立适用。

（1）罚金。罚金是人民法院判处并强制犯罪分子向国家缴纳一定数额金钱的刑罚方法。我国《刑法》没有规定罚金的最高额与最低额，只规定："判处罚金，应当根据犯罪情节决定罚金数额。"我国不允许用缴纳钱款代替徒刑、拘役，也不允许用徒刑、拘役代替罚金。

（2）剥夺政治权利。剥夺政治权利是剥夺犯罪分子参加国家管理和政治活动权利的刑罚方法。按照我国《刑法》第五十四条规定，剥夺政治权利是指剥夺下列权利：选举权和被选举权；言论、出版、集会、结社、游行、示威自由的权利；担任国家机关职务的权利；担任国有公司、企业、事业单位和人民团体领导职务的权利。

（3）没收财产。没收财产是将犯罪分子个人所有财产的一部分或者全部，强制无偿地收归国家所有的刑罚方法。在判处没收财产时，不得没收属于犯罪分子家属所有或者应有的财产。

此外，"由于犯罪行为而使被害人遭受经济损失的，对犯罪分子除依法给予刑事处分外，并应根据情况判处赔偿经济损失。"（《刑法》第三十六条）"对于犯罪情节轻微不需要判处刑罚的，可以免予刑事处分，但是可以根据案件的不同情况，予以训诫或者责令具结悔过、赔礼道歉、赔偿损失，或者由主管部门予以行政处罚或者行政处分。"（《刑法》第三十七条）

五、我国《刑法》规定的罪名

我国《刑法》对各种具体犯罪及其法定刑作了比较明确的规定。其中比较重要的是对犯罪的名称即罪名的规定。罪名是对犯罪本质特征或主要特征的高度概括。正确理解罪名，对于准确认识罪与非罪、罪与罪的界限，从而对预防犯罪并与犯罪作斗争，具有十分重要的意义。中小学教育工作者，承担着依法从教的光荣使命，在教育教学工作中，可能会遇到各种各样违犯《刑法》的罪行，为了正确处理这些问题，有必要了解我国《刑法》所规定的主要罪名。

根据我国《刑法》的规定，犯罪的名称如下所述：

（一）危害国家安全罪

这是指故意危害中华人民共和国利益和安全的行为。该类罪主要包括以下罪名：背叛祖国罪；分裂或煽动分裂国家罪；武装叛乱暴乱罪；颠覆或煽动颠覆政府罪；投敌叛变罪；叛逃罪；间谍罪；战时资敌罪；窃取、刺探、收买、非法提供国家秘密罪。

（二）危害公共安全罪

这是指故意或者过失实施危害或足以危害不特定多数人的生命、健康或者重大财产安全的行为。

该类罪主要包括以下罪名：放火罪；失火罪；决水罪；过失决水罪；爆炸罪；过失爆炸罪；投毒罪；过失引起中毒罪；以其他危险方法危害公共安全罪；破坏交通工具罪；过失毁坏交通工具罪；破坏交通设备罪；过失毁坏交通设备罪；破坏易燃易爆设备罪；过失毁坏易燃易爆设备罪；组织、领导、参加恐怖活动组织罪；劫持航空器、船只、汽车罪；危害飞行安全罪；破坏广播电视设施、公用电信设施罪；过失毁坏广播电视设施、公用电信设施罪；非法制造、买卖、运输、邮寄、储存枪支、弹药、爆炸物罪；非法买卖、运输核材料罪；违法制造、销售枪支罪；盗窃、抢夺、抢劫枪支、弹药、爆炸物罪；非法持有、私藏枪支、弹药罪；非法出租、出借枪支罪；丢失枪支不报罪；非法携带枪支、弹药、管制刀具、危险品进入公共场所、公共交通工具罪；重大飞行事故罪；铁路运营安全事故罪；交通肇事罪；重大责任事故罪；违反劳动安全、卫生规定造成重大事故罪；违反危险品管理规定肇事罪；建筑工程质量重大事故罪；教育教学设施重大安全事故罪；违反消防管理规定罪。

（三）破坏社会主义市场经济秩序罪

这是指违反国家市场经济管理法规，干扰社会主义市场经济管理活动，破坏社会主义市场经济秩序，使社会主义市场经济发展遭受严重损害的行为。

该类罪主要包括以下罪名：

（1）生产、销售伪劣商品罪，包括生产、销售伪劣产品罪；生产、销售假药罪；生产、销售劣药罪；生产、销售不符合卫生标准的食品罪；生产、销售有毒、有害食品罪；生产、销售伪劣医疗器械、医用卫生材料罪；生产、销售不符合安全标准的产品罪；生产、销售伪劣农药、兽药、化肥、种子罪；生产、销售不符合卫生标准的化妆品罪。

（2）走私罪。

（3）妨害对公司、企业的管理秩序罪，包括虚报注册资本骗取公司登记罪；虚假出资罪和抽逃出资罪；非法募集资金罪；提供虚假财务会计报告罪；非法清算罪；公司、企业工作人员受贿罪；对公司、企业工作人员行贿罪；非法经营获利罪；损公肥私罪；经商失职罪；徇私舞弊造成破产、亏损罪；非法处置国有资产罪。

（4）破坏金融管理秩序罪，包括伪造、变造货币罪；故意出售、购买、运输、持有、使用伪造的货币罪；擅自设立金融机构罪；非法吸收公众存款罪；伪造、变造金融票证罪；伪造变造有价证券罪；擅自发行股票、公司、企业债券罪；内幕交易罪；妨害证券信息罪；操纵证券市场罪；非法发放贷款罪；非法拆借、发放贷款罪；非法出具信用证明罪；非法承兑、付款、保证罪；逃汇罪；洗钱罪；套取信贷资金罪。

（5）金融诈骗罪，包括非法集资罪；贷款欺诈罪；票据欺诈罪；信用证欺诈罪；信用卡欺诈罪；有价证券欺诈罪；保险欺诈罪。

（6）危害税收征管罪，包括偷税罪；抗税罪；妨碍追缴欠税罪；骗取出口退税罪；虚开增值税专用发票罪；虚开用于骗取出口退税、抵扣税款的其他发票罪；伪造或者出售伪造的增值税专用发票罪；非法出售增值税专用发票罪；非法购买增值税专用发票或者购买伪造的增值税专用发票罪；伪造、擅自制造或者出售伪造、擅自制造可以用于骗取出口退税、抵扣税款的其他发票罪；伪造、擅自制造或者出售伪造、擅自制造的其他发票罪；非法出售可以用于骗取出口退税、抵扣税款的其他发票罪。

（7）侵犯知识产权罪，包括假冒注册商标罪；销售假冒注册商标的商品罪；伪造、擅自制造他人注册商标标识罪；销售伪造、擅自制造的注册商标标识罪；假冒他人专利罪；侵犯著作权罪；销售著作权侵权复制品罪；侵犯商业秘密罪。

（8）扰乱市场秩序罪，包括损害商业信誉罪；广告欺诈罪；非法竞标罪；合同诈骗罪；非法经营罪；强行商品交易罪；伪造、倒卖伪造的有价票证罪；倒卖车票、船票罪；非法转让、倒卖土地使用权罪；提供虚假证明文件罪；过失出具失实证明文件罪；逃避进出口商品检验罪。

（四）侵犯公民人身权利、民主权利罪

这是指故意或者过失地侵犯他人的人身和其他与人身直接有关的权利，以及非法剥夺或者妨害公民自由行使依法享有的管理国家事务和参加政治活动的权利的行为。

该类罪主要包括以下罪名：故意杀人罪；过失致人死亡罪；故意伤害罪；过失重伤罪；强奸妇女罪；奸淫幼女罪；猥亵、侮辱妇女罪；非法拘禁罪；绑架勒索罪；拐卖妇女、儿童罪；收买被拐卖的妇女、儿童罪；聚众阻碍解救被收买的妇女、儿童罪；诬告陷害罪；侮辱罪和诽谤罪；报复陷害罪；刑讯逼供罪；体罚、虐待被监管人罪；妨害邮电通信罪；侵犯通信自由罪；暴力干涉婚姻自由罪；重婚罪；破坏军人婚姻罪；虐待罪；遗弃罪；拐骗儿童罪。

本类罪的其他罪名：强迫劳动罪；非法搜查罪和非法侵入住宅罪；破坏选举罪；非法剥夺宗教信仰自由罪和侵犯少数民族风俗习惯罪；煽动民族仇恨、民族歧视罪；刊载歧视、侮辱少数民族内容罪；打击报复会计、统计人员罪。

（五）侵犯财产罪

这是指以非法占有为目的，攫取公私财物，或者故意毁坏公私财物的行为。

该类罪主要包括以下罪名：抢劫罪；盗窃罪；诈骗罪；抢夺罪；聚众哄抢公私财物罪；侵占他人财物罪；侵占单位财物罪；挪用单位资金罪；挪用特定款物罪；敲诈勒索罪；故意毁坏公私财物罪；破坏生产经营罪。

（六）妨害社会管理秩序罪

它是指妨害国家对社会秩序的正常管理，破坏社会秩序，情节严重的行为。

该类罪主要包括以下罪名：

（1）扰乱公共秩序罪，包括阻碍国家机关工作人员依法执行职务罪；妨害执行国家安全任务罪；妨害人民代表依法履行职责罪；妨害红十字会工作人员依法履行职责罪；煽动扰乱社会秩序罪；招摇撞骗罪；防害国家机关公文、证件、印章罪；伪造公司、企业、事业单位、人民团体印章罪；伪造、变造居民身份证罪；非法生产、买卖人民警察制式服装、专用标志、警械罪；非法获取国家秘密罪；非法持有国家秘密罪；非法生产、销售间谍专用器材罪；非法侵入特定计算机信息系统罪；破坏计算机信息系统罪；干扰无线电通信罪；聚众扰乱社会秩序罪；聚众扰乱公共场所秩序、交通秩序罪；聚众斗殴罪；寻衅滋事罪；组织、领导、参加黑社会性质的组织罪；在中国境内发展黑社会组织成员罪；包庇、纵容黑社会性质的组织罪；传授犯罪方法罪；非法举行集会、游行、示威罪；非法参加集会、游行、示威罪；破坏集会、游行、示威罪；侮辱国旗、国徽罪；非法使用窃听、窃照专用器材罪；组织会道门、邪教组织、利用迷信破坏国家法律实施致人死亡罪；聚众淫乱罪；盗窃侮辱尸体罪；赌博罪；故意延误投递邮件罪。

（2）妨害司法罪，包括伪证罪；辩护人、诉讼代理人妨碍刑事诉讼罪；窝藏、包庇罪；阻止证人作证罪；指使他人作伪证罪；帮助当事人毁灭、伪造证据罪；报复证人罪；包庇间谍罪；聚众扰乱法庭秩序罪；拒不执行判决、裁定罪；妨害司法机关查封、扣押、冻结财产罪；破坏监管秩序罪；窝赃、销赃罪；劫夺罪犯、被告人、犯罪嫌疑人罪；脱逃罪；组织越狱罪；暴动越狱罪；聚众劫狱罪。

（3）妨碍国（边）境管理罪，包括组织他人偷越国（边）境罪；为组织他人偷越国（边）境骗取出境证件罪；提供伪造、变造的出入证件罪；出售出入境证件罪；运送他人偷越国（边）境罪；偷越国（边）境罪；破坏界碑、界桩、永久性测量标志罪。

（4）妨害文物管理，包括故意破坏文物罪；破坏名胜古迹罪；过失破坏文物罪；私自将珍贵文物出售、赠送给外国人罪；倒卖文物罪；非法出售、赠送文物藏品罪；盗掘古文化遗址、古墓葬罪；盗掘古人类化石、古脊椎动物化石罪；抢夺、窃取国家档案罪；擅自出卖、转让国家档案罪。

（5）危害公共卫生罪，包括违反传染病防治规定罪；违反传染病菌种、毒种管理规定罪；违反国境卫生检疫规定罪；非法组织他人卖血罪；强迫他人卖血罪；非法采集、供应血液或者制作、供应血液制品罪；违反血液采集、供应或血液制品制作、供应规定罪；重大医疗责任事故罪；非法行医罪；擅自进行节育复通手术、假节育手术、终止妊娠手术或摘取宫内节育器罪；违反进出境动植物检疫规定罪。

（6）破坏环境资源保护罪，包括非法排放、倾倒、处置危险废物罪；非法进境倾倒、堆放、处置固体废物罪；擅自进口固体废物用作原料造成重大环境污染事故罪；非法打捞水产品罪；破坏珍贵、濒危野生动物资源罪；非法狩猎罪；非法采矿罪；非法采伐、盗毁珍贵树木罪；盗伐林木罪；滥伐林木罪；在林区非法收购盗伐、滥伐的林木罪；非法占用耕地罪；破坏性开采矿产资源罪。

（7）走私、贩卖、运输、制造毒品罪：走私毒品罪；贩卖、运输、制造毒品罪；非法持有毒品罪；包庇毒品犯罪分子罪；窝藏毒品犯罪所得财物罪；窝藏毒品罪；走私、非法买卖毒品原料、配剂罪；非法种植毒品原植物罪；非法买卖、运输、携带、持有毒品原植物种子、幼苗罪；引诱、教唆、欺骗他人吸食、注射毒品罪；强迫他人吸食、注射毒品罪；容留他人吸食、注射毒品罪；非法提供麻醉药品、精神药品罪。

（8）组织、强迫、引诱、容留、介绍卖淫：组织他人卖淫罪；强迫他人卖淫罪；协助组织他人卖淫罪；引诱、容留、介绍他人卖淫罪；故意传播性病罪；嫖宿幼女罪。

（9）制造、贩卖、传播淫秽物品罪：制作、复制、出版、贩卖、传播淫秽物品罪；为他人提供书号出版淫秽书刊罪；非牟利传播淫秽物品罪；组织播放淫秽音像制品罪；组织淫秽表演罪。

（七）危害国防利益罪

这是指故意或者过失地实施有关危害国防利益，应受刑罚处罚的行为。

该类罪主要包括以下罪名：阻碍军人执行职务罪；故意阻碍军事行动罪；破坏军用设备罪；故意提供不合格的武器装备、军事设施罪；过失提供不合格的武器装备、军事设施罪；聚众扰乱军事管制区秩序罪；冒充军人招摇撞骗罪；煽动军人逃离部队罪；雇用逃离部队的军人罪；徇私舞弊征兵罪；伪造、变造、买卖、盗窃、抢夺武装部队公文、证件、印章罪；非法生产、买卖武装部队制式服装、专用标志罪。

本类罪的其他罪名：战时逃避征召罪；战时逃避服役罪；战时提供虚假敌情罪；战时造谣惑众罪；战时资藏逃离部队的军人罪；战时拒绝或延误军事订货罪；战时拒绝军事征用罪。

（八）贪污贿赂罪

这是指国家工作人员或国有单位实施的贪污、受贿等侵犯国家廉政建设制度，以及与贪污、受贿犯罪密切相关的，侵犯职务廉洁性的犯罪。

该类罪主要包括以下罪名：贪污罪；挪用公款罪；受贿罪；行贿罪；介绍贿赂罪；巨额财产来源不明罪；隐瞒不报境外存款罪；集体私分国有资产罪。

（九）渎职罪

这是指国家机关工作人员对工作严重不负责任，滥用职权、玩忽职守或者徇私舞弊，妨害国家机关的正常活动，致使国家和人民利益遭受重大损失的行为。

该类罪主要包括以下罪名：滥用职权罪；玩忽职守罪；徇私舞弊罪；泄露国家秘密罪；徇私枉法罪；私放犯罪嫌疑人、被告人、罪犯罪；林业工作人员滥用职权罪；批准、登记不符合法律规定的公司设立、登记申请或者股票、债券发行、上市申请罪；利用职务阻碍解救被拐卖、绑架的妇女、儿童罪；税务机关工作人员徇私舞弊罪；为偷越国（边）境人员办理出入境证件罪；非法放行偷越国（边）境人员罪。

本类罪的其他罪名：玩忽职守致使犯罪嫌疑人、被告人、罪犯脱逃罪；枉法减刑、假释、暂予监外执行罪；行政执法人员徇私舞弊罪；故意不征、少征税款罪；在签订、履行合同中玩忽职守受骗罪；玩忽职守造成重大环境污染事故罪；玩忽职守造成传染病传播、流行罪；海关工作人员徇私舞弊罪；商检人员徇私舞弊罪；商检人员玩忽职守罪；动植物检疫人员徇私舞弊罪；动植物检疫人员玩忽职守罪；故意不追究生产、销售伪劣商品犯罪行为罪；故意不解救被拐卖、绑架的妇女、儿童罪；妨碍查禁犯罪活动罪；在招收公务员、学生工作中徇私舞弊罪；玩忽职守造成珍贵文物损毁、流失罪；在提供出口退税凭证的工作中徇私舞弊罪；非法批准征用、占用土地罪；非法低价出让国有土地使用权罪。

（十）军人违反职责罪

这是指军人违反职责，危害国家军事利益，依照法律应当受刑罚处罚的行为。

该类罪主要包括以下罪名：违抗作战命令罪；隐瞒、谎报军情罪和拒传、假传军令罪；自动投降敌人罪；战时临阵脱逃罪；擅离职守罪、玩忽职守罪；阻碍执行职务罪；指使部属违反职责罪；指挥人员消极作战罪；拒不救援友邻部队罪；窃取、刺探、收买军事秘密罪；泄露军事秘密罪；战时造谣惑众罪；战时自伤罪；逃离部队罪；武器装备肇事罪；擅自改变武器装备用途罪；非法出卖、转让军队武器装备罪；遗弃武器装备罪；虐待部属罪；遗弃伤病员罪；残害、掠夺战区无辜居民罪；虐待俘虏罪。

本类罪的其他罪名：叛逃罪；盗窃、抢夺武器装备或者军用物资罪；遗失武器装备罪；擅自出卖、转让军队房地产罪；拒不救治危重伤病军人罪；私放俘虏罪。

六、中小学工作中较常涉及的犯罪

（一）违反危险品管理规定肇事罪

违反危险物品管理规定肇事罪，又称为违反危险物品管理规定重大事故罪，是指违反爆炸性、易燃性、放射性、毒害性、腐蚀性物品的管理规定，在生产、储存、运输、使用中发生重大事故，造成严重后果的行为。所谓重大事故，是指引起火灾、爆炸、中毒等事故，造成人身伤亡或者重大财产损失。

（二）故意杀人罪与过失致人死亡罪

故意杀人罪，是指故意非法剥夺他人生命的行为。所谓故意犯罪，是指明知自己的行为会产生危害社会的结果，并且希望或者放任这种结果发生，因而构成的犯罪。

不管被害人的生活能力如何，性别、年龄如何，健康状况如何，行为人只要已经着手实施了杀人行为，即使被害人没有被杀死，仍以故意杀人罪（未遂）论处。

要区别故意杀人与致人自杀、逼人自杀。致人自杀，是指因行为人的犯罪行为而引起被害人自杀。对于行为人因实施了强奸、侮辱、诬陷、刑讯逼供、非法拘禁、暴力干涉婚姻自由、虐待等犯罪行为而引起被害人自杀的，不按故意杀人罪论处，而是按行为人所实施的犯罪行为的情节定罪。逼人自杀，是指行为人依仗自己的权势地位或者以暴力威吓手段使被害人陷于绝境而被迫自杀。如果行为人有杀人的故意，则逼人自杀实质上属他杀，是故意杀人的一种手段，以故意杀人罪论处。如果行为人没有置人于死的故意，只是一时激愤说了几句"不如死去"的气话，死者一时想不通而自杀，就不是故意杀人。此外，利用封建迷信手段诱骗他人自杀，以故意杀人罪论处。

过失杀人罪，又称为过失致人死亡罪，是指由于过失造成他人死亡的行为。

（三）故意伤害罪

故意伤害罪，是指故意非法损害他人身体健康的行为。损害他人身体健康，又分为重伤害与伤害。刑法所说的重伤，"是指有下列情形之一的伤害：①使人肢体残废或者毁人容貌的；②使人丧失听觉、视觉或者其他器官机能的；③其他对于人身健康有重大伤害的"（第九十五条）。

伤害，是指尚未达到上述伤害但已超过轻微伤害程度的伤害。对于为了一件小事而行凶，或者无故寻衅，动辄用刀子捅人这种突发性案件，其杀人、伤害的故意不能确定的，一般按其实际造成的结果定罪。被害人没有死亡的，按故意伤害罪论处；被害人死亡的，则按故意杀人罪论处。

对于打架斗殴致人死亡的，如双方都出于主动，处于互殴的运动状态，一般按故意伤害罪论处；如明显地具有杀人故意的，则按故意杀人罪论处。

（四）过失重伤罪

过失重伤罪，是指行为人过失造成他人身体重伤的行为。

只有行为人有过失并对被害人造成实际的伤害，而且这种伤害达到了重伤害程度，才构成过失重伤罪。过失致人轻伤的，不构成犯罪，只负担赔偿对方经济损失的责任。

（五）强奸罪

我国《刑法》第三百六十条第二款规定："嫖宿不满十四周岁幼女的，处五年以上有期徒刑，并处罚金。"嫖宿幼女罪是 1997 年《刑法》新规定的罪名。1997 年《刑法》第二百三十六条第二款规定"奸淫不满十四周岁幼女的，以强奸论，从重处罚"，将奸淫幼女的行为作为强奸罪的普通加重情节。（根据 1997 年《最高人民法院关于执行〈中华人民共和国刑法〉确定罪名的规定》，该款确定罪名为奸淫幼女罪。而按照 2002 年《最高人民法院、最高人民检察院关于执行〈中华人民共和国刑法〉确定罪名的补充规定》，奸淫幼女纳入强奸罪，奸淫幼女罪罪名取消。）

强奸罪中的奸淫幼女与嫖宿幼女罪共同之处在于：从客观行为上看，行为人均与不满十四周岁的幼女发生性关系。但二者也有明显的不同。

首先，从犯罪对象来看，嫖宿幼女罪的对象为卖淫女，行为人一般付有嫖资。

其次，从行为场合来看，嫖宿幼女罪一般发生在嫖娼场所，强奸罪中的奸淫幼女则可能发生在任何地方。

再次，从犯罪行为侵犯的客体来看，嫖宿幼女罪属于《刑法》分则第六章妨害社会管理秩序这一类罪中的罪名，行为人出于嫖宿的目的，与卖淫幼女发生性关系，败坏了社会风气，而卖淫幼女是自愿用自己的肉体去交换金钱。强奸罪则属于《刑法》分则第四章侵犯公民人身权利、民主权利罪这一类罪中的罪名，奸淫幼女所侵犯的是幼女的身心健康，不管对方是否自愿，不管行为人是否使用了暴力。行为人明知或应当明知被害人为幼女而予以奸淫。

最后，从法定刑上看，嫖宿幼女罪的量刑为五年至十五年，而强奸罪则从三年至死刑不等。相应地，从管辖上来说，嫖宿幼女罪由基层法院管辖，而如果定强奸罪，鉴于情节严重可能判处无期徒刑以上刑罚的，则应由中级人民法院管辖，所以，司法实践中一般嫖宿幼女罪比强奸罪量刑为轻。

由于上述两罪均侵犯了幼女的身心健康，我国刑法学界有人认为，奸淫幼女的行为与嫖宿幼女的行为两者实质上并无不同。刑法之所以规定奸淫幼女罪，目的是保护幼女的身心健康，因而对与幼女发生性关系的行为予以严惩。1997 年《刑法》对同一行为分列二罪，设置不同的刑罚，与我国刑法罪刑相适应原则相违背。嫖宿幼女同样是对法律保护的幼女的身心健康的侵害，不能因为该幼女卖淫而另当别论，嫖宿幼女这种行为完全符合强奸罪（奸淫幼女）的犯罪构成，而且该行为还有伤社会风化，因此侵害的是复杂客体，与强奸罪的危害性相当。由于二罪均由同一犯罪行为造成，具有共同的犯罪对象，都侵害了幼女的身心健康，学界有人建议将嫖宿幼女作为强奸罪奸淫幼女的一种情形，取消嫖宿幼女罪。

（六）侵犯通信自由罪

侵犯通信自由罪，是指隐匿、毁弃或者非法开拆他人信件，情节严重的行为。所谓通信自由，包括两方面含义：一是公民有权与其他任何人进行正当的通信自由；二是公民有为自己的信件保守秘密，不受他人非法干涉和破坏的自由。只要实施隐匿、毁弃、非法开拆信件其中一种行为，就是侵犯通信自由。所谓情节严重，是指多次或者一次大量隐匿、毁弃他人信件的；隐匿、毁弃或非法开拆他人信件，屡教不改的；因隐匿、毁弃或非法开拆他人信件而产生严重后果的或者致使他人在经济上蒙受巨大损失的等。

侵犯通信自由罪的开拆他人信件，必须是非法开拆。侦查人员经公安机关或者人民检察机关批准而扣押某人的信件，是合法行为。此外，任何机关、团体或个人私拆他人信件，都属于非法开拆行为。

侵犯通信自由罪的犯罪动机是多种多样的，如为集邮而撕毁信件取得邮票，教师为了控制或者管教学生，不论行为人出于何种动机，均不影响侵犯通信自由罪的成立。

侵犯通信自由罪只能由故意构成。因保管不慎遗失、积压、毁弃他人信件，或者误把他人信件当成自己的信件而误拆，不构成侵犯通信自由罪。

（七）盗窃罪

盗窃罪，是指以非法占有为目的，秘密窃取数额较大的公私财物的行为。所谓秘密窃取，是指犯罪分子采取自认为不使财物所有者、保管者或经手者发觉的方法，如掏兜割包、溜门撬锁、破窗入室、顺手牵羊等方法暗中窃取财物。所谓公私财物，不仅包括金钱和具有经济价值的有体物，还包括电力、煤气、自来水等可动性无体物及无形的技术秘密。

窃取财物数额较大和巨大才构成盗窃罪。窃取财物的数额，首先，具体指所窃取财物的实际价值，而不是指销赃后所实得的赃款数额。其次，不是单指行为人已经窃得的财物数额，还包括行为人企图窃取和可能窃取的数额，如行为人潜入会计室后由于打不开保险柜而盗窃未遂，就不能因为其一无所获而否认其构成盗窃罪。个人盗窃公私财物数额较大，一般可以 300 至 500 元为起点；少数经济发展较快的地区，可以提高到 600 元为起点。个人盗窃公私财物数额巨大，一般可以 3000 至 5000 元为起点；少数经济发展较快的地区，可以提高到 6000 元为起点；个人盗窃公私财物数额"特别巨大"，一般可以 20000 至 30000 元为起点；少数经济发展较快的地区，可以 40000 元为起点。由于全国各地经济发展状况不平衡，地区之间、城乡之间都有差别，因此，在上述数额起点以上的数额标准，由各地司法机关根据本地经济发展状况和社会治安状况具体制定和掌握。

对于家庭成员偷窃自己家里的或近亲属的财物，一般可不作为盗窃犯罪处理。所谓近亲属，是指夫、妻、父、母、子、女、同胞兄弟姐妹。（参见：最高人民法院、最高人民检察院《关于当前办理盗窃案件中具体应用法律的若干问题的解答》，1984 年 11 月 2 日）

（八）诈骗罪

诈骗罪，是指以非法占有为目的，用虚构事实或者隐瞒真相的方法，骗取数额较大的公私财物的行为。所谓虚构事实，是指捏造不存在的部分事实或全部事实，骗取被害人的信任。所谓隐瞒真相，是指对被害人掩盖客观存在的事实；被害人如果知道这种事实，将不会把财物交给犯罪分子。

有的犯罪分子利用个人承包校办企业或签订经济合同对学校进行诈骗；有的单位以单位名义利用承包学校基建工程合同的不完善、偷工减料、降低质量标准进行诈骗等这类事常有发生。对于以单位名义利用合同进行诈骗的主管人员、直接责任人员，均以诈骗罪论处。

在日常交往中，对借钱借物不能如期偿还的，只要不赖账，不弄虚作假欺骗对方，就不属于诈骗行为。但借的大量钱物潜逃或挥霍，本人无归还之意，且也无力归还的，则以诈骗罪论处。

诈骗财物数额较大的才构成诈骗罪。诈骗"数额较大"，一般是指个人诈骗公私财物所得的数额在 500 元以上。诈骗"数额巨大"，一般是指个人诈骗公私财物在 1 万元以上。（参见：①1985 年 3 月 26 日最高人民检察院的有关批复。②《最高人民法院、最高人民检察院关于当前办理经济犯罪案件中具体应用法律的问题的解答（试行）》，1985 年 7 月 8 日）

（九）故意毁坏公私财物罪

故意毁坏公私财物罪，是指故意毁灭或者损毁公私财物，情节严重的行为。所谓毁灭，是指使财物全部丧失使用价值和交换价值，如砸毁、烧毁、撕毁等。所谓损坏，是指使财物的效用部分丧失，但不完全丧失其使用价值，如撕破他人衣物、拆除他人房屋等。所谓情节严重，是指毁坏重要物品，损失严重的；破坏手段特别恶劣的；嫁祸于人的等。

构成毁坏财物罪必须出于故意。如出于个人泄私愤报复、忌妒、陷害他人或自命"英雄"、精神空虚而取乐等动机毁坏公私财物等。

（十）聚众扰乱社会秩序罪

聚众扰乱社会秩序罪，是指聚众扰乱党政机关、企业、事业单位和人民团体的正常活动，情节严重，致使工作、生产、营业、教学、科研无法进行，给国家和社会造成严重损失的行为。

聚众扰乱社会秩序罪必须是故意和聚众犯罪。所谓聚众，是指在首要分子有目的有计划地组织、煽动、指挥下，纠集一些人共同进行扰乱活动，而不是指群众围观。我国《刑法》规定只处罚首要分子，即起组织、策划、指挥作用的犯罪分子。首要分子可能是一个人，也可能是几个人。对于一般参与的人和不明真相受蒙骗的群众，主要进行说服教育，或者按《治安管理处罚条例》规定给予行政处罚。

（十一）传授犯罪方法罪

传授犯罪方法罪，是指用语言、文字或者行动故意向他人传授犯罪方法的行为。所谓行动，是指用现场的实际犯罪或者犯罪动作的演习来传授犯罪方法。

传授犯罪方法，即传授各种具体犯罪的作案经验和技能（如盗窃技术、耍流氓手段、破坏或对抗侦查的经验等），是腐蚀青少年使之走向犯罪道路的一个重要原因，具有严重的社会危害性。因此，1983 年 9 月 2 日第六届全国人大常委会第二次会议通过《关于严惩严重危害社会治安的犯罪分子的决定》，增定传授犯罪方法罪。

传授犯罪方法罪的成立是看行为人有无传授犯罪方法的举动，至于被传授人有无犯罪结果，并不影响本罪的成立。

（十二）虐待罪

虐待罪，是指经常以打骂、冻饿、禁闭、强迫过度的劳动、有病不予治疗或者以其他方法肆意折磨、摧残家庭成员，情节恶劣的行为。所谓家庭成员，是指共同生活在一个家庭内的成员，并有抚养赡养关系的。

父母由于对子女的管教方法不当，进行了偶尔打骂，或者对子女在生活上关心爱护不够，不能视其为虐待行为。

对虐待罪，只有被害人告诉的才处理，即要由被害人向司法机关控告起诉的才处理。如果被害人因受强制威吓无法告诉的，人民检察院和被害人的近亲属也可告诉。由于被害人长期受虐待，逐渐造成身体的严重损伤或导致死亡，或由于被害人不堪忍受长期虐待而自杀造成死亡或重伤，不属于告诉才处理的范围。

（十三）教育教学设施重大安全事故罪

教育教学设施重大安全事故罪，是指明知校舍或教育教学设施有危险，但有关直接责任人员不采取措施或者不及时报告，致使发生重大伤亡事故的行为。

我国《刑法》第一百三十八条规定："明知校舍或者教育教学设施有危险，而不采取措施或者不及时报告，致使发生重大伤亡事故的，对直接责任人员，处三年以下有期徒刑或者拘役；后果特别严重的，处三年以上七年以下有期徒刑。"

本罪具有如下主要特征：

（1）本罪的主体为特殊主体，仅限于负责校舍或教育教学设施安全的直接责任人员。

（2）在主观方面，行为人对校舍或教育教学设施存在着危险是明知的，但发生重大伤亡事故的结果则是出于过失。

（3）在客观方面表现为行为人明知校舍或教育教学设施有危险，但不采取措施加以排除或者不及时向有关领导、主管部门报告，从而导致重大伤亡事故的行为。所谓不采取措施，主要是指不采取积极有效的排除危险、避免伤亡事故的措施。例如，明知是危房，仍让学生上课使用；明知有关教学仪器有病菌，仍不禁止使用，等等。所谓不及时报告，是指发现校舍或者教育教学设施有危险后，仍隐瞒不报，或拖延不报或报告不实等情形。如明知有4间校舍有坍塌危险，却加以隐瞒，报告为安全房屋，或者拖延数月才报告，或者说只有两间房子有危险。在客观结果上，构成本罪的，须有造成重大伤亡事故的后果。

根据《刑法》第一百三十八条的规定，犯教育教学设施重大安全事故罪的，对直接责任人员，处3年以下有期徒刑、拘役或者管制；后果特别严重的，处3年以上7年以下有期徒刑。

（十四）侵犯著作权罪

侵犯著作权，是指以营利为目的，违反《著作权法》规定，复制发行侵权复制品，侵犯他人著作权或与著作权有关的权益，违法所得数额较大或者有其他严重情节的行为。这里的"与著作权有关的权益"即指著作邻接权，但在本罪中仅指出版者对其出版的图书依法享有的专有出版权和录音录像制作者对其制作的音像制品享有的复制发行权及获酬权。

侵犯著作权罪的主要特征如下：

（1）本罪的犯罪主体是一般主体，只要达到刑事责任年龄、具有刑事责任能力的自然人，就能成为本罪的主体，单位也能构成本罪的主体。

（2）主观方面必须是直接故意，并以营利为目的，即行为人明知复制发行侵权复制品的行为会侵害他人著作权或与著作权相关的权益，并希望这种结果发生。间接故意、过失或不具有营利目的的行为，均不能构成本罪。为教学或科学研究复制他人的学术论文供教学或科研人员使用，因不具有营利目的，不构成本罪。

（3）本罪侵犯的客体是他人的著作权和与著作权有关的权益及国家的著作权管理制度。

（4）客观方面表现为行为人实施有关侵犯著作权，违法所得数额较大或者有其他严重情节的行为。

构成本罪的主要特征还包括"违法所得数额较大"或者"其他严重情节"。一般来说，个人违法所得（即获利数额）在两万元以上，单位违法所得在 10 万元以上的，属于"数额较大"。"其他严重情节"是指下列情况之一：①因侵犯著作权曾经两次以上被追究行政责任或者民事责任，又侵犯著作权的；②个人非法经营数额在 10 万元以上，单位非法经营数额在 50 万元以上的；③造成其他严重后果或者具有其他严重情节的。

根据《刑法》第二百一十七条规定，犯侵犯著作权罪，违法所得数额较大或者有其他严重情节的，处三年以下有期徒刑或者拘役，并处或者单处罚金；违法所得数额巨大或者有其他特别严重情节的，处三年以上七年以下有期徒刑，并处罚金。

根据《刑法》第二百二十条规定，单位犯本罪的，对单位判处罚金，并对其直接负责的主管人员和其他直接责任人员，依照本节各该条的规定处罚。

（十五）妨害国家机关公文、证件、印章罪

妨害国家机关公文、证件、印章罪，是指伪造、变造或者盗窃、抢夺、毁灭国家机关的公文、证件、印章的行为。

本罪的主要特征如下：

（1）侵害的客体是国家机关的正常活动及其信誉。侵害的对象，是国家机关的公文、证件、印章。这里的公文，是指国家机关制作的，用以联系事务、指导工作、处理问题的书面文件，包括通知、命令、决定、批复、函电、请示等。证件，是指国家机关依职权制作和颁发的，用以证明身份、荣誉、权利义务关系或解决其他事项的书面凭证，如学历文凭、工作证、军人证、护照、结婚证等。印章，包括刻有国家机关名称的公章和国家机关使用的具有特殊用途的专用章和一些具有公务用途和效力的印章。

（2）主观方面必须是直接故意。

（3）客观方面表现为伪造、变造或者盗窃、抢夺、毁灭国家机关的公文、证件、印章的行为。所谓伪造，是指无权制作者仿照真实公文、证件、印章的行文格式、样式、图案、颜色等，制作不真实的公文、证件、印章。所谓变造，是指用涂改、拼接等方法对原本真实的公文、证件、印章进行改造，改变公文、证件、印章的内容。所谓毁灭，是指用烧毁、破坏等方法，使公文、证件、印章无法使用。

行为人为了实施诈骗等犯罪行为，采用伪造、变造公文、证件、印章等手段欺骗他人的，应当按照牵连罪的原则处理。

（十六）非法获取国家秘密罪

非法获取国家秘密罪，是指故意以窃取、刺探、收买的方法，非法获取国家秘密的行为。

本罪的主要特征如下：

（1）侵害的客体是国家对国家秘密的保护。

（2）在主观方面是故意，即明知是国家秘密而非法以窃取、刺探、收买的方法获取的。

（3）在客观方面，表现为以窃取、刺探、收买的方法，非法获取国家秘密的行为。根据《保守国家秘密法》的规定，国家秘密关系到国家的安全和利益，依照法定程序确定，在一定时间内只限一定范围内的人员知悉的事项，包括：国家事务的重大决策中的秘密事项；国防建设和武装力量活动中的秘密事项；外交和外事活动中的秘密事项以及对外承担保密义务的事项；国民经济和社会发展中的秘密事项；科学技术中的秘密事项；维护国家安全活动和追查刑事犯罪中的秘密事项；其他经国家保密工作部门确定应当保守国家秘密的事项。

非法获取国家秘密的行为手段有三种：①窃取，如直接窃取国家秘密文件，用计算机窃取国家秘密，通过电磁波窃取国家秘密，采用照像的方式偷拍国家秘密，等等。②刺探，即采用探听或者使用侦察手段获取国家秘密。例如，利用社交手段，向知情者探问国家秘密，使用窃听装置侦察国家秘密，利用与知密者的特殊关系探询国家秘密，等等。③收买，指用金钱向知密者换取国家秘密。

（十七）非法举行集会、游行、示威罪

非法举行集会、游行、示威罪，是指举行集会、游行、示威，未依照法律规定或者申请未获许可，或者未按照主管机关许可的起止时间、地点、路线进行，又拒不服从解散命令，严重破坏社会秩序的行为。

本罪的主要特征是：（1）侵犯的客体是社会秩序。（2）犯罪主体是非法举行集会、游行、示威的负责人和直接责任人员。（3）在主观方面是出于故意。（4）在客观方面表现为举行集会、游行、示威，未依照法律规定申请或者申请未获许可，或者未按照主管机关许可的起止时间、地点、路线进行，又拒不服从解散命令，严重破坏社会秩序的行为。

（十八）非法参加集会、游行、示威罪

非法参加集会、游行、示威罪，是指违反法律规定，携带武器、管制刀具或者爆炸物参加集会、游行、示威的行为。

本罪的主要特征是：（1）侵害的客体是社会治安管理秩序。（2）在主观方面，必须是出于故意。（3）在客观方面，表现为违反法律规定，携带国家禁止携带的武器、管制刀具或者爆炸物参加集会、游行、示威的行为。武器：包括军用的手枪、步枪、冲锋枪、机枪、迫击炮和其他军用武器，各种射击运动用的枪支，狩猎用的有膛线枪、霰弹枪、火药枪，触发射金属弹丸的气枪，以及其他具有杀伤力的武器。管制刀具，包括匕首、三棱刀、带有自锁装置的弹簧刀（跳刀）以及其他相类似的单刃、双刃、三棱尖刀。爆炸物，是指各种炸药、雷管、继爆导火索、导爆索、非电导爆系统、非电导爆管、起爆药、爆破剂以及其他具有杀伤力的爆炸物品。如果行为人使用上述武器、刀具、爆炸物杀伤参加集会、游行、示威的其他人员，可以依牵连犯处理。

（十九）侮辱国旗、国徽罪

侮辱国旗、国徽罪，是指在公共场合故意以焚烧、毁损、涂划、玷污、践踏等方式侮辱中华人民共和国国旗、国徽的行为。

本罪的主要特征是：（1）侵害的客体，是中华人民共和国国旗、国徽的尊严。（2）犯罪主体为一般主体。（3）在主观方面是出于故意。过失不构成本罪。（4）在客观方面，表现为在公共场合焚烧、毁损、涂划、玷污、践踏中华人民共和国国旗、国徽的行为。"公共场合"，一是指悬挂国旗、国徽的公共场所或者机构所在地，二是指人群聚集的场所。

（二十）在招收公务员、学生工作中徇私舞弊罪

本罪是指国家机关工作人员在招收公务员、学生工作中徇私舞弊，情节严重的行为。

本罪的主要特征是：（1）犯罪主体是特殊主体，只能由国家机关工作人员构成。（2）主观方面是故意。（3）在客观方面表现为在招收公务员、学生工作中徇私舞弊，情节严重的行为。例如，将明知不符合

条件的人，招收为公务员；故意更改学生档案，使不合格的考生被招收进入高等学校等。在招收公务员、学生工作中徇私舞弊，同时有索取、收受贿赂等犯罪行为的，实行数罪并罚。犯本罪的，处 3 年以下有期徒刑或者拘役。

（二十一）泄露国家秘密罪

泄露国家秘密罪，是指违反《保守国家秘密法》的规定，故意或者过失泄露国家秘密，情节严重的行为。

本罪的主要特征如下：

（1）本罪的犯罪主体，主要是国家机关工作人员，并且主要是指其中知道或掌握国家秘密的人员。非国家机关工作人员故意或者过失泄露国家秘密的，依本罪处罚。

（2）在主观方面，既可以是故意也可以是过失。至于犯罪的动机如何，一般不影响对本罪的认定。

（3）在客观方面，表现为行为人违反《保守国家秘密法》的规定，泄露国家秘密，致使不应知道该秘密的人知道，情节严重的行为。1988年全国人大常委会通过《保守国家秘密法》，规定国家秘密是"关系国家的安全和利益，依照法定程序确定，在一定时间内只限一定范围内的人员知悉的事项"，分为绝密、机密、秘密三级。国家制定了保守这些秘密的严格的制度，一切单位和公民都有遵守有关保密规定的义务。例如，绝密级的材料非经原确定密级的机关或者其上级机关批准，不准复制和摘抄；报刊、书籍的出版和发行不得泄露国家秘密；不准在私人交往和通信中泄露国家秘密；不准在公共场所谈论国家秘密；不准通过普通邮政传递属于国家秘密的文件、资料和其他物品等。违反这些保密规定，一旦造成国家秘密泄露，情节严重的，不管出于故意还是过失，一律追究刑事责任。

泄露的方法，可以是口头、书面或者以其他方式，使自己掌握或者得知的国家秘密泄露给不应知悉此项秘密的人。实践中，常见的导致泄密的行为有：在公共场所谈论国家秘密事项；用明传的方式传真国家秘密文件、资料；提供秘密文件供他人阅读、复制，或者非法复制、窃取秘密文件后送给他人。

（4）本罪侵犯的客体是保守国家秘密的制度和国家机关的正常活动。

按照我国《保密法》的规定，教育工作涉及的国家秘密主要包括以下几方面：①地区（市）级以上政府教育行政部门及其所属考试机构组织各类高等及中等教育统一考试在启用之前的试题（包括副题）、参考答案和评分标准、命题工作及其人员的有关情况；②全国出国人员的选派计划、名册，国外留学人员的党务工作，来华人员计划、名册，双边和多边交流项目及协议（含备忘录），在国外留学人员中特殊人员情况及其处理意见；③全国性学潮和秘密结社情况及防范、处理措施；④国家批准的重大科研项目（不包括已公布的专利），高等学校的科研项目中可能成为发明的阶段成果及其研究过程中未公布的资料，国外虽有但系保密的其他科研成果及其研究过程中未公开的资料，高等学校为国防和国民经济建设的保密工程配套科研项目及其科研工作进程；⑤尚未公布的全国各级各类学校统计数字、年度计划、发展规划。

在教育工作中涉及的绝密级事项主要有：各类高等及中等教育全国统一考试在启用之前的试题（包括副题）、参考答案和评分标准。在教育工作中涉及的机密级事项主要有：①全国性学潮和秘密结社情况及防范、处理措施；②国外留学人员中特殊事件、特殊人员情况及其处理意见；③各类高等及中等教育省级和地区（市）级统一考试在启用之前的试题（包括副题）、参考答案和评分标准。

在教育工作中涉及的秘密级事项主要有：①地区（市）级以上高等及中等教育统一考试前的命题工作和人员的有关情况；②全国出国人员的选派计划、名册和在国外留学人员的党务工作；③来华人员的计划、名册和尚未公布的双边和多边交流项目（含备忘录）；④尚未公布的全国各级各类学校统计数字、年度计划及发展规划。

1996 年 5 月 10 日《国家教委办公厅关于进一步加强全国统一考试命题保密工作的意见》，进一步强调了保守教育秘密的重要性。

七、与犯罪行为作斗争

（一）控告、检举和请求司法机关的处理、保护

1. 控告、检举的联系与区别

控告与检举，都是指向司法机关揭发犯罪分子及其犯罪事实，并要求依法处理的行为。二者的区别是：①控告人是受犯罪行为侵害的人或其法定代理人；检举人是与犯罪行为无直接牵连的公民。②控告是为了保护自身的权益而要求依法处理；检举是出于义愤或者为了维护公共利益而提出关于处理的要求。

2. 司法机关对控告、检举的处理

根据我国法律规定，对发现有犯罪事实或者犯罪嫌疑的人，向公安机关、人民检察院或者人民法院进行控告、检举，是机关、团体、企业事业单位和公民的权利与义务。控告、检举可以用书面或者口头方式提出。机关、团体、企业事业单位的控告、检举，应由单位负责人签名，以避免事后无人负责。

公安机关、人民检察院或者人民法院对于控告、检举的材料，不论是口头的还是书面的，也不论是否属于自己所管辖的范围，都应当接受，不能以任何理由推脱不管。如果控告、检举的材料明显不属于刑事案件，也应当向控告人、检举人说明不能受理的理由，并告知应到何处去解决。

各司法机关接受控告、检举后，如果不属于自己的管辖范围，应当按照公安机关、人民检察院、人民法院的立案管辖分工，移送主管机关处理。虽不属于自己管辖而又必须采取紧急措施的，应当先采取紧急措施，以防止犯罪分子逃跑、串供、毁灭罪证，然后移送主管机关处理。

司法机关对接受的控告、检举材料，应当迅速进行审查。如果认为有犯罪事实，需要追究其刑事责任，应当立案；如果认为事实不清，证据不足，可以要求控告人、检举人补充材料或进一步说明情况；如果认为没有犯罪事实，或者犯罪事实显著轻微，不需要追究其刑事责任，则不予立案，并且将不立案的原因通知控告人。控告人、检举人向司法机关询问不受理的理由，是正当要求，司法机关应当及时予以说明。因为这样可以使控告人、检举人明确罪与非罪的界限；弄清法纪与党纪的区别；有利于保护公民控告、检举违法违纪行为的积极性；可使控告人、检举人及时深入地补充材料和证据，以做到不枉不漏；能使控告人、检举人根据具体情况再与有关单位联系，使一般违法或违纪行为也受到应得的批评教育或行政处理。

3. 对控告人、检举人的法律保护

人民群众行使控告、检举的权利，是受到法律保护的，不允许任何人剥夺人民群众的这种权利，更不允许任何人对控告人、检举人打击报复，为了保护群众行使控告、检举的正当权利，我国有关法律对此作了明确规定。

为了鼓励和保护群众与犯罪作斗争的积极性，防止可能发生的不利于诉讼、不利于控告人和检举人的事件，我国《刑事诉讼法》第六十条规定："控告人、检举人如果不愿公开自己的姓名，在侦查期间，应当为他保守秘密。"

（二）扭送司法机关

扭送，是指人民群众将违法犯罪分子强制交付司法机关处理的行为。

我国《刑事诉讼法》第八十二条规定："对于下列人犯，任何公民都可以立即扭送公安机关、人民检察院或者人民法院处理：（一）正在实行犯罪或者在犯罪后及时被发觉的；（二）通缉在案的；（三）越狱逃跑的；（四）正在被追捕的。"

公安机关、人民检察院或人民法院对人民群众扭送来的人，不论是否属于自己管辖，都应当接收，并应立即讯问，根据扭送理由、犯罪事实和证据作出处理决定。公民扭送到司法机关以后，对其应采用何种强制措施，只能由专门机关根据情况作出决定。应当接收的司法机关认为已构成犯罪，应该予以拘留或逮捕的，要依照法定程序迅速办理拘留或逮捕手续；认为不构成犯罪的，应立即放回。

（三）正当防卫

1. 正当防卫的概念

我国刑法一向重视公民的正当防卫权利，修订后的《刑法》第二十条第一款明确规定："为了使国家、公共利益、本人或者他人的人身、财产和其他权利免受正在进行的不法侵害，而采取的制止不法侵害的行为，对不法侵害人造成损害的，属于正当防卫，不负刑事责任。"根据这一规定，所谓正当防卫，就是指为了使国家、公共利益、本人或者他人的合法权益免受正在进行的不法侵害，而对不法侵害者实施一定限度损害的防卫行为。

2. 正当防卫的意义

我国《刑法》规定正当防卫制度的意义主要在于：

第一，在法律上明确了每个公民面对正在进行的不法侵害时的权利，对于鼓励、教育和支持广大群众积极勇敢地同违法犯罪行为作斗争，保护国家、人民的利益和本人或他人的合法权益，维护社会主义法制和培养社会主义道德风尚有积极作用。

第二，《刑法》关于正当防卫的规定，可以对犯罪分子起到一定的威慑作用，这对于减少犯罪和预防犯罪有一定的作用。

第三，正当防卫制度体现并贯彻了专门机关与群众相结合的方针，一方面充分发挥公检法等专门机关的职能作用；另一方面又充分运用法律赋予公民正当防卫的权利，更好地同犯罪行为作斗争。

行使这种权利，必须符合一定的条件，不能任意滥用，同时，也要明确正当防卫还是我国公民应尽的道义上的义务。有条件进行正当防卫而不去实行正当防卫，逃避同正在进行的违法犯罪行为作斗争，放任违法犯罪分子胡作非为，致使国家和人民利益遭受侵害的人，应当受到道义上的谴责。

3. 正当防卫的条件

根据修订后《刑法》的有关规定，构成正当防卫必须符合下列相互统一、互相联系的五个条件：

（1）必须是为了保卫国家、公共利益、本人或者他人的人身、财产和其他权利免受不法侵害才能实行正当防卫，即防卫的目的必须正当。

互相斗殴行为的双方都是为了侵害对方，而不是为了保卫公共利益和公民个人的合法权益，因此，双方的斗殴行为都属于不法侵害，而不是正当防卫。

（2）必须是对不法侵害行为才能实施正当防卫。所谓不法侵害行为，就是危害社会的行为，包括对国家利益、公共利益、本人或者他人的人身财产和其他权利的侵害。具体地说，不法侵害行为通常是指犯罪行为，但也包括某些一般违法侵害行为，如违反治安管理处罚条例的某些行为。不法侵害行为的存在，是正当防卫的起因条件。只要法律保护的国家利益、公共利益、本人或他人的合法权益受到不法侵害，任何公民都有权实施正当防卫，以制止危害后果的发生。

必须注意的是，并不是对任何犯罪行为和一般违法侵害行为都必须实行正当防卫。由于不法侵害行为的种类、情节极为复杂，必须具体问题具体分析。一般来说，只有对那些带有一定紧迫性的不法侵害行为才可以实行正当防卫。对贪污、贿赂、侮辱、伪证等故意犯罪，不宜用正当防卫的手段；对群众之间发生的口角、吵骂侵害，不能实行正当防卫；对过失犯罪一般不能实行正当防卫。

不法侵害是就人的行为而言的，不包括动物的侵袭。但是，对于行为人利用动物伤害他人的（如唆犬咬人），则可以实行正当防卫，防卫人可以将该动物作为不法侵害的工具处置，而不负故意毁坏他人财物的责任。

对未达到法定负刑事责任年龄的人的不法侵害行为和精神病人的不法侵害行为，也可以实行正当防卫。

（3）必须是对正在进行的不法侵害行为才能实行正当防卫：一是客观实际存在的侵害，而不是主观想象的或者推测侵害；二是已经着手实施或者直接面临的侵害，而不是尚未开始或者已经结束了的侵害。

（4）必须是针对不法侵害者本人实行正当防卫。所谓不法侵害者本人，是指在现场的不法侵害的组织者、指挥者、直接参与者。

正当防卫行为不能加给没有实施不法侵害的第三者，如现场围观者、不法侵害者的家属和亲友等。

（5）正当防卫不能明显超过必要的限度，造成重大损害。

《刑法》第二十条第二款规定："正当防卫明显超过必要限度造成重大损害的，应当负刑事责任，但是应当减轻或者免除处罚。"这一规定与原《刑法》第十七条第二款规定的"正当防卫超过必要限度造成不应有的危害的，应当负刑事责任"相比，放宽了对防卫必要限度的限制，进一步强化了公民正当防卫的权利。为鼓励、支持公民积极主动地同违法犯罪行为作斗争，修订后的《刑法》增加了"对正在进行行凶、杀人、抢劫、强奸、绑架以及其他严重危及人身安全的暴力犯罪，采取防卫行为，造成不法侵害人伤亡的，不属于防卫过当，不负刑事责任"这一规定，以法律形式对完全不负刑事责任的防卫行为作出了明确规定。这一规定表明，对严重危害社会治安的暴力犯罪，没有防卫限度的限制，只要实施防卫行为，都是正当防卫，即是所谓的"绝对正当防卫"。

正当防卫的成立，必须同时具备上述条件。缺少任何一个条件，都不是正当防卫。在实践中，认定正当防卫行为应当坚持以下几点：①从有利于鼓励和支持公民同不法侵害行为作斗争出发，不能约束或限制公民同不法侵害行为作斗争。对于防卫行为没有明显超过必要限度，没有造成重大损害的，即应认定为正当防卫。②从主、客观相统一出发，以防卫行为在客观上是否为制止不法侵害所必需为标准，又不能完全不考虑防卫人在紧迫情况下的主观心理状态。因为不法侵害往往是突然袭击，防卫人在一瞬间很难准确地判断侵害行为的性质和危害程度等，更难恰如其分地选择适当的手段和强度，所以，对正当防卫的限度不宜过于苛求，只要没有造成明显超出必要限度的重大损害，就不能以犯罪论处。③从实际出发，对案件的时间、地点、环境和双方的体力与智力状况以及手段、强度、后果等因素，进行全面的、实事求是的具体分析。

（四）紧急避险

1. 紧急避险的概念

《刑法》第二十一条第一款规定："为了使国家、公共利益、本人或者他人的人身、财产和其他权利免受正在发生的危险，不得已采取的紧急避险行为，造成损害的，不负刑事责任。"这条规定表明，紧急避险是指人们在遇到某种危险时，为了防止国家利益、公共利益、本人或他人的合法权益遭受损害，在没有其他方法能够排除的情况下，不得已而采取的损害另一较小合法利益来保护较大合法利益的行为。例如，消防队员为防止火势蔓延，拆毁邻近的未被燃烧的房屋，就是紧急避险的行为。

2. 紧急避险的条件

紧急避险应当具备下列条件：

第一，必须是为了避免公共利益、本人或者他人的人身、财产和其他权利受到危险而采取的。

第二，必须是正在发生危险的情况下采取的。

第三，必须是不得已而采取的。也就是说，所采取的行动，在当时的情况下是唯一能够避免危险的行为，如果尚有其他方法可以避免危险，就不能采取紧急避险的行为。但对这一点也不能十分苛求。紧急情况下，人们很难对各种方法进行比较。

第四，紧急避险的行为不能超过必要的限度。这是因为，紧急避险是以损害一种合法利益来保全另一种合法利益，这就要求被损害的利益必须小于被保全的利益。如为了保全自己的生命而牺牲他人的生命，一般来说就超过了必要的限度。

正当防卫和紧急避险之间既有联系又有区别。

八、刑事诉讼

（一）刑事诉讼的概念

刑事诉讼，是指国家司法机关在当事人和其他诉讼参与人的参加下，依照法定的方式和程序，揭露犯罪，证实犯罪，确定被告人的行为是否构成犯罪和惩罚犯罪的活动。刑事诉讼是与犯罪行为作斗争的又一重要形式。

（二）刑事诉讼的种类

在刑事诉讼中，分自诉案件和公诉案件。自诉案件，是指公民个人或者其法定代理人向人民法院提起诉讼的，不需要进行侦查的轻微的刑事案件，以及法律规定告诉才处理的案件。享有自诉权的，只能是遭受犯罪行为直接侵害的被害人。但是，对于告诉才处理的案件，如果被害人受到了犯罪分子的控制或者其他原因不能行使自诉权的，被害人的近亲属则有权提起诉讼。公诉案件，是指由人民检察院代表国家追究犯罪分子的刑事责任，而向人民法院提起诉讼的案件。刑事案件中的绝大部分是公诉案件。实行公诉制度，对于与犯罪行为作斗争有重大意义。

（三）少年刑事案件

1991 年 4 月 16 日，最高人民法院、国家教育委员会等五个机关、单位发布《关于审理少年刑事案件聘请特邀陪审员的联合通知》，指出："为了依靠社会力量审理好少年刑事案件，各级人民法院可以从当地聘请教育机构的教育工作者、共青团、妇联、工会干部为特邀陪审员。""一方面，可以充分发挥这些同志熟悉和教育青少年的特长，强化对少年被告人的教育作用；另一方面，通过陪审工作使特邀陪审员了解社会和本系统少年违法犯罪的情况和规律，有利于进一步做好本职工作，积极参加社会治安综合治理工作。""特邀陪审员在任职期间，有案时参加陪审工作，无案时结合本职工作，对青少年进行法制宣传教育。""少年法庭的组成人员，同审判员有同等权利。"

（四）刑事案件的管辖

管辖，是指受理案件的分工。管辖分为职能管辖和审判管辖。职能管辖是指受理案件的分工。我国《刑事诉讼法》规定：①告诉才处理和其他不需要进行侦查的轻微的刑事案件，由人民法院直接受理。②对于国家工作人员职务上的犯罪，如贪污罪、受贿罪、行贿罪、侵犯公民民主权利罪、渎职罪，以及人民检察院认为需要自己直接受理的其他案件，由人民检察院立案侦查，并决定是否提起公诉。③不属于上述两类其他案件的侦查，则都由公安机关进行。也就是说，绝大部分的刑事案件是由公安机关首先受理的。

审判管辖，是指各级人民法院上下级之间，不同地区及不同类型的人民法院之间，对刑事案件受理权限的划分。我国《刑事诉讼法》规定，一般刑事案件由犯罪的基层人民法院管辖。

（五）附带民事诉讼

附带民事诉讼，是指司法机关在刑事诉讼过程中，根据被害人等的申请，为处理被告人的犯罪行为所造成的物质损失的赔偿而进行合并审理的诉讼活动。本来这种赔偿损失的责任是属于民事诉讼所解决的问题，但是它又是由刑事诉讼派生的，是在刑事诉讼中附带解决的，不需要离开刑事诉讼而单独提起一项民事诉讼，所以称为附带民事诉讼。

在整个刑事诉讼过程中，不论诉讼进行到什么阶段，都可以向司法机关提起附带民事诉讼。对于那些遭受物质损失而不知道可以提起附带民事诉讼的被害人，司法机关应根据案情及被告人的赔偿能力，告知被害人有权提起附带民事诉讼，但不能代替被害人提起附带民事诉讼。提起附带民事诉讼的方式用口头的或书面的均可。如果案件的犯罪分子还没有查出来，或者因犯罪而造成的物质损失一时还未计算清楚，被害人提出赔偿损失请求时，可以不指明造成物质损失的犯罪分子是谁，也可以不指明要求赔偿的确实数额，而只先表示要求赔偿的意思。

附带民事诉讼提起后，人民法院在必要时可以查封或者扣押被告人的财产，以保证民事赔偿。

专题 11　民　法

民法作为独立的法律部门是调整平等主体的公民之间、法人之间以及公民与法人之间的财产关系和人身关系的法律规范的总称。教育法的某些内容也属于民法范畴，教育领域内一些特殊的民事关系需要教育法来调整。民事活动是学校校长和教师经常从事的基本活动，有时以公民个人的身份，有时以法人的身份，在民事活动中不可避免地会产生一些法律纠纷，这就要求校长或教师能够依据民法的有关规定，正确地加以处理。为此，我们需要学习和掌握民法的有关知识。

一、民法的概念

民法是调整平等主体的公民之间、法人之间、公民和法人之间的财产关系和人身关系的法律规范的总和。

民法所调整的财产关系，一般是指当事人之间在法律地位上是平等的，在经济利益上是等价、有偿的，在意愿表示上是自愿的财产关系。

民法所调整的人身关系，是指那些与公民（自然人）的人身或特定的身份不可分离而无直接财产内容的社会关系。

公民（自然人）在民法中，是民事法律关系的主体，公民是具有我国国籍的人。但是在我国的民事生活中，并非只允许有我国公民参加，在含有涉外因素的民事法律关系中，其主体的一方或双方可以是外国人（自然人）。

法人在民法上是除公民（自然人）以外的另一类民事法律关系的主体。"法人是具有民事权利能力和民事行为能力，依法独立享有民事权利和承担民事义务的组织。"（《民法通则》第三十六条）法人与自然人不同，它是一种社会的组织。

依我国《民法通则》第三十七条的规定，法人应当具备以下四方面的条件：（1）依法成立；（2）有必要的财产或者经费；（3）有自己的名称、组织机构和场所；（4）能够独立承担民事责任。

二、民法的原则

在民事行为活动中，应坚持以下原则：

（一）当事人在民事活动中的地位平等，即平等原则

在民事活动中，无论是发生财产关系还是人身关系，当事人都应处于平等的法律地位。这反映了民事法律关系区别于其他法律关系的最本质的特征，也是民法其他原则产生的基础。

（二）自愿、公平、等价有偿和诚实信用的原则，即自愿原则

自愿，指的是民事关系的产生、变更和消灭，都要根据当事人的自身愿望。公平，是指在确定民事权利和民事义务，承担民事责任等方面要公正、合情合理。等价有偿，是商品经济的本质要素。我国民法是调整社会主义商品经济的法律，必然要求在财产关系中体现等价、有偿原则。诚实，主要指当事人在民事活动中的言行一致，说到做到。这是维持正常社会经济秩序的基本要求。

（三）公民、法人的合法的民事权益受法律保护的原则，即法律保护原则

这一原则表明，国家确认一切公民和法人的一切合法民事权益，不允许任何组织和个人加以侵犯，否则，受害人可要求得到国家法律的保护，而国家也将依法追究侵权行为人的民事责任。

（四）民事活动必须遵守法律，法律没有规定的，应当遵守国家政策，即遵守法律和政策的原则

这一原则表明，在我国一切民事活动必须受国家法律和政策的调整，不允许进行任何违背国家法律和政策的民事活动。另外，这一原则也表明，在有立法的情况下，当事人必须遵守和服从法律的规定，而在国家尚无有关立法的情况下，当事人应服从国家的民事政策。

（五）民事活动应当尊重社会公德，不得损害社会公共利益，破坏国家经济计划，扰乱社会经济秩序，即国家和社会利益原则

国家和社会的利益是全体人民的根本利益，维护国家和社会的利益是保证生产和生活正常进行的需要。破坏国家和社会的利益将造成社会秩序和经济秩序的紊乱。

三、民事权利能力和民事行为能力

作为民事法律关系的主体，必须具有民事权利能力和民事行为能力。

（一）公民的民事权利能力和民事行为能力

1. 公民的民事权利能力

公民的民事权利能力，是指法律赋予他享有民事权利和承担民事义务的资格。具有这种资格，就具有法律上的人格，可以成为民事法律关系的主体。

我国公民从出生时起到死亡时止，都具有民事权利能力，民事权利能力既不得加以限制或剥夺，也不得由自己加以放弃或转让。民事权利

能力是公民享有实际的民事权利的前提，而各种民事权利的实际享有又是公民的民事权利能力的具体实现。

2. 公民的民事行为能力

公民的民事行为能力，是指公民能通过自己的行为行使民事权利和承担民事义务的能力。民事行为能力包括进行合法民事活动的能力和可以承担违法行为责任的能力。

公民可分为完全民事行为能力人、限制民事行为能力人和无民事行为能力人三种。依《民法通则》的规定："18 周岁以上的公民是成年人，具有完全民事行为能力，可以独立进行民事活动。"（第十一条）"10 周岁以上的未成年人是限制民事行为能力人，可以进行与他的年龄、智力相适应的民事活动；其他民事活动由他的法定代理人代理，或者征得他的法定代理人的同意。"（第十二条）但"16 周岁以上不满 18 周岁的公民，以自己的劳动收入为主要生活来源的，视为完全民事行为能力人"。不满 10 周岁的未成年人是无民事行为能力人，应由他的法定代理人代理民事活动。"无民事行为能力人、限制民事行为能力人的监护人是他的法定代理人。"（第十四条）在我国，年满 10 周岁到 18 周岁的人一般是已上小学四五年级到高中毕业的学生，他们的智力已经有了一定的发育，能够独立进行与他们年龄相适应的民事行为，但是由于他们毕竟年龄尚小，智力尚未成熟，因此其进行民事行为的范围是有限的，必须和其年龄、智力相适应。如果其民事行为超出这个范围，便得不到法律的承认和保护。如一个 10 岁以上的未成年孩子将自己的钢笔赠予好友，这种赠予的法律行为就是与其年龄和智力相适应的行为。如果他将家里价值上千元的录音机赠予好友，那么由于赠送财产的价值与他的年龄和智力不相适应，故不发生法律效力，其父母有权要求受赠人归还。不满 10 周岁的未成年人有一部分是已上小学一二年级的学生，由于他们尚处在生长、发育的最初阶段，还不懂事，根据年龄和智力，一般难以进行民事活动，故属于无民事行为能力人。

3. 监护

（1）监护的概念。监护，是指为保护无民事行为能力人和限制民事行为能力人的人身和财产等方面的合法权益而设置的一种对他们的行为和权益进行监督和保护的法律制度。

（2）监护人。《民法通则》第十六条规定：未成年人的父母是未成年人的监护人。如果未成年人的父母已经死亡或者没有监护能力的，由下列人员中有监护能力的人担任监护人：①祖父母、外祖父母；②兄、姐；③关系密切的其他亲属、朋友愿意承担监护责任，并经未成年人的父、母的所在单位或者未成年人住所地的居民委员会、村民委员会同意的。在没有上面规定的人可担任监护人时，由未成年人的父、母的所在单位或者未成年人住所地的居民委员会、村民委员会在近亲属中指定，或者由居民委员会、村民委员会或者民政部门担任监护人。

在学校里，当家长按照学校的规定把未成年学生送进学校以后，就等于家长委托学校实行代理监护。学校有部分委托代理监护权。在法学理论上，可以说是学校具有家长地位。学校应该像正常的家长对待自己的孩子一样对待自己的学生。

（3）监护人的权利和义务。监护人是被监护人的法定代理人，依法享有监护权，负有监护责任。监护人的权利和义务主要有：①照顾被监护人的生活。遗弃子女或者不管子女的生活是一种违法行为。②监督教育被监护人，对被监护人进行必要的管束。③管理被监护人的财产，维护被监护人的合法权益。④代理或者辅助被监护人进行民事活动。⑤在被监护人侵犯他人人身或财产并致损害时，监护人应承担损害赔偿的民事责任。⑥因滥用监护权侵害被监护人的合法权益的，应当承担责任；给被监护人造成财产损失的，应当赔偿损失。未成年人成年，监护人的监护权利和义务即告终止。

我国《民法通则》第一百三十三条规定："无民事行为能力人，限制民事行为能力人造成他人损害的，由监护人承担民事责任。"

例如：12 岁的男孩肖某在放学回家的路上与其他孩子打架，失手打在一个孩子的右眼睑处，经医院诊断，该孩子右眼睑皮肤、脸腺、球结膜破裂、右眼挫伤、右网膜脱离，住院后花去医药费两千多元。受害者家长向法院提起诉讼，要求肖某赔偿损失。法院经审理判决由肖某的父母负担受害者的医药费，并赔偿经济损失两千元。因为无民事行为能力人，限制民事行为能力人是无意识能力或意识能力不完全的人，自然不应由他们对自己行为的后果承担责任，但对于其行为对他人造成的不法侵害也不能置之不问。因此，法律规定由其监护人承担民事责任。

前面我们讲过代替无民事行为能力人和限制行为能力人进行民事活动，尤其是承担民事责任的必须是其监护人，未被确定为监护人的一般没有这个权利和义务。在《民法通则》中被确定为监护人的都是与被监护人在生活上有着密切关系的人。那么，未成年的孩子不可能总在家里，在父母身边生活，他们要到学校或其他教育机构去学习，在那里度过的时间可能要比在家里的时间还要多，如果孩子们在学校里造成损害，由谁承担责任呢？照管人（学校、老师）是否要负民事责任呢？对于这个问题，有的国家法律规定，如果儿童是在相应的学校、教育机构里造成损害，则应由这些机构承担责任。在这一方面，我国民法还没有明确规定。但根据我国《民法通则》和《最高人民法院关于审理人身损害赔偿案件适用法律若干问题的解释》规定的精神，对于无民事行为能力人或限制民事行为能力人在幼儿园、学校学习时，受到伤害或给他人造成损害的，如果幼儿园、学校确有过错的，可视情况责令这些单位适当承担赔偿责任。

如某小学教师让二年级学生擦教室玻璃，该生不慎从窗台上摔下去，造成大臂骨折，住院治疗达半年之久，用去医疗费三千元。对于这起事故，学校是否应负赔偿责任，回答是肯定的。因为小学二年级学生属于限制民事行为能力人，教师让小学生擦玻璃应该预见到学生有从窗口摔下的危险，但由于教师认为能够避免，而结果导致小学生摔伤。所以小学生的摔伤与教师的过失有关系。根据《最高人民法院关于贯彻执行民事政策法律若干问题的意见》第七十二条规定："因致害人的过错，使受害人遭受损失的，致害人应承担赔偿责任。"因此，学校应负赔偿责任。

那么，是不是学校要对学生的所有伤害都承担赔偿责任呢？不是的。如某市小学位于闹区，因此学校不断进行交通安全教育。一日学生解某在放学回家的路上，因跑步从非人行道横穿马路被汽车撞伤。解某家长认为学校应承担一定的赔偿责任，理由是学生好端端地走进学校，学校就有责任保证学生安全回家。笔者认为，由于小学生属于限制行为能力的未成年人，学校有责任进行交通安全教育，但这并不意味着学校必须保证学生上学或放学路上的安全。一般说来，学生在校内发生人身伤亡事故，如果确属学校一方有过错，则学校应承担相应责任。但放学以后，学校不可能护送每一个学生安全回家。就此事故来说，学校平时能注意进行交通安全教育，应该说就已尽到了责任，对于解某的伤害，与学校并没有直接的因果关系，学校在主观上也没有过错，所以解某家长的要求是无理的，学校有权拒绝。

（二）法人的民事权利能力和民事行为能力

1. 法人的民事权利能力

法人的民事权利能力，是国家赋予法人成为民事法律关系主体的一种资格。法人的民事权利能力自其依法成立起到终止时止。法人的民事权利的范围因其组织性质、宗旨、章程、经营范围等而确定。

2. 法人的民事行为能力

法人的民事行为能力，是法律赋予法人根据自己的意志进行民事活动、行使权利和承担义务的资格。法人的民事行为能力的范围不得超过各自的权利能力的范围，也就是说，某一法人在什么范围内享有民事权利，它也就只能在该范围内享有民事行为能力。

法人是一种社会组织，它的民事行为能力只能通过它的代表机关来实现。法人的代表机关是依照法律或法人自己的章程的规定，不需要特别授权而能以法人的名义对外进行民事活动的法定代表人。法人的代表机关或法人代表为实现法人的意志而进行的法律行为即为法人本身的行为，法人应对他们所进行的法律行为承担完全责任。

依法独立设置的学校是法人的一种，它从事为实现其教育职能而必须进行的民事活动。

四、民事权利

民事权利，是指民事法律关系的主体依据民法规范，在国家强制力保护下，自身能够作出一定行为，或能够要求他人作出一定行为或禁止他人作出一定行为的权利。

根据《民法通则》，民事权利包括以下四类：

（一）财产所有权和与财产所有权有关的财产权

1. 财产所有权

（1）财产所有权的概念。《民法通则》第七十一条规定："财产所有权是指所有人依法对自己的财产享有占有、使用、收益和处分的权利。"占有，是指所有人对财产的事实上的控制或管理；使用，是指依财产性质或用途作营利或非营利的运用或利用；收益，是指就该财产收取天然的或法定的利息；处分，是指在法律规定的范围内，决定财产的事实上和法律上的命运，如让与该物等。

财产的占有、使用、收益和一定的处分权利，在特定条件下，如有法律上的规定或所有人的同意，可以为非所有人行使。

（2）财产所有权的种类。按照《民法通则》的规定，财产所有权可大致分为以下几类：①国家财产所有权；②集体财产所有权；③公民个人财产所有权；④社会团体财产所有权。

（3）财产所有权的保护。在财产所有权发生争端或受到不正当干涉或侵犯时，所有人可以向人民法院提起诉讼，要求通过确认所有权以及责令行为人通过排除妨碍、恢复原状、返还原物和赔偿损失等方法加以保护。

2. 与财产所有权有关的财产权

（1）与财产所有权有关的财产权的概念。与财产所有权有关的财产权，是指那些基于财产所有权而发生的各种财产权。

（2）与财产所有权有关的财产权的分类。根据《民法通则》的有关规定，与财产所有权有关的财产权可以分为以下几类：①土地使用权和承包经营权。②土地以外的自然资源的使用和承包经营权。③全民所有制企业对国家授予它经营管理的财产依法享有的经营权。④相邻权（或称相邻关系）。不动产的权利人对与其相邻的属于他人享有权利的不动产所享有的权利，称为相邻权。《民法通则》第八十三条规定："不动产的相邻各方，应当按照有利生产、方便生活、团结互助、公平合理的精神，正确处理截水、排水、通行、通风、采光等方面的相邻关系。给相邻方造成妨碍或者损失的，受害人有权提出要求，对方应当停止侵害，排除妨碍，赔偿损失。"

（二）债权

1. 债的概念

"债是按照合同的约定或者依照法律的规定，在当事人之间产生的特定的权利和义务关系。享有权利的人是债权人，负有义务的人是债务人。"（第八十四条）

2. 债的种类

债可以从不同的角度区分为不同种类，主要有合同之债、侵权行为之债、无因管理之债、不当得利之债。

（1）合同之债

①合同的概念：合同也叫契约，是当事人之间设立、变更、终止民事权利义务关系的协议。因合同而发生的债是日常生活中最普遍最常见的。它的法律特征是：第一，合同是一种双方法律行为，并以意思表示

一致为条件；第二，合同双方当事人地位平等；第三，合同应是合法行为，如合同是违法的，即无效，甚至当事人要受到法律追究。

②合同的订立：一般要经过两个主要步骤：第一，要约，即一方向对方提议订约，并提出合同的主要条款，以供对方考虑是否同意签订合同。第二，承诺，即对于一方的要约，他方表示同意接受提出的各项条款和成立合同关系。

③合同的形式：分为口头的和书面的两种。公民之间一般标的数额不大并且在达成协议后立即清结的合同，通常采用口头形式。合同标的数额较大又不能及时清结的合同，通常采用书面形式。法人之间的合同，一般都采用书面的形式。

④合同的主要条款：a. 标的（交付的财产、实施或不实施一定的行为）；b. 数量和质量；c. 价款和酬金；d. 合同有效期限或履行期限；e. 有关违约责任的规定。

此外，根据法律规定的或按合同性质必须具备的条款，以及当事人一方要求必须规定的条款，也是合同的主要条款。对于订立假合同、倒卖合同以及利用合同进行投机倒把活动的，应当分清情况，追究行为人的法律责任。

⑤合同的履行和不履行：合同债务人应当按照合同的规定，全部履行自己的义务，完成合同所要求的作为和不作为，就是合同的履行。债务人没有实施合同中规定的作为或不作为时，便发生了合同的不履行，包括不完全履行都应当承担民事责任。

⑥合同的担保：担保，是为了促使当事人实际履行合同，法律规定可以采取一定的担保方式。担保主要包括以下四种方式：a. 保证。保证是一种从属于主合同的从合同。依照保证合同，保证人向债权人担保债务人履行一定的债务；保证人在债务人不能履行债务时，承担履行或赔偿损失的责任。b. 抵押。抵押是一种物权担保方式。债务人或者第三人用自己的财产作为抵押物，以担保合同的履行，如到期不能履行，

债权人有权依法从抵押物的变卖价款中优先得到偿还。c. 定金。当事人一方为了证明合同的订立和保证合同履行，在合同约定的数额内可给付对方一定的金额作为定金。给付定金的一方违约时，就丧失了返还定金的请求权；收取定金的一方违约时，则应加倍返还。如果因违约造成对方损失时，受损失的一方还可以要求赔偿损失。d. 留置。在承揽加工和托运货物等合同关系中，合同一方已占有对方的财产，如果对方没有按期给付各种费用，那么占有财产的一方有权扣留其物品，并通知债务人在一定期间内付清各项费用，领取其财产。如果逾期仍不付款，债权人有权依照法律的有关规定，将所扣留的财产变卖，从中收取应得的费用。有剩余，应当退还，如果不足，债权人仍有权要求债务人补足。

（2）侵权行为之债。行为人不法侵害他人的财产权利或人身权利的行为，叫作侵权行为。侵权行为发生后，也即引起债的关系发生。一方当事人侵害他方当事人的人身权利或财产权利，造成他方经济损失时，受害人有请求赔偿的权利，加害人负有赔偿的义务。这就是侵权行为发生的债。

（3）无因管理之债。没有法律规定的义务，也没有受他人委托，而自愿为他人管理事务的行为，叫作无因管理。这种行为发生后，便在管理人与被管理人之间产生了债的关系，即管理人有请求补偿为了管理事务所支出的必要费用的权利，其事务受到管理的被管理人，有向管理人补偿该项费用的义务。

（4）不当得利之债。没有法律上的根据，有损他人而自己获得利益的，叫作不当得利。当不当得利的事实发生后，便在不当得利人与利益所有人之间产生了债的关系，即不当得利人有义务将不当获得之利益返还给利益所有人，利益所有人则有权请求不当得利人返还其利益。

（三）知识产权

知识产权，指对基于智力活动所创造的产品享有的专有权。换言之，知识产权是个人或集体对其智力活动成果所享有的权利。知识产权主要有著作权、专利权、商标权等。

著作权，又可称为版权，是作者或其他主体对某项文学、艺术和科学创作成果，依照法律所享有的专有权。著作权的主体，在大多数情况下是公民。法人也可以成为著作权的主体。著作权的客体，是以客观的物质形式表现出来的具有创造性的科学、文学、艺术成果。著作人可以享有著作权的作品主要有：①文学作品，如论著、创作、翻译、改编、译注、选编等；②口头作品，如讲学、演说、演唱等；③其他作品，如乐谱、绘画、雕塑、舞蹈、电影、录音、录像、地图、图表等。

著作权包括：人身和财产两方面的权利。人身方面的权利，是指与著作人人身相联系的权利，包括：①在作品上署真名、笔名和不署名的权利；②用合法方式出版、复制、演出、展览作品和在合法范围内录音、录像的权利；③修改和收回作品的权利；④保护作品不受侵犯的权利。著作权中的人身权具有永久性，且不能继承和转让。财产方面的权利，是指著作人在自己的作品被出版、上演、制片或以其他方式加以利用时，有获得物质报酬的权利。

（四）人身权

1. 人身权的概念

人身权是指与人身不可分离或相联系而无直接财产内容的各种权利。

人身权本身没有财产内容，但有时会成为发生财产权利的前提。人身权不同于财产权，此种权利因出生而取得，因死亡而消灭，在权利存续关系中，不得转让或者抛弃。

2. 人身权的种类

（1）生命权。生命权是公民依法享有的生命，非经法定程序不得随意剥夺的权利。

（2）身体健康权。身体健康权是公民依法享有的身体和健康不受非法侵害的权利。

（3）姓名权和名称权。姓名权（名称权）是公民（法人）享有的决定、使用、改变自己的姓名（名称）的权利。

（4）肖像权。肖像权是公民可以同意或不同意他人利用自己肖像的权利。

（5）名誉权。名誉权是公民和法人对自己的名声享有的权利。公民的名誉关系到公民个人的社会地位和人格尊严以及其他社会成员对他的信赖程度，关系到公民个人民事权利和其他权利的取得。法人的名誉权则关系到社会对法人生产、产品、信用等方面的评价，与其经济效益有着直接联系。

（6）荣誉权，公民和法人的荣誉权是公民和法人享有的保护其被授予的荣誉不受非法侵害的权利。法律保护公民与法人的各种身份不受非法侵害。

五、民事责任

（一）民事责任的构成要件

根据我国《民法通则》的规定，承担民事责任的构成要件，一般包括以下 4 项：

1. 损害事实的存在

所谓损害，主要指财产上的损失，至于人身损害，也是指因人身伤害所造成的财产上的损失，如受害人因受伤而支付的医药费和工资的减少等。损害事实的存在是承担损害赔偿民事责任的基本条件。无损害事实则不能要求赔偿。

2. 加害行为的违法性

即造成他人损害的行为必须是违法行为。违反合同的行为亦属违法行为。正确执行职务的行为，正当防卫行为，虽然也造成他人"损害"，但不违法，故不承担损害赔偿的民事责任。

3. 违法行为与损害事实之间要有因果关系

一种违法行为在一定条件下必然造成某种损害结果，那么违法行为与损害结果之间就构成了因果关系。因果关系是承担损害赔偿民事责任的重要条件之一。

4. 违法行为人主观上要有过错

所谓主观上的过错，是指行为人造成他人损害时的心理状态。民事违法行为中的过错分故意与过失两种。故意和过失，都是承担损害赔偿民事责任的重要条件。在通常情况下，行为人只对自己的过错负责。无过错而承担民事责任，必须具有法律的专门规定。《民法通则》关于产品责任，危险作业责任，环境污染责任，以及饲养动物责任，也允许适用无过错责任原则。此外《民法通则》还规定"当事人对造成损害都没有过错的，可以根据实际情况，由当事人分担民事责任"（第一百三十二条），这也是不以过错的存在为条件的。由于不可抗力而造成的损害，行为人可免除责任，法律另有规定的除外。

对于某些行为，国家除要求追究行为人的民事责任外，凡需要追究行政责任或刑事责任的，还应追究责任人（包括法人的法定代表人和直接责任人）的行政责任或刑事责任。反之，对于应追究其行政责任或刑事责任的行为人，如还应承担民事责任，也应同时追究其民事责任。

（二）违反合同的民事责任

违反合同的民事责任，是指合同的"当事人一方不履行合同义务或者履行合同义务不符合约定条件的，另一方有权要求履行或者采取补救措施，并有权要求赔偿损失"（第一百一十一条），"当事人一方违反合同的赔偿责任，应当相当于另一方因此所受到的损失"（第一百一十二条），"当事人双方都违反合同的，应当分别承担各自应负的民事责任"（一百一十三条）。

（三）侵权的民事责任

侵权的民事责任，是指行为人不法侵害他人的财产权或人身权利而使他人蒙受损失时，受害人有请求赔偿的权利，加害人负有赔偿的义务，也叫损害赔偿。

侵权的民事责任主要有以下各种情况：

1. 侵占国家的、集体的财产或者他人财产的

学校的土地、建筑等根据办学单位的不同，分别是国家的、集体的或私人的财产，任何人不得随意侵占、破坏。目前侵占学校场地的情况屡有发生，我们必须依法处理。

2. 侵害公民身体造成伤害的

在学校里，比较常见的侵害公民身体造成伤害的情况是体罚。我国的《未成年人保护法》明确规定："禁止体罚学生。"（第二十一条）但有些教师并没严格遵照执行。体罚并造成学生伤亡的事故时有发生，应当引起人们的注意。

3. 侵害公民的姓名权、肖像权、名誉权、荣誉权的

在学校里，教师辱骂学生就是侵害公民名誉权的一种表现。教师对学生一定要坚持正面教育，而不能采用辱骂的手段。否则，就可能对由此造成的损害承担民事责任。

4. 建筑物或者其他设施以及建筑物上的搁置物、悬挂物发生倒塌、脱落、坠落造成他人损害的

它的所有人或者管理人应当承担民事责任，但能够证明自己没有过错的除外。在学校里，特别要注意校舍的安全。如果由于管理不善，造成校舍倒塌，砸死、砸伤学生，所有人或管理人要承担民事责任，触犯刑律的，还要承担刑事责任。

5. 在公共场所、道旁或者通道上挖坑、修缮安装地下设施等，没有设置明显标志和采取安全措施造成他人损害的

施工人应当承担民事责任。在学校里，无论进行何种施工，都必须采取有效措施，保证学生的人身安全。

（四）承担民事责任的方式

《民法通则》规定，承担民事责任的方式主要有以下十种：

1. 停止侵害

《民法通则》规定："公民、法人的著作权……和其他科技成果权受剽窃、篡改、假冒等侵害的，有权要求停止侵害……"（第一百一十八条）"公民的姓名权、肖像权……受到侵害的，有权要求停止侵害……"（第一百二十条），停止侵害是承担侵权民事责任的最基本形式。

2. 排除妨碍

他人非法妨碍所有人行使所有权时，所有人有权请求排除妨碍。如在他人门前堆放物品，妨碍来往通道；在他人建筑物下挖坑，影响建筑物寿命；企事业单位排放废水，污染环境等。所有人在妨碍已经存在的情况下，可以提出排除妨碍的要求，而且在妨碍的确有可能发生时，为了避免妨碍的发生，所有人也可以预先向当事人提出请求，防止妨碍的发生。

3. 消除危险

消除危险主要用于所有权保护和其他物权的保护。例如，在教室附近制造爆炸物就有可能危及学生人身和学校财产的安全。学校作为利害人，有权要求对方消除危险，以确保学生人身和学校财产的安全。消除危险的责任方式，主要用于损害事实未造成之时。如果损害已经发生，就使用返还财产、赔偿损失等方式。这里所说的危险，必须是事实的危险，即这种危险已经构成，而不能是虚构的危险。

4. 返还财产

也称返还原物，当所有人的财产被他人不法占有时，所有人有权向人民法院提起诉讼，请求保护，责令不法占有人返还原物。如果原物已经不存在，则可以用赔偿损失的方法代替返还原物。

5. 恢复原状

如果财产被非法损坏，但尚能修复，那么，所有人有权要求加害人进行修复，恢复财产的原状，这是保护所有权的一种方式。

6. 修理、重作、更换

如果财产被非法损坏，那么，根据财产的损坏状况，所有人有权要求加害人修理、重作、更换。因产品质量不合格造成他人财产、人身损害的，产品制造者、销售者应依法承担民事责任。

7. 赔偿损失

当加害人造成受害人财产损失时，受害人有权要求赔偿损失。财产损失包括直接损失和间接损失。直接损失是受害人现有财产的减少。间接损失是指可得到利益的损失，是受害人在正常情况下应该增加的财产，因受害而未能增加，如受害人因受伤而使劳动收入减少。我国《民法通则》第一百一十九条规定："侵害公民身体造成伤害的，应当赔偿医疗费、因误工减少的收入、残废者生产补助费等费用；造成死亡的，并应当支付丧葬费、死者生前扶养的人必要的生活费等费用。"

8. 支付违约金

按法律或合同规定的，当事人一方不履行合同时，必须给付他方一定数额的钱款，这笔钱称为违约金。即使对方没有遭受任何损失，违约的一方也要按照法律或合同的规定给付违约金。

9. 消除影响、恢复名誉

其主要用于对人身权和知识产权的侵害。公民的姓名权、肖像权、名誉权、荣誉权以及法人的名称权、名誉权、荣誉权受到侵害时，都有权要求消除影响。公民、法人的著作权（版权）、专利权、商标专用权、发现权、发明权和其他科技成果权受到剽窃、篡改、假冒等侵害的，有权要求停止侵害，消除影响。消除影响通常与恢复名誉合并适用。在什么范围内造成影响的，就应在什么范围内消除。消除影响并不妨碍受害人要求赔偿损失。

10. 赔礼道歉

其主要用于对人身权的侵害。对于侵犯姓名权、肖像权、名誉权、荣誉权的行为，受害人有权要求赔礼道歉。这是用精神补救办法解决精神损失的有效方式，赔礼道歉并可以要求赔偿损失。

以上承担民事责任的方式，可以单独适用，也可以合并适用。人民法院审理民事案件，除适用上述规定外，还可以予以训诫、责令具结悔过、收缴进行非法活动的财物和非法所得，并可以依照法律规定处以罚款、拘留。（第一百三十四条）

（五）承担民事责任的几种特殊情况

（1）因正当防卫造成损害的，不承担民事责任。正当防卫超过必要的限度，造成不应有的损害的，应当承担适当的民事责任。（第一百二十八条）

（2）无民事行为能力人、限制民事行为能力人造成他人损害的，由监护人承担民事责任。监护人尽了监护责任的，可以适当减轻他的民事责任。（第一百三十三条）

（3）受害人对于损害的发生也有过错的，可以减轻侵害人的民事责任。（第一百三十一条）

（4）当事人对造成损害都没有过错，可以根据实际情况，由当事人分担民事责任。（第一百三十二条）

（5）因紧急避险造成损害的，由引起险情发生的人承担民事责任。如果危险是由自然原因引起的，紧急避险人不承担民事责任或者承担适当的民事责任。因紧急避险采取措施不当或者超过必要的限度，造成不应有的损害的，紧急避险人应当承担适当的民事责任。（第一百二十九条）

（6）两人以上共同侵权造成他人损害的，应当承担连带责任。（第一百三十条）

（7）法人的赔偿责任。法人的业务活动，是通过它的机构、代表和工作人员的服务来实现的。法人的工作人员在执行职务过程中因实施违法行为而致人以损害时，应由法人负责赔偿；法人赔偿受害人的损失以后，对内部有故意或者重大过失的有关工作人员，可根据情节轻重从其工资收入中扣除部分或全部以承担赔偿费用。如果其工作人员的违法行为与法人业务活动无关，其所造成的损害，由工作人员本人承担责任。

六、民事纠纷的处理

（一）非诉讼调解

非诉讼调解，也称诉讼外的调解，是指不涉及诉讼的人民调解委员会的调解、行政机关的调解和仲裁机构的调解，是我们处理民事纠纷中所经常采用的办法。诉讼外的调解，有的属于民间性的调解，有的属于行政性的调解，它们虽然都有各自的组成内容，形成一定的制度，但都不具有诉讼的性质，不同于诉讼中的调解制度（同本节"诉讼调解"部分）。

涉及学校的民事纠纷许多可以采取非诉讼调解的途径解决。

进行调解工作必须坚持双方当事人自愿，坚持事实清楚、分清是非，坚持符合法律和政策。经过非诉讼调解，当事人双方可以达成一定的协议，有的可制作调解书。但是，非诉讼调解所形成的调解书或调解协议，不是法律文书。因此，如果一方或双方反悔，还可以进行再调解，或者向人民法院起诉。

（二）民事诉讼

1. 民事诉讼的概念

民事诉讼，是指人民法院在双方当事人和其他诉讼参与人参加下，审理和解决民事案件的活动以及在这些活动中所产生的诉讼关系。

民事诉讼一般经过以下阶段：（1）起诉和受理；（2）审理前的准备；（3）开庭审理；（4）判决和裁定；（5）上诉阶段；（6）强制执行。并不是每一个具体的民事案件都要经历上述六个阶段。但各阶段必须依次进行，不能逾越。

2. 管辖

所谓管辖，就是划分各级人民法院之间和不同地区的同级人民法院之间受理第一审民事案件范围的权限和分工。一般民事诉讼由被告户籍所在地，即由被告住所地人民法院管辖。被告住所地，与经常居住地不一致的，由经常居住地人民法院管辖。对企事业单位、机关团体提起的民事诉讼，由被起诉单位所在地人民法院管辖。一般管辖，实行"原告就被告"的原则。

3. 提起诉讼的条件

提起诉讼也称起诉，根据我国《民事诉讼法》第一百一十九条的规定，起诉必须符合以下四个条件：

（1）原告是与本案有直接利害关系的公民、法人或其他组织。有诉讼权利能力的人可以作为原告。没有诉讼行为能力的人，由他的法定代理人代为起诉；没有法定代理人的，由人民法院指定代理人。企业事业单位、机关、团体可以作为原告，当事人、法人的法定代表人、法定代理人，都可以委托 1 至 2 人代为诉讼。

（2）有明确的被告。明确的被告，是指要求被告是具体的，而不能是抽象的或猜测的，要指明被告的姓名（名称）、性别、住址等具体情况。

（3）有具体的诉讼请求和事实、理由，即指要求性质明确，如在合同纠纷中，应明确请求法院判令被告履行合同还是给予赔偿，或两者兼有，同时要求范围明确，即所请求的数量大小应当确定，如果有多项请求，那么应分别明确。有关案件的事实、理由是进行诉讼、审理民事案件的依据。

（4）属于人民法院受理民事诉讼的范围和受诉人民法院管辖。在提起诉讼时，必须弄清是否应由人民法院审理和某一级某一地区的法院审理。

4. 诉讼调解

（1）诉讼调解的概念。诉讼调解，指诉讼中的调解，又称法院调解。诉讼调解是指在民事诉讼中，双方当事人在人民法院审判员一人主持，或由合议庭主持下进行调解。诉讼调解是人民法院审理民事案件的一种重要方式。诉讼中的调解协议，经过法院确认，即具有法律上的效力。

（2）诉讼调解的原则。诉讼调解应坚持的原则：①查明事实、分清是非的原则；②双方当事人必须自愿的原则；③调解协议内容合法的原则；④调解不成的，人民法院应当及时判决。

（3）调解书与调解协议的效力。调解达成协议，一般应制作调解书。调解书与调解协议，是两种既有联系又有区别的文书。调解书应当写明诉讼请求、案件的事实和调解的结果。调解书由审判人员、书记员署名，加盖人民法院印章，送达双方当事人。

调解书经双方当事人签收后，即具有法律效力，终了诉讼程序。如果一方当事人在调解书送达前反悔的，调解书就不发生效力，人民法院应当及时判决。

根据《民事诉讼法》第九十八条规定："对不需要制作调解书的协议，应当记入笔录，由双方当事人、审判人员、书记员签名或者盖章后，即具有法律效力。"

5. 当事人在民事诉讼中的权利和义务

当事人在民事诉讼中的权利和义务，是宪法确定的公民基本权利义务在民事诉讼中的体现。

（1）当事人在民事诉讼中的权利。根据《民事诉讼法》的规定，当事人主要享有以下诉讼权利：①请求司法保护权。这是当事人在民事诉讼中的一项最基本的权利。其含义是，当事人有权请求法院公正审判，依法维护自己的民事权益。②委托代理人的权利。任何一方当事人在诉讼上需要他人给予法律帮助时，都有权委托代理人为其诉讼。③申请回避权。当事人有权依据法定理由提出回避申请，要求更换审判人员和其他有关人员，以保证对案件进行公正审判。④提供证据权。当事人有权收集和向法院提供证据，证明自己陈述的事实或者反驳对方陈述的事实，维护自己的诉讼请求或反驳对方的诉讼请求。⑤进行辩论权。当事人有权通过书面或口头方式对争议问题充分发表意见，进行争论和辩驳，以维护自己的诉讼主张。⑥请求调解权。当事人有权请求人民法院对纠纷进行调解，并以调解方式结束诉讼。⑦提起反诉讼。被告有权在诉讼进行中提起反诉，以本诉原告为被告而提出与本案相关的诉讼请求，要求人民法院合并审理。⑧自行和解权。双方当事人可以在诉讼过程中相互协商，达成和解协议，自行和解已经诉诸法院的纠纷。⑨提起上诉权。当事人不服第一审人民法院判决的，除法律规定不能上诉的外，均有权在法定期间内（即判决书送达之日起 15 日内）向上一级人民法院提起上诉。⑩申请执行权。在执行程序中，享有实体权利的当事人有权申请法院执行已经生效的判决、裁定。

此外，当事人享有其他诉讼权利，如向人民法院申请保全证据的权利、查阅并自费复制案件有关材料的权利等。

（2）当事人在民事诉讼中的义务。根据《民事诉讼法》的规定，当事人在民事诉讼中的义务主要有以下三方面：①必须依法行使诉讼权利。当事人必须严格按照民事诉讼法规定行使自己的诉讼权利，不得滥用。例如，不得滥用提供证据权故意提供伪证，不得滥用辩论权肆意侮辱、谩骂对方当事人等。②必须遵守诉讼秩序。当事人在诉讼中应当服从法院的诉讼指挥，遵守有关规则，尊重法院的审判权以及对方当事人、其他诉讼参与人的诉讼权利，使诉讼按法定的程序顺利进行。③必须履行发生法律效力的判决书、裁定书或调解书确定的义务。

6. 执行

（1）执行的概念。执行，是指人民法院行使司法执行权，实施具有执行内容的法律文书，保障当事人的权利得以实现的行为。

通过审判程序确定当事人的权利义务之后，如果有义务的人自动履行了法律文书确认的义务，就不发生执行问题。如果义务人不自动履行自己的义务，权利人就可以通过执行程序来实现自己的权利。

根据《人民法院组织法》和《民事诉讼法》规定，我国采取"审执分立"体制，地方各级人民法院都设立了专门的执行组织，具体行使法院的执行权，负责办理发生法律效力的民事案件、经济纠纷案件判决、裁定的执行事项，也负责办理刑事案件判决、裁定中关于财产部分的执行事项。

（2）执行措施。强制执行措施包括以下几种：①提取、扣留被执行人应当履行义务部分的储蓄存款或其劳动收入；②查封、扣押、冻结被执行人应当履行义务部分的财产，以至变卖被执行人的被查封、扣押的财产；③责令被执行人或有关人交付法律文书所指定的财物、票证；④责令和强制被执行人迁出占有的房屋，退出占有的土地；责令和强制被执行人根据法律文书，为一定行为或不为一定行为。

7. 民事起诉状

民事起诉状，或称民事起诉书，是原告向人民法院提起诉讼的重要诉讼文书。按照《民事诉讼法》第一百二十一条规定，起诉状应当记明下列事项：①原告的姓名、性别、年龄、民族、职业、工作单位、住所、联系方式，法人或者其他组织的名称、住所和法定代表人或者主要负责人的姓名、职务、联系方式；②被告的姓名、性别、工作单位、住所等信息，法人或者其他组织的名称、住所等信息；③诉讼请求和所根据的事实与理由；④证据和证据来源，证人姓名和住所。

原告在起诉状中不得有谩骂和人身攻击之词。

8. 答辩状

答辩状又称答辩书。人民法院应当在立案之日起 5 日内将原告起诉书的副本发送被告；被告在收到之日起 15 日内向人民法院提出答辩状。

答辩状要针对原告所提出的主张作出肯定或否定的答复。一般应明确原告所提出的事实是对还是错，证据是真还是假，请求是轻还是重。这就要求答辩状与原告的起诉状在内容上互相呼应，在观点上主要是针锋相对的。格式没有统一规定，依据所答辩的问题而定。

答辩状一般包括以下几方面：①否认，即否认对方提出的某种事实存在或否认对方所主张的要求，否认可分全部否认或部分否认；②抗辩，即不简单地否认对方所提出的事实和要求，而是提出一种新事实、新要求来对抗他方所主张的事实和要求；③反诉，指被告以原告为被告，而提出与原诉有一定联系的诉讼。

被告不提出答辩状，或是不按期提出答辩状，不影响人民法院审理工作的进行。

9. 民事上诉状

民事上诉状，又称民事上诉书，是指当事人不服地方人民法院第一审判决或裁定，而向上一级人民法院提起上诉，请求变更原判决或裁定的诉讼文书。民事上诉状与民事起诉状在主体结构上是相同的。

专题 12 行政法

教育与行政有着非常直接密切的关系。教育工作者有必要掌握有关的知识。

一、行政法的概念

（一）行政法是调整行政关系的法律规范系统

所谓行政关系是指国家行政机关在行使执行、指挥、组织、监督等职能过程中发生的各种社会关系。

（二）行政法律关系

行政法律关系是指行政法律规范所调整的社会关系。它有以下特征：

（1）行政法的官方性。行政法律关系的一方必须是国家行政机关，而其他法律关系的双方可能都是公民和社会组织。

（2）行政法的职务性。行政法律关系必须是国家行政机关在履行行政职能时才能产生。如果它不是履行行政职能，而是进行民事活动或其他活动，这种关系就不是行政关系。

（3）行政法的单方性。行政法律关系不以双方当事人的同意为必要条件。即行政法律关系的发生可以违反一方当事人的意志，如国家行政机关对违反行政法规的公民进行行政处罚，就不必征得被处罚人的同意。

行政法的单方性还表现在，行政法律关系的双方都要向国家负责，都享有国家法律规定的权利，都要履行国家法律规定的义务。但是，国家行政机关是国家的代表，它可以强制对方履行义务，而对方则没有这种强制权。

行政法律关系的这些特征是相互联系、相互依存的。

（三）行政行为

国家机关在行使执行、指挥、组织、监督等职能过程中所采取的行为称为行政行为，也就是国家机关行使国家行政职能的行为。行政行为一般可以分为抽象行政行为和具体行政行为。

（1）抽象行政行为。它是指国家行政机关在行使行政职能过程中，制定和发布普遍性行为规则的行为，又称为制定行政规范的行为。抽象行政行为不是针对特定的、具体的个人、组织或事项，而是具有普遍适用效力的，它起约束具体行政行为的作用。例如，国家教委制定颁布《全国中小学校长任职条件和岗位要求（试行）》的行为就是抽象行政行为。

（2）具体行政行为。它是指国家行政机关在管理活动中对特定的、具体的个人、组织或事项进行处理的行为，又称为采取行政措施的行为。具体行政行为是抽象行政行为的体现和保障。例如，行政部门根据《全国中小学校长任职条件和岗位要求（试行）》任免校长的行为，就是具体行政行为。

二、国家工作人员

一般来说，只有国家工作人员才能采取行政行为。因此，有必要弄清国家工作人员的概念。国家工作人员的概念在法律上出现较多，例如《宪法》规定："由于国家机关和国家工作人员侵犯公民权利而受到损失的人，有依照法律规定取得赔偿的权利。"《民法通则》规定："国家机关或者国家机关工作人员在执行职务中，侵犯公民、法人的合法权益造成损害的，应当承担民事责任。"根据有关的法律规定，我们可以确定"国家工作人员"的基本概念。

（1）国家工作人员是指从事公务的人员。所谓"公务"，是指国家事务，或者说，是受国家委托并以国家名义所从事的事务。

（2）国家工作人员是指依照法律从事公务的人员。所谓"依照法律"，是指依照法律规定被录用担任一定国家职务并依照法律授予的权限从事工作。

（3）国家工作人员可以是国家机关从事公务的人员，也可以是企事业单位和其他依照法律从事公务的人员。这一点是国家工作人员的范围要素。一般来说，国家机关组成人员绝大部分是国家工作人员，而企业和事业单位，只有一部分或一小部分是国家工作人员。

学校是国家的事业单位。特别是实施义务教育的学校，是依照《义务教育法》设立和从事教育工作的，具有国家性。根据有关规定和学校的性质，学校的校长、教师应视为国家工作人员。这一点，早在1953年12月，教育部就学校教职员的行政处分问题函复华东行政委员会教育部的文件中就明确提出，学校教职员均系国家工作人员，其犯有应受行政处分之错误者可根据情节给予行政处分。此后，学校教职员一直参照国家行政机关工作人员奖惩办法办理。

国家举办的高等学校的教师一般也应视为国家工作人员。民办学校的教师一般不视为国家工作人员，明确委托的除外。

现在，随着教育改革的深入发展，学校的自主权有所扩大，但是，义务教育阶段的学校所具有的国家性并没有改变。校长和教师仍将是国家工作人员。国外的中小学教师一般都列为公务员系列。学校中的勤杂人员、汽车司机、技术工人、炊事人员、电话员不是国家工作人员，以工代干的工人和受委托临时依法从事公务的人员也不是国家工作人员。至于他们在执行职务时的行为，则应视为国家工作人员的行为，与国家工作人员的行为具有同样的法律效力，承担与国家工作人员同样的法律责任。

三、行政制裁

行政制裁，是对违反行政法律规范应当承担行政法律责任者所实施的强制制裁。行政制裁的方式有很多种，包括批评教育、通报批评、承认错误、赔礼道歉、恢复名誉、消除影响、返还权益、恢复原状、停止违法行为、撤销违法决定、履行职责、履行义务、赔偿损失、行政处分、行政处罚和劳动教养等。其中最普遍和经常采用的是行政赔偿、行政处分和行政处罚。

（一）行政赔偿

1. 行政赔偿的概念

行政赔偿是指行政机关在行政管理活动中，由于其违法或不当的行政处理决定给相对人在行政法上的合法权益造成损害，由行政机关承担赔偿的一种行政违法责任形式。行政赔偿是国家赔偿的一种。我国法律对行政赔偿有明确规定。如《宪法》规定："由于国家机关或国家工作人员侵犯公民权利而受到损失的人，有依法律规定取得赔偿的权利。"《民法通则》规定："国家机关或者国家机关工作人员在执行职务中，侵犯公民、法人的合法权益造成损害的，应当承担民事责任。"《行政诉讼法》规定："行政机关或者行政机关工作人员作出的具体行政行为侵犯公民、法人或者其他组织的合法权益造成损害的，由该行政机关或者行政机关工作人员所在的行政机关负责赔偿。行政机关赔偿损失后，应当责令有故意或者重大过失的行政机关工作人员承担部分或全部赔偿费用。"

2. 行政赔偿的特点

（1）行政赔偿是对行政机关或公务员行政违法行为的一种法律制裁。通过这种方式保护相对人的合法权益，教育违法的行政机关或公务员，预防违法行为的发生。

（2）行政赔偿责任是行政机关及其工作人员在执行公务时的违法行为引起的，他们的合法行为或非公务行为给相对人造成的损害，不发生行政赔偿问题。

（3）行政赔偿责任由国家承担，但行政机关对于故意或过失给公民和法人造成损害的行政机关工作人员有权要求偿权。

（4）行政赔偿责任主要是一种财产责任，以金钱支付为原则，也可同时采取承认错误、赔礼道歉、恢复名誉、消除影响、返还权益等方式。

行政赔偿与行政补偿、民事赔偿、刑事赔偿是有所区别的。

3. 行政赔偿的方法

（1）赔偿的范围。行政赔偿应将法定的豁免范围以内的事项除外。例如，国防行为、外交行为、战争行为等引起实际损害的，免除行政赔偿的责任。因受害人自己的过错造成损害的，不应赔偿。已从其他途径得到赔偿的，也不得再向行政机关索赔。在行政赔偿中，主要赔偿物质性损失，对精神损失的赔偿，应严格限制在可以用物质形式估价的范围内。

（2）赔偿的手段。国家行政赔偿的手段主要是金钱。在某些情况下，也可以用实物。一般来说，应先采用承认错误、赔礼道歉、返还原物、消除影响等手段，只有在这些手段不足以抵销行政侵权的严重后果时，才应以金钱或实物加以赔偿。

（3）赔偿额的计算。行政赔偿中所采取的是赔偿直接损失的原则。

对间接损失的赔偿，应参照对财产权益和人身权益受损害人的物质赔偿计算办法或参照有关法律规定。

（4）赔偿经费的来源。我国《行政诉讼法》规定：国家行政机关的赔偿经费的来源是国家的财政收入。这一规定体现了国家对公民、社会组织合法权益的充分保障，使得受害人不会发生受偿无着的情况。

《行政诉讼法》还规定："各级人民政府可以责令有责任的行政机关支付部分或者全部赔偿费用。"这是各级人民政府对所属的各职能行政管理部门实行监督和约束的重要措施，使行政机关的执法活动与机关的切身利益联系起来，有利于促使行政机关及其工作人员更好地依法进行行政管理。

（二）行政处分

1. 概念

行政处分是行政机关对本机关违法的工作人员，或行政监督机关对行政系统机关工作人员所施行的内部纪律上的惩戒措施，又称内部行政法律责任的承担方式或政纪责任方式。

2. 行政处分的特点

（1）行政处分是一种纪律责任方式。纪律是一定组织中要求人们共同遵守的行为规则。如机关、企事业单位、学校等，都用规章制度等确定了自己单位内部的纪律要求，包括劳动纪律、工作纪律、教学纪律等。各单位内部的人员必须遵守这些纪律，违反者应当承担纪律责任。对国家行政机关来说，行政处分是最常用的承担纪律责任的方式。

（2）行政处分是一种由国家行政法加以规定的纪律责任方式。国家行政机关对违反纪律者追究纪律责任时，应依据有关规章制度规定；给予行政处分时，应依照国家行政法规的规定。如国务院 1957 年发布的《国务院关于国家行政机关工作人员的奖惩暂行规定》等。

（3）行政处分有狭义和广义两种理解。狭义的"行政处分"是指适用于国家行政机关内部成员的纪律责任方式。广义的行政处分泛指违反行政法规，按规定应受到的行政处分，不仅限于国家行政机关内部成员，也包括外部成员。例如，按照国家教委发布的《普通高等学校学生管理规定》对学生的处分也列为行政处分。

3. 行政处分的适应条件

根据 1957 年颁布的《国务院关于国家行政机关工作人员的奖惩暂行规定》，国家行政机关工作人员有下列违法失职行为，尚未构成犯罪的，可给予纪律处分：

（1）违反国家的政策、法律、法令和政府的决议、命令、规章、制度的；

（2）玩忽职守，贻误工作的；

（3）违反民主集中制，不服从上级决定、命令，压制批评，打击报复的；

（4）弄虚作假，欺骗组织的；

（5）拨弄是非，破坏团结的；

（6）丧失立场，包庇坏人的；

（7）贪污盗窃国家财产的；

（8）浪费国家资财，损害公共财物的；

（9）滥用职权，侵犯人民群众利益，损害国家机关和人民群众联系的；

（10）泄露国家机密的；

（11）腐化堕落，损害国家机关威信的；

（12）其他违反国家纪律的行为。

4. 行政处分的具体方式和应用

（1）行政处分的具体方式。行政处分包括警告、记过、记大过、降级、降职、撤职、开除留用察看、开除。

（2）行政处分的具体应用。国家行政机关对于违反国家行政纪律的工作人员，在追究行政纪律责任给予行政处分时，必须本着严肃和慎重的方针，按照所犯错误的性质和情节的轻重，参照本人平常的表现和对错误的认识态度，分别给予适当的纪律处分。

在应用行政处分时，应注意以下几点：①国家行政机关工作人员经人民法院判处管制、徒刑或者剥夺政治权利的，其职务自然撤销。对于被判处徒刑宣告缓刑的人员，其职务也自然撤销。但在缓刑期间，仍可留在机关继续工作。自然撤销职务的，不需要办理有关撤销职务的行政处分手续。②给予行政处分的时限，一般应从发现错误之日起半年内给予处分，如果情节复杂，或者有其他特殊原因的，最迟不能超过两年。③根据我国《行政诉讼法》的规定，人民法院不受理就行政机关对行政机关工作人员所做的奖惩、任免等决定提出的起诉。故行政处分一般是一种以行政机关的决定为最终裁决的责任承担方式。

（三）行政处罚

1. 概念

行政处罚是特定行政机关或法定授权的其他组织，对违反特定的行政管理法规但尚未构成犯罪的个人和组织的惩戒措施。行政处罚是特定行政机关或法定授权的其他组织的具体行政行为。

2. 行政处罚的特点

（1）行政处罚是行政机关的行为。这一点使它与刑事处罚、民事处罚相区别。因为刑事处罚和民事处罚都是由人民法院作出的。

行政处罚虽然是由行政机关作出，但并不是任何机关都有行政处罚权。行政处罚权是一种法定职权。只有法律、法规规定享有处罚权的行政机关才能进行行政处罚。

（2）行政处罚是对行政管理相对人的处罚。这一点使它与行政处分相区别。行政处分是在行政机关内部对其工作人员的处分。

所谓行政管理相对人，是指行政权力作用的对象，包括各种社会组织和公民个人，他们与行政机关存在着管理与被管理的关系，如果他们违反了行政法规，行政机关就可以给予处罚。

（3）行政处罚是对行政管理相对人的违反行政法规的行为的处罚。只有法律法规规定必须处罚的行为才可以处罚。

（4）行政处罚所采取的只能是行政制裁，而不能是刑事制裁或民事制裁。行政处罚只能针对那些情节轻微尚未构成犯罪的违法行为。

3. 行政处罚的种类

行政处罚可以分为声誉罚、财产罚、行为罚和人身自由罚四种。

（1）声誉罚，是一种影响名誉的行政法律责任承担方式。它不含有财产和人身自由的性质，也不涉及违法者的实体权利，其目的在于引起违法者精神上的注意，不再继续违反行政法规，其主要形式包括：警告、通报批评、消除不良影响等。

（2）财产罚，是要求违法者承担财产上的责任，以经济手段惩罚其所从事的违法行为，其主要形式包括：罚款、没收、缴纳惩罚性和补偿性费用。行政机关以外的个人或组织使用罚款权应有法律规定或行政机关的明确授权，否则无权使用罚款手段，也包括没收和收缴惩罚性和补偿性费用。

（3）行为罚，是一种剥夺或限制行政违法者的特定的行为能力的处罚方式，其主要形式包括：停止生产、暂停营业、限期整顿、关闭企业；吊销许可证、停业缓发许可证、扣缴或吊销营业执照；扣留或吊销职务证书、驾驶执照；取消资格；停止或取消某种优惠；责令返回不合格产品等。

（4）人身自由罚，是对行政违法者的人身自由加以限制，又称自由罚，是最严厉的行政处罚，其主要方式有行政拘留、劳动教养等。

四、行政复议

我国于 1990 年 12 月 24 日发布了《行政复议条例》，这对于维护和监督行政机关依法行使职权，防止和纠正违法或者不当的具体行政行为，保护公民、法人和其他组织的合法权益，具有重要意义。广大教育工作者有必要学习和掌握。

（一）行政复议的概念

行政复议是公民、法人和其他组织认为行政机关的具体行政行为侵犯其合法权益，依法向上一级行政机关或法律规定的专门机构提出重新处理申请，该上级机关据此对原具体行政行为重新审议并作出裁决的活动。行政复议又称行政诉愿、复审或申诉。

（二）行政复议的特点

1. 行政性

（1）行政复议的对象必须是行政机关实施的具体行为。非行政机关的行为不能作为行政复议的对象。

（2）行政复议一般情况下由上一级行政机关负责，在少数情况下为法律指定的专门机构或原行政机关负责。

2. 申请性

行政复议是一种依申请行为，没有公民、法人或其他组织的申请，就没有行政复议活动。行政机关不能主动申请和实施行政复议。

3. 限权性

行政复议只能在其主管事项范围内，这包含两层意思：

（1）行政复议只能由公民、法人或其他组织向作出决定的原机关或其上一级机关提出。例如，关于义务教育适龄儿童的入学复议问题，只能向教育行政机关申请，而不能向其他行政机关提出这种申请。

（2）每个行政机关，都有自己的职权范围和自己所管辖的事务，只能就自己所管辖的事项接受公民、法人或其他组织的复议申请，而不能超越自己的职权范围去接受申请。

4. 认定性

行政复议不适用调解，行政复议的范围标的是引起争议的具体行政行为。这一行为是否合法、适当，只能依照法律、法规、规章的有关规定予以认定，不存在由申请人、被申请人互相让步、协商解决的问题。

行政法规定的行政法律关系主体的权利、义务，不同于民事权利义务，当事人双方均无权自由处分。因此，行政复议不能适用调解方式，但有关损害赔偿的复议案件除外。

（三）申请行政复议的范围

公民、法人和其他组织对下列具体行政行为不服，可以向行政机关申请复议：

（1）对拘留、罚款、吊销许可证和执照、责令停产停业、没收财产等行政处罚不服的，如吊销学校的办学许可证，责令学校停办等。

（2）对限制人身自由或者对财产的查封、扣押、冻结等行政强制措施不服的，如查封学校的行为等。

（3）认为行政机关侵犯法律、法规规定的经营自主权的。如认为行政机关侵犯学校的招生权、教学权等。

（4）认为符合法定条件申请行政机关颁发许可证和执照，行政机关拒绝颁发或者不予答复的。如民办学校认为符合法定条件，申请行政机关颁发办学许可证，而行政机关拒绝颁发或者不予答复等。

（5）申请行政机关履行保护人身权、财产权的法定职责，行政机关拒绝履行或者不予答复的。如学校中发生有人行凶事件，申请公安部门履行保护人身权的职责，公安机关拒绝履行或者不予答复等。这里只限于人身权和财产权，对其他权利，如游行、集会、结社等权利，行政机关拒绝或不予答复的，不能提起诉讼。

（6）认为行政机关没有依法发给抚恤金的。这里的"抚恤金"是指法律、法规明确规定应当由行政机关依法发给的抚恤金，如对革命烈士、残疾军人以及革命烈士家属依法发给的抚慰性费用。不包括企事业单位应当依法发给而没有发给职工或其家属抚恤金的行为。

（7）认为行政机关违法要求履行义务的。如学校认为行政机关对学校的义务劳动要求过多、过量，或者要求学校履行不合理的义务，影响学校的教育教学活动等，还包括乱摊派、滥收费等。

（8）认为行政机关侵犯其他人身权、财产权的。如认为行政机关占用学校场地建宿舍、侵犯学校财产权等，还包括生命健康权、肖像权、专利权、商标权等。

（9）法律、法规规定可以提起行政诉讼或者可以申请复议的其他具体行为。例如，在政治权利方面可以起诉的有选民名单案件、集会和游行示威案件。

《行政复议条例》对不能申请复议的事项也作了如下规定。

（1）对行政法规、规章或者具有普遍约束力的决定、命令不服的。这一条说明，对行政机关的抽象行政行为不能申请行政复议。

（2）对行政机关工作人员的奖惩、任免等决定不服的。这说明，对行政机关的内部行政行为不能申请行政复议。

（3）对民事纠纷的仲裁、调解或者处理不服的。这说明，对属于其他法律部门管辖的事项，不能申请行政复议。行政机关可以对一般的民事纠纷进行仲裁、调解，对此仲裁、调解不服的，应该通过民事诉讼的途径解决，不能向行政机关申请复议。

（4）对国防、外交等国家行为不服的。这说明，对国家行为不能申请行政复议。国防、外交等国家行为是中央政府从事的活动，是国家主权的体现，具有高度的政治性。国家行为由中央人民政府对最高权力机关负责，受最高权力机关监督。行政机关不能对这类行为进行复议。

（四）复议决定

复议决定是对复议条件作出的最后裁决。

复议机关经过审理，可以分别作出以下复议决定：

（1）具体行政行为适用法律、法规、规章和具有普遍约束力的决定、命令正确，事实清楚，符合法定权限和程序的，决定维持。

（2）具体行政行为有程序上不足的，决定被申请人纠正。

（3）被申请人不履行法律、法规和规章规定的职责的，决定其在一定期限内履行。

（4）具体行政行为有下列情形之一的，决定撤销或变更，并可以责令被申请人重新作出具体行政行为：①主要事实不清的；②适用法律、法规、规章和具有普遍约束力的决定、命令错误的；③违反法定程序影响申请人合法权益的；④超越或者滥用职权的；⑤具体行政行为明显不当的。

除了上述决定之外，复议机关还可作出以下复议决定：

（1）复议机关审查具体行政行为时，发现具体行政行为所依据的规章或者具有普遍约束力的决定、命令与法律、法规或者其他规章和具有普遍约束力的决定、命令相抵触的，在其职权范围内予以撤销或者改变。如无权处理，应向上级行政机关报告，在此期间，复议机关应停止对本案的审理。

（2）被申请人作出的具体行政行为侵犯申请人的合法权益造成损害，申请人请求赔偿的，复议机关可以责令被申请人依照有关法律、法规的规定负责赔偿。被申请人赔偿损失后，应当责令有重大过失的行政机关工作人员承担部分或者全部赔偿费用。

五、行政诉讼

行政复议与行政诉讼是两个既相互联系又互相区别的概念。

（一）行政诉讼的概念

行政诉讼是指公民、法人或者其他组织认为行政机关和行政机关工作人员的具体行政行为侵犯其合法权益，依法诉请人民法院解决和人民法院解决该行政争议的法律活动。

理解这个概念，应注意以下几点：（1）提起行政诉讼的只能是公民、法人或其他组织。（2）只能对行政机关和行政机关的工作人员的具体行政行为提起诉讼。（3）受理行政诉讼案件的只能是人民法院。

（二）行政诉讼的受案范围

行政诉讼的受案范围与可以申请行政复议的范围是相同的。这里不再重复。需要说明的一点是，法律规定由行政机关最终裁决的具体行政行为，人民法院不予受理。例如，《中华人民共和国专利法》规定："专利复审委员会对申请人关于实用新型和外观设计的复审请求所作出的决定为终局决定。"这方面提起的诉讼，人民法院不予受理。

（三）起诉

1. 起诉与申请复议的关系

对属于受案范围的行政案件，公民、法人或其他组织可以先申请行政复议，再向人民法院提起诉讼，也可以直接向人民法院提起诉讼。法律另有规定的除外。

2. 起诉时间

申请人不服复议决定的，可以在收到复议决定书之日起 15 日内向人民法院提起诉讼。复议机关逾期不作决定的，申请人可以在复议期满之日起 15 日内向人民法院提起诉讼。复议期为行政机关收到申请书之日起两个月。法律另有规定的除外。

公民、法人或者其他组织直接向人民法院提起诉讼的，应当在知道作出具体行政行为之日起三个月内提出，法律另有规定的除外。

3. 起诉条件

（1）原告是认为具体行政行为侵犯其合法权益的公民、法人或其他组织。

（2）有明确的被告。

直接向人民法院起诉的，作出具体行政行为的行政机关是被告。

经复议的案件，复议机关决定维持原具体行政行为的，作出原具体行政行为的行政机关是被告。复议机关改变原具体行政行为的，复议机关是被告。

（3）有具体的诉讼请求和事实根据。

（4）属人民法院受案范围和受诉人民法院管辖。

专题 13　经济法

一、经济法概述

（一）经济法的概念、作用

经济法是我国重要的部门法之一，经济法同民法、行政法存在着密切的联系，同时也存在着重大差别，经济法是调整在国家协调经济运行过程中发生的经济关系的法律规范的总称。这就明确表明了经济法独特的调整对象是国家协调经济运行过程中发生的经济关系。这种特定的经济关系包括：企业组织管理关系，即在企业的设立、变更、终止和企业内部管理过程中发生的经济关系；市场管理关系，即在市场管理过程中发生的经济关系；宏观经济调控关系，即国家在对国民经济总体活动进行调节和控制过程中发生的经济关系；社会经济保障关系，即国家在对作为劳动力资源的劳动者实行社会保障过程中发生的经济关系。

经济法是国家领导、组织和管理经济的重要工具。在社会主义市场经济条件下，经济法的作用主要体现在以下几方面：

（1）全面确立企业组织的法律地位，为解放企业，搞活经济，奠定基本的法律基础。

（2）积极培育和完善社会主义市场体系。具体表现在：①确立市场经济活动主体的法律地位；②完善市场经济发育所需的外部环境；③引导市场经济健康发展。

（3）对国民经济实行全面、系统的宏观调控，保证我国国民经济持续、协调发展。

（4）推动科学技术的发展，保证科技成果的应用。

（5）推动和发展我国涉外经济关系，加强国际经济技术交流与合作。

（二）经济法的基本原则

经济法的基本原则如下：

（1）遵循和综合运用客观经济规律的原则。

（2）巩固、发展社会主义公有制和保证各种经济形式合法发展的原则。

（3）国家宏观调控与各种经济组织自主经营相结合的原则。

（4）责、权、利、效相统一的原则。

（三）经济法律关系

经济法律关系是指在国家协调经济运行过程中根据经济法规定发生的权利和义务关系。与其他法律关系一样，经济法律关系也由主体、内容、客体三个要素构成。

1. 经济法律关系的主体

经济法律关系的主体，是指经济法律关系的参加者或者当事人。经济法律关系主体的范围是由经济法调整对象的范围决定的。在我国，经济法的主体包括：国家、国家机关、企业、事业单位和社会团体以及企业的内部组织、有关人员、农户、个体经营户和公民。

2. 经济法律关系的内容

经济法律关系的内容，是指经济法律关系的主体享有的经济权利和承担的经济义务。经济权利是指经济法主体依法具有的自己为或不为和要求他人为或不为一定经济行为的资格；经济义务是指经济法主体具有的为或不为一定经济行为的责任。

3. 经济法律关系的客体

经济法律关系的客体，是指经济法律关系的主体享有的经济权利和承担的经济义务所共同指向的对象，具体包括：经济行为；物；货币和有价证券；科学技术成果。

4. 经济法律关系的发生、变更和终止

经济法律关系的发生是指在经济法律关系主体之间形成一定的权利、义务关系；经济法律关系的变更是指经济法律关系主体、内容、客体的变化；经济法律关系的终止是指经济法律关系主体之间的经济权利和经济义务关系的消失。

经济法律关系的发生、变更和终止，都必须以一定的经济法律事实为根据。经济法律事实是指由经济法所确认的能够引起经济法律关系发生、变更和终止的情况，一般分行为和事件两类。

二、合同法

经济法所包括的内容非常广泛，既包括企业组织法（如《全民所有制企业法》《私营企业法》《公司法》等），市场运行法（如《合同法》《产品质量法》《消费者权益保护法》等），经济调控、监督法（如《外商投资企业法》等），又包括涉外经济法（如《税收法》《金融法》《环境保护法》《会计法》等）。这里重点介绍一下与我们联系较为密切的《合同法》。

在社会主义市场经济条件下，合同已越来越多地介入到我们工作和生活的各个领域、各个方面，并已成为民事往来和经济往来的重要纽带。在学校工作中，经常会遇到与合同有关的问题，如合同的订立、因合同而产生的债权债务关系及因合同不履行而产生的民事纠纷等。因此，作为教育管理工作者，必须认真学习合同法，了解和掌握合同法的有关知识。

（一）合同法的适用范围及基本原则

1. 合同法的适用范围

合同，又称契约，由合同立法模式所决定，有广义和狭义之分。广义的合同，泛指当事人之间设立、变更、终止一定权利义务关系的协议，除民法中的合同以外，还包括行政法上的行政合同、《劳动法》中

的劳动合同、国际法上的国家合同等。狭义的合同是将合同视为民事合同，即指确定、变更、终止民事权利义务关系的协议，主要包括民事合同、技术合同等。

1999 年 3 月 15 日第九届全国人民代表大会第二次会议通过的，以《经济合同法》《涉外经济合同法》和《技术合同法》为基础而制定的我国统一的《合同法》，对其调整的范围作了明确规定。《合同法》第二条规定："本法所称合同是平等主体的自然人、法人、其他组织之间设立、变更、终止民事权利义务关系的协议。"这是根据《民法通则》的规定作出的。根据本条法律规定，可以从以下几方面理解《合同法》的适用范围。

（1）同我国原有的三部合同法相比，扩大了适用范围。我国原有的《经济合同法》《涉外经济合同法》《技术合同法》适用范围各有侧重。《经济合同法》适用范围是平等民事主体的法人、其他经济组织、个体工商户、农村承包经营户相互之间，为实现一定经济目的，明确相互权利义务关系而订立的合同，不包括公民之间以及公民与法人、其他组织之间的合同。《涉外经济合同法》适用范围是中国的企业或者其他经济组织同外国企业和其他经济组织或者个人之间订立的经济合同，不包括我国公民同外国企业和其他组织或者个人之间的经济合同。《技术合同法》适用范围是法人之间、公民之间以及公民同法人相互之间订立的技术合同，但不包括涉外技术合同。统一的《合同法》的适用范围扩大了：一是合同主体，包括中国、外国的自然人之间、组织之间以及自然人与组织之间订立的合同；二是合同的种类，不仅是经济合同、技术合同，而且还包括其他民事合同。

（2）合同是平等主体之间订立的民事权利义务关系的协议，属于民事法律关系。不属于民事法律关系的其他活动，不适用合同法。政府行使管理职权的管理活动，属于行政管理关系，不适用合同法；企业、单位内部的管理关系，不是平等主体之间的关系，也不适用合同法。

（3）关于政府机关参与的合同，应当区别不同情况分别处理：一是政府机关作为平等的主体与对方签订合同的，如购买办公用品，属于一般合同关系，适用合同法。二是属于行政管理的协议，如有关综合治理、计划生育、环境保护等协议，这些是行政管理关系，不是民事合同，不适用合同法。三是政府的采购活动。政府与对方之间订立的合同要适用合同法，对于政府采购行为本身，要专门制定政府采购法来规范。四是关于指令性任务或国家订货任务问题。合同法关于合同订立的一章中规定，国家根据需要下达指令性任务或者国家订货任务的，有关企业、事业单位之间应当依照有关法律、行政法规的权利和义务订立合同。

2. 合同法的基本原则

合同法的基本原则是合同当事人在合同活动中应当遵守的基本准则，也是人民法院、仲裁机构在审理、仲裁合同纠纷时应当遵循的原则。合同法关于合同的订立、效力、履行、违约责任等等以及各个分则的内容，都是根据这些基本原则规定的，了解和掌握合同法的基本原则，对于正确理解合同法的有关规定，有着十分重要的意义。合同法总则第一章对合同法的基本原则做了相关规定，有以下几条：

（1）平等、自愿。合同当事人的法律地位平等，依法享有自愿订立合同的权利，一方不得将自己的意志强加给另一方，任何单位和个人不得非法干预。

（2）公平、诚实信用。当事人应当遵循公平的原则确定双方的权利和义务，在行使权利、履行义务时，应当遵循诚实信用的原则。

（3）守法，不得损害社会公共利益。当事人订立、履行合同，应当遵守法律、行政法规，尊重社会公德，不得扰乱社会经济秩序，损害社会公共利益。

（二）合同订立应注意的问题

依法订立合同是合同生效的前提，是履行义务、享有权利，解决纠纷和请求法律保护的依据。在订立合同时，要认真考虑，尽量订得周全，这对维护自己的合法权益，实现订立合同的目的，有着十分重要的意义。同时，订得周全，在履行时可以减少纠纷；产生了纠纷也便于及时、合理解决。在现实生活中，有些当事人之所以上当受骗，或者在合同履行过程中产生纠纷，往往与在订立合同时草率行事，或者选择缔约当事人不当，或者对合同内容没有很好认真研究有关。因此，在合同订立阶段，一定要十分慎重，认真对待。在订立合同时，要注意以下几个问题：

1. 关于合同的当事人

合同当事人可以是公民（自然人），也可以是法人或其他组织。《合同法》规定："当事人订立合同，应当具有相应的民事权利能力和民事行为能力。"也就是说，应当具有相应的主体资格。当事人只有具有相应的民事权利能力和民事行为能力，才能订立与其权利能力和行为能力相适应的合同，也才能独立地享有合同的权利和承担合同的义务。我国民法通则和有关法律、法规对不同的民事主体规定了不同的民事权利能力及民事行为能力。

当事人除了自己订立合同以外，还可以委托代理人即受托人订立合同。受托人代订合同应当具备下列条件：第一，受托人必须事先取得委托人（被代理人）的授权委托书或证明；第二，受托人必须在授权委托范围内订立合同；第三，受托人必须以委托人的名义签订合同。

根据法律规定，学校在订立合同时，一定要注意了解对方是否具有相应的民事权利能力和民事行为能力，是否受委托以及委托代理的事项、权限等，以防止学校由此造成不必要的经济损失。

2. 合同的内容

合同内容如何确定，是订立合同的一个最重要的问题。因为订立合同就是要设立、变更、终止民事权利义务关系，涉及享有哪些权利，应当履行什么义务，关系到合同当事人的利益和订立合同的目的，只有对合同内容协商一致，合同才能成立。

由于合同的性质、种类不同，合同的具体条款是不相同的，但概括起来，一般包括以下条款：

（1）当事人的名称或者姓名和住所。也就是说，要明确合同的主体，谁来承担合同约定的义务。

（2）标的。也就是合同权利义务指向的对象，标的可以是物，也可以是行为。这个问题不明确，就失去了订立合同的目的，因此，这是一切合同的主要条款。

（3）数量和质量。质量包括规格、性质、款式、标准等。

（4）价款或者报酬。价款是取得标的物应当支付的代价，报酬是获得服务应当支付的代价。这是有偿合同的一个重要问题。

（5）履行期限、地点和方式。例如，是即时履行，还是定期履行；付款是一次支付还是分期支付；交货是交付实物还是交付标的物的所有权凭证；运输是铁路运输还是空运或水运等。

（6）违约责任。违约责任是当事人因过错不能履行合同或不适当履行合同所应承担的责任。违约责任有些法律、法规有明文规定，可依照法律、法规的规定执行。没有规定的，由双方协商确定。

（7）解决争议的办法。例如，是否仲裁，由哪个仲裁机构仲裁等。

在订立合同时，除要对以上内容认真考虑外，还要考虑合同法分则以及其他法律有关各类合同的规定。

3. 合同的规定

合同的形式主要有书面形式和口头形式。口头形式比较简便、迅速，缺点是发生了纠纷，取证困难，不易分清是非和责任。书面形式没有口头形式迅速、简便，但好处是有据可查，不易发生纠纷，发生了纠纷也便于查明是非、分清责任。《合同法》规定，"法律、行政法规规定采用书面形式的，应当采用书面形式。当事人约定采用书面形式的，应当采用书面形式。"同时，《合同法》还规定，"法律、行政法规规定或者当事人约定采用书面形式订立合同，当事人未采用书面形式但一方已经履行主要义务，对方接受的，该合同成立。"

根据合同法的规定，书面形式是指合同书、信件以及数据电文（包括电报、电传、传真、电子数据交换和电子邮件）等可以有形地表现所载内容的形式。

4. 订立合同的方式

《合同法》规定："当事人订立合同，采取要约、承诺方式。"

（1）要约。要约又称发盘、出盘、发价、出价或报价等。要约是希望和他人订立合同的意思表示，必须具备以下要件：一是内容具体明确；二是表明经受要约人承诺，要约人即受该意思表示约束。

（2）承诺。承诺是受要约人同意要约的意思表示。承诺必须具备以下要件：一是承诺必须由受要约人作出；二是承诺必须向要约人作出；三是承诺的内容必须与要约保持一致；四是承诺必须在要约的有效期内作出。

受要约人对要约的内容作出实质性变更的，为新要约。一般合同谈判成立的过程，往往就是要约—新要约—更新要约—直到承诺的过程。承诺生效时合同成立，当事人采用书面形式订立合同的，自双方当事人签字或者盖章时合同成立。

（三）合同的效力

合同的效力问题是指合同是否有效，有效合同对当事人具有法律约束力，国家给予法律保护。根据不同情况，合同成立后可能有以下几种结果：一是依法成立的合同，即有效合同；二是无效合同；三是可撤销合同；四是效力待定。

1. 有效合同

《合同法》规定，"依法成立的合同，自成立时生效"。根据我国《民法通则》的规定，合同有效成立应具备三个条件：一是主体合法，签订合同的当事人应当具有相应的民事权利能力和民事行为能力；二是意思表示真实，即合同当事人订立合同是真正自愿的，不是强加的，不是违背真实意思的情况下订立的；三是不违反法律或者社会公共利益，也就是要合法，不得损害国家和社会公共利益。

合同生效后，对合同当事人就具有法律约束力，当事人应当按照合同的约定履行自己的义务，不得擅自变更或者解除合同，如果不履行合同义务或者履行合同义务不符合规定，应当承担违约责任，受损害方向法院提起诉讼的，法院应当依法审理，给以法律保护。

2. 无效合同

《合同法》规定，有下列情形之一的，合同无效：第一，一方以欺诈、胁迫的手段订立合同，损害国家利益；第二，恶意串通，损害国家、集体或者第三人利益；第三，以合法形式掩盖非法目的的；第四，损害社会公共利益；第五，违反法律、行政法规的强制性规定的。凡是有以上情形之一的合同，都是无效的。

合同无效分为整个合同无效和部分无效。合同部分无效的，不影响其他部分的效力，其他部分仍然有效。无效合同自始至终没有法律约束力。合同无效，不影响合同中独立存在的有关解决争议方法条款的效力。有过错的一方应当赔偿对方因此所受到的损失。

3. 可撤销合同

《合同法》规定，下列合同可以变更或者撤销：第一，因重大误解订立的；第二，在订立合同时显失公平的；第三，一方以欺诈、胁迫的手段或者乘人之危，使对方在违背真实意思的情况下订立的合同。

可撤销合同必须由当事人提出，变更还是撤销当事人可以选择。提出的当事人负有举证责任。当事人提出后由人民法院或者仲裁机构作出裁决，在做出裁决前，该合同还是有效的。裁决对合同内容予以变更的，按裁决履行，如果被撤销，那么自始没有法律约束力。撤销权的行使有一定期限，具有撤销权的当事人自知道或者应当知道撤销事由之日起一年内没有行使撤销权，或者知道撤销事由后明确表示或者以自己的行为放弃撤销权的，撤销权消失。

4. 合同效力待定

订立的合同某些方面不符合生效要件，但并不属于无效合同或可撤销合同，应当采取补救的办法，有条件的尽量促使其生效，主要有以下几种情况：

一是主体有问题。例如，限制民事行为能力人订立的合同。在这种情况下，相对人可以催告法定代理人在一个月内予以追认，如果法定代理人追认了，该合同有效，否则合同不发生效力。但是纯获利益的合同或者与其年龄、智力、精神、健康状况相适应而订立的合同，不必经法定代理人追认。代理方面发生的问题，主要有三种情况：一是代理人没有代理权；二是超越代理权；三是原来有代理权，在代理权终止后还以被代理人名义订立合同。产生这些情况时，相对人可以催告被代理人在一个月内予以追认，未被代理人追认，对被代理人不发生效力，而由行为人承担责任。

二是客体有问题。例如，无处分权的人处分他人财产，或者未经其他共有人同意处分共有财产，如果经权利人追认或者无处分权人订立合同后取得处分权的，该合同有效。

（四）合同的履行及违约责任

1. 合同的履行

合同的履行是合同法中一个极为重要、关键的问题。合同订立后能否很好履行，关系到维护正常的经济社会秩序，关系到经济建设和对外开放。

为了使合同能够得到很好履行，合同法确立了履行合同应当遵守的原则，包括全面履行原则、诚实信用原则、公平合理促使合同履行和不得擅自变更原则。

为了保护当事人的合法权益，维护社会经济秩序，防范合同欺诈，防止有的企业利用合并、分立来逃避债务，《合同法》作了如下规定：

第一，合同生效后，当事人不得因姓名、名称的变更或者法定代表人、负责人、承办人的变动而不履行合同任务。

第二，当事人订立合同后合并的，由合并后的法人或者其他组织行使合同权利，履行合同义务。当事人订立合同后分立的，除债权人和债务人另有约定的以外，由分立的法人或者其他组织对合同的权利和义务享有连带债权，承担连带债务。

第三，应当先履行债务的当事人，有确切证据证明对方有经营状况严重恶化；转移财产、抽逃债务；丧失商业信誉等情形之一的，可以中止履行合同。但当事人如果没有确切证据就中止履行的，应当承担违约责任。

第四，因债务人怠于行使其到期债务，对债权人造成损害的，债权人可以向人民法院请求以自己的名义代为行使债务人的债权。

第五，因债务人放弃其到期债权或者无偿转让财产，对债权人造成损害的，债权人可以请求人民法院撤销债务人的行为。债务人以明显不合理的低价转让财产，对债权人造成损害，并且受让人知道该情形的，债权人也可以请求人民法院撤销债务人的行为。

2. 违约责任

违约责任即违反合同的民事责任，是指合同当事人违反合同约定所应承担的责任。违约责任制度，是保证当事人履行合同义务的重要措施，有利于促进合同的履行和弥补违约造成的损失。对合同当事人和整个社会都是有益的。

《合同法》规定，当事人不履行合同义务或履行合同义务不符合约定的，应当承担违约责任。也就是说，不管主观上是否有过错，除不可抗力可以免责外，都要承担违约责任。至于缔约过失、无效合同或可撤销合同，采取过错责任，合同法分则中个别规定了过错责任的，按过错责任处理。根据合同法律关系的特点，承担违反合同的责任方式主要是：第一，实际履行；第二，采取补救措施，如质量不符合约定的，可以要求修理、更换、重做、退货、减少价款或者报酬等；第三，赔偿损失；第四，约定违约金，还有定金。定金属担保性质。

合同法还增加并规定了预期违约制度。当事人一方明确表示或者以自己的行为表明不履行合同义务的，对方可以在履行期限届满之前，要求其承担违约责任。当事人的违约行为，如果同时构成违法或者犯罪，那么不仅要承担民事责任，而且要依法追究其行政责任或者刑事责任。

（五）合同纠纷解决的途径

合同纠纷，是指合同当事人对合同履行的情况和不履行或者不完全履行合同的后果产生的各种纠纷。合同纠纷发生后，需要采取适当的方式（或者途径）来解决。根据《合同法》的规定，合同纠纷发生后，当事人可以通过和解或者调解解决；当事人不愿和解、调解或者和解、调解不成的，可以根据仲裁协议向仲裁机构申请仲裁；当事人没有订立仲裁协议或者仲裁协议无效的，可以向人民法院起诉。从上述规定可以看出，解决合同纠纷的途径有四种，即当事人和解；第三人调解；仲裁机构仲裁；法律诉讼。

合同纠纷诉讼、仲裁的时效一般为两年，但法律另有规定的除外。

（六）学校工作中经常涉及的几种合同

在现实生活中存在着多种多样的合同，相当复杂，而且随着社会的发展，还会不断产生一些新的合同。合同法分则部分对买卖、供用电、赠予、借款、租赁、融资租赁、承揽、建设工程、运输、技术、保管、仓储、委托、行纪、居间共十五类合同做了规定。结合学校工作的实际，笔者只介绍几种经常涉及的合同。

1. 买卖合同

买卖是人们日常经济生活中最为普遍的法律行为，买卖合同是最常见的合同。买卖合同是出卖人转移标的物的所有权于买受人，买受人支付价款的合同。买卖合同中的当事人是出卖人和买受人。买卖合同是双方合同，当事人各享有权利，同时也都要承担相应的义务。

出卖人的义务和责任主要有：交付标的物；交付的标的物要符合质量要求；保证第三人不得向买受人主张权利。

买受人的义务和责任主要有：支付价款；检验和接受标的物。

出卖合同中，标的物的所有权自标的物交付时起转移，但法律另有规定或者当事人另有约定的除外。风险责任也自交付时转移。

2. 供用电合同

供用电合同是供电人向用电人供电，用电人支付电费的合同。供电企业是供电人，用户是用电人。供电合同的内容包括供电的方式、质量、时间，用电容量、地址、性质，计量方式，电价、电费的结算方式，供用电设施的维护责任等条款。

供电人的义务和责任主要有：安全供电；需要中断供电时应通知用电人；及时抢修。

用电人的义务和责任主要有：交付电费；安全用电。

供电人及用电人不履行义务而给对方造成损失的，应当承担损害赔偿责任。

3. 租赁合同

租赁在人们的生产和生活中是非常普遍的，有时也发生在学校工作中，如学校将闲置房屋出租给他人或学校租赁他人房屋、车辆或其他设备等。租赁合同是公民、法人之间调剂余缺、发挥现有物资作用，促进生产和满足生活需要所不可缺少的法律形式。租赁合同是出租人将租赁物交付承租人使用、租赁物维修等条款。租赁期间届满，当事人可以续订租赁合同。租赁期限6个月以上的，应当采用书面形式。

出租人的义务和责任主要有：将租赁物移交承租人使用、收益；维修义务。

承租人的义务和责任主要有：按约定使用租赁物；妥善保管；对租赁物不得擅自改变或转租；支付租金；租赁期届满返还租赁物。

在租赁期间因占有、使用租赁物获得的收益，归承租人所有，但当事人另有约定的除外。租赁物在租赁期间发生所有权变动的，不影响租赁合同的效力。承租人经出租人同意，可以将租赁物转租给第三人，承租人转租的，承租人与出租人之间的租赁合同继续有效，第三人对租赁物造成损失的，承租人应当赔偿损失。

4. 承揽合同

承揽合同是承揽人按照定做人的要求完成工作，交付工作成果，定做人给付报酬的合同。承揽合同反映了商品经济条件下，民事主体之间分工协作的经济关系，是双务有偿合同。

承揽合同是一大类合同的名称，在实践中有各种各样的承揽，包括：加工合同，定做人提供原料，由承揽人加工成成品，如学校出布料由时装公司为学生缝做校服；定作合同，承揽人根据定做人的要求，用自己的材料为定做人制成成品，如学校在某合同的内容包括：承揽的标的；数量和质量；报酬；承揽方式；材料的提供；履行期限；验收标准和方法等。

承揽人的义务和责任主要有：亲自完成工作的义务；按约定使用符合标准的材料；交付工作成果，并保证符合质量要求；妥善保管；保密义务等。

定作人的义务和责任主要有：按约定提供材料、图纸或技术要求；协作的义务；验收工作成果；支付报酬等。

5. 赠与合同

赠与合同是赠与人将自己的财产无偿给予受赠人，受赠人表示接受赠与的合同。将自己的财产无偿给予受赠人是赠与合同的基本法律特征。赠与合同是单务合同，一般不附义务，但有的也可以附义务。赠与可分为一般的赠与和具有救灾、扶贫等社会公益、道德义务性质的赠与。

赠与合同从合同依法成立时生效，赠与人在赠与财产的权利转移之前可以撤销赠与。但是，具有救灾、扶贫等社会公益、道德义务性质的赠与合同或者经过公证的赠与合同，不适用这个规定。

赠与合同当事人的义务是：赠与人应当交付赠与财产；赠与附义务的，受赠人应当按照约定履行义务，如赠与合同约定，受赠人应当将赠与的钱办教育，受赠人如果不履行约定的义务的，赠与人可以撤销赠与。

《合同法》规定，受赠人有下列情形之一的，赠与人可以撤销赠与：严重侵害赠与人或者赠与人的近亲属；对赠与人有扶养义务不予履行；不履行赠与合同约定的义务。赠与人的撤销权，自知道或者应当知道撤销原因之日起一年内行使。撤销赠与的，撤销权人可以向受赠人要求返还赠与的财产。赠与人的经济状况显著恶化，严重影响其生产经营或者家庭生活的，可以不再履行赠与义务，已经履行的，不再返还。

专题14　中外合作办学条例

《中华人民共和国中外合作办学条例》（以下简称《中外合作办学条例》）于2003年3月1日由国务院原总理朱镕基签署，于2003年9月1日正式实施。它是由国家立法机关依照法律程序，根据《教育法》《职业教育法》和《民办教育促进法》制定，是经国务院审批通过的又一部规范教育办学的法规。

《中外合作办学条例》是为了规范中外合作办学活动，加强教育对外交流与合作，促进教育事业的发展而制定的。它对于推动我国教育对外开放、交流与合作，促进高等教育、职业教育的发展有着重要的意义。为了全面深入准确地贯彻依法治教的精神，促进我国教育事业的发展，更好地投入国际竞争的浪潮，我们必须认真学习、掌握和运用《中外合作办学条例》。

一、《中外合作办学条例》出台的背景

中外合作办学是我国改革开放后在教育领域里出现的新生事物，从 20 世纪 90 年代初开始至今，经历了近 10 年的发展历程。二十几年来，随着我国对外开放的领域不断扩大以及教育改革的不断深入，中外合作办学发展十分迅速。我国加入世界贸易组织后，中外合作办学呈现加速发展的势头，沿海地区申报的数量大大增加，中西部地区的中外合作办学项目开始起步。从总体上讲，办学层次有所提高，合作形式也日益多样化。

中外合作办学正逐渐成为我国教育对外交流与合作的一种新形式，成为加快培养社会主义现代化建设事业急需的各类人才的新途径。从总体上来看，中外合作办学的发展趋势是健康平稳的，现在已经形成了一批办得好、质量高、有特色、受欢迎的中外合作办学机构或项目。一些中外合作办学机构在办学实践中，积极引进外国优质的教育资源，大胆探索新的办学模式和人才培养模式，积累了不少好的经验。广大教育工作者坚持依法行政和规范管理，不断探索有效的管理方式和手段，积极引导中外合作办学向着健康有序的方向发展。

但与此同时，国内中外合作办学水平不高的问题也日渐突出。合作办学初期，国外三流四流的大学首先进入中国，国内一些办学机构不分对方水平和实力如何，只追求盈利，与"洋校"合作不慎重。"野鸡大学""骗子学校"一度成为某些中外合作办学机构的代名词。中外合作办学的初衷是引进国外的优质教育，通过中外教育的"嫁接"，促进国内课程设置、教学方法、手段的创新。因此，经过近二十多年的发展，中外合作办学已经进入了提高"外方"质量的阶段。

根据世界贸易组织规则，教育属于服务贸易范畴，具体来说包括跨境交付，如远程教育、网络教育；境外消费，如出国留学、来华留学；商业存在，如中外合作办学；自然人的流动，如国外师资的进入。在这四方面，最具延伸性的就是中外合作办学，政府也一直在鼓励中外合作办学。

顺应时代发展要求，为保护中外合作办学者、中外合作办学机构的合法权益，将中外合作办学纳入法制化、规范化发展的轨道。同时为促进中外合作办学发展，推动我国教育对外开放、交流与合作，使我国获得更多更加优惠的优质教育资源，提升我国中外合作办学水平。以我国中外合作办学实践为依据，经过长期考察与酝酿，国务院制定并出台《中华人民共和国中外合作办学条例》来实现这一目标。

二、《中外合作办学条例》的意义

（一）《中外合作办学条例》的颁布与实施对我国教育改革与发展产生积极影响

改革开放以来，特别是党的十三届四中全会以来，伴随着我国社会主义市场经济的迅速发展与科教兴国战略的实施，教育改革和发展取得了巨大成就。党的十六大进一步强调了实施科教兴国战略在现代化建设中的重要作用，明确了教育在全面建设小康社会、实现中华民族伟大复兴宏伟目标中的战略地位，提出了新时期教育改革与发展的重大任务。党的十六大精神，对于指导我国教育改革和发展，具有十分重要的战略意义。当前，我国的教育事业既面临着千载难逢的发展机遇，同时也面临着前所未有的严峻挑战。教育改革与发展的现状与党的十六大对教育事业发展提出的要求还有较大的差距。在全面建设小康社会的新时期，完成党的十六大对教育提出的重大任务，实现教育为人民服务的宗旨，要求以"三个代表"重要思想为指导，千方百计地增加高质量的教育供给，努力保障人们受教育权的实现，培育实现中华民族伟大复兴的一代新人；要求坚持教育创新，深化教育改革，优化教育结构，合理配置教育资源，提高教育质量和管理水平，全面推进素质教育；要求积极吸收人类文明的一切优秀成果，借鉴世界各国先进的办学经验和管理经验，面向现代化、面向世界、面向未来，加大教育对外开放的力度，以开放促改革促发展；要求抓住机遇，追赶世界科技教育发展的新潮流，更好地为全面建设小康社会服务。

　　国务院颁布的《中外合作办学条例》，是我国适应加入世界贸易组织的新形势，进一步扩大教育对外开放，满足人们丰富多样的教育需求，推进教育改革与发展的重要措施。制定《中外合作办学条例》，最重要的原则和出发点是扩大开放，引进优质教育资源；规范管理，维护各方合法权益。它的颁布实施将对我国教育改革与发展产生深远的影响。它将有利于我国教育在更大范围、更广领域和更高层次上参与教育对外合作，增加人民群众接受优质教育的机会，提高教育对外开放的整体水平，逐步解决现阶段教育面临的主要矛盾；有利于引进外国优质教育资源，规范中外合作办学行为，提高办学质量，维护中外合作办学者双方、中外合作办学机构和受教育者的合法权益；有利于借鉴国外有益的教学和管理经验，引进我国现代化建设急需的学科、专业，推动我国课程、教材和教学改革，促进教育管理体制和运行机制的进一步改革，提高学校的办学水平，从而全面提高我国教育的国际竞争力。

（二）《中外合作办学条例》的出台是我国教育加入世界贸易组织战略关系履行的积极承诺

　　加入世贸组织，是我国改革开放进程中一件具有历史意义的大事，标志着对外开放进入了一个新阶段，符合我国的长远利益和根本利益。就教育而言，加入世贸组织是教育面向世界，进一步对外开放的重要标志。加入世贸组织，我国在教育领域作了相应的承诺，我们将在更广领域、更高层次上与世界上教育发达的国家进行交流和合作，有利于引进国外先进的教育科技成果，促进教育对外开放的整体水平。当今世界，国际局势正在发生深刻的变化，经济全球化的趋势日趋明显，科技进步日新月异，综合国力竞争越来越激烈。我国科技、教育等作为经济发展最重要、最基础的事业，与世界上发达国家相比，还有一定的差距。加入世贸组织以后，我国教育面临着前所未有的新情况，机遇和挑战并存，积极应对世贸组织是今后教育对外开放的一项重要任务。制定

《中外合作办学条例》是我国积极履行加入世贸组织的承诺，将承诺内容转化为国内立法的重要措施；也是我们积极应对经济全球化对教育提出的更高要求的重要措施。面对加入世贸组织后的新情况，我国教育必须抓住机遇，加快发展，深化改革，调整结构，提高质量，迎接挑战，增强我国教育的竞争力。

加入世界贸易组织还对我国依法治教提出了更高的要求。世界贸易组织有三个最基本的原则就是非歧视性原则（即国民待遇原则和最惠国待遇原则）、透明度原则和公平竞争原则。《中外合作办学条例》的颁布，使我国有关中外合作办学的规则和政策更加规范、透明，有助于外国教育机构来华进行合作办学，有利于中外双方合作办学和依法自主办学，有利于我国政府机关依法进行监督管理。《中外合作办学条例》的实施，将对教育行政部门依法行政提出新的更高的要求。教育行政部门必须严格按照《中外合作办学条例》的规定，依法审批、监督、管理中外合作办学机构，依法保护中外合作办学者、中外合作办学机构的合法权益，依法保护受教育者、教师的合法权益。

（三）《中外合作办学条例》提倡引进优质教育资源，对我国教育将会产生积极促进作用

发展和规范中外合作办学，核心是引进外国优质教育资源。按照《中外合作办学条例》的要求，国家鼓励在高等教育、职业教育领域开展中外合作办学，鼓励中国高等教育机构与外国知名的高等教育机构合作办学；鼓励中外合作办学机构引进国内急需、在国际上具有先进性的课程和教材；结合我国的实际，要特别注意借鉴和学习外国教育机构的办学特色和成功的管理经验，使我国教育机构真正具有比较优势。引进优质教育资源的标准应当是有利于全面推进素质教育和培养创新能力，有利于提高高等教育、职业教育的质量，提高教育的国际竞争力，有利于培养现代化建设急需的各级各类人才，培养全面发展的、实现中华民族伟大复兴的一代新人。

应该看到，与世界上教育先进国家相比，我国教育机构特别是一些高等教育、职业教育机构在教育理念、教育方法、教育管理体制和运行机制方面都存在一定的差距。中外合作办学在引进优质教育资源的同时，对我国整个的教育领域也将产生有益的影响。引进外国优质教育资源的关键是消化吸收、利用创新，最终提高我国教育的整体水平。教育行政部门要积极引导各类教育机构特别是高等教育机构加大改革力度，与外国知名的高等教育机构开展多种形式的合作办学，迎头赶上世界先进国家的教育水平，真正将引进的外国优质教育资源转化为自身改革和发展的能力，使我国教育事业真正实现优先、优质地发展。

简言之，中外合作办学对我国教育事业将会产生的影响为：首先，它将进一步扩大中外合作办学领域，推动我国教育对外开放、交流与合作。我国各类教育，尤其在高等教育、职业教育领域的中外合作办学将会有更大的发展。其次，中外合作办学及管理将步入法制化、规范化发展的新阶段。最后，国外更多的优质教育资源将获得更加优惠的准入机会，从而使我国中外合作办学水平得到新的提升。

（四）《中外合作办学条例》对中外合作办学者和中外合作办学机构的合法权益起到保护作用

保护中外合作办学者、中外合作办学机构的合法权益，是制定中外合作办学条例的重要出发点。中外合作办学机构属于公益事业，是中国教育事业的组成部分，保障中外合作办学者、中外合作办学机构的合法权益是教育行政部门的法定职责，对于引进外国优质教育资源，促进教育对外开放具有重要意义。《中外合作办学条例》明确规定：中外合作办学者、中外合作办学机构的合法权益，受中国法律保护。根据《中外合作办学条例》的规定，中外合作办学者、中外合作办学机构的合法权益主要包括：依法自主开展教育教学活动的权利、依法实行自我管理的权利、依法对其所有的资产享有法人财产权以及依法享有的法律救济等权利、依法享受国家规定的优惠政策的权利。

当前，要采取有力措施，积极贯彻落实中外合作办学条例规定的这些权益。首先，要抓紧制定具体的优惠措施，保障中外合作办学机构相关的优惠措施得以落实。其次，要严格依法行政，依法规定审批时限、程序，规范教育行政部门行政执法行为，不断提高行政效率，保障中外合作办学机构依法实行自我管理、自主办学。最后，要建立健全行政救济渠道，保证中外合作办学机构合法权益受到侵害时，向教育行政部门或其他有关部门投诉和复议，能够得到及时、依法处理。

（五）《中外合作办学条例》有利于保护中外合作办学机构中的受教育者和教师的权益

随着中外合作办学事业的逐步规范，中外合作办学机构中的受教育者的权益保护已经得到很大改善，但中外合作办学确实还存在一些机构信息披露不及时或者不准确，个别机构收费过高、承诺事项不能兑现等问题，直接损害了受教育者的合法权益。因此，切实保护受教育者的合法权益应当引起高度重视，这也是制定实施《中外合作办学条例》的一个重要原则。对受教育者的权益保护，中外合作办学条例首先体现在要求中外合作办学机构应当依法维护学生的合法权益，具体包括应当将办学类型和层次、专业设置、课程内容和招生规模等有关情况，定期向社会公布，保证办学公开、透明；颁发的外国教育机构的学历、学位证书，应当与该教育机构在其所属国颁发的学历、学位证书相同，并在该国获得承认，防止假冒和欺诈的学历文凭；收费项目和标准，依照国家有关政府定价的规定确定并公布，未经批准，不得增加项目或者提高标准，坚决杜绝乱收费；在中外合作办学机构终止及依法清算时，应当妥善安置在校学生，清算时财产处理应当首先退还学生的学费和其他费用，优先保护受教育者的利益。其次，体现在中外合作办学整个行政管理过程中，从严格审批制度，规范办学资格的合法性到加强监管，保证办学质量。最后，在受教育者权益受到侵犯时，受教育者及其监护人、代理人可以依照教育法等法律法规的规定，进行行政或司法救济。这些规定的根本目的是确保中外合作办学机构的教育、教学质量，保证受教育者受到高水平的教育，维护受教育者的合法权益。

中外合作办学机构中任职教师的权益保护，《中外合作办学条例》也做了详细规定。具体包括，中外合作办学机构的理事会、董事会或者联合管理委员会的组成人员中应当有教职工代表，保证教师可以参与重大决策；教职工可以依法建立工会等组织，并通过教职工代表大会等形式，参与民主管理；中外合作办学机构应当依法维护教师的合法权益，保障教师的工资、福利待遇，并为教职工缴纳社会保险费；在终止清算时应当依法清偿教师的工资和应当缴纳的社会保险费等。教师的素质是中外合作办学机构办学质量最重要的体现，也是保证社会主义办学方向，培养现代化建设人才的关键。因此，要采取有力措施确保教师的合法权益，提高中外合作办学教师队伍的思想品德修养和业务素质，实现中外合作办学的根本目的。

三、《中外合作办学条例》的基本内容

《中外合作办学条例》共分为八章，六十四条款。具体规定中外合作办学的方针性质，设立条件，组织管理，教育教学要求，资产与财务制度，变更与终止要求及相关的法律责任等。

（一）《中外合作办学条例》的基本体系

《中外合作办学条例》第一章总则第一条、第二条、第三条、第五条明确提出，在高等教育、职业教育领域进行中外合作办学的基本体系。第一条规定："为了规范中外合作办学活动，加强教育对外交流与合作，促进教育事业的发展，根据《教育法》《职业教育法》和《民办教育促进法》，制定本条例。"第二条规定："外国教育机构同中国教育机构在中国境内合作举办以中国公民为主要招生对象的教育机构的活动，适用本条例。"第三条规定："国家鼓励引进外国优质教育资源的中外合作办学。国家鼓励在高等教育、职业教育领域开展中外合作办

学，鼓励中国高等教育机构与外国知名的高等教育机构合作办学。"第五条规定："中外合作办学必须遵守中国法律，贯彻中国的教育方针，符合中国的公共道德，不得损害中国的国家主权、安全和社会公共利益。中外合作办学应当符合中国教育事业发展的需要，保证教育教学质量，致力于培养中国社会主义建设事业的各类人才。"这是我国要构建的中外合作办学的基本体系。

（二）《中外合作办学条例》的实施机关及工作内容

《中外合作办学条例》第一章总则第八条规定："国务院教育行政部门负责全国中外合作办学工作的统筹规划、综合协调和宏观管理。国务院教育行政部门、劳动行政部门和其他有关行政部门在国务院规定的职责范围内负责有关的中外合作办学工作。

省、自治区、直辖市人民政府教育行政部门负责本行政区域内中外合作办学工作的统筹规划、综合协调和宏观管理。省、自治区、直辖市人民政府教育行政部门、劳动行政部门和其他有关行政部门在其职责范围内负责本行政区域内有关的中外合作办学工作。"

教育部已确定将学习宣传和贯彻实施《中外合作办学条例》作为一项重点工作，拟做好以下几项工作：根据《中外合作办学条例》的原则和要求，抓紧制定配套实施办法，提高实际执行中的可操作性，引导中外合作办学沿着健康有序的方向发展；加强对中外合作办学的宏观规划和政策指导，支持和引导中外合作办学向着举办机构引进优质教育资源的高水平的合作方向发展，努力提高中外合作办学层次和质量；完善中外合作办学机构、项目的审批程序，制定中外合作办学许可证格式和统一编号办法；严格审核外国教育机构的办学资质，对中方合作者提供更加充分的信息服务；进一步规范中外合作办学，扩大对中外合作办学的监管力度，提高教育行政管理人员的业务素质和依法管理水平，更好地做好中外合作办学的服务和管理工作；加大社会宣传力度，普及中外合作办学的有关知识，介绍中外合作办学的典型经验和做法，为中外合作办学条例的实施做好准备。

（三）《中外合作办学条例》的基本制度

1. 基本方针

《中外合作办学条例》第三条指出："中外合作办学属于公益性事业，是中国教育事业的组成部分。国家对中外合作办学实行扩大开放、规范办学、依法管理、促进发展的方针。国家鼓励引进外国优质教育资源的中外合作办学。国家鼓励在高等教育、职业教育领域开展中外合作办学，鼓励中国高等教育机构与外国知名的高等教育机构合作办学。"

2. 适用范围

中外合作办学者可以合作举办各级各类教育机构。但是，不得举办实施义务教育和实施军事、警察、政治等特殊性质教育的机构，也不允许进行宗教教育。如第六条规定："中外合作办学者可以合作举办各级各类教育机构。但是，不得举办实施义务教育和实施军事、警察、政治等特殊性质教育的机构。"第七条规定："外国宗教组织、宗教机构、宗教院校和宗教教职人员不得在中国境内从事合作办学活动。中外合作办学机构不得进行宗教教育和开展宗教活动。"

3. 教育性质

《中外合作办学条例》第三条指出："中外合作办学属于公益性事业，是中国教育事业的组成部分。"第五条规定："中外合作办学应当符合中国教育事业发展的需要，保证教育教学质量，致力于培养中国社会主义建设事业的各类人才。还指出中外合作办学者、中外合作办学机构的合法权益，受中国法律保护。中外合作办学机构依法享受国家规定的优惠政策，依法自主开展教育教学活动。"

4. 设立要求

《中外合作办学条例》规定，申请设立中外合作办学机构的教育机构应当具有法人资格。中外合作办学者可以用资金、实物、土地使用权、知识产权以及其他财产作为办学投入。申请设立实施本科以上高等学历教育的中外合作办学机构，由国务院教育行政部门审批；申请设立实施高等专科教育和非学历高等教育的中外合作办学机构，由拟设立机构所在地的省、自治区、直辖市人民政府审批。设立中外合作办学机构，分为筹备设立和正式设立两个步骤。但是，具备办学条件，达到设置标准的，可以直接申请正式设立。经批准筹备设立中外合作办学机构的，应当自批准之日起3年内提出正式设立申请；超过3年的，中外合作办学者应当重新申报。中外合作办学机构取得中外合作办学许可证后，应当依照有关的法律、行政法规进行登记，登记机关应当依照有关规定即时予以办理，以及申请筹备设立中外合作办学机构和完成筹备设立申请正式设立的，应当提交的文件内容。

5. 组织管理

具有法人资格的中外合作办学机构应当设立理事会或者董事会，不具有法人资格的中外合作办学机构应当设立联合管理委员会。中外合作办学机构的理事会、董事会或者联合管理委员会由中外合作办学者的代表、校长或者主要行政负责人、教职工代表等组成，其中1/3以上组成人员应当具有5年以上教育、教学经验。中外合作办学机构的校长或者主要行政负责人，应当具有中华人民共和国国籍，在中国境内定居，具有教育、教学经验，并具备相应的专业水平。聘任的外籍教师和外籍管理人员，应当具备学士以上学位和相应的职业证书，并具有两年以上教育、教学经验，并规定中外合作办学机构的理事会、董事会或者联合管理委员会行使的职权，及校长或者主要行政负责人应行使的职权，还规定了中外合作办学机构可以依法对教师、学生进行管理。

6. 学历或学业证书制度

中外合作办学机构如何颁发学历，《中外合作办学条例》对此作了规定。

《中外合作办学条例》规定，中外合作办学机构实施学历教育的，按照国家有关规定颁发学历证书或者其他学业证书；实施非学历教育的，按照国家有关规定颁发培训证书或者结业证书。对于接受职业技能培训的学生，经政府批准的职业技能鉴定机构鉴定合格的，可以按照国家有关规定颁发相应的国家职业资格证书。

中外合作办学机构实施高等学历教育的，可以按照国家有关规定颁发中国相应的学位证书。中外合作办学机构颁发的外国教育机构的学历、学位证书，应当与该教育机构在其所属国颁发的学历、学位证书相同，并在该国获得承认。

7. 教学、招生与收费制度

在教育教学方面，应当按照中国对同级同类教育机构的要求，开设关于宪法、法律、公民道德、国情等内容的课程。国家鼓励中外合作办学机构引进国内急需、在国际上具有先进性的课程和教材。中外合作办学机构根据需要，可以使用外国语言文字教学，但应当以普通话和规范汉字为基本教学语言文字。实施高等学历教育的中外合作办学机构招收学生，纳入国家高等学校招生计划。实施其他学历教育的中外合作办学机构招收学生，按照省、自治区、直辖市人民政府教育行政部门的规定执行。中外合作办学机构应当将办学类型和层次、专业设置、课程内容和招生规模等有关情况，定期向社会公布。其收费项目和标准，依照国家有关政府定价的规定确定并公布；未经批准，不得增加项目或者提高标准。所收取的费用应当主要用于教育教学活动和改善办学条件。国务院教育行政部门或者省、自治区、直辖市人民政府教育行政部门及劳动行政部门等其他有关行政部门应当加强对中外合作办学机构的日常监督，组织或者委托社会中介组织对中外合作办学机构的办学水平和教育质量进行评估，并将评估结果向社会公布。

8. 教师、学生权益维护制度

《中外合作办学条例》指出，中外合作办学机构应当依法维护教师、学生的合法权益，保障教职工的工资、福利待遇，并为教职工缴纳社会保险费。中外合作办学机构的教职工依法建立工会等组织，并通过教职工代表大会等形式，参与中外合作办学机构的民主管理。

第六章变更与终止条约中又规定中外合作办学机构终止，应当妥善安置在校学生；中外合作办学机构提出终止申请时，应当同时提交妥善安置在校学生的方案。中外合作办学机构清算时，应当退还学生的学费和其他费用，支付给教职工的工资和应当缴纳的社会保险费用。

9. 法律责任规定

对于在中外合作办学过程中有违法行为的人员，《中外合作办学条例》指出，中外合作办学审批机关及其工作人员，利用职务上的便利收取他人财物或者获取其他利益，滥用职权、玩忽职守，对不符合本条例规定条件者颁发中外合作办学许可证，或者发现违法行为不予以查处，造成严重后果，触犯刑律的，对负有责任的主管人员和其他直接责任人员，依照刑法关于受贿罪、滥用职权罪、玩忽职守罪或者其他罪的规定，依法追究刑事责任；尚不够刑事处罚的，依法给予行政处分。中外合作办学机构被处以吊销中外合作办学许可证行政处罚的，其理事长或者董事长、校长或者主要行政负责人自中外合作办学许可证被吊销之日起 10 年内不得担任任何中外合作办学机构的理事长或者董事长、校长或者主要行政负责人。

对于违反本条例违规办学、招生的，条例规定，超越职权审批中外合作办学机构的，其批准文件无效，由上级机关责令改正；对负有责任的主管人员和其他直接责任人员，依法给予行政处分；致使公共财产、国家和人民利益遭受重大损失的，依照《刑法》关于滥用职权罪或者其他罪的规定，依法追究刑事责任。

未经批准擅自设立中外合作办学机构，或者以不正当手段骗取中外合作办学许可证的，由教育行政部门、劳动行政部门按照职责分工予以取缔或者会同公安机关予以取缔，责令退还向学生收取的费用，并处以 10 万元以下的罚款；触犯刑律的，依照刑法关于诈骗罪或者其他罪的规定，依法追究刑事责任。伪造、变更和买卖中外合作办学许可证的，依照刑法关于伪造、变造、买卖国家机关证件罪或者其他罪的规定，依法追究刑事责任。

在中外合作办学机构筹备设立期间招收学生的，由教育行政部门、劳动行政部门按照职责分工责令停止招生，责令退还向学生收取的费用，并处以 10 万元以下的罚款；情节严重，拒不停止招生的，由审批机关撤销筹备设立批准书。发布虚假招生简章，骗取钱财的，由教育行政部门、劳动行政部门按照职责分工，责令限期改正并予以警告；有违法所得的，退还所收费用后没收违法所得，并可处以 10 万元以下的罚款；情节严重的，责令停止招生、吊销《中外合作办学许可证》；构成犯罪的，依照刑法关于诈骗罪或者其他罪的规定，依法追究刑事责任。

对于违反教学、管理、收费的行为，条例规定，中外合作办学机构管理混乱、教育教学质量低下，造成恶劣影响的，由教育行政部门、劳动行政部门按照职责分工责令限期整顿并予以公告；情节严重、逾期不整顿或者经整顿仍达不到要求的，由教育行政部门、劳动行政部门按照职责分工责令停止招生、吊销《中外合作办学许可证》。中外合作办学机构未经批准增加收费项目或者提高收费标准的，由教育行政部门、劳动行政部门按照职责分工，责令退还多收的费用，并由价格主管部门依照有关法律、行政法规的规定予以处罚。

对于虚假出资或抽逃出资的行为，中外合作办学者虚假出资或者在中外合作办学机构成立后抽逃出资的，由教育行政部门、劳动行政部门按照职责分工责令限期改正；逾期不改正的，由教育行政部门、劳动行政部门按照职责分工处以虚假出资金额或者抽逃出资金额 2 倍以下的罚款。

10. 附件规定

《中外合作办学条例》规定，香港特别行政区、澳门特别行政区和台湾地区的教育机构与内地教育机构合作办学的，参照本条例的规定执行。在工商行政管理部门登记注册的经营性的中外合作举办的培训机构的管理办法，由国务院另行规定。外国教育机构同中国教育机构在中国境内合作举办以中国公民为主要招生对象的实施学历教育和自学考试助学、文化补习、学前教育等的合作办学项目的具体审批和管理办法，由国务院教育行政部门制定。外国教育机构同中国教育机构在中国境内合作举办以中国公民为主要招生对象的实施学历教育和自学考试助学、文化补习、学前教育等的合作办学项目的具体审批和管理办法，由国务院教育行政部门制定。

四、WTO 关于教育的条款规定

世界贸易组织（WTO）成立于 1995 年，总部设在瑞士日内瓦，目前已有 135 个国家和地区。世贸组织是全球唯一的一个国际性贸易组织，负责处理国与国之间贸易往来和协定。成立世贸组织的基本目的就是促进各国的市场开放，调解贸易纠纷，实现全球范围内的贸易自由化。1994 年"乌拉圭回合"结束，缔结了《服务贸易总协定（Genera Agreemen on Trade in Services，GATS）》。根据日内瓦 WTO 统计和信息系统局按服务的部门（行业）划分，把全世界的服务贸易分为 12 大类：①商业服务；②通信服务；③建筑及相关工程服务；④分销服务；⑤教育服务；⑥环境服务；⑦金融服务；⑧健康与社会服务；⑨旅游及与旅行相关的服务；⑩娱乐、文化与体育服务；⑪运输服务；⑫其他服务，下分 143 个服务项目。教育服务（Educational services）属于 12 类服务贸易中的第 5 类，按各国公认的中心产品目录（Central Product Classification，CPC），在项目上又分为初等教育服务、中等教育服务、高等教育服务、成人教育服务及其他教育服务五类。WTO 服务贸易总协定第 13 条规定，除了由各国政府资助的教学活动之外（核定例外领域），凡收取学费、带有商业性质的教学活动均属于教育贸易服务范畴。在 WTO – GATS 的多边谈判中，各国完全可以根据自身需要选择进入和开放服务领域，一旦正式签署服务贸易有关协议，就必须履行其承诺的内容。

（一）教育服务贸易的提供方式

《服务贸易总协定》的第一条，定义了服务贸易的四种提供方式，分别是跨境交付、境外消费、在服务消费国的商业存在和自然人的流动，为理解国际服务贸易的特点和与此相关的管理问题提供了良好的交流基础。有关教育服务的承诺，与这四种服务提供方式息息相关。对于跨境交付，在教育方面，可以通过远程教育和函授等方式实现。而境外消费，一般指某国学生到国外去求学或培训。在服务消费国的商业存在，是指外国教育机构在该国设立办学机构，或与该国的机构合作办学，以机构身份在该国提供教育服务。自然人的流动，是指外国教师到该国来任教，以个人身份参与教育服务。

（二）《服务贸易总协定》关于教育服务贸易的主要规则

1. 最惠国待遇

《服务贸易总协定》第二条是关于最惠国待遇的规定，属于其第二部分一般义务和纪律。第二部分在一般情况下，适用于所有WTO成员，而且其中的绝大部分条规也适用于所有服务部门，教育服务部门也不例外。第二条第一款规定，关于本协定涵盖的任何措施，每一成员对于任何其他成员的服务和服务提供者，应立即和无条件地给予不低于其给予任何其他国家同类服务和服务者的待遇。但其第二款关于最惠国豁免的规定，"一国可以保留与最惠国待遇原则不相符的措施"，使各成员国有权单独决定是否对影响教育服务的措施提出最惠国待遇的豁免，使其可以保留与一般最惠国待遇原则不一致的措施。但为了防止缔约各方以后作出条件更加苛刻的豁免要求，《服务贸易总协定》规定，未来任何有关非最惠国待遇的请求只能通过WTO的豁免程序来得以满足。

2. 市场准入

市场准入是《服务贸易总协定》的第三部分具体承诺中的一个条款。与关贸总协定不同，市场准入不是作为普遍义务，而是作为具体承诺来对不同的服务部门进行规定的。

市场准入是指潜在外国服务者进入或在东道国开展服务的机会。经济合作与发展组织则将其解释为"进入东道国有关服务的销售体系和采取必需的商业存在形式"。东道国为了维护国内的利益，可以对外国服务提供者进入其市场设置限制或加以具体规定。

《服务贸易总协定》中规定了影响市场准入的六种形式，以限制东道国采取的手段。这些措施除非在减让表中明确规定可以使用，否则不得对外国服务和服务提供者实施。这六种形式包括了一国减让表中应列明的市场准入的所有方面，即①对服务提供者数量的限制；②对服务交易或资产总值的限制；③对服务业务总数或服务产出总量的限制；④对特定服务部门或服务提供者可以雇用的人数的限制；⑤限制或要求通过特定类型的法律实体或合营企业形式提供服务的限制；⑥对外国资本参与的比最高股份比例的或外国资本投资总额的限制。

3. 国民待遇

国民待遇是《服务贸易总协定》的第三部分具体承诺中的另一个条款。国民待遇规定，每一成员对其列入其减让表的服务部门，并依照减让表中所列条件和限制，在影响服务提供的各种措施方面，给予外国服务和服务提供者的待遇，应不低于给予本国服务和服务提供者的待遇。这与《服务贸易总协定》中国民待遇的规定十分相似，但《服务贸易总协定》中，它只适用于有关成员已经作出承诺的服务部门。与市场准入一样，减让表中必须明确列明任何有关国民待遇的限制，而且其中列明的条件或要求代表的是所给予的最低或最差待遇，不妨碍在实际情况中给予较之优惠的待遇。

4. 附加承诺

《服务贸易总协定》第三部分最后一条款是附加承诺，规定了WTO成员还可以就影响服务贸易的其他措施谈判附加承诺，比如有关资格要求、技术标准和许可条件的承诺等。我国就WTO–GATS正式签署的服务贸易减让表，不包括"健康与社会服务"和"娱乐、文化与体育服务"领域，对教育服务等九个领域进行了承诺。

（三）与教育服务有关的其他内容

（1）我国加入 WTO，在服务贸易方面的市场准入和国民待遇承诺只是一个允许概念，我国保留了对外资企业从事相关业务的审批权。在教育服务方面，政府将依据我国专门法规，对减让表承诺的中外合作办学进行审批与管理，同时，对其他教育服务进行管理。

（2）教育服务贸易减让表无过渡期和地域限制，应当视为从 2001年 12 月 10 日起生效。但是，由于我国保留了对外方从事相关业务的审批权，实际上须等待有关法律法规正式颁布以后才能执行。

（3）对某些领域的中外合作办学实行政府定价。在 WTO 议定书中，我国保留了对重要产品及服务实行政府定价和政府指导价的权力，其中，对教育服务减让表中的初等、中等和高等教育服务（CPC921、922 和 923），我国实行政府定价。

专题 15　其他重要的教育法规

广义的教育法规数量很大，在这里只选其中比较主要的几个加以介绍。有关中小学及高等学校的法规，前面已经介绍了一些，这里主要介绍一下除前面以外的一些教育法规。

一、关于减轻小学生课业负担过重问题的若干规定

学生课业负担过重，是当前许多小学存在的一个突出问题。解决的关键在于引导小学教育工作者端正教育思想，坚持全面育人，在提高教育质量上下功夫。为此，必须采取措施，纠正违背教育规律的做法，保证学校的正常教学秩序，使儿童少年在德、智、体、美诸方面健康

发展。

（1）要严格按照上级教育行政部门颁发的教学计划组织教学。课程设置和教学时数，均不得随意增减；更不得为应付考试，搞突击教学，提前结束课程。因教改实验或其他原因，须调整课程和授课时数的，应该经省级或其委托的教育行政部门批准。

（2）各科教学要严格按照教学大纲进行，不得任意增加教学内容，额外提高教学要求。教育行政部门和学校组织考试不得超出教学大纲的要求。进行教改实验，须超出教学大纲要求的，应经省级教育行政部门批准。

（3）要按照教学计划的规定量布置课外作业。做到：一年级不留书面课外作业，二、三年级每天课外作业量不超过三十分钟，四年级不超过四十五分钟，五、六年级不超过一小时。不布置机械重复和大量抄写的练习，更不得以做作业作为惩罚学生的手段。学校和班主任老师应负责控制和调节学生每日的课外作业总量。

（4）要控制考试次数。语文、数学两科只进行期中、期末两次考试或期末一次考试。其他学科应以平时考查为主。毕业考试只考本学年的课程内容。除毕业考试外，上级教育行政部门一律不得组织统一考试。在基本普及初中教育的地方，初中应实行小学毕业生就近入学，不再进行招生考试。

任何部门和单位都不得给学校，学校也不得给教学班和教师下达学生考试成绩或升学率的指标；不得以此排列学校、班级、教师的名次，也不得以此作为评定他们工作好坏、进行奖惩的唯一依据；学校也不得按学生考分高低排列名次张榜公布。

（5）除省、自治区、直辖市教育行政部门统一审定出版的练习册外，不得组织学生购买和使用其他各种名目的复习资料、练习册、习题集一类的材料。各级教学研究机构也不得给学校印发模拟题、参考题、复习题等资料。

（6）课表内的自习应由学生自己支配，用于预习、复习、做作业，或阅读课外读物，教师不得用于授课或进行集体补课。寄宿制学校中、高年级可设晚自习，非寄宿制学校不设晚自习。

（7）要保证教学计划规定的体育、文娱、科技、劳动和各种集体教育活动的时间。要使学生每天能进行一小时的体育锻炼。要积极创造条件，丰富学生的课外生活。

（8）要保证学生课间、课后、节假日和寒暑假的休息时间。要按时下课，不拖延时间，要按时放学，不占用课余时间或节假日给学生集体补课。要同家长配合，保证学生每天有足够的睡眠。学生每周在校活动总量应按规定进行控制。寒暑假应主要让学生休息和适当参加各种兴趣活动或社会实践活动，布置作业要适当，对需要补考学生的辅导时间不要超过假期三分之一的天数，每天以二至三课时为宜。

（9）要控制各种竞赛的次数。开展各种竞赛要符合儿童少年的年龄特点、知识水平和理解能力，不影响正常的教学秩序，不过重增加学生的负担。地方教育行政部门和学校对各方面组织的竞赛，应根据上述原则有计划地选择参加。组织学生参加竞赛活动应本着自愿原则。

（10）要热情帮助后进学生。对他们要有具体的教育措施，不得歧视、厌弃、排斥，不得将他们单独编班，也不得强迫他们退学、转学、提前结业。

要在不断提高教学质量的前提下，使学生留级率逐步下降，达到地方规定的控制量。

二、中学班主任工作暂行规定

《中学班主任工作暂行规定》于 1998 年 8 月 20 日由国家教育委员会发布。该规定对规范班主任的行为具有重要意义。

（一）班主任的地位和作用

班级是学校进行教育、教学工作的基本单位。班主任是班集体的组织者、教育者和指导者，是学校领导者实施教育、教学工作计划的得力助手。

班主任在学生全面健康的成长中，起着导师的作用，并负有协调本班各科的教育工作和沟通学校与家庭、社会教育之间联系作用。

（二）班主任的任务

班主任的基本任务是按照德、智、体、美、劳全面发展的要求，开展班级工作，全面教育、管理、指导学生，使他们成为有理想、有道德、有文化、有纪律、体魄健康的公民。

（三）班主任的职责

班主任的职责包括以下八项：

（1）思想教育职责。向学生进行思想政治教育和道德教育，保护学生身心健康，教育学生热爱社会主义祖国，逐步树立为人民服务的思想和为实现社会主义现代化而奋斗的志向，培养社会主义道德品质和良好的心理品质，遵守《中学生守则》和《中学生日常行为规范》（试行）。

（2）教育帮助学生学习的职责。教育学生努力完成学习任务。会同各科教师教育帮助学生明确学习目的，掌握正确的学习方法，提高学习成绩。

（3）体、卫、劳教育职责。教育、指导学生参加学校规定的各种劳动，协助学校贯彻实施体育和卫生工作条例，教育学生坚持体育锻炼，养成良好的劳动习惯、生活习惯和卫生习惯。

（4）关心学生课外生活职责。指导学生参加各种有益于身心健康的科技、文娱和社会活动。鼓励学生发展正当兴趣和特长。

（5）班级日常管理职责。建立班级常规，指导班委会和本班的团队工作，培养学生干部，提高学生的自理能力，把班级建设成为奋发向上、团结友爱的集体。

（6）沟通协调职责。负责联系和组织任课教师商讨本班的教育工作，互通情况，协调各种活动和课业负担。

（7）奖励惩罚职责。做好本班学生思想品德评定和有关奖惩的工作。

（8）联系家长职责。联系本班学生家长，争取家长和社会有关方面配合，共同做好学生教育工作。

（四）班主任工作的原则

（1）思想性原则。班主任工作必须以正确的思想为指导，在工作中应注意对学生进行思想教育。

（2）科学性原则。班主任工作的内容必须符合科学，遵循学生的身心发展规律，工作方法应该科学，使广大学生理解和接受。

（3）针对性原则。班主任工作必须实事求是，从学生实际和客观条件实际出发，有针对性地进行教育教学工作。

（4）实效性原则。班主任工作应注意实际效果，而不能只做表面文章，摆花架子，忽视每个学生的实际收获。

（五）班主任工作的方法

班主任工作的方法与班主任工作的原则之间有密切的联系。方法应以原则为依据，同时也是原则的体现，有些方法也可以说就是一种原则。班主任工作的方法很多，法规上确定的只是其中比较重要的几种。

（1）正面教育，积极引导。这里主要包括表扬先进、以理服人、自我教育几个方面。

（2）热爱学生，尊重学生。这里主要包括严格要求、热情关怀、严禁体罚、集体教育几个方面。

（3）以身作则，言传身教。这里主要包括注意仪表、作风民主、行为端正、为人师表几个方面。

（六）班主任的条件

班主任应该具备以下基本条件：

（1）拥护党在社会主义初级阶段的基本路线，拥护四项基本原则。

（2）热爱教育事业、工作责任心强。

（3）作风正派。

（4）有一定教学水平和组织管理能力。

（5）教育思想端正，有一定的教育科学知识和其他相关知识，如教育政策、法规知识等。

担任班主任必须首先符合教师的基本条件，此外，还应具备其他有关条件。能当教师的不一定能当班主任。理解班主任的基本条件必须结合其他法规中有关教师的规定，如《中小学教师职业道德规范》《中学教师职务试行条例》等。有些条件虽然在本规定中没有列出，但是，从对班主任工作的要求来看也是必不可少的，也应作为班主任的任职条例。例如，对教师身体状况的要求等。

班主任由校长任免。

小学教师应该学习和掌握《小学班主任工作暂行规定》，其内容与《中学班主任工作暂行规定》基本相似。

三、中小学校园环境管理的暂行规定

中小学校园环境是保证教育教学工作正常进行的必要条件。在一定意义上说，环境陶冶人的心灵。良好的环境有助于培养出品德高尚、知识丰富、体魄健康的人才。任何一所好的学校，都必然重视校园环境的建设。《中小学校园环境管理的暂行规定》为校园环境建设提供了法律保障。每个教育工作者都有权利和义务按照这一规定为建设良好的校园环境贡献力量。

（一）《中小学校园环境管理的暂行规定》的适用范围

本规定适用于全日制普通中学、小学校内环境所处周围环境的管理。这里包括校内环境和所处周围环境两方面。

（二）校长在校园环境管理方面的权利和责任

（1）在学校建设良好的育人环境，建立正常的教育教学秩序，维护职工和学生的合法权益，是校长工作的重要职责。

（2）校长应该负责将校园环境建设列入工作计划，采取措施，组织实施。建立健全必要的管理制度并切实执行。在新生入学时集中一段时间进行维护校园环境的教育。

（3）上级教育行政部门应将学校校园环境的管理状况列为校长工作考查的一项重要内容。

校长要严格按照国家颁布的教学计划，建立正常的教育教学秩序。不经批准，不允许任何单位或个人组织学生停课参加社会活动。

（三）学校校园的布局

（1）布局合理：校园内教学区、体育活动区、生活区和生产劳动区等布局应合理，避免互相干扰。

（2）坚固适用：学校校舍应坚固、适用，并按有关规定加强管理和维修。

（3）绿化美化：学校校园要绿化、美化。

（4）教育教学：学校要按规定张贴中华人民共和国地图和世界地图，张贴中小学日常行为规范和守则，并积极创造条件设置板报、阅报栏、提供展览用橱窗，开辟图书室、阅览室、团队活动室和教育展览室。

（四）禁止的行为

（1）不允许进行宗教活动，即不允许任何单位或个人在学校中进行宗教活动，不允许在学校向学生宣传宗教。

（2）不允许进行不良传播活动，即严禁宣传暴力、凶杀、色情、恐怖、迷信的图书报刊、音像制品在学校中传播。坚决抵制赌博、酗酒、不健康的歌曲和封建迷信活动对学生的影响。

（3）不允许进行营利性活动，即不允许任何单位或个人在校园内从事以师生为消费对象的营利性活动。

（4）不允许进行影响学校教育环境活动，即不允许任何单位或个人依傍学校围墙或房墙构筑建筑物。不允许校园周围的建筑影响学校教室采光、通风。对已经造成影响的，应要求有关单位或个人按当地政府有关部门规定的限期治理。不允许任何单位或个人在学校周围从事有毒、有害和污染（包括噪声）环境的生产经营活动，或设立精神病院、传染病院。对已经造成危害和影响的，应要求其按当地政府有关部门规定的限期治理或搬迁。

执行文化部、公安部的规定，不允许任何单位或个人在学校门前200米半径内设置台球、电子游戏机营业点。不允许在学校门前和两侧设置集贸市场、停车场，摆摊设点，堆放杂物。

（5）不允许进行侵占学校场所活动，即不允许任何单位或个人在学校所属地域内放牧、种植作物、打场、堆物、取土、采石。严禁在校园内建造、恢复祠堂、庙宇、坟茔等。

（五）建立学校安全制度

1. 学校要建立安全教育制度

在教学设施、饮水饮食、取暖、用电、开展体育、劳动和其他集体活动等方面采取安全防范措施，保证师生安全。学校在组织学生集体活动时，要有领导、老师负责。活动前，要对学生进行必要的安全教育，针对可能发生的问题提出明确要求和注意事项。师生外出活动需乘坐车、船时，必须符合安全要求。车、船驾驶人员必须有驾驶执照，严禁超载乘坐。

2. 学校要建立安全保卫制度

财务、档案、食堂、宿舍、各类专用教室、传达室等部门和场所要指定人员负责，建立岗位责任制，严格管理。节假日要安排人员值班、护校。易燃、易爆、剧毒、放射性等危险物品仓库以及管钱、物、票证的部门要采取安全防范措施，同时要加强教学楼、图书资料馆、实验室的管理，在重要部位安装必要的报警、灭火等技术防范设施，严防盗窃、破坏案件和治安、灾害事故的发生。学生宿舍一律不得留宿异性，特别要把女生宿舍的安全管理作为重点，学校有权规定女生宿舍男性不得入内。

3. 非学校人员未经许可不得进入学校

非学校及学校人员的车辆未经允许不得进入或穿行学校。经许可进入学校的车辆要按规定路线行驶，不得影响学校教育教学活动。

4. 学校要加强对社团组织的管理

学生或教师因教育教学活动需要在校内成立非社会团体性质的组织（如书画社、文学社、诗社、剧社等），或举办校内报刊（如壁报、板报、油印小报、诗刊、文集等），应经校长批准。未经批准不得成立和开展活动。过去未经批准已经自行组织，且不属于教育教学活动需要的，学校应在做好教师、学生思想工作的基础上，规劝其解散。学校对这些组织和报刊应加强管理，使其有利于学校的教育教学活动。

（六）建立学校公共卫生制度

（1）学校要按照有关规定，建立公共卫生制度。

（2）校园要整洁、有序。

（3）宿舍空气流通，被褥干净，物件安置有序。

（4）食堂卫生符合国家有关规定。

（5）厕所的设置应符合国家标准，保持清洁。

（6）要严格执行《中华人民共和国传染病防治法》，预防传染病在校园内传播。

（七）对违反《中小学校园环境管理的暂行规定》者的处理办法

（1）属于学校行政管理不当的，当地教育行政部门应责令其限期改正；工作中发生错误，造成一定影响，当地教育行政部门应对校长及其他责任人进行批评教育；因工作失误、渎职造成不良后果者，当地教育行政部门或上级主管部门应追究其行政责任，严重的，提请政法部门依法追究刑事责任。

（2）属工商管理范畴的，提请当地工商行政管理部门依有关法规处理。

（3）属民事范畴的，提请当地司法部门依法处理。

（4）属违反《治安管理处罚条例》的，提请当地公安部门依法处理。

（5）对构成犯罪的，交由政法部门追究刑事责任。

《中小学校园环境管理的暂行规定》是加强校园管理方面的重要法规之一。在理解和掌握这部法规的时候，要结合学习有关的其他法规，如《中小学安全手册》《关于加强中小学生旅游活动中交通安全工作的通知》《关于进一步加强校园秩序管理的通知》《关于对中小学的自发结社情况处理的通知》等。校园建设是一项综合性配套工程，不仅包括硬性环境（外观环境），而且还包括软性环境（内在环境），需要学校的各个方面共同努力。学校中的每个教职员工都应为此做出努力，不能置之不理。校长应全面掌握，协调各方工作。只有如此才能把我们的校园建成培养人才的摇篮。

四、学校体育工作条例

《学校体育工作条例》于 1990 年 2 月 20 日经国务院批准，于 1990 年 3 月 12 日由国家教育委员会令第 8 号、国家体育运动委员会令第 11 号发布。本条例自发布之日起施行。原教育部国家体育运动委员会 1979 年 10 月 5 日发布的《高等学校体育工作暂行规定（试行草案）》和《中、小学体育工作暂行规定（试行草案）》同时废止。

《学校体育工作条例》对保证学校体育工作的顺利进行，具有重要的规范意义，为之提供了法律保障。贯彻落实《学校体育工作条例》应该作为学校教育教学工作中的一件大事来抓。

（一）《学校体育工作条例》的适用范围

学校体育工作是指普通中小学、农业中学、职业中学、中等专业学校、普通高等学校的体育课教学、课外体育活动、课余体育训练和体育竞赛。

高等体育院校和普通高等学校的体育工作不适用本条例。

技工学校、工读学校、特殊教育学校、成人学校体育工作参照本条例执行。

（二）学校体育工作的基本任务

学校体育工作的基本任务有以下几项：

（1）增进学生身心健康，增强学生体质；

（2）使学生掌握体育基本知识，培养学生体育运动能力和习惯；

（3）提高学生运动技术水平，为国家培养体育后备人才；

（4）对学生进行品德教育，增强组织纪律性，培养学生的勇敢顽强、进取精神。

（三）学校体育工作的基本方针

学校体育工作应当坚持普及与提高相结合，体育锻炼与安全卫生相结合的原则。积极开展多种形式的强身健体活动，重视继承和发扬民族传统体育，注意吸收国外学校体育的有益经验，积极开展体育科学研究工作。

（四）体育课的教学原则

体育课教学应当遵循学生身心发展的规律，教学内容应当符合教学大纲的要求，符合学生年龄、性别特点和所在地区地理、气候条件。

体育课的教学形式应当灵活多样，不断改进教育方法，改善教学条件，提高教学质量。

（五）对体育课和课外体育活动的规定

（1）学校应当根据教育行政部门的规定，组织实施体育课教学活动。普通中小学校、农业学校、职业中学、中等专业学校各年级和普通高等学校的一、二年级必须开设体育课。普通高等学校对三年级以上学生开设体育选修课。

（2）学校应当从实际情况出发开展课外体育活动，因地制宜，生动活泼。普通中小学校、农业中学、职业中学每天应当安排课间操，每周安排 3 次以上课外体育活动，保证学生每天有 1 小时体育活动的时间（含体育课）。

中等专业学校、普通高等学校除安排有体育课、劳动课的当天外，每天应当组织学生开展各种课外体育活动。

（3）学校应当在学生中认真推行国家体育锻炼标准的达标活动和等级运动员制度。

（4）学校可根据条件有计划地组织学生远足、野营和举办夏（冬）令营等多种形式的体育活动。

（5）体育课是学生升学、考试科目。学生因病、残免修体育课或免除体育课考试的，必须持医院证明，经学校体育教研室（组）审核同意，并报学校教务部门备案，记入学生健康档案。

（六）对课余体育训练和体育竞赛的规定

（1）学校应当在体育课教学和课外体育活动的基础上，开展多种形式的课余训练，提高学生的运动技术水平。有条件的普通中小学校、农业学校、职业中学、中等专业学校经省级教育行政部门批准，可以开展培养优秀体育后备人才的训练。

（2）学校对参加课余体育训练的学生，应当安排好文化课学习，加强思想品德教育，并注意改善他们的营养。普通高等学校对运动水平较高、具有培养前途的学生，报国家教育委员会批准，可适当延长学习年限。

（3）学校体育竞赛贯彻小型多样、单项分散、基层为主、勤俭节约的原则。学校每半年至少举行一次以田径项目为主的全校性运动会。

普通小学校的体育竞赛在学校所在地区、县范围内举行，普通中学校的体育竞赛在学校所在地的自治州、市范围内举行。但经省、自治区、直辖市教育行政部门批准，也可以在本省、自治区范围内举行。

（4）全国中学生运动会每 3 年举行一次，全国大学生运动会每 4 年举行一次。特殊情况下，经国家教育委员会批准可提前或者延期举行。国家教育委员会根据需要，可以安排学生参加国际学生体育竞赛。

（七）对学校体育教师的规定

1. 体育教师的条件

体育教师除了应当具备一般教师应当具备的任职条件以外，还应当热爱学校体育工作，具有良好的思想品德、文化素养，掌握体育理论和教学方法。

2. 体育教师配备

（1）学校应当在各级教育行政部门核定的教师总编制数内，按照教学计划中体育课授课时间所占的比例和开展课余体育活动的需要配备体育教师。

（2）除普通小学外，学校应当根据学校女生数量配备一定比例的女体育教师。

（3）承担培养优秀体育后备人才训练任务的学校，体育教师的配备应当相应增加。

3. 体育教师的待遇

（1）各级教育行政部门和学校应当有计划地安排体育教师进行培训。

（2）对体育教师的职务聘任、工资待遇应当与其他任课教师同等对待。

（3）按国家有关规定，有关部门应当妥善解决体育教师的工作服装和粮食定量。

（4）体育教师组织课间操（早操）、课外体育活动和课余训练、体育竞赛应当计算工作量。

（5）学校对妊娠、产后的女体育教师，应当依照《女职工劳动保护规定》给予相应的照顾。

（八）学校体育工作的管理

（1）学校体育工作在教育行政部门领导下，由学校组织实施，并接受体育行政部门的指导。

（2）各级教育行政部门应当健全学校体育管理机构，加强对学校体育工作的指导和监督。

（3）学校体育工作应当作为考核学校工作的一项基本内容。普通中小学校的体育工作应当列入督导计划。

（4）学校应当由一位副校（院）长主管体育工作，在制订计划、总结工作、评选先进时，应当把体育工作列为重要内容。

（5）普通高等学校、中等专业学校和规模较大的普通中学，可以建立相应的体育管理部门，配备专职干部和管理人员。

（6）班主任、辅导员应当把学校体育工作作为一项工作内容，教育和督促学生积极参加体育活动。学校的卫生部门应当与体育管理部门互相配合，搞好体育卫生工作。总务部门应当搞好学校体育工作的后勤保障工作。

（7）学校应当充分发挥共青团、少先队、学生会以及大、中学生体育协会等组织在学校体育工作中的作用。

（九）违反《学校体育工作条例》的法律责任

对违反本条例，有下列行为之一的单位或者个人，由当地教育行政部门责令其限期改正，并视情节轻重对直接责任人员给予批评教育或者行政处分：

（1）不按规定开设或者随意停止体育课的；

（2）未保证学生每天一小时体育活动时间（含体育课）的；

（3）在体育竞赛中违反纪律、弄虚作假的；

（4）不按国家规定解决体育教师工作服装、粮食定量的。

对违反本条例，侵占、破坏学校体育场地、器材、设备的单位或者个人，由当地人民政府或者教育行政部门责令其限期清退和修复场地、赔偿或者修复器材、设备。

学习和掌握《学校体育工作条例》还应当参照《中华人民共和国

兵役法》《小学生体育合格标准实施办法》《中学生体育合格标准实施办法》等规定。

五、学校卫生工作条例

《学校卫生工作条例》于 1990 年 4 月 25 日经国务院批准，于 1990 年 6 月 4 日由国家教育委员会令第 10 号、卫生部令第 1 号发布。本条例自发布之日起实施。原教育部、卫生部 1979 年 12 月 6 日颁布的《小学卫生工作暂行规定（草案）》和 1980 年 8 月 26 日颁布的《高等学校卫生工作暂行规定（草案）》同时废止。

学校卫生工作是保证学生身心健康，以利于学生全面发展所必不可少的一个方面。每个教育工作者都应了解并重视学生的卫生工作。《学校卫生工作条例》为这方面工作提供了法律依据和保障。

（一）学校卫生工作的主要任务

（1）监测学生健康状况；

（2）对学生进行健康教育，培养学生良好的卫生习惯；

（3）改善学校卫生环境和教学卫生条件；

（4）加强对传染病、学生常见病的预防和治疗。

（二）《学校卫生工作条例》的适用范围

本条例所称的学校，是指普通中小学、农业中学、职业中学、技工学校、普通高等学校。

（三）对学校教学环境、设施方面的卫生规定

（1）学校应当合理安排学生的学习时间。学生每日学习时间（包括自习），小学不超过 6 小时，中学不超过 8 小时，大学不超过 10 小时。学校或者教师不得以任何理由和方式，增加授课时间和作业量，加重学生学习负担。

（2）学校教学建筑、环境噪声、室内微小气候、采光、照明等环境质量以及黑板、课桌椅的设置应当符合国家有关标准。

（3）新建、改建、扩建校舍，其选址、设计应当符合国家的卫生标准，并取得当地卫生行政部门的许可。竣工验收应当有当地卫生行政部门参加。

（4）学校应当按照有关规定为学生设置厕所和洗手设施。寄宿制的学校应当为学生提供相应的洗漱、洗澡等卫生设施。

（5）学校应当为学生提供充足的符合卫生标准的饮用水。

（6）学校体育场地和器材应当符合卫生和安全要求。运动项目和运动强度应当适合学生的心理承受能力和体质健康状况，防止发生伤害事故。

（7）学校应当认真贯彻执行食品卫生法律、法规，加强饮食卫生管理，办好学生膳食，加强营养指导。

（四）对学生劳动方面的卫生规定

（1）学校应当根据学生的年龄，组织学生参加适当的劳动，并对参加劳动的学生，进行安全教育，提供必要的安全和卫生防护措施。

（2）普通中小学组织学生参加劳动，不得让学生接触有毒有害物质或者从事不安全工种的作业，不得让学生参加夜班劳动。

（3）普通高等学校、中等专业学校、技工学校、农业中学组织学生参加生产劳动，接触有毒有害物质的，按照国家有关规定，提供保健待遇。学校应当定期对他们进行体格检查，加强卫生防护。

（4）学校在安排体育课以及劳动等体力活动时，应当注意女学生的生理特点，给予必要的照顾。

（五）学生的健康教育及管理

（1）学校应当把健康教育纳入教学计划。普通中小学必须开设健康教育课，普通高等学校、中等专业学校、技工学校、农业中学、职业中学应当开设健康教育选修课或者讲座课。按照国家教委1990年11月17日发布的《农村教育综合改革实验县贯彻〈学校体育工作条例〉和〈学生卫生工作条例〉的意见》规定，各级中学及乡中心小学以上学校每学期用于健康教育的时间不得少于 5 至 10 小时。学校应当开展学生健康咨询活动。

（2）学校应当建立学生健康管理制度。根据条件定期对学生进行体格检查，建立学生体质健康卡片，纳入学生档案。一般来说，应保证学生每1至2年进行一次体格检查。

（3）学校对体格检查中发现有器质性疾病的学生，应当配合学生家长做好转诊治疗。

（4）学校应当配备可以处理一般伤病事故的医疗用品。

（5）学校应当积极做好近视眼、弱视、沙眼、龋齿、寄生虫、营养不良、贫血、脊柱弯曲、神经衰弱等学生常见疾病的群体预防和矫治工作。

（6）学校应当认真贯彻执行传染病防治法律、法规，做好急、慢性传染病的防治和控制管理工作，同时做好地方病的预防和控制管理工作。

（六）学校卫生工作的管理

（1）教育行政部门负责学校卫生工作的行政管理。卫生行政部门负责对学校卫生工作的监督指导。

（2）各级教育行政部门应当把学校卫生工作纳入学校工作计划，作为考评学校工作的一项内容。

（3）普通高等学校、中等专业学校、技工学校和规模较大的农业中学、职业中学、普通小学，可以设立卫生管理机构，管理学校的卫生工作。

普通高等学校设校医院或者卫生科。校医院应当设保健科（室），负责保健工作。

城市普通中小学、农村中心小学和普通中学设卫生室，按学生人数600∶1 的比例配备专职卫生技术人员。

中等专业学校、技工学校、农业中学、职业中学，可以根据需要，配备专职卫生技术人员。学生人数不足 600 人的学校,可以配备专职或者兼职保健教师,开展学校卫生工作。

(七)违反《学校卫生工作条例》的法律责任

1. 未经卫生行政部门许可新建、改建、扩建校舍的,由卫生行政部门对直接责任单位或者个人给予警告、责令停止施工或者限期改建。

2. 有以下行为的,由卫生行政部门对直接责任单位或者个人给予警告并责令限期改进,情节严重的,可以同时建议教育行政部门给予行政处分:

(1)学校教学建筑、环境噪声、室内微小气候、采光、照明等环境质量以及黑板、课桌椅的设置不符合国家有关标准。

(2)学校没有按照有关规定为学生设置厕所和洗手设施。寄宿制学校没有为学生提供相应的洗漱、洗澡等卫生设施。学校没有为学生提供充足的符合卫生标准的饮用水。

(3)学校体育场地和器材不符合卫生和安全要求。运动项目和运动强度不适合学生的生理承受能力和体质健康状况。

3. 有以下行为,致使学生健康受到损害的,由卫生行政部门对直接责任单位或者个人给予警告,责令限期改进:

(1)学校没有对参加劳动的学生进行安全教育,没有提供必要的安全和卫生保护措施;

(2)普通中小学在组织学生参加劳动时,让学生接触有毒有害物质或者从事不安全工作的作业,让学生参加夜班劳动;

(3)普通高等学校、中等专业学校、技工学校、农业中学、职业中学组织学生参加生产劳动时,让学生接触有毒有害物质,没有按照国家有关规定,提供保健待遇。学校没有定期对他们进行体格检查,加强卫生防护。

4. 供学生使用的文具、娱乐器具、保健用品,不符合国家有关卫生标准,由卫生行政部门对直接责任单位或责任个人给予警告。情节严重的，可以会同工商行政部门没收其不符合国家有关卫生标准的物品，并处以非法所得两倍以下的罚款。

5. 拒绝或者妨碍学校卫生监督员依照本条例实施卫生监督的，由卫生行政部门对直接责任单位或者个人给予警告。情节严重的，可以建议教育行政部门给予行政处分或者处以二百元以下的罚款。

6. 当事人对没收、罚款的行政处罚不服的，可以在接到处罚决定书之日起十五日内，向作出处罚决定机关的上一级机关申请复议，也可以直接向人民法院起诉。对复议的决定不服的，可以在接到复议决定之日起十五日内，向人民法院起诉。对罚款决定不履行又逾期不起诉的，由作出处罚决定的机关申请人民法院强制执行。

贯彻执行《学校卫生工作条例》必须结合其他有关学校卫生工作的法规，如《农村教育综合改革实验县贯彻〈学校体育工作条例〉和〈学校卫生工作条例〉的意见》（1990 年 11 月 17 日）、《中小学学生近视眼防治工作方案（试行）》（1988 年 2 月 1 日）、《中、小学学生体质健康卡片》（1981 年 7 月 28 日）等。

教育是一个国家兴旺发达的大计，关乎社会发展和民族的兴旺，需要全社会的监督和保障。随着我国依法治国理念日趋完善，法律体系不断健全，教育进入法律调整的领域是社会发展的必然要求，建立健全教育法规体系是促进教育事业健康有序发展的最好保障。经过本章的学习我们知道，我国教育事业在宪法的指导下已经形成了比较完善的教育法规体系，此外有若干部与教育有关的法律能够为教育事业的发展提供正确的方向指导，并为处理教育领域发生的纠纷和问题提供合理的法律依据。我国各级各类教育比较齐全，涉及教育方面的问题比较多，为保障不同层次教育事业的健康发展，确保学校、教师、学生等教育领域主体的合法权利必须用法律规范不同主体的权利和义务。随着社会环境不断变化，我国教育事业的不断发展，教育法规也在不断做出调整、制定新法以保障教育事业的有序发展。

六、校车安全管理条例

2012 年 4 月 5 日，我国《校车安全管理条例》公布并实施。从立法过程来看，此次条例的出台体现了三大特点：一是立法过程迅速，从 2011 年 9 月的一系列校车安全事故发生到《校车安全条例（草案）》《专用校车安全技术条件》和《专用校车座椅系统及其车辆固定件的强度》两项国家强制性标准通过审查，再到条例的最终出台只用了 7 个月的时间，可以说是我国立法过程耗时最短的一次。二是充分考虑和听取了社会各界人士的意见和建议。针对各方面提出的意见，包括公众提出的 7000 余条意见，条例起草部门认真研究，逐条梳理，最终在草案的基础上作了多处较大的修改，如就针对实际中有的地方不顾学生家长的合理诉求，不适当地撤点并校问题增加了规定等。三是条例的出台充分考虑的政策的连续性以及各地区之间的差异性，如坚持保障学生就近入学的原则，对确实难以保障就近入学且公共交通不能满足学生上下学需要的农村地区，由县级以上地方政府保障接受义务教育的学生获得校车服务等。《校车安全管理条例》的出台实际上意味着我国已经开始建立起具有法律约束力的校车安全管理制度，学生上下学的集体乘车安全也已经有了法律制度的保障。

（一）校车的管理制度

此次颁布实施的《校车安全管理条例》的名称比征求意见稿增加了"管理"两字，凸显出该法规的立法目的是通过规定县级以上政府、教育行政部门、公安交管、道路运输等多个部门的法定职责，加强对校车安全的监管。

1. 县级以上政府负全责

《校车安全管理条例》第五条明确规定了县级以上政府负全责，提出"县级以上地方人民政府对本行政区域的校车安全管理工作负总责……统一领导、组织、协调有关部门履行校车安全管理职责。"明确规定这一条是充分考虑到虽然校车属于非营运车辆,但我国的现实情况是教育行政部门仅是学校的业务主管部门,仅能够管理学校、学生,而无管理校车的执法权。综合考虑到校车管理分属不同的政府职能部门,同时由于我国地区差异较大,由县一级的政府统筹管理比较合适。为了加强政府监管,条例第五十六条还同时明确规定,"县级以上地方人民政府不依法履行校车安全管理职责,致使本行政区域发生校车安全重大事故的,对负有责任的领导人员和直接责任人员依法给予处分。"

2. 各职能部门责任分担

《校车安全管理条例》第五条规定:"县级以上地方人民政府教育、公安、交通运输、安全生产监督管理等有关部门依照本条例以及本级人民政府的规定,履行校车安全管理的相关职责。有关部门应当建立健全校车安全管理信息共享机制。"这一规定除明确教育部门相关指导和监督职责之外,还把具体的资质审核等责任给了交通等相关部门,如交通部门依照条例规定审核校车使用申请和校车驾驶人资格,"公安机关交通管理部门应当加强对校车行驶线路的道路交通秩序管理。遇交通拥堵的,交通警察应当指挥疏导运载学生的校车优先通行"等。对于各职能部门的失责行为,条例第五十七条还明确规定:"教育、公安、交通运输、工业和信息化、质量监督检验检疫、安全生产监督管理等有关部门及其工作人员不依法履行校车安全管理职责的,对负有责任的领导人员和直接责任人员依法给予处分。"

3. 省、自治区、直辖市人民政府统筹安排

《校车安全管理条例》规定:"省、自治区、直辖市人民政府应当结合本地区实际情况,制定本条例的实施办法",同时在条例公布实施后,从各自的实际情况出发,对条例实施的过渡期限作出规定。之所以安排校车管理制度的过渡期限,主要基于三点考虑:其一,校车使用许可、校车驾驶人资格许可制度的建立需要一定的时间;其二,专用小学生校车国家标准实施不久,准用校车的生产难以完全满足需求;其三,

各地区筹集购买专用校车的资金，以及对一些不适合专用校车通行的农村道路进行改造等，也需要一个过程。因此，条例第六十二条规定："本条例施行后，用于接送小学生、幼儿的专用校车不能满足需求的，在省级政府规定的过渡期限内，可以使用取得校车标牌的其他载客汽车。"

（二）校车的使用制度

《校车安全管理条例》对校车的使用有详细、明确的规定

1. 校车使用的基本原则

此次《校车安全管理条例》明确规定了校车使用的基本原则是在保障就近入学的前提下使用校车。条例第三条对此有明确规定："县级以上地方人民政府应当根据本行政区域的学生数量和分布状况等因素，依法制定、调整学校设置规划，保障学生就近入学或者在寄宿制学校入学，减少学生上下学的交通风险。"同时，针对实际情况中有的地方不顾学生家长的合理诉求，不适当地撤点并校问题，第三条还规定："实施义务教育的学校及其教学点的设置、调整，应当充分听取学生家长等有关方面的意见。"

就近入学原则是义务教育法早就规定的，也是农村义务教育布局一个根本性的指导原则。就近入学原则可以尽量使中小学学生上学不乘车或少乘车，进而从源头上减少学生上下学的交通风险。针对部分农村地区孩子上学普遍比较远的情况，国家曾尝试通过建立寄宿制学校解决问题，但实际情况是小学阶段还是应强调就近入学，不适宜搞寄宿制，这是学生生长发育，以及教育规律的要求，因而在寄宿制学校和校车两者的关系上，还是应倡导校车优先。

2. 校车使用的基本范围

公布实施的《校车安全管理条例》与征求意见稿相比缩小了校车使用的覆盖范围。条例第三条规定："县级以上地方人民政府应当采取措施，保障接受义务教育的学生获得校车服务。"依照我国《义务教育

法》的相关规定，义务教育不包括学前教育与高中阶段的学习。

对于是否将幼儿校车纳入校车安全管理制度，曾经一度引起争议。面对争议，公布实施的条例在制度安排上体现了保障幼儿就近入园和由家长接送为原则的导向，将幼儿校车作为特殊情况在附则中作了规定："县级以上地方人民政府应当合理规划幼儿园布局，方便幼儿就近入园。入园幼儿应当由监护人或者其委托的成年人接送。对确因特殊情况不能由监护人或者其委托的成年人接送，需要使用车辆集中接送的，应当使用按照专用校车国家标准设计和制造的幼儿专用校车，遵守本条例校车安全管理的规定。"之所以这样规定，主要是考虑让没有安全防范和自我保护能力的幼儿每天集体乘坐校车，安全风险太大。

高中生的身体条件和自我保护能力已经与成年人大体相当，上下学需要乘车的，则可以乘坐普通客车，没有必要再纳入校车服务对象范围，这样可以避免校车使用范围过大，脱离实际。

3. 校车使用的基本要求

公布实施的《校车安全管理条例》明确规定施行校车使用许可制度，学校或者校车服务提供者必须向县级或者设区的市级人民政府教育行政部门提交书面申请和证明其符合校车使用许可的相关要求，未取得校车标牌的车辆不得作为校车使用。同时，条例对校车服务提供者的范围、校车随车照管人员的指派、校车应配备的安全技术装备等也都作了详细的规定。

驾驶人的安全驾驶是保障校车安全的关键。对此，条例第二十五条明确规定："机动车驾驶人未取得校车驾驶资格，不得驾驶校车。禁止聘用未取得校车驾驶资格的机动车驾驶人驾驶校车。"鉴于校车乘坐对象的特殊性，条例对校车驾驶人规定了比一般车辆驾驶人更为严格的资格条件。在保证校车安全技术状况和校车驾驶人持续符合相关要求的基础上，条例还专门规定，"校车应当每半年进行一次机动车安全技术检验"，而"校车驾驶人应当每年接受公安机关交通管理部门的审验"。

为了确保学生乘坐校车安全，条例对校车的行驶也有专门规定。条例第三十五条规定，"载有学生的校车在高速公路上行驶的最高时速不得超过 80 公里，在其他道路上行驶的最高时速不得超过 60 公里"，"在急弯、陡坡、窄路、窄桥以及冰雪、泥泞的道路上行驶，或者遇有雾、雨、雪、沙尘、冰雹等低能见度气象条件时，最高时速不得超过 20 公里"。

（三）校车的保障制度

1. 优先发展公共交通

因为未成年的学生集体乘坐校车，交通风险过于集中，一旦发生交通事故，易造成大量未成年人伤亡，损失太大。解决这一问题的根本不在于校车是否达到国家安全标准，更重要的是保障校车行驶的道路安全，因此最好的办法是优先发展公共交通，包括发展农村客运班线等，使学生尽可能乘坐公交车上下学。对此《校车安全管理条例》第三条明确规定："县级以上地方政府应当采取措施，发展城市和农村的公共交通，合理规划设置公共交通线路和站点，为需要乘车上下学的学生提供方便。"

2. 校车拥有特殊路权

根据《校车安全管理条例》规定，载有学生的校车享有路上"优先权"，可在公共交通专用车道以及其他禁止社会车辆通行但允许公共交通车辆通行的路段行驶，其他机动车见校车要主动避让，同时，"道路或者交通设施的管理、养护单位，应当按照标准设置校车停靠站点预告标志和校车停靠站点标牌，施划校车停靠站点标线"，保障校车上下学生，在校车停靠站点停靠，"未设校车停靠站点的路段可以在公共交通站台停靠"。条例还特别规定，"校车停靠时，校车停靠车道后方和相邻机动车道上的机动车应当停车等待，不得鸣喇叭或者使用灯光催促校车"。

3. 多渠道筹措校车经费

条例明确规定："国家建立多渠道筹措校车经费的机制，并通过财政资助、税收优惠、鼓励社会捐赠等方式，按规定支持校车服务。支持校车服务所需的财政资金由中央财政和地方财政分担，具体办法由国务院财政部门制定；支持校车服务的税收优惠办法，依照法律、行政法规规定的税收管理权限制定。"

同时为了保障校车服务的提供，条例规定："依法设立的道路旅客运输经营企业、城市公共交通企业，以及根据县级以上地方人民政府规定设立的校车运营单位，可以提供校车服务。"但必须接受县级以上地方人民政府的监管，并由县级以上地方人民政府制定相应的管理办法。条例第九条规定，个体经营者在当地政府的组织下也可以提供校车服务。这是考虑到农村校车服务企业较少，采取的符合当地实际情况的措施。个体经营者虽然可以提供校车服务，但也应当严格遵守条例相关规定，不允许擅自提供校车服务、招揽学生。

七、中小学教科书选用管理暂行办法

为加强中小学教科书管理，规范教科书选用工作，适应各地教育教学需要，教育部印发了《中小学教科书选用管理暂行办法》（以下简称《办法》），对教科书选用管理体制做了调整和完善，将更多的管理权下放给省级教育行政部门。

（一）出台的主要背景

一是推进中小学教科书多样化政策实施的需要。1999 年《中共中央国务院关于深化教育改革全面推进素质教育的决定》中明确指出，要增强农村特别是贫困地区义务教育的课程、教材与当地经济发展的适应性，促进教材多样化。2005 年和 2006 年，教育部办公厅先后印发了《关于做好义务教育课程标准实验教材选用工作的通知》和《关于做好 2006 年普通高中新课程实验地区教材选用工作的通知》，分别就义务教育、普通高中教科书选用的基本政策做出规定，对指导各地教科书选用起到了重要作用。但近十年过去了，有必要进行总结完善，将相关的通知提升为规章办法。

二是规范目前教科书选用工作的需要。近些年，在教科书选用工作中，由于选用行为和程序还不够规范，出现了一些问题，如个别地区频繁更换教科书，教科书选用难以反映一线教师意愿，一些非教育因素干预教科书选用，个别地方甚至出现了选用中的腐败现象等。因此，必须进一步加强规范和监管。

（二）各级教育行政部门在教科书选用中的主要职责

按照简政放权、加强省级教育统筹的要求，《办法》对教科书选用管理体制做了调整和完善，将更多的管理权下放给省级教育行政部门。教育部负责制定全国中小学教科书选用政策，将审定通过的教科书编入《全国中小学教学用书目录》予以公布。省级教育行政部门负责本行政区域内中小学教科书选用的统筹管理，领导和监督教科书选用工作，根据当地实际情况确定具体选用单位。不论哪一级单位具体负责教科书选用，都必须坚持选用的基本原则，即坚持适宜性，符合本地中小学教学实际；坚持多样化，满足不同地区的需求；坚持公平、公正，保证选用过程规范、有序。

（三）教科书选用委员会

教科书选用工作专业性很强，还涉及经济利益，因此《办法》明确规定选用教科书应当组织成立教科书选用委员会，具体负责教科书选用工作。为确保选用委员会的专业性、代表性，选用委员会要由课程教材专家、教研员、中小学校长和教师等组成，其中一线教师不少于1/2，最大限度地防止行政意志、个人意志决定教科书选用。教科书编写出版发行人员不得担任教科书选用委员会成员，防止利益相关者影响正常选用。

（四）教科书选用程序

为保证教科书选用得科学合理与公平公正，不论在哪一层级选用，都必须履行规定程序。《办法》用一章对教科书选用程序做了具体规定，主要是三个步骤：一是由学科组研读、比较《全国中小学教学用书目录》中本学科所有版本的教科书，提出初选意见。二是教科书选用委员会召开全体会议，对学科组提出的初选意见进行充分讨论，采取投票方式确定教科书选用的结果。三是对教科书选用委员会选定的教科书具体版本进行不少于 7 日的网上公示，由省级教育行政部门将本省教科书选用结果汇总报国务院教育行政部门备案。

（五）教科书版本更换

考虑到教学的连续性，为防止随意更换教科书，《办法》规定教科书一经选定使用，应当保持稳定，在小学、初中、高中学段周期内，不得中途更换。两种情况下可以重新选用或更换教科书版本：一种是确有问题的，如严重违反选用程序规定的、课前没有按时到书的、教科书与教育部审定内容不一致的，以及出现其他严重影响教科书使用的情形；另一种是学校提出变更申请，并经专业机构评估确与当地教育教学实际不相适应的。

（六）处罚与监管

一是教育行政部门及其工作人员不得违规干预选用过程和结果，选用委员会成员不得违反选用工作纪律。如果违反规定，由上级教育行政部门责令限期改正，视情节轻重予以通报批评，并依法对相关责任人予以处分。二是其他行政部门及其工作人员不得违规干预选用过程和结果，如果违反规定，由教育行政部门通知其所属部门依纪依规处理。三是教科书编写出版发行单位和个人不得以任何非正当竞争手段干预教科书选用。凡采用请托、行贿等不正当手段扰乱教科书正常选用秩序的，省级教育行政部门必须取消其本次教科书在该行政区域内的选用，在全省进行通报。上述行为涉嫌构成犯罪的，移送司法机关处理。

选用工作将全程置于教育纪检监察部门的监督之下，并充分发挥学生家长、社会人士对教科书选用的监督作用。

第七部分

法律法规文件篇

专题1 国务院关于特大安全事故 行政责任追究的规定

（2001 年 4 月 21 日中华人民共和国国务院令第 302 号公布并施行）

第一条 为了有效地防范特大安全事故的发生，严肃追究特大安全事故的行政责任，保障人民群众生命、财产安全，制定本规定。

第二条 地方人民政府主要领导人和政府有关部门正职负责人对下列特大安全事故的防范、发生，依照法律、行政法规和本规定的规定有失职、渎职情形或者负有领导责任的，依照本规定给予行政处分；构成玩忽职守罪或者其他罪的，依法追究刑事责任：

（一）特大火灾事故；

（二）特大交通安全事故；

（三）特大建筑质量安全事故；

（四）民用爆炸物品和化学危险品特大安全事故；

（五）煤矿和其他矿山特大安全事故；

（六）锅炉、压力容器、压力管道和特种设备特大安全事故；

（七）其他特大安全事故。

地方人民政府和政府有关部门对特大安全事故的防范、发生直接负责的主管人员和其他直接责任人员，比照本规定给予行政处分；构成玩忽职守罪或者其他罪的，依法追究刑事责任。

特大安全事故肇事单位和个人的刑事处罚、行政处罚和民事责任，依照有关法律、法规和规章的规定执行。

第三条 特大安全事故的具体标准，按照国家有关规定执行。

第四条 地方各级人民政府及政府有关部门应当依照有关法律、法规和规章的规定，采取行政措施，对本地区实施安全监督管理，保障本地区人民群众生命、财产安全，对本地区或者职责范围内防范特大安全事故的发生、特大安全事故发生后的迅速和妥善处理负责。

第五条 地方各级人民政府应当每个季度至少召开一次防范特大安全事故工作会议，由政府主要领导人或者政府主要领导人委托政府分管领导人召集有关部门正职负责人参加，分析、布置、督促、检查本地区防范特大安全事故的工作。会议应当作出决定并形成纪要，会议确定的各项防范措施必须严格实施。

第六条 市（地、州）、县（市、区）人民政府应当组织有关部门按照职责分工对本地区容易发生特大安全事故的单位、设施和场所安全事故的防范明确责任、采取措施，并组织有关部门对上述单位、设施和场所进行严格检查。

第七条 市（地、州）、县（市、区）人民政府必须制定本地区特大安全事故应急处理预案。本地区特大安全事故应急处理预案经政府主要领导人签署后，报上一级人民政府备案。

第八条 市（地、州）、县（市、区）人民政府应当组织有关部门对本规定第二条所列各类特大安全事故的隐患进行查处；发现特大安全事故隐患的，责令立即排除；特大安全事故隐患排除前或者排除过程中，无法保证安全的，责令暂时停产、停业或者停止使用。法律、行政法规对查处机关另有规定的，依照其规定。

第九条 市（地、州）、县（市、区）人民政府及其有关部门对本地区存在的特大安全事故隐患，超出其管辖或者职责范围的，应当立即向有管辖权或者负有职责的上级人民政府或者政府有关部门报告；情况紧急的，可以立即采取包括责令暂时停产、停业在内的紧急措施，同时报告；有关上级人民政府或者政府有关部门接到报告后，应当立即组织查处。

第十条 中小学校对学生进行劳动技能教育以及组织学生参加公益劳动等社会实践活动，必须确保学生安全。严禁以任何形式、名义组织学生从事接触易燃、易爆、有毒、有害等危险品的劳动或者其他危险性劳动。严禁将学校场地出租作为从事易燃、易爆、有毒、有害等危险品的生产、经营场所。

中小学校违反前款规定的，按照学校隶属关系，对县（市、区）、乡（镇）人民政府主要领导人和县（市、区）人民政府教育行政部门正职负责人，根据情节轻重，给予记过、降级直至撤职的行政处分；构成玩忽职守罪或者其他罪的，依法追究刑事责任。

中小学校违反本条第一款规定的，对校长给予撤职的行政处分，对直接组织者给予开除公职的行政处分；构成非法制造爆炸物罪或者其他罪的，依法追究刑事责任。

第十一条 依法对涉及安全生产事项负责行政审批（包括批准、核准、许可、注册、认证、颁发证照、竣工验收等，下同）的政府部门或者机构，必须严格依照法律、法规和规章规定的安全条件和程序进行审查；不符合法律、法规和规章规定的安全条件的，不得批准；不符合法律、法规和规章规定的安全条件，弄虚作假，骗取批准或者勾结串通行政审批工作人员取得批准的，负责行政审批的政府部门或者机构除必须立即撤销原批准外，应当对弄虚作假骗取批准或者勾结串通行政审批工作人员的当事人依法给予行政处罚；构成行贿罪或者其他罪的，依法追究刑事责任。

负责行政审批的政府部门或者机构违反前款规定，对不符合法律、法规和规章规定的安全条件予以批准的，对部门或者机构的正职负责人，根据情节轻重，给予降级、撤职直至开除公职的行政处分；与当事人勾结串通的，应当开除公职；构成受贿罪、玩忽职守罪或者其他罪的，依法追究刑事责任。

第十二条 对依照本规定第十一条第一款的规定取得批准的单位和

个人，负责行政审批的政府部门或者机构必须对其实施严格监督检查；发现其不再具备安全条件的，必须立即撤销原批准。

负责行政审批的政府部门或者机构违反前款规定，不对取得批准的单位和个人实施严格监督检查，或者发现其不再具备安全条件而不立即撤销原批准的，对部门或者机构的正职负责人，根据情节轻重，给予降级或者撤职的行政处分；构成受贿罪、玩忽职守罪或者其他罪的，依法追究刑事责任。

第十三条 对未依法取得批准，擅自从事有关活动的，负责行政审批的政府部门或者机构发现或者接到举报后，应当立即予以查封、取缔，并依法给予行政处罚；属于经营单位的，由工商行政管理部门依法相应吊销营业执照。

负责行政审批的政府部门或者机构违反前款规定，对发现或者举报的未依法取得批准而擅自从事有关活动的，不予查封、取缔、不依法给予行政处罚，工商行政管理部门不予吊销营业执照的，对部门或者机构的正职负责人，根据情节轻重，给予降级或者撤职的行政处分；构成受贿罪、玩忽职守罪或者其他罪的，依法追究刑事责任。

第十四条 市（地、州）、县（市、区）人民政府依照本规定应当履行职责而未履行，或者未按照规定的职责和程序履行，本地区发生特大安全事故的，对政府主要领导人，根据情节轻重，给予降级或者撤职的行政处分；构成玩忽职守罪的，依法追究刑事责任。

负责行政审批的政府部门或者机构、负责安全监督管理的政府有关部门，未依照本规定履行职责，发生特大安全事故的，对部门或者机构的正职负责人，根据情节轻重，给予撤职或者开除公职的行政处分；构成玩忽职守罪或者其他罪的，依法追究刑事责任。

第十五条 发生特大安全事故，社会影响特别恶劣或者性质特别严重的，由国务院对负有领导责任的省长、自治区主席、直辖市市长和国务院有关部门正职负责人给予行政处分。

第十六条 特大安全事故发生后，有关县（市、区）、市（地、州）和省、自治区、直辖市人民政府及政府有关部门应当按照国家规定的程序和时限立即上报，不得隐瞒不报、谎报或者拖延报告，并应当配合、协助事故调查，不得以任何方式阻碍、干涉事故调查。

特大安全事故发生后，有关地方人民政府及政府有关部门违反前款规定的，对政府主要领导人和政府部门正职负责人给予降级的行政处分。

第十七条 特大安全事故发生后，有关地方人民政府应当迅速组织救助，有关部门应当服从指挥、调度，参加或者配合救助，将事故损失降到最低限度。

第十八条 特大安全事故发生后，省、自治区、直辖市人民政府应当按照国家有关规定迅速、如实发布事故消息。

第十九条 特大安全事故发生后，按照国家有关规定组织调查组对事故进行调查。事故调查工作应当自事故发生之日起60日内完成，并由调查组提出调查报告；遇有特殊情况的，经调查组提出并报国家安全生产监督管理机构批准后，可以适当延长时间。调查报告应当包括依照本规定对有关责任人员追究行政责任或者其他法律责任的意见。

省、自治区、直辖市人民政府应当自调查报告提交之日起30日内，对有关责任人员作出处理决定；必要时，国务院可以对特大安全事故的有关责任人员作出处理决定。

第二十条 地方人民政府或者政府部门阻挠、干涉对特大安全事故有关责任人员追究行政责任的，对该地方人民政府主要领导人或者政府部门正职负责人，根据情节轻重，给予降级或者撤职的行政处分。

第二十一条 任何单位和个人均有权向有关地方人民政府或者政府部门报告特大安全事故隐患，有权向上级人民政府或者政府部门举报地方人民政府或者政府部门不履行安全监督管理职责或者不按照规定履行职责的情况。接到报告或者举报的有关人民政府或者政府部门，应当立即组织对事故隐患进行查处，或者对举报的不履行、不按照规定履行安全监督管理职责的情况进行调查处理。

第二十二条　监察机关依照行政监察法的规定，对地方各级人民政府和政府部门及其工作人员履行安全监督管理职责实施监察。

第二十三条　对特大安全事故以外的其他安全事故的防范、发生追究行政责任的办法，由省、自治区、直辖市人民政府参照本规定制定。

第二十四条　本规定自公布之日起施行。

专题2　国务院办公厅转发教育部、卫生部《关于加强学校卫生防疫与食品卫生安全工作的意见》的通知

（国办发〔2003〕69号）

各省、自治区、直辖市人民政府，国务院各部委、各直属机构：

教育部、卫生部《关于加强学校卫生防疫与食品卫生安全工作的意见》已经国务院同意，现转发给你们，请认真贯彻执行。

国务院办公厅
二〇〇三年七月二日

关于加强学校卫生防疫与食品卫生安全工作的意见

教育部　卫生部
（二○○三年六月四日）

　　做好学校卫生防疫与食品卫生安全工作，对保障青少年学生身体健康和生命安全，保持学校正常的教学秩序，维护社会的稳定意义重大。各级政府和教育、卫生等部门在学校卫生防疫与食品卫生安全方面做了大量的工作，取得了一定的成绩。但是，近期在学校发生的传染病流行和食物中毒事件数量有所增加。一些地区和学校不重视卫生防疫与食品卫生安全工作，工作机制不健全，工作措施不落实，学校特别是农村学校卫生基础设施条件落后等，是发生上述事件的重要原因。为切实保障学校师生身体健康和生命安全，现就加强学校卫生防疫与食品卫生安全工作提出如下意见：

　　一、提高认识，加强领导。做好学校卫生防疫和食品卫生安全工作，是各级人民政府、各有关部门和学校的共同责任。要从保障青少年学生身体健康和生命安全、保证学校正常教学秩序、维护社会稳定大局的高度，充分认识这项工作的重要性、紧迫性和长期性。要以极端负责的态度，采取切实有效措施，把这项工作扎扎实实地抓紧抓好，抓出成效。

　　地方各级人民政府主要领导和分管教育、卫生工作的领导要切实负起领导责任，关心学校卫生防疫和食品卫生安全工作，协调解决有关重大问题。各级教育行政部门和学校要成立由一把手负总责的学校卫生防疫与食品卫生安全工作领导小组，全面负责学校卫生防疫与食品卫生安全工作。各级卫生行政部门要把学校卫生防疫与食品卫生安全工作作为卫生部门的一项重要工作，给予密切配合和指导。

　　二、明确职责，健全机制。建立健全学校卫生防疫与食品卫生安全工作责任制，将学校卫生防疫与食品卫生安全工作的责任分解落实到部门和具体责任人。各级教育、卫生行政部门要逐级签订学校卫生防疫与食品卫生安全工作责任状，教育行政部门要与学校签订卫生防疫与食品卫生安全工作责任状。要借鉴非典型肺炎防治工作中形成的工作机制，建立学校卫生防疫与食品卫生安全工作长效机制。各级教育、卫生行政部门和学校要结合各地区、各学校的实际，按照《突发公共卫生事件应急条例》要求，共同研究制订学校传染病流行、群体性食物中毒等突发事件的应急处理工作预案。要将学校卫生防疫与食品卫生安全应急处理工作纳入突发公共卫生事件应急处理体系之中。

三、加强预防控制，严格学校管理。各级教育、卫生行政部门要指导学校大力开展爱国卫生运动，增强师生的公共卫生和食品卫生安全意识，促使师生养成良好的卫生习惯，提高自我防范的能力。要加强安全、卫生教育，将公共卫生和食品卫生安全教育贯穿在日常教育之中，结合季节性、突发性传染病及食物中毒的预防，安排必要的课时进行相应的健康教育，使防病防疫知识深入人心。要督促师生加强体育锻炼，不断增强体质，增强防病抗病的能力。

严格学校特别是寄宿制学校的卫生防疫与食品卫生安全管理。学校要严格执行有关法律与规章，加强食堂卫生管理。坚持每天清洁扫除，保持食堂环境卫生清洁；加强安全保卫，禁止非食堂工作人员随意进入食堂加工操作间及食品原料存放间，严防发生投毒事件；加强学校生活饮用水水源的管理，防止水源污染造成疫病传播；加强厕所卫生管理，做好粪便的无害化处理，防止污染环境和水源；加强学生宿舍的卫生管理与安全保卫，改善学生宿舍卫生与通风条件。各学校要明确责任人，切实落实各项卫生防疫与食品卫生安全措施。

建立学生定期健康体检制度，及时发现传染病患者并采取相应的隔离防范措施，及时切断传染病在学校的传播途径。各级人民政府要协调有关部门，妥善解决学生健康体检费用问题。学校要按要求，联系医疗或卫生保健机构定期对学生进行健康体检。

学校发生食物中毒或者疑似食物中毒事件，应当及时报告当地卫生行政部门和教育行政部门；学校发生传染病流行，必须立即报告当地卫生疾病控制机构和教育行政部门，有关部门接报后要按照《中华人民共和国传染病防治法》和《突发公共卫生事件应急条例》的规定，立即上报。学校在食物中毒或传染病流行事件得到控制后，要将该事件的详细情况和处理结果向上级主管部门报告。

四、加强监督检查，严格责任追究。加强对学校卫生防疫与食品卫生安全工作的监督检查。各级教育督导部门要将学校卫生防疫与食品卫生安全的有关职责落实情况纳入对中小学的综合评估体系之中，并根据工作要求开展专项督导检查。省级卫生、教育行政部门每年至少安排一至两次专项检查；县级卫生、教育行政部门每学期至少安排一至两次专项检查，相关部门管理人员要经常深入学校（包括教学点）对卫生防疫与食品卫生安全措施落实情况进行巡查，对于发现的问题，要及时提出整改措施。每个学校每学期至少接受一次巡查（包括专项检查或督导检查）。学校要经常性地对食堂、教学环境与生活设施进行自查，以便及早发现问题，把不安全因素消灭在萌芽状态。专项检查或督导检查结果要及时报告上级主管部门并予以公布。对落实卫生防疫与食品卫生安全措施不力，导致学校发生传染病流行或食物中毒事件，对学生身体健康和生命安全造成严重危害；以及在发生传染病流行或食物中毒事件后不及时报告或隐瞒不报的，要依法查处直接责任人，并追究有关领导的领导责任。

五、加大投入，切实改善学校卫生设施与条件。各级人民政府要加大经费投入，切实改善学校卫生基础设施和条件，在学校规划、建设和危房改造过程中要统筹考虑食堂、宿舍、厕所设施和条件的改善，每年必须安排相应的专项经费改善学校食堂、宿舍、厕所等卫生设施条件。教育行政部门和学校也要安排相应的专项经费，改善学校卫生基础设施和条件。

地方教育行政部门每年要安排学生饮水的专项经费，学校要为学生提供足够的符合卫生标准的饮用水和必要的洗手设施。

各级教育行政部门必须将学校食堂、宿舍、厕所设施及学校卫生基础设施作为义务教育达标验收、示范高中达标验收的重要内容，予以统筹考虑。要及时对存在安全事故隐患的教学、生活设施进行整改，消除事故隐患。

专题3 学校卫生工作条例

(1990年6月4日中华人民共和国国家教育委员会令第10号发布)

第一章 总 则

第一条 为加强学校卫生工作，提高学生的健康水平，制定本条例。

第二条 学校卫生工作的主要任务是：监测学生健康状况；对学生进行健康教育，培养学生良好的卫生习惯；改善学校卫生环境和教学卫生条件；加强对传染病、学生常见病的预防和治疗。

第三条 本条例所称的学校，是指普通中小学、农业中学、职业中学、中等专业学校、技工学校、普通高等学校。

第四条 教育行政部门负责学校卫生工作的行政管理。卫生行政部门负责对学校卫生工作的监督指导。

第二章 学校卫生工作要求

第五条 学校应当合理安排学生的学习时间。学生每日学习时间（包括自习），小学不超过六小时，中学不超过八小时，大学不超过十小时。

学校或者教师不得以任何理由和方式，增加授课时间和作业量，加重学生学习负担。

第六条　学校教学建筑、环境噪声、室内微小气候、采光、照明等环境质量以及黑板、课桌椅的设置应当符合国家有关标准。

新建、改建、扩建校舍，其选址、设计应当符合国家的卫生标准，并取得当地卫生行政部门的许可。竣工验收应当有当地卫生行政部门参加。

第七条　学校应当按照有关规定为学生设置厕所和洗手设施。寄宿制学校应当为学生提供相应的洗漱、洗澡等卫生设施。

学校应当为学生提供充足的符合卫生标准的饮用水。

第八条　学校应当建立卫生制度，加强对学生个人卫生、环境卫生以及教室、宿舍卫生的管理。

第九条　学校应当认真贯彻执行食品卫生法律、法规，加强饮食卫生管理，办好学生膳食，加强营养指导。

第十条　学校体育场地和器材应当符合卫生和安全要求。运动项目和运动强度应当适合学生的生理承受能力和体质健康状况，防止发生伤害事故。

第十一条　学校应当根据学生的年龄，组织学生参加适当的劳动，并对参加劳动的学生，进行安全教育，提供必要的安全和卫生防护措施。

普通中小学校组织学生参加劳动，不得让学生接触有毒有害物质或者从事不安全工种的作业，不得让学生参加夜班劳动。

普通高等学校、中等专业学校、技工学校、农业中学、职业中学组织学生参加生产劳动，接触有毒有害物质的，按照国家有关规定，提供保健待遇。学校应当定期对他们进行体格检查，加强卫生防护。

第十二条　学校在安排体育课以及劳动等体力活动时，应当注意女学生的生理特点，给予必要的照顾。

第十三条 学校应当把健康教育纳入教学计划。普通中小学必须开设健康教育课，普通高等学校、中等专业学校、技工学校、农业中学、职业中学应当开设健康教育选修课或者讲座。

学校应当开展学生健康咨询活动。

第十四条 学校应当建立学生健康管理制度。根据条件定期对学生进行体格检查，建立学生体质健康卡片，纳入学生档案。

学校对体格检查中发现学生有器质性疾病的，应当配合学生家长做好转诊治疗。

学校对残疾、体弱学生，应当加强医学照顾和心理卫生工作。

第十五条 学校应当配备可以处理一般伤病事故的医疗用品。

第十六条 学校应当积极做好近视眼、弱视、沙眼、龋齿、寄生虫、营养不良、贫血、脊柱弯曲、神经衰弱等学生常见疾病的群体预防和矫治工作。

第十七条 学校应当认真贯彻执行传染病防治法律、法规，做好急、慢性传染病的预防和控制管理工作，同时做好地方病的预防和控制管理工作。

第三章　学校卫生工作管理

第十八条 各级教育行政部门应当把学校卫生工作纳入学校工作计划，作为考评学校工作的一项内容。

第十九条 普通高等学校、中等专业学校、技工学校和规模较大的农业中学、职业中学、普通中小学，可以设立卫生管理机构，管理学校的卫生工作。

第二十条 普通高等学校设校医院或者卫生科。校医院应当设保健科（室），负责师生的卫生保健工作。

城市普通中小学、农村中心小学和普通中学设卫生室，按学生人数六百比一的比例配备专职卫生技术人员。

中等专业学校、技工学校、农业中学、职业中学，可以根据需要，配备专职卫生技术人员。

学生人数不足六百人的学校，可以配备专职或者兼职保健教师，开展学校卫生工作。

第二十一条　经本地区卫生行政部门批准，可以成立区域性中小学卫生保健机构。

区域性的中小学生卫生保健机构的主要任务是：

（一）调查研究本地区中小学生体质健康状况；

（二）开展中小学生常见疾病的预防与矫治；

（三）开展中小学卫生技术人员的技术培训和业务指导。

第二十二条　学校卫生技术人员的专业技术职称考核、评定，按照卫生、教育行政部门制定的考核标准和办法，由教育行政部门组织实施。

学校卫生技术人员按照国家有关规定，享受卫生保健津贴。

第二十三条　教育行政部门应当将培养学校卫生技术人员的工作列入招生计划，并通过各种教育形式为学校卫生技术人员和保健教师提供进修机会。

第二十四条　各级教育行政部门和学校应当将学校卫生经费纳入核定的年度教育经费预算。

第二十五条　各级卫生行政部门应当组织医疗单位和专业防治机构对学生进行健康检查、传染病防治和常见病矫治，接受转诊治疗。

第二十六条　各级卫生防疫站，对学校卫生工作承担下列任务：

（一）实施学校卫生监测，掌握本地区学生生长发育和健康状况，掌握学生常见病、传染病、地方病动态；

（二）制定学生常见病、传染病、地方病的防治计划；

（三）对本地区学校卫生工作进行技术指导；

（四）开展学校卫生服务。

第二十七条　供学生使用的文具、娱乐器具、保健用品，必须符合国家有关卫生标准。

第四章　学校卫生工作监督

第二十八条　县以上卫生行政部门对学校卫生工作行使监督职权。其职责是：

（一）对新建、改建、扩建校舍的选址、设计实行卫生监督；

（二）对学校内影响学生健康的学习、生活、劳动、环境、食品等方面的卫生和传染病防治工作实行卫生监督；

（三）对学生使用的文具、娱乐器具、保健用品实行卫生监督。

国务院卫生行政部门可以委托国务院其他有关部门的卫生主管机构，在本系统内对前款所列第（一）、（二）项职责行使学校卫生监督职权。

第二十九条　行使学校卫生监督职权的机构设立学校卫生监督员，由省级以上卫生行政部门聘任并发给学校卫生监督员证书。

学校卫生监督员执行卫生行政部门或者其他有关部门卫生主管机构交付的学校卫生监督任务。

第三十条　学校卫生监督员在执行任务时应出示证件。

学校卫生监督员在进行卫生监督时，有权查阅与卫生监督有关的资料，搜集与卫生监督有关的情况，被监督的单位或者个人应当给予配合。学校卫生监督员对所掌握的资料、情况负有保密责任。

第五章　奖励与处罚

第三十一条　对在学校卫生工作中成绩显著的单位或者个人，各级教育、卫生行政部门和学校应当给予表彰、奖励。

第三十二条　违反本条例第六条第二款规定，未经卫生行政部门许可新建、改建、扩建校舍的，由卫生行政部门对直接责任单位或者个人给予警告、责令停止施工或者限期改建。

第三十三条　违反本条例第六条第一款、第七条和第十条规定的，由卫生行政部门对直接责任单位或者个人给予警告并责令限期改进。情节严重的，可以同时建议教育行政部门给予行政处分。

第三十四条　违反本条例第十一条规定，致使学生健康受到损害的，由卫生行政部门对直接责任单位或者个人给予警告，责令限期改进。

第三十五条　违反本条例第二十七条规定的，由卫生行政部门对直接责任单位或者个人给予警告。情节严重的，可以会同工商行政部门没收其不符合国家有关卫生标准的物品，并处以非法所得两倍以下的罚款。

第三十六条　拒绝或者妨碍学校卫生监督员依照本条例实施卫生监督的，由卫生行政部门对直接责任单位或者个人给予警告。情节严重的，可以建议教育行政部门给予行政处分或者处以二百元以下的罚款。

第三十七条　当事人对没收、罚款的行政处罚不服的，可以在接到处罚决定书之日起十五日内，向作出处罚决定机关的上一级机关申请复议，也可以直接向人民法院起诉。对复议决定不服的，可以在接到复议决定之日起十五日内，向人民法院起诉。对罚款决定不履行又逾期不起诉的，由作出处罚决定的机关申请人民法院强制执行。

第六章　附　则

第三十八条　学校卫生监督办法、学校卫生标准由卫生部会同国家教育委员会制定。

第三十九条　贫困县不能全部适用本条例第六条第一款和第七条规定的，可以由所在省、自治区的教育、卫生行政部门制定变通的规定。变通的规定，应当报送国家教育委员会、卫生部备案。

第四十条 本条例由国家教育委员会、卫生部负责解释。

第四十一条 本条例自发布之日起施行。原教育部、卫生部一九七九年十二月六日颁布的《中、小学卫生工作暂行规定（草案）》和一九八零年八月二十六日颁布的《高等学校卫生工作暂行规定（草案）》同时废止。

专题 4 学校食堂与学生集体用餐卫生管理规定

（中华人民共和国教育部 中华人民共和国卫生部令第 14 号）

学校食堂与学生集体用餐卫生管理规定

第一章 总 则

第一条 为防止学校食物中毒或者其他食源性疾患事故的发生，保障师生员工身体健康，根据《食品卫生法》和《学校卫生工作条例》，制定本规定。

第二条 本规定适用于各级各类全日制学校以及幼儿园。

第三条 学校食堂与学生集体用餐的卫生管理必须坚持预防为主的工作方针，实行卫生行政部门监督指导、教育行政部门管理督查、学校具体实施的工作原则。

第二章 食堂建筑、设备与环境卫生要求

第四条 食堂应当保持内外环境整洁，采取有效措施，消除老鼠、蟑螂、苍蝇和其他有害昆虫及其孳生条件。

第五条 食堂的设施设备布局应当合理，应有相对独立的食品原料

存放间、食品加工操作间、食品出售场所及用餐场所。

第六条　食堂加工操作间应当符合下列要求：

（一）最小使用面积不得小于 8 平方米；

（二）墙壁应有 1.5 米以上的瓷砖或其他防水、防潮、可清洗的材料制成的墙裙；

（三）地面应由防水、防滑、无毒、易清洗的材料建造，具有一定坡度，易于清洗与排水；

（四）配备有足够的照明、通风、排烟装置和有效的防蝇、防尘、防鼠，污水排放和符合卫生要求的存放废弃物的设施和设备；

（五）制售冷荤凉菜的普通高等学校食堂必须有凉菜间，并配有专用冷藏、洗涤消毒的设施设备。

第七条　食堂应当有用耐磨损、易清洗的无毒材料制造或建成的餐饮具专用洗刷、消毒池等清洗设施设备。采用化学消毒的，必须具备 2 个以上的水池，并不得与清洗蔬菜、肉类等的设施设备混用。

第八条　餐饮具使用前必须洗净、消毒，符合国家有关卫生标准。未经消毒的餐饮具不得使用。禁止重复使用一次性使用的餐饮具。

消毒后的餐饮具必须贮存在餐饮具专用保洁柜内备用。已消毒和未消毒的餐饮具应分开存放，并在餐饮具贮存柜上有明显标记。餐饮具保洁柜应当定期清洗、保持洁净。

第九条　餐饮具所使用的洗涤、消毒剂必须符合卫生标准或要求。

洗涤、消毒剂必须有固定的存放场所（橱柜），并有明显的标记。

第十条　食堂用餐场所应设置供用餐者洗手、洗餐具的自来水装置。

第三章　食品采购、贮存及加工的卫生要求

第十一条　严格把好食品的采购关。食堂采购员必须到持有卫生许可证的经营单位采购食品，并按照国家有关规定进行索证；应相对固定

食品采购的场所，以保证其质量。

禁止采购以下食品：

（一）腐败变质、油脂酸败、霉变、生虫、污秽不洁、混有异物或者其他感官性状异常，含有毒有害物质或者被有毒、有害物质污染，可能对人体健康有害的食品；

（二）未经兽医卫生检验或者检验不合格的肉类及其制品；

（三）超过保质期限或不符合食品标签规定的定型包装食品；

（四）其他不符合食品卫生标准和要求的食品。

第十二条 学校分管学生集体用餐的订购人员在订餐时，应确认生产经营者的卫生许可证上注有"送餐"或"学生营养餐"的许可项目，不得向未经许可的生产经营者订餐。

学生集体用餐必须当餐加工，不得订购隔餐的剩余食品，不得订购冷荤凉菜食品。

严把供餐卫生质量关，要按照订餐要求对供餐单位提供的食品进行验收。

第十三条 食品贮存应当分类、分架、隔墙、离地存放，定期检查、及时处理变质或超过保质期限的食品。

食品贮存场所禁止存放有毒、有害物品及个人生活物品。

用于保存食品的冷藏设备，必须贴有标志，生食品、半成品和熟食品应分柜存放。

第十四条 用于原料、半成品、成品的刀、墩、板、桶、盆、筐、抹布以及其他工具、容器必须标志明显，做到分开使用，定位存放，用后洗净，保持清洁。

第十五条 食堂炊事员必须采用新鲜洁净的原料制作食品，不得加工或使用腐败变质和感官性状异常的食品及其原料。

第十六条 加工食品必须做到熟透，需要熟制加工的大块食品，其中心温度不低于70℃。

加工后的熟制品应当与食品原料或半成品分开存放，半成品应当与食品原料分开存放，防止交叉污染。食品不得接触有毒物、不洁物。

不得向学生出售腐败变质或者感官性状异常，可能影响学生健康的食物。

第十七条　职业学校、普通中等学校、小学、特殊教育学校、幼儿园的食堂不得制售冷荤凉菜。

普通高等学校食堂的凉菜间必须定时进行空气消毒；应有专人加工操作，非凉菜间工作人员不得擅自进入凉菜间；加工凉菜的工用具、容器必须专用，用前必须消毒，用后必须洗净并保持清洁。

每餐的各种凉菜应各取不少于250克的样品留置于冷藏设备中保存24小时以上，以备查验。

第十八条　食品在烹饪后至出售前一般不超过2个小时，若超过2个小时存放的，应当在高于60℃或低于10℃的条件下存放。

第十九条　食堂剩余食品必须冷藏，冷藏时间不得超过24小时，在确认没有变质的情况下，必须经高温彻底加热后，方可继续出售。

第四章　食堂从业人员卫生要求

第二十条　食堂从业人员、管理人员必须掌握有关食品卫生的基本要求。

第二十一条　食堂从业人员每年必须进行健康检查，新参加工作和临时参加工作的食品生产经营人员都必须进行健康检查，取得健康证明后方可参加工作。

凡患有痢疾、伤寒、病毒性肝炎等消化道疾病（包括病原携带者），活动性肺结核，化脓性或者渗出性皮肤病以及其他有碍食品卫生的疾病的，不得从事接触直接入口食品的工作。

食堂从业人员及集体餐分餐人员在出现咳嗽、腹泻、发热、呕吐等有碍于食品卫生的病症时，应立即脱离工作岗位，待查明病因、排除有碍食品卫生的病症或治愈后，方可重新上岗。

第二十二条 食堂从业人员应有良好的个人卫生习惯。必须做到：

（一）工作前、处理食品原料后、便后用肥皂及流动清水洗手；接触直接入口食品之前应洗手消毒；

（二）穿戴清洁的工作衣、帽，并把头发置于帽内；

（三）不得留长指甲、涂指甲油、戴戒指加工食品；

（四）不得在食品加工和销售场所内吸烟。

第五章 管理与监督

第二十三条 学校应建立主管校长负责制，并配备专职或者兼职的食品卫生管理人员。

第二十四条 学校应建立健全食品卫生安全管理制度。

食堂实行承包经营时，学校必须把食品卫生安全作为承包合同的重要指标。

第二十五条 学校食堂必须取得卫生行政部门发放的卫生许可证，未取得卫生许可证的学校食堂不得开办；要积极配合、主动接受当地卫生行政部门的卫生监督。

第二十六条 学校食堂应当建立卫生管理规章制度及岗位责任制度，相关的卫生管理条款应在用餐场所公示，接受用餐者的监督。

食堂应建立严格的安全保卫措施，严禁非食堂工作人员随意进入学校食堂的食品加工操作间及食品原料存放间，防止投毒事件的发生，确保学生用餐的卫生与安全。

第二十七条 学校应当对学生加强饮食卫生教育，进行科学引导，劝阻学生不买街头无照（证）商贩出售的盒饭及食品，不食用来历不明的可疑食物。

第二十八条 各级教育行政部门应根据《食品卫生法》和本规定的要求，加强所辖学校的食品卫生工作的行政管理，并将食品卫生安全管理工作作为对学校督导评估的重要内容，在考核学校工作时，应将食品卫生安全工作作为重要的考核指标。

第二十九条　各级教育行政部门应制定食堂管理人员和从业人员的培训计划，并在卫生行政部门的指导下定期组织对所属学校食堂的管理人员和从业人员进行食品卫生知识、职业道德和法制教育的培训。

第三十条　各级教育行政部门及学校所属的卫生保健机构具有对学校食堂及学生集体用餐的业务指导和检查督促的职责，应定期深入学校食堂进行业务指导和检查督促。

第三十一条　各级卫生行政部门应当根据《食品卫生法》的有关规定，加强对学校食堂与学生集体用餐的卫生监督，对食堂采购、贮存、加工、销售中容易造成食物中毒或其他食源性疾患的重要环节应重点进行监督指导。

加大卫生许可工作的管理和督查力度，严格执行卫生许可证的发放标准，对卫生质量不稳定和不具备卫生条件的学校食堂一律不予发证。对获得卫生许可证的学校食堂要加大监督的力度与频度。

第三十二条　学校应当建立食物中毒或者其他食源性疾患等突发事件的应急处理机制。发生食物中毒或疑似食物中毒事故后，应采取下列措施：

（一）立即停止生产经营活动，并向所在地人民政府、教育行政部门和卫生行政部门报告；

（二）协助卫生机构救治病人；

（三）保留造成食物中毒或者可能导致食物中毒的食品及其原料、工具、设备和现场；

（四）配合卫生行政部门进行调查，按卫生行政部门的要求如实提供有关材料和样品；

（五）落实卫生行政部门要求采取的其他措施，把事态控制在最小范围。

第三十三条 学校必须建立健全食物中毒或者其他食源性疾患的报告制度，发生食物中毒或疑似食物中毒事故应及时报告当地教育行政部门和卫生行政部门。

当地教育行政部门应逐级报告上级教育行政部门。

当地卫生行政部门应当于6小时内上报卫生部，并同时报告同级人民政府和上级卫生行政部门。

第三十四条 要建立学校食品卫生责任追究制度。对违反本规定，玩忽职守、疏于管理，造成学生食物中毒或者其他食源性疾患的学校和责任人，以及造成食物中毒或其他食源性疾患后，隐瞒实情不上报的学校和责任人，由教育行政部门按照有关规定给予通报批评或行政处分。

对不符合卫生许可证发放条件而发放卫生许可证造成食物中毒或其他食源性疾患的责任人，由卫生行政部门按照有关规定给予通报批评或行政处分。

对违反本规定，造成重大食物中毒事件，情节特别严重的，要依法追究相应责任人的法律责任。

第六章 附 则

第三十五条 本规定下列用语含义是：

学生集体用餐：以供学生用餐为目的而配置的膳食和食品，包括学生普通餐、学生营养餐、学生课间餐（牛奶、豆奶、饮料、面点等）、学校举办各类活动时为学生提供的集体饮食等。

食堂：学校自办食堂、承包食堂和高校后勤社会化后专门为学生提供就餐服务的实体。

食堂从业人员：食堂采购员、食堂炊事员、食堂分餐员、仓库保管员等。

第三十六条 以简单加工学生自带粮食、蔬菜或以为学生热饭为主的规模小的农村学校，其食堂建筑、设备等暂不作为实行本规定的单位对待。但是，其他方面应当符合本规定要求。

第三十七条 学生集体用餐生产经营者的监督管理，按《学生集体用餐卫生监督办法》执行。

第三十八条 本规定自 2002 年 11 月 1 日起实施。

专题5 教育部、公安部关于加强学校消防安全工作的通知

（教发〔2004〕10 号 2004 年 3 月 31 日发布）

2000 年以来，全国学校（含幼儿园）共发生火灾 3700 余起，死亡 44 人，受伤 79 人，直接财产损失 2200 余万元。对此，党中央、国务院高度重视，要求切实加强学校的消防安全工作。教育部和公安部多次组织消防安全的治理和检查，各级教育行政部门和学校积极开展自查自改，消除了一批火灾隐患，取得了一定成效，学校的消防安全状况逐步得到改善。但是一些学校仍存在不少火灾隐患，有些问题还比较普遍，部分学校依然存在重视不够、管理不严、制度不够健全、措施不够到位的问题，尤其是一些学校存在私拉乱接电线、违章用火用电、堵塞疏散通道和锁闭安全出口等现象，一旦发生火灾，极易造成群死群伤的严重后果。为认真吸取 1994 年新疆克拉玛依友谊馆火灾和去年俄罗斯莫斯科友谊大学学生宿舍火灾的惨痛教训，进一步加强学校的消防安全工作，预防和遏制重特大火灾事故的发生，现将有关要求通知如下：

一、提高认识，切实加强消防安全工作的领导

各级教育行政部门和各级各类学校要充分认识安全工作的重要性和

紧迫性，学校安全工作直接关系到青少年学生的健康成长和社会稳定，做好学校消防安全工作是各级政府职能部门和学校的基本责任，是对国家、对社会、对人民应尽的义务，是实践"三个代表"重要思想的具体体现。要切实加强消防安全工作的领导，把学校的消防安全工作作为一项重要的管理内容列入议事日程，主要领导亲自抓，分管领导具体抓；要进一步强化教育行政部门和学校消防安全主体意识，明确单位负责人对本单位的消防安全工作负总责的责任，建立并落实消防安全自我管理、自我检查、自我整改机制。

二、制定消防安全管理制度，落实消防安全责任制

学校及幼儿园、托儿所要按照公安部《机关、团体、企业、事业单位消防安全管理规定》（公安部第 61 号令）的要求和教育部去年召开的学校安全工作会议精神，下大力气加强消防安全管理工作，建立健全各项消防安全管理制度和操作规程。建立消防安全教育、培训、防火巡查和防火检查制度；加强安全疏散设施、消防设施、器材的维护管理；严格制定用火用电安全、火灾隐患整改、易燃易爆危险物品使用制度和灭火、应急疏散预案。同时建立健全逐级消防安全责任制。明确各系、部、年级、班的消防安全责任人，做到职责明确，责任到人，严格考评，奖惩兑现。

三、组织开展消防安全检查治理，及时消除火灾隐患

各级教育行政部门要组织本地区各级各类学校及幼儿园、托儿所等单位，要以学生宿舍（包括校外学生公寓）、学校校园内教职工宿舍、食堂、实验室、教室、图书馆、会议室等人群集中场所为重点开展消防安全检查，督促整改火灾隐患。一是电器产品的安装、使用和线路的敷设必须符合国家有关电气安全技术规定的要求，拆除私拉乱接的电气线路。二是严格规范用火、用电、用气等消防安全管理，纠正学生在宿舍

内使用电炉、液化气罐等违章行为。三是清理学校人员集中场所内封堵和占用疏散通道上的杂物，拆除疏散通道和安全出口设置的障碍物，保持畅通。四是拆除在学生宿舍外窗安装的影响安全疏散和应急救援的栅栏。五是学校图书馆、学生宿舍、公寓应设置火灾事故应急照明和应急广播系统，损坏的要立即修复，确保有效使用。六是学校要利用暑假假期对学生宿舍电线、电话线、网络线进行改造，根据宿舍学生人数每人配备适当的固定插座，方便学生使用。有条件的学校，可以在宿舍中指定规定的区域，配备大理石等阻燃桌面，集中使用电器，减少或防止因使用伪劣电器等引发火灾。

四、加强消防安全教育，提高学生安全意识及自防自救能力

在学校对学生及全体教职员工开展消防安全教育，对提高国民整体消防安全素质具有重要的战略意义。要组织编写消防教材，把消防安全教育纳入学校教育教学内容。要分期分批组织学生参观消防防灾教育馆、消防站，组织学生进行逃生疏散演练，组织开展消防运动会、消防征文、消防演讲会、消防辩论会等活动，提高学生的消防安全意识和自防自救能力。

各级公安机关特别是公安消防部门，要继续把学校的消防安全整治工作作为人员密集场所专项治理重要内容，协同教育行政部门督促学校搞好自查自改。请各地教育行政主管部门将此通知转发至属地各级各类学校。

专题6 教育部办公厅关于加强学校安全教育工作有关问题的回复意见

(教基厅函〔2004〕51号 2004年9月6日公布实施)

四川省教育厅：

《四川省教育厅关于加强学校安全教育工作中有关问题的请示》(川教〔2004〕218号) 收悉。经研究，现回复意见如下：

加强和改进中小学安全教育的课程建设，把新课程有关安全教育的要求落实到教育教学之中，是当前落实《国务院关于进一步加强安全生产工作的决定》的主要工作任务。2004年，基础教育课程改革进入全面推广阶段，到2005年，全国全面实施九年义务教育新课程，2007年全面推广普通高中新课程。新课程落实以人为本的指导思想，针对学校安全教育的特点，把安全教育渗透到学校课程与教学之中，提出了明确的要求。近期，我部正在落实《中共中央、国务院关于进一步加强和改进未成年人思想道德建设的若干意见》，在总结课程改革实验经验的基础上，修订各学科课程标准等新课程文件，进一步统筹安排学校安全教育等有关内容。积极推进和深化新一轮基础教育课程教材改革，把中小学安全教育渗透到课程的设计、实施到评价之中，努力发挥其在安全教育中的主渠道作用。

教育部已发布的《小学生日常行为规范》《中学生日常行为规范》等文件中，都对珍爱生命、注意安全等提出了明确要求，如要防火、防溺水、防触电、防盗、防中毒、不做有危险的游戏等。在小学1至2年级的《品德与生活》、3至6年级《品德与社会》、初中《思想品德》

等德育课程的标准和教材中，都提出了有关安全教育的要求。如小学
1—2 年级的《品德与生活》课程标准提出让小学生学会健康、安全地
生活，愉快、积极地生活，使儿童从小懂得珍爱生命，养成良好的生活
习惯，有初步的自我保护意识和能力，要"认识常见的安全和交通标
志，遵守交通规则，注意安全；了解卫生保健设施的作用，并能在成人
指导下利用；知道基本的紧急求助和自救办法"。《品德与社会》课程
标准进一步提出要求："了解有关安全的常识，有初步的安全意识和自
护自救能力，爱护自己的身体和生命"，并在教学活动中建议"从防
火、防盗、防触电、防溺水等方面，查找有关安全的小常识和发生安全
事故的案例，以知识竞赛、设置情景等方式，学习、演练自救自护方
法"。

新课程各科目的课程标准和教材中，也尽可能地增加了安全教育的
内容，并且强调安全教育要贴近学生、贴近社会和贴近实际。如 3 至 6
年级《科学》课程提出学生通过对生命科学有关知识的学习，了解生
命世界的轮廓，形成一些对生命活动和生命现象的基本知识，对人体和
健康形成初步的认识。在介绍简单电路内容中，有"认识电是生活和
工作中常用的能量来源，了解安全用电常识"。初中《物理》课程标准
中，电磁能内容标准中设置了"了解家庭电路和安全用电常识，有安
全用电的意识"。在初中《化学》标准化学与社会发展内容标准中，结
合化学与能源和资源利用，提出"认识燃烧、缓慢氧化和爆炸的条件
及防火灭火、防范爆炸的措施"，并在活动建议中提出了"交流并解释
日常生活中常见的燃烧、缓慢氧化和爆炸等现象"。在初中《科学》课
程标准中设有健康与环境专题，主要有"了解传染病的特点、传播三
环节及预防措施；列举常见的传染病，包括性传播疾病及其预防措施；
了解环境毒物和防毒的措施"等内容，并在活动建议中，要求调查传
染病的传染方式；收集乙肝、艾滋病等传染病的资料，出专题墙报，请
有关专家做报告；调查环境毒物在食物链中的富集，调查常见的中毒现

象（农药、药物、有害动物和有害植物等）。

安全教育特别是学校安全教育内容丰富，情况复杂，涉及面广，必须在把安全教育渗透到各学科教育教学活动的同时，根据形势发展和各地实际的需要，多形式地开展学校安全教育活动。为提高课程的适应性，这次课程改革实行中央、地方和学校三级课程管理。各地可根据实际情况，在地方课程或学校课程中安排一定时间，有针对性地开展学校安全教育。

教育部办公厅

专题7　教育部关于印发《关于进一步做好中小学幼儿园安全工作六条措施》的通知

（教基〔2005〕10号）

各省、自治区、直辖市教育厅（教委），新疆生产建设兵团教育局：

现将《关于进一步做好中小学幼儿园安全工作六条措施》印发给你们，请结合当地实际，认真贯彻落实。

教育部
二〇〇五年六月十五日

关于进一步做好中小学幼儿园安全工作六条措施

根据中小学幼儿园（以下简称学校）安全工作中出现的新情况，为预防各类学生安全事故发生，进一步加强学生安全教育，做好学校安全工作，现提出六条措施如下：

一、积极配合当地公安机关认真落实《公安机关维护校园及周边治安秩序八条措施》，建立协同工作机制，制定工作方案，切实保障师生人身、财产安全。

二、迅速组织力量对学校周边地质和校舍情况进行排查，凡发现地质隐患的要迅速报当地政府妥善处置，对排查出的具有安全隐患的教室要停止使用，必要时可以临时停课。

三、每逢开学、放假前要有针对性地对学生集中开展安全教育，强化学生安全意识，特别是要以多种形式加强学生应对洪水、泥石流、火灾、地震等突发事件的应急训练，提高学生自救自护能力。

四、学校每学期要对校车安全保障、驾驶员资格等情况进行一次全面检查。严禁租用个人车辆接送学生，凡是用于接送学生的校车必须经交管部门审核合格。

五、寄宿制学校要配备教师或管理人员专门负责管理学生宿舍，落实夜间值班、巡查制度，坚持对寄宿学生实行晚点名和定时查铺。

六、杜绝将学校校园场地出租用于停放社会车辆，从事易燃、易爆、有毒、有害等危险品生产、经营活动，以及其他可能危及学生安全的活动。

各级教育行政部门要认真指导和督促学校落实安全责任制，对由于工作不落实而造成重大责任事故的要严肃追究相关人员的责任。

专题8 卫生部、教育部关于印发《学校食物中毒事故行政责任追究暂行规定》的通知

(2005 年 11 月 2 日　卫监督发〔2005〕431 号)

为加强学校食品卫生管理，预防学校食物中毒事故发生，落实管理责任，保护学校师生身体健康和生命安全，依据《中华人民共和国食品卫生法》《突发公共卫生事件应急条例》《国务院关于特大安全事故行政责任追究的规定》《国务院关于进一步加强食品安全工作的决定》《学校食堂与学生集体用餐卫生管理规定》《食物中毒事故处理办法》等规定，我们制定了《学校食物中毒事故行政责任追究暂行规定》，现印发给你们。请遵照执行。

学校食物中毒事故行政责任追究暂行规定

第一条　为加强学校食品卫生管理，预防学校食物中毒事故发生，落实管理责任，保护学校师生身体健康和生命安全，依据《中华人民共和国食品卫生法》《突发公共卫生事件应急条例》《国务院关于特大安全事故行政责任追究的规定》《国务院关于进一步加强食品安全工作的决定》《学校食堂与学生集体用餐卫生管理规定》《食物中毒事故处理办法》等规定，制定本办法。

第二条　对学校食品卫生负有监管责任的地方卫生行政部门、教育行政部门以及学校的主要负责人和直接管理责任人不履行或不正确履行食品卫生职责等失职行为，造成学校发生食物中毒事故的，应当追究行政责任。

本规定适用于各级各类全日制学校以及幼儿园。

第三条　学校的主要负责人是学校食品卫生管理的第一责任人。

第四条　本规定中的学校食物中毒事故，是指由学校主办或管理的校内供餐单位以及学校负责组织提供的集体用餐导致的学校师生食物中毒事故。

第五条　本规定中的食物中毒事故按照严重程度划分为：

（一）重大学校食物中毒事故，是指一次中毒 100 人以上并出现死亡病例，或出现 10 例及以上死亡病例的食物中毒事故。

（二）较大学校食物中毒事故，是指一次中毒 100 人及以上，或出现死亡病例的食物中毒事故。

（三）一般学校食物中毒事故，是指一次中毒 99 人及以下，未出现死亡病例的食物中毒事故。

第六条　行政责任追究按照现行干部、职工管理权限，分别由当地政府、教育行政部门、卫生行政部门以及学校实施。应当追究刑事责任的，依照相关法律法规的规定执行。

第七条　行政责任追究应当坚持公开、公正原则，做到有错必纠、处罚适当、教育与惩戒相结合。

第八条　学校发生食物中毒事故，有下列情形之一的，应当追究学校有关责任人的行政责任：

（一）未建立学校食品卫生校长负责制的，或未设立专职或兼职食品卫生管理人员的；

（二）实行食堂承包（托管）经营的学校未建立准入制度或准入制度未落实的；

（三）未建立学校食品卫生安全管理制度或管理制度不落实的；

（四）学校食堂未取得卫生许可证的；

（五）学校食堂从业人员未取得健康证明或存在影响食品卫生病症未调离食品工作岗位的，以及未按规定安排从业人员进行食品卫生知识培训的；

（六）违反《学校食堂与学生集体用餐卫生管理规定》第十二条规定采购学生集体用餐的；

（七）对卫生行政部门或教育行政部门提出的整改意见，未按要求的时限进行整改的；

（八）瞒报、迟报食物中毒事故，或没有采取有效控制措施、组织抢救工作致使食物中毒事态扩大的；

（九）未配合卫生行政部门进行食物中毒调查或未保留现场的。

第九条 学校发生食物中毒事故需要追究学校行政责任的，应当按以下原则，分别追究学校主要领导、主管领导和直接管理责任人的行政责任。

发生一般学校食物中毒事故，中毒人数少于 29 人的，追究直接管理责任人的责任。

发生一般学校食物中毒事故，中毒人数在 30 人及以上的，追究直接管理责任人的责任，但直接管理责任人在事故发生前已将学校未履行食品卫生职责情况书面报告学校主管领导，而学校主管领导未采取措施的，由学校主管领导承担责任。

发生较大学校食物中毒事故，追究直接管理责任人和学校主管领导的责任。

发生重大学校食物中毒事故，追究直接管理责任人、学校主管领导和学校主要领导的责任。

第十条 学校发生食物中毒事故，有下列情形之一的，应当追究当地卫生行政部门有关责任人的行政责任。

（一）对不符合学校食堂或学校集体用餐单位卫生许可证发放条件的单位，发放卫生许可证的；

（二）检查发现学校食堂未达到卫生许可证发放条件要求，而未向所在地教育行政部门通报的；

（三）未按规定对学校食堂或学生集体用餐供餐单位进行监督检查或检查次数未达到要求的；

（四）未按教育行政部门或学校的请求，协助教育行政主管部门或学校对主管领导、卫生管理人员和从业人员进行食品卫生相关知识培训的；

（五）监督检查过程中，对发现的不符合卫生要求的行为未提出整改意见的；或者提出整改意见后未在要求时限内再次检查进行督促落实的；

（六）接到学校食物中毒报告后，未及时赶往现场调查处理，或者未及时采取有效控制措施导致食物中毒事故事态扩大的；

（七）未按《突发公共卫生事件应急条例》和《食物中毒事故处理办法》的规定时间进行食物中毒报告的。

第十一条　学校发生食物中毒事故，有下列情形之一的，应当追究当地教育行政部门有关人员的行政责任：

（一）未将学校食品卫生安全管理作为对学校督导评估的重要内容和重要考核指标或未按规定进行督导、检查的；

（二）督导检查过程中，对发现的问题未提出改进意见的，或对改进意见未督促落实的；

（三）未督促学校制定学校食堂管理人员和从业人员培训计划或未定期组织培训的；

（四）接到卫生行政部门的相关通报，未督促学校落实卫生行政部门提出的卫生监督意见的；

（五）接到学校食物中毒报告后，未及时赶往现场协助卫生行政部门和其他相关部门调查处理，或者未督促学校采取有效措施控制食物中毒事故事态扩大的；

（六）未按规定向上级教育行政部门报告的，或存在瞒报、迟报行为的。

第十二条　学校发生食物中毒事故需要追究当地教育行政部门、卫生行政部门有关责任人行政责任的，应当按下列原则，分别追究教育行政部门、卫生行政部门有关责任人的行政责任。

发生一般学校食物中毒，追究行政部门直接管理责任人的责任。

发生较大学校食物中毒事故，追究部门管理责任人的责任。

发生重大学校食物中毒事故，追究部门主管领导的责任。

第十三条　学校食物中毒事故行政责任追究情况应向上级卫生行政部门和教育行政部门报告。

第十四条　承包经营单位和集体用餐配送单位不履行或不正确履行食品卫生职责，造成学校发生食物中毒事故的，依法追究法律责任。

第十五条　本规定自 2006 年 1 月 1 日起施行。

专题9　教育部关于进一步加强中小学安全工作、预防学生拥挤踩踏事故的通知

(2005 年 11 月 10 日　教基〔2005〕14 号)

中小学生的安全涉及亿万家庭的幸福，受到党和政府的高度重视，为全社会所关注。近年来，特别是去年以来，各级教育行政部门和中小学校积极采取各种措施，深入开展安全管理专项整治行动，取得了显著成效。但是，近一段时间以来，发生在校园的学生拥挤踩踏事故急剧增加，对中小学生生命安全构成了严重威胁，中小学安全管理工作面临的形势依然比较严峻，必须引起各级教育行政部门和全体教育工作者的高度重视。为进一步加强学校安全工作，严防校园拥挤踩踏事故的发生，切实保障广大中小学生的人身安全，现将有关要求通知如下：

一、以健全制度、落实责任为核心，切实加强学校内部安全管理工作

地方各级教育行政部门尤其是县级教育行政部门要增强安全工作的责任感，切实负起责任，加强行政区域内中小学的安全管理工作，提出预防拥挤踩踏事故的具体办法。

中小学校要尽快健全校内各项安全管理制度，将安全工作的各项职责层层进行分解，落实到人，每一个班主任、任课教师都要担负起对学生进行安全管理和教育的责任。要专门针对预防学生拥挤踩踏事故建立制度，提出要求，采取措施。要从学生实际出发，在上操、集合等上下楼梯的活动中，不强调快速、整齐，适当错开时间，分年级、分班级逐次下楼，并安排教职工在楼梯间负责维持秩序，管理学生。要定期检查楼道、楼梯的各项设施和照明设备，及时消除安全隐患。校舍楼梯、通道的设置要符合安全要求和国家有关规范。要制定预防校园拥挤踩踏事故的应急预案，做好防范，避免发生此类事故。

要特别加强对县镇中小学、乡中心学校、农村寄宿制学校的安全管理工作。要全面提高这些学校校长和教师的安全责任意识。要针对以上学校普遍存在大班额的现实和安全隐患较多的现状，提出有效的事故防范要求。以上学校要尽可能将大班额、低年级学生安排在底楼或较低楼层。学生晚间自习，必须有教师值班，出现停电或楼梯间照明设施损坏时，要及时开启应急照明设备，同时学校领导与值班教师要立即到现场疏导。

二、以检查教学楼楼梯、通道等拥挤踩踏事故多发地点为重点，认真开展校园隐患大排查

中小学校要认真对照国家有关部门发布的《农村普通中小学校建设标准》和《城市普通中小学校校舍建设标准》，检查本校教学楼楼

梯、通道的设置是否符合规范。要将检查情况登记造册，并报告当地教育行政部门。对于不符合要求的，当地教育行政部门应书面报告当地政府，并在政府的统一领导下，会同建设部门提出整改办法。同时，当地教育行政部门要将目前学校大班额和超大班额的情况报告当地政府，在当地政府领导下，落实好学校管理和安全工作。

今后，新建校舍的建筑质量、选址、建设等要充分考虑安全因素，严格执行国家有关标准，凡因建设标准和使用不符合规定的，一旦发生安全事故，要严肃追究有关部门和领导的责任。

中小学校要对教学楼楼梯、扶手、楼梯间照明设施进行一次全面检查，及时清理楼道、楼梯间堆积物，确保楼道、楼梯通畅。要加固已损坏的楼梯扶手，更换不符合购置安装规范的楼梯间照明设施，并落实专人定期检修，发生损坏及时修复或更换。

三、以提高安全意识和防范能力为目标，深入开展学生安全教育活动

中小学校要通过各种丰富多彩的活动，如团队活动、主题班会、黑板报等多种途径和形式对学生深入开展预防拥挤踩踏事故的专题教育，让学生充分认识发生拥挤踩踏事故的主要原因、严重后果及其防范措施，了解在楼梯间打闹、搞恶作剧的危险性。要在教学楼楼梯间设置指示、警示标志，告诫学生上下楼梯相互礼让，靠右行走，遵守秩序，注意安全。要制定应急疏散预案，每学期组织学生演练一次，提高学生应对突发事件的实际能力。近期要专门组织一次主题班会，教师与学生一起参与讨论如何防止拥挤踩踏事故的发生。

地方各级教育行政部门要根据本意见精神制订工作方案，提出工作要求，明确责任，在年底前组织当地中小学校落实以上工作；要一级抓一级，层层抓落实，切实把各项要求落实到每一所中小学校。

地方各级教育行政部门要组织督察组检查学校落实情况，重点抽查

农村中小学校和寄宿制中小学的落实情况，发现问题及时处理；要对工作认真、成效显著的基层教育行政部门和学校提出表扬，对有令不行，措施不力的要予以通报批评。

各地教育行政部门要将以上精神传达到每一所中小学校，引起全体教育工作者，特别是学校校长和教师的高度重视，切实抓好落实工作，严防拥挤踩踏等安全事故的发生。

我部将采取多种形式检查落实情况，并在全国通报。

专题10 教育部办公厅关于进一步加强勤工俭学和劳动实践活动过程中学生安全工作的通知

（教财厅〔2006〕4号）

各省、自治区、直辖市教育厅（教委），新疆生产建设兵团教育局：

最近，陕西省少工委与陕西天亩公司联合开展"天亩蓖麻爱心助学活动"，让小学生利用校园、自家房前屋后及其他闲散土地种植蓖麻，因忽视宣传蓖麻子的毒性，致使泾阳县131名小学生误食蓖麻子中毒。事件报道后，国务院领导同志高度重视，并作出重要批示，要求在组织学生开展活动中一定要严防发生类似事故。我部对此也极为重视，现就进一步加强勤工俭学和劳动实践过程中学生安全工作通知如下：

一、中小学开展勤工俭学和劳动实践活动，要按照全面贯彻党和国家的教育方针的要求，以育人为根本宗旨，坚决执行《义务教育法》和《未成年人保护法》，切实保护中小学生身心健康，促进中小学生德、智、体、美全面发展。要根据学生的生理、心理特征，在保证学生安全的前提下，组织学生参加力所能及、以服务社会、服务社区为主的劳动。

二、中小学开展勤工俭学和劳动实践活动，必须对学生进行安全教育，防止交通、溺水等事故发生。要对学生进行食品安全教育，不乱吃、误吃有害食物，防止发生中毒等事故。凡组织的集体勤工俭学和劳动实践活动，要针对活动地点、内容制订安全预案，并切实落实防范措施，防止突发事件发生。要切实做好学生食堂食品卫生安全工作，确保学生的用餐卫生与安全。

三、各地教育行政部门不得向学校下达创收任务。严禁学校向老师、班级和学生摊派创收指标；严禁以未完成创收任务为由处罚学生；严禁以勤工俭学名义向学生乱摊派、乱收费；严禁组织学生参加有毒、有害和危险的生产作业以及超过学生身体承受能力、有碍学生健康成长的劳动。

四、各地要认真了解分析本地开展勤工俭学和劳动实践的情况，对违反国家有关法律、法规和勤工俭学政策规定的错误做法，要及时纠正、处理，并举一反三，严防此类事件再次发生。对有令不行、有禁不止的，要追究学校和教育行政部门领导的责任，绝不能容忍姑息。

二〇〇六年四月二十七日

专题11 中小学幼儿园安全管理办法

中华人民共和国教育部令

第 23 号

根据教育法律法规和国务院的有关规定，教育部、公安部、司法部、建设部、交通部、文化部、卫生部、工商总局、质检总局、新闻出版总署制定了《中小学幼儿园安全管理办法》，现予发布，自 2006 年 9 月 1 日起施行。

第一章 总 则

第一条 为加强中小学、幼儿园安全管理，保障学校及其学生和教职工的人身、财产安全，维护中小学、幼儿园正常的教育教学秩序，根据《中华人民共和国教育法》等法律法规，制定本办法。

第二条 普通中小学、中等职业学校、幼儿园（班）、特殊教育学校、工读学校（以下统称学校）的安全管理适用本办法。

第三条 学校安全管理遵循积极预防、依法管理、社会参与、各负其责的方针。

第四条 学校安全管理工作主要包括：

（一）构建学校安全工作保障体系，全面落实安全工作责任制和事故责任追究制，保障学校安全工作规范、有序进行；

（二）健全学校安全预警机制，制定突发事件应急预案，完善事故预防措施，及时排除安全隐患，不断提高学校安全工作管理水平；

（三）建立校园周边整治协调工作机制，维护校园及周边环境安全；

（四）加强安全宣传教育培训，提高师生安全意识和防护能力；

（五）事故发生后启动应急预案、对伤亡人员实施救治和责任追究等。

第五条 各级教育、公安、司法行政、建设、交通、文化、卫生、工商、质检、新闻出版等部门在本级人民政府的领导下，依法履行学校周边治理和学校安全的监督与管理职责。

学校应当按照本办法履行安全管理和安全教育职责。

社会团体、企业事业单位、其他社会组织和个人应当积极参与和支持学校安全工作，依法维护学校安全。

第二章 安全管理职责

第六条 地方各级人民政府及其教育、公安、司法行政、建设、交通、文化、卫生、工商、质检、新闻出版等部门应当按照职责分工，依法负责学校安全工作，履行学校安全管理职责。

第七条 教育行政部门对学校安全工作履行下列职责：

（一）全面掌握学校安全工作状况，制定学校安全工作考核目标，加强对学校安全工作的检查指导，督促学校建立健全并落实安全管理制度；

（二）建立安全工作责任制和事故责任追究制，及时消除安全隐患，指导学校妥善处理学生伤害事故；

（三）及时了解学校安全教育情况，组织学校有针对性地开展学生安全教育，不断提高教育实效；

（四）制定校园安全的应急预案，指导、监督下级教育行政部门和学校开展安全工作；

（五）协调政府其他相关职能部门共同做好学校安全管理工作，协助当地人民政府组织对学校安全事故的救援和调查处理。

教育督导机构应当组织学校安全工作的专项督导。

第八条　公安机关对学校安全工作履行下列职责：

（一）了解掌握学校及周边治安状况，指导学校做好校园保卫工作，及时依法查处扰乱校园秩序、侵害师生人身、财产安全的案件；

（二）指导和监督学校做好消防安全工作；

（三）协助学校处理校园突发事件。

第九条　卫生部门对学校安全工作履行下列职责：

（一）检查、指导学校卫生防疫和卫生保健工作，落实疾病预防控制措施；

（二）监督、检查学校食堂、学校饮用水和游泳池的卫生状况。

第十条　建设部门对学校安全工作履行下列职责：

（一）加强对学校建筑、燃气设施设备安全状况的监管，发现安全事故隐患的，应当依法责令立即排除；

（二）指导校舍安全检查鉴定工作；

（三）加强对学校工程建设各环节的监督管理，发现校舍、楼梯护栏及其他教学、生活设施违反工程建设强制性标准的，应责令纠正；

（四）依法督促学校定期检验、维修和更新学校相关设施设备。

第十一条　质量技术监督部门应当定期检查学校特种设备及相关设施的安全状况。

第十二条　公安、卫生、交通、建设等部门应当定期向教育行政部门和学校通报与学校安全管理相关的社会治安、疾病防治、交通等情况，提出具体预防要求。

第十三条　文化、新闻出版、工商等部门应当对校园周边的有关经营服务场所加强管理和监督，依法查处违法经营者，维护有利于青少年成长的良好环境。

司法行政、公安等部门应当按照有关规定履行学校安全教育职责。

第十四条　举办学校的地方人民政府、企业事业组织、社会团体和公民个人，应当对学校安全工作履行下列职责：

（一）保证学校符合基本办学标准，保证学校围墙、校舍、场地、教学设施、教学用具、生活设施和饮用水源等办学条件符合国家安全质量标准；

（二）配置紧急照明装置和消防设施与器材，保证学校教学楼、图书馆、实验室、师生宿舍等场所的照明、消防条件符合国家安全规定；

（三）定期对校舍安全进行检查，对需要维修的，及时予以维修；对确认的危房，及时予以改造。

举办学校的地方人民政府应当依法维护学校周边秩序，保障师生和学校的合法权益，为学校提供安全保障。

有条件的，学校举办者应当为学校购买责任保险。

第三章　校内安全管理制度

第十五条　学校应当遵守有关安全工作的法律、法规和规章，建立健全校内各项安全管理制度和安全应急机制，及时消除隐患，预防发生事故。

第十六条　学校应当建立校内安全工作领导机构，实行校长负责制；应当设立保卫机构，配备专职或者兼职安全保卫人员，明确其安全保卫职责。

第十七条　学校应当健全门卫制度，建立校外人员入校的登记或者验证制度，禁止无关人员和校外机动车入内，禁止将非教学用易燃易爆物品、有毒物品、动物和管制器具等危险物品带入校园。

学校门卫应当由专职保安或者其他能够切实履行职责的人员担任。

第十八条　学校应当建立校内安全定期检查制度和危房报告制度，按照国家有关规定安排对学校建筑物、构筑物、设备、设施进行安全检查、检验；发现存在安全隐患的，应当停止使用，及时维修或者更换；维修、更换前应当采取必要的防护措施或者设置警示标志。学校无力解决或者无法排除的重大安全隐患，应当及时书面报告主管部门和其他相关部门。

学校应当在校内高地、水池、楼梯等易发生危险的地方设置警示标志或者采取防护设施。

第十九条 学校应当落实消防安全制度和消防工作责任制，对于政府保障配备的消防设施和器材加强日常维护，保证其能够有效使用，并设置消防安全标志，保证疏散通道、安全出口和消防车通道畅通。

第二十条 学校应当建立用水、用电、用气等相关设施设备的安全管理制度，定期进行检查或者按照规定接受有关主管部门的定期检查，发现老化或者损毁的，及时进行维修或者更换。

第二十一条 学校应当严格执行《学校食堂与学生集体用餐卫生管理规定》《餐饮业和学生集体用餐配送单位卫生规范》，严格遵守卫生操作规范。建立食堂物资定点采购和索证、登记制度与饭菜留验和记录制度，检查饮用水的卫生安全状况，保障师生饮食卫生安全。

第二十二条 学校应当建立实验室安全管理制度，并将安全管理制度和操作规程置于实验室显著位置。

学校应当严格建立危险化学品、放射物质的购买、保管、使用、登记、注销等制度，保证将危险化学品、放射物质存放在安全地点。

第二十三条 学校应当按照国家有关规定配备具有从业资格的专职医务（保健）人员或者兼职卫生保健教师，购置必需的急救器材和药品，保障对学生常见病的治疗，并负责学校传染病疫情及其他突发公共卫生事件的报告。有条件的学校，应当设立卫生（保健）室。

新生入学应当提交体检证明。托幼机构与小学在入托、入学时应当查验预防接种证。学校应当建立学生健康档案，组织学生定期体检。

第二十四条 学校应当建立学生安全信息通报制度，将学校规定的学生到校和放学时间、学生非正常缺席或者擅自离校情况以及学生身体和心理的异常状况等关系学生安全的信息，及时告知其监护人。

对有特异体质、特定疾病或者其他生理、心理状况异常以及有吸毒行为的学生，学校应当做好安全信息记录，妥善保管学生的健康与安全信息资料，依法保护学生的个人隐私。

第二十五条 有寄宿生的学校应当建立住宿学生安全管理制度，配备专人负责住宿学生的生活管理和安全保卫工作。

学校应当对学生宿舍实行夜间巡查、值班制度，并针对女生宿舍安全工作的特点，加强对女生宿舍的安全管理。

学校应当采取有效措施，保证学生宿舍的消防安全。

第二十六条 学校购买或者租用机动车专门用于接送学生的，应当建立车辆管理制度，并及时到公安机关交通管理部门备案。接送学生的车辆必须检验合格，并定期维护和检测。

接送学生专用校车应当粘贴统一标识。标识样式由省级公安机关交通管理部门和教育行政部门制定。

学校不得租用拼装车、报废车和个人机动车接送学生。

接送学生的机动车驾驶员应当身体健康，具备相应准驾车型 3 年以上安全驾驶经历，最近 3 年内任一记分周期没有记满 12 分记录，无致人伤亡的交通责任事故。

第二十七条 学校应当建立安全工作档案，记录日常安全工作、安全责任落实、安全检查、安全隐患消除等情况。

安全档案作为实施安全工作目标考核、责任追究和事故处理的重要依据。

第四章 日常安全管理

第二十八条 学校在日常的教育教学活动中应当遵循教学规范，落实安全管理要求，合理预见、积极防范可能发生的风险。

学校组织学生参加的集体劳动、教学实习或者社会实践活动，应当符合学生的心理、生理特点和身体健康状况。

学校以及接受学生参加教育教学活动的单位必须采取有效措施，为学生活动提供安全保障。

第二十九条　学校组织学生参加大型集体活动，应当采取下列安全措施：

（一）成立临时的安全管理组织机构；

（二）有针对性地对学生进行安全教育；

（三）安排必要的管理人员，明确所负担的安全职责；

（四）制定安全应急预案，配备相应设施。

第三十条　学校应当按照《学校体育工作条例》和教学计划组织体育教学和体育活动，并根据教学要求采取必要的保护和帮助措施。

学校组织学生开展体育活动，应当避开主要街道和交通要道；开展大型体育活动以及其他大型学生活动，必须经过主要街道和交通要道的，应当事先与公安机关交通管理部门共同研究并落实安全措施。

第三十一条　小学、幼儿园应当建立低年级学生、幼儿上下学时接送的交接制度，不得将晚离学校的低年级学生、幼儿交与无关人员。

第三十二条　学生在教学楼进行教学活动和晚自习时，学校应当合理安排学生疏散时间和楼道上下顺序，同时安排人员巡查，防止发生拥挤踩踏伤害事故。

晚自习学生没有离校之前，学校应当有负责人和教师值班、巡查。

第三十三条　学校不得组织学生参加抢险等应当由专业人员或者成人从事的活动，不得组织学生参与制作烟花爆竹、有毒化学品等具有危险性的活动，不得组织学生参加商业性活动。

第三十四条　学校不得将场地出租给他人从事易燃、易爆、有毒、有害等危险品的生产、经营活动。

学校不得出租校园内场地停放校外机动车辆；不得利用学校用地建设对社会开放的停车场。

第三十五条　学校教职工应当符合相应任职资格和条件要求。学校不得聘用因故意犯罪而受到刑事处罚的人，或者有精神病史的人担任教职工。

学校教师应当遵守职业道德规范和工作纪律，不得侮辱、殴打、体罚或者变相体罚学生；发现学生行为具有危险性的，应当及时告诫、制止，并与学生监护人沟通。

第三十六条　学生在校学习和生活期间，应当遵守学校纪律和规章制度，服从学校的安全教育和管理，不得从事危及自身或者他人安全的活动。

第三十七条　监护人发现被监护人有特异体质、特定疾病或者异常心理状况的，应当及时告知学校。

学校对已知的有特异体质、特定疾病或者异常心理状况的学生，应当给予适当关注和照顾。生理、心理状况异常不宜在校学习的学生，应当休学，由监护人安排治疗、休养。

第五章　安全教育

第三十八条　学校应当按照国家课程标准和地方课程设置要求，将安全教育纳入教学内容，对学生开展安全教育，培养学生的安全意识，提高学生的自我防护能力。

第三十九条　学校应当在开学初、放假前，有针对性地对学生集中开展安全教育。新生入校后，学校应当帮助学生及时了解相关的学校安全制度和安全规定。

第四十条　学校应当针对不同课程实验课的特点与要求，对学生进行实验用品的防毒、防爆、防辐射、防污染等的安全防护教育。

学校应当对学生进行用水、用电的安全教育，对寄宿学生进行防火、防盗和人身防护等方面的安全教育。

第四十一条　学校应当对学生开展安全防范教育，使学生掌握基本的自我保护技能，应对不法侵害。

学校应当对学生开展交通安全教育，使学生掌握基本的交通规则和行为规范。

学校应当对学生开展消防安全教育，有条件的可以组织学生到当地消防站参观和体验，使学生掌握基本的消防安全知识，提高防火意识和逃生自救的能力。

学校应当根据当地实际情况，有针对性地对学生开展到江河湖海、水库等地方戏水、游泳的安全卫生教育。

第四十二条 学校可根据当地实际情况，组织师生开展多种形式的事故预防演练。

学校应当每学期至少开展一次针对洪水、地震、火灾等灾害事故的紧急疏散演练，使师生掌握避险、逃生、自救的方法。

第四十三条 教育行政部门按照有关规定，与人民法院、人民检察院和公安、司法行政等部门以及高等学校协商，选聘优秀的法律工作者担任学校的兼职法制副校长或者法制辅导员。

兼职法制副校长或者法制辅导员应当协助学校检查落实安全制度和安全事故处理、定期对师生进行法制教育等，其工作成果纳入派出单位的工作考核内容。

第四十四条 教育行政部门应当组织负责安全管理的主管人员、学校校长、幼儿园园长和学校负责安全保卫工作的人员，定期接受有关安全管理培训。

第四十五条 学校应当制定教职工安全教育培训计划，通过多种途径和方法，使教职工熟悉安全规章制度、掌握安全救护常识，学会指导学生预防事故、自救、逃生、紧急避险的方法和手段。

第四十六条 学生监护人应当与学校互相配合，在日常生活中加强对被监护人的各项安全教育。

学校鼓励和提倡监护人自愿为学生购买意外伤害保险。

第六章　校园周边安全管理

第四十七条　教育、公安、司法行政、建设、交通、文化、卫生、工商、质检、新闻出版等部门应当建立联席会议制度，定期研究部署学校安全管理工作，依法维护学校周边秩序；通过多种途径和方式，听取学校和社会各界关于学校安全管理工作的意见和建议。

第四十八条　建设、公安等部门应当加强对学校周边建设工程的执法检查，禁止任何单位或者个人违反有关法律、法规、规章、标准，在学校围墙或者建筑物边建设工程，在校园周边设立易燃易爆、剧毒、放射性、腐蚀性等危险物品的生产、经营、储存、使用场所或者设施以及其他可能影响学校安全的场所或者设施。

第四十九条　公安机关应当把学校周边地区作为重点治安巡逻区域，在治安情况复杂的学校周边地区增设治安岗亭和报警点，及时发现和消除各类安全隐患，处置扰乱学校秩序和侵害学生人身、财产安全的违法犯罪行为。

第五十条　公安、建设和交通部门应当依法在学校门前道路设置规范的交通警示标志，施画人行横线，根据需要设置交通信号灯、减速带、过街天桥等设施。

在地处交通复杂路段的学校上下学时间，公安机关应当根据需要部署警力或者交通协管人员维护道路交通秩序。

第五十一条　公安机关和交通部门应当依法加强对农村地区交通工具的监督管理，禁止没有资质的车船搭载学生。

第五十二条　文化部门依法禁止在中学、小学校园周围200米范围内设立互联网上网服务营业场所，并依法查处接纳未成年人进入的互联网上网服务营业场所。工商行政管理部门依法查处取缔擅自设立的互联网上网服务营业场所。

第五十三条　新闻出版、公安、工商行政管理等部门应当依法取缔学校周边兜售非法出版物的游商和无证照摊点，查处学校周边制售含有淫秽色情、凶杀暴力等内容的出版物的单位和个人。

第五十四条 卫生、工商行政管理部门应当对校园周边饮食单位的卫生状况进行监督，取缔非法经营的小卖部、饮食摊点。

第七章 安全事故处理

第五十五条 在发生地震、洪水、泥石流、台风等自然灾害和重大治安、公共卫生突发事件时，教育等部门应当立即启动应急预案，及时转移、疏散学生，或者采取其他必要防护措施，保障学校安全和师生人身财产安全。

第五十六条 校园内发生火灾、食物中毒、重大治安等突发安全事故以及自然灾害时，学校应当启动应急预案，及时组织教职工参与抢险、救助和防护，保障学生身体健康和人身、财产安全。

第五十七条 发生学生伤亡事故时，学校应当按照《学生伤害事故处理办法》规定的原则和程序等，及时实施救助，并进行妥善处理。

第五十八条 发生教职工和学生伤亡等安全事故的，学校应当及时报告主管教育行政部门和政府有关部门；属于重大事故的，教育行政部门应当按照有关规定及时逐级上报。

第五十九条 省级教育行政部门应当在每年1月31日前向国务院教育行政部门书面报告上一年度学校安全工作和学生伤亡事故情况。

第八章 奖励与责任

第六十条 教育、公安、司法行政、建设、交通、文化、卫生、工商、质检、新闻出版等部门，对在学校安全工作中成绩显著或者做出突出贡献的单位和个人，应当视情况联合或者分别给予表彰、奖励。

第六十一条 教育、公安、司法行政、建设、交通、文化、卫生、工商、质检、新闻出版等部门，不依法履行学校安全监督与管理职责的，由上级部门给予批评；对直接责任人员由上级部门和所在单位视情节轻重，给予批评教育或者行政处分；构成犯罪的，依法追究刑事责任。

第六十二条　学校不履行安全管理和安全教育职责，对重大安全隐患未及时采取措施的，有关主管部门应当责令其限期改正；拒不改正或者有下列情形之一的，教育行政部门应当对学校负责人和其他直接责任人员给予行政处分；构成犯罪的，依法追究刑事责任：

（一）发生重大安全事故、造成学生和教职工伤亡的；

（二）发生事故后未及时采取适当措施、造成严重后果的；

（三）瞒报、谎报或者缓报重大事故的；

（四）妨碍事故调查或者提供虚假情况的；

（五）拒绝或者不配合有关部门依法实施安全监督管理职责的。

《中华人民共和国民办教育促进法》及其实施条例另有规定的，依其规定执行。

第六十三条　校外单位或者人员违反治安管理规定、引发学校安全事故的，或者在学校安全事故处理过程中，扰乱学校正常教育教学秩序、违反治安管理规定的，由公安机关依法处理；构成犯罪的，依法追究其刑事责任；造成学校财产损失的，依法承担赔偿责任。

第六十四条　学生人身伤害事故的赔偿，依据有关法律法规、国家有关规定以及《学生伤害事故处理办法》处理。

第九章　附　则

第六十五条　中等职业学校学生实习劳动的安全管理办法另行制定。

第六十六条　本办法自 2006 年 9 月 1 日起施行。

专题12　教育部关于切实落实中小学安全工作的通知

为了严防夏季雨季的来临，严防对中小学生的生命安全造成威胁，中华人民共和国教育部向各级相关部门发布该通知，要求切实预防，做好安全防御工作，保护中小学生安全。该通知于二〇〇七年六月一日颁。

各省、自治区、直辖市教育厅（教委），新疆生产建设兵团教育局：

随着夏季的来临，我国一些地方强降雨天气明显增多，各地已经进入暴雨、雷电、洪水、台风、龙卷风、泥石流、山体滑坡等灾害高发期，同时也是中小学生溺水、交通事故和公共卫生突发事件的集中发生期，各级教育行政部门和学校要切实把安全工作重心转移到预防上来，配合有关部门采取有力措施，落实中小学安全工作的各项防范措施，确保广大中小学生的生命安全。现就有关中小学安全工作通知如下：

一、有针对性地排查安全隐患

1. 立即开展对本行政区域内中小学校，尤其是农村中小学校的选址是否存在山洪、泥石流、山体滑坡、基础沉陷等自然灾害隐患的排查监测工作。重点加强对危及学校安全的易滑坡的山体、挡土墙的检查。对发现的问题要及时整改，强化校园抵御山洪、泥石流等自然灾害的能力。要及时完善汛期学校安全工作应急预案，积极开展安全演练，做好学校防洪、防地质灾害等各项准备工作。

2. 认真落实《中国气象局教育部关于加强学校防雷安全工作的通知》要求，配合有关部门及时将重大灾害性天气预测预报、火险气象等级预报、地质灾害气象等级预报和气候影响评价的信息传达到中小学校。组织指导和帮助中小学校做好防御雷电、火灾、地质灾害、大雾等防灾减灾工作。要特别加强远程教育设备天线、山区处于高地的农村学校避雷设施的安全检查工作。

3. 重点排查农村中小学校，特别是村小的校舍、厕所和校园围墙等。对被鉴定为 D 级危房的校舍，要采取果断措施，立即关闭停用，及时维修加固一般危房。要高度重视未列入危房的土木结构校舍的险情排查工作。对曾受洪水浸泡的校舍必须经过权威部门鉴定并确认无安全隐患后，方可恢复使用，严防"灾后灾"的发生。对因排除校舍安全隐患工作所引起的学校师生学习、生活不便的问题，各地要在当地政府和有关部门的统一领导下，做出妥善安排。

4. 全面评估学校周边地区的公共安全环境。积极配合有关部门对学校附近的生产、经营和储存有毒、有害和危险品的工厂企业进行环保评估，消除学校周边可能存在的安全隐患。为了避免发生工厂因有毒物质泄漏或危险品爆炸等对师生造成的危害，应提请政府有关部门对有毒有害和危险品工厂企业该停产的必须停产，该搬迁的必须搬迁。

二、严防中小学生溺水、交通和拥挤踩踏事故的发生

1. 集中开展一次对中小学生游泳安全的教育。要特别教育和引导中小学生在上学放学路上、节假日期间学生脱离学校和家长监管时段，做到"四不游泳"，即不在无家长或老师的带领下私自下水游泳；不擅自与同学结伴游泳；不到无安全设施、无救护人员、无安全保障的水域游泳；不到不熟悉的水域游泳。尤其要教育中小学生，在发现同伴溺水时应立即呼喊大人去救，不宜盲目下水营救，避免发生更多伤亡。

2. 强化校车管理和交通安全教育。各地要立即开展以对本行政区域内中小学幼儿园的校车及驾驶员为重点的拉网式排查和清理工作，坚决杜绝因校车或驾驶员不合格造成的学生伤亡事故。要教育学生在上学

放学时靠公路边上行走，不上高速公路；必须横穿公路、铁路时，要注意观察来往车辆；还要注意教育学生上学放学避免乘坐农用车，坚决不上超载车。要特别强调的是，各级教育行政部门和学校在暑期组织学生夏令营或组织教师外出旅行时，一定要制订各项安全预案，落实各项安全防范措施，确保师生安全。

3. 加强对中小学生上下楼梯的安全管理。各地要进一步组织对中小学校楼梯的专项检查，保证楼梯、楼道的照明，栏杆、楼梯扶手达到国家标准，消除通道和楼梯上的障碍，解决楼梯台阶的高低宽窄不科学问题。在教学楼进行教学活动和晚自习时，学校必须安排学生疏散时间和楼道上下顺序，同时安排人员巡查，组织有秩序疏散，防止发生拥挤踩踏伤害事故。尤其在晚自习学生没有离校之前，学校应当有负责人和教师值班、巡查，绝不能存在侥幸心理。要防止学校补课和大班额带来的拥挤踩踏事故。

三、切实提高预防控制学校公共卫生突发事件的能力

1. 各级教育行政部门和学校要按照《卫生部、教育部关于开展全国学校卫生专项检查工作的通知》（卫监督发〔2007〕111号）要求，组织开展学校食品卫生、饮用水卫生、传染病防控管理等工作的自查和抽查，并对检查结果进行通报，对存在的问题立即进行整改。对未按要求整改的学校要进行通报批评，并追究相关责任人的责任。

2. 中小学校要采取多种形式在近期开展一次卫生防病宣传教育。尤其要教育农村中小学生不喝生水、不摘食野果（菜）、不买街头无证小贩的饮（食）品。我部将向各地中小学校免费配发常识性读物《常见食物中毒及其预防知识》和《学校健康教育墙报集锦》，同时将《常见食物中毒及其预防知识》挂在教育部网上。各地要充分利用这些资料对学校食堂从业人员及师生开展宣传教育活动。

3. 切实落实各项学校卫生防疫与食品卫生安全工作制度和措施，

确保学校饮用水、厕所和食堂符合卫生标准。保持学生学习和生活场所的通风与清洁卫生，消除传染病发生和流行的条件。建立健全学校突发公共卫生事件监控与报告制度。学校发生食物中毒和传染病流行事件后，必须按要求立即向当地疾病控制部门进行报告，并逐级报告上级教育行政部门。

四、逐级报告工作落实情况

1. 省级教育行政部门接到本通知后，要按照要求，立即与有关部门主动联系，结合本地区实际，制订工作方案。迅速部署本地区暑假前后中小学安全工作，指导和督促本行政区域内各级教育行政部门限期完成排查、整改、安全教育的各项任务。要强化监督考核，成立专门检查组，对本地区各地工作开展情况进行检查，对检查结果要进行通报，在检查中发现的问题要督促地方限期整改。

2. 县级教育行政部门要切实负起本行政区内中小学的管理责任。要针对当地中小学安全事故多发、易发的事故种类，有针对性、有重点地组织本行政区域内中小学校开展排查、整改和安全教育工作。要制订和完善本地区中小学安全工作预案，在可预见的自然灾害来临之际，可根据实际情况采取必要的应急措施，以最快速度组织广大师生安全转移，确保师生生命安全。

3. 中小学校要结合本校实际，在放暑假前，通过多种方式，对中小学生集中开展一次以预防溺水、交通、食物中毒、火灾和雨季自然灾害等春夏易发、常见安全事故在内的系列安全专题教育活动，以专业知识武装学生，以典型事例警示学生，切实提高学生的安全意识和自救逃生能力。学校要通过自查、排查，准确找出学校安全工作的薄弱环节，立即进行整改，不能马上整改的，要及时向上级教育行政部门进行书面报告。

4. 请各省、自治区、直辖市于放暑假前和秋季开学一个月后将本行政区域中小学安全排查、整改、开展安全教育情况书面报告我部（基础教育司）。我部将在全国范围内对各地工作落实情况进行抽查，并将抽查结果予以公布。对由于排查整改工作不到位，发生中小学生重大安全责任事故的，要依法追究责任。

教育部

二〇〇七年六月一日

专题 13　教育部、公安部、国家安全监管总局关于加强农村中小学生幼儿上下学乘车安全工作的通知

（教基〔2007〕12 号）

各省、自治区、直辖市教育厅（教委）、公安厅（局）、安全监管局，新疆生产建设兵团教育局、公安局、安全监管局：

近年来，部分农村地区出现许多"无牌、无证、无保险"的"三无黑校车"从事接送中小学生、幼儿（以下简称"学生"）上下学的非法运营活动，这些车辆存在大量安全隐患，是近期农村中小学幼儿园学生交通安全事故频发的主要原因，严重威胁着学生的人身安全。对此，国务院领导同志高度重视，并多次做出重要批示，要求各地政府和有关部门认真解决好这个问题。为进一步加大对农村地区各类"黑校车"的查处和打击力度，正确引导学生和家长抵制乘坐"黑校车"，切实保障学生上下学交通安全，现就有关工作通知如下：

一、依法做好农村学生上下学交通安全管理工作。各地教育、公安

和安全监管部门要从落实"以人为本"的科学发展观和构建社会主义和谐社会的高度，切实提高认识，进一步增强责任感和使命感，认真贯彻落实《道路交通安全法》和《中小学幼儿园安全管理办法》等法律法规文件，坚持"地方负责，属地管理"和"疏堵结合，防治并重"的工作方针，切实做到政府负责，部门协作，分工明确，制度健全，措施有力，逐步构建农村中小学幼儿园学生上下学交通安全管理工作的长效机制。

二、强化政府责任，增进部门合作。各地教育、公安和安全监管部门要积极争取地方政府进一步加大投入力度，努力构建"政府主导、市场运营、管理规范"的校车运营与管理机制，结合当地情况，积极研究出台扶持农村学生交通服务的政策和办法，总结和推广各地在校车管理方面好的做法与成功经验，切实为广大农村学生提供安全方便的上下学公共交通工具，从源头上消除安全隐患。同时，进一步建立和完善与交通、工商、税务等各部门间的合作机制，形成合力，进一步加大对"黑校车"的整治力度。

三、继续做好校车排查和检验工作。2007年秋季开学初，各地教育行政部门要会同公安机关交通管理部门对本行政区域内农村中小学幼儿园自有校车和租用于接送学生上下学的车辆及驾驶人、行驶时间、行驶路线等情况进行一次全面排查，必须见车见人，不留死角，并登记造册，逐步建立学生上下学乘坐车辆动态监管机制。各地教育行政部门要积极配合有关部门对中小学幼儿园自有校车和租用接送学生上下学的车辆进行安全检查，检查结果要记入校车档案，凡发现有安全隐患的，应立即整改，否则禁止运行。

四、深入开展道路交通安全宣传教育。2007年秋季开学后，各地教育行政部门要会同公安和安全监管部门，结合实施交通安全宣传教育工程和贯彻落实《中小学公共安全教育指导纲要》，对中小学幼儿园全体师生进行一次深入的交通安全教育。每所学校要采取宣传画、挂图、卡片、讲座等多种形式，深入开展一次道路交通安全教育，使学生逐步养成良好的交通安全行为习惯，尤其是要结合典型交通事故案例教育学生不乘坐"黑校车"，学校和家长不租用"黑校车"。

五、切实落实农村学生上下学交通安全管理责任。要进一步明确教育、公安和安全监管部门对农村中小学幼儿园校车的监管责任，中小学幼儿园要有专人负责校车安全管理工作，并逐步探索建立幼儿和低年级学生校车教师跟车值班制度，跟车值班教师要负责清点学生人数，保障学生上下车、过马路和行车过程中的安全，坚决杜绝因将学生遗忘在车内造成的恶性事故。中小学幼儿园购买或租用专门用于接送学生的机动车，必须检验合格，取得运营资质，集体接送学生的车辆统一由中小学幼儿园租用，不得租用外地机动车、个人机动车和拖拉机、三轮汽车、低速货车、拼装车、报废车接送学生；教育行政部门要会同有关部门加强对校车驾驶人的教育和资格审核，不得聘用不合格驾驶人；省级公安机关交通管理部门和教育行政部门要按照公安部、教育部印发的《关于实施国家标准〈机动车运行技术条件〉（GB 7258—2004）第2号修改单的通知》（公交管〔2007〕162号）要求，研究制订接送学生专用校车的统一标识或标牌，由公安机关交通管理部门负责核发接送学生车辆标牌，教育行政部门会同公安机关交通管理部门组织喷涂接送学生专用校车标识；公安机关交通管理部门要加强路检路查，坚决查处不合格的车辆运载学生上下学，查处超载、超速和酒后开车等违法行为；安全监管部门要将学生上下学乘坐校车的安全纳入当地安全生产综合监管范围。

六、严厉打击农村地区非法运营接送学生的车辆。在2007年秋季开学后，各地教育行政部门、公安机关交通管理部门要配合交通部门，在当地政府的领导下，集中开展一次打击农村地区，特别是未经审批、非法举办的幼儿园租用非法运营接送学生的车辆的专项行动。各地教育行政部门和中小学幼儿园要加强对学生的日常管理，注意了解学生私自搭乘非法运营接送学生的车辆的情况，并在及时制止的同时，尽快通报公安机关交通管理部门和交通部门，共同打击非法运营接送学生的车辆，确保学生安全。

各地教育、公安和安全监管部门接到本通知后，务必将本通知传达到各级教育、公安和安全监管部门，以及每一所中小学幼儿园，抓紧贯彻落实本通知有关工作要求，并于 9 月 30 日前将工作开展情况报各有关部局。

教育部　公安部　国家安全监管总局

专题14　社会消防安全教育培训规定

（本规定已经 2008 年 12 月 30 日公安部部长办公会议通过，自 2009 年 6 月 1 日起施行）

第一章　总　　则

第一条　为了加强社会消防安全教育培训工作，提高公民消防安全素质，有效预防火灾，减少火灾危害，根据《中华人民共和国消防法》等有关法律法规，制定本规定。

第二条　机关、团体、企业、事业等单位（以下统称单位）、社区居民委员会、村民委员会依照本规定开展消防安全教育培训工作。

第三条　公安、教育、民政、人力资源和社会保障、住房和城乡建设、文化、广电、安全监管、旅游、文物等部门应当按照各自职能，依法组织和监督管理消防安全教育培训工作，并纳入相关工作检查、考评。

各部门应当建立协作机制，定期研究、共同做好消防安全教育培训工作。

第四条　消防安全教育培训的内容应当符合全国统一的消防安全教育培训大纲的要求，主要包括：

（一）国家消防工作方针、政策；

（二）消防法律法规；

（三）火灾预防知识；

（四）火灾扑救、人员疏散逃生和自救互救知识；

（五）其他应当教育培训的内容。

第二章　管理职责

第五条　公安机关应当履行下列职责，并由公安机关消防机构具体实施：

（一）掌握本地区消防安全教育培训工作情况，向本级人民政府及相关部门提出工作建议；

（二）协调有关部门指导和监督社会消防安全教育培训工作；

（三）会同教育行政部门、人力资源和社会保障部门对消防安全专业培训机构实施监督管理；

（四）定期对社区居民委员会、村民委员会的负责人和专（兼）职消防队、志愿消防队的负责人开展消防安全培训。

第六条　教育行政部门应当履行下列职责：

（一）将学校消防安全教育培训工作纳入教育培训规划，并进行教育督导和工作考核；

（二）指导和监督学校将消防安全知识纳入教学内容；

（三）将消防安全知识纳入学校管理人员和教师在职培训内容；

（四）依法在职责范围内对消防安全专业培训机构进行审批和监督管理。

第七条　民政部门应当履行下列职责：

（一）将消防安全教育培训工作纳入减灾规划并组织实施，结合救灾、扶贫济困和社会优抚安置、慈善等工作开展消防安全教育；

（二）指导社区居民委员会、村民委员会和各类福利机构开展消防安全教育培训工作；

（三）负责消防安全专业培训机构的登记，并实施监督管理。

第八条　人力资源和社会保障部门应当履行下列职责：

（一）指导和监督机关、企业和事业单位将消防安全知识纳入干部、职工教育、培训内容；

（二）依法在职责范围内对消防安全专业培训机构进行审批和监督管理。

第九条　住房和城乡建设行政部门应当指导和监督勘察设计单位、施工单位、工程监理单位、施工图审查机构、城市燃气企业、物业服务企业、风景名胜区经营管理单位和城市公园绿地管理单位等开展消防安全教育培训工作，将消防法律法规和工程建设消防技术标准纳入建设行业相关执业人员的继续教育和从业人员的岗位培训及考核内容。

第十条　文化、文物行政部门应当积极引导创作优秀消防安全文化产品，指导和监督文物保护单位、公共娱乐场所和公共图书馆、博物馆、文化馆、文化站等文化单位开展消防安全教育培训工作。

第十一条　广播影视行政部门应当指导和协调广播影视制作机构和广播电视播出机构，制作、播出相关消防安全节目，开展公益性消防安全宣传教育，指导和监督电影院开展消防安全教育培训工作。

第十二条　安全生产监督管理部门应当履行下列职责：

（一）指导、监督矿山、危险化学品、烟花爆竹等生产经营单位开展消防安全教育培训工作；

（二）将消防安全知识纳入安全生产监管监察人员和矿山、危险化学品、烟花爆竹等生产经营单位主要负责人、安全生产管理人员以及特种作业人员培训考核内容；

（三）将消防法律法规和有关消防技术标准纳入注册安全工程师培训及执业资格考试内容。

第十三条　旅游行政部门应当指导和监督相关旅游企业开展消防安全教育培训工作，督促旅行社加强对游客的消防安全教育，并将消防安全条件纳入旅游饭店、旅游景区等相关行业标准，将消防安全知识纳入旅游从业人员的岗位培训及考核内容。

第三章　消防安全教育培训

第十四条　单位应当根据本单位的特点，建立健全消防安全教育培训制度，明确机构和人员，保障教育培训工作经费，按照下列规定对职工进行消防安全教育培训：

（一）定期开展形式多样的消防安全宣传教育；

（二）对新上岗和进入新岗位的职工进行上岗前消防安全培训；

（三）对在岗的职工每年至少进行一次消防安全培训；

（四）消防安全重点单位每半年至少组织一次、其他单位每年至少组织一次灭火和应急疏散演练。

单位对职工的消防安全教育培训应当将本单位的火灾危险性、防火灭火措施、消防设施及灭火器材的操作使用方法、人员疏散逃生知识等作为培训的重点。

第十五条　各级各类学校应当开展下列消防安全教育工作：

（一）将消防安全知识纳入教学内容；

（二）在开学初、放寒（暑）假前、学生军训期间，对学生普遍开展专题消防安全教育；

（三）结合不同课程实验课的特点和要求，对学生进行有针对性的消防安全教育；

（四）组织学生到当地消防站参观体验；

（五）每学年至少组织学生开展一次应急疏散演练；

（六）对寄宿学生开展经常性的安全用火用电教育和应急疏散演练。

各级各类学校应当至少确定一名熟悉消防安全知识的教师担任消防安全课教员，并选聘消防专业人员担任学校的兼职消防辅导员。

第十六条 中小学校和学前教育机构应当针对不同年龄阶段学生认知特点，保证课时或者采取学科渗透、专题教育的方式，每学期对学生开展消防安全教育。

小学阶段应当重点开展火灾危险及危害性、消防安全标志标识、日常生活防火、火灾报警、火场自救逃生常识等方面的教育。

初中和高中阶段应当重点开展消防法律法规、防火灭火基本知识和灭火器材使用等方面的教育。

学前教育机构应当采取游戏、儿歌等寓教于乐的方式，对幼儿开展消防安全常识教育。

第十七条 高等学校应当每学年至少举办一次消防安全专题讲座，在校园网络、广播、校内报刊等开设消防安全教育栏目，对学生进行消防法律法规、防火灭火知识、火灾自救他救知识和火灾案例教育。

第十八条 国家支持和鼓励有条件的普通高等学校和中等职业学校根据经济社会发展需要，设置消防类专业或者开设消防类课程，培养消防专业人才，并依法面向社会开展消防安全培训。

人民警察训练学校应当根据教育培训对象的特点，科学安排培训内容，开设消防基础理论和消防管理课程，并列入学生必修课程。

师范院校应当将消防安全知识列入学生必修内容。

第十九条 社区居民委员会、村民委员会应当开展下列消防安全教育工作：

（一）组织制定防火安全公约；

（二）在社区、村庄的公共活动场所设置消防宣传栏，利用文化活动站、学习室等场所，对居民、村民开展经常性的消防安全宣传教育；

（三）组织志愿消防队、治安联防队和灾害信息员、保安人员等开展消防安全宣传教育；

（四）利用社区、乡村广播、视频设备定时播放消防安全常识，在火灾多发季节、农业收获季节、重大节日和乡村民俗活动期间，有针对性地开展消防安全宣传教育。

社区居民委员会、村民委员会应当确定至少一名专（兼）职消防安全员，具体负责消防安全宣传教育工作。

第二十条 物业服务企业应当在物业服务工作范围内，根据实际情况积极开展经常性消防安全宣传教育，每年至少组织一次本单位员工和居民参加的灭火和应急疏散演练。

第二十一条 由两个以上单位管理或者使用的同一建筑物，负责公共消防安全管理的单位应当对建筑物内的单位和职工进行消防安全宣传教育，每年至少组织一次灭火和应急疏散演练。

第二十二条 歌舞厅、影剧院、宾馆、饭店、商场、集贸市场、体育场馆、会堂、医院、客运车站、客运码头、民用机场、公共图书馆和公共展览馆等公共场所应当按照下列要求对公众开展消防安全宣传教育：

（一）在安全出口、疏散通道和消防设施等处的醒目位置设置消防安全标志、标识等；

（二）根据需要编印场所消防安全宣传资料供公众取阅；

（三）利用单位广播、视频设备播放消防安全知识。

养老院、福利院、救助站等单位，应当对服务对象开展经常性的用火用电和火场自救逃生安全教育。

第二十三条 旅游景区、城市公园绿地的经营管理单位、大型群众性活动主办单位应当在景区、公园绿地、活动场所醒目位置设置疏散路线、消防设施示意图和消防安全警示标识，利用广播、视频设备、宣传栏等开展消防安全宣传教育。

导游人员、旅游景区工作人员应当向游客介绍景区消防安全常识和管理要求。

第二十四条　在建工程的施工单位应当开展下列消防安全教育工作：

（一）建设工程施工前应当对施工人员进行消防安全教育；

（二）在建设工地醒目位置、施工人员集中住宿场所设置消防安全宣传栏，悬挂消防安全挂图和消防安全警示标识；

（三）对明火作业人员进行经常性的消防安全教育；

（四）组织灭火和应急疏散演练。

在建工程的建设单位应当配合施工单位做好上述消防安全教育工作。

第二十五条　新闻、广播、电视等单位应当积极开设消防安全教育栏目，制作节目，对公众开展公益性消防安全宣传教育。

第二十六条　公安、教育、民政、人力资源和社会保障、住房和城乡建设、安全监管、旅游部门管理的培训机构，应当根据教育培训对象特点和实际需要进行消防安全教育培训。

第四章　消防安全培训机构

第二十七条　国家机构以外的社会组织或者个人利用非国家财政性经费，举办消防安全专业培训机构，面向社会从事消防安全专业培训的，应当经省级教育行政部门或者人力资源和社会保障部门依法批准，并到省级民政部门申请民办非企业单位登记。

第二十八条　成立消防安全专业培训机构应当符合下列条件：

（一）具有法人条件，有规范的名称和必要的组织机构；

（二）注册资金或者开办费一百万元以上；

（三）有健全的组织章程和培训、考试制度；

（四）具有与培训规模和培训专业相适应的专（兼）职教员队伍；

（五）有同时培训二百人以上规模的固定教学场所、训练场地，具有满足技能培训需要的消防设施、设备和器材；

（六）消防安全专业培训需要的其他条件。

前款第（四）项所指专（兼）职教员队伍中，专职教员应当不少于教员总数的二分之一；具有建筑、消防等相关专业中级以上职称，并有五年以上消防相关工作经历的教员不少于十人；消防安全管理、自动消防设施、灭火救援等专业课程应当分别配备理论教员和实习操作教员不少于两人。

第二十九条　申请成立消防安全专业培训机构，依照国家有关法律法规，应当向省级教育行政部门或者人力资源和社会保障部门申请。

省级教育行政部门或者人力资源和社会保障部门受理申请后，可以征求同级公安机关消防机构的意见。

省级公安机关消防机构收到省级教育行政部门或者人力资源和社会保障部门移送的申请材料后，应当配合对申请成立消防安全培训专业机构的师资条件、场地和设施、设备、器材等进行核查，并出具书面意见。

教育行政部门或者人力资源和社会保障部门根据有关民办职业培训机构的规定，并综合公安机关消防机构出具的书面意见进行评定，符合条件的予以批准，并向社会公告。

第三十条　消防安全专业培训机构应当按照有关法律法规、规章和章程规定，开展消防安全专业培训，保证培训质量。

消防安全专业培训机构开展消防安全专业培训，应当将消防安全管理、建筑防火和自动消防设施施工、操作、检测、维护技能作为培训的重点，对经理论和技能操作考核合格的人员，颁发培训证书。

消防安全专业培训的收费标准，应当符合国家有关规定，并向社会公布。

第三十一条　省级教育行政部门或者人力资源和社会保障部门应当依法对消防安全专业培训机构进行管理，监督、指导消防安全专业培训机构依法开展活动。

省级教育行政部门或者人力资源和社会保障部门应当对消防安全专业培训机构定期组织质量评估，并向社会公布监督评估情况。省级教育行政部门或者人力资源和社会保障部门在对消防安全专业培训机构进行质量评估时，可以邀请公安机关消防机构专业人员参加。

第五章　奖　惩

第三十二条　地方各级人民政府及有关部门对在消防安全教育培训工作中有突出贡献或者成绩显著的单位和个人，应当给予表彰奖励。

单位对消防安全教育培训工作成绩突出的职工，应当给予表彰奖励。

第三十三条　地方各级人民政府公安、教育、民政、人力资源和社会保障、住房和城乡建设、文化、广电、安全监管、旅游、文物等部门不依法履行消防安全教育培训工作职责的，上级部门应当给予批评；对直接责任人员由上级部门和所在单位视情节轻重，根据权限依法给予批评教育或者建议有权部门给予处分。

公安机关消防机构工作人员在协助审查消防安全专业培训机构的工作中疏于职守的，由上级机关责令改正；情节严重的，对直接负责的主管人员和其他直接责任人员依法给予处分。

第三十四条　学校未按照本规定第十五条、第十六条、第十七条、第十八条规定开展消防安全教育工作的，教育、公安、人力资源和社会保障等主管部门应当按照职责分工责令其改正，并视情对学校负责人和其他直接责任人员给予处分。

第三十五条　单位违反本规定，构成违反消防管理行为的，由公安机关消防机构依照《中华人民共和国消防法》予以处罚。

第三十六条　社会组织或者个人未经批准擅自举办消防安全专业培训机构的，或者消防安全专业培训机构在培训活动中有违法违规行为的，由教育、人力资源和社会保障、民政等部门依据各自职责依法予以处理。

第六章　附　则

第三十七条　全国统一的消防安全教育培训大纲由公安部会同教育部、人力资源和社会保障部共同制定。

专题 15　人体损伤程度鉴定标准

最高人民法院　最高人民检察院
公安部　国家安全部　司法部
关于发布《人体损伤程度鉴定标准》的公告

为进一步加强人身损伤程度鉴定标准化、规范化工作，现将《人体损伤程度鉴定标准》发布，自 2014 年 1 月 1 日起施行。《人体重伤鉴定标准》（司发〔1990〕070 号）、《人体轻伤鉴定标准（试行）》〔法（司）发〔1990〕6 号〕和《人体轻微伤的鉴定》（GA/T 146—1996）同时废止。

最高人民法院　最高人民检察院　公安部
国家安全部司法部
2013 年 8 月 30 日

1　范围

本标准规定了人体损伤程度鉴定的原则、方法、内容和等级划分。

本标准适用于《中华人民共和国刑法》及其他法律、法规所涉及的人体损伤程度鉴定。

2 规范性引用文件

下列文件对于本文件的应用是必不可少的。本标准引用文件的最新版本适用于本标准。

GB 18667 道路交通事故受伤人员伤残评定

GB/T 16180 劳动能力鉴定职工工伤与职业病致残等级

GB/T 26341—2010 残疾人残疾分类和分级

3 术语和定义

3.1 重伤

使人肢体残废、毁人容貌、丧失听觉、丧失视觉、丧失其他器官功能或者其他对于人身健康有重大伤害的损伤，包括重伤一级和重伤二级。

3.2 轻伤

使人肢体或者容貌损害，听觉、视觉或者其他器官功能部分障碍或者其他对于人身健康有中度伤害的损伤，包括轻伤一级和轻伤二级。

3.3 轻微伤

各种致伤因素所致的原发性损伤，造成组织器官结构轻微损害或者轻微功能障碍。

4 总则

4.1 鉴定原则

4.1.1 遵循实事求是的原则，坚持以致伤因素对人体直接造成的原发性损伤及由损伤引起的并发症或者后遗症为依据，全面分析，综合鉴定。

4.1.2 对于以原发性损伤及其并发症作为鉴定依据的，鉴定时应以损伤当时伤情为主，损伤的后果为辅，综合鉴定。

4.1.3 对于以容貌损害或者组织器官功能障碍作为鉴定依据的，鉴定时应以损伤的后果为主，损伤当时伤情为辅，综合鉴定。

4.2 鉴定时机

4.2.1 以原发性损伤为主要鉴定依据的，伤后即可进行鉴定；以损伤所致的并发症为主要鉴定依据的，在伤情稳定后进行鉴定。

4.2.2 以容貌损害或者组织器官功能障碍为主要鉴定依据的，在损伤 90 日后进行鉴定；在特殊情况下可以根据原发性损伤及其并发症出具鉴定意见，但须对有可能出现的后遗症加以说明，必要时应进行复检并予以补充鉴定。

4.2.3 疑难、复杂的损伤，在临床治疗终结或者伤情稳定后进行鉴定。

4.3 伤病关系处理原则

4.3.1 损伤为主要作用的，既往伤/病为次要或者轻微作用的，应依据本标准相应条款进行鉴定。

4.3.2 损伤与既往伤/病共同作用的，即二者作用相当的，应依据本标准相应条款适度降低损伤程度等级，即等级为重伤一级和重伤二级的，可视具体情况鉴定为轻伤一级或者轻伤二级，等级为轻伤一级和轻伤二级的，均鉴定为轻微伤。

4.3.3 既往伤/病为主要作用的，即损伤为次要或者轻微作用的，不宜进行损伤程度鉴定，只说明因果关系。

5 损伤程度分级

5.1 颅脑、脊髓损伤

5.1.1 重伤一级

a）植物生存状态。

b）四肢瘫（三肢以上肌力 3 级以下）。

c）偏瘫、截瘫（肌力 2 级以下），伴大便、小便失禁。

d）非肢体瘫的运动障碍（重度）。

e）重度智能减退或者器质性精神障碍，生活完全不能自理。

5.1.2　重伤二级

a）头皮缺损面积累计 75.0cm² 以上。

b）开放性颅骨骨折伴硬脑膜破裂。

c）颅骨凹陷性或者粉碎性骨折，出现脑受压症状和体征，须手术治疗。

d）颅底骨折，伴脑脊液漏持续 4 周以上。

e）颅底骨折，伴面神经或者听神经损伤引起相应神经功能障碍。

f）外伤性蛛网膜下隙出血，伴神经系统症状和体征。

g）脑挫（裂）伤，伴神经系统症状和体征。

h）颅内出血，伴脑受压症状和体征。

i）外伤性脑梗死，伴神经系统症状和体征。

j）外伤性脑脓肿。

k）外伤性脑动脉瘤，须手术治疗。

l）外伤性迟发性癫痫。

m）外伤性脑积水，须手术治疗。

n）外伤性颈动脉海绵窦瘘。

o）外伤性下丘脑综合征。

p）外伤性尿崩症。

q）单肢瘫（肌力 3 级以下）。

r）脊髓损伤致重度肛门失禁或者重度排尿障碍。

5.1.3　轻伤一级

a）头皮创口或者瘢痕长度累计 20.0cm 以上。

b）头皮撕脱伤面积累计 50.0cm² 以上；头皮缺损面积累计

24.0cm² 以上。

c) 颅骨凹陷性或者粉碎性骨折。

d) 颅底骨折伴脑脊液漏。

e) 脑挫（裂）伤；颅内出血；慢性颅内血肿；外伤性硬脑膜下积液。

f) 外伤性脑积水；外伤性颅内动脉瘤；外伤性脑梗死；外伤性颅内低压综合征。

g) 脊髓损伤致排便或者排尿功能障碍（轻度）。

h) 脊髓挫裂伤。

5.1.4　轻伤二级

a) 头皮创口或者瘢痕长度累计8.0cm 以上。

b) 头皮撕脱伤面积累计 20.0cm² 以上；头皮缺损面积累计 10.0cm² 以上。

c) 帽状腱膜下血肿范围50.0cm² 以上。

d) 颅骨骨折。

e) 外伤性蛛网膜下腔出血。

f) 脑神经损伤引起相应神经功能障碍。

5.1.5　轻微伤

a) 头部外伤后伴有神经症状。

b) 头皮擦伤面积5.0cm² 以上；头皮挫伤；头皮下血肿。

c) 头皮创口或者瘢痕。

5.2　面部、耳部损伤

5.2.1　重伤一级

a) 容貌毁损（重度）。

5.2.2　重伤二级

a) 面部条状瘢痕（50%以上位于中心区），单条长度10.0cm 以上，或者两条以上长度累计15.0cm 以上。

b）面部块状瘢痕（50% 以上位于中心区），单块面积 6.0cm² 以上，或者两块以上面积累计 10.0cm² 以上。

c）面部片状细小瘢痕或者显著色素异常，面积累计达面部 30%。

d）一侧眼球萎缩或者缺失。

e）眼睑缺失相当于一侧上眼睑 1/2 以上。

f）一侧眼睑重度外翻或者双侧眼睑中度外翻。

g）一侧上睑下垂完全覆盖瞳孔。

h）一侧眼眶骨折致眼球内陷 0.5cm 以上。

i）一侧鼻泪管和内眦韧带断裂。

j）鼻部离断或者缺损 30% 以上。

k）耳部离断、缺损或者挛缩畸形累计相当于一侧耳部面积 50% 以上。

l）口唇离断或者缺损致牙齿外露 3 枚以上。

m）舌体离断或者缺损达舌系带。

n）牙齿脱落或者牙折共 7 枚以上。

o）损伤致张口困难 Ⅲ 度。

p）面神经损伤致一侧面肌大部分瘫痪，遗留眼睑闭合不全和口角歪斜。

q）容貌毁损（轻度）。

5.2.3　轻伤一级

a）面部单个创口或者瘢痕长度 6.0cm 以上；多个创口或者瘢痕长度累计 10.0cm 以上。

b）面部块状瘢痕，单块面积 4.0cm² 以上；多块面积累计 7.0cm² 以上。

c）面部片状细小瘢痕或者明显色素异常，面积累计 30.0cm² 以上。

d）眼睑缺失相当于一侧上眼睑 1/4 以上。

e）一侧眼睑中度外翻；双侧眼睑轻度外翻。

f）一侧上眼睑下垂覆盖瞳孔超过 1/2。

g）两处以上不同眶壁骨折；一侧眶壁骨折致眼球内陷 0.2cm 以上。

h）双侧泪器损伤伴溢泪。

i）一侧鼻泪管断裂；一侧内眦韧带断裂。

j）耳部离断、缺损或者挛缩畸形累计相当于一侧耳部面积 30% 以上。

k）鼻部离断或者缺损 15% 以上。

l）口唇离断或者缺损致牙齿外露 1 枚以上。

m）牙齿脱落或者牙折共 4 枚以上。

n）损伤致张口困难 II 度。

o）腮腺总导管完全断裂。

p）面神经损伤致一侧面肌部分瘫痪，遗留眼睑闭合不全或者口角歪斜。

5.2.4　轻伤二级

a）面部单个创口或者瘢痕长度 4.5cm 以上；多个创口或者瘢痕长度累计 6.0cm 以上。

b）面颊穿透创，皮肤创口或者瘢痕长度 1.0cm 以上。

c）口唇全层裂创，皮肤创口或者瘢痕长度 1.0cm 以上。

d）面部块状瘢痕，单块面积 3.0cm^2 以上或多块面积累计 5.0cm^2 以上。

e）面部片状细小瘢痕或者色素异常，面积累计 8.0cm^2 以上。

f）眶壁骨折（单纯眶内壁骨折除外）。

g）眼睑缺损。

h）一侧眼睑轻度外翻。

i）一侧上眼睑下垂覆盖瞳孔。

j）一侧眼睑闭合不全。

k）一侧泪器损伤伴溢泪。

l）耳部创口或者瘢痕长度累计6.0cm以上。

m）耳部离断、缺损或者挛缩畸形累计相当于一侧耳部面积15%以上。

n）鼻尖或者一侧鼻翼缺损。

o）鼻骨粉碎性骨折；双侧鼻骨骨折；鼻骨骨折合并上颌骨额突骨折；鼻骨骨折合并鼻中隔骨折；双侧上颌骨额突骨折。

p）舌缺损。

q）牙齿脱落或者牙折2枚以上。

r）腮腺、颌下腺或者舌下腺实质性损伤。

s）损伤致张口困难Ⅰ度。

t）颌骨骨折（牙槽突骨折及一侧上颌骨额突骨折除外）。

u）颧骨骨折。

5.2.5　轻微伤

a）面部软组织创。

b）面部损伤留有瘢痕或者色素改变。

c）面部皮肤擦伤，面积2.0cm² 以上；面部软组织挫伤；面部划伤4.0cm以上。

d）眶内壁骨折。

e）眼部挫伤；眼部外伤后影响外观。

f）耳廓创。

g）鼻骨骨折；鼻出血。

h）上颌骨额突骨折。

i）口腔黏膜破损；舌损伤。

j）牙齿脱落或者缺损；牙槽突骨折；牙齿松动2枚以上或者Ⅲ度松动1枚以上。

5.3　听器听力损伤

5.3.1　重伤一级

a）双耳听力障碍（≥91dB HL）。

5.3.2 重伤二级

a）一耳听力障碍（≥91dB HL）。

b）一耳听力障碍（≥81dB HL），另一耳听力障碍（≥41dB HL）。

c）一耳听力障碍（≥81dB HL），伴同侧前庭平衡功能障碍。

d）双耳听力障碍（≥61dB HL）。

e）双侧前庭平衡功能丧失，睁眼行走困难，不能并足站立。

5.3.3 轻伤一级

a）双耳听力障碍（≥41dB HL）。

b）双耳外耳道闭锁。

5.3.4 轻伤二级

a）外伤性鼓膜穿孔6周不能自行愈合。

b）听骨骨折或者脱位；听骨链固定。

c）一耳听力障碍（≥41dB HL）。

d）一侧前庭平衡功能障碍，伴同侧听力减退。

e）一耳外耳道横截面1/2以上狭窄。

5.3.5 轻微伤

a）外伤性鼓膜穿孔。

b）鼓室积血。

c）外伤后听力减退。

5.4 视器视力损伤

5.4.1 重伤一级

a）一眼眼球萎缩或者缺失，另一眼盲目3级。

b）一眼视野完全缺损，另一眼视野半径20°以下（视野有效值32%以下）。

c）双眼盲目4级。

5.4.2 重伤二级

a）一眼盲目3级。

b）一眼重度视力损害，另一眼中度视力损害。

c）一眼视野半径 10°以下（视野有效值 16% 以下）。

d）双眼偏盲；双眼残留视野半径 30°以下（视野有效值 48% 以下）。

5.4.3 轻伤一级

a）外伤性青光眼，经治疗难以控制眼压。

b）一眼虹膜完全缺损。

c）一眼重度视力损害；双眼中度视力损害。

d）一眼视野半径 30°以下（视野有效值 48% 以下）；双眼视野半径 50°以下（视野有效值 80% 以下）。

5.4.4 轻伤二级

a）眼球穿通伤或者眼球破裂伤；前房出血须手术治疗；房角后退；虹膜根部离断或者虹膜缺损超过 1 个象限；睫状体脱离；晶状体脱位；玻璃体积血；外伤性视网膜脱离；外伤性视网膜出血；外伤性黄斑裂孔；外伤性脉络膜脱离。

b）角膜斑翳或者血管翳；外伤性白内障；外伤性低眼压；外伤性青光眼。

c）瞳孔括约肌损伤致瞳孔显著变形或者瞳孔散大（直径 0.6cm 以上）。

d）斜视；复视。

e）睑球粘连。

f）一眼矫正视力减退至 0.5 以下（或者较伤前视力下降 0.3 以上）；双眼矫正视力减退至 0.7 以下（或者较伤前视力下降 0.2 以上）；原单眼中度以上视力损害者，伤后视力降低一个级别。

g）一眼视野半径 50°以下（视野有效值 80% 以下）。

5.4.5 轻微伤

a）眼球损伤影响视力。

5.5　颈部损伤

5.5.1　重伤一级

a）颈部大血管破裂。

b）咽喉部广泛毁损，呼吸完全依赖气管套管或者造口。

c）咽或者食管广泛毁损，进食完全依赖胃管或者造口。

5.5.2　重伤二级

a）甲状旁腺功能低下（重度）。

b）甲状腺功能低下，药物依赖。

c）咽部、咽后区、喉或者气管穿孔。

d）咽喉或者颈部气管损伤，遗留呼吸困难（3级）。

e）咽或者食管损伤，遗留吞咽功能障碍（只能进流食）。

f）喉损伤遗留发声障碍（重度）。

g）颈内动脉血栓形成，血管腔狭窄（50%以上）。

h）颈总动脉血栓形成，血管腔狭窄（25%以上）。

i）颈前三角区增生瘢痕，面积累计30.0cm² 以上。

5.5.3　轻伤一级

a）颈前部单个创口或者瘢痕长度10.0cm以上；多个创口或者瘢痕长度累计16.0cm以上。

b）颈前三角区瘢痕，单块面积10.0cm² 以上；多块面积累计12.0cm² 以上。

c）咽喉部损伤遗留发声或者构音障碍。

d）咽或者食管损伤，遗留吞咽功能障碍（只能进半流食）。

e）颈总动脉血栓形成；颈内动脉血栓形成；颈外动脉血栓形成；椎动脉血栓形成。

5.5.4　轻伤二级

a）颈前部单个创口或者瘢痕长度5.0cm以上；多个创口或者瘢痕长度累计8.0cm以上。

b）颈前部瘢痕，单块面积 $4.0cm^2$ 以上，或者两块以上面积累计 $6.0cm^2$ 以上。

c）甲状腺挫裂伤。

d）咽喉软骨骨折。

e）喉或者气管损伤。

f）舌骨骨折。

g）膈神经损伤。

h）颈部损伤出现窒息征象。

5.5.5 轻微伤

a）颈部创口或者瘢痕长度 1.0cm 以上。

b）颈部擦伤面积 $4.0cm^2$ 以上。

c）颈部挫伤面积 $2.0cm^2$ 以上。

d）颈部划伤长度 5.0cm 以上。

5.6 胸部损伤

5.6.1 重伤一级

a）心脏损伤，遗留心功能不全（心功能Ⅳ级）。

b）肺损伤致一侧全肺切除或者双肺三肺叶切除。

5.6.2 重伤二级

a）心脏损伤，遗留心功能不全（心功能Ⅲ级）。

b）心脏破裂；心包破裂。

c）女性双侧乳房损伤，完全丧失哺乳功能；女性一侧乳房大部分缺失。

d）纵隔血肿或者气肿，须手术治疗。

e）气管或者支气管破裂，须手术治疗。

f）肺破裂，须手术治疗。

g）血胸、气胸或者血气胸，伴一侧肺萎陷70%以上，或者双侧肺萎陷均在50%以上。

h）食管穿孔或者全层破裂，须手术治疗。

i）脓胸或者肺脓肿；乳糜胸；支气管胸膜瘘；食管胸膜瘘；食管支气管瘘。

j）胸腔大血管破裂。

k）膈肌破裂。

5.6.3　轻伤一级

a）心脏挫伤致心包积血。

b）女性一侧乳房损伤，丧失哺乳功能。

c）肋骨骨折 6 处以上。

d）纵隔血肿；纵隔气肿。

e）血胸、气胸或者血气胸，伴一侧肺萎陷30% 以上，或者双侧肺萎陷均在 20% 以上。

f）食管挫裂伤。

5.6.4　轻伤二级

a）女性一侧乳房部分缺失或者乳腺导管损伤。

b）肋骨骨折 2 处以上。

c）胸骨骨折；锁骨骨折；肩胛骨骨折。

d）胸锁关节脱位；肩锁关节脱位。

e）胸部损伤，致皮下气肿 1 周不能自行吸收。

f）胸腔积血；胸腔积气。

g）胸壁穿透创。

h）胸部挤压出现窒息征象。

5.6.5　轻微伤

a）肋骨骨折；肋软骨骨折。

b）女性乳房擦挫伤。

5.7　腹部损伤

5.7.1　重伤一级

a）肝功能损害（重度）。

b) 胃肠道损伤致消化吸收功能严重障碍，依赖肠外营养。

c) 肾功能不全（尿毒症期）。

5.7.2　重伤二级

a) 腹腔大血管破裂。

b) 胃、肠、胆囊或者胆道全层破裂，须手术治疗。

c) 肝、脾、胰或者肾破裂，须手术治疗。

d) 输尿管损伤致尿外渗，须手术治疗。

e) 腹部损伤致肠瘘或者尿瘘。

f) 腹部损伤引起弥漫性腹膜炎或者感染性休克。

g) 肾周血肿或者肾包膜下血肿，须手术治疗。

h) 肾功能不全（失代偿期）。

i) 肾损伤致肾性高血压。

j) 外伤性肾积水；外伤性肾动脉瘤；外伤性肾动静脉瘘。

k) 腹腔积血或者腹膜后血肿，须手术治疗。

5.7.3　轻伤一级

a) 胃、肠、胆囊或者胆道非全层破裂。

b) 肝包膜破裂；肝脏实质内血肿直径2.0cm以上。

c) 脾包膜破裂；脾实质内血肿直径2.0cm以上。

d) 胰腺包膜破裂。

e) 肾功能不全（代偿期）。

5.7.4　轻伤二级

a) 胃、肠、胆囊或者胆道挫伤。

b) 肝包膜下或者实质内出血。

c) 脾包膜下或者实质内出血。

d) 胰腺挫伤。

e) 肾包膜下或者实质内出血。

f) 肝功能损害（轻度）。

g）急性肾功能障碍（可恢复）。

h）腹腔积血或者腹膜后血肿。

i）腹壁穿透创。

5.7.5　轻微伤

a）外伤性血尿。

5.8　盆部及会阴损伤

5.8.1　重伤一级

a）阴茎及睾丸全部缺失。

b）子宫及卵巢全部缺失。

5.8.2　重伤二级

a）骨盆骨折畸形愈合，致双下肢相对长度相差5.0cm以上。

b）骨盆不稳定性骨折，须手术治疗。

c）直肠破裂，须手术治疗。

d）肛管损伤致大便失禁或者肛管重度狭窄，须手术治疗。

e）膀胱破裂，须手术治疗。

f）后尿道破裂，须手术治疗。

g）尿道损伤致重度狭窄。

h）损伤致早产或者死胎；损伤致胎盘早期剥离或者流产，合并轻度休克。

i）子宫破裂，须手术治疗。

j）卵巢或者输卵管破裂，须手术治疗。

k）阴道重度狭窄。

l）幼女阴道Ⅱ度撕裂伤。

m）女性会阴或者阴道Ⅲ度撕裂伤。

n）龟头缺失达冠状沟。

o）阴囊皮肤撕脱伤面积占阴囊皮肤面积50%以上。

p）双侧睾丸损伤，丧失生育能力。

q）双侧附睾或者输精管损伤，丧失生育能力。

r）直肠阴道瘘；膀胱阴道瘘；直肠膀胱瘘。

s）重度排尿障碍。

5.8.3　轻伤一级

a）骨盆2处以上骨折；骨盆骨折畸形愈合；髋臼骨折。

b）前尿道破裂，须手术治疗。

c）输尿管狭窄。

d）一侧卵巢缺失或者萎缩。

e）阴道轻度狭窄。

f）龟头缺失1/2以上。

g）阴囊皮肤撕脱伤面积占阴囊皮肤面积30%以上。

h）一侧睾丸或者附睾缺失；一侧睾丸或者附睾萎缩。

5.8.4　轻伤二级

a）骨盆骨折。

b）直肠或者肛管挫裂伤。

c）一侧输尿管挫裂伤；膀胱挫裂伤；尿道挫裂伤。

d）子宫挫裂伤；一侧卵巢或者输卵管挫裂伤。

e）阴道撕裂伤。

f）女性外阴皮肤创口或者瘢痕长度累计4.0cm以上。

g）龟头部分缺损。

h）阴茎撕脱伤；阴茎皮肤创口或者瘢痕长度2.0cm以上；阴茎海绵体出血并形成硬结。

i）阴囊壁贯通创；阴囊皮肤创口或者瘢痕长度累计4.0cm以上；阴囊内积血，2周内未完全吸收。

j）一侧睾丸破裂、血肿、脱位或者扭转。

k）一侧输精管破裂。

l）轻度肛门失禁或者轻度肛门狭窄。

m）轻度排尿障碍。

n）外伤性难免流产；外伤性胎盘早剥。

5.8.5　轻微伤

a）会阴部软组织挫伤。

b）会阴创；阴囊创；阴茎创。

c）阴囊皮肤挫伤。

d）睾丸或者阴茎挫伤。

e）外伤性先兆流产。

5.9　脊柱四肢损伤

5.9.1　重伤一级

a）二肢以上离断或者缺失（上肢腕关节以上、下肢踝关节以上）。

b）二肢六大关节功能完全丧失。

5.9.2　重伤二级

a）四肢任一大关节强直畸形或者功能丧失 50% 以上。

b）臂丛神经干性或者束性损伤，遗留肌瘫（肌力 3 级以下）。

c）正中神经肘部以上损伤，遗留肌瘫（肌力 3 级以下）。

d）桡神经肘部以上损伤，遗留肌瘫（肌力 3 级以下）。

e）尺神经肘部以上损伤，遗留肌瘫（肌力 3 级以下）。

f）骶丛神经或者坐骨神经损伤，遗留肌瘫（肌力 3 级以下）。

g）股骨干骨折缩短 5.0cm 以上、成角畸形 30° 以上或者严重旋转畸形。

h）胫腓骨骨折缩短 5.0cm 以上、成角畸形 30° 以上或者严重旋转畸形。

i）膝关节挛缩畸形屈曲 30° 以上。

j）一侧膝关节交叉韧带完全断裂遗留旋转不稳。

k）股骨颈骨折或者髋关节脱位，致股骨头坏死。

l）四肢长骨骨折不愈合或者假关节形成；四肢长骨骨折并发慢性骨髓炎。

m）一足离断或者缺失 50% 以上；足跟离断或者缺失 50% 以上。

n）一足的第一趾和其余任何二趾离断或者缺失；一足除第一趾外，离断或者缺失 4 趾。

o）两足 5 个以上足趾离断或者缺失。

p）一足第一趾及其相连的跖骨离断或者缺失。

q）一足除第一趾外，任何三趾及其相连的跖骨离断或者缺失。

5.9.3　轻伤一级

a）四肢任一大关节功能丧失 25% 以上。

b）一节椎体压缩骨折超过 1/3 以上；二节以上椎体骨折；三处以上横突、棘突或者椎弓骨折。

c）膝关节韧带断裂伴半月板破裂。

d）四肢长骨骨折畸形愈合。

e）四肢长骨粉碎性骨折或者两处以上骨折。

f）四肢长骨骨折累及关节面。

g）股骨颈骨折未见股骨头坏死，已行假体置换。

h）髌板断裂。

i）一足离断或者缺失 10% 以上；足跟离断或者缺失 20% 以上。

j）一足的第一趾离断或者缺失；一足除第一趾外的任何二趾离断或者缺失。

k）三个以上足趾离断或者缺失。

l）除第一趾外任何一趾及其相连的跖骨离断或者缺失。

m）肢体皮肤创口或者瘢痕长度累计 45.0cm 以上。

5.9.4　轻伤二级

a）四肢任一大关节功能丧失 10% 以上。

b）四肢重要神经损伤。

c）四肢重要血管破裂。

d）椎骨骨折或者脊椎脱位（尾椎脱位不影响功能的除外）；外伤性椎间盘突出。

e）肢体大关节韧带断裂；半月板破裂。

f）四肢长骨骨折；髌骨骨折。

g）骨骺分离。

h）损伤致肢体大关节脱位。

i）第一趾缺失超过趾间关节；除第一趾外，任何二趾缺失超过趾间关节；一趾缺失。

j）两节趾骨骨折；一节趾骨骨折合并一跖骨骨折。

k）两跖骨骨折或者一跖骨完全骨折；距骨、跟骨、骰骨、楔骨或者足舟骨骨折；跖跗关节脱位。

l）肢体皮肤一处创口或者瘢痕长度 10.0cm 以上；两处以上创口或者瘢痕长度累计 15.0cm 以上。

5.9.5　轻微伤

a）肢体一处创口或者瘢痕长度 1.0cm 以上；两处以上创口或者瘢痕长度累计 1.5cm 以上；刺创深达肌层。

b）肢体关节、肌腱或者韧带损伤。

c）骨挫伤。

d）足骨骨折。

e）外伤致趾甲脱落，甲床暴露；甲床出血。

f）尾椎脱位。

5.10　手损伤

5.10.1　重伤一级

a）双手离断、缺失或者功能完全丧失。

5.10.2　重伤二级

a）手功能丧失累计达一手功能 36%。

b）一手拇指挛缩畸形不能对指和握物。

c）一手除拇指外，其余任何三指挛缩畸形，不能对指和握物。

d）一手拇指离断或者缺失超过指间关节。

e）一手食指和中指全部离断或者缺失。

f）一手除拇指外的任何三指离断或者缺失均超过近侧指间关节。

5.10.3 轻伤一级

a）手功能丧失累计达一手功能16%。

b）一手拇指离断或者缺失未超过指间关节。

c）一手除拇指外的食指和中指离断或者缺失均超过远侧指间关节。

d）一手除拇指外的环指和小指离断或者缺失均超过近侧指间关节。

5.10.4 轻伤二级

a）手功能丧失累计达一手功能4%。

b）除拇指外的一个指节离断或者缺失。

c）两节指骨线性骨折或者一节指骨粉碎性骨折（不含第2至5指末节）。

d）舟骨骨折、月骨脱位或者掌骨完全性骨折。

5.10.5 轻微伤

a）手擦伤面积10.0cm² 以上或者挫伤面积6.0cm² 以上。

b）手一处创口或者瘢痕长度1.0cm 以上；两处以上创口或者瘢痕长度累计1.5cm 以上；刺伤深达肌层。

c）手关节或者肌腱损伤。

d）腕骨、掌骨或者指骨骨折。

e）外伤致指甲脱落，甲床暴露；甲床出血。

5.11 体表损伤

5.11.1 重伤二级

a）挫伤面积累计达体表面积30%。

b）创口或者瘢痕长度累计200.0cm 以上。

5.11.2 轻伤一级

a）挫伤面积累计达体表面积10%。

b）创口或者瘢痕长度累计40.0cm 以上。

c) 撕脱伤面积 100.0cm² 以上。

d) 皮肤缺损 30.0cm² 以上。

5.11.3　轻伤二级

a) 挫伤面积达体表面积 6%。

b) 单个创口或者瘢痕长度 10.0cm 以上；多个创口或者瘢痕长度累计 15.0cm 以上。

c) 撕脱伤面积 50.0cm² 以上。

d) 皮肤缺损 6.0cm² 以上。

5.11.4　轻微伤

a) 擦伤面积 20.0cm² 以上或者挫伤面积 15.0cm² 以上。

b) 一处创口或者瘢痕长度 1.0cm 以上；两处以上创口或者瘢痕长度累计 1.5cm 以上；刺创深达肌层。

c) 咬伤致皮肤破损。

5.12　其他损伤

5.12.1　重伤一级

a) 深Ⅱ°以上烧烫伤面积达体表面积 70% 或者Ⅲ°面积达 30%。

5.12.2　重伤二级

a) Ⅱ°以上烧烫伤面积达体表面积 30% 或者Ⅲ°面积达 10%；面积低于上述程度但合并吸入有毒气体中毒或者严重呼吸道烧烫伤。

b) 枪弹创，创道长度累计 180.0cm。

c) 各种损伤引起脑水肿（脑肿胀），脑疝形成。

d) 各种损伤引起休克（中度）。

e) 挤压综合征（Ⅱ级）。

f) 损伤引起脂肪栓塞综合征（完全型）。

g) 各种损伤致急性呼吸窘迫综合征（重度）。

h) 电击伤（Ⅱ°）。

i) 溺水（中度）。

j）脑内异物存留；心脏异物存留。

k）器质性阴茎勃起障碍（重度）。

5.12.3　轻伤一级

a）Ⅱ°以上烧烫伤面积达体表面积20%或者Ⅲ°面积达5%。

b）损伤引起脂肪栓塞综合征（不完全型）。

c）器质性阴茎勃起障碍（中度）。

5.12.4　轻伤二级

a）Ⅱ°以上烧烫伤面积达体表面积5%或者Ⅲ°面积达0.5%。

b）呼吸道烧伤。

c）挤压综合征（Ⅰ级）。

d）电击伤（Ⅰ°）。

e）溺水（轻度）。

f）各种损伤引起休克（轻度）。

g）呼吸功能障碍，出现窒息征象。

h）面部异物存留；眶内异物存留；鼻窦异物存留。

i）胸腔内异物存留；腹腔内异物存留；盆腔内异物存留。

j）深部组织内异物存留。

k）骨折内固定物损坏需要手术更换或者修复。

l）各种置入式假体装置损坏需要手术更换或者修复。

m）器质性阴茎勃起障碍（轻度）。

5.12.5　轻微伤

a）身体各部位骨皮质的砍（刺）痕；轻微撕脱性骨折，无功能障碍。

b）面部Ⅰ°烧烫伤面积10.0cm²以上；浅Ⅱ°烧烫伤。

c）颈部Ⅰ°烧烫伤面积15.0cm²以上；浅Ⅱ°烧烫伤面积2.0cm²以上。

d）体表Ⅰ°烧烫伤面积20.0cm²以上；浅Ⅱ°烧烫伤面积4.0cm²以上；深Ⅱ°烧烫伤。

6 附则

6.1 伤后因其他原因死亡的个体，其生前损伤比照本标准相关条款综合鉴定。

6.2 未列入本标准中的物理性、化学性和生物性等致伤因素造成的人体损伤，比照本标准中的相应条款综合鉴定。

6.3 本标准所称的损伤是指各种致伤因素所引起的人体组织器官结构破坏或者功能障碍。反应性精神病、癔症等，均为内源性疾病，不宜鉴定损伤程度。

6.4 本标准未作具体规定的损伤，可以遵循损伤程度等级划分原则，比照本标准相近条款进行损伤程度鉴定。

6.5 盲管创、贯通创，其创道长度可视为皮肤创口长度，并参照皮肤创口长度相应条款鉴定损伤程度。

6.6 牙折包括冠折、根折和根冠折，冠折须暴露髓腔。

6.7 骨皮质的砍（刺）痕或者轻微撕脱性骨折（无功能障碍）的，不构成本标准所指的轻伤。

6.8 本标准所称大血管是指胸主动脉、主动脉弓分支、肺动脉、肺静脉、上腔静脉和下腔静脉，腹主动脉、髂总动脉、髂外动脉、髂外静脉。

6.9 本标准四肢大关节是指肩、肘、腕、髋、膝、踝等六大关节。

6.10 本标准四肢重要神经是指臂丛及其分支神经（包括正中神经、尺神经、桡神经和肌皮神经等）和腰骶丛及其分支神经（包括坐骨神经、腓总神经、腓浅神经和胫神经等）。

6.11 本标准四肢重要血管是指与四肢重要神经伴行的同名动、静脉。

6.12 本标准幼女或者儿童是指年龄不满 14 周岁的个体。

6.13 本标准所称的假体是指植入体内替代组织器官功能的装置，如：颅骨修补材料、人工晶体、义眼座、固定义齿（种植牙）、阴茎假体、人工关节、起搏器、支架等，但可摘式义眼、义齿等除外。

6.14 移植器官损伤参照相应条款综合鉴定。

6.15 本标准所称组织器官包括再植或者再造成活的。

6.16 组织器官缺失是指损伤当时完全离体或者仅有少量皮肤和皮下组织相连，或者因损伤经手术切除的。器官离断（包括牙齿脱落），经再植、再造手术成功的，按损伤当时情形鉴定损伤程度。

6.17 对于两个部位以上同类损伤可以累加，比照相关部位数值规定高的条款进行评定。

6.18 本标准所涉及的体表损伤数值，0—6岁按50%计算，7—10岁按60%计算，11—14岁按80%计算。

6.19 本标准中出现的数字均含本数。

附录 A

（规范性附录）
损伤程度等级划分原则

A.1 **重伤一级**

各种致伤因素所致的原发性损伤或者由原发性损伤引起的并发症，严重危及生命；遗留肢体严重残废或者重度容貌毁损；严重丧失听觉、视觉或者其他重要器官功能。

A.2 **重伤二级**

各种致伤因素所致的原发性损伤或者由原发性损伤引起的并发症，危及生命；遗留肢体残废或者轻度容貌毁损；丧失听觉、视觉或者其他重要器官功能。

A.3 **轻伤一级**

各种致伤因素所致的原发性损伤或者由原发性损伤引起的并发症，未危及生命；遗留组织器官结构、功能中度损害或者明显影响容貌。

A.4 **轻伤二级**

各种致伤因素所致的原发性损伤或者由原发性损伤引起的并发症，未危及生命；遗留组织器官结构、功能轻度损害或者影响容貌。

A.5 轻微伤

各种致伤因素所致的原发性损伤，造成组织器官结构轻微损害或者轻微功能障碍。

A.6 等级限度

重伤二级是重伤的下限，与重伤一级相衔接，重伤一级的上限是致人死亡；轻伤二级是轻伤的下限，与轻伤一级相衔接，轻伤一级的上限与重伤二级相衔接；轻微伤的上限与轻伤二级相衔接，未达轻微伤标准的，不鉴定为轻微伤。

附录 B

（规范性附录）
功能损害判定基准和使用说明

B.1 颅脑损伤

B.1.1 智能（IQ）减退

极重度智能减退：IQ 低于 25；语言功能丧失；生活完全不能自理。

重度智能减退：IQ 25—39；语言功能严重受损，不能进行有效的语言交流；生活大部分不能自理。

中度智能减退：IQ 40—54；能掌握日常生活用语，但词汇贫乏，对周围环境辨别能力差，只能以简单的方式与人交往；生活部分不能自理，能做简单劳动。

轻度智能减退：IQ 55—69；无明显语言障碍，对周围环境有较好的辨别能力，能比较恰当地与人交往；生活能自理，能做一般非技术性工作。

边缘智能状态：IQ 70—84；抽象思维能力或者思维广度、深度机敏性显示不良；不能完成高级复杂的脑力劳动。

B.1.2 器质性精神障碍

有明确的颅脑损伤伴不同程度的意识障碍病史，并且精神障碍发生和病程与颅脑损伤相关。症状表现为：意识障碍；遗忘综合征；痴呆；

器质性人格改变；精神病性症状；神经症样症状；现实检验能力或者社会功能减退。

B.1.3 生活自理能力

生活自理能力主要包括以下五项：

（1）进食。

（2）翻身。

（3）大、小便。

（4）穿衣、洗漱。

（5）自主行动。

生活完全不能自理：是指上述五项均需依赖护理者。

生活大部分不能自理：是指上述五项中三项以上需依赖护理者。

生活部分不能自理：是指上述五项中一项以上需依赖护理者。

B.1.4 肌瘫（肌力）

0级：肌肉完全瘫痪，毫无收缩。

1级：可看到或者触及肌肉轻微收缩，但不能产生动作。

2级：肌肉在不受重力影响下，可进行运动，即肢体能在床面上移动，但不能抬高。

3级：在和地心引力相反的方向中尚能完成其动作，但不能对抗外加的阻力。

4级：能对抗一定的阻力，但较正常人为低。

5级：正常肌力。

B.1.5 非肢体瘫的运动障碍

非肢体瘫的运动障碍包括肌张力增高，共济失调，不自主运动或者震颤等。根据其对生活自理影响的程度划分为轻、中、重三度。

重度：不能自行进食，大小便，洗漱，翻身和穿衣，需要他人护理。

中度：上述动作困难，但在他人帮助下可以完成。

轻度：完成上述动作虽有一些困难，但基本可以自理。

B.1.6 外伤性迟发性癫痫应具备的条件

（1）确证的头部外伤史。

（2）头部外伤90日后仍被证实有癫痫的临床表现。

（3）脑电图检查（包括常规清醒脑电图检查、睡眠脑电图检查或者较长时间连续同步录像脑电图检查等）显示异常脑电图。

（4）影像学检查确证颅脑器质性损伤。

B.1.7 肛门失禁

重度：大便不能控制；肛门括约肌收缩力很弱或者丧失；肛门括约肌收缩反射很弱或者消失；直肠内压测定，肛门注水法 <20cmH_2O。

轻度：稀便不能控制；肛门括约肌收缩力较弱；肛门括约肌收缩反射较弱；直肠内压测定，肛门注水法 20—30cmH_2O。

B.1.8 排尿障碍

重度：出现真性重度尿失禁或者尿潴留残余尿 ≥50mL。

轻度：出现真性轻度尿失禁或者尿潴留残余尿 <50mL。

B.2 头面部损伤

B.2.1 眼睑外翻

重度外翻：睑结膜严重外翻，穹隆部消失。

中度外翻：睑结膜和睑板结膜外翻。

轻度外翻：睑结膜与眼球分离，泪点脱离泪阜。

B.2.2 容貌毁损

重度：面部瘢痕畸形，并有以下六项中四项者。（1）眉毛缺失；（2）双睑外翻或者缺失；（3）外耳缺失；（4）鼻缺失；（5）上、下唇外翻或者小口畸形；（6）颈颏粘连。

中度：具有以下六项中三项者。（1）眉毛部分缺失；（2）眼睑外翻或者部分缺失；（3）耳廓部分缺失；（4）鼻翼部分缺失；（5）唇外翻或者小口畸形；（6）颈部瘢痕畸形。

轻度：含中度畸形六项中二项者。

B.2.3 面部及中心区

面部的范围是指前额发际下，两耳屏前与下颌下缘之间的区域，包括额部、眶部、鼻部、口唇部、颏部、颧部、颊部、腮腺咬肌部。

面部中心区：以眉弓水平线为上横线，以下唇唇红缘中点处作水平线为下横线，以双侧外眦处作两条垂直线，上述四条线围绕的中央部分为中心区。

B.2.4 面瘫（面神经麻痹）

本标准涉及的面瘫主要是指外周性（核下性）面神经损伤所致。

完全性面瘫：是指面神经5个分支（颞支、颧支、颊支、下颌缘支和颈支）支配的全部颜面肌肉瘫痪，表现为：额纹消失，不能皱眉；眼睑不能充分闭合，鼻唇沟变浅；口角下垂，不能示齿，鼓腮，吹口哨，饮食时汤水流逸。

不完全性面瘫：是指面神经颧支、下颌支或者颞支和颊支损伤出现部分上述症状和体征。

B.2.5 张口困难分级

张口困难Ⅰ度：大张口时，只能垂直置入食指和中指。

张口困难Ⅱ度：大张口时，只能垂直置入示指。

张口困难Ⅲ度：大张口时，上、下切牙间距小于示指之横径。

B.3 听器听力损伤

听力损失计算应按照世界卫生组织推荐的听力减退分级的频率范围，取0.5、1、2、4kHz四个频率气导听阈级的平均值。如所得均值不是整数，则小数点后之尾数采用4舍5入法进为整数。

纯音听阈级测试时，如某一频率纯音气导最大声输出仍无反应时，以最大声输出值作为该频率听阈级。

听觉诱发电位测试时，若最大输出声强仍引不出反应波形的，以最大输出声强为反应阈值。在听阈评估时，听力学单位一律使用听力级（dB HL）。一般情况下，受试者听觉诱发电位反应阈要比其行为听阈高

10—20分贝（该差值又称"校正值"），即受试者的行为听阈等于其听觉诱发电位反应阈减去"校正值"。听觉诱发电位检测实验室应建立自己的"校正值"，如果没有自己的"校正值"，则取平均值（15分贝）作为"校正值"。

纯音气导听阈级应考虑年龄因素，按照《纯音气导阈的年龄修正值》（GB 7582—87）听阈级偏差的中值（50%）进行修正，其中4000赫兹的修正值参考2000赫兹的数值。

表 B.1 纯音气导阈值的年龄修正值（GB 7582—87）

年龄	男				女		
	500Hz	1000Hz	2000Hz		500Hz	1000Hz	2000Hz
30	1	1	1		1	1	1
40	2	2	3		2	2	3
50	4	4	7		4	4	6
60	6	7	12		6	7	11
70	10	11	19		10	11	16

B.4 视觉器官损伤

B.4.1 盲及视力损害分级

表 B.2 盲及视力损害分级标准（2003 年，WHO）

分类	远视力低于	远视力等于或优于
轻度或无视力损害		0.3
中度视力损害（视力损害 1 级）	0.3	0.1
重度视力损害（视力损害 2 级）	0.1	0.05
盲（盲目 3 级）	0.05	0.02
盲（盲目 4 级）	0.02	光感
盲（盲目 5 级）	无光感	

B.4.2 视野缺损

视野有效值计算公式：

$$实测视野有效值（\%）= \frac{8 \text{条子午线实测视野值}}{500}$$

表 B.3 视野有效值与视野半径的换算

视野有效值（%）	视野度数（半径）
8	5°
16	10°
24	15°
32	20°
40	25°
48	30°
56	35°
64	40°
72	45°
80	50°
88	55°
96	60°

B.5 颈部损伤

B.5.1 甲状腺功能低下

重度：临床症状严重；T_3、T_4 或者 FT_3、FT_4 低于正常值，TSH > $50\mu U/L$。

中度：临床症状较重；T_3、T_4 或者 FT_3、FT_4 正常，TSH > $50\mu U/L$。

轻度：临床症状较轻；T_3、T_4 或者 FT_3、FT_4 正常，TSH，轻度增高但 < $50\mu U/L$。

B.5.2 甲状旁腺功能低下（以下分级需结合临床症状分析）

重度：空腹血钙 <6mg/dL。

中度：空腹血钙 6—7mg/dL。

轻度：空腹血钙 7.1—8mg/dL。

B.5.3 发声功能障碍

重度：声哑、不能出声。

轻度：发音过弱、声嘶、低调、粗糙、带鼻音。

B.5.4 构音障碍

严重构音障碍：表现为发音不分明，语不成句，难以听懂，甚至完全不能说话。

轻度构音障碍：表现为发音不准，吐字不清，语调速度、节律等异常，鼻音过重。

B.6 胸部损伤

B.6.1 心功能分级

Ⅰ级：体力活动不受限，日常活动不引起过度的乏力、呼吸困难或者心悸。即心功能代偿期。

Ⅱ级：体力活动轻度受限，休息时无症状，日常活动即可引起乏力、心悸、呼吸困难或者心绞痛。亦称Ⅰ度或者轻度心衰。

Ⅲ级：体力活动明显受限，休息时无症状，轻于日常的活动即可引起上述症状。亦称Ⅱ度或者中度心衰。

Ⅳ级：不能从事任何体力活动，休息时亦有充血性心衰或心绞痛症状，任何体力活动后加重。亦称Ⅲ度或者重度心衰。

B.6.2 呼吸困难

1级：与同年龄健康者在平地一同步行无气短，但登山或者上楼时呈气短。

2级：平路步行1000m无气短，但不能与同龄健康者保持同样速度，平路快步行走呈现气短，登山或者上楼时气短明显。

3级：平路步行100m即有气短。

4级：稍活动（如穿衣、谈话）即气短。

B.6.3 窒息征象

临床表现为面、颈、上胸部皮肤出现针尖大小的出血点，以面部与眼眶部为明显；球睑结膜下出现出血斑点。

B.7 腹部损伤

B.7.1 肝功能损害

表 B.4 肝功能损害分度

程度	血清蛋白	血清总胆红素	腹水	脑症	凝血酶原时间
重度	<2.5g/dL	>3.0mg/dL	顽固性	明显	明显延长 （较对照组 >9 秒）
中度	2.5—3.0g/dL	2.0—3.0mg/dL	无或者少量，治疗后消失	无或者轻度	延长 （较对照组 >6 秒）
轻度	3.1—3.5g/dL	1.5—2.0mg/dL	无	无	稍延长 （较对照组 >3 秒）

B.7.2 肾功能不全

表 B.5 肾功能不全分期

分期	内生肌酐清除率	血尿素氮浓度	血肌酐浓度	临床症状
代偿期	降至正常的 50% 50—70 mL/min	正常	正常	通常无明显 临床症状
失代偿期	25—49 mL/min		>177μmol/L （2mg/dL）但 < 450μmol/L（5mg/dL）	无明显临床症状， 可有轻度贫血； 夜尿、多尿
尿毒症期	<25 mL/min	>21.4mmol/L （60mg/dL）	450—707μmol/L （5—8mg/dL）	常伴有酸中毒和严 重尿毒症临床症状

B.7.3 会阴及阴道撕裂

Ⅰ度：会阴部黏膜、阴唇系带、前庭黏膜、阴道黏膜等处有撕裂，但未累及肌层及筋膜。

Ⅱ度：撕裂伤累及盆底肌肉筋膜，但未累及肛门括约肌。

Ⅲ度：肛门括约肌全部或者部分撕裂，甚至直肠前壁亦被撕裂。

B.8 其他损伤

B.8.1 烧烫伤分度

表 B.6 烧伤深度分度

程度		损伤组织	烧伤部位特点	愈后情况
Ⅰ度		表皮	皮肤红肿，有热、痛感，无水疱，干燥，局部温度稍有增高	不留瘢痕
Ⅱ度	浅Ⅱ度	真皮浅层	剧痛，表皮有大而薄的水疱，疱底有组织充血和明显水肿；组织坏死仅限于皮肢的真皮层，局部温度明显增高	不留瘢痕
	深Ⅱ度	真皮深层	痛，损伤已达真皮深层，水疱较小，表皮和真皮层大部分凝固和坏死。将已分离的表皮揭去，可见基底微湿，色泽苍白上有红出血点，局部温度较低	可留下瘢痕
Ⅲ度		全层皮肤或者皮下组织、肌肉、骨骼	不痛，皮肤全层坏死，干燥如皮革样，不起水疱，蜡白或者焦黄，炭化，知觉丧失，脂肪层的大静脉全部坏死，局部温度低，发凉	需自体皮肤移植，有瘢痕或者畸形

B.8.2 电击伤

Ⅰ度：全身症状轻微，只有轻度心悸。触电肢体麻木，全身无力，如极短时间内脱离电源，稍休息可恢复正常。

Ⅱ度：触电肢体麻木，面色苍白，心跳、呼吸增快，甚至昏厥、意识丧失，但瞳孔不散大。对光反射存在。

Ⅲ度：呼吸浅而弱、不规则，甚至呼吸骤停。心律不齐，有室颤或者心搏骤停。

B.8.3 溺水

重度：落水后3—4分钟，神志昏迷，呼吸不规则，上腹部膨胀，心音减弱或者心跳、呼吸停止。淹溺到死亡的时间一般为5—6分钟。

中度：落水后1—2分钟，神志模糊，呼吸不规则或者表浅，血压下降，心跳减慢，反射减弱。

轻度：刚落水片刻，神志清，血压升高，心率、呼吸增快。

B.8.4 挤压综合征

系人体肌肉丰富的四肢与躯干部位因长时间受压（例如暴力挤压）或者其他原因造成局部循环障碍，结果引起肌肉缺血性坏死，出现肢体明显肿胀、肌红蛋白尿及高血钾等为特征的急性肾衰竭。

Ⅰ级：肌红蛋白尿试验阳性，肌酸磷酸激酶（CPK）增高，而无肾衰等周身反应者。

Ⅱ级：肌红蛋白尿试验阳性，肌酸磷酸激酶（CPK）明显升高，血肌酐和尿素氮增高，少尿，有明显血浆渗入组织间隙，致有效血容量丢失，出现低血压者。

Ⅲ级：肌红蛋白尿试验阳性，肌酸磷酸激酶（CPK）显著升高，少尿或者尿闭，休克，代谢性酸中毒以及高血钾者。

B.8.5 急性呼吸窘迫综合征

急性呼吸窘迫综合征（ARDS）须具备以下条件：

（1）有发病的高危因素。

（2）急性起病，呼吸频率数和/或呼吸窘迫。

（3）低氧血症，$PaO_2/FiO_2 \leqslant 200mmHg$。

（4）胸部 X 线检查两肺浸润影。

（5）肺毛细血管楔压（PCWP）$\leqslant 18mmHg$，或者临床上除外心源性肺水肿。

凡符合以上 5 项可诊断为 ARDS。

表 B.7 急性呼吸窘迫综合征分度

程度	临床分级			血气分析分级	
	呼吸频率	临床表现	X 线示	吸空气	吸纯氧15分钟后
轻度	>35 次/分	无发绀	无异常或者纹理增多，边缘模糊	氧分压 <8.0kPa 二氧化碳分压 <4.7kPa	氧分压 <46.7kPa Qs/Qt >10%

程度	临床分级			血气分析分级	
	呼吸频率	临床表现	X 线示	吸空气	吸纯氧15分钟后
中度	>40 次/分	发绀，肺部有异常体征	斑片状阴影或者呈磨玻璃样改变，可见支气管气相	氧分压 <6.7kPa 二氧化碳分压 <5.3kPa	氧分压 <20.0kPa Qs/Qt >20%
重度	呼吸极度窘迫	发绀进行性加重，肺广泛湿啰音或者实变	双肺大部分密度普遍增高，支气管气相明显	氧分压 <5.3kPa（40mmHg）二氧化碳分压 >6.0kPa	氧分压 <13.3kPa Qs/Qt >30%

B.8.6 脂肪栓塞综合征

不完全型（或者称部分综合征型）：伤者骨折后出现胸部疼痛、咳呛震痛、胸闷气急、痰中带血、神疲身软、面色无华、皮肤出现瘀血点，上肢无力伸举、脉多细涩。实验室检查有明显低氧血症，愈后一般良好。

完全型（或者称典型综合征型）：伤者创伤骨折后出现神志恍惚，严重呼吸困难、口唇发绀、胸闷欲绝、脉细涩。本型初起表现为呼吸和心动过速、高热等非特异症状。此后出现呼吸窘迫、神志不清以至昏迷等神经系统症状，在眼结膜及肩、胸皮下可见散在瘀血点，实验室检查可见血色素降低、血小板减少、血沉增快以及出现低氧血症。肺部 X 线检查可见多变的进行性的肺部斑片状阴影改变和右心扩大。

B.8.7 休克分度

表 B.8 休克分度

程度	血压（收缩压）kPa	脉搏（次/分）	全身状况
轻度	12—13.3（90—100mmHg）	90—100	尚好
中度	10—12（75—90mmHg）	110—130	抑制、苍白、皮肤冷
重度	<10（<75mmHg）	120—160	明显抑制
垂危	0		呼吸障碍、意识模糊

B.8.8 器质性阴茎勃起障碍

重度：阴茎无勃起反应，阴茎硬度及周径均无改变。

中度：阴茎勃起时最大硬度 >0，<40%，每次勃起持续时间 <10 分钟。

轻度：阴茎勃起时最大硬度 ≥40%，<60%，每次勃起持续时间 <10 分钟。

附录 C

（资料性附录）
人体损伤程度鉴定常用技术

C.1 视力障碍检查

视力记录可采用小数记录或者 5 分记录两种方式。视力（指远距视力）经用镜片（包括接触镜，针孔镜等），纠正达到正常视力范围（0.8 以上）或者接近正常视力范围（0.4—0.8）的都不属视力障碍范围。

中心视力好而视野缩小，以注视点为中心，视野半径小于 10 度而大于 5 度者为盲目 3 级，如半径小于 5 度者为盲目 4 级。

周边视野检查：视野缩小系指因损伤致眼球注视前方而不转动所能看到的空间范围缩窄，以致难以从事正常工作、学习或者其他活动。

对视野检查要求，视标颜色：白色，视标大小：5mm，检查距离 330mm，视野背景亮度：31.5asb。

周边视野缩小，鉴定以实测得八条子午线视野值的总和计算平均值，即有效视野值。

视力障碍检查具体方法参考《视觉功能障碍法医鉴定指南》（SF/Z JD0103004）。

C.2 听力障碍检查

听力障碍检查应符合《听力障碍的法医学评定》（GA/T 914）。

C.3 前庭平衡功能检查

本标准所指的前庭平衡功能丧失及前庭平衡功能减退，是指外力作用颅脑或者耳部，造成前庭系统的损伤。伤后出现前庭平衡功能障碍的临床表现，自发性前庭体征检查法和诱发性前庭功能检查法等有阳性发现（如眼震电图/眼震视图、静、动态平衡仪、前庭诱发电位等检查），结合听力检查和神经系统检查，以及影像学检查综合判定，确定前庭平衡功能是丧失，或者减退。

C.4 阴茎勃起功能检测

阴茎勃起功能检测应满足阴茎勃起障碍法医学鉴定的基本要求，具体方法参考《男子性功能障碍法医学鉴定规范》（SF/Z JD0103002）。

C.5 体表面积计算

九分估算法：成人体表面积视为 100%，将总体表面积划分为 11 个 9% 等面积区域，即头（面）颈部占一个 9%，双上肢占二个 9%，躯干前后及会阴部占三个 9%，臀部及双下肢占五个 9% +1%（见表 C.1）。

表 C.1 体表面积的九分估算法

部位	面积,%	按九分法面积,%
头	6	（1×9）=9
颈	3	
前躯	13	（3×9）=27
后躯	13	
会阴	1	
双上臂	7	（2×9）=18
双前臂	6	
双手	5	

部位	面积,%	按九分法面积,%
臀	5	
双大腿	21	
双小腿	13	（5×9+1）=46
双足	7	
全身合计	100	（11×9+1）=100

注：12岁以下儿童体表面积：头颈部＝9＋（12－年龄），双下肢＝46－（12－年龄）

手掌法：受检者五指并拢，一掌面相当其自身体表面积的1%。

公式计算法：S（平方米）＝0.0061×身长（cm）＋0.0128×体重（kg）－0.1529

C.6 肢体关节功能丧失程度评价

肢体关节功能评价使用说明（适用于四肢大关节功能评定）：

1. 各关节功能丧失程度等于相应关节所有轴位（如腕关节有两个轴位）和所有方位（如腕关节有四个方位）功能丧失值之和再除以相应关节活动的方位数之和。例如：腕关节掌屈40°，背屈30°，桡屈15°，尺屈20°。查表得相应功能丧失值分别为30%、40%、60%和60%，求得腕关节功能丧失程度为47.5%。如果掌屈伴肌力下降（肌力3级），查表得相应功能丧失值分别为65%、40%、60%和60%。求得腕关节功能丧失程度为56.25%。

2. 当关节活动受限于某一方位时，其同一轴位的另一方位功能丧失值以100%计。如腕关节掌屈和背屈轴位上的活动限制在掌屈10°与40°之间，则背屈功能丧失值以100%计，而掌屈以40°计，查表得功能丧失值为30%，背屈功能以100%计，则腕关节功能丧失程度为65%。

3. 对疑有关节病变（如退行性变）并影响关节功能时，伤侧关节功能丧失值应与对侧进行比较，即同时用查表法分别求出伤侧和对侧关节功能丧失值，并用伤侧关节功能丧失值减去对侧关节功能丧失值即为伤侧关节功能实际丧失值。

4. 由于本标准对于关节功能的评定已经考虑到肌力减退对于关节功能的影响，故在测量关节运动活动度时，应以关节被动活动度为准。

C.6.1　肩关节功能丧失程度评定

表 C.2 肩关节功能丧失程度（%）

关节运动	肌力				
活动度	≤M1	M2	M3	M4	M5
前屈 ≥171	100	75	50	25	0
151—170	100	77	55	32	10
131—150	100	80	60	40	20
111—130	100	82	65	47	30
91—110	100	85	70	55	40
71—90	100	87	75	62	50
51—70	100	90	80	70	60
31—50	100	92	85	77	70
≤30	100	95	90	85	80
后伸 ≥41	100	75	50	25	0
31—40	100	80	60	40	20
21—30	100	85	70	55	40
11—20	100	90	80	70	60
≤10	100	95	90	85	80
外展 ≥171	100	75	50	25	0
151—170	100	77	55	32	10
131—150	100	80	60	40	20
111—130	100	82	65	47	30
91—110	100	85	70	55	40
71—90	100	87	75	62	50
51—70	100	90	80	70	60
31—50	100	92	85	77	70
≤30	100	95	90	85	80

关节运动活动度	肌力				
	≤M1	M2	M3	M4	M5
内收 ≥41	100	75	50	25	0
31—40	100	80	60	40	20
21—30	100	85	70	55	40
11—20	100	90	80	70	60
≤10	100	95	90	85	80
内旋 ≥81	100	75	50	25	0
71—80	100	77	55	32	10
61—70	100	80	60	40	20
51—60	100	82	65	47	30
41—50	100	85	70	55	40
31—40	100	87	75	62	50
21—30	100	90	80	70	60
11—20	100	92	85	77	70
≤10	100	95	90	85	80
外旋 ≥81	100	75	50	25	0
71—80	100	77	55	32	10
61—70	100	80	60	40	20
51—60	100	82	65	47	30
41—50	100	85	70	55	40
31—40	100	87	75	62	50
21—30	100	90	80	70	60
11—20	100	92	85	77	70
≤10	100	95	90	85	80

C.6.2 肘关节功能丧失程度评定

表 C.3 肘关节功能丧失程度（%）

关节运动活动度	肌力				
	≤M1	M2	M3	M4	M5
屈曲 ≥41	100	75	50	25	0
36—40	100	77	55	32	10
31—35	100	80	60	40	20
26—30	100	82	65	47	30
21—25	100	85	70	55	40
16—20	100	87	75	62	50
11—15	100	90	80	70	60
6—10	100	92	85	77	70
≤5	100	95	90	85	80
伸展 81—90	100	75	50	25	0
71—80	100	77	55	32	10
61—70	100	80	60	40	20
51—60	100	82	65	47	30
41—50	100	85	70	55	40
31—40	100	87	75	62	50
21—30	100	90	80	70	60
11—20	100	92	85	77	70
≤10	100	95	90	85	80

注：为方便肘关节功能计算，此处规定肘关节以屈曲90°为中立位0°。

C.6.3 腕关节功能丧失程度评定

表 C.4 腕关节功能丧失程度（%）

	关节运动活动度	肌力				
		≤M1	M2	M3	M4	M5
掌屈	≥61	100	75	50	25	0
	51—60	100	77	55	32	10
	41—50	100	80	60	40	20
	31—40	100	82	65	47	30
	26—30	100	85	70	55	40
	21—25	100	87	75	62	50
	16—20	100	90	80	70	60
	11—15	100	92	85	77	70
	≤10	100	95	90	85	80
背屈	≥61	100	75	50	25	0
	51—60	100	77	55	32	10
	41—50	100	80	60	40	20
	31—40	100	82	65	47	30
	26—30	100	85	70	55	40
	21—25	100	87	75	62	50
	16—20	100	90	80	70	60
	11—15	100	92	85	77	70
	≤10	100	95	90	85	80
桡屈	≥21	100	75	50	25	0
	16—20	100	80	60	40	20
	11—15	100	85	70	55	40
	6—10	100	90	80	70	60
	≤5	100	95	90	85	80

关节运动	肌力				
活动度	≤M1	M2	M3	M4	M5
≥41	100	75	50	25	0
31—40	100	80	60	40	20
21—30	100	85	70	55	40
11—20	100	90	80	70	60
≤10	100	95	90	85	80

（尺屈）

C.6.4　髋关节功能丧失程度评定

表 C.5 髋关节功能丧失程度（％）

	关节运动	肌力				
	活动度	≤M1	M2	M3	M4	M5
前屈	≥121	100	75	50	25	0
	106—120	100	77	55	32	10
	91—105	100	80	60	40	20
	76—90	100	82	65	47	30
	61—75	100	85	70	55	40
	46—60	100	87	75	62	50
	31—45	100	90	80	70	60
	16—30	100	92	85	77	70
	≤15	100	95	90	85	80
后伸	≥11	100	75	50	25	0
	6—10	100	85	70	55	20
	1—5	100	90	80	70	50
	0	100	95	90	85	80
外展	≥41	100	75	50	25	0
	31—40	100	80	60	40	20
	21—30	100	85	70	55	40
	11—20	100	90	80	70	60
	≤10	100	95	90	85	80

关节运动活动度	肌力				
	≤M1	M2	M3	M4	M5
内收 ≥16	100	75	50	25	0
内收 11—15	100	80	60	40	20
内收 6—10	100	85	70	55	40
内收 1—5	100	90	80	70	60
内收 0	100	95	90	85	80
外旋 ≥41	100	75	50	25	0
外旋 31—40	100	80	60	40	20
外旋 21—30	100	85	70	55	40
外旋 11—20	100	90	80	70	60
外旋 ≤10	100	95	90	85	80
内旋 ≥41	100	75	50	25	0
内旋 31—40	100	80	60	40	20
内旋 21—30	100	85	70	55	40
内旋 11—20	100	90	80	70	60
内旋 ≤10	100	95	90	85	80

注：表中前屈指屈膝位前屈。

C.6.5 膝关节功能丧失程度评定

表 C.6 膝关节功能丧失程度（%）

关节运动活动度	肌力				
	≤M1	M2	M3	M4	M5
屈曲 ≥130	100	75	50	25	0
屈曲 116—129	100	77	55	32	10
屈曲 101—115	100	80	60	40	20
屈曲 86—100	100	82	65	47	30
屈曲 71—85	100	85	70	55	40
屈曲 61—70	100	87	75	62	50
屈曲 46—60	100	90	80	70	60

	关节运动	肌力				
	活动度	≤M1	M2	M3	M4	M5
屈曲	31—45	100	92	85	77	70
	≤30	100	95	90	85	80
伸展	≤-5	100	75	50	25	0
	-6— -10	100	77	55	32	10
	-11— -20	100	80	60	40	20
	-21— -25	100	82	65	47	30
	-26— -30	100	85	70	55	40
	-31— -35	100	87	75	62	50
	-36— -40	100	90	80	70	60
	-41— -45	100	92	85	77	70
	≥46	100	95	90	85	80

注：表中负值表示膝关节伸展时到达功能位（直立位）所差的度数。

使用说明：考虑到膝关节同一轴位屈伸活动相互重叠，膝关节功能丧失程度的计算方法与其他关节略有不同，即根据关节屈曲与伸展运动活动度查表得出相应功能丧失程度，再求和即为膝关节功能丧失程度。当二者之和大于100%时，以100%计算。

C.6.6　踝关节功能丧失程度评定

表 C.7 踝关节功能丧失程度（%）

	关节运动	肌力				
	活动度	≤M1	M2	M3	M4	M5
背屈	≥16	100	75	50	25	0
	11—15	100	80	60	40	20
	6—10	100	85	70	55	40
	1—5	100	90	80	70	60
	0	100	95	90	85	80

关节运动	肌力				
活动度	≤M1	M2	M3	M4	M5
≥41	100	75	50	25	0
31—40	100	80	60	40	20
21—30	100	85	70	55	40
11—20	100	90	80	70	60
≤10	100	95	90	85	80

（跖屈）

C.7 手功能计算

C.7.1 手缺失和丧失功能的计算

一手拇指占一手功能的36%，其中末节和近节指节各占18%；食指、中指各占一手功能的18%，其中末节指节占8%，中节指节占7%，近节指节占3%；无名指和小指各占一手功能的9%，其中末节指节占4%，中节指节占3%，近节指节占2%。一手掌占一手功能的10%，其中第一掌骨占4%，第二、第三掌骨各占2%，第四、第五掌骨各占1%。本标准中，双手缺失或丧失功能的程度是按前面方法累加计算的结果。

C.7.2 手感觉丧失功能的计算

手感觉丧失功能是指因事故损伤所致手的掌侧感觉功能的丧失。手感觉丧失功能的计算按相应手功能丧失程度的50%计算。

专题 16　最高人民法院关于确定民事侵权精神损害赔偿责任若干问题的解释

（2001 年 2 月 26 日最高人民法院审判委员会第一一六一次会议通过

法释〔2001〕7 号）

为在审理民事侵权案件中正确确定精神损害赔偿责任，根据《中华人民共和国民法通则》等有关法律规定，结合审判实践经验，对有关问题作如下解释：

第一条　自然人因下列人格权利遭受非法侵害，向人民法院起诉请求赔偿精神损害的，人民法院应当依法予以受理：

（一）生命权、健康权、身体权；

（二）姓名权、肖像权、名誉权、荣誉权；

（三）人格尊严权、人身自由权。

违反社会公共利益、社会公德侵害他人隐私或者其他人格利益，受害人以侵权为由向人民法院起诉请求赔偿精神损害的，人民法院应当依法予以受理。

第二条　非法使被监护人脱离监护，导致亲子关系或者近亲属间的亲属关系遭受严重损害，监护人向人民法院起诉请求赔偿精神损害的，人民法院应当依法予以受理。

第三条　自然人死亡后，其近亲属因下列侵权行为遭受精神痛苦，向人民法院起诉请求赔偿精神损害的，人民法院应当依法予以受理：

（一）以侮辱、诽谤、贬损、丑化或者违反社会公共利益、社会公德的其他方式，侵害死者姓名、肖像、名誉、荣誉；

（二）非法披露、利用死者隐私，或者以违反社会公共利益、社会公德的其他方式侵害死者隐私；

（三）非法利用、损害遗体、遗骨，或者以违反社会公共利益、社会公德的其他方式侵害遗体、遗骨。

第四条 具有人格象征意义的特定纪念物品，因侵权行为而永久性灭失或者毁损，物品所有人以侵权为由，向人民法院起诉请求赔偿精神损害的，人民法院应当依法予以受理。

第五条 法人或者其他组织以人格权利遭受侵害为由，向人民法院起诉请求赔偿精神损害的，人民法院不予受理。

第六条 当事人在侵权诉讼中没有提出赔偿精神损害的诉讼请求，诉讼终结后又基于同一侵权事实另行起诉请求赔偿精神损害的，人民法院不予受理。

第七条 自然人因侵权行为致死，或者自然人死亡后其人格或者遗体遭受侵害，死者的配偶、父母和子女向人民法院起诉请求赔偿精神损害的，列其配偶、父母和子女为原告；没有配偶、父母和子女的，可以由其他近亲属提起诉讼，列其他近亲属为原告。

第八条 因侵权致人精神损害，但未造成严重后果，受害人请求赔偿精神损害的，一般不予支持，人民法院可以根据情形判令侵权人停止侵害、恢复名誉、消除影响、赔礼道歉。

因侵权致人精神损害，造成严重后果的，人民法院除判令侵权人承担停止侵害、恢复名誉、消除影响、赔礼道歉等民事责任外，可以根据受害人一方的请求判令其赔偿相应的精神损害抚慰金。

第九条 精神损害抚慰金包括以下方式：

（一）致人残疾的，为残疾赔偿金；

（二）致人死亡的，为死亡赔偿金；

（三）其他损害情形的精神抚慰金。

第十条 精神损害的赔偿数额根据以下因素确定：

（一）侵权人的过错程度，法律另有规定的除外；

（二）侵害的手段、场合、行为方式等具体情节；

（三）侵权行为所造成的后果；

（四）侵权人的获利情况；

（五）侵权人承担责任的经济能力；

（六）受诉法院所在地平均生活水平。

法律、行政法规对残疾赔偿金、死亡赔偿金等有明确规定的，适用法律、行政法规的规定。

第十一条　受害人对损害事实和损害后果的发生有过错的，可以根据其过错程度减轻或者免除侵权人的精神损害赔偿责任。

第十二条　在本解释公布施行之前已经生效施行的司法解释，其内容有与本解释不一致的，以本解释为准。

理解与适用

《最高人民法院关于确定民事侵权精神损害赔偿责任若干问题的解释》的理解与适用

一、《解释》制定的背景

1987 年 1 月 1 日起生效施行的《民法通则》，是新中国法制建设史上的一个重要里程碑。《民法通则》第一百二十条关于姓名、肖像、名誉、荣誉等四项具体人格权遭受侵害时，受害人可以要求赔偿损失的规定，在审判实践中被普遍援引为确认当事人精神损害赔偿责任的法律依据。随着《民法通则》的颁布施行，一度被视为"人格权利商品化"的精神损害赔偿，在理论和实践中获得广泛的认同。尤其是近年来，当事人请求赔偿精神损害以维护自身合法权益的民事案件明显增加，集中体现了公民维权意识的提高，反映出我国社会正在向现代法治社会转型。但在审判实践中，对什么是精神损害？哪些民事权益受到侵害可以请求赔偿精神损害？谁有权向人民法院提起诉讼请求赔偿精神损害？精神损害抚慰金的数额应当如何确定等等问题，长期存在理解不一致，适用法律不统一的现象，影响了司法的公正性、严肃性和权威性，导致对当事人利益的司法保护不够统一和均衡。为顺应时代潮流，加强对以人格权利为核心的有关民事权益的司法保护，实现司法公正，维护人格尊严，最高人民法院在总结审判实践经验，并广泛征求意见的基础上，起草制定了《最高人民法院关于确定民事侵权精神损害赔偿责任若干问题的解释》（以下简称《解释》），由最高人民法院审判委员会第1161次会议通过，自2001年3月10日起施行。《解释》的基本指导思想，是要贯彻《民法通则》维护公民（自然人）的人身权利和人格尊严的立法精神，确认侵害他人人身权益造成严重后果的，应当承担精神损害赔偿责任。通过确认当事人的精神损害赔偿责任，抚慰受害人，教育、惩罚侵权行为人，引导社会努力形成尊重他人人身权利，尊重他人人格尊严的现代法制意识和良好道德风尚，促进社会的文明、进步。

二、关于赔偿范围

精神损害的赔偿范围，是指哪些民事权益受到侵害可以请求赔偿精神损害。这一问题在审判实践中长期存在争论。按照侵权法的基本理论，因侵权致人损害，损害后果包括两种形态："财产损害"与"非财产上损害"。前者指实际财产的减少和可得利益的丧失，后者指不具有财产上价值的精神痛苦和肉体痛苦，也就是通常所说的"精神损害"。精神和肉体，是自然人人格的基本要素，也是自然人享有人格权益的生理和心理基础，由此决定了精神损害与自然人人格权益遭受侵害的不利状态具有较为直接和密切的联系。采取限定主义立法模式的有关国家和地区的民事法律，一般都将精神损害的赔偿范围限定在以自然人的具体人格权利为核心的相关民事权益中，其立法本意，一方面在防止过分加重加害人一方的负担，另一方面则充分体现了现代社会以人为本的基本价值观念。《解释》根据《民法通则》的原则规定，从维护人身权利和人格尊严的基本价值目标出发，从以下几方面对精神损害的赔偿范围作

出界定:

（一）明确确认自然人的人格权利遭受侵害，可以请求赔偿精神损害。人格是指人之所以为人的尊严和价值。人格具有自然属性和社会属性，其自然属性表现为人的生命、身体和健康，其社会属性表现为名誉、荣誉、姓名、肖像、人格尊严和人身自由等等，是与特定民事主体的人身不能分离的固有的人格利益，当其被法律确认为民事权利时，就是人格权。在过去的审判实践中，对精神损害的赔偿范围限于《民法通则》第一百二十条，规定的姓名权、肖像权、名誉权、荣誉权等几项具体人格权。《解释》根据《民法通则》第五条、第一百零一条、第一百一十九条、第一百二十条规定的原则精神，以及《消费者权益保护法》第十四条、第二十五条的规定，完善了对自然人人格权利的司法保护体系。《解释》第一条规定："自然人因下列人格权利受到侵害，向人民法院起诉请求赔偿精神损害的，人民法院应当依法予以受理：（一）生命权、健康权、身体权；（二）姓名权、肖像权、名誉权、荣誉权；（三）人格尊严权、人身自由权。"其中，生命权、健康权、身体权，理论上称为"物质性人格权"，是姓名权、肖像权、名誉权、荣誉权等"精神性人格权"赖以存在的前提和物质基础，其受到侵害往往伴随巨大的甚至是终身不可逆转的精神损害。在《消费者权益保护法》和《道路交通事故处理办法》等有关法律和行政法规中，对因身体遭受侵害造成死亡和残疾的，规定有"残疾赔偿金""死亡赔偿金"或"死亡补偿费"，此种金钱赔偿具有精神损害抚慰金的性质，但其适用范围限于法律、行政法规有特别规定的情形，不具有普遍意义，其保护也不够充分和完善。《解释》的规定实现了精神损害赔偿范围从"精神性人格权"向"物质性人格权"的发展，是人格权司法保护的一个重要进步。需要说明的是，《民法通则》第一百一十九条规定："侵害公民身体造成伤害的……"过去被解释为侵害生命健康权，实际上应当包括身体权。生命、健康、身体在有关国家和地区立法中是同时并列受到保护的独立人格权利。实践中，如强制文身、强制抽血、偷剪发辫、致人肢体残疾等，均属侵害他人身体权，即使对健康权作扩张解释也难以概括侵害身体权的各种类型。据此，《解释》在第一条第一款第（一）项中，增列"身体权"。另外，关于人身自由权和人格尊严权，作为民事权利首先规定在《消费者权益保护法》中。《中华人民共和国消费者权益保护法》第二十七条规定，"经营者……不得侵犯消费者的人身自由"；第十四条规定："消费者在购买、使用商品和接受服务时，享有其人格尊严……得到尊重的权利。"鉴于其对自然人人格权利的保护具有普遍意义，《解释》将其扩展到普遍适用范围。值得特别指出的是，"人格尊严权"在理论上被称为"一般人格权"，是人格权利一般价值的集中体现，因此，它具有补充法律规定的具体人格权利立法不足的重要作用。《解释》的规定实现了精神损害赔偿范围从"具体人格权"到"一般人格权"的发展，是人格权司法保护的又一重大进步。但在处理具体案件时，应当优先适用具体人格权的规定，而将一般人格权作为补充适用条款。

（二）《解释》确认违反社会公共利益、社会公德侵害他人人格利益构成侵权，受害人可以请求赔偿精神损害。《民法通则》第五条规定："公民、法人合法的民事权益受法律保护，任何组织和个人不得侵犯。""民事权益"包括权力和利益。在审判实践中，人民法院对侵害他人合法民事权利的行为均直接确认其构成侵权，但对于受到法律保护的合法利益遭受侵害，则往往是通过间接的方式给予司法保护。对隐私的司法保护就具有代表性。隐私在现行民事法律中尚未被直接规定为一项民事权利，而是由相关司法解释将隐私作为公民（自然人）名誉权的一个内容予以保护。但隐私权和名誉权内涵并不相同，名誉权在外延上也不能涵盖隐私权的全部内容。我国宪法规定通信秘密受法律保护，民诉法则规定涉及个人隐私的案件不公开审理，均表明我国法律保护隐私。但公法的保护不能取代私法的保护，只有将隐私权纳入民法保护之中，其法律保护才是完整的。鉴于隐私作为民事权利尚未有立法上的依据，故《解释》参考有关国家和地区立法将侵权行为类型化的方法，将侵害隐私纳入违反公序良俗致人损害的侵权类型中予以规定，同时涵盖了不能归入第一款"权利侵害"类型中的侵害其他人格利益的案件类型。

所谓侵权行为的类型化，是指按照不同的要件构成将侵权行为区分为三种类型。第一，权利侵害类型；第二，义务违反类型；第三，利益侵害类型。三种类型分别具有三种不同的法律构成要件，为损害赔偿诉讼提供了完备的法律基础。其中第三种类型，在法律构成上称之为"公序良俗违反"，是指对利益的侵害违反公序良俗，其行为就具有违法性，即在"权利侵害"之外，为加害行为是否具有违法性，提供了另一个判断标准，即是否违反公序良俗。这样，不仅直接侵害法律规定的民事权利的行为具有违法性，可以构成侵权；对由于历史或者其他原因，尚未被法律确认为民事权利的正当利益，如果故意以违反公序良俗的方式加以侵害，则此种侵害行为也会被确认为具有违法性，可能构成民事侵权行为。这就为某些特定利益的司法保护提供了法律基础，也为权利的生成提供了法律机制——在此意义上，权利表现为一种积极的利益，利益则成为消极的权利。由于侵权法结构体系所具有的特殊功能，"民法得以应付剧烈变动的社会现实，民法在司法实践中得以成长"，学者因此而称道，"侵权行为法是民法的生长点"。

人民法院在审判实践中，已有实际运用公序良俗原则确认侵权行为违法性的案例。如在他人卧室墙上安装摄像机侵害隐私案，在他人新房设置灵堂侵权案等。现实生活中类似这样没有具体的权利侵害类型，但确属违反公序良俗的案例还会层出不穷，司法解释予以规定，对这类案件的处理提供了依据。鉴于我国法律没有"公序良俗"的提法，《解释》根据《民法通则》第七条的规定，采取"社会公共利益"或者"社会公德"的提法，其规范功能与"公序良俗"原则是完全一致的。

《解释》明确规定违反社会公共利益、社会公德侵害他人人格利益构成侵权,将包括隐私在内的合法人格利益纳入直接的司法保护中,完善了对人格权益提供司法保护的法律基础,同时对完善侵权法的结构体系和侵权案件的类型化也会产生积极的促进作用。

(三)《解释》确认特定的身份权利受到侵害,可以请求赔偿精神损害。在我国现行民事法律体系中,身份权利通常基于婚姻家庭关系产生,内涵特定的人格和精神利益。这种特定的人格和精神利益遭受侵害,同样属于"非财产上损害"。审判实践中,因身份权遭受侵害造成受害人精神痛苦之"非财产上损害"后果的,以监护权遭受侵害的情形较为典型和普通。一种观点认为,监护系为被监护人的利益而设,因此监护只是一项职责而非权利。但在近亲属范围内,监护实际上兼有身份权利的性质。非法使被监护人脱离监护,导致亲子关系或近亲属间的亲属关系遭受严重损害的,可以认定为侵害他人监护权,监护人请求赔偿精神损害的,人民法院应当依法予以受理。《解释》将精神损害赔偿范围从单纯的人格权利延伸到内涵特定人格和精神利益的特定身份权利,是对人格权司法保护的又一发展。与此相关的是,近期已颁布的修改后的《婚姻法》第四十六条规定:"有下列情形之一,导致离婚的,无过错方有权请求损害赔偿:(一)重婚的;(二)有配偶者与他人同居的;(三)实施家庭暴力的;(四)虐待、遗弃家庭成员的。"此处的"损害赔偿"也是针对"非财产上损害"即精神损害的赔偿。这表明立法直接确认了因婚姻关系纠纷造成的精神损害赔偿,但其性质是否涉及对身份权利的侵害,以及涉及对何种身份权利的侵害,需要进一步研究。

(四)对人格利益的延伸保护。按照传统的民法理论,自然人的权利能力始于出生,终于死亡,自然人死亡以后就不再具民事主体资格,不享有民事权利,当然也就谈不上死者具有人格权。但由于近亲属间特定的身份关系,自然人死亡以后,其人格要素对其仍然生存着的配偶、父母、子女和其他近亲属会产生影响，并构成生者精神利益的重要内容。这种精神利益所体现出的人性的光辉，有助于社会的团结和睦，有利于维护社会稳定。因此，对死者人格的侵害，实际上是对其活着的配偶、父母、子女和其他近亲属精神利益和人格尊严的直接侵害，在侵权类型上，同样属于以违反公序良俗的方式致人损害，损害后果表现为使死者配偶、父母、子女或者其他近亲属蒙受感情创伤、精神痛苦或者人格贬损。以往的司法解释仅就名誉权的延伸保护有过规定，本《解释》则将其扩大到自然人的其他人格要素，包括姓名、肖像、荣誉、隐私以及死者的遗体、遗骨。其真正的目的，应是保护生者的人格尊严和精神利益。

（五）对与精神利益有关的特定财产权利的保护。精神损害赔偿原则上限于人格权和身份权受到侵害的情形，但并不排除在特殊情形下，财产权受到侵害时也可以请求赔偿精神损害。例如：一位在地震中失去双亲的孤儿，将父母生前唯一的一张遗照送到照相馆翻拍时被照相馆丢失，因业主只同意退赔洗印费，受害人向法院起诉要求赔偿精神损害，法院判决予以支持。此类情形，多有发生。但审判实践中对其构成要件应从严掌握。首先，侵害的客体应当是以精神利益为内容的纪念物品，其本身负载重大感情价值，具有人格象征意义；其次，该纪念物品因侵权行为而永久性灭失或毁损，其损失具有不可逆转的性质。不具备以上构成要件的，仍应当按照损害赔偿法的一般原理，赔偿受害人的实际财产损失。因为精神损害赔偿的固有含义是对人身非财产损害的赔偿，在侵权的客体或侵害的对象是财产而不是人身的情况下，精神损害具有间接损害的性质，且客观上往往难以预料。按照损害赔偿的法理，对客观上难以预料同时也难以确定其范围和大小的间接损失不在赔偿之列。此外，《解释》第四条涉及违约与侵权的竞合，鉴于违约责任不包括精神损害赔偿，因此本条强调，必须是物品所有人"以侵权为由"起诉，才能请求赔偿精神损害。为防止滥用诉权，如以宠物被伤害要求赔偿精神损害，本条加上"具有人格象征意义"作为限制。

需要说明的是，关于违约损害赔偿，国外有因违反合同而被法院判决赔偿精神损害的若干判例，但一般限于以提供安宁的享受或解除痛苦和烦恼等期待精神利益为目的的合同。例如，旅游度假服务合同，摄影录像服务合同等。国内对美容整形服务合同未能达到预期目的并造成不良后果的，也有判决违约方赔偿精神损害的若干判例；包括洗印照片被丢失的案例，有意见认为应从违约损害赔偿的角度来观察和理解，理由是期待精神利益损失可以类推适用《合同法》第一百一十三条规定中的可得利益损失，因为期待精神利益损失符合该条规定中的"可预见性"特征，即违反合同一方订立合同时预见到或者应当预见到的因违反合同可能造成的损失，因而具有直接损失的性质；如因债务人一方违约而使合同目的落空，债权人可以向人民法院起诉要求赔偿精神损失，但以合同不能继续履行为限。《解释》未采纳违反合同也应承担精神损害赔偿责任的观点，而将精神损害赔偿的范围限制在上述侵权案件类型中。

三、关于诉讼主体

关于主体方面的规定，主要涉及以下两个问题：（一）自然人因侵权行为致死或自然人死亡后其人格或者遗体遭受侵害的，由死者配偶、父母和子女享有请求权；没有配偶、父母和子女的，其他近亲属享有请求权。（二）法人或者其他组织以人格权利等民事权益遭受侵害为由要求赔偿精神损害的，人民法院不予支持。

按照大陆法系传统的民法理论，侵权损害赔偿只赔偿直接受害人，对间接受害人一般不予赔偿。因为间接受害人的范围往往难以预料，也难以确定。如果一律给予赔偿，无疑会加重侵权人一方的负担，在利益衡量上显失公平。但有若干例外情形，对间接受害人给予赔偿符合社会正义观念。受害人死亡，即属于公认的例外情形之一。在此情形下，各国一般会确认受害人的配偶、父母和子女有权请求赔偿精神损害。鉴于中国的国情，我们认为应当将享有请求权的范围适当扩大。一种意见是扩大到与受害人形成赡养、抚养和扶养关系的近亲属，但以受害人没有配偶、父母和子女的情形为限。另一种意见则主张取消形成赡养、扶养和抚养关系这一限制性条件。《解释》最终采取了后一种意见。其基本理由，是对于自然人死亡后，其人格或者遗体遭受侵害的，不仅配偶、父母和子女有权请求赔偿精神损害，而且在没有配偶、父母和子女的情况下，其他近亲属也可以请求赔偿精神损害，对比自然人因侵权行为致死的情形，两者孰重孰轻，应不难判断。

关于法人和其他组织是否享有精神损害赔偿请求权，与对精神损害赔偿的功能和性质的确认有关。通常认为，精神损害赔偿是对"非财产上损害"的赔偿。"非财产上损害"在传统民法理论中一般被定义为精神痛苦和肉体痛苦。法人和其他组织作为民事主体仅在社会功能上与自然人相同，但其不具有精神感受力，无精神痛苦可言，因此，其人格权利遭受侵害时，不具备精神损害后果这一侵权民事责任的构成要件。另外，对自然人的精神损害给予司法救济，与对人权的法律保护密切相关；把包含有"人权"内涵的自然人的人格权利与作为社会组织体的法人或者其他组织的人格权利等量齐观，混为一谈，是不适当的，后者实质上是一种无形财产权。法人人格遭受损害，赔礼道歉即足以恢复其名誉，无须给予金钱赔偿。相反的观点认为，"非财产上损害"与财产损害相对应，不能简单地将"非财产上损害"定义为精神痛苦和肉体痛苦，法人尤其是非营利法人名誉受损，导致其社会信誉降低，客观上也属于"非财产上损害"，金钱赔偿有利于防止这类侵权行为的发生，充分发挥损害赔偿制度的教育防范功能。此外，营利性法人名誉受损，其财产损失往往难以有效举证，从"非财产上损害"的角度判令侵权人赔偿损失能充分体现精神损害赔偿制度的调整功能，有利于制止商业不正当竞争等违法侵权行为的发生。鉴于精神损害赔偿制度着重在对基本人权的保护和对人格尊严的维护，对精神损害赔偿的泛化有违其制度设计的初衷,《解释》没有采纳第二种意见。最高人民法院《关于审理名誉权案件若干问题的解答》第十条第二款,对《民法通则》第一百二十条规定的"赔偿损失"明确区分为"经济损失"和"精神损害",并确认只有公民享有精神损害赔偿请求权,《解释》仍采取这一立场。

四、关于赔偿责任的构成要件与赔偿数额的确定

关于精神损害赔偿责任的构成要件,与财产损害赔偿责任的构成要件,原则上并无不同,两者同属侵权损害赔偿,故精神损害赔偿责任的成立也应具备以下要件:①有损害后果,即因人格权益等有关民事权益遭受侵害,造成受害人"非财产上损害"——包括精神痛苦和肉体痛苦;②有违法侵害自然人人格和身份权益的侵权事实。违法性的判断标准,一是直接侵害法定权利,二是以违反社会公共利益或者社会公德(公序良俗)的方式侵害合法的人格利益;③侵权事实和损害后果之间具有因果关系;④侵权人主观上有故意或者过失,但法律另有规定的除外。需要说明的是,具备以上构成要件,侵权人应当承担相应的民事责任,包括停止侵害,恢复名誉,消除影响,赔礼道歉;但对未造成严重后果,受害人请求赔偿精神损害的,一般不予支持。造成严重后果的,人民法院根据受害人的请求,可以判令侵权人赔偿相应的精神损害抚慰金。其指导思想在于:精神损害赔偿只是当事人承担民事责任的一种方式,而责任承担方式与责任的大小存在一定的均衡性。金钱赔偿属于较严重的责任承担方式,自然只有造成较为严重的损害后果,主张金钱赔偿才属损害与责任相当。这符合平均的正义的司法理念,有利于防止滥诉,节约诉讼成本。对于何种情形属于"未造成严重后果",何种情形才构成"后果严重",属于具体个案中的事实判断问题,应由审判合议庭或者审理案件的法官结合案件具体情节认定。

精神损害是一种无形损害,本质上不可计量。金钱赔偿并不是给精神损害"明码标价",两者之间不存在商品货币领域里等价交换的对应关系。但从国家的经济文化发展水平和社会的一般价值观念出发,可以从司法裁判的角度对精神损害的程度、后果和加害行为的可归责性及其道德上的可谴责性作出主观评价，即由审判合议庭行使自由裁量权确定具体案件的赔偿数额。但为了尽量减少或降低自由裁量的主观性和任意性，《解释》第八条和第十条规定了若干原则。第八条规定的意义已如上所述，明确精神损害赔偿只是承担精神损害民事责任的一种方式，只有当侵权人承担其他形式的民事责任不足以弥补受害人精神损害的情况下，方可考虑采取金钱赔偿的方式。《解释》第十条对确定抚慰金时应当考虑的相关因素作了原则性规定。其中，比较容易引起争议的是第（五）项"侵权人承担责任的经济能力"。一种观点认为，侵权责任的承担是为了填补损害，只能由损害的大小来决定责任的大小。考虑侵权人的经济能力，有违法律面前人人平等的原则；有钱多赔，也会导致受害人获得不当利益。此种观点，未综合考虑精神损害赔偿的抚慰功能、惩罚功能和调整功能，而单纯就填补损害功能立论，所以不能区分精神损害赔偿与财产损害赔偿的不同作用，《解释》未予采取。从平均的正义向分配的正义的发展，是现代社会立法和司法实践中一个带有趋势性的重要现象。精神损害赔偿基于其特殊的调整功能和惩罚功能，在填补损害的前提下考虑加害人承担责任的经济能力，体现了司法实践中从平均的正义向分配的正义的发展，具有积极意义。基于同样的理由，对赔偿数额的确定还应考虑受诉法院所在地的平均生活水平，不应盲目攀比。鉴于我国经济、社会和文化发展所固有的地区不平衡性，《解释》对赔偿的具体标准未作规定。实践中，已经有一些地方立法机关和高级人民法院对精神损害赔偿数额作出了比较具体的规定。制定这些规定，与《解释》的指导思想没有原则性冲突。各地法律的不同规定，与当地的经济文化发展水平有关，也是积累审判实践经验。今后可以通过判例的积累进一步总结经验，归纳类型，逐步实现全国范围内的相对平衡。

五、关于法律、法规与司法解释的相互协调

《解释》第九条规定："精神损害抚慰金包括以下方式：（一）致人

残疾的，为残疾赔偿金；（二）致人死亡的，为死亡赔偿金；（三）其他损害情形的精神抚慰金。"该条规定是为了与现行的有关民事特别法和行政法规等相协调。《消费者权益保护法》第四十一条、四十二条规定，经营者提供商品或者服务，造成消费者或者其他受害人人身伤害，致人残疾的，应当支付"残疾赔偿金"，致人死亡的，应当支付"死亡赔偿金"，其性质均属《解释》规定的精神损害抚慰金。此外，《道路交通事故处理办法》第三十七条第（八）项规定的"死亡补偿费"，与"死亡赔偿金"名称不同，但具有同一性质，属于精神损害抚慰金。需要指出的是，《道路交通事故处理办法》第三十七条第（五）项规定的"残疾者生活补助费"属于对受害人财产损失的赔偿，不属于精神损害抚慰金，与《消费者权益保护法》第四十一条规定的"残疾者生活补助费"相同，而与该法中的"残疾赔偿金"不能作同一解释。一种意见认为，"死亡赔偿金"是对逸失利益的赔偿，因而性质上仍属对财产损失的赔偿，而不是精神损害赔偿。但对逸失利益的赔偿有两种立法模式，即对继承丧失的赔偿与对扶养丧失的赔偿。前者指因受害人死亡，造成其在正常生存情况下余命年限内的收入损失，该收入损失扣除其个人生活费用，其余部分属于其继承人应得的财产利益，"死亡赔偿金"就是对这部分利益的赔偿。"扶养丧失"则是指因受害人死亡，死者亲属丧失了原有扶养费供给来源，并支出丧葬费，对其财产损失（丧葬费、生活补助费）和精神损害（死亡赔偿金）应予赔偿。我国有关立法属于"扶养丧失"的损失赔偿类型，故"死亡赔偿金"应理解为精神损害抚慰金。

刑事附带民事诉讼中的精神损害赔偿，是一个存在较大争议的问题。2000 年 12 月 19 日法释〔2000〕47 号《最高人民法院关于刑事附带民事诉讼范围问题的规定》第一条第二款规定："对于被害人因犯罪行为遭受精神损失而提起附带民事诉讼的，人民法院不予受理。"而依据《解释》的规定，侵害他人人身权益造成严重后果的，应当承担精神损害赔偿责任。同时，《解释》第六条规定："当事人在侵权诉讼中没有提出赔偿精神损害的诉讼请求，诉讼终结后又基于同一侵权事实另行起诉请求赔偿精神损害的，人民法院不予受理。"这样，受害人既不能在刑事附带民事诉讼中提出精神损害赔偿的诉讼请求，在刑事附带民事诉讼终结以后，也不能另行提起民事诉讼请求赔偿精神损害，这对受害当事人明显不公平。有鉴于此，《解释》第十二条规定："在本解释公布施行之前已经生效施行的司法解释，其内容有与本解释不一致的，以本解释为准。"其理由在于：第一，法释〔2000〕47 号的规定是依据《刑法》第三十六条和《刑诉法》第七十七条。《刑事诉讼法》第七十七条规定："被害人由于被告人的犯罪行为而遭受物质损失的，在刑事诉讼过程中，有权提起附带民事诉讼。"该条规定属于授权性规范，其着重点在于刑事附带民事诉讼的程序设置，而非将精神损害赔偿的诉讼请求排除在该程序设置之外。第二，在因道路交通事故致人死亡提起的刑事附带民事诉讼中，人民法院依据《道路交通事故处理办法》第三十七条第（八）项的规定判决赔偿受害人亲属的死亡补偿费，其性质属于精神损害抚慰金，法释〔2000〕47 号的规定与审判实践不符，也与《道路交通事故处理办法》的规定相悖。第三，刑事附带民事诉讼的程序设置，是为了简化诉讼程序，提高诉讼效率。但其附带民事诉讼所审理的案件，本质上仍是民事案件，与独立的民事诉讼程序审理的同类民事案件应遵循共同的实体法律规范，否则，因为追求效率的程序设计牺牲实体公正，与人民法院努力实现公正、效率的司法价值目标不符，也违反基本的社会主义观念，将难以取得良好的法律效果和社会效果。

专题 17　最高人民法院关于审理触电人身损害赔偿案件适用法律若干问题的解释

(2000 年 11 月 13 日由最高人民法院审判委员会第 1137 次会议通过)

法释〔2001〕3 号

为正确审理因触电引起的人身损害赔偿案件，保护当事人的合法权益，根据《民法通则》《中华人民共和国电力法》和其他有关法律的规定，结合审判实践经验，对审理此类案件具体应用法律的若干问题解释如下：

第一条　民法通则第一百二十三条所规定的"高压"包括 1 千伏（kV）及其以上电压等级的高压电；1 千伏（kV）以下电压等级为非高压电。

第二条　因高压电造成人身损害的案件，由电力设施产权人依照民法通则第一百二十三条的规定承担民事责任。

但对因高压电引起的人身损害是由多个原因造成的，按照致害人的行为与损害结果之间的原因力确定各自的责任。致害人的行为是损害后果发生的主要原因，应当承担主要责任；致害人的行为是损害后果发生的非主要原因，则承担相应的责任。

第三条　因高压电造成他人人身损害有下列情形之一的，电力设施产权人不承担民事责任：

（一）不可抗力；

（二）受害人以触电方式自杀、自伤；

（三）受害人盗窃电能，盗窃、破坏电力设施或者因其他犯罪行为而引起触电事故；

（四）受害人在电力设施保护区从事法律、行政法规所禁止的
行为。

第四条　因触电引起的人身损害赔偿范围包括：

（一）医疗费：指医院对因触电造成伤害的当事人进行治疗所收取的
费用。医疗费根据治疗医院诊断证明、处方和医药费、住院费的单据
确定。

医疗费还应当包括继续治疗费和其他器官功能训练费以及适当的整
容费。继续治疗费既可根据案情一次性判决，也可根据治疗需要确定赔
偿标准。

费用的计算参照公费医疗的标准。

当事人选择的医院应当是依法成立的、具有相应治疗能力的医院、
卫生院、急救站等医疗机构。当事人应当根据受损害的状况和治疗需要
就近选择治疗医院。

（二）误工费：有固定收入的，按实际减少的收入计算。没有固定
收入或者无收入的，按事故发生地上年度职工平均年工资标准计算。误
工时间可以按照医疗机构的证明或者法医鉴定确定；依此无法确定的，
可以根据受害人的实际损害程度和恢复状况等确定。

（三）住院伙食补助费和营养费：住院伙食补助费应当根据受害人
住院或者在外地接受治疗期间的时间，参照事故发生地国家机关一般工
作人员的出差伙食补助标准计算。人民法院应当根据受害人的伤残情
况、治疗医院的意见决定是否赔偿营养费及其数额。

（四）护理费：受害人住院期间，护理人员有收入的，按照误工费
的规定计算；无收入的，按照事故发生地平均生活费计算。也可以参照
护工市场价格计算。受害人出院以后，如果需要护理的，凭治疗医院证
明，按照伤残等级确定。残疾用具费应一并考虑。

（五）残疾人生活补助费：根据丧失劳动能力的程度或伤残等级，

按照事故发生地平均生活费计算。自定残之月起，赔偿二十年。但五十周岁以上的，年龄每增加一岁减少一年，最低不少于十年；七十周岁以上的，按五年计算。

（六）残疾用具费：受害残疾人因日常生活或辅助生产劳动需要必须配置假肢、代步车等辅助器具的，凭医院证明按照国产普通型器具的费用计算。

（七）丧葬费：国家或者地方有关机关有规定的，依该规定；没有规定的，按照办理丧葬实际支出的合理费用计算。

（八）死亡补偿费：按照当地平均生活费计算，补偿二十年。对七十周岁以上的，年龄每增加一岁少计一年，但补偿年限最低不少于十年。

（九）被扶养人生活费：以死者生前或者残者丧失劳动能力前实际扶养的、没有其他生活来源的人为限，按当地居民基本生活费标准计算。被扶养人不满十八周岁的，生活费计算到十八周岁。被扶养人无劳动能力的，生活费计算二十年，但五十周岁以上的，年龄每增加一岁扶养费少计一年，但计算生活费的年限最低不少于十年；被扶养人七十周岁以上的，抚养费只计五年。

（十）交通费：是指救治触电受害人实际必需的合理交通费用，包括必须转院治疗所必需的交通费。

（十一）住宿费：是指受害人因客观原因不能住院也不能住在家里确需就地住宿的费用，其数额参照事故发生地国家机关一般工作人员的出差住宿标准计算。

当事人的亲友参加处理触电事故所需交通费、误工费、住宿费、伙食补助费，参照第一款的有关规定计算，但计算费用的人数不超过三人。

第五条　依照前条规定计算的各种费用，凡实际发生和受害人急需的，应当一次性支付；其他费用，可以根据数额大小、受害人需求程度、当事人的履行能力等因素确定支付时间和方式。如果采用定期金赔偿方式，应当确定每期的赔偿额并要求责任人提供适当的担保。

第六条　因非高压电造成的人身损害赔偿可以参照第四条和第五条的规定处理。

专题18　最高人民法院关于审理道路交通事故损害赔偿案件适用法律若干问题的解释

中华人民共和国最高人民法院公告

《最高人民法院关于审理道路交通事故损害赔偿案件适用法律若干问题的解释》已于2012年9月17日由最高人民法院审判委员会第1556次会议通过，现予公布，自2012年12月21日起施行。

最高人民法院

2012年11月27日

为正确审理道路交通事故损害赔偿案件，根据《侵权责任法》《合同法》《道路交通安全法》《保险法》《民事诉讼法》等法律的规定，结合审判实践，制定本解释。

一、关于主体责任的认定

第一条　机动车发生交通事故造成损害，机动车所有人或者管理人有下列情形之一，人民法院应当认定其对损害的发生有过错，并适用侵权责任法第四十九条的规定确定其相应的赔偿责任：

（一）知道或者应当知道机动车存在缺陷，且该缺陷是交通事故发生原因之一的；

（二）知道或者应当知道驾驶人无驾驶资格或者未取得相应驾驶资格的；

（三）知道或者应当知道驾驶人因饮酒、服用国家管制的精神药品或者麻醉药品，或者患有妨碍安全驾驶机动车的疾病等依法不能驾驶机动车的；

（四）其他应当认定机动车所有人或者管理人有过错的。

第二条 未经允许驾驶他人机动车发生交通事故造成损害，当事人依照侵权责任法第四十九条的规定请求由机动车驾驶人承担赔偿责任的，人民法院应予支持。机动车所有人或者管理人有过错的，承担相应的赔偿责任，但具有侵权责任法第五十二条规定情形的除外。

第三条 以挂靠形式从事道路运输经营活动的机动车发生交通事故造成损害，属于该机动车一方责任，当事人请求由挂靠人和被挂靠人承担连带责任的，人民法院应予支持。

第四条 被多次转让但未办理转移登记的机动车发生交通事故造成损害，属于该机动车一方责任，当事人请求由最后一次转让并交付的受让人承担赔偿责任的，人民法院应予支持。

第五条 套牌机动车发生交通事故造成损害，属于该机动车一方责任，当事人请求由套牌机动车的所有人或者管理人承担赔偿责任的，人民法院应予支持；被套牌机动车所有人或者管理人同意套牌的，应当与套牌机动车的所有人或者管理人承担连带责任。

第六条 拼装车、已达到报废标准的机动车或者依法禁止行驶的其他机动车被多次转让，并发生交通事故造成损害，当事人请求由所有的转让人和受让人承担连带责任的，人民法院应予支持。

第七条 接受机动车驾驶培训的人员，在培训活动中驾驶机动车发生交通事故造成损害，属于该机动车一方责任，当事人请求驾驶培训单位承担赔偿责任的，人民法院应予支持。

第八条　机动车试乘过程中发生交通事故造成试乘人损害，当事人请求提供试乘服务者承担赔偿责任的，人民法院应予支持。试乘人有过错的，应当减轻提供试乘服务者的赔偿责任。

第九条　因道路管理维护缺陷导致机动车发生交通事故造成损害，当事人请求道路管理者承担相应赔偿责任的，人民法院应予支持，但道路管理者能够证明已按照法律、法规、规章、国家标准、行业标准或者地方标准尽到安全防护、警示等管理维护义务的除外。

依法不得进入高速公路的车辆、行人，进入高速公路发生交通事故造成自身损害，当事人请求高速公路管理者承担赔偿责任的，适用《侵权责任法》第七十六条的规定。

第十条　因在道路上堆放、倾倒、遗撒物品等妨碍通行的行为，导致交通事故造成损害，当事人请求行为人承担赔偿责任的，人民法院应予支持。道路管理者不能证明已按照法律、法规、规章、国家标准、行业标准或者地方标准尽到清理、防护、警示等义务的，应当承担相应的赔偿责任。

第十一条　未按照法律、法规、规章或者国家标准、行业标准、地方标准的强制性规定设计、施工，致使道路存在缺陷并造成交通事故，当事人请求建设单位与施工单位承担相应赔偿责任的，人民法院应予支持。

第十二条　机动车存在产品缺陷导致交通事故造成损害，当事人请求生产者或者销售者依照侵权责任法第五章的规定承担赔偿责任的，人民法院应予支持。

第十三条　多辆机动车发生交通事故造成第三人损害，当事人请求多个侵权人承担赔偿责任的，人民法院应当区分不同情况，依照侵权责任法第十条、第十一条或者第十二条的规定，确定侵权人承担连带责任或者按份责任。

二、关于赔偿范围的认定

第十四条 道路交通安全法第七十六条规定的"人身伤亡",是指机动车发生交通事故侵害被侵权人的生命权、健康权等人身权益所造成的损害,包括侵权责任法第十六条和第二十二条规定的各项损害。

道路交通安全法第七十六条规定的"财产损失",是指因机动车发生交通事故侵害被侵权人的财产权益所造成的损失。

第十五条 因道路交通事故造成下列财产损失,当事人请求侵权人赔偿的,人民法院应予支持:

(一)维修被损坏车辆所支出的费用、车辆所载物品的损失、车辆施救费用;

(二)因车辆灭失或者无法修复,为购买交通事故发生时与被损坏车辆价值相当的车辆重置费用;

(三)依法从事货物运输、旅客运输等经营性活动的车辆,因无法从事相应经营活动所产生的合理停运损失;

(四)非经营性车辆因无法继续使用,所产生的通常替代性交通工具的合理费用。

三、关于责任承担的认定

第十六条 同时投保机动车第三者责任强制保险(以下简称"交强险")和第三者责任商业保险(以下简称"商业三者险")的机动车发生交通事故造成损害,当事人同时起诉侵权人和保险公司的,人民法院应当按照下列规则确定赔偿责任:

(一)先由承保交强险的保险公司在责任限额范围内予以赔偿;

(二)不足部分,由承保商业三者险的保险公司根据保险合同予以赔偿;

(三)仍有不足的,依照道路交通安全法和侵权责任法的相关规定由侵权人予以赔偿。

被侵权人或者其近亲属请求承保交强险的保险公司优先赔偿精神损害的，人民法院应予支持。

第十七条　投保人允许的驾驶人驾驶机动车致使投保人遭受损害，当事人请求承保交强险的保险公司在责任限额范围内予以赔偿的，人民法院应予支持，但投保人为本车上人员的除外。

第十八条　有下列情形之一导致第三人人身损害，当事人请求保险公司在交强险责任限额范围内予以赔偿，人民法院应予支持：

（一）驾驶人未取得驾驶资格或者未取得相应驾驶资格的；

（二）醉酒、服用国家管制的精神药品或者麻醉药品后驾驶机动车发生交通事故的；

（三）驾驶人故意制造交通事故的。

保险公司在赔偿范围内向侵权人主张追偿权的，人民法院应予支持。追偿权的诉讼时效期间自保险公司实际赔偿之日起计算。

第十九条　未依法投保交强险的机动车发生交通事故造成损害，当事人请求投保义务人在交强险责任限额范围内予以赔偿的，人民法院应予支持。

投保义务人和侵权人不是同一人，当事人请求投保义务人和侵权人在交强险责任限额范围内承担连带责任的，人民法院应予支持。

第二十条　具有从事交强险业务资格的保险公司违法拒绝承保、拖延承保或者违法解除交强险合同，投保义务人在向第三人承担赔偿责任后，请求该保险公司在交强险责任限额范围内承担相应赔偿责任的，人民法院应予支持。

第二十一条　多辆机动车发生交通事故造成第三人损害，损失超出各机动车交强险责任限额之和的，由各保险公司在各自责任限额范围内承担赔偿责任；损失未超出各机动车交强险责任限额之和，当事人请求由各保险公司按照其责任限额与责任限额之和的比例承担赔偿责任的，人民法院应予支持。

依法分别投保交强险的牵引车和挂车连接使用时发生交通事故造成第三人损害，当事人请求由各保险公司在各自的责任限额范围内平均赔偿的，人民法院应予支持。

多辆机动车发生交通事故造成第三人损害，其中部分机动车未投保交强险，当事人请求先由已承保交强险的保险公司在责任限额范围内予以赔偿的，人民法院应予支持。保险公司就超出其应承担的部分向未投保交强险的投保义务人或者侵权人行使追偿权的，人民法院应予支持。

第二十二条　同一交通事故的多个被侵权人同时起诉的，人民法院应当按照各被侵权人的损失比例确定交强险的赔偿数额。

第二十三条　机动车所有权在交强险合同有效期内发生变动，保险公司在交通事故发生后，以该机动车未办理交强险合同变更手续为由主张免除赔偿责任的，人民法院不予支持。

机动车在交强险合同有效期内发生改装、使用性质改变等导致危险程度增加的情形，发生交通事故后，当事人请求保险公司在责任限额范围内予以赔偿的，人民法院应予支持。

前款情形下，保险公司另行起诉请求投保义务人按照重新核定后的保险费标准补足当期保险费的，人民法院应予支持。

第二十四条　当事人主张交强险人身伤亡保险金请求权转让或者设定担保的行为无效的，人民法院应予支持。

四、关于诉讼程序的规定

第二十五条　人民法院审理道路交通事故损害赔偿案件，应当将承保交强险的保险公司列为共同被告。但该保险公司已经在交强险责任限额范围内予以赔偿且当事人无异议的除外。

人民法院审理道路交通事故损害赔偿案件，当事人请求将承保商业三者险的保险公司列为共同被告的，人民法院应予准许。

第二十六条 被侵权人因道路交通事故死亡，无近亲属或者近亲属不明，未经法律授权的机关或者有关组织向人民法院起诉主张死亡赔偿金的，人民法院不予受理。

侵权人以已向未经法律授权的机关或者有关组织支付死亡赔偿金为理由，请求保险公司在交强险责任限额范围内予以赔偿的，人民法院不予支持。

被侵权人因道路交通事故死亡，无近亲属或者近亲属不明，支付被侵权人医疗费、丧葬费等合理费用的单位或者个人，请求保险公司在交强险责任限额范围内予以赔偿的，人民法院应予支持。

第二十七条 公安机关交通管理部门制作的交通事故认定书，人民法院应依法审查并确认其相应的证明力，但有相反证据推翻的除外。

五、关于适用范围的规定

第二十八条 机动车在道路以外的地方通行时引发的损害赔偿案件，可以参照适用本解释的规定。

第二十九条 本解释施行后尚未终审的案件，适用本解释；本解释施行前已经终审，当事人申请再审或者按照审判监督程序决定再审的案件，不适用本解释。

附最高人民法院的相关解答

1. 机动车管理人也须担责解决"人车分离"责任难题

机动车运行的具体情况千差万别，发生交通事故后，应当由谁承担侵权责任是案件审理中的重要问题。《侵权责任法》规定，在机动车所有人与使用人不一致的情形下，机动车所有人应当承担过错责任。

因此司法解释针对机动车所有人与管理人分离的情形，将机动车管理人纳入到过错责任的主体范围之内。同时，针对过错的认定标准，司法解释列举若干典型情形，例如所有人或管理人明知机动车有缺陷、明知使用人无驾驶资质等情形，以统一裁判尺度。

以挂靠形式从事运输经营在实践中较为普遍，这种经营方式不仅违反了相关交通运输管理法规，极易导致被挂靠人疏于安全管理、增加道路交通事故的风险，而且造成道路交通事故的受害人的损失难以得到充分、及时的赔偿。

司法解释在总结审判经验基础上，明确规定以挂靠形式从事运输经营的机动车发生交通事故后，属于机动车一方责任的，由挂靠人和被挂靠人承担连带赔偿责任。

2. 套牌车、拼装车、报废车事故赔偿加重连带责任

套牌车、拼装车以及报废车等机动车上路行驶的现象，在现实中仍有不少。这些违法上路行驶的机动车不仅自身存在较大安全隐患，更为严重的是，此类机动车事故率高、危害大，给其他道路交通参与人造成了极大的风险。

司法解释依据《侵权责任法》立法精神，明确规定如果被套牌机动车所有人或者管理人同意他人套牌的，应当与套牌机动车的所有人或者管理人承担连带责任；拼装车、报废车被多次转让的，则所有的转让人和受让人共同承担连带责任。

司法解释还规定，因在道路上堆放、倾倒、遗撒物品等妨碍通行的行为，导致交通事故造成损害，当事人请求行为人承担赔偿责任的，人民法院应予支持。道路管理者不能证明已按照法律、法规、规章、国家标准、行业标准或者地方标准尽到清理、防护、警示等义务的，应当承担相应的赔偿责任。

3. 对"人身伤亡"和"财产损失"作出解释性规定

司法解释依据《侵权责任法》、《道路交通安全法》的精神，确定损害赔偿的范围，以实现受害人的损失填补和其他道路交通参与人的经济负担之间的利益平衡。对《道路交通安全法》规定的"人身伤亡"和"财产损失"作出解释性规定，明确人身伤亡是指道路交通事故侵害人身权益所造成的损失；财产损失是指道路交通事故侵害财产权益所造成的损失等等。

如此规定，解决了长期以来实践中有所争议的医疗费用、精神损害等损失属于"人身伤亡"还是"财产损失"、交强险应否赔偿精神损害以及精神损害在交强险中的赔偿次序等一系列问题。同时，司法解释就道路交通事故造成的财产损失的具体范围，以列举的方式加以明确。该规定有助于统一裁判尺度，使受害人的损失填补更加合理，也避免了损失范围过大、道路交通参与人负担过重的问题。

4. 醉驾、毒驾造成交通事故交强险保险公司先赔偿

醉酒驾驶、无证驾驶、吸毒后驾驶以及驾驶人故意制造交通事故的几种违法情形在实践中经常出现，发生事故后，往往导致受害人损失难以获得赔偿，人身权益难以得到保障。

司法解释以《侵权责任法》的立法精神和交强险的功能为依据，明确规定这些情形下，交强险保险公司仍然对受害人人身权益的损失承担赔偿责任，赔偿后有权向侵权人追偿。该规定一方面有力地保障了受害人的人身权益、发挥了交强险的功能，另一方面也使侵权人承担了最终的赔偿责任，制裁了侵权行为。

5. 交强险和商业三者险并存时交强险先赔付

为了妥善处理保险制度与侵权责任之间的关系，司法解释在制定时强调交强险对受害人的损失填补功能和安定社会的功能，重视商业三者险对被保险人的风险分散功能，合理安排交通事故损害赔偿的次序。

所以司法解释规定，在交强险和商业三者险并存的情况下，先由交强险保险公司在责任限额范围内予以赔偿，再确定侵权人的侵权责任，然后由商业三者险保险公司依据保险合同予以赔偿，最后再由侵权人依照《侵权责任法》的相关规定承担剩余的侵权责任。

司法解释还规定未投保交强险的机动车发生交通事故造成第三人损害，由投保义务人先在交强险责任限额范围内承担赔偿责任。如果投保义务人与驾驶人不一致的，两者在此范围承担连带责任。该规定在充分

保护受害人合法权益的同时，也有利于促使投保义务人积极履行法定义务，促进道路交通秩序的良性发展。

专题 19 最高人民法院关于审理人身损害赔偿案件适用法律若干问题的解释

（2003 年 12 月 4 日最高人民法院审判委员会第 1299 次会议通过 2003 年 12 月 26 日最高人民法院文件法释〔2003〕20 号发布 自 2004 年 5 月 1 日起施行）

为正确审理人身损害赔偿案件，依法保护当事人的合法权益，根据《民法通则》《民事诉讼法》等有关法律规定，结合审判实践，就有关适用法律的问题作如下解释：

第一条 因生命、健康、身体遭受侵害，赔偿权利人起诉请求赔偿义务人赔偿财产损失和精神损害的，人民法院应予受理。

本条所称"赔偿权利人"，是指因侵权行为或者其他致害原因直接遭受人身损害的受害人、依法由受害人承担扶养义务的被扶养人以及死亡受害人的近亲属。

本条所称"赔偿义务人"，是指因自己或者他人的侵权行为以及其他致害原因依法应当承担民事责任的自然人、法人或者其他组织。

第二条 受害人对同一损害的发生或者扩大有故意、过失的，依照民法通则第一百三十一条的规定，可以减轻或者免除赔偿义务人的赔偿责任。但侵权人因故意或者重大过失致人损害，受害人只有一般过失的，不减轻赔偿义务人的赔偿责任。

适用民法通则第一百零六条第三款规定确定赔偿义务人的赔偿责任

时，受害人有重大过失的，可以减轻赔偿义务人的赔偿责任。

　　第三条　二人以上共同故意或者共同过失致人损害，或者虽无共同故意、共同过失，但其侵害行为直接结合发生同一损害后果的，构成共同侵权，应当依照民法通则第一百三十条规定承担连带责任。

　　二人以上没有共同故意或者共同过失，但其分别实施的数个行为间接结合发生同一损害后果的，应当根据过失大小或者原因力比例各自承担相应的赔偿责任。

　　第四条　二人以上共同实施危及他人人身安全的行为并造成损害后果，不能确定实际侵害行为人的，应当依照民法通则第一百三十条规定承担连带责任。共同危险行为人能够证明损害后果不是由其行为造成的，不承担赔偿责任。

　　第五条　赔偿权利人起诉部分共同侵权人的，人民法院应当追加其他共同侵权人作为共同被告。赔偿权利人在诉讼中放弃对部分共同侵权人的诉讼请求的，其他共同侵权人对被放弃诉讼请求的被告应当承担的赔偿份额不承担连带责任。责任范围难以确定的，推定各共同侵权人承担同等责任。

　　人民法院应当将放弃诉讼请求的法律后果告知赔偿权利人，并将放弃诉讼请求的情况在法律文书中叙明。

　　第六条　从事住宿、餐饮、娱乐等经营活动或者其他社会活动的自然人、法人、其他组织，未尽合理限度范围内的安全保障义务致使他人遭受人身损害，赔偿权利人请求其承担相应赔偿责任的，人民法院应予支持。

　　因第三人侵权导致损害结果发生的，由实施侵权行为的第三人承担赔偿责任。安全保障义务人有过错的，应当在其能够防止或者制止损害的范围内承担相应的补充赔偿责任。安全保障义务人承担责任后，可以向第三人追偿。赔偿权利人起诉安全保障义务人的，应当将第三人作为共同被告，但第三人不能确定的除外。

第七条 对未成年人依法负有教育、管理、保护义务的学校、幼儿园或者其他教育机构，未尽职责范围内的相关义务致使未成年人遭受人身损害，或者未成年人致他人人身损害的，应当承担与其过错相应的赔偿责任。

第三人侵权致未成年人遭受人身损害的，应当承担赔偿责任。学校、幼儿园等教育机构有过错的，应当承担相应的补充赔偿责任。

第八条 法人或者其他组织的法定代表人、负责人以及工作人员，在执行职务中致人损害的，依照民法通则第一百二十一条的规定，由该法人或者其他组织承担民事责任。上述人员实施与职务无关的行为致人损害的，应当由行为人承担赔偿责任。

属于《国家赔偿法》赔偿事由的，依照《国家赔偿法》的规定处理。

第九条 雇员在从事雇用活动中致人损害的，雇主应当承担赔偿责任；雇员因故意或者重大过失致人损害的，应当与雇主承担连带赔偿责任。雇主承担连带赔偿责任的，可以向雇员追偿。

前款所称"从事雇用活动"，是指从事雇主授权或者指示范围内的生产经营活动或者其他劳务活动。雇员的行为超出授权范围，但其表现形式是履行职务或者与履行职务有内在联系的，应当认定为"从事雇用活动"。

第十条 承揽人在完成工作过程中对第三人造成损害或者造成自身损害的，定作人不承担赔偿责任。但定作人对定作、指示或者选任有过失的，应当承担相应的赔偿责任。

第十一条 雇员在从事雇用活动中遭受人身损害，雇主应当承担赔偿责任。雇佣关系以外的第三人造成雇员人身损害的，赔偿权利人可以请求第三人承担赔偿责任，也可以请求雇主承担赔偿责任。雇主承担赔偿责任后，可以向第三人追偿。

雇员在从事雇佣活动中因安全生产事故遭受人身损害，发包人、分包人知道或者应当知道接受发包或者分包业务的雇主没有相应资质或者安全生产条件的，应当与雇主承担连带赔偿责任。

属于《工伤保险条例》调整的劳动关系和工伤保险范围的，不适用本条规定。

第十二条　依法应当参加工伤保险统筹的用人单位的劳动者，因工伤事故遭受人身损害，劳动者或者其近亲属向人民法院起诉请求用人单位承担民事赔偿责任的，告知其按《工伤保险条例》的规定处理。

因用人单位以外的第三人侵权造成劳动者人身损害，赔偿权利人请求第三人承担民事赔偿责任的，人民法院应予支持。

第十三条　为他人无偿提供劳务的帮工人，在从事帮工活动中致人损害的，被帮工人应当承担赔偿责任。被帮工人明确拒绝帮工的，不承担赔偿责任。帮工人存在故意或者重大过失，赔偿权利人请求帮工人和被帮工人承担连带责任的，人民法院应予支持。

第十四条　帮工人因帮工活动遭受人身损害的，被帮工人应当承担赔偿责任。被帮工人明确拒绝帮工的，不承担赔偿责任；但可以在受益范围内予以适当补偿。

帮工人因第三人侵权遭受人身损害的，由第三人承担赔偿责任。第三人不能确定或者没有赔偿能力的，可以由被帮工人予以适当补偿。

第十五条　为维护国家、集体或者他人的合法权益而使自己受到人身损害，因没有侵权人、不能确定侵权人或者侵权人没有赔偿能力，赔偿权利人请求受益人在受益范围内予以适当补偿的，人民法院应予支持。

第十六条　下列情形，适用民法通则第一百二十六条的规定，由所有人或者管理人承担赔偿责任，但能够证明自己没有过错的除外：

（一）道路、桥梁、隧道等人工建造的构筑物因维护、管理瑕疵致人损害的；

（二）堆放物品滚落、滑落或者堆放物倒塌致人损害的；

（三）树木倾倒、折断或者果实坠落致人损害的。

前款第（一）项情形，因设计、施工缺陷造成损害的，由所有人、管理人与设计、施工者承担连带责任。

第十七条 受害人遭受人身损害，因就医治疗支出的各项费用以及因误工减少的收入，包括医疗费、误工费、护理费、交通费、住宿费、住院伙食补助费、必要的营养费，赔偿义务人应当予以赔偿。

受害人因伤致残的，其因增加生活上需要所支出的必要费用以及因丧失劳动能力导致的收入损失，包括残疾赔偿金、残疾辅助器具费、被扶养人生活费，以及因康复护理、继续治疗实际发生的必要的康复费、护理费、后续治疗费，赔偿义务人也应当予以赔偿。

受害人死亡的，赔偿义务人除应当根据抢救治疗情况赔偿本条第一款规定的相关费用外，还应当赔偿丧葬费、被扶养人生活费、死亡补偿费以及受害人亲属办理丧葬事宜支出的交通费、住宿费和误工损失等其他合理费用。

第十八条 受害人或者死者近亲属遭受精神损害，赔偿权利人向人民法院请求赔偿精神损害抚慰金的，适用《最高人民法院关于确定民事侵权精神损害赔偿责任若干问题的解释》予以确定。

精神损害抚慰金的请求权，不得让与或者继承。但赔偿义务人已经以书面方式承诺给予金钱赔偿，或者赔偿权利人已经向人民法院起诉的除外。

第十九条 医疗费根据医疗机构出具的医药费、住院费等收款凭证，结合病历和诊断证明等相关证据确定。赔偿义务人对治疗的必要性和合理性有异议的，应当承担相应的举证责任。

医疗费的赔偿数额，按照一审法庭辩论终结前实际发生的数额确定。器官功能恢复训练所必要的康复费、适当的整容费以及其他后续治疗费，赔偿权利人可以待实际发生后另行起诉。但根据医疗证明或者鉴定结论确定必然发生的费用，可以与已经发生的医疗费一并予以赔偿。

第二十条　误工费根据受害人的误工时间和收入状况确定。

误工时间根据受害人接受治疗的医疗机构出具的证明确定。受害人因伤致残持续误工的，误工时间可以计算至定残日前一天。

受害人有固定收入的，误工费按照实际减少的收入计算。受害人无固定收入的，按照其最近三年的平均收入计算；受害人不能举证证明其最近三年的平均收入状况的，可以参照受诉法院所在地相同或者相近行业上一年度职工的平均工资计算。

第二十一条　护理费根据护理人员的收入状况和护理人数、护理期限确定。

护理人员有收入的，参照误工费的规定计算；护理人员没有收入或者雇佣护工的，参照当地护工从事同等级别护理的劳务报酬标准计算。护理人员原则上为一人，但医疗机构或者鉴定机构有明确意见的，可以参照确定护理人员人数。

护理期限应计算至受害人恢复生活自理能力时止。受害人因残疾不能恢复生活自理能力的，可以根据其年龄、健康状况等因素确定合理的护理期限，但最长不超过二十年。

受害人定残后的护理，应当根据其护理依赖程度并结合配置残疾辅助器具的情况确定护理级别。

第二十二条　交通费根据受害人及其必要的陪护人员因就医或者转院治疗实际发生的费用计算。交通费应当以正式票据为凭；有关凭据应当与就医地点、时间、人数、次数相符合。

第二十三条　住院伙食补助费可以参照当地国家机关一般工作人员的出差伙食补助标准予以确定。

受害人确有必要到外地治疗，因客观原因不能住院，受害人本人及其陪护人员实际发生的住宿费和伙食费，其合理部分应予赔偿。

第二十四条　营养费根据受害人伤残情况参照医疗机构的意见确定。

第二十五条　残疾赔偿金根据受害人丧失劳动能力程度或者伤残等级，按照受诉法院所在地上一年度城镇居民人均可支配收入或者农村居民人均纯收入标准，自定残之日起按二十年计算。但六十周岁以上的，年龄每增加一岁减少一年；七十五周岁以上的，按五年计算。

受害人因伤致残但实际收入没有减少，或者伤残等级较轻但造成职业妨害严重影响其劳动就业的，可以对残疾赔偿金作相应调整。

第二十六条　残疾辅助器具费按照普通适用器具的合理费用标准计算。伤情有特殊需要的，可以参照辅助器具配置机构的意见确定相应的合理费用标准。

辅助器具的更换周期和赔偿期限参照配置机构的意见确定。

第二十七条　丧葬费按照受诉法院所在地上一年度职工月平均工资标准，以六个月总额计算。

第二十八条　被扶养人生活费根据扶养人丧失劳动能力程度，按照受诉法院所在地上一年度城镇居民人均消费性支出和农村居民人均年生活消费支出标准计算。被扶养人为未成年人的，计算至十八周岁；被扶养人无劳动能力又无其他生活来源的，计算二十年。但六十周岁以上的，年龄每增加一岁减少一年；七十五周岁以上的，按五年计算。

被扶养人是指受害人依法应当承担扶养义务的未成年人或者丧失劳动能力又无其他生活来源的成年近亲属。被扶养人还有其他扶养人的，赔偿义务人只赔偿受害人依法应当负担的部分。被扶养人有数人的，年赔偿总额累计不超过上一年度城镇居民人均消费性支出额或者农村居民人均年生活消费支出额。

第二十九条　死亡赔偿金按照受诉法院所在地上一年度城镇居民人均可支配收入或者农村居民人均纯收入标准，按二十年计算。但六十周岁以上的，年龄每增加一岁减少一年；七十五周岁以上的，按五年计算。

第三十条　赔偿权利人举证证明其住所地或者经常居住地城镇居民

人均可支配收入或者农村居民人均纯收入高于受诉法院所在地标准的，残疾赔偿金或者死亡赔偿金可以按照其住所地或者经常居住地的相关标准计算。

被扶养人生活费的相关计算标准，依照前款原则确定。

第三十一条　人民法院应当按照民法通则第一百三十一条以及本解释第二条的规定，确定第十九条至第二十九条各项财产损失的实际赔偿金额。

前款确定的物质损害赔偿金与按照第十八条第一款规定确定的精神损害抚慰金，原则上应当一次性给付。

第三十二条　超过确定的护理期限、辅助器具费给付年限或者残疾赔偿金给付年限，赔偿权利人向人民法院起诉请求继续给付护理费、辅助器具费或者残疾赔偿金的，人民法院应予受理。赔偿权利人确需继续护理、配置辅助器具，或者没有劳动能力和生活来源的，人民法院应当判令赔偿义务人继续给付相关费用五至十年。

第三十三条　赔偿义务人请求以定期金方式给付残疾赔偿金、被扶养人生活费、残疾辅助器具费的，应当提供相应的担保。人民法院可以根据赔偿义务人的给付能力和提供担保的情况，确定以定期金方式给付相关费用。但一审法庭辩论终结前已经发生的费用、死亡赔偿金以及精神损害抚慰金，应当一次性给付。

第三十四条　人民法院应当在法律文书中明确定期金的给付时间、方式以及每期给付标准。执行期间有关统计数据发生变化的，给付金额应当适时进行相应调整。

定期金按照赔偿权利人的实际生存年限给付，不受本解释有关赔偿期限的限制。

第三十五条　本解释所称"城镇居民人均可支配收入""农村居民人均纯收入""城镇居民人均消费性支出""农村居民人均年生活消费支出""职工平均工资"，按照政府统计部门公布的各省、自治区、直辖市以及经济特区和计划单列市上一年度相关统计数据确定。

"上一年度",是指一审法庭辩论终结时的上一统计年度。

第三十六条 本解释自 2004 年 5 月 1 日起施行。2004 年 5 月 1 日后新受理的一审人身损害赔偿案件,适用本解释的规定。已经作出生效裁判的人身损害赔偿案件依法再审的,不适用本解释的规定。

在本解释公布施行之前已经生效施行的司法解释,其内容与本解释不一致的,以本解释为准。

专题 20 中华人民共和国校车安全管理条例

中华人民共和国国务院令

第 617 号

《校车安全管理条例》已经 2012 年 3 月 28 日国务院第 197 次常务会议通过,现予公布,自公布之日起施行。

总理 温家宝

二〇一二年四月五日

第一章 总 则

第一条 为了加强校车安全管理,保障乘坐校车学生的人身安全,制定本条例。

第二条 本条例所称校车,是指依照本条例取得使用许可,用于接送接受义务教育的学生上下学的 7 座以上的载客汽车。

接送小学生的校车应当是按照专用校车国家标准设计和制造的小学

生专用校车。

第三条　县级以上地方人民政府应当根据本行政区域的学生数量和分布状况等因素，依法制定、调整学校设置规划，保障学生就近入学或者在寄宿制学校入学，减少学生上下学的交通风险。实施义务教育的学校及其教学点的设置、调整，应当充分听取学生家长等有关方面的意见。

县级以上地方人民政府应当采取措施，发展城市和农村的公共交通，合理规划、设置公共交通线路和站点，为需要乘车上下学的学生提供方便。

对确实难以保障就近入学，并且公共交通不能满足学生上下学需要的农村地区，县级以上地方人民政府应当采取措施，保障接受义务教育的学生获得校车服务。

国家建立多渠道筹措校车经费的机制，并通过财政资助、税收优惠、鼓励社会捐赠等多种方式，按照规定支持使用校车接送学生的服务。支持校车服务所需的财政资金由中央财政和地方财政分担，具体办法由国务院财政部门制定。支持校车服务的税收优惠办法，依照法律、行政法规规定的税收管理权限制定。

第四条　国务院教育、公安、交通运输以及工业和信息化、质量监督检验检疫、安全生产监督管理等部门依照法律、行政法规和国务院的规定，负责校车安全管理的有关工作。国务院教育、公安部门会同国务院有关部门建立校车安全管理工作协调机制，统筹协调校车安全管理工作中的重大事项，共同做好校车安全管理工作。

第五条　县级以上地方人民政府对本行政区域的校车安全管理工作负总责，组织有关部门制定并实施与当地经济发展水平和校车服务需求相适应的校车服务方案，统一领导、组织、协调有关部门履行校车安全管理职责。

县级以上地方人民政府教育、公安、交通运输、安全生产监督管理等有关部门依照本条例以及本级人民政府的规定，履行校车安全管理的相关职责。有关部门应当建立健全校车安全管理信息共享机制。

第六条　国务院标准化主管部门会同国务院工业和信息化、公安、交通运输等部门，按照保障安全、经济适用的要求，制定并及时修订校车安全国家标准。

生产校车的企业应当建立健全产品质量保证体系，保证所生产（包括改装，下同）的校车符合校车安全国家标准；不符合标准的，不得出厂、销售。

第七条　保障学生上下学交通安全是政府、学校、社会和家庭的共同责任。社会各方面应当为校车通行提供便利，协助保障校车通行安全。

第八条　县级和设区的市级人民政府教育、公安、交通运输、安全生产监督管理部门应当设立并公布举报电话、举报网络平台，方便群众举报违反校车安全管理规定的行为。

接到举报的部门应当及时依法处理；对不属于本部门管理职责的举报，应当及时移送有关部门处理。

第二章　学校和校车服务提供者

第九条　学校可以配备校车。依法设立的道路旅客运输经营企业、城市公共交通企业，以及根据县级以上地方人民政府规定设立的校车运营单位，可以提供校车服务。

县级以上地方人民政府根据本地区实际情况，可以制定管理办法，组织依法取得道路旅客运输经营许可的个体经营者提供校车服务。

第十条　配备校车的学校和校车服务提供者应当建立健全校车安全管理制度，配备安全管理人员，加强校车的安全维护，定期对校车驾驶人进行安全教育，组织校车驾驶人学习道路交通安全法律法规以及安全防范、应急处置和应急救援知识，保障学生乘坐校车安全。

第十一条　由校车服务提供者提供校车服务的，学校应当与校车服务提供者签订校车安全管理责任书，明确各自的安全管理责任，落实校车运行安全管理措施。

学校应当将校车安全管理责任书报县级或者设区的市级人民政府教育行政部门备案。

第十二条　学校应当对教师、学生及其监护人进行交通安全教育，向学生讲解校车安全乘坐知识和校车安全事故应急处理技能，并定期组织校车安全事故应急处理演练。

学生的监护人应当履行监护义务，配合学校或者校车服务提供者的校车安全管理工作。学生的监护人应当拒绝使用不符合安全要求的车辆接送学生上下学。

第十三条　县级以上地方人民政府教育行政部门应当指导、监督学校建立健全校车安全管理制度，落实校车安全管理责任，组织学校开展交通安全教育。公安机关交通管理部门应当配合教育行政部门组织学校开展交通安全教育。

第三章　校车使用许可

第十四条　使用校车应当依照本条例的规定取得许可。

取得校车使用许可应当符合下列条件：

（一）车辆符合校车安全国家标准，取得机动车检验合格证明，并已经在公安机关交通管理部门办理注册登记；

（二）有取得校车驾驶资格的驾驶人；

（三）有包括行驶线路、开行时间和停靠站点的合理可行的校车运行方案；

（四）有健全的安全管理制度；

（五）已经投保机动车承运人责任保险。

第十五条　学校或者校车服务提供者申请取得校车使用许可，应当向县级或者设区的市级人民政府教育行政部门提交书面申请和证明其符合本条例第十四条规定条件的材料。教育行政部门应当自收到申请材料之日起 3 个工作日内，分别送同级公安机关交通管理部门、交通运输部门征求意见，公安机关交通管理部门和交通运输部门应当在 3 个工作日内回复意见。教育行政部门应当自收到回复意见之日起 5 个工作日内提出审查意见，报本级人民政府。本级人民政府决定批准的，由公安机关交通管理部门发给校车标牌，并在机动车行驶证上签注校车类型和核载人数；不予批准的，书面说明理由。

第十六条　校车标牌应当载明本车的号牌号码、车辆的所有人、驾驶人、行驶线路、开行时间、停靠站点以及校车标牌发牌单位、有效期等事项。

第十七条　取得校车标牌的车辆应当配备统一的校车标志灯和停车指示标志。

校车未运载学生上道路行驶的，不得使用校车标牌、校车标志灯和停车指示标志。

第十八条　禁止使用未取得校车标牌的车辆提供校车服务。

第十九条　取得校车标牌的车辆达到报废标准或者不再作为校车使用的，学校或者校车服务提供者应当将校车标牌交回公安机关交通管理部门。

第二十条　校车应当每半年进行一次机动车安全技术检验。

第二十一条　校车应当配备逃生锤、干粉灭火器、急救箱等安全设备。安全设备应当放置在便于取用的位置，并确保性能良好、有效适用。

校车应当按照规定配备具有行驶记录功能的卫星定位装置。

第二十二条　配备校车的学校和校车服务提供者应当按照国家规定做好校车的安全维护，建立安全维护档案，保证校车处于良好技术状态。不符合安全技术条件的校车，应当停运维修，消除安全隐患。

校车应当由依法取得相应资质的维修企业维修。承接校车维修业务的企业应当按照规定的维修技术规范维修校车，并按照国务院交通运输主管部门的规定对所维修的校车实行质量保证期制度，在质量保证期内对校车的维修质量负责。

第四章　校车驾驶人

第二十三条　校车驾驶人应当依照本条例的规定取得校车驾驶资格。

取得校车驾驶资格应当符合下列条件：

（一）取得相应准驾车型驾驶证并具有 3 年以上驾驶经历，年龄在 25 周岁以上、不超过 60 周岁；

（二）最近连续 3 个记分周期内没有被记满分记录；

（三）无致人死亡或者重伤的交通事故责任记录；

（四）无饮酒后驾驶或者醉酒驾驶机动车记录，最近 1 年内无驾驶客运车辆超员、超速等严重交通违法行为记录；

（五）无犯罪记录；

（六）身心健康，无传染性疾病，无癫痫、精神病等可能危及行车安全的疾病病史，无酗酒、吸毒行为记录。

第二十四条　机动车驾驶人申请取得校车驾驶资格，应当向县级或者设区的市级人民政府公安机关交通管理部门提交书面申请和证明其符合本条例第二十三条规定条件的材料。公安机关交通管理部门应当自收到申请材料之日起 5 个工作日内审查完毕，对符合条件的，在机动车驾驶证上签注准许驾驶校车；不符合条件的，书面说明理由。

第二十五条　机动车驾驶人未取得校车驾驶资格，不得驾驶校车。禁止聘用未取得校车驾驶资格的机动车驾驶人驾驶校车。

第二十六条　校车驾驶人应当每年接受公安机关交通管理部门的审验。

第二十七条　校车驾驶人应当遵守道路交通安全法律法规，严格按照机动车道路通行规则和驾驶操作规范安全驾驶、文明驾驶。

第五章　校车通行安全

第二十八条　校车行驶线路应当尽量避开急弯、陡坡、临崖、临水的危险路段；确实无法避开的，道路或者交通设施的管理、养护单位应当按照标准对上述危险路段设置安全防护设施、限速标志、警告标牌。

第二十九条　校车经过的道路出现不符合安全通行条件的状况或者存在交通安全隐患的，当地人民政府应当组织有关部门及时改善道路安全通行条件、消除安全隐患。

第三十条　校车运载学生，应当按照国务院公安部门规定的位置放置校车标牌，开启校车标志灯。

校车运载学生，应当按照经审核确定的线路行驶，遇有交通管制、道路施工以及自然灾害、恶劣气象条件或者重大交通事故等影响道路通行情形的除外。

第三十一条　公安机关交通管理部门应当加强对校车行驶线路的道路交通秩序管理。遇交通拥堵的，交通警察应当指挥疏导运载学生的校车优先通行。

校车运载学生，可以在公共交通专用车道以及其他禁止社会车辆通行但允许公共交通车辆通行的路段行驶。

第三十二条　校车上下学生，应当在校车停靠站点停靠；未设校车停靠站点的路段可以在公共交通站台停靠。

道路或者交通设施的管理、养护单位应当按照标准设置校车停靠站点预告标识和校车停靠站点标牌，施划校车停靠站点标线。

第三十三条　校车在道路上停车上下学生，应当靠道路右侧停靠，开启危险报警闪光灯，打开停车指示标志。校车在同方向只有一条机动车道的道路上停靠时，后方车辆应当停车等待，不得超越。校车在同方向有两条以上机动车道的道路上停靠时，校车停靠车道后方和相邻机动车道上的机动车应当停车等待，其他机动车道上的机动车应当减速通过。校车后方停车等待的机动车不得鸣喇叭或者使用灯光催促校车。

第三十四条 校车载人不得超过核定的人数，不得以任何理由超员。

学校和校车服务提供者不得要求校车驾驶人超员、超速驾驶校车。

第三十五条 载有学生的校车在高速公路上行驶的最高时速不得超过 80 公里，在其他道路上行驶的最高时速不得超过 60 公里。

道路交通安全法律法规规定或者道路上限速标志、标线标明的最高时速低于前款规定的，从其规定。

载有学生的校车在急弯、陡坡、窄路、窄桥以及冰雪、泥泞的道路上行驶，或者遇有雾、雨、雪、沙尘、冰雹等低能见度气象条件时，最高时速不得超过 20 公里。

第三十六条 交通警察对违反道路交通安全法律法规的校车，可以在消除违法行为的前提下先予放行，待校车完成接送学生任务后再对校车驾驶人进行处罚。

第三十七条 公安机关交通管理部门应当加强对校车运行情况的监督检查，依法查处校车道路交通安全违法行为，定期将校车驾驶人的道路交通安全违法行为和交通事故信息抄送其所属单位和教育行政部门。

第六章 校车乘车安全

第三十八条 配备校车的学校、校车服务提供者应当指派照管人员随校车全程照管乘车学生。校车服务提供者为学校提供校车服务的，双方可以约定由学校指派随车照管人员。

学校和校车服务提供者应当定期对随车照管人员进行安全教育，组织随车照管人员学习道路交通安全法律法规、应急处置和应急救援知识。

第三十九条　随车照管人员应当履行下列职责：

（一）学生上下车时，在车下引导、指挥，维护上下车秩序；

（二）发现驾驶人无校车驾驶资格，饮酒、醉酒后驾驶，或者身体严重不适以及校车超员等明显妨碍行车安全情形的，制止校车开行；

（三）清点乘车学生人数，帮助、指导学生安全落座、系好安全带，确认车门关闭后示意驾驶人启动校车；

（四）制止学生在校车行驶过程中离开座位等危险行为；

（五）核实学生下车人数，确认乘车学生已经全部离车后本人方可离车。

第四十条　校车的副驾驶座位不得安排学生乘坐。

校车运载学生过程中，禁止除驾驶人、随车照管人员以外的人员乘坐。

第四十一条　校车驾驶人驾驶校车上道路行驶前，应当对校车的制动、转向、外部照明、轮胎、安全门、座椅、安全带等车况是否符合安全技术要求进行检查，不得驾驶存在安全隐患的校车上道路行驶。

校车驾驶人不得在校车载有学生时给车辆加油，不得在校车发动机引擎熄灭前离开驾驶座位。

第四十二条　校车发生交通事故，驾驶人、随车照管人员应当立即报警，设置警示标志。乘车学生继续留在校车内有危险的，随车照管人员应当将学生撤离到安全区域，并及时与学校、校车服务提供者、学生的监护人联系处理后续事宜。

第七章　法律责任

第四十三条　生产、销售不符合校车安全国家标准的校车的，依照道路交通安全、产品质量管理的法律、行政法规的规定处罚。

第四十四条　使用拼装或者达到报废标准的机动车接送学生的，由公安机关交通管理部门收缴并强制报废机动车；对驾驶人处2000元以上 5000 元以下的罚款，吊销其机动车驾驶证；对车辆所有人处 8 万元以上 10 万元以下的罚款，有违法所得的予以没收。

第四十五条　使用未取得校车标牌的车辆提供校车服务，或者使用未取得校车驾驶资格的人员驾驶校车的，由公安机关交通管理部门扣留该机动车，处 1 万元以上 2 万元以下的罚款，有违法所得的予以没收。

取得道路运输经营许可的企业或者个体经营者有前款规定的违法行为，除依照前款规定处罚外，情节严重的，由交通运输主管部门吊销其经营许可证件。

伪造、变造或者使用伪造、变造的校车标牌的，由公安机关交通管理部门收缴伪造、变造的校车标牌，扣留该机动车，处 2000 元以上 5000 元以下的罚款。

第四十六条　不按照规定为校车配备安全设备，或者不按照规定对校车进行安全维护的，由公安机关交通管理部门责令改正，处 1000 元以上 3000 元以下的罚款。

第四十七条　机动车驾驶人未取得校车驾驶资格驾驶校车的，由公安机关交通管理部门处 1000 元以上 3000 元以下的罚款，情节严重的，可以并处吊销机动车驾驶证。

第四十八条　校车驾驶人有下列情形之一的，由公安机关交通管理部门责令改正，可以处 200 元罚款：

（一）驾驶校车运载学生，不按照规定放置校车标牌、开启校车标志灯，或者不按照经审核确定的线路行驶；

（二）校车上下学生，不按照规定在校车停靠站点停靠；

（三）校车未运载学生上道路行驶，使用校车标牌、校车标志灯和停车指示标志；

（四）驾驶校车上道路行驶前，未对校车车况是否符合安全技术要求进行检查，或者驾驶存在安全隐患的校车上道路行驶；

（五）在校车载有学生时给车辆加油，或者在校车发动机引擎熄灭前离开驾驶座位。

校车驾驶人违反道路交通安全法律法规关于道路通行规定的，由公安机关交通管理部门依法从重处罚。

第四十九条　校车驾驶人违反道路交通安全法律法规被依法处罚或者发生道路交通事故，不再符合本条例规定的校车驾驶人条件的，由公安机关交通管理部门取消校车驾驶资格，并在机动车驾驶证上签注。

第五十条　校车载人超过核定人数的，由公安机关交通管理部门扣留车辆至违法状态消除，并依照道路交通安全法律法规的规定从重处罚。

第五十一条　公安机关交通管理部门查处校车道路交通安全违法行为，依法扣留车辆的，应当通知相关学校或者校车服务提供者转运学生，并在违法状态消除后立即发还被扣留车辆。

第五十二条　机动车驾驶人违反本条例规定，不避让校车的，由公安机关交通管理部门处200元罚款。

第五十三条　未依照本条例规定指派照管人员随校车全程照管乘车学生的，由公安机关责令改正，可以处500元罚款。

随车照管人员未履行本条例规定的职责的，由学校或者校车服务提供者责令改正；拒不改正的，给予处分或者予以解聘。

第五十四条　取得校车使用许可的学校、校车服务提供者违反本条例规定，情节严重的，原作出许可决定的地方人民政府可以吊销其校车使用许可，由公安机关交通管理部门收回校车标牌。

第五十五条　学校违反本条例规定的，除依照本条例有关规定予以处罚外，由教育行政部门给予通报批评；导致发生学生伤亡事故的，对政府举办的学校的负有责任的领导人员和直接责任人员依法给予处分；对民办学校由审批机关责令暂停招生，情节严重的，吊销其办学许可证，并由教育行政部门责令负有责任的领导人员和直接责任人员5年内不得从事学校管理事务。

第五十六条 县级以上地方人民政府不依法履行校车安全管理职责，致使本行政区域发生校车安全重大事故的，对负有责任的领导人员和直接责任人员依法给予处分。

第五十七条 教育、公安、交通运输、工业和信息化、质量监督检验检疫、安全生产监督管理等有关部门及其工作人员不依法履行校车安全管理职责的，对负有责任的领导人员和直接责任人员依法给予处分。

第五十八条 违反本条例的规定，构成违反治安管理行为的，由公安机关依法给予治安管理处罚；构成犯罪的，依法追究刑事责任。

第五十九条 发生校车安全事故，造成人身伤亡或者财产损失的，依法承担赔偿责任。

第八章　附　则

第六十条 县级以上地方人民政府应当合理规划幼儿园布局，方便幼儿就近入园。

入园幼儿应当由监护人或者其委托的成年人接送。对确因特殊情况不能由监护人或者其委托的成年人接送，需要使用车辆集中接送的，应当使用按照专用校车国家标准设计和制造的幼儿专用校车，遵守本条例校车安全管理的规定。

第六十一条 省、自治区、直辖市人民政府应当结合本地区实际情况，制定本条例的实施办法。

第六十二条 本条例自公布之日起施行。

本条例施行前已经配备校车的学校和校车服务提供者及其聘用的校车驾驶人应当自本条例施行之日起90日内，依照本条例的规定申请取得校车使用许可、校车驾驶资格。

本条例施行后，用于接送小学生、幼儿的专用校车不能满足需求的，在省、自治区、直辖市人民政府规定的过渡期限内可以使用取得校车标牌的其他载客汽车。

专题 21 教育部、财政部、中国保险监督管理委员会关于推行校方责任保险完善校园伤害事故风险管理机制的通知

各省、自治区、直辖市教育厅（教委）、财政厅（局），新疆生产建设兵团教育局、财务局，各保监局：

为贯彻落实《中共中央国务院关于加强青少年体育 增强青少年体质的意见》（中发〔2007〕7号）和《国务院关于保险业改革发展的若干意见》（国发〔2006〕23号）精神，建立和完善校园意外伤害事故风险管理机制，决定在全国各中小学校中推行意外伤害校方责任保险制度。现就有关事宜通知如下：

一、充分认识建立意外伤害校方责任保险制度的意义

当前，校园伤害事故呈现出多样性、复杂性，学校教育中面临的学生意外伤害风险对学校教育教学的影响日趋严重，学校安全管理工作的任务十分艰巨。保险是市场经济条件下进行风险管理和控制的基本手段，充分利用保险工具处理学校发生的安全责任事故，有利于防范和妥善化解各类校园安全事故责任风险，解除学校、家长的后顾之忧，有利于推动学校实施素质教育，有利于维护学校正常教育教学秩序，有利于保障广大在校学生的权益，避免或减少经济纠纷，减轻学校办学负担，维护校园和谐稳定，促进青少年健康成长。

二、推行校方责任保险制度的基本原则

1. 投保范围。由国家或社会力量举办的全日制普通中小学校（含

特殊教育学校）、中等职业学校，原则上都应投保校方责任保险。

2. 责任范围。校方责任保险基本范围包括因校方责任导致学生的人身伤害，依法应由校方承担的经济赔偿责任。具体可参照《学生意外伤害事故处理办法》规定的事故责任类型，由各省、自治区、直辖市结合当地实际情况确定。

3. 赔偿范围。各省、自治区、直辖市应参照《最高人民法院关于审理人身损害赔偿案件适用法律若干问题的解释》规定的项目，结合当地实际情况确定校方责任保险赔偿范围。

4. 经费保障。九年义务教育阶段学校投保校方责任保险所需费用，由学校公用经费中支出，每年每生不超过 5 元。其他学校投保校方责任保险的费用，由省、自治区、直辖市教育行政、财政部门和保险监管机构，按照《中共中央国务院关于加强青少年体育 增强青少年体质的意见》（中发〔2007〕7 号）的精神，制定相关办法。

5. 责任限额。各地要统筹考虑学校经济负担能力、责任范围、赔偿范围、保费水平等因素，结合当地经济、社会发展实际情况科学合理制定责任限额。

三、共同推进校方责任保险制度建设的基本要求

各省级教育行政、财政部门和保险监管机构负责本行政区域内校方责任保险投保工作，依据本通知提出的推行校方责任保险制度的基本原则，制订本行政区域实施校方责任保险制度的政策和办法。可根据保险公司提供的保险产品特点、本行政区域的网点覆盖情况、服务能力、保障条件和本地区的财政能力，经济发展状况，通过招标等形式合理选择承保机构实施统一投保。经营校方责任保险的保险机构，应具有经保险监管部门备案的校方责任保险条款，具有完备的分支机构或网点，具备完善的服务水平、雄厚的技术实力、良好的风险管理能力和充足的偿付能力。

各省级教育行政、财政部门和保险监管机构要加强协调与合作，建

立数据共享、信息互报和定期沟通的制度，合力推进校方责任保险工作，尽快促使全国全日制普通中小学（含特殊教育学校）和中等职业学校全面实现应保尽保。

保险监管部门要鼓励和引导保险公司科学评估风险，不断完善校园伤害事故保险产品体系，根据校方的需求提供更加丰富和差异化的产品。要加强对经营校方责任保险业务的保险机构市场行为监管力度，依法严厉查处不依法及时理赔的保险公司。充分利用保险的经济杠杆作用奖优罚劣，利用保险公司和中介服务公司提供专业服务，督促学校科学评估校园运动安全风险、完善安全管理制度、配齐安全设施、开展学生安全教育和宣传工作，最大程度促进和保障校园运动安全体系的建设。

保险公司应根据校方责任保险的保障及赔偿要求、当地学校风险状况，设计差异化费率体系和责任范围，为学校提供合理的保险产品；要加强风险管理和控制，提供针对校方风险的事前、事中、事后的全过程跟踪管理；要提高服务水平，本着"公平、公正、高效"的原则，探索建立学生医疗救治绿色通道、校方责任保险纠纷的协调解决等机制，及时迅速处理校方责任险理赔工作，为学校提供优质的理赔服务。

学校要积极开展安全教育，完善校园安全管理制度，保险公司要在学校配合下做好风险评估工作。

各有关部门要充分利用各种公众媒体，采取多种形式，主动宣传开展校方责任保险的重大意义，提升学校对责任保险的认知度，增强其责任意识、风险意识和保险意识，努力营造安全教育与责任保险相结合的良好氛围，促进学校建立与健全风险管理服务体系。

教育部

财政部

中国保监会

二〇〇八年四月三日

专题22　国务院办公厅关于进一步加强学校及周边建筑安全管理的通知

各省、自治区、直辖市人民政府，国务院各部委、各直属机构：

今年以来，部分地区陆续发生数起校园及周边建筑工程安全事故，造成多名学生伤亡。10月10日，山东省淄博市张店区刘家村一住宅楼建筑施工过程中，发生塔吊倒塌事故，造成邻近刘家村幼儿园5名幼儿死亡，2名幼儿重伤。国务院领导同志对此高度重视，作出重要批示，要求对学校、幼儿园及其周边建筑进行安全检查，并健全相关制度，确保未成年人生命安全。为深刻吸取事故教训，举一反三，严防类似事故发生，经国务院同意，现就进一步加强学校（含幼儿园，下同）及周边建筑安全管理有关事项通知如下：

一、全面排查学校及周边建筑安全隐患

各地区、各有关部门要以科学发展观为指导，以对人民群众生命财产安全高度负责的精神，高度重视学校及周边建筑安全工作。各级教育、住房城乡建设、安全监管、公安等部门要在当地政府的统一领导下，按照各自职责，制订周密的隐患排查工作方案，明确工作目标，落实排查责任。检查的重点是，学校校舍、围墙、挡土墙、厕所、浴室、库房、水井、水池、走道栏杆和供水、供电等设施，学校及附近正在施工的建设工程，生产、经营和储存有毒、有害和危险化学品的企业，并对学校周边地区的公共安全环境进行全面评估，对学校所处自然地理环境进行风险勘察。专项检查结果要向同级人民政府报告，并报送上级教育行政部门。

二、采取有效措施，加大对安全隐患的整改力度

对排查出的各类安全隐患，地方政府要组织有关部门和单位，抓紧进行梳理分类和治理整改，明确整改责任，制订整改措施，落实整改资金，确保整改到位，重大隐患要实行挂牌督办。

（一）加强对校内建筑设施安全隐患治理。各级各类学校对存在安全隐患的校舍等建筑，要立即停止使用，并由有相应资质的单位进行质量安全鉴定，根据鉴定结果制定加固方案，限期完成改造。对学校重点部位和设施，要采取多种形式进行安全改造，确保安全达标。对易发生危险的校内水井、水池、楼梯等，要设置警示标志或者采取加盖、加装防护栏等措施。重点加固学校围墙尤其是毗邻公路的学校围墙，改建学校厕所，更新校舍老化电路，完善消防设施设备，增设逃生通道，防患于未然。不得将学校场地出租用于从事易燃、易爆、有毒、有害等危险品的生产、经营活动，不得将校园内场地开放用于停放社会机动车辆。

（二）加强对学校及周边企业安全隐患治理的督促检查。对排查出的学校周边安全隐患，安全监管部门要会同相关部门立即督促企业整改治理，通过下达整改指令、现场监督整改、严格整改验收等措施，确保整改效果。住房城乡建设等部门要加强对建筑工程施工工地安全隐患治理的监督检查，对整改治理中不能保证安全的，要采取暂时停工停产措施；安全隐患严重的，一律责令停产停工，整改不合格，不得复产复工；对非法违规建设项目，要坚决予以取缔。安全监管等部门要加强对生产经营有毒有害物品和危险化学品企业的监督，指导监督企业采取有效措施，防止危及师生安全；不能保证安全的，要限期搬迁。各类隐患的排查治理、整改验收等工作，要充分听取当地教育部门和附近学校的意见，当地教育部门要积极参与相关工作。

（三）有关生产经营单位要加大隐患治理力度。学校及周边各类生产经营单位，要切实履行安全生产主体责任，按照保障在校师生安全的

要求，提高隐患治理标准，强化作业现场安全管理，落实有效安全防范措施。开展工程建设等活动，应事先向附近学校通报，并告知有关安全防范知识。要主动根据学校师生活动范围等实际，合理设置警示标志、绕行指示标志等，引导师生避让危险。有关企业在附近学校师生上下班（课）、举办活动等时段，以及建筑施工活动不能保证学生（幼儿）在校期间安全的，要停止有关生产活动。学校也要根据建筑工程的安全情况，采取暂时调整课时等必要的防范措施。

三、深入开展安全教育，有针对性地增强安全防范意识

各地要在已开展安全教育的基础上，进一步在各级各类学校中开展周边安全防范教育工作，把有关内容纳入中小学生教科书和各级学校学生课外读物中，有针对性地加强实践演练，使广大师生掌握必要的安全知识和避险技能。学校要将安全教育制度化和常态化，各级教育行政部门要将学校安全工作纳入教育督导评估体系和学校工作奖惩制度，开展经常性的安全检查和督导。

有关部门要加强对学校及周边施工企业、生产经营企业的安全教育，把对周边学校的安全保护纳入企业安全责任，严格安全管理，科学评估安全风险，采取有针对性的防护措施，确保不影响周边学校正常教育教学秩序，确保广大师生的健康和安全。

四、切实加强制度建设，建立学校及周边建筑安全管理长效机制

各级教育、住房城乡建设、安全监管、公安等部门要明确责任，加强协调配合，形成监管合力，进一步强化学校及周边安全监管。要严格项目审批和资质认定，提高学校周边各类生产经营单位的安全管理水平。住房城乡建设部门要加强对施工企业的安全生产许可管理，特别是要加强对房屋建筑和市政工程起重机械安装使用的日常监督检查，保障

施工设备设施安全运行。安全监管部门要严格事故查处和责任追究，配合有关部门加强对学校及周边生产经营企业和作业现场的安全监督检查，督促相关企业落实安全生产主体责任。学校及周边生产经营单位，应与学校签订安全保证书，落实安全责任。建立学校周边安全隐患举报制度，鼓励在校师生、学生家长及社会各界举报安全隐患。建立健全学校及周边安全事故报告制度。各级各类学校要定期开展安全隐患排查工作，将有关情况及时向当地政府及有关部门报告，同时报告上级教育行政部门，迟报、瞒报的，要追究有关学校的责任。

教育部、住房城乡建设部、安监总局等部门要在 11 月上旬，对各地贯彻落实本通知要求的情况进行专项督察，并针对查出问题，进一步完善相关制度，抓好落实。

国务院办公厅

2008 年 10 月 15 日

专题 23　北京市中小学生人身伤害 事故预防与处理条例

北京市第十二届人民代表大会常务委员会

2003 年 9 月 12 日

第一章　总　则

第一条　为了预防和处理中小学生人身伤害事故，保护中小学生和学校的合法权益，根据国家有关法律法规，结合本市实际情况，制定本条例。

第二条　在本市行政区域内的中小学校（以下简称学校）教育教学活动期间，在校学生人身伤害事故（以下简称事故）的预防与处理适用本条例。

第三条　保障学生人身安全，预防事故的发生是各级人民政府及其有关部门、学校举办者、学校、学生及其父母或者其他监护人和社会的共同责任。

第四条　事故的处理应当遵循及时、合法、公正的原则。

第五条　市和区、县教育行政部门负责组织学校开展安全工作，监督学校落实事故预防措施，指导和协调事故的处理。

第二章　事故的预防

第六条　教育行政部门应当制定学校安全工作和事故预防的管理规范，并组织实施和检查。

第七条　卫生行政部门应当对学校的教育教学设施、教学用具、食品和饮用水的卫生状况依法进行监督和检查，指导学校改进卫生工作。

公安机关应当维护学校治安秩序，打击危害校园安全的违法犯罪活动，指导和监督学校做好校内防火和安全保卫工作。

规划、建设、质量监督等有关行政部门应当在各自职责范围内做好相关的学校安全工作。

第八条　学校举办者为学校配备的教育教学和生活设施应当符合安全标准。

第九条　在教育教学活动期间，学校依法对学生负有教育、管理和保护的职责。

学校应当对学生进行安全和自护自救知识的教育，增强学生的安全意识，提高防范能力。

学校应当建立健全事故预防制度，落实事故预防措施，做好日常安全管理工作，消除安全隐患。

第十条 学校应当履行下列职责：

（一）保证使用中的教育教学和生活设施符合安全标准；对存在安全隐患的设施和设备，应当采取防护、警示措施并及时维修或者更换；对存在重大安全隐患的，应当立即停止使用。

（二）配备消防设备，保持安全通道的畅通。

（三）对校园内存在的易燃易爆及有毒物品依法管理。

（四）在选择与学生的学习和生活有关的产品与服务时，应当选择质量与安全性能符合有关标准和要求的产品与服务。

（五）按照国家课程标准和本市教学要求开展体育、实验和其他教育教学活动。

（六）组织学生参加与其生理、心理特点相适应的劳动、实习、考察、社会实践和其他集体活动，并在可预见的范围内采取必要的安全措施。

（七）对已知患有不适宜从事教育教学及辅助工作的疾病的教职工，不得安排其担任相应的工作。

（八）对已知有特异体质或者疾病不适宜参加某种教育教学活动的学生，给予必要的照顾。

（九）对在校期间突发疾病的学生及时救助。

（十）发现或者知道学生有未到校、擅自离校等与学生人身安全直接相关的情形时，及时告知其父母或者其他监护人，并采取相应措施。

（十一）建立健全住宿学生的管理制度和安全保护措施，设专人负责管理住宿学生的生活和安全保护工作。

第十一条 学校教职工应当遵守工作纪律，不得擅离工作岗位，不得有侮辱、殴打或者体罚、变相体罚及其他伤害学生的行为，不得在工作中违反操作规程及其他有关规定。

学校教职工在组织学生参加教育教学活动时，应当根据学生的年龄和认知能力对学生进行安全教育；发现学生行为具有危险性的，应当及时告诫或者制止。

第十二条　学生父母或者其他监护人应当依法履行监护责任，加强对学生的安全教育；配合学校做好学生的教育、管理和保护工作。

对有特异体质或者疾病的学生，其父母或者其他监护人应当安排学生进行健康状况检查，并向学校提供书面证明。

第十三条　与学生学习和生活有关的产品与服务的提供者，应当保证其所提供的产品与服务符合国家和本市的相关质量和安全标准。

第十四条　学生应当遵守学校纪律和规章制度，服从学校的教育和管理，不得从事危及自身或者其他学生人身安全的活动。

第三章　事故的处理

第十五条　事故发生后，学校应当及时救助受伤害学生，并告知学生父母或者其他监护人。

第十六条　事故发生后，学校应当在 24 小时内将有关情况报告学校所在地的区、县教育行政部门；属于重大事故的，应当在 2 小时内报告区、县教育行政部门及有关部门，区、县教育行政部门接到报告后，应当在 2 小时内报告同级人民政府和市教育行政部门，并及时派人指导、协助事故处理。

第十七条　事故发生后，学校应当及时调查事故原因；必要时，应当保护事故现场及相关证据，并请求公安、卫生等部门进行调查和处理。

教育行政部门及有关部门、受伤害学生的父母或者其他监护人调查取证、了解事故情况时，学校应当协助、配合，提供真实情况和证据。

第十八条　对事故的处理，当事人可以通过协商方式解决，也可以按照自愿的原则，书面请求学校所在地的区、县教育行政部门协调。经协调，当事人对事故处理达成一致意见的，应当签订事故处理协议。区、县教育行政部门自接到请求之日起超过 60 日，经协调仍不能达成一致意见的，可以终止协调。

当事人不愿协商、协调，或者经协商、协调不能达成一致意见的，可以依法向人民法院提起诉讼。

第十九条　受伤害学生的父母或者其他监护人、参加事故处理的其他人在事故处理过程中，不得扰乱学校正常的教育教学秩序。

第二十条　事故处理结束后，学校应当将事故处理结果书面报告学校所在地的区、县教育行政部门；对重大事故的处理结果，区、县教育行政部门应当上报同级人民政府和市教育行政部门。

第四章　事故责任的承担与赔偿

第二十一条　事故责任应当由有过错的一方承担；过错方为两方以上的，应当按照过错大小，分别承担相应的责任。法律另有规定的，从其规定。

第二十二条　因下列情形之一造成事故的，学校应当承担相应的责任：

（一）学校未履行本条例第十条规定的职责的；

（二）教职工未履行本条例第十一条规定的职责或者履行职责有过失的；

（三）法律、法规规定学校应当承担责任的其他情形。

第二十三条　事故发生后，学校对受伤害学生未采取救助措施，导致损害后果加重的，学校应当承担相应的责任。

第二十四条　有下列情形之一，学校有过错的，应当承担相应的责任；学校无过错的，不承担责任。法律法规另有规定的除外。

（一）学生自行上学、放学、返校、离校途中发生事故的；

（二）学生在学校教育教学活动或者集体活动期间擅自外出发生事故的；

（三）学生违反学校规定在非教育教学活动期间自行到校活动，或者放学后自行滞留学校期间发生事故的；

（四）在教育教学活动期间，学校和学生以外的第三人造成事故的；

（五）学生对自己实施人身伤害的；

（六）在对抗性或者具有风险性的体育活动中发生事故的。

第二十五条 有下列情形之一的，学校不承担责任：

（一）因不可抗力造成事故，并在合理期间内取得相关证明的；

（二）学校不知道或者难于知道学生有特异体质或者疾病，在教育教学活动中发生事故的；

（三）学校有证据证明，学校及其教职工已经履行本条例第十条、第十一条规定的相应职责，但仍然没有避免事故发生的。

第二十六条 因学生、学生父母或者其他监护人的过错造成事故的，学生、学生父母或者其他监护人应当承担相应的责任。

第二十七条 因与学生学习和生活有关的产品与服务提供者的过错造成事故的，产品与服务的提供者应当依法承担相应的责任。学校已先行赔付的，学校可以向产品与服务的提供者追偿。

第二十八条 事故责任人应当依法承担损害赔偿责任。赔偿范围和标准按照国家和本市有关规定执行。

受伤害学生及其亲属的户口、住房、就业、入学等与救助受伤害学生、赔偿相应经济损失无关的事项，不属于学校承担责任的范围。

第二十九条 因教职工未履行本条例第十一条规定的职责或者履行职责有过失造成事故的，学校在承担损害赔偿责任后，可以向有责任的教职工追偿。

第三十条 学校可以本着自愿原则，根据其条件和实际情况，对非因学校责任受到伤害的学生提供帮助。

第三十一条 市和区、县教育行政部门应当组织学校向保险机构办理责任保险。保险费用由学校举办者承担。

提倡学生父母或者其他监护人为学生办理意外伤害保险。

第五章 法律责任

第三十二条 学校及其教职工有下列情形之一的，由教育行政部门依法对直接负责的主管人员和直接责任人给予行政处分；构成犯罪的，依法追究刑事责任：

（一）未履行本条例规定的职责，造成重大事故的；

（二）瞒报、缓报或者谎报事故，造成严重后果的；

（三）妨碍事故调查或者提供虚假情况的。

第三十三条 学校违反本条例，安全管理制度和预防措施不落实、存在重大安全隐患的，教育、卫生行政部门或者公安机关应当责令限期改正，并依法给予行政处罚。

第三十四条 对违反本条例在事故处理过程中，扰乱学校正常教育教学秩序，构成违反治安管理行为的，由公安机关依法处理；给学校造成损失的，应当依法赔偿损失。

第三十五条 对因违反学校纪律或规章制度，造成事故的学生，学校应当依据学籍管理的规定给予相应的处分。

第三十六条 教育、卫生行政部门和公安机关等有关部门及其工作人员未履行本条例规定的法定职责，玩忽职守的，由有关部门对直接负责的主管人员和直接责任人依法给予行政处分；情节严重，构成犯罪的，依法追究刑事责任。

第六章 附 则

第三十七条 本条例下列用语的含义为：

（一）中小学校是指本市行政区域内经批准设立的全日制小学、初级中学、高级中学、各类中等职业学校。

（二）中小学生是指在本条第（一）项所列学校中就读的受教

育者。

（三）教职工是指本条第（一）项所列学校的校长、教师及其他工作人员。

（四）教育教学活动期间是指在校内活动期间和寄宿制学生住宿期间，以及学校组织安排的校外活动期间。

（五）人身伤害是指死亡、肢体残疾、组织器官功能障碍及其他影响人身健康的损伤。

第三十八条　技工学校学生的事故预防与处理由本市劳动和社会保障部门依照本条例，负责组织、监督、指导和协调。

第三十九条　学前教育机构中的学龄前儿童，少年宫、少年儿童活动中心、少年科技中心、少年业余体校等校外教育机构中的中小学生的事故预防和处理参照本条例执行。

第四十条　本条例自 2004 年 1 月 1 日起实施。

专题 24　上海市中小学校学生伤害事故处理条例

（2001 年 7 月 13 日上海市第十一届人民代表大会常务委员会第 29 次会议通过；根据 2011 年 11 月 17 日上海市第十三届人民代表大会常务委员会第 30 次会议《关于修改〈上海市中小学校学生伤害事故处理条例〉的决定》修正）

第一条　为了妥善处理中小学校学生伤害事故，保障中小学生和学校的合法权益，维护正常的教育教学秩序，根据国家有关法律、行政法规的规定，结合本市实际情况，制定本条例。

第二条　在本市行政区域内的中小学校（以下简称学校）教育教

学活动期间发生的中小学生人身伤害或者死亡事故（以下简称学生伤害事故）的处理，适用本条例。

第三条　学生伤害事故的处理应当及时、公正、合法，做到事实清楚、责任明确、处理得当。

第四条　学校的举办者应当保障学校必要设施、设备的资金投入和人员的配备。

各级教育行政部门应当加强对学校的管理，制定学校对学生安全保护的有关规定，指导和监督学校落实预防学生伤害事故的有关措施，指导和协调学生伤害事故的处理。

第五条　学校在进行教育教学活动的同时，负有对学生进行安全教育、管理和保护的职责。

学校应当根据国家和本市的有关规定，采取措施，预防和消除可能造成学生人身伤害的危险；按照学生不同年龄的生理、心理以及教育特点，建立健全各项管理和保护学生的规章制度。

学校应当确保教育教学和生活的设施、设备符合国家和本市的安全标准。

第六条　学生应当遵守学校的规章制度。不同年龄和认知能力的学生，有相应的避免和消除危险的义务。

学生的父母或者其他监护人应当依法履行监护职责，对学生进行安全教育、管理和保护。提倡学生的父母或者其他监护人为学生的人身意外伤害投保。

第七条　为学校组织安排教育教学活动提供场所、设施的单位和个人，应当健全各项安全保障措施。活动场所和设施应当符合国家和本市的安全标准。

第八条　对学生伤害事故的发生有过错的责任人，应当承担损害赔偿责任，法律另有规定的，从其规定。

第九条　下列情形之一造成的学生伤害事故，学校承担损害赔偿责任：

（一）学校使用的教育教学和生活设施、设备不符合国家和本市的安全标准的；

（二）学校的场地、房屋和设备等维护、管理不当的；

（三）学校组织教育教学活动，未按规定对学生进行必要的安全教育的；

（四）学校组织教育教学活动，未采取必要的安全防护措施的；

（五）学校向学生提供的食品、饮用水以及玩具、文具或者其他物品不符合国家和本市的卫生、安全标准的；

（六）学校组织安排的实习、劳动、体育运动等体力活动，超出学生一般生理承受能力的；

（七）学校知道或者应当知道学生有不适应某种场合或者某种活动的特异体质，未予以必要照顾的；

（八）学生伤害事故发生后，学校未及时采取相应救护措施致使损害扩大的；

（九）教职员侮辱、殴打、体罚或者变相体罚学生的；

（十）教职员擅离工作岗位、虽在工作岗位但未履行职责，或者违反工作要求、操作规程的；

（十一）应当由学校承担责任的其他情形。

第十条　下列情形之一造成的学生伤害事故，学校不承担损害赔偿责任：

（一）学生自行上学、放学途中发生的；

（二）学生擅自离校发生的；

（三）学生自行到校活动或者放学后滞留学校期间发生，学校管理并无不当的；

（四）学生突发疾病，学校及时采取救护措施的；

（五）学生自杀、自伤，学校管理并无不当的；

（六）学生自身或者学生之间原因造成，学校管理并无不当的；

（七）学校和学生以外的第三人造成，学校管理并无不当的；

（八）教职员在校外与其职务无关的个人行为引起的；

（九）不可抗力造成的；

（十）不应当由学校承担责任的其他情形。

第十一条 学生的父母、其他监护人的过错或者学生自身的原因造成学生伤害事故的，由学生的父母或者其他监护人承担责任。

学校和学生以外的第三人的过错造成学生伤害事故的，由第三人承担责任。

第十二条 完全由学校的过错造成学生伤害事故的，学校应当承担全部责任。部分由学校的过错造成学生伤害事故的，学校应当承担部分责任。

第十三条 对学生伤害事故的发生，当事人均无过错的，可以根据实际情况，按照公平责任的原则，由当事人适当分担经济损失。

第十四条 学生伤害事故发生后，学校应当根据现有条件和能力及时采取措施救护受伤害学生，及时通知受伤害学生的父母或者其他监护人。

第十五条 学生伤害事故发生后，学校应当在二十四小时内将有关情况报告学校所在地的区、县教育行政部门。属于重大伤害事故的，学校应当立即报告区、县教育行政部门及有关部门；区、县教育行政部门接到报告后，应当立即报告区、县人民政府和市教育行政部门。

第十六条 学生伤害事故发生后，学校应当及时成立事故处理小组或者指派专人负责事故的处理工作。

当事人可以自愿协商处理学生伤害事故。

当事人不愿协商或者协商不成的，可以向学校所在地的区、县教育行政部门要求调解。当事人要求调解的，区、县教育行政部门应当自受理之日起三个月内调解结束。市教育行政部门应当指导区、县教育行政部门的调解工作。

学校投保责任险的，保险公司应当参与学生伤害事故的处理。

第十七条　学生伤害事故发生后，受伤害学生、其父母或者其他监护人不愿协商、调解的，或者协商、调解不成的，可以依法向人民法院提起诉讼。

第十八条　学生伤害事故的赔偿范围应当根据人身伤害事故的具体情况确定。

学生伤害事故的责任人应当赔偿医疗费、营养费、误工补助费、护理费、交通费等为治疗和康复支出的合理费用。造成学生残疾的，还应当赔偿残疾生活辅助具费、残疾赔偿金；造成学生死亡的，还应当赔偿丧葬费、死亡赔偿金。

侵害学生人身权益，造成严重精神损害的，被侵权人可以依法请求精神损害赔偿。

学生伤害事故的责任人不承担解决受伤害学生及其亲属的户口迁移、房屋调配、工作调动等与学生伤害事故无关的事宜。

第十九条　发生学生伤害事故，可以要求赔偿下列费用：

医疗费，指受伤害学生为恢复健康进行治疗产生的必要费用。医疗费参照本市医疗保险规定进行计算，但抢救过程中的医疗费按照实际需要计算。

营养费，指受伤害学生为恢复健康确实需要补充营养所支付的费用。营养费按照本市居民人均年食品类支出标准计算。

误工补助费，指受伤害学生的父母或者其他监护人因需要陪同受伤害学生诊治或者处理学生伤害事故而不能参加工作导致劳动收入减少的费用。误工补助费按照本市上年度职工年平均工资标准计算。

护理费，指受伤害学生在住院期间和出院后生活不能自理需要专人陪护的费用，或者虽未住院但在诊治期间生活不能自理而需要专人陪护的费用。护理费参照本市护工从事同等级别护理的劳务报酬标准计算，给付期限按照治疗医院出具的诊断意见或者司法鉴定机构出具的鉴定结论予以认定。

交通费，指受伤害学生及其合理数量的陪护人去医院救治、诊治、陪护所需支出的往返路费。在能够保障及时就医的前提下，应当选择费用较低的交通工具，伤情危重的除外。

法律法规规定的其他为受伤害学生治疗和康复支出的合理费用。

第二十条 因学生伤害事故造成残疾的，受伤害学生除可以按照本条例第十九条的规定要求赔偿外，还可以要求赔偿下列费用：

残疾生活辅助具费，指受伤害学生因残疾需要配置（含更换）补偿功能器具所需的费用。残疾生活辅助具费按照普通适用器具的合理费用计算，伤情有特殊需要的，可以参照辅助器具配置机构的意见确定相应的合理费用标准。

残疾赔偿金。根据受伤害学生的伤残等级，按照本市上一年度城镇居民人均可支配收入标准，自定残之日起按二十年计算。

第二十一条 因学生伤害事故造成死亡的，死亡学生的父母或者其他监护人除可以按照本条例第十九条的规定要求赔偿外，还可以要求赔偿下列费用：

丧葬费，指处理死亡学生丧葬事宜所需的必要费用。丧葬费按照本市上一年度职工月平均工资标准，以六个月总额计算。

死亡赔偿金。按照本市上一年度城镇居民人均可支配收入标准，按二十年计算。

第二十二条 本市以市或者区、县为单位组织学校为其责任投保。

本市设立学生伤害事故专项资金，由学校的举办者筹集。专项资金的筹集和使用办法由市教育行政部门会同市财政部门另行制定。

第二十三条 学生伤害事故赔偿金可以一次性支付，也可以分期支付。

第二十四条 对学生伤害事故负有责任的教职员，教育行政部门或者学校应当给予批评教育或者行政处分；法律、法规有规定的，教育行政部门可以依法给予行政处罚；构成犯罪的，依法追究刑事责任。

第二十五条 在学生伤害事故的处理中，任何人不得侮辱、殴打教职员，不得侵占、破坏学校房屋、设施和设备，不得扰乱学校正常教育教学秩序。

违反前款规定的，由公安机关予以制止，并可根据《治安管理处罚法》的有关规定予以处罚；造成人身及财产损失的，学校可以要求赔偿；构成犯罪的，依法追究刑事责任。

第二十六条 本条例下列用语的含义为：

（一）中小学校，是指本市行政区域内符合本市学校设置条件，经市或者区县主管部门批准的公办和民办的全日制小学、初级中学、高级中学、中等职业学校和其他中等以下教育教学机构；

（二）学生，是指前项范围内的在册学生；

（三）教职员，是指校长、教师以及学校的其他职工；

（四）学校的举办者，是指各级人民政府、行业主管部门和民办学校的出资人；

（五）教育教学活动期间，是指在校内活动期间和寄宿制学生住宿期间，以及学校组织安排的校外活动期间；

（六）人身伤害，是指肢体残疾、组织器官功能障碍及其他影响人身健康的损伤。

第二十七条 幼儿园发生的幼童伤害事故，可以参照本条例执行。

第二十八条 本条例自 2001 年 9 月 1 日起施行。

本条例施行前已经处理完毕的学生伤害事故，不适用本条例。

专题 25　中华人民共和国未成年人保护法

（1991 年 9 月 4 日第七届全国人民代表大会常务委员会第二十一次会议通过　2006 年 12 月 29 日第十届全国人民代表大会常务委员会第二十五次会议修订）

第一章　总　则

第一条　为了保护未成年人的身心健康，保障未成年人的合法权益，促进未成年人在品德、智力、体质等方面全面发展，培养有理想、有道德、有文化、有纪律的社会主义建设者和接班人，根据宪法，制定本法。

第二条　本法所称未成年人是指未满十八周岁的公民。

第三条　未成年人享有生存权、发展权、受保护权、参与权等权利，国家根据未成年人身心发展特点给予特殊、优先保护，保障未成年人的合法权益不受侵犯。

未成年人享有受教育权，国家、社会、学校和家庭尊重和保障未成年人的受教育权。

未成年人不分性别、民族、种族、家庭财产状况、宗教信仰等，依法平等地享有权利。

第四条　国家、社会、学校和家庭对未成年人进行理想教育、道德教育、文化教育、纪律和法制教育，进行爱国主义、集体主义和社会主义的教育，提倡爱祖国、爱人民、爱劳动、爱科学、爱社会主义的公德，反对资本主义的、封建主义的和其他的腐朽思想的侵蚀。

第五条　保护未成年人的工作，应当遵循下列原则：

（一）尊重未成年人的人格尊严；

（二）适应未成年人身心发展的规律和特点；

（三）教育与保护相结合。

第六条 保护未成年人，是国家机关、武装力量、政党、社会团体、企业事业组织、城乡基层群众性自治组织、未成年人的监护人和其他成年公民的共同责任。

对侵犯未成年人合法权益的行为，任何组织和个人都有权予以劝阻、制止或者向有关部门提出检举或者控告。

国家、社会、学校和家庭应当教育和帮助未成年人维护自己的合法权益，增强自我保护的意识和能力，增强社会责任感。

第七条 中央和地方各级国家机关应当在各自的职责范围内做好未成年人保护工作。

国务院和地方各级人民政府领导有关部门做好未成年人保护工作；将未成年人保护工作纳入国民经济和社会发展规划以及年度计划，相关经费纳入本级政府预算。

国务院和省、自治区、直辖市人民政府采取组织措施，协调有关部门做好未成年人保护工作。具体机构由国务院和省、自治区、直辖市人民政府规定。

第八条 共产主义青年团、妇女联合会、工会、青年联合会、学生联合会、少年先锋队以及其他有关社会团体，协助各级人民政府做好未成年人保护工作，维护未成年人的合法权益。

第九条 各级人民政府和有关部门对保护未成年人有显著成绩的组织和个人，给予表彰和奖励。

第二章 家庭保护

第十条 父母或者其他监护人应当创造良好、和睦的家庭环境，依法履行对未成年人的监护职责和抚养义务。

禁止对未成年人实施家庭暴力，禁止虐待、遗弃未成年人，禁止溺婴和其他残害婴儿的行为，不得歧视女性未成年人或者有残疾的未成年人。

第十一条 父母或者其他监护人应当关注未成年人的生理、心理状况和行为习惯，以健康的思想、良好的品行和适当的方法教育和影响未成年人，引导未成年人进行有益身心健康的活动，预防和制止未成年人吸烟、酗酒、流浪、沉迷网络以及赌博、吸毒、卖淫等行为。

第十二条 父母或者其他监护人应当学习家庭教育知识，正确履行监护职责，抚养教育未成年人。

有关国家机关和社会组织应当为未成年人的父母或者其他监护人提供家庭教育指导。

第十三条 父母或者其他监护人应当尊重未成年人受教育的权利，必须使适龄未成年人依法入学接受并完成义务教育，不得使接受义务教育的未成年人辍学。

第十四条 父母或者其他监护人应当根据未成年人的年龄和智力发展状况，在作出与未成年人权益有关的决定时告知其本人，并听取他们的意见。

第十五条 父母或者其他监护人不得允许或者迫使未成年人结婚，不得为未成年人订立婚约。

第十六条 父母因外出务工或者其他原因不能履行对未成年人监护职责的，应当委托有监护能力的其他成年人代为监护。

第三章 学校保护

第十七条 学校应当全面贯彻国家的教育方针，实施素质教育，提高教育质量，注重培养未成年学生独立思考能力、创新能力和实践能力，促进未成年学生全面发展。

第十八条 学校应当尊重未成年学生受教育的权利，关心、爱护学生，对品行有缺点、学习有困难的学生，应当耐心教育、帮助，不得歧视，不得违反法律和国家规定开除未成年学生。

第十九条　学校应当根据未成年学生身心发展的特点，对他们进行社会生活指导、心理健康辅导和青春期教育。

第二十条　学校应当与未成年学生的父母或者其他监护人互相配合，保证未成年学生的睡眠、娱乐和体育锻炼时间，不得加重其学习负担。

第二十一条　学校、幼儿园、托儿所的教职员工应当尊重未成年人的人格尊严，不得对未成年人实施体罚、变相体罚或者其他侮辱人格尊严的行为。

第二十二条　学校、幼儿园、托儿所应当建立安全制度，加强对未成年人的安全教育，采取措施保障未成年人的人身安全。

学校、幼儿园、托儿所不得在危及未成年人人身安全、健康的校舍和其他设施、场所中进行教育教学活动。

学校、幼儿园安排未成年人参加集会、文化娱乐、社会实践等集体活动，应当有利于未成年人的健康成长，防止发生人身安全事故。

第二十三条　教育行政等部门和学校、幼儿园、托儿所应当根据需要，制定应对各种灾害、传染性疾病、食物中毒、意外伤害等突发事件的预案，配备相应设施并进行必要的演练，增强未成年人的自我保护意识和能力。

第二十四条　学校对未成年学生在校内或者本校组织的校外活动中发生人身伤害事故的，应当及时救护，妥善处理，并及时向有关主管部门报告。

第二十五条　对于在学校接受教育的有严重不良行为的未成年学生，学校和父母或者其他监护人应当互相配合加以管教；无力管教或者管教无效的，可以按照有关规定将其送专门学校继续接受教育。

依法设置专门学校的地方人民政府应当保障专门学校的办学条件，

教育行政部门应当加强对专门学校的管理和指导，有关部门应当给予协助和配合。

专门学校应当对在校就读的未成年学生进行思想教育、文化教育、纪律和法制教育、劳动技术教育和职业教育。

专门学校的教职员工应当关心、爱护、尊重学生，不得歧视、厌弃。

第二十六条 幼儿园应当做好保育、教育工作，促进幼儿在体质、智力、品德等方面和谐发展。

第四章 社会保护

第二十七条 全社会应当树立尊重、保护、教育未成年人的良好风尚，关心、爱护未成年人。

国家鼓励社会团体、企业事业组织以及其他组织和个人，开展多种形式的有利于未成年人健康成长的社会活动。

第二十八条 各级人民政府应当保障未成年人受教育的权利，并采取措施保障家庭经济困难的、残疾的和流动人口中的未成年人等接受义务教育。

第二十九条 各级人民政府应当建立和改善适合未成年人文化生活需要的活动场所和设施，鼓励社会力量兴办适合未成年人的活动场所，并加强管理。

第三十条 爱国主义教育基地、图书馆、青少年宫、儿童活动中心应当对未成年人免费开放；博物馆、纪念馆、科技馆、展览馆、美术馆、文化馆以及影剧院、体育场馆、动物园、公园等场所，应当按照有关规定对未成年人免费或者优惠开放。

第三十一条 县级以上人民政府及其教育行政部门应当采取措施，鼓励和支持中小学校在节假日期间将文化体育设施对未成年人免费或者优惠开放。

社区中的公益性互联网上网服务设施，应当对未成年人免费或者优惠开放，为未成年人提供安全、健康的上网服务。

第三十二条　国家鼓励新闻、出版、信息产业、广播、电影、电视、文艺等单位和作家、艺术家、科学家以及其他公民，创作或者提供有利于未成年人健康成长的作品。出版、制作和传播专门以未成年人为对象的内容健康的图书、报刊、音像制品、电子出版物以及网络信息等，国家给予扶持。

国家鼓励科研机构和科技团体对未成年人开展科学知识普及活动。

第三十三条　国家采取措施，预防未成年人沉迷网络。

国家鼓励研究开发有利于未成年人健康成长的网络产品，推广用于阻止未成年人沉迷网络的新技术。

第三十四条　禁止任何组织、个人制作或者向未成年人出售、出租或者以其他方式传播淫秽、暴力、凶杀、恐怖、赌博等毒害未成年人的图书、报刊、音像制品、电子出版物以及网络信息等。

第三十五条　生产、销售用于未成年人的食品、药品、玩具、用具和游乐设施等，应当符合国家标准或者行业标准，不得有害于未成年人的安全和健康；需要标明注意事项的，应当在显著位置标明。

第三十六条　中小学校园周边不得设置营业性歌舞娱乐场所、互联网上网服务营业场所等不适宜未成年人活动的场所。

营业性歌舞娱乐场所、互联网上网服务营业场所等不适宜未成年人活动的场所，不得允许未成年人进入，经营者应当在显著位置设置未成年人禁入标志；对难以判明是否已成年的，应当要求其出示身份证件。

第三十七条　禁止向未成年人出售烟酒，经营者应当在显著位置设置不向未成年人出售烟酒的标志；对难以判明是否已成年的，应当要求其出示身份证件。

任何人不得在中小学校、幼儿园、托儿所的教室、寝室、活动室和其他未成年人集中活动的场所吸烟、饮酒。

第三十八条 任何组织或者个人不得招用未满十六周岁的未成年人，国家另有规定的除外。

任何组织或者个人按照国家有关规定招用已满十六周岁未满十八周岁的未成年人的，应当执行国家在工种、劳动时间、劳动强度和保护措施等方面的规定，不得安排其从事过重、有毒、有害等危害未成年人身心健康的劳动或者危险作业。

第三十九条 任何组织或者个人不得披露未成年人的个人隐私。

对未成年人的信件、日记、电子邮件，任何组织或者个人不得隐匿、毁弃；除因追查犯罪的需要，由公安机关或者人民检察院依法进行检查，或者对无行为能力的未成年人的信件、日记、电子邮件由其父母或者其他监护人代为开拆、查阅外，任何组织或者个人不得开拆、查阅。

第四十条 学校、幼儿园、托儿所和公共场所发生突发事件时，应当优先救护未成年人。

第四十一条 禁止拐卖、绑架、虐待未成年人，禁止对未成年人实施性侵害。

禁止胁迫、诱骗、利用未成年人乞讨或者组织未成年人进行有害其身心健康的表演等活动。

第四十二条 公安机关应当采取有力措施，依法维护校园周边的治安和交通秩序，预防和制止侵害未成年人合法权益的违法犯罪行为。

任何组织或者个人不得扰乱教学秩序，不得侵占、破坏学校、幼儿园、托儿所的场地、房屋和设施。

第四十三条 县级以上人民政府及其民政部门应当根据需要设立救助场所，对流浪乞讨等生活无着未成年人实施救助，承担临时监护责任；公安部门或者其他有关部门应当护送流浪乞讨或者离家出走的未成年人到救助场所，由救助场所予以救助和妥善照顾，并及时通知其父母或者其他监护人领回。

对孤儿、无法查明其父母或者其他监护人的以及其他生活无着的未成年人，由民政部门设立的儿童福利机构收留抚养。

未成年人救助机构、儿童福利机构及其工作人员应当依法履行职责，不得虐待、歧视未成年人；不得在办理收留抚养工作中牟取利益。

第四十四条　卫生部门和学校应当对未成年人进行卫生保健和营养指导，提供必要的卫生保健条件，做好疾病预防工作。

卫生部门应当做好对儿童的预防接种工作，国家免疫规划项目的预防接种实行免费；积极防治儿童常见病、多发病，加强对传染病防治工作的监督管理，加强对幼儿园、托儿所卫生保健的业务指导和监督检查。

第四十五条　地方各级人民政府应当积极发展托幼事业，办好托儿所、幼儿园，支持社会组织和个人依法兴办哺乳室、托儿所、幼儿园。

各级人民政府和有关部门应当采取多种形式，培养和训练幼儿园、托儿所的保教人员，提高其职业道德素质和业务能力。

第四十六条　国家依法保护未成年人的智力成果和荣誉权不受侵犯。

第四十七条　未成年人已经完成规定年限的义务教育不再升学的，政府有关部门和社会团体、企业事业组织应当根据实际情况，对他们进行职业教育，为他们创造劳动就业条件。

第四十八条　居民委员会、村民委员会应当协助有关部门教育和挽救违法犯罪的未成年人，预防和制止侵害未成年人合法权益的违法犯罪行为。

第四十九条　未成年人的合法权益受到侵害的，被侵害人及其监护人或者其他组织和个人有权向有关部门投诉，有关部门应当依法及时处理。

第五章　司法保护

第五十条　公安机关、人民检察院、人民法院以及司法行政部门，应当依法履行职责，在司法活动中保护未成年人的合法权益。

第五十一条 未成年人的合法权益受到侵害，依法向人民法院提起诉讼的，人民法院应当依法及时审理，并适应未成年人生理、心理特点和健康成长的需要，保障未成年人的合法权益。

在司法活动中对需要法律援助或者司法救助的未成年人，法律援助机构或者人民法院应当给予帮助，依法为其提供法律援助或者司法救助。

第五十二条 人民法院审理继承案件，应当依法保护未成年人的继承权和受遗赠权。

人民法院审理离婚案件，涉及未成年子女抚养问题的，应当听取有表达意愿能力的未成年子女的意见，根据保障子女权益的原则和双方具体情况依法处理。

第五十三条 父母或者其他监护人不履行监护职责或者侵害被监护的未成年人的合法权益，经教育不改的，人民法院可以根据有关人员或者有关单位的申请，撤销其监护人的资格，依法另行指定监护人。被撤销监护资格的父母应当依法继续负担抚养费用。

第五十四条 对违法犯罪的未成年人，实行教育、感化、挽救的方针，坚持教育为主、惩罚为辅的原则。

对违法犯罪的未成年人，应当依法从轻、减轻或者免除处罚。

第五十五条 公安机关、人民检察院、人民法院办理未成年人犯罪案件和涉及未成年人权益保护案件，应当照顾未成年人身心发展特点，尊重他们的人格尊严，保障他们的合法权益，并根据需要设立专门机构或者指定专人办理。

第五十六条 公安机关、人民检察院讯问未成年犯罪嫌疑人，询问未成年证人、被害人，应当通知监护人到场。

公安机关、人民检察院、人民法院办理未成年人遭受性侵害的刑事案件，应当保护被害人的名誉。

第五十七条　对羁押、服刑的未成年人，应当与成年人分别关押。

羁押、服刑的未成年人没有完成义务教育的，应当对其进行义务教育。

解除羁押、服刑期满的未成年人的复学、升学、就业不受歧视。

第五十八条　对未成年人犯罪案件，新闻报道、影视节目、公开出版物、网络等不得披露该未成年人的姓名、住所、照片、图像以及可能推断出该未成年人的资料。

第五十九条　对未成年人严重不良行为的矫治与犯罪行为的预防，依照预防未成年人犯罪法的规定执行。

第六章　法律责任

第六十条　违反本法规定，侵害未成年人的合法权益，其他法律、法规已规定行政处罚的，从其规定；造成人身财产损失或者其他损害的，依法承担民事责任；构成犯罪的，依法追究刑事责任。

第六十一条　国家机关及其工作人员不依法履行保护未成年人合法权益的责任，或者侵害未成年人合法权益，或者对提出申诉、控告、检举的人进行打击报复的，由其所在单位或者上级机关责令改正，对直接负责的主管人员和其他直接责任人员依法给予行政处分。

第六十二条　父母或者其他监护人不依法履行监护职责，或者侵害未成年人合法权益的，由其所在单位或者居民委员会、村民委员会予以劝诫、制止；构成违反治安管理行为的，由公安机关依法给予行政处罚。

第六十三条　学校、幼儿园、托儿所侵害未成年人合法权益的，由教育行政部门或者其他有关部门责令改正；情节严重的，对直接负责的主管人员和其他直接责任人员依法给予处分。

学校、幼儿园、托儿所教职员工对未成年人实施体罚、变相体罚或者其他侮辱人格行为的，由其所在单位或者上级机关责令改正；情节严重的，依法给予处分。

第六十四条　制作或者向未成年人出售、出租或者以其他方式传播淫秽、暴力、凶杀、恐怖、赌博等图书、报刊、音像制品、电子出版物以及网络信息等的，由主管部门责令改正，依法给予行政处罚。

第六十五条　生产、销售用于未成年人的食品、药品、玩具、用具和游乐设施不符合国家标准或者行业标准，或者没有在显著位置标明注意事项的，由主管部门责令改正，依法给予行政处罚。

第六十六条　在中小学校园周边设置营业性歌舞娱乐场所、互联网上网服务营业场所等不适宜未成年人活动的场所的，由主管部门予以关闭，依法给予行政处罚。

营业性歌舞娱乐场所、互联网上网服务营业场所等不适宜未成年人活动的场所允许未成年人进入，或者没有在显著位置设置未成年人禁入标志的，由主管部门责令改正，依法给予行政处罚。

第六十七条　向未成年人出售烟酒，或者没有在显著位置设置不向未成年人出售烟酒标志的，由主管部门责令改正，依法给予行政处罚。

第六十八条　非法招用未满十六周岁的未成年人，或者招用已满十六周岁的未成年人从事过重、有毒、有害等危害未成年人身心健康的劳动或者危险作业的，由劳动保障部门责令改正，处以罚款；情节严重的，由工商行政管理部门吊销营业执照。

第六十九条　侵犯未成年人隐私，构成违反治安管理行为的，由公安机关依法给予行政处罚。

第七十条　未成年人救助机构、儿童福利机构及其工作人员不依法履行对未成年人的救助保护职责，或者虐待、歧视未成年人，或者在办理收留抚养工作中牟取利益的，由主管部门责令改正，依法给予行政处分。

第七十一条　胁迫、诱骗、利用未成年人乞讨或者组织未成年人进行有害其身心健康的表演等活动的，由公安机关依法给予行政处罚。

第七章　附　则

第七十二条　本法自 2007 年 6 月 1 日起施行。

专题 26　中华人民共和国义务教育法

(1986 年 4 月 12 日第六届全国人民代表大会第四次会议通过　2006 年 6 月 29 日第十届全国人民代表大会常务委员会第二十二次会议修订)

第一章　总　则

第一条　为了保障适龄儿童、少年接受义务教育的权利，保证义务教育的实施，提高全民族素质，根据宪法和教育法，制定本法。

第二条　国家实行九年义务教育制度。

义务教育是国家统一实施的所有适龄儿童、少年必须接受的教育，是国家必须予以保障的公益性事业。

实施义务教育，不收学费、杂费。

国家建立义务教育经费保障机制，保证义务教育制度实施。

第三条　义务教育必须贯彻国家的教育方针，实施素质教育，提高教育质量，使适龄儿童、少年在品德、智力、体质等方面全面发展，为培养有理想、有道德、有文化、有纪律的社会主义建设者和接班人奠定基础。

第四条　凡具有中华人民共和国国籍的适龄儿童、少年，不分性别、民族、种族、家庭财产状况、宗教信仰等，依法享有平等接受义务教育的权利，并履行接受义务教育的义务。

第五条　各级人民政府及其有关部门应当履行本法规定的各项职

责，保障适龄儿童、少年接受义务教育的权利。

适龄儿童、少年的父母或者其他法定监护人应当依法保证其按时入学接受并完成义务教育。

依法实施义务教育的学校应当按照规定标准完成教育教学任务，保证教育教学质量。

社会组织和个人应当为适龄儿童、少年接受义务教育创造良好的环境。

第六条 国务院和县级以上地方人民政府应当合理配置教育资源，促进义务教育均衡发展，改善薄弱学校的办学条件，并采取措施，保障农村地区、民族地区实施义务教育，保障家庭经济困难的和残疾的适龄儿童、少年接受义务教育。

国家组织和鼓励经济发达地区支援经济欠发达地区实施义务教育。

第七条 义务教育实行国务院领导，省、自治区、直辖市人民政府统筹规划实施，县级人民政府为主管理的体制。

县级以上人民政府教育行政部门具体负责义务教育实施工作；县级以上人民政府其他有关部门在各自的职责范围内负责义务教育实施工作。

第八条 人民政府教育督导机构对义务教育工作执行法律法规情况、教育教学质量以及义务教育均衡发展状况等进行督导，督导报告向社会公布。

第九条 任何社会组织或者个人有权对违反本法的行为向有关国家机关提出检举或者控告。

发生违反本法的重大事件，妨碍义务教育实施，造成重大社会影响的，负有领导责任的人民政府或者人民政府教育行政部门负责人应当引咎辞职。

第十条 对在义务教育实施工作中做出突出贡献的社会组织和个人，各级人民政府及其有关部门按照有关规定给予表彰、奖励。

第二章　学　生

第十一条　凡年满六周岁的儿童，其父母或者其他法定监护人应当送其入学接受并完成义务教育；条件不具备的地区的儿童，可以推迟到七周岁。

适龄儿童、少年因身体状况需要延缓入学或者休学的，其父母或者其他法定监护人应当提出申请，由当地乡镇人民政府或者县级人民政府教育行政部门批准。

第十二条　适龄儿童、少年免试入学。地方各级人民政府应当保障适龄儿童、少年在户籍所在地学校就近入学。

父母或者其他法定监护人在非户籍所在地工作或者居住的适龄儿童、少年，在其父母或者其他法定监护人工作或者居住地接受义务教育的，当地人民政府应当为其提供平等接受义务教育的条件。具体办法由省、自治区、直辖市规定。

县级人民政府教育行政部门对本行政区域内的军人子女接受义务教育予以保障。

第十三条　县级人民政府教育行政部门和乡镇人民政府组织和督促适龄儿童、少年入学，帮助解决适龄儿童、少年接受义务教育的困难，采取措施防止适龄儿童、少年辍学。

居民委员会和村民委员会协助政府做好工作，督促适龄儿童、少年入学。

第十四条　禁止用人单位招用应当接受义务教育的适龄儿童、少年。

根据国家有关规定经批准招收适龄儿童、少年进行文艺、体育等专业训练的社会组织，应当保证所招收的适龄儿童、少年接受义务教育；自行实施义务教育的，应当经县级人民政府教育行政部门批准。

第三章 学 校

第十五条 县级以上地方人民政府根据本行政区域内居住的适龄儿童、少年的数量和分布状况等因素，按照国家有关规定，制定、调整学校设置规划。新建居民区需要设置学校的，应当与居民区的建设同步进行。

第十六条 学校建设，应当符合国家规定的办学标准，适应教育教学需要；应当符合国家规定的选址要求和建设标准，确保学生和教职工安全。

第十七条 县级人民政府根据需要设置寄宿制学校，保障居住分散的适龄儿童、少年入学接受义务教育。

第十八条 国务院教育行政部门和省、自治区、直辖市人民政府根据需要，在经济发达地区设置接收少数民族适龄儿童、少年的学校（班）。

第十九条 县级以上地方人民政府根据需要设置相应的实施特殊教育的学校（班），对视力残疾、听力语言残疾和智力残疾的适龄儿童、少年实施义务教育。特殊教育学校（班）应当具备适应残疾儿童、少年学习、康复、生活特点的场所和设施。

普通学校应当接收具有接受普通教育能力的残疾适龄儿童、少年随班就读，并为其学习、康复提供帮助。

第二十条 县级以上地方人民政府根据需要，为具有预防未成年人犯罪法规定的严重不良行为的适龄少年设置专门的学校实施义务教育。

第二十一条 对未完成义务教育的未成年犯和被采取强制性教育措施的未成年人应当进行义务教育，所需经费由人民政府予以保障。

第二十二条 县级以上人民政府及其教育行政部门应当促进学校均衡发展，缩小学校之间办学条件的差距，不得将学校分为重点学校和非重点学校。学校不得分设重点班和非重点班。

县级以上人民政府及其教育行政部门不得以任何名义改变或者变相改变公办学校的性质。

第二十三条　各级人民政府及其有关部门依法维护学校周边秩序，保护学生、教师、学校的合法权益，为学校提供安全保障。

第二十四条　学校应当建立、健全安全制度和应急机制，对学生进行安全教育，加强管理，及时消除隐患，预防发生事故。

县级以上地方人民政府定期对学校校舍安全进行检查；对需要维修、改造的，及时予以维修、改造。

学校不得聘用曾经因故意犯罪被依法剥夺政治权利或者其他不适合从事义务教育工作的人担任工作人员。

第二十五条　学校不得违反国家规定收取费用，不得以向学生推销或者变相推销商品、服务等方式谋取利益。

第二十六条　学校实行校长负责制。校长应当符合国家规定的任职条件。校长由县级人民政府教育行政部门依法聘任。

第二十七条　对违反学校管理制度的学生，学校应当予以批评教育，不得开除。

第四章　教　师

第二十八条　教师享有法律规定的权利，履行法律规定的义务，应当为人师表，忠诚于人民的教育事业。

全社会应当尊重教师。

第二十九条　教师在教育教学中应当平等对待学生，关注学生的个体差异，因材施教，促进学生的充分发展。

教师应当尊重学生的人格，不得歧视学生，不得对学生实施体罚、变相体罚或者其他侮辱人格尊严的行为，不得侵犯学生合法权益。

第三十条　教师应当取得国家规定的教师资格。

国家建立统一的义务教育教师职务制度。教师职务分为初级职务、中级职务和高级职务。

第三十一条 各级人民政府保障教师工资福利和社会保险待遇，改善教师工作和生活条件；完善农村教师工资经费保障机制。

教师的平均工资水平应当不低于当地公务员的平均工资水平。

特殊教育教师享有特殊岗位补助津贴。在民族地区和边远贫困地区工作的教师享有艰苦贫困地区补助津贴。

第三十二条 县级以上人民政府应当加强教师培养工作，采取措施发展教师教育。

县级人民政府教育行政部门应当均衡配置本行政区域内学校师资力量，组织校长、教师的培训和流动，加强对薄弱学校的建设。

第三十三条 国务院和地方各级人民政府鼓励和支持城市学校教师和高等学校毕业生到农村地区、民族地区从事义务教育工作。

国家鼓励高等学校毕业生以志愿者的方式到农村地区、民族地区缺乏教师的学校任教。县级人民政府教育行政部门依法认定其教师资格，其任教时间计入工龄。

第五章　教育教学

第三十四条 教育教学工作应当符合教育规律和学生身心发展特点，面向全体学生，教书育人，将德育、智育、体育、美育等有机统一在教育教学活动中，注重培养学生独立思考能力、创新能力和实践能力，促进学生全面发展。

第三十五条 国务院教育行政部门根据适龄儿童、少年身心发展的状况和实际情况，确定教学制度、教育教学内容和课程设置，改革考试制度，并改进高级中等学校招生办法，推进实施素质教育。

学校和教师按照确定的教育教学内容和课程设置开展教育教学活动，保证达到国家规定的基本质量要求。

国家鼓励学校和教师采用启发式教育等教育教学方法，提高教育教学质量。

　　第三十六条　学校应当把德育放在首位，寓德育于教育教学之中，开展与学生年龄相适应的社会实践活动，形成学校、家庭、社会相互配合的思想道德教育体系，促进学生养成良好的思想品德和行为习惯。

　　第三十七条　学校应当保证学生的课外活动时间，组织开展文化娱乐等课外活动。社会公共文化体育设施应当为学校开展课外活动提供便利。

　　第三十八条　教科书根据国家教育方针和课程标准编写，内容力求精简，精选必备的基础知识、基本技能，经济实用，保证质量。

　　国家机关工作人员和教科书审查人员，不得参与或者变相参与教科书的编写工作。

　　第三十九条　国家实行教科书审定制度。教科书的审定办法由国务院教育行政部门规定。

　　未经审定的教科书，不得出版、选用。

　　第四十条　教科书由国务院价格行政部门会同出版行政部门按照微利原则确定基准价。省、自治区、直辖市人民政府价格行政部门会同出版行政部门按照基准价确定零售价。

　　第四十一条　国家鼓励教科书循环使用。

第六章　经费保障

　　第四十二条　国家将义务教育全面纳入财政保障范围，义务教育经费由国务院和地方各级人民政府依照本法规定予以保障。

　　国务院和地方各级人民政府将义务教育经费纳入财政预算，按照教职工编制标准、工资标准和学校建设标准、学生人均公用经费标准等，及时足额拨付义务教育经费，确保学校的正常运转和校舍安全，确保教职工工资按照规定发放。

　　国务院和地方各级人民政府用于实施义务教育财政拨款的增长比例

应当高于财政经常性收入的增长比例，保证按照在校学生人数平均的义务教育费用逐步增长，保证教职工工资和学生人均公用经费逐步增长。

第四十三条　学校的学生人均公用经费基本标准由国务院财政部门会同教育行政部门制定，并根据经济和社会发展状况适时调整。制定、调整学生人均公用经费基本标准，应当满足教育教学基本需要。

省、自治区、直辖市人民政府可以根据本行政区域的实际情况，制定不低于国家标准的学校学生人均公用经费标准。

特殊教育学校（班）学生人均公用经费标准应当高于普通学校学生人均公用经费标准。

第四十四条　义务教育经费投入实行国务院和地方各级人民政府根据职责共同负担，省、自治区、直辖市人民政府负责统筹落实的体制。农村义务教育所需经费，由各级人民政府根据国务院的规定分项目、按比例分担。

各级人民政府对家庭经济困难的适龄儿童、少年免费提供教科书并补助寄宿生生活费。

义务教育经费保障的具体办法由国务院规定。

第四十五条　地方各级人民政府在财政预算中将义务教育经费单列。

县级人民政府编制预算，除向农村地区学校和薄弱学校倾斜外，应当均衡安排义务教育经费。

第四十六条　国务院和省、自治区、直辖市人民政府规范财政转移支付制度，加大一般性转移支付规模和规范义务教育专项转移支付，支持和引导地方各级人民政府增加对义务教育的投入。地方各级人民政府确保将上级人民政府的义务教育转移支付资金按照规定用于义务教育。

第四十七条　国务院和县级以上地方人民政府根据实际需要，设立专项资金，扶持农村地区、民族地区实施义务教育。

第四十八条　国家鼓励社会组织和个人向义务教育捐赠，鼓励按照国家有关基金会管理的规定设立义务教育基金。

第四十九条　义务教育经费严格按照预算规定用于义务教育；任何组织和个人不得侵占、挪用义务教育经费，不得向学校非法收取或者摊派费用。

第五十条　县级以上人民政府建立健全义务教育经费的审计监督和统计公告制度。

第七章　法律责任

第五十一条　国务院有关部门和地方各级人民政府违反本法第六章的规定，未履行对义务教育经费保障职责的，由国务院或者上级地方人民政府责令限期改正；情节严重的，对直接负责的主管人员和其他直接责任人员依法给予行政处分。

第五十二条　县级以上地方人民政府有下列情形之一的，由上级人民政府责令限期改正；情节严重的，对直接负责的主管人员和其他直接责任人员依法给予行政处分：

（一）未按照国家有关规定制定、调整学校的设置规划的；

（二）学校建设不符合国家规定的办学标准、选址要求和建设标准的；

（三）未定期对学校校舍安全进行检查，并及时维修、改造的；

（四）未依照本法规定均衡安排义务教育经费的。

第五十三条　县级以上人民政府或者其教育行政部门有下列情形之一的，由上级人民政府或者其教育行政部门责令限期改正、通报批评；情节严重的，对直接负责的主管人员和其他直接责任人员依法给予行政处分：

（一）将学校分为重点学校和非重点学校的；

（二）改变或者变相改变公办学校性质的。

县级人民政府教育行政部门或者乡镇人民政府未采取措施组织适龄

儿童、少年入学或者防止辍学的，依照前款规定追究法律责任。

第五十四条 有下列情形之一的，由上级人民政府或者上级人民政府教育行政部门、财政部门、价格行政部门和审计机关根据职责分工责令限期改正；情节严重的，对直接负责的主管人员和其他直接责任人员依法给予处分：

（一）侵占、挪用义务教育经费的；

（二）向学校非法收取或者摊派费用的。

第五十五条 学校或者教师在义务教育工作中违反教育法、教师法规定的，依照教育法、教师法的有关规定处罚。

第五十六条 学校违反国家规定收取费用的，由县级人民政府教育行政部门责令退还所收费用；对直接负责的主管人员和其他直接责任人员依法给予处分。

学校以向学生推销或者变相推销商品、服务等方式谋取利益的，由县级人民政府教育行政部门给予通报批评；有违法所得的，没收违法所得；对直接负责的主管人员和其他直接责任人员依法给予处分。

国家机关工作人员和教科书审查人员参与或者变相参与教科书编写的，由县级以上人民政府或者其教育行政部门根据职责权限责令限期改正，依法给予行政处分；有违法所得的，没收违法所得。

第五十七条 学校有下列情形之一的，由县级人民政府教育行政部门责令限期改正；情节严重的，对直接负责的主管人员和其他直接责任人员依法给予处分：

（一）拒绝接收具有接受普通教育能力的残疾适龄儿童、少年随班就读的；

（二）分设重点班和非重点班的；

（三）违反本法规定开除学生的；

（四）选用未经审定的教科书的。

第五十八条 适龄儿童、少年的父母或者其他法定监护人无正当理由未依照本法规定送适龄儿童、少年入学接受义务教育的，由当地乡镇人民政府或者县级人民政府教育行政部门给予批评教育，责令限期改正。

第五十九条 有下列情形之一的，依照有关法律、行政法规的规定予以处罚：

（一）胁迫或者诱骗应当接受义务教育的适龄儿童、少年失学、辍学的；

（二）非法招用应当接受义务教育的适龄儿童、少年的；

（三）出版未经依法审定的教科书的。

第六十条 违反本法规定，构成犯罪的，依法追究刑事责任。

第八章 附 则

第六十一条 对接受义务教育的适龄儿童、少年不收杂费的实施步骤，由国务院规定。

第六十二条 社会组织或者个人依法举办的民办学校实施义务教育的，依照民办教育促进法有关规定执行；民办教育促进法未作规定的，适用本法。

第六十三条 本法自 2006 年 9 月 1 日起施行。

专题 27 中华人民共和国预防未成年人犯罪法

（1999 年 6 月 28 日第九届全国人民代表大会常务委员会第十次会议通过）

第一章 总 则

第一条 为了保障未成年人身心健康，培养未成年人良好品行，有效地预防未成年人犯罪，制定本法。

第二条　预防未成年人犯罪，立足于教育和保护，从小抓起，对未成年人的不良行为及时进行预防和矫治。

第三条　预防未成年人犯罪，在各级人民政府组织领导下，实行综合治理。

政府有关部门、司法机关、人民团体、有关社会团体、学校、家庭、城市居民委员会、农村村民委员会等各方面共同参与，各负其责，做好预防未成年人犯罪工作，为未成年人身心健康发展创造良好的社会环境。

第四条　各级人民政府在预防未成年人犯罪方面的职责是：

（一）制定预防未成年人犯罪工作的规划；

（二）组织、协调公安、教育、文化、新闻出版、广播电影电视、工商、民政、司法行政等政府有关部门和其他社会组织进行预防未成年人犯罪工作；

（三）对本法实施的情况和工作规划的执行情况进行检查；

（四）总结、推广预防未成年人犯罪工作的经验，树立、表彰先进典型。

第五条　预防未成年人犯罪，应当结合未成年人不同年龄的生理、心理特点，加强青春期教育、心理矫治和预防犯罪对策的研究。

第二章　预防未成年人犯罪的教育

第六条　对未成年人应当加强理想、道德、法制和爱国主义、集体主义、社会主义教育。对于达到义务教育年龄的未成年人，在进行上述教育的同时，应当进行预防犯罪的教育。

预防未成年人犯罪的教育的目的，是增强未成年人的法制观念，使未成年人懂得违法和犯罪行为对个人、家庭、社会造成的危害，违法和犯罪行为应当承担的法律责任，树立遵纪守法和防范违法犯罪的意识。

第七条　教育行政部门、学校应当将预防犯罪的教育作为法制教育的内容纳入学校教育教学计划，结合常见多发的未成年人犯罪，对不同年龄的未成年人进行有针对性的预防犯罪教育。

第八条　司法行政部门、教育行政部门、共产主义青年团、少年先锋队应当结合实际，组织、举办展览会、报告会、演讲会等多种形式的预防未成年人犯罪的法制宣传活动。

学校应当结合实际举办以预防未成年人犯罪的教育为主要内容的活动。教育行政部门应当将预防未成年人犯罪教育的工作效果作为考核学校工作的一项重要内容。

第九条　学校应当聘任从事法制教育的专职或者兼职教师。学校根据条件可以聘请校外法律辅导员。

第十条　未成年人的父母或者其他监护人对未成年人的法制教育负有直接责任。学校在对学生进行预防犯罪教育时，应当将教育计划告知未成年人的父母或者其他监护人，未成年人的父母或者其他监护人应当结合学校的计划，针对具体情况进行教育。

第十一条　少年宫、青少年活动中心等校外活动场所应当把预防未成年人犯罪的教育作为一项重要的工作内容，开展多种形式的宣传教育活动。

第十二条　对于已满十六周岁不满十八周岁准备就业的未成年人，职业教育培训机构、用人单位应当将法律知识和预防犯罪教育纳入职业培训的内容。

第十三条　城市居民委员会、农村村民委员会应当积极开展有针对性的预防未成年人犯罪的法制宣传活动。

第三章　对未成年人不良行为的预防

第十四条　未成年人的父母或者其他监护人和学校应当教育未成年人不得有下列不良行为：

（一）旷课、夜不归宿；

（二）携带管制刀具；

（三）打架斗殴、辱骂他人；

（四）强行向他人索要财物；

（五）偷窃、故意毁坏财物；

（六）参与赌博或者变相赌博；

（七）观看、收听色情、淫秽的音像制品、读物等；

（八）进入法律、法规规定未成年人不适宜进入的营业性歌舞厅等场所；

（九）其他严重违背社会公德的不良行为。

第十五条　未成年人的父母或者其他监护人和学校应当教育未成年人不得吸烟、酗酒。任何经营场所不得向未成年人出售烟酒。

第十六条　中小学生旷课的，学校应当及时与其父母或者其他监护人取得联系。

未成年人擅自外出夜不归宿的，其父母或者其他监护人、其所在的寄宿制学校应当及时查找，或者向公安机关请求帮助。收留夜不归宿的未成年人的，应当征得其父母或者其他监护人的同意，或者在二十四小时内及时通知其父母或者其他监护人、所在学校或者及时向公安机关报告。

第十七条　未成年人的父母或者其他监护人和学校发现未成年人组织或者参加实施不良行为的团伙的，应当及时予以制止。发现该团伙有违法犯罪行为的，应当向公安机关报告。

第十八条　未成年人的父母或者其他监护人和学校发现有人教唆、胁迫、引诱未成年人违法犯罪的，应当向公安机关报告。公安机关接到报告后，应当及时依法查处，对未成年人人身安全受到威胁的，应当及时采取有效措施，保护其人身安全。

第十九条　未成年人的父母或者其他监护人，不得让不满十六周岁的未成年人脱离监护单独居住。

第二十条 未成年人的父母或者其他监护人对未成年人不得放任不管，不得迫使其离家出走，放弃监护职责。未成年人离家出走的，其父母或者其他监护人应当及时查找，或者向公安机关请求帮助。

第二十一条 未成年人的父母离异的，离异双方对子女都有教育的义务，任何一方都不得因离异而不履行教育子女的义务。

第二十二条 继父母、养父母对受其抚养教育的未成年继子女、养子女，应当履行本法规定的父母对未成年子女在预防犯罪方面的职责。

第二十三条 学校对有不良行为的未成年人应当加强教育、管理，不得歧视。

第二十四条 教育行政部门、学校应当举办各种形式的讲座、座谈、培训等活动，针对未成年人不同时期的生理、心理特点，介绍良好有效的教育方法，指导教师、未成年人的父母和其他监护人有效地防止、矫治未成年人的不良行为。

第二十五条 对于教唆、胁迫、引诱未成年人实施不良行为或者品行不良，影响恶劣，不适宜在学校工作的教职员工，教育行政部门、学校应当予以解聘或者辞退；构成犯罪的，依法追究刑事责任。

第二十六条 禁止在中小学校附近开办营业性歌舞厅、营业性电子游戏场所以及其他未成年人不适宜进入的场所。禁止开办上述场所的具体范围由省、自治区、直辖市人民政府规定。

对本法施行前已在中小学校附近开办上述场所的，应当限期迁移或者停业。

第二十七条 公安机关应当加强中小学校周围环境的治安管理，及时制止、处理中小学校周围发生的违法犯罪行为。城市居民委员会、农村村民委员会应当协助公安机关做好维护中小学校周围治安的工作。

第二十八条 公安派出所、城市居民委员会、农村村民委员会应当掌握本辖区内暂住人口中未成年人的就学、就业情况。对于暂住人口中未成年人实施不良行为的，应当督促其父母或者其他监护人进行有效的教育、制止。

第二十九条　任何人不得教唆、胁迫、引诱未成年人实施本法规定的不良行为，或者为未成年人实施不良行为提供条件。

第三十条　以未成年人为对象的出版物，不得含有诱发未成年人违法犯罪的内容，不得含有渲染暴力、色情、赌博、恐怖活动等危害未成年人身心健康的内容。

第三十一条　任何单位和个人不得向未成年人出售、出租含有诱发未成年人违法犯罪以及渲染暴力、色情、赌博、恐怖活动等危害未成年人身心健康内容的读物、音像制品或者电子出版物。

任何单位和个人不得利用通信、计算机网络等方式提供前款规定的危害未成年人身心健康的内容及其信息。

第三十二条　广播、电影、电视、戏剧节目，不得有渲染暴力、色情、赌博、恐怖活动等危害未成年人身心健康的内容。广播电影电视行政部门、文化行政部门必须加强对广播、电影、电视、戏剧节目以及各类演播场所的管理。

第三十三条　营业性歌舞厅以及其他未成年人不适宜进入的场所，应当设置明显的未成年人禁止进入标志，不得允许未成年人进入。营业性电子游戏场所在国家法定节假日外，不得允许未成年人进入，并应当设置明显的未成年人禁止进入标志。对于难以判明是否已成年的，上述场所的工作人员可以要求其出示身份证件。

第四章　对未成年人严重不良行为的矫治

第三十四条　本法所称"严重不良行为"，是指下列严重危害社会，尚不够刑事处罚的违法行为：

（一）纠集他人结伙滋事，扰乱治安；

（二）携带管制刀具，屡教不改；

（三）多次拦截殴打他人或者强行索要他人财物；

（四）传播淫秽的读物或者音像制品等；

（五）进行淫乱或者色情、卖淫活动；

（六）多次偷窃；

（七）参与赌博，屡教不改；

（八）吸食、注射毒品；

（九）其他严重危害社会的行为。

第三十五条　对未成年人实施本法规定的严重不良行为的，应当及时予以制止。

对有本法规定严重不良行为的未成年人，其父母或者其他监护人和学校应当相互配合，采取措施严加管教，也可以送工读学校进行矫治和接受教育。

对未成年人送工读学校进行矫治和接受教育，应当由其父母或者其他监护人，或者原所在学校提出申请，经教育行政部门批准。

第三十六条　工读学校对就读的未成年人应当严格管理和教育。工读学校除按照义务教育法的要求，在课程设置上与普通学校相同外，应当加强法制教育的内容，针对未成年人严重不良行为产生的原因以及有严重不良行为的未成年人的心理特点，开展矫治工作。

家庭、学校应当关心、爱护在工读学校就读的未成年人，尊重他们的人格尊严，不得体罚、虐待和歧视。工读学校毕业的未成年人在升学、就业等方面，同普通学校毕业的学生享有同等的权利，任何单位和个人不得歧视。

第三十七条　未成年人有本法规定严重不良行为，构成违反治安管理行为的，由公安机关依法予以治安处罚。因不满十四周岁或者情节特别轻微免予处罚的，可以予以训诫。

第三十八条　未成年人因不满十六周岁不予刑事处罚的，责令他的父母或者其他监护人严加管教；在必要的时候，也可以由政府依法收容教养。

第三十九条 未成年人在被收容教养期间，执行机关应当保证其继续接受文化知识、法律知识或者职业技术教育；对没有完成义务教育的未成年人，执行机关应当保证其继续接受义务教育。

解除收容教养、劳动教养的未成年人，在复学、升学、就业等方面与其他未成年人享有同等权利，任何单位和个人不得歧视。

第五章 未成年人对犯罪的自我防范

第四十条 未成年人应当遵守法律、法规及社会公共道德规范，树立自尊、自律、自强意识，增强辨别是非和自我保护的能力，自觉抵制各种不良行为及违法犯罪行为的引诱和侵害。

第四十一条 被父母或者其他监护人遗弃、虐待的未成年人，有权向公安机关、民政部门、共产主义青年团、妇女联合会、未成年人保护组织或者学校、城市居民委员会、农村村民委员会请求保护。被请求的上述部门和组织都应当接受，根据情况需要采取救助措施的，应当先采取救助措施。

第四十二条 未成年人发现任何人对自己或者对其他未成年人实施本法第三章规定不得实施的行为或者犯罪行为，可以通过所在学校、其父母或者其他监护人向公安机关或者政府有关主管部门报告，也可以自己向上述机关报告。受理报告的机关应当及时依法查处。

第四十三条 对同犯罪行为作斗争以及举报犯罪行为的未成年人，司法机关、学校、社会应当加强保护，保障其不受打击报复。

第六章 对未成年人重新犯罪的预防

第四十四条 对犯罪的未成年人追究刑事责任，实行教育、感化、挽救方针，坚持教育为主、惩罚为辅的原则。

司法机关办理未成年人犯罪案件，应当保障未成年人行使其诉讼权利，保障未成年人得到法律帮助，并根据未成年人的生理、心理特点和犯罪的情况，有针对性地进行法制教育。

对于被采取刑事强制措施的未成年学生，在人民法院的判决生效以前，不得取消其学籍。

第四十五条 人民法院审判未成年人犯罪的刑事案件，应当由熟悉未成年人身心特点的审判员或者审判员和人民陪审员依法组成少年法庭进行。

对于已满十四周岁不满十六周岁未成年人犯罪的案件，一律不公开审理。已满十六周岁不满十八周岁未成年人犯罪的案件，一般也不公开审理。

对未成年人犯罪案件，新闻报道、影视节目、公开出版物不得披露该未成年人的姓名、住所、照片及可能推断出该未成年人的资料。

第四十六条 对被拘留、逮捕和执行刑罚的未成年人与成年人应当分别关押、分别管理、分别教育。未成年犯在被执行刑罚期间，执行机关应当加强对未成年犯的法制教育，对未成年犯进行职业技术教育。对没有完成义务教育的未成年犯，执行机关应当保证其继续接受义务教育。

第四十七条 未成年人的父母或者其他监护人和学校、城市居民委员会、农村村民委员会，对因不满十六周岁而不予刑事处罚、免予刑事处罚的未成年人，或者被判处非监禁刑罚、被判处刑罚宣告缓刑、被假释的未成年人，应当采取有效的帮教措施，协助司法机关做好对未成年人的教育、挽救工作。

城市居民委员会、农村村民委员会可以聘请思想品德优秀，作风正派，热心未成年人教育工作的离退休人员或者其他人员协助做好对前款规定的未成年人的教育、挽救工作。

第四十八条 依法免予刑事处罚、判处非监禁刑罚、判处刑罚宣告缓刑、假释或者刑罚执行完毕的未成年人，在复学、升学、就业等方面与其他未成年人享有同等权利，任何单位和个人不得歧视。

第七章　法律责任

第四十九条　未成年人的父母或者其他监护人不履行监护职责，放任未成年人有本法规定的不良行为或者严重不良行为的，由公安机关对未成年人的父母或者其他监护人予以训诫，责令其严加管教。

第五十条　未成年人的父母或者其他监护人违反本法第十九条的规定，让不满十六周岁的未成年人脱离监护单独居住的，由公安机关对未成年人的父母或者其他监护人予以训诫，责令其立即改正。

第五十一条　公安机关的工作人员违反本法第十八条的规定，接到报告后，不及时查处或者采取有效措施，严重不负责任的，予以行政处分；造成严重后果，构成犯罪的，依法追究刑事责任。

第五十二条　违反本法第三十条的规定，出版含有诱发未成年人违法犯罪以及渲染暴力、色情、赌博、恐怖活动等危害未成年人身心健康内容的出版物的，由出版行政部门没收出版物和违法所得，并处违法所得三倍以上十倍以下罚款；情节严重的，没收出版物和违法所得，并责令停业整顿或者吊销许可证。对直接负责的主管人员和其他直接责任人员处以罚款。

制作、复制宣扬淫秽内容的未成年人出版物，或者向未成年人出售、出租、传播宣扬淫秽内容的出版物的，依法予以治安处罚；构成犯罪的，依法追究刑事责任。

第五十三条　违反本法第三十一条的规定，向未成年人出售、出租含有诱发未成年人违法犯罪以及渲染暴力、色情、赌博、恐怖活动等危害未成年人身心健康内容的读物、音像制品、电子出版物的，或者利用通信、计算机网络等方式提供上述危害未成年人身心健康内容及其信息的，没收读物、音像制品、电子出版物和违法所得，由政府有关主管部门处以罚款。

单位有前款行为的，没收读物、音像制品、电子出版物和违法所得，处以罚款，并对直接负责的主管人员和其他直接责任人员处以罚款。

第五十四条　影剧院、录像厅等各类演播场所，放映或者演出渲染暴力、色情、赌博、恐怖活动等危害未成年人身心健康的节目的，由政府有关主管部门没收违法播放的音像制品和违法所得，处以罚款，并对直接负责的主管人员和其他直接责任人员处以罚款；情节严重的，责令停业整顿或者由工商行政部门吊销营业执照。

第五十五条　营业性歌舞厅以及其他未成年人不适宜进入的场所、营业性电子游戏场所，违反本法第三十三条的规定，不设置明显的未成年人禁止进入标志，或者允许未成年人进入的，由文化行政部门责令改正、给予警告、责令停业整顿、没收违法所得，处以罚款，并对直接负责的主管人员和其他直接责任人员处以罚款；情节严重的，由工商行政部门吊销营业执照。

第五十六条　教唆、胁迫、引诱未成年人实施本法规定的不良行为、严重不良行为，或者为未成年人实施不良行为、严重不良行为提供条件，构成违反治安管理行为的，由公安机关依法予以治安处罚；构成犯罪的，依法追究刑事责任。

第八章　附　则

第五十七条　本法自 1999 年 11 月 1 日起施行。

专题 28　中华人民共和国民办教育促进法

（2002 年 12 月 28 日第九届全国人民代表大会常务委员会第三十一次会议通过　2002 年 12 月 28 日中华人民共和国主席令第八十号公布　自 2003 年 9 月 1 日施行）

第一章　总　则

第一条　为实施科教兴国战略，促进民办教育事业的健康发展，维护民办学校和受教育者的合法权益，根据宪法和教育法制定本法。

第二条　国家机构以外的社会组织或者个人，利用非国家财政性经费，面向社会举办学校及其他教育机构的活动，适用本法。本法未作规定的，依照教育法和其他有关教育法律执行。

第三条　民办教育事业属于公益性事业，是社会主义教育事业的组成部分。

国家对民办教育实行积极鼓励、大力支持、正确引导、依法管理的方针。

各级人民政府应当将民办教育事业纳入国民经济和社会发展规划。

第四条　民办学校应当遵守法律、法规，贯彻国家的教育方针，保证教育质量，致力于培养社会主义建设事业的各类人才。

民办学校应当贯彻教育与宗教相分离的原则。任何组织和个人不得利用宗教进行妨碍国家教育制度的活动。

第五条　民办学校与公办学校具有同等的法律地位，国家保障民办学校的办学自主权。

国家保障民办学校举办者、校长、教职工和受教育者的合法权益。

第六条　国家鼓励捐资办学。

国家对为发展民办教育事业做出突出贡献的组织和个人，给予奖励和表彰。

第七条　国务院教育行政部门负责全国民办教育工作的统筹规划、综合协调和宏观管理。

国务院劳动和社会保障行政部门及其他有关部门在国务院规定的职责范围内分别负责有关的民办教育工作。

第八条　县级以上地方各级人民政府教育行政部门主管本行政区域内的民办教育工作。

县级以上地方各级人民政府劳动和社会保障行政部门及其他有关部门在各自的职责范围内，分别负责有关的民办教育工作。

第二章　设　立

第九条　举办民办学校的社会组织，应当具有法人资格。

举办民办学校的个人，应当具有政治权利和完全民事行为能力。

民办学校应当具备法人条件。

第十条　设立民办学校应当符合当地教育发展的需求，具备教育法和其他有关法律、法规规定的条件。

民办学校的设置标准参照同级同类公办学校的设置标准执行。

第十一条　举办实施学历教育、学前教育、自学考试助学及其他文化教育的民办学校，由县级以上人民政府教育行政部门按照国家规定的权限审批；举办实施以职业技能为主的职业资格培训、职业技能培训的民办学校，由县级以上人民政府劳动和社会保障行政部门按照国家规定的权限审批，并抄送同级教育行政部门备案。

第十二条　申请筹设民办学校，举办者应当向审批机关提交下列材料：

（一）申办报告，内容应当主要包括：举办者、培养目标、办学规模、办学层次、办学形式、办学条件、内部管理体制、经费筹措与管理使用等；

（二）举办者的姓名、住址或者名称、地址；

（三）资产来源、资金数额及有效证明文件，并载明产权；

（四）属捐赠性质的校产须提交捐赠协议，载明捐赠人的姓名、所捐资产的数额、用途和管理方法及相关有效证明文件。

第十三条 审批机关应当自受理筹设民办学校的申请之日起三十日内以书面形式作出是否同意的决定。

同意筹设的，发给筹设批准书。不同意筹设的，应当说明理由。筹设期不得超过三年。超过三年的，举办者应当重新申报。

第十四条 申请正式设立民办学校的，举办者应当向审批机关提交下列材料：

（一）筹设批准书；

（二）筹设情况报告；

（三）学校章程、首届学校理事会、董事会或者其他决策机构组成人员名单；

（四）学校资产的有效证明文件；

（五）校长、教师、财会人员的资格证明文件。

第十五条 具备办学条件，达到设置标准的，可以直接申请正式设立，并应当提交本法第十二条和第十四条（三）、（四）、（五）项规定的材料。

第十六条 申请正式设立民办学校的，审批机关应当自受理之日起三个月内以书面形式作出是否批准的决定，并送达申请人；其中申请正式设立民办高等学校的，审批机关也可以自受理之日起六个月内以书面形式作出是否批准的决定，并送达申请人。

第十七条 审批机关对批准正式设立的民办学校发给办学许可证。

审批机关对不批准正式设立的，应当说明理由。

第十八条　民办学校取得办学许可证，并依照有关的法律、行政法规进行登记，登记机关应当按照有关规定即时予以办理。

第三章　学校的组织与活动

第十九条　民办学校应当设立学校理事会、董事会或者其他形式的决策机构。

第二十条　学校理事会或者董事会由举办者或者其代表、校长、教职工代表等人员组成。其中三分之一以上的理事或者董事应当具有五年以上教育教学经验。

学校理事会或者董事会由五人以上组成，设理事长或者董事长一人。理事长、理事或者董事长、董事名单报审批机关备案。

第二十一条　学校理事会或者董事会行使下列职权：

（一）聘任和解聘校长；

（二）修改学校章程和制定学校的规章制度；

（三）制定发展规划，批准年度工作计划；

（四）筹集办学经费，审核预算、决算；

（五）决定教职工的编制定额和工资标准；

（六）决定学校的分立、合并、终止；

（七）决定其他重大事项。

其他形式决策机构的职权参照本条规定执行。

第二十二条　民办学校的法定代表人由理事长、董事长或者校长担任。

第二十三条　民办学校参照同级同类公办学校校长任职的条件聘任校长，年龄可以适当放宽，并报审批机关核准。

第二十四条　民办学校校长负责学校的教育教学和行政管理工作，行使下列职权：

（一）执行学校理事会、董事会或者其他形式决策机构的决定；

（二）实施发展规划，拟订年度工作计划、财务预算和学校规章制度；

（三）聘任和解聘学校工作人员，实施奖惩；

（四）组织教育教学、科学研究活动，保证教育教学质量；

（五）负责学校日常管理工作；

（六）学校理事会、董事会或者其他形式决策机构的其他授权。

第二十五条 民办学校对招收的学生，根据其类别、修业年限、学业成绩，可以根据国家有关规定发给学历证书、结业证书或者培训合格证书。

对接受职业技能培训的学生，经政府批准的职业技能鉴定机构鉴定合格的，可以发给国家职业资格证书。

第二十六条 民办学校依法通过以教师为主体的教职工代表大会等形式，保障教职工参与民主管理和监督。

民办学校的教师和其他工作人员，有权依照工会法，建立工会组织，维护其合法权益。

第四章　教师与受教育者

第二十七条 民办学校的教师、受教育者与公办学校的教师、受教育者具有同等的法律地位。

第二十八条 民办学校聘任的教师，应当具有国家规定的任教资格。

第二十九条 民办学校应当对教师进行思想品德教育和业务培训。

第三十条 民办学校应当依法保障教职工的工资、福利待遇，并为教职工缴纳社会保险费。

第三十一条 民办学校教职工在业务培训、职务聘任、教龄和工龄计算、表彰奖励、社会活动等方面依法享有与公办学校教职工同等权利。

第三十二条 民办学校依法保障受教育者的合法权益。

民办学校按照国家规定建立学籍管理制度，对受教育者实施奖励或者处分。

第三十三条 民办学校的受教育者在升学、就业、社会优待以及参加先进评选等方面享有与同级同类公办学校的受教育者同等权利。

第五章 学校资产与财务管理

第三十四条 民办学校应当依法建立财务、会计制度和资产管理制度，并按照国家有关规定设置会计账簿。

第三十五条 民办学校对举办者投入民办学校的资产、国有资产、受赠的财产以及办学积累，享有法人财产权。

第三十六条 民办学校存续期间，所有资产由民办学校依法管理和使用，任何组织和个人不得侵占。

任何组织和个人都不得违反法律、法规向民办教育机构收取任何费用。

第三十七条 民办学校对接受学历教育的受教育者收取费用的项目和标准由学校制定，报有关部门批准并公示；对其他受教育者收取费用的项目和标准由学校制定，报有关部门备案并公示。

民办学校收取的费用应当主要用于教育教学活动和改善办学条件。

第三十八条 民办学校资产的使用和财务管理受审批机关和其他有关部门的监督。

民办学校应当在每个会计年度结束时制作财务会计报告，委托会计师事务所依法进行审计，并公布审计结果。

第六章 管理与监督

第三十九条 教育行政部门及有关部门应当对民办学校的教育教学工作、教师培训工作进行指导。

第四十条 教育行政部门及有关部门依法对民办学校实行督导，促进提高办学质量；组织或者委托社会中介组织评估办学水平和教育质量，并将评估结果向社会公布。

第四十一条 民办学校的招生简章和广告，应当报审批机关备案。

第四十二条 民办学校侵犯受教育者的合法权益，受教育者及其亲属有权向教育行政部门和其他有关部门申诉，有关部门应当及时予以处理。

第四十三条 国家支持和鼓励社会中介组织为民办学校提供服务。

第七章 扶持与奖励

第四十四条 县级以上各级人民政府可以设立专项资金，用于资助民办学校的发展，奖励和表彰有突出贡献的集体和个人。

第四十五条 县级以上各级人民政府可以采取经费资助，出租、转让闲置的国有资产等措施对民办学校予以扶持。

第四十六条 民办学校享受国家规定的税收优惠政策。

第四十七条 民办学校依照国家有关法律、法规，可以接受公民、法人或者其他组织的捐赠。

国家对向民办学校捐赠财产的公民、法人或者其他组织按照有关规定给予税收优惠，并予以表彰。

第四十八条 国家鼓励金融机构运用信贷手段，支持民办教育事业的发展。

第四十九条 人民政府委托民办学校承担义务教育任务，应当按照委托协议拨付相应的教育经费。

第五十条 新建、扩建民办学校，人民政府应当按照公益事业用地及建设的有关规定给予优惠。教育用地不得用于其他用途。

第五十一条 民办学校在扣除办学成本、预留发展基金以及按照国家有关规定提取其他的必需的费用后，出资人可以从办学结余中取得合理回报。取得合理回报的具体办法由国务院规定。

第五十二条　国家采取措施，支持和鼓励社会组织和个人到少数民族地区、边远贫困地区举办民办学校，发展教育事业。

第八章　变更与终止

第五十三条　民办学校的分立、合并，在进行财务清算后，由学校理事会或者董事会报审批机关批准。

申请分立、合并民办学校的，审批机关应当自受理之日起三个月内以书面形式答复；其中申请分立、合并民办高等学校的，审批机关也可以自受理之日起六个月内以书面形式答复。

第五十四条　民办学校举办者的变更，须由举办者提出，在进行财务清算后，经学校理事会或者董事会同意，报审批机关核准。

第五十五条　民办学校名称、层次、类别的变更，由学校理事会或者董事会报审批机关批准。

申请变更为其他民办学校，审批机关应当自受理之日起三个月内以书面形式答复；其中申请变更为民办高等学校的，审批机关也可以自受理之日起六个月内以书面形式答复。

第五十六条　民办学校有下列情形之一的，应当终止：

（一）根据学校章程规定要求终止，并经审批机关批准的；

（二）被吊销办学许可证的；

（三）因资不抵债无法继续办学的。

第五十七条　民办学校终止时，应当妥善安置在校学生。实施义务教育的民办学校终止时，审批机关应当协助学校安排学生继续就学。

第五十八条　民办学校终止时，应当依法进行财务清算。

民办学校自己要求终止的，由民办学校组织清算；被审批机关依法撤销的，由审批机关组织清算；因资不抵债无法继续办学而被终止的，由人民法院组织清算。

第五十九条 对民办学校的财产按照下列顺序清偿：

（一）应退受教育者学费、杂费和其他费用；

（二）应发教职工的工资及应缴纳的社会保险费用；

（三）偿还其他债务。

民办学校清偿上述债务后的剩余财产，按照有关法律、行政法规的规定处理。

第六十条 终止的民办学校，由审批机关收回办学许可证和销毁印章，并注销登记。

第九章　法律责任

第六十一条 民办学校在教育活动中违反教育法、教师法规定的，依照教育法、教师法的有关规定给予处罚。

第六十二条 民办学校有下列行为之一的，由审批机关或者其他有关部门责令限期改正，并予以警告；有违法所得的，退还所收费用后没收违法所得；情节严重的，责令停止招生、吊销办学许可证；构成犯罪的，依法追究刑事责任：

（一）擅自分立、合并民办学校的；

（二）擅自改变民办学校名称、层次、类别和举办者的；

（三）发布虚假招生简章或者广告，骗取钱财的；

（四）非法颁发或者伪造学历证书、结业证书、培训证书、职业资格证书的；

（五）管理混乱严重影响教育教学，产生恶劣社会影响的；

（六）提交虚假证明文件或者采取其他欺诈手段隐瞒重要事实骗取办学许可证的；

（七）伪造、变造、买卖、出租、出借办学许可证的；

（八）恶意终止办学、抽逃资金或者挪用办学经费的。

第六十三条 审批机关和有关部门有下列行为之一的，由上级机关责令其改正；情节严重的，对直接负责的主管人员和其他直接责任人员，依法给予行政处分；造成经济损失的，依法承担赔偿责任；构成犯罪的，依法追究刑事责任：

（一）已受理设立申请，逾期不予答复的；

（二）批准不符合本法规定条件申请的；

（三）疏于管理，造成严重后果的；

（四）违反国家有关规定收取费用的；

（五）侵犯民办学校合法权益的；

（六）其他滥用职权、徇私舞弊的。

第六十四条　社会组织和个人擅自举办民办学校的，由县级以上人民政府的有关行政部门责令限期改正，符合本法及有关法律规定的民办学校条件的，可以补办审批手续；逾期仍达不到办学条件的，责令停止办学，造成经济损失的，依法承担赔偿责任。

第十章　附　　则

第六十五条　本法所称的民办学校包括依法举办的其他民办教育机构。

本法所称的校长包括其他民办教育机构的主要行政负责人。

第六十六条　在工商行政管理部门登记注册的经营性的民办培训机构的管理办法，由国务院另行规定。

第六十七条　境外的组织和个人在中国境内合作办学的办法，由国务院规定。

第六十八条　本法自 2003 年 9 月 1 日起施行。1997 年 7 月 31 日国务院颁布的《社会力量办学条例》同时废止。

专题29 中华人民共和国治安管理处罚法

(2005 年 8 月 28 日第十届全国人民代表大会常务委员会第十七次会议通过)

第一章 总 则

第一条 为维护社会治安秩序，保障公共安全，保护公民、法人和其他组织的合法权益，规范和保障公安机关及其人民警察依法履行治安管理职责，制定本法。

第二条 扰乱公共秩序，妨害公共安全，侵犯人身权利、财产权利，妨害社会管理，具有社会危害性，依照《中华人民共和国刑法》的规定构成犯罪的，依法追究刑事责任；尚不够刑事处罚的，由公安机关依照本法给予治安管理处罚。

第三条 治安管理处罚的程序，适用本法的规定；本法没有规定的，适用《中华人民共和国行政处罚法》的有关规定。

第四条 在中华人民共和国领域内发生的违反治安管理行为，除法律有特别规定的外，适用本法。

在中华人民共和国船舶和航空器内发生的违反治安管理行为，除法律有特别规定的外，适用本法。

第五条 治安管理处罚必须以事实为依据，与违反治安管理行为的性质、情节以及社会危害程度相当。

实施治安管理处罚，应当公开、公正，尊重和保障人权，保护公民的人格尊严。

办理治安案件应当坚持教育与处罚相结合的原则。

第六条　各级人民政府应当加强社会治安综合治理，采取有效措施，化解社会矛盾，增进社会和谐，维护社会稳定。

第七条　国务院公安部门负责全国的治安管理工作。县级以上地方各级人民政府公安机关负责本行政区域内的治安管理工作。

治安案件的管辖由国务院公安部门规定。

第八条　违反治安管理的行为对他人造成损害的，行为人或者其监护人应当依法承担民事责任。

第九条　对于因民间纠纷引起的打架斗殴或者损毁他人财物等违反治安管理行为，情节较轻的，公安机关可以调解处理。经公安机关调解，当事人达成协议的，不予处罚。经调解未达成协议或者达成协议后不履行的，公安机关应当依照本法的规定对违反治安管理行为人给予处罚，并告知当事人可以就民事争议依法向人民法院提起民事诉讼。

第二章　处罚的种类和适用

第十条　治安管理处罚的种类分为：

（一）警告；

（二）罚款；

（三）行政拘留；

（四）吊销公安机关发放的许可证。

对违反治安管理的外国人，可以附加适用限期出境或者驱逐出境。

第十一条　办理治安案件所查获的毒品、淫秽物品等违禁品，赌具、赌资，吸食、注射毒品的用具以及直接用于实施违反治安管理行为的本人所有的工具，应当收缴，按照规定处理。

违反治安管理所得的财物，追缴退还被侵害人；没有被侵害人的，登记造册，公开拍卖或者按照国家有关规定处理，所得款项上缴国库。

第十二条　已满十四周岁不满十八周岁的人违反治安管理的，从轻或者减轻处罚；不满十四周岁的人违反治安管理的，不予处罚，但是应当责令其监护人严加管教。

第十三条　精神病人在不能辨认或者不能控制自己行为的时候违反治安管理的，不予处罚，但是应当责令其监护人严加看管和治疗。间歇性的精神病人在精神正常的时候违反治安管理的，应当给予处罚。

第十四条　盲人或者又聋又哑的人违反治安管理的，可以从轻、减轻或者不予处罚。

第十五条　醉酒的人违反治安管理的，应当给予处罚。

醉酒的人在醉酒状态中，对本人有危险或者对他人的人身、财产或者公共安全有威胁的，应当对其采取保护性措施约束至酒醒。

第十六条　有两种以上违反治安管理行为的，分别决定，合并执行。行政拘留处罚合并执行的，最长不超过二十日。

第十七条　共同违反治安管理的，根据违反治安管理行为人在违反治安管理行为中所起的作用，分别处罚。

教唆、胁迫、诱骗他人违反治安管理的，按照其教唆、胁迫、诱骗的行为处罚。

第十八条　单位违反治安管理的，对其直接负责的主管人员和其他直接责任人员依照本法的规定处罚。其他法律、行政法规对同一行为规定给予单位处罚的，依照其规定处罚。

第十九条　违反治安管理有下列情形之一的，减轻处罚或者不予处罚：

（一）情节特别轻微的；

（二）主动消除或者减轻违法后果，并取得被侵害人谅解的；

（三）出于他人胁迫或者诱骗的；

（四）主动投案，向公安机关如实陈述自己的违法行为的；

（五）有立功表现的。

第二十条　违反治安管理有下列情形之一的，从重处罚：

（一）有较严重后果的；

（二）教唆、胁迫、诱骗他人违反治安管理的；

（三）对报案人、控告人、举报人、证人打击报复的；

（四）六个月内曾受过治安管理处罚的。

第二十一条　违反治安管理行为人有下列情形之一，依照本法应当给予行政拘留处罚的，不执行行政拘留处罚：

（一）已满十四周岁不满十六周岁的；

（二）已满十六周岁不满十八周岁，初次违反治安管理的；

（三）七十周岁以上的；

（四）怀孕或者哺乳自己不满一周岁婴儿的。

第二十二条　违反治安管理行为在六个月内没有被公安机关发现的，不再处罚。

前款规定的期限，从违反治安管理行为发生之日起计算；违反治安管理行为有连续或者继续状态的，从行为终了之日起计算。

第三章　违反治安管理的行为和处罚

第一节　扰乱公共秩序的行为和处罚

第二十三条　有下列行为之一的，处警告或者二百元以下罚款；情节较重的，处五日以上十日以下拘留，可以并处五百元以下罚款：

（一）扰乱机关、团体、企业、事业单位秩序，致使工作、生产、营业、医疗、教学、科研不能正常进行，尚未造成严重损失的；

（二）扰乱车站、港口、码头、机场、商场、公园、展览馆或者其他公共场所秩序的；

（三）扰乱公共汽车、电车、火车、船舶、航空器或者其他公共交通工具上的秩序的；

（四）非法拦截或者强登、扒乘机动车、船舶、航空器以及其他交通工具，影响交通工具正常行驶的；

（五）破坏依法进行的选举秩序的。

聚众实施前款行为的，对首要分子处十日以上十五日以下拘留，可以并处一千元以下罚款。

第二十四条 有下列行为之一，扰乱文化、体育等大型群众性活动秩序的，处警告或者二百元以下罚款；情节严重的，处五日以上十日以下拘留，可以并处五百元以下罚款：

（一）强行进入场内的；

（二）违反规定，在场内燃放烟花爆竹或者其他物品的；

（三）展示侮辱性标语、条幅等物品的；

（四）围攻裁判员、运动员或者其他工作人员的；

（五）向场内投掷杂物，不听制止的；

（六）扰乱大型群众性活动秩序的其他行为。

因扰乱体育比赛秩序被处以拘留处罚的，可以同时责令其十二个月内不得进入体育场馆观看同类比赛；违反规定进入体育场馆的，强行带离现场。

第二十五条 有下列行为之一的，处五日以上十日以下拘留，可以并处五百元以下罚款；情节较轻的，处五日以下拘留或者五百元以下罚款：

（一）散布谣言，谎报险情、疫情、警情或者以其他方法故意扰乱公共秩序的；

（二）投放虚假的爆炸性、毒害性、放射性、腐蚀性物质或者传染病病原体等危险物质扰乱公共秩序的；

（三）扬言实施放火、爆炸、投放危险物质扰乱公共秩序的。

第二十六条 有下列行为之一的，处五日以上十日以下拘留，可以并处五百元以下罚款；情节较重的，处十日以上十五日以下拘留，可以并处一千元以下罚款：

（一）结伙斗殴的；

（二）追逐、拦截他人的；

（三）强拿硬要或者任意损毁、占用公私财物的；

（四）其他寻衅滋事行为。

第二十七条　有下列行为之一的，处十日以上十五日以下拘留，可以并处一千元以下罚款；情节较轻的，处五日以上十日以下拘留，可以并处五百元以下罚款：

（一）组织、教唆、胁迫、诱骗、煽动他人从事邪教、会道门活动或者利用邪教、会道门、迷信活动，扰乱社会秩序、损害他人身体健康的；

（二）冒用宗教、气功名义进行扰乱社会秩序、损害他人身体健康活动的。

第二十八条　违反国家规定，故意干扰无线电业务正常进行的，或者对正常运行的无线电台（站）产生有害干扰，经有关主管部门指出后，拒不采取有效措施消除的，处五日以上十日以下拘留；情节严重的，处十日以上十五日以下拘留。

第二十九条　有下列行为之一的，处五日以下拘留；情节较重的，处五日以上十日以下拘留：

（一）违反国家规定，侵入计算机信息系统，造成危害的；

（二）违反国家规定，对计算机信息系统功能进行删除、修改、增加、干扰，造成计算机信息系统不能正常运行的；

（三）违反国家规定，对计算机信息系统中存储、处理、传输的数据和应用程序进行删除、修改、增加的；

（四）故意制作、传播计算机病毒等破坏性程序，影响计算机信息系统正常运行的。

　　　　第二节　妨害公共安全的行为和处罚

第三十条　违反国家规定，制造、买卖、储存、运输、邮寄、携带、使用、提供、处置爆炸性、毒害性、放射性、腐蚀性物质或者传染病病原体等危险物质的，处十日以上十五日以下拘留；情节较轻的，处五日以上十日以下拘留。

第三十一条 爆炸性、毒害性、放射性、腐蚀性物质或者传染病病原体等危险物质被盗、被抢或者丢失，未按规定报告的，处五日以下拘留；故意隐瞒不报的，处五日以上十日以下拘留。

第三十二条 非法携带枪支、弹药或者弩、匕首等国家规定的管制器具的，处五日以下拘留，可以并处五百元以下罚款；情节较轻的，处警告或者二百元以下罚款。

非法携带枪支、弹药或者弩、匕首等国家规定的管制器具进入公共场所或者公共交通工具的，处五日以上十日以下拘留，可以并处五百元以下罚款。

第三十三条 有下列行为之一的，处十日以上十五日以下拘留：

（一）盗窃、损毁油气管道设施、电力电信设施、广播电视设施、水利防汛工程设施或者水文监测、测量、气象测报、环境监测、地质监测、地震监测等公共设施的；

（二）移动、损毁国家边境的界碑、界桩以及其他边境标志、边境设施或者领土、领海标志设施的；

（三）非法进行影响国（边）界线走向的活动或者修建有碍国（边）境管理的设施的。

第三十四条 盗窃、损坏、擅自移动使用中的航空设施，或者强行进入航空器驾驶舱的，处十日以上十五日以下拘留。

在使用中的航空器上使用可能影响导航系统正常功能的器具、工具，不听劝阻的，处五日以下拘留或者五百元以下罚款。

第三十五条 有下列行为之一的，处五日以上十日以下拘留，可以并处五百元以下罚款；情节较轻的，处五日以下拘留或者五百元以下罚款：

（一）盗窃、损毁或者擅自移动铁路设施、设备、机车车辆配件或者安全标志的；

（二）在铁路线路上放置障碍物，或者故意向列车投掷物品的；

（三）在铁路线路、桥梁、涵洞处挖掘坑穴、采石取沙的；

（四）在铁路线路上私设道口或者平交过道的。

第三十六条　擅自进入铁路防护网或者火车来临时在铁路线路上行走坐卧、抢越铁路，影响行车安全的，处警告或者二百元以下罚款。

第三十七条　有下列行为之一的，处五日以下拘留或者五百元以下罚款；情节严重的，处五日以上十日以下拘留，可以并处五百元以下罚款：

（一）未经批准，安装、使用电网的，或者安装、使用电网不符合安全规定的；

（二）在车辆、行人通行的地方施工，对沟井坎穴不设覆盖物、防围和警示标志的，或者故意损毁、移动覆盖物、防围和警示标志的；

（三）盗窃、损毁路面井盖、照明等公共设施的。

第三十八条　举办文化、体育等大型群众性活动，违反有关规定，有发生安全事故危险的，责令停止活动，立即疏散；对组织者处五日以上十日以下拘留，并处二百元以上五百元以下罚款；情节较轻的，处五日以下拘留或者五百元以下罚款。

第三十九条　旅馆、饭店、影剧院、娱乐场、运动场、展览馆或者其他供社会公众活动的场所的经营管理人员，违反安全规定，致使该场所有发生安全事故危险，经公安机关责令改正，拒不改正的，处五日以下拘留。

第三节　侵犯人身权利、财产权利的行为和处罚

第四十条　有下列行为之一的，处十日以上十五日以下拘留，并处五百元以上一千元以下罚款；情节较轻的，处五日以上十日以下拘留，并处二百元以上五百元以下罚款：

（一）组织、胁迫、诱骗不满十六周岁的人或者残疾人进行恐怖、残忍表演的；

（二）以暴力、威胁或者其他手段强迫他人劳动的；

（三）非法限制他人人身自由、非法侵入他人住宅或者非法搜查他人身体的。

第四十一条 胁迫、诱骗或者利用他人乞讨的，处十日以上十五日以下拘留，可以并处一千元以下罚款。

反复纠缠、强行讨要或者以其他滋扰他人的方式乞讨的，处五日以下拘留或者警告。

第四十二条 有下列行为之一的，处五日以下拘留或者五百元以下罚款；情节较重的，处五日以上十日以下拘留，可以并处五百元以下罚款：

（一）写恐吓信或者以其他方法威胁他人人身安全的；

（二）公然侮辱他人或者捏造事实诽谤他人的；

（三）捏造事实诬告陷害他人，企图使他人受到刑事追究或者受到治安管理处罚的；

（四）对证人及其近亲属进行威胁、侮辱、殴打或者打击报复的；

（五）多次发送淫秽、侮辱、恐吓或者其他信息，干扰他人正常生活的；

（六）偷窥、偷拍、窃听、散布他人隐私的。

第四十三条 殴打他人的，或者故意伤害他人身体的，处五日以上十日以下拘留，并处二百元以上五百元以下罚款；情节较轻的，处五日以下拘留或者五百元以下罚款。

有下列情形之一的，处十日以上十五日以下拘留，并处五百元以上一千元以下罚款：

（一）结伙殴打、伤害他人的；

（二）殴打、伤害残疾人、孕妇、不满十四周岁的人或者六十周岁以上的人的；

（三）多次殴打、伤害他人或者一次殴打、伤害多人的。

第四十四条　猥亵他人的，或者在公共场所故意裸露身体，情节恶劣的，处五日以上十日以下拘留；猥亵智力残疾人、精神病人、不满十四周岁的人或者有其他严重情节的，处十日以上十五日以下拘留。

第四十五条　有下列行为之一的，处五日以下拘留或者警告：

（一）虐待家庭成员，被虐待人要求处理的；

（二）遗弃没有独立生活能力的被扶养人的。

第四十六条　强买强卖商品，强迫他人提供服务或者强迫他人接受服务的，处五日以上十日以下拘留，并处二百元以上五百元以下罚款；情节较轻的，处五日以下拘留或者五百元以下罚款。

第四十七条　煽动民族仇恨、民族歧视，或者在出版物、计算机信息网络中刊载民族歧视、侮辱内容的，处十日以上十五日以下拘留，可以并处一千元以下罚款。

第四十八条　冒领、隐匿、毁弃、私自开拆或者非法检查他人邮件的，处五日以下拘留或者五百元以下罚款。

第四十九条　盗窃、诈骗、哄抢、抢夺、敲诈勒索或者故意损毁公私财物的，处五日以上十日以下拘留，可以并处五百元以下罚款；情节较重的，处十日以上十五日以下拘留，可以并处一千元以下罚款。

第四节　妨害社会管理的行为和处罚

第五十条　有下列行为之一的，处警告或者二百元以下罚款；情节严重的，处五日以上十日以下拘留，可以并处五百元以下罚款：

（一）拒不执行人民政府在紧急状态情况下依法发布的决定、命令的；

（二）阻碍国家机关工作人员依法执行职务的；

（三）阻碍执行紧急任务的消防车、救护车、工程抢险车、警车等车辆通行的；

（四）强行冲闯公安机关设置的警戒带、警戒区的。

阻碍人民警察依法执行职务的，从重处罚。

第五十一条 冒充国家机关工作人员或者以其他虚假身份招摇撞骗的，处五日以上十日以下拘留，可以并处五百元以下罚款；情节较轻的，处五日以下拘留或者五百元以下罚款。

冒充军警人员招摇撞骗的，从重处罚。

第五十二条 有下列行为之一的，处十日以上十五日以下拘留，可以并处一千元以下罚款；情节较轻的，处五日以上十日以下拘留，可以并处五百元以下罚款：

（一）伪造、变造或者买卖国家机关、人民团体、企业、事业单位或者其他组织的公文、证件、证明文件、印章的；

（二）买卖或者使用伪造、变造的国家机关、人民团体、企业、事业单位或者其他组织的公文、证件、证明文件的；

（三）伪造、变造、倒卖车票、船票、航空客票、文艺演出票、体育比赛入场券或者其他有价票证、凭证的；

（四）伪造、变造船舶户牌，买卖或者使用伪造、变造的船舶户牌，或者涂改船舶发动机号码的。

第五十三条 船舶擅自进入、停靠国家禁止、限制进入的水域或者岛屿的，对船舶负责人及有关责任人员处五百元以上一千元以下罚款；情节严重的，处五日以下拘留，并处五百元以上一千元以下罚款。

第五十四条 有下列行为之一的，处十日以上十五日以下拘留，并处五百元以上一千元以下罚款；情节较轻的，处五日以下拘留或者五百元以下罚款：

（一）违反国家规定，未经注册登记，以社会团体名义进行活动，被取缔后，仍进行活动的；

（二）被依法撤销登记的社会团体，仍以社会团体名义进行活动的；

（三）未经许可，擅自经营按照国家规定需要由公安机关许可的行业的。

有前款第三项行为的，予以取缔。

取得公安机关许可的经营者，违反国家有关管理规定，情节严重的，公安机关可以吊销许可证。

第五十五条　煽动、策划非法集会、游行、示威，不听劝阻的，处十日以上十五日以下拘留。

第五十六条　旅馆业的工作人员对住宿的旅客不按规定登记姓名、身份证件种类和号码的，或者明知住宿的旅客将危险物质带入旅馆，不予制止的，处二百元以上五百元以下罚款。

旅馆业的工作人员明知住宿的旅客是犯罪嫌疑人员或者被公安机关通缉的人员，不向公安机关报告的，处二百元以上五百元以下罚款；情节严重的，处五日以下拘留，可以并处五百元以下罚款。

第五十七条　房屋出租人将房屋出租给无身份证件的人居住的，或者不按规定登记承租人姓名、身份证件种类和号码的，处二百元以上五百元以下罚款。

房屋出租人明知承租人利用出租房屋进行犯罪活动，不向公安机关报告的，处二百元以上五百元以下罚款；情节严重的，处五日以下拘留，可以并处五百元以下罚款。

第五十八条　违反关于社会生活噪声污染防治的法律规定，制造噪声干扰他人正常生活的，处警告；警告后不改正的，处二百元以上五百元以下罚款。

第五十九条　有下列行为之一的，处五百元以上一千元以下罚款；情节严重的，处五日以上十日以下拘留，并处五百元以上一千元以下罚款：

（一）典当业工作人员承接典当的物品，不查验有关证明、不履行登记手续，或者明知是违法犯罪嫌疑人、赃物，不向公安机关报告的；

（二）违反国家规定，收购铁路、油田、供电、电信、矿山、水利、测量和城市公用设施等废旧专用器材的；

（三）收购公安机关通报寻查的赃物或者有赃物嫌疑的物品的；

（四）收购国家禁止收购的其他物品的。

第六十条　有下列行为之一的，处五日以上十日以下拘留，并处二百元以上五百元以下罚款：

（一）隐藏、转移、变卖或者损毁行政执法机关依法扣押、查封、冻结的财物的；

（二）伪造、隐匿、毁灭证据或者提供虚假证言、谎报案情，影响行政执法机关依法办案的；

（三）明知是赃物而窝藏、转移或者代为销售的；

（四）被依法执行管制、剥夺政治权利或者在缓刑、保外就医等监外执行中的罪犯或者被依法采取刑事强制措施的人，有违反法律、行政法规和国务院公安部门有关监督管理规定的行为。

第六十一条　协助组织或者运送他人偷越国（边）境的，处十日以上十五日以下拘留，并处一千元以上五千元以下罚款。

第六十二条　为偷越国（边）境人员提供条件的，处五日以上十日以下拘留，并处五百元以上二千元以下罚款。

偷越国（边）境的，处五日以下拘留或者五百元以下罚款。

第六十三条　有下列行为之一的，处警告或者二百元以下罚款；情节较重的，处五日以上十日以下拘留，并处二百元以上五百元以下罚款：

（一）刻画、涂污或者以其他方式故意损坏国家保护的文物、名胜古迹的；

（二）违反国家规定，在文物保护单位附近进行爆破、挖掘等活动，危及文物安全的。

第六十四条　有下列行为之一的，处五百元以上一千元以下罚款；情节严重的，处十日以上十五日以下拘留，并处五百元以上一千元以下罚款：

（一）偷开他人机动车的；

（二）未取得驾驶证驾驶或者偷开他人航空器、机动船舶的。

第六十五条　有下列行为之一的，处五日以上十日以下拘留；情节严重的，处十日以上十五日以下拘留，可以并处一千元以下罚款：

（一）故意破坏、污损他人坟墓或者毁坏、丢弃他人尸骨、骨灰的；

（二）在公共场所停放尸体或者因停放尸体影响他人正常生活、工作秩序，不听劝阻的。

第六十六条　卖淫、嫖娼的，处十日以上十五日以下拘留，可以并处五千元以下罚款；情节较轻的，处五日以下拘留或者五百元以下罚款。

在公共场所拉客招嫖的，处五日以下拘留或者五百元以下罚款。

第六十七条　引诱、容留、介绍他人卖淫的，处十日以上十五日以下拘留，可以并处五千元以下罚款；情节较轻的，处五日以下拘留或者五百元以下罚款。

第六十八条　制作、运输、复制、出售、出租淫秽的书刊、图片、影片、音像制品等淫秽物品或者利用计算机信息网络、电话以及其他通信工具传播淫秽信息的，处十日以上十五日以下拘留，可以并处三千元以下罚款；情节较轻的，处五日以下拘留或者五百元以下罚款。

第六十九条　有下列行为之一的，处十日以上十五日以下拘留，并处五百元以上一千元以下罚款：

（一）组织播放淫秽音像的；

（二）组织或者进行淫秽表演的；

（三）参与聚众淫乱活动的。

明知他人从事前款活动，为其提供条件的，依照前款的规定处罚。

第七十条　以营利为目的，为赌博提供条件的，或者参与赌博赌资较大的，处五日以下拘留或者五百元以下罚款；情节严重的，处十日以上十五日以下拘留，并处五百元以上三千元以下罚款。

第七十一条　有下列行为之一的，处十日以上十五日以下拘留，可以并处三千元以下罚款；情节较轻的，处五日以下拘留或者五百元以下罚款：

（一）非法种植罂粟不满五百株或者其他少量毒品原植物的；

（二）非法买卖、运输、携带、持有少量未经灭活的罂粟等毒品原植物种子或者幼苗的；

（三）非法运输、买卖、储存、使用少量罂粟壳的。

有前款第一项行为，在成熟前自行铲除的，不予处罚。

第七十二条　有下列行为之一的，处十日以上十五日以下拘留，可以并处二千元以下罚款；情节较轻的，处五日以下拘留或者五百元以下罚款：

（一）非法持有鸦片不满二百克、海洛因或者甲基苯丙胺不满十克或者其他少量毒品的；

（二）向他人提供毒品的；

（三）吸食、注射毒品的；

（四）胁迫、欺骗医务人员开具麻醉药品、精神药品的。

第七十三条　教唆、引诱、欺骗他人吸食、注射毒品的，处十日以上十五日以下拘留，并处五百元以上二千元以下罚款。

第七十四条　旅馆业、饮食服务业、文化娱乐业、出租汽车业等单位的人员，在公安机关查处吸毒、赌博、卖淫、嫖娼活动时，为违法犯罪行为人通风报信的，处十日以上十五日以下拘留。

第七十五条　饲养动物，干扰他人正常生活的，处警告；警告后不改正的，或者放任动物恐吓他人的，处二百元以上五百元以下罚款。

驱使动物伤害他人的，依照本法第四十三条第一款的规定处罚。

第七十六条　有本法第六十七条、第六十八条、第七十条的行为，屡教不改的，可以按照国家规定采取强制性教育措施。

第四章　处罚程序

第一节　调　查

第七十七条　公安机关对报案、控告、举报或者违反治安管理行为人主动投案，以及其他行政主管部门、司法机关移送的违反治安管理案件，应当及时受理，并进行登记。

第七十八条　公安机关受理报案、控告、举报、投案后，认为属于违反治安管理行为的，应当立即进行调查；认为不属于违反治安管理行为的，应当告知报案人、控告人、举报人、投案人，并说明理由。

第七十九条　公安机关及其人民警察对治安案件的调查，应当依法进行。严禁刑讯逼供或者采用威胁、引诱、欺骗等非法手段收集证据。

以非法手段收集的证据不得作为处罚的根据。

第八十条　公安机关及其人民警察在办理治安案件时，对涉及的国家秘密、商业秘密或者个人隐私，应当予以保密。

第八十一条　人民警察在办理治安案件过程中，遇有下列情形之一的，应当回避；违反治安管理行为人、被侵害人或者其法定代理人也有权要求他们回避：

（一）是本案当事人或者当事人的近亲属的；

（二）本人或者其近亲属与本案有利害关系的；

（三）与本案当事人有其他关系，可能影响案件公正处理的。

人民警察的回避，由其所属的公安机关决定；公安机关负责人的回避，由上一级公安机关决定。

第八十二条　需要传唤违反治安管理行为人接受调查的，经公安机关办案部门负责人批准，使用传唤证传唤。对现场发现的违反治安管理行为人，人民警察经出示工作证件，可以口头传唤，但应当在询问笔录中注明。

公安机关应当将传唤的原因和依据告知被传唤人。对无正当理由不接受传唤或者逃避传唤的人，可以强制传唤。

第八十三条 对违反治安管理行为人，公安机关传唤后应当及时询问查证，询问查证的时间不得超过八小时；情况复杂，依照本法规定可能适用行政拘留处罚的，询问查证的时间不得超过二十四小时。

公安机关应当及时将传唤的原因和处所通知被传唤人家属。

第八十四条 询问笔录应当交被询问人核对；对没有阅读能力的，应当向其宣读。记载有遗漏或者差错的，被询问人可以提出补充或者更正。被询问人确认笔录无误后，应当签名或者盖章，询问的人民警察也应当在笔录上签名。

被询问人要求就被询问事项自行提供书面材料的，应当准许；必要时，人民警察也可以要求被询问人自行书写。

询问不满十六周岁的违反治安管理行为人，应当通知其父母或者其他监护人到场。

第八十五条 人民警察询问被侵害人或者其他证人，可以到其所在单位或者住处进行；必要时，也可以通知其到公安机关提供证言。

人民警察在公安机关以外询问被侵害人或者其他证人，应当出示工作证件。

询问被侵害人或者其他证人，同时适用本法第八十四条的规定。

第八十六条 询问聋哑的违反治安管理行为人、被侵害人或者其他证人，应当有通晓手语的人提供帮助，并在笔录上注明。

询问不通晓当地通用的语言文字的违反治安管理行为人、被侵害人或者其他证人，应当配备翻译人员，并在笔录上注明。

第八十七条 公安机关对与违反治安管理行为有关的场所、物品、人身可以进行检查。检查时，人民警察不得少于二人，并应当出示工作证件和县级以上人民政府公安机关开具的检查证明文件。对确有必要立即进行检查的，人民警察经出示工作证件，可以当场检查，但检查公民住所应当出示县级以上人民政府公安机关开具的检查证明文件。

检查妇女的身体,应当由女性工作人员进行。

第八十八条 检查的情况应当制作检查笔录,由检查人、被检查人和见证人签名或者盖章;被检查人拒绝签名的,人民警察应当在笔录上注明。

第八十九条 公安机关办理治安案件,对与案件有关的需要作为证据的物品,可以扣押;对被侵害人或者善意第三人合法占有的财产,不得扣押,应当予以登记。对与案件无关的物品,不得扣押。

对扣押的物品,应当会同在场见证人和被扣押物品持有人查点清楚,当场开列清单一式二份,由调查人员、见证人和持有人签名或者盖章,一份交给持有人,另一份附卷备查。

对扣押的物品,应当妥善保管,不得挪作他用;对不宜长期保存的物品,按照有关规定处理。经查明与案件无关的,应当及时退还;经核实属于他人合法财产的,应当登记后立即退还;满六个月无人对该财产主张权利或者无法查清权利人的,应当公开拍卖或者按照国家有关规定处理,所得款项上缴国库。

第九十条 为了查明案情,需要解决案件中有争议的专门性问题的,应当指派或者聘请具有专门知识的人员进行鉴定;鉴定人鉴定后,应当写出鉴定意见,并且签名。

第二节 决 定

第九十一条 治安管理处罚由县级以上人民政府公安机关决定;其中警告、五百元以下的罚款可以由公安派出所决定。

第九十二条 对决定给予行政拘留处罚的人,在处罚前已经采取强制措施限制人身自由的时间,应当折抵。限制人身自由一日,折抵行政拘留一日。

第九十三条 公安机关查处治安案件,对没有本人陈述,但其他证据能够证明案件事实的,可以作出治安管理处罚决定。但是,只有本人陈述,没有其他证据证明的,不能作出治安管理处罚决定。

第九十四条 公安机关作出治安管理处罚决定前，应当告知违反治安管理行为人作出治安管理处罚的事实、理由及依据，并告知违反治安管理行为人依法享有的权利。

违反治安管理行为人有权陈述和申辩。公安机关必须充分听取违反治安管理行为人的意见，对违反治安管理行为人提出的事实、理由和证据，应当进行复核；违反治安管理行为人提出的事实、理由或者证据成立的，公安机关应当采纳。

公安机关不得因违反治安管理行为人的陈述、申辩而加重处罚。

第九十五条 治安案件调查结束后，公安机关应当根据不同情况，分别作出以下处理：

（一）确有依法应当给予治安管理处罚的违法行为的，根据情节轻重及具体情况，作出处罚决定；

（二）依法不予处罚的，或者违法事实不能成立的，作出不予处罚决定；

（三）违法行为已涉嫌犯罪的，移送主管机关依法追究刑事责任；

（四）发现违反治安管理行为人有其他违法行为的，在对违反治安管理行为作出处罚决定的同时，通知有关行政主管部门处理。

第九十六条 公安机关作出治安管理处罚决定的，应当制作治安管理处罚决定书。决定书应当载明下列内容：

（一）被处罚人的姓名、性别、年龄、身份证件的名称和号码、住址；

（二）违法事实和证据；

（三）处罚的种类和依据；

（四）处罚的执行方式和期限；

（五）对处罚决定不服，申请行政复议、提起行政诉讼的途径和期限；

（六）作出处罚决定的公安机关的名称和作出决定的日期。

决定书应当由作出处罚决定的公安机关加盖印章。

第九十七条 公安机关应当向被处罚人宣告治安管理处罚决定书，并当场交付被处罚人；无法当场向被处罚人宣告的，应当在二日内送达被处罚人。决定给予行政拘留处罚的，应当及时通知被处罚人的家属。

有被侵害人的，公安机关应当将决定书副本抄送被侵害人。

第九十八条 公安机关作出吊销许可证以及处二千元以上罚款的治安管理处罚决定前，应当告知违反治安管理行为人有权要求举行听证；违反治安管理行为人要求听证的，公安机关应当及时依法举行听证。

第九十九条 公安机关办理治安案件的期限，自受理之日起不得超过三十日；案情重大、复杂的，经上一级公安机关批准，可以延长三十日。

为了查明案情进行鉴定的期间，不计入办理治安案件的期限。

第一百条 违反治安管理行为事实清楚，证据确凿，处警告或者二百元以下罚款的，可以当场作出治安管理处罚决定。

第一百零一条 当场作出治安管理处罚决定的，人民警察应当向违反治安管理行为人出示工作证件，并填写处罚决定书。处罚决定书应当当场交付被处罚人；有被侵害人的，并将决定书副本抄送被侵害人。

前款规定的处罚决定书，应当载明被处罚人的姓名、违法行为、处罚依据、罚款数额、时间、地点以及公安机关名称，并由经办的人民警察签名或者盖章。

当场作出治安管理处罚决定的，经办的人民警察应当在二十四小时内报所属公安机关备案。

第一百零二条 被处罚人对治安管理处罚决定不服的，可以依法申请行政复议或者提起行政诉讼。

第三节 执 行

第一百零三条 对被决定给予行政拘留处罚的人，由作出决定的公安机关送达拘留所执行。

第一百零四条　受到罚款处罚的人应当自收到处罚决定书之日起十五日内，到指定的银行缴纳罚款。但是，有下列情形之一的，人民警察可以当场收缴罚款：

（一）被处五十元以下罚款，被处罚人对罚款无异议的；

（二）在边远、水上、交通不便地区，公安机关及其人民警察依照本法的规定作出罚款决定后，被处罚人向指定的银行缴纳罚款确有困难，经被处罚人提出的；

（三）被处罚人在当地没有固定住所，不当场收缴事后难以执行的。

第一百零五条　人民警察当场收缴的罚款，应当自收缴罚款之日起二日内，交至所属的公安机关；在水上、旅客列车上当场收缴的罚款，应当自抵岸或者到站之日起二日内，交至所属的公安机关；公安机关应当自收到罚款之日起二日内将罚款缴付指定的银行。

第一百零六条　人民警察当场收缴罚款的，应当向被处罚人出具省、自治区、直辖市人民政府财政部门统一制发的罚款收据；不出具统一制发的罚款收据的，被处罚人有权拒绝缴纳罚款。

第一百零七条　被处罚人不服行政拘留处罚决定，申请行政复议、提起行政诉讼的，可以向公安机关提出暂缓执行行政拘留的申请。公安机关认为暂缓执行行政拘留不致发生社会危险的，由被处罚人或者其近亲属提出符合本法第一百零八条规定条件的担保人，或者按每日行政拘留二百元的标准交纳保证金，行政拘留的处罚决定暂缓执行。

第一百零八条　担保人应当符合下列条件：

（一）与本案无牵连；

（二）享有政治权利，人身自由未受到限制；

（三）在当地有常住户口和固定住所；

（四）有能力履行担保义务。

第一百零九条　担保人应当保证被担保人不逃避行政拘留处罚的

执行。

担保人不履行担保义务，致使被担保人逃避行政拘留处罚的执行的，由公安机关对其处三千元以下罚款。

第一百一十条　被决定给予行政拘留处罚的人交纳保证金，暂缓行政拘留后，逃避行政拘留处罚的执行的，保证金予以没收并上缴国库，已经作出的行政拘留决定仍应执行。

第一百一十一条　行政拘留的处罚决定被撤销，或者行政拘留处罚开始执行的，公安机关收取的保证金应当及时退还交纳人。

第五章　执法监督

第一百一十二条　公安机关及其人民警察应当依法、公正、严格、高效办理治安案件，文明执法，不得徇私舞弊。

第一百一十三条　公安机关及其人民警察办理治安案件，禁止对违反治安管理行为人打骂、虐待或者侮辱。

第一百一十四条　公安机关及其人民警察办理治安案件，应当自觉接受社会和公民的监督。

公安机关及其人民警察办理治安案件，不严格执法或者有违法违纪行为的，任何单位和个人都有权向公安机关或者人民检察院、行政监察机关检举、控告；收到检举、控告的机关，应当依据职责及时处理。

第一百一十五条　公安机关依法实施罚款处罚，应当依照有关法律、行政法规的规定，实行罚款决定与罚款收缴分离；收缴的罚款应当全部上缴国库。

第一百一十六条　人民警察办理治安案件，有下列行为之一的，依法给予行政处分；构成犯罪的，依法追究刑事责任：

（一）刑讯逼供、体罚、虐待、侮辱他人的；

（二）超过询问查证的时间限制人身自由的；

（三）不执行罚款决定与罚款收缴分离制度或者不按规定将罚没的

财物上缴国库或者依法处理的；

（四）私分、侵占、挪用、故意损毁收缴、扣押的财物的；

（五）违反规定使用或者不及时返还被侵害人财物的；

（六）违反规定不及时退还保证金的；

（七）利用职务上的便利收受他人财物或者谋取其他利益的；

（八）当场收缴罚款不出具罚款收据或者不如实填写罚款数额的；

（九）接到要求制止违反治安管理行为的报警后，不及时出警的；

（十）在查处违反治安管理活动时，为违法犯罪行为人通风报信的；

（十一）有徇私舞弊、滥用职权，不依法履行法定职责的其他情形的。

办理治安案件的公安机关有前款所列行为的，对直接负责的主管人员和其他直接责任人员给予相应的行政处分。

第一百一十七条　公安机关及其人民警察违法行使职权，侵犯公民、法人和其他组织合法权益的，应当赔礼道歉；造成损害的，应当依法承担赔偿责任。

第六章　附　则

第一百一十八条　本法所称以上、以下、以内，包括本数。

第一百一十九条　本法自 2006 年 3 月 1 日起施行。1986 年 9 月 5 日公布、1994 年 5 月 12 日修订公布的《中华人民共和国治安管理处罚条例》同时废止。

专题 30　中华人民共和国著作权法

(1990 年 9 月 7 日第七届全国人民代表大会常务委员会第十五次会议
通过　根据 2001 年 10 月 27 日第九届全国人民代表大会常务委员会第二十
四次会议《关于修改〈中华人民共和国著作权法〉的决定》第一次修正
根据 2010 年 2 月 26 日第十一届全国人民代表大会常务委员会第十三次会
议《关于修改〈中华人民共和国著作权法〉的决定》第二次修正)

第一章　总　则

第一条　为保护文学、艺术和科学作品作者的著作权，以及与著作
权有关的权益，鼓励有益于社会主义精神文明、物质文明建设的作品的
创作和传播，促进社会主义文化和科学事业的发展与繁荣，根据宪法制
定本法。

第二条　中国公民、法人或者其他组织的作品，不论是否发表，依
照本法享有著作权。

外国人、无国籍人的作品根据其作者所属国或者经常居住地国同中
国签订的协议或者共同参加的国际条约享有的著作权，受本法保护。

外国人、无国籍人的作品首先在中国境内出版的，依照本法享有著
作权。

未与中国签订协议或者共同参加国际条约的国家的作者以及无国籍
人的作品首次在中国参加的国际条约的成员国出版的，或者在成员国和
非成员国同时出版的，受本法保护。

第三条　本法所称的作品，包括以下列形式创作的文学、艺术和自
然科学、社会科学、工程技术等作品：

（一）文字作品；

（二）口述作品；

（三）音乐、戏剧、曲艺、舞蹈、杂技艺术作品；

（四）美术、建筑作品；

（五）摄影作品；

（六）电影作品和以类似摄制电影的方法创作的作品；

（七）工程设计图、产品设计图、地图、示意图等图形作品和模型作品；

（八）计算机软件；

（九）法律、行政法规规定的其他作品。

第四条 著作权人行使著作权，不得违反宪法和法律，不得损害公共利益。国家对作品的出版、传播依法进行监督管理。

第五条 本法不适用于：

（一）法律、法规，国家机关的决议、决定、命令和其他具有立法、行政、司法性质的文件，及其官方正式译文；

（二）时事新闻；

（三）历法、通用数表、通用表格和公式。

第六条 民间文学艺术作品的著作权保护办法由国务院另行规定。

第七条 国务院著作权行政管理部门主管全国的著作权管理工作；各省、自治区、直辖市人民政府的著作权行政管理部门主管本行政区域的著作权管理工作。

第八条 著作权人和与著作权有关的权利人可以授权著作权集体管理组织行使著作权或者与著作权有关的权利。著作权集体管理组织被授权后，可以以自己的名义为著作权人和与著作权有关的权利人主张权利，并可以作为当事人进行涉及著作权或者与著作权有关的权利的诉讼、仲裁活动。

著作权集体管理组织是非营利性组织，其设立方式、权利义务、著作权许可使用费的收取和分配，以及对其监督和管理等由国务院另行规定。

第二章　著作权

第一节　著作权人及其权利

第九条　著作权人包括：

（一）作者；

（二）其他依照本法享有著作权的公民、法人或者其他组织。

第十条　著作权包括下列人身权和财产权：

（一）发表权，即决定作品是否公之于众的权利；

（二）署名权，即表明作者身份，在作品上署名的权利；

（三）修改权，即修改或者授权他人修改作品的权利；

（四）保护作品完整权，即保护作品不受歪曲、篡改的权利；

（五）复制权，即以印刷、复印、拓印、录音、录像、翻录、翻拍等方式将作品制作一份或者多份的权利；

（六）发行权，即以出售或者赠与方式向公众提供作品的原件或者复制件的权利；

（七）出租权，即有偿许可他人临时使用电影作品和以类似摄制电影的方法创作的作品、计算机软件的权利，计算机软件不是出租的主要标的的除外；

（八）展览权，即公开陈列美术作品、摄影作品的原件或者复制件的权利；

（九）表演权，即公开表演作品，以及用各种手段公开播送作品的表演的权利；

（十）放映权，即通过放映机、幻灯机等技术设备公开再现美术、摄影、电影和以类似摄制电影的方法创作的作品等的权利；

（十一）广播权，即以无线方式公开广播或者传播作品，以有线传

播或者转播的方式向公众传播广播的作品,以及通过扩音器或者其他传送符号、声音、图像的类似工具向公众传播广播的作品的权利;

(十二)信息网络传播权,即以有线或者无线方式向公众提供作品,使公众可以在其个人选定的时间和地点获得作品的权利;

(十三)摄制权,即以摄制电影或者以类似摄制电影的方法将作品固定在载体上的权利;

(十四)改编权,即改变作品,创作出具有独创性的新作品的权利;

(十五)翻译权,即将作品从一种语言文字转换成另一种语言文字的权利;

(十六)汇编权,即将作品或者作品的片段通过选择或者编排,汇集成新作品的权利;

(十七)应当由著作权人享有的其他权利。

著作权人可以许可他人行使前款第(五)项至第(十七)项规定的权利,并依照约定或者本法有关规定获得报酬。

著作权人可以全部或者部分转让本条第一款第(五)项至第(十七)项规定的权利,并依照约定或者本法有关规定获得报酬。

第二节 著作权归属

第十一条 著作权属于作者,本法另有规定的除外。

创作作品的公民是作者。

由法人或者其他组织主持,代表法人或者其他组织意志创作,并由法人或者其他组织承担责任的作品,法人或者其他组织视为作者。

如无相反证明,在作品上署名的公民、法人或者其他组织为作者。

第十二条 改编、翻译、注释、整理已有作品而产生的作品,其著作权由改编、翻译、注释、整理人享有,但行使著作权时不得侵犯原作品的著作权。

第十三条 两人以上合作创作的作品,著作权由合作作者共同享有。没有参加创作的人，不能成为合作作者。

合作作品可以分割使用的，作者对各自创作的部分可以单独享有著作权，但行使著作权时不得侵犯合作作品整体的著作权。

第十四条　汇编若干作品、作品的片段或者不构成作品的数据或者其他材料，对其内容的选择或者编排体现独创性的作品，为汇编作品，其著作权由汇编人享有，但行使著作权时，不得侵犯原作品的著作权。

第十五条　电影作品和以类似摄制电影的方法创作的作品的著作权由制片者享有，但编剧、导演、摄影、作词、作曲等作者享有署名权，并有权按照与制片者签订的合同获得报酬。

电影作品和以类似摄制电影的方法创作的作品中的剧本、音乐等可以单独使用的作品的作者有权单独行使其著作权。

第十六条　公民为完成法人或者其他组织工作任务所创作的作品是职务作品，除本条第二款的规定以外，著作权由作者享有，但法人或者其他组织有权在其业务范围内优先使用。作品完成两年内，未经单位同意，作者不得许可第三人以与单位使用的相同方式使用该作品。

有下列情形之一的职务作品，作者享有署名权，著作权的其他权利由法人或者其他组织享有，法人或者其他组织可以给予作者奖励：

（一）主要是利用法人或者其他组织的物质技术条件创作，并由法人或者其他组织承担责任的工程设计图、产品设计图、地图、计算机软件等职务作品；

（二）法律、行政法规规定或者合同约定著作权由法人或者其他组织享有的职务作品。

第十七条　受委托创作的作品，著作权的归属由委托人和受托人通过合同约定。合同未作明确约定或者没有订立合同的，著作权属于受托人。

第十八条　美术等作品原件所有权的转移，不视为作品著作权的转移，但美术作品原件的展览权由原件所有人享有。

第十九条 著作权属于公民的，公民死亡后，其本法第十条第一款第（五）项至第（十七）项规定的权利在本法规定的保护期内，依照继承法的规定转移。

著作权属于法人或者其他组织的，法人或者其他组织变更、终止后，其本法第十条第一款第（五）项至第（十七）项规定的权利在本法规定的保护期内，由承受其权利义务的法人或者其他组织享有；没有承受其权利义务的法人或者其他组织的，由国家享有。

第三节 权利的保护期

第二十条 作者的署名权、修改权、保护作品完整权的保护期不受限制。

第二十一条 公民的作品，其发表权、本法第十条第一款第（五）项至第（十七）项规定的权利的保护期为作者终生及其死亡后五十年，截止于作者死亡后第五十年的12月31日；如果是合作作品，截止于最后死亡的作者死亡后第五十年的12月31日。

法人或者其他组织的作品、著作权（署名权除外）由法人或者其他组织享有的职务作品，其发表权、本法第十条第一款第（五）项至第（十七）项规定的权利的保护期为五十年，截止于作品首次发表后第五十年的12月31日，但作品自创作完成后五十年内未发表的，本法不再保护。

电影作品和以类似摄制电影的方法创作的作品、摄影作品，其发表权、本法第十条第一款第（五）项至第（十七）项规定的权利的保护期为五十年，截止于作品首次发表后第五十年的12月31日，但作品自创作完成后五十年内未发表的，本法不再保护。

第四节 权利的限制

第二十二条 在下列情况下使用作品，可以不经著作权人许可，不向其支付报酬，但应当指明作者姓名、作品名称，并且不得侵犯著作权人依照本法享有的其他权利：

（一）为个人学习、研究或者欣赏，使用他人已经发表的作品；

（二）为介绍、评论某一作品或者说明某一问题，在作品中适当引用他人已经发表的作品；

（三）为报道时事新闻，在报纸、期刊、广播电台、电视台等媒体中不可避免地再现或者引用已经发表的作品；

（四）报纸、期刊、广播电台、电视台等媒体刊登或者播放其他报纸、期刊、广播电台、电视台等媒体已经发表的关于政治、经济、宗教问题的时事性文章，但作者声明不许刊登、播放的除外；

（五）报纸、期刊、广播电台、电视台等媒体刊登或者播放在公众集会上发表的讲话，但作者声明不许刊登、播放的除外；

（六）为学校课堂教学或者科学研究，翻译或者少量复制已经发表的作品，供教学或者科研人员使用，但不得出版发行；

（七）国家机关为执行公务在合理范围内使用已经发表的作品；

（八）图书馆、档案馆、纪念馆、博物馆、美术馆等为陈列或者保存版本的需要，复制本馆收藏的作品；

（九）免费表演已经发表的作品，该表演未向公众收取费用，也未向表演者支付报酬；

（十）对设置或者陈列在室外公共场所的艺术作品进行临摹、绘画、摄影、录像；

（十一）将中国公民、法人或者其他组织已经发表的以汉语言文字创作的作品翻译成少数民族语言文字作品在国内出版发行；

（十二）将已经发表的作品改成盲文出版。

前款规定适用于对出版者、表演者、录音录像制作者、广播电台、电视台的权利的限制。

第二十三条 为实施九年制义务教育和国家教育规划而编写出版教科书，除作者事先声明不许使用的外，可以不经著作权人许可，在教科书中汇编已经发表的作品片段或者短小的文字作品、音乐作品或者单幅的美术作品、摄影作品，但应当按照规定支付报酬，指明作者姓名、作品名称，并且不得侵犯著作权人依照本法享有的其他权利。

前款规定适用于对出版者、表演者、录音录像制作者、广播电台、电视台的权利的限制。

第三章　著作权许可使用和转让合同

第二十四条　使用他人作品应当同著作权人订立许可使用合同，本法规定可以不经许可的除外。

许可使用合同包括下列主要内容：

（一）许可使用的权利种类；

（二）许可使用的权利是专有使用权或者非专有使用权；

（三）许可使用的地域范围、期间；

（四）付酬标准和办法；

（五）违约责任；

（六）双方认为需要约定的其他内容。

第二十五条　转让本法第十条第一款第（五）项至第（十七）项规定的权利，应当订立书面合同。

权利转让合同包括下列主要内容：

（一）作品的名称；

（二）转让的权利种类、地域范围；

（三）转让价金；

（四）交付转让价金的日期和方式；

（五）违约责任；

（六）双方认为需要约定的其他内容。

第二十六条　以著作权出质的，由出质人和质权人向国务院著作权行政管理部门办理出质登记。

第二十七条　许可使用合同和转让合同中著作权人未明确许可、转让的权利，未经著作权人同意，另一方当事人不得行使。

第二十八条 使用作品的付酬标准可以由当事人约定，也可以按照国务院著作权行政管理部门会同有关部门制定的付酬标准支付报酬。当事人约定不明确的，按照国务院著作权行政管理部门会同有关部门制定的付酬标准支付报酬。

第二十九条 出版者、表演者、录音录像制作者、广播电台、电视台等依照本法有关规定使用他人作品的，不得侵犯作者的署名权、修改权、保护作品完整权和获得报酬的权利。

第四章 出版、表演、录音录像、播放

第一节 图书、报刊的出版

第三十条 图书出版者出版图书应当和著作权人订立出版合同，并支付报酬。

第三十一条 图书出版者对著作权人交付出版的作品，按照合同约定享有的专有出版权受法律保护，他人不得出版该作品。

第三十二条 著作权人应当按照合同约定期限交付作品。图书出版者应当按照合同约定的出版质量、期限出版图书。

图书出版者不按照合同约定期限出版，应当依照本法第五十四条的规定承担民事责任。

图书出版者重印、再版作品的，应当通知著作权人，并支付报酬。图书脱销后，图书出版者拒绝重印、再版的，著作权人有权终止合同。

第三十三条 著作权人向报社、期刊社投稿的，自稿件发出之日起十五日内未收到报社通知决定刊登的，或者自稿件发出之日起三十日内未收到期刊社通知决定刊登的，可以将同一作品向其他报社、期刊社投稿。双方另有约定的除外。

作品刊登后，除著作权人声明不得转载、摘编的外，其他报刊可以转载或者作为文摘、资料刊登，但应当按照规定向著作权人支付报酬。

第三十四条　图书出版者经作者许可，可以对作品修改、删节。

报社、期刊社可以对作品作文字性修改、删节。对内容的修改，应当经作者许可。

第三十五条　出版改编、翻译、注释、整理、汇编已有作品而产生的作品，应当取得改编、翻译、注释、整理、汇编作品的著作权人和原作品的著作权人许可，并支付报酬。

第三十六条　出版者有权许可或者禁止他人使用其出版的图书、期刊的版式设计。

前款规定的权利的保护期为十年，截止于使用该版式设计的图书、期刊首次出版后第十年的 12 月 31 日。

第二节　表　演

第三十七条　使用他人作品演出，表演者（演员、演出单位）应当取得著作权人许可，并支付报酬。演出组织者组织演出，由该组织者取得著作权人许可，并支付报酬。

使用改编、翻译、注释、整理已有作品而产生的作品进行演出，应当取得改编、翻译、注释、整理作品的著作权人和原作品的著作权人许可，并支付报酬。

第三十八条　表演者对其表演享有下列权利：

（一）表明表演者身份；

（二）保护表演形象不受歪曲；

（三）许可他人从现场直播和公开传送其现场表演，并获得报酬；

（四）许可他人录音录像，并获得报酬；

（五）许可他人复制、发行录有其表演的录音录像制品，并获得报酬；

（六）许可他人通过信息网络向公众传播其表演，并获得报酬。

被许可人以前款第（三）项至第（六）项规定的方式使用作品，还应当取得著作权人许可，并支付报酬。

第三十九条 本法第三十八条第一款第（一）项、第（二）项规定的权利的保护期不受限制。

本法第三十八条第一款第（三）项至第（六）项规定的权利的保护期为五十年，截止于该表演发生后第五十年的 12 月 31 日。

第三节 录音录像

第四十条 录音录像制作者使用他人作品制作录音录像制品，应当取得著作权人许可，并支付报酬。

录音录像制作者使用改编、翻译、注释、整理已有作品而产生的作品，应当取得改编、翻译、注释、整理作品的著作权人和原作品著作权人许可，并支付报酬。

录音制作者使用他人已经合法录制为录音制品的音乐作品制作录音制品，可以不经著作权人许可，但应当按照规定支付报酬；著作权人声明不许使用的不得使用。

第四十一条 录音录像制作者制作录音录像制品，应当同表演者订立合同，并支付报酬。

第四十二条 录音录像制作者对其制作的录音录像制品，享有许可他人复制、发行、出租、通过信息网络向公众传播并获得报酬的权利；权利的保护期为五十年，截止于该制品首次制作完成后第五十年的 12 月 31 日。

被许可人复制、发行、通过信息网络向公众传播录音录像制品，还应当取得著作权人、表演者许可，并支付报酬。

第四节 广播电台、电视台播放

第四十三条 广播电台、电视台播放他人未发表的作品，应当取得著作权人许可，并支付报酬。

广播电台、电视台播放他人已发表的作品，可以不经著作权人许可，但应当支付报酬。

第四十四条 广播电台、电视台播放已经出版的录音制品，可以不经著作权人许可，但应当支付报酬。当事人另有约定的除外。具体办法由国务院规定。

第四十五条　广播电台、电视台有权禁止未经其许可的下列行为：

（一）将其播放的广播、电视转播；

（二）将其播放的广播、电视录制在音像载体上以及复制音像载体。

前款规定的权利的保护期为五十年，截止于该广播、电视首次播放后第五十年的12月31日。

第四十六条　电视台播放他人的电影作品和以类似摄制电影的方法创作的作品、录像制品，应当取得制片者或者录像制作者许可，并支付报酬；播放他人的录像制品，还应当取得著作权人许可，并支付报酬。

第五章　法律责任和执法措施

第四十七条　有下列侵权行为的，应当根据情况，承担停止侵害、消除影响、赔礼道歉、赔偿损失等民事责任：

（一）未经著作权人许可，发表其作品的；

（二）未经合作作者许可，将与他人合作创作的作品当作自己单独创作的作品发表的；

（三）没有参加创作，为谋取个人名利，在他人作品上署名的；

（四）歪曲、篡改他人作品的；

（五）剽窃他人作品的；

（六）未经著作权人许可，以展览、摄制电影和以类似摄制电影的方法使用作品，或者以改编、翻译、注释等方式使用作品的，本法另有规定的除外；

（七）使用他人作品，应当支付报酬而未支付的；

（八）未经电影作品和以类似摄制电影的方法创作的作品、计算机软件、录音录像制品的著作权人或者与著作权有关的权利人许可，出租其作品或者录音录像制品的，本法另有规定的除外；

（九）未经出版者许可，使用其出版的图书、期刊的版式设计的；

（十）未经表演者许可，从现场直播或者公开传送其现场表演，或者录制其表演的；

（十一）其他侵犯著作权以及与著作权有关的权益的行为。

第四十八条 有下列侵权行为的，应当根据情况，承担停止侵害、消除影响、赔礼道歉、赔偿损失等民事责任；同时损害公共利益的，可以由著作权行政管理部门责令停止侵权行为，没收违法所得，没收、销毁侵权复制品，并可处以罚款；情节严重的，著作权行政管理部门还可以没收主要用于制作侵权复制品的材料、工具、设备等；构成犯罪的，依法追究刑事责任：

（一）未经著作权人许可，复制、发行、表演、放映、广播、汇编、通过信息网络向公众传播其作品的，本法另有规定的除外；

（二）出版他人享有专有出版权的图书的；

（三）未经表演者许可，复制、发行录有其表演的录音录像制品，或者通过信息网络向公众传播其表演的，本法另有规定的除外；

（四）未经录音录像制作者许可，复制、发行、通过信息网络向公众传播其制作的录音录像制品的，本法另有规定的除外；

（五）未经许可，播放或者复制广播、电视的，本法另有规定的除外；

（六）未经著作权人或者与著作权有关的权利人许可，故意避开或者破坏权利人为其作品、录音录像制品等采取的保护著作权或者与著作权有关的权利的技术措施的，法律、行政法规另有规定的除外；

（七）未经著作权人或者与著作权有关的权利人许可，故意删除或者改变作品、录音录像制品等的权利管理电子信息的，法律、行政法规另有规定的除外；

（八）制作、出售假冒他人署名的作品的。

第四十九条 侵犯著作权或者与著作权有关的权利的，侵权人应当按照权利人的实际损失给予赔偿；实际损失难以计算的，可以按照侵权人的违法所得给予赔偿。赔偿数额还应当包括权利人为制止侵权行为所支付的合理开支。

权利人的实际损失或者侵权人的违法所得不能确定的，由人民法院根据侵权行为的情节，判决给予五十万元以下的赔偿。

第五十条 著作权人或者与著作权有关的权利人有证据证明他人正在实施或者即将实施侵犯其权利的行为，如不及时制止将会使其合法权益受到难以弥补的损害的，可以在起诉前向人民法院申请采取责令停止有关行为和财产保全的措施。

人民法院处理前款申请，适用《中华人民共和国民事诉讼法》第九十三条至第九十六条和第九十九条的规定。

第五十一条 为制止侵权行为，在证据可能灭失或者以后难以取得的情况下，著作权人或者与著作权有关的权利人可以在起诉前向人民法院申请保全证据。

人民法院接受申请后，必须在四十八小时内作出裁定；裁定采取保全措施的，应当立即开始执行。

人民法院可以责令申请人提供担保，申请人不提供担保的，驳回申请。

申请人在人民法院采取保全措施后十五日内不起诉的，人民法院应当解除保全措施。

第五十二条 人民法院审理案件，对于侵犯著作权或者与著作权有关的权利的，可以没收违法所得、侵权复制品以及进行违法活动的财物。

第五十三条 复制品的出版者、制作者不能证明其出版、制作有合法授权的，复制品的发行者或者电影作品或者以类似摄制电影的方法创作的作品、计算机软件、录音录像制品的复制品的出租者不能证明其发行、出租的复制品有合法来源的，应当承担法律责任。

第五十四条　当事人不履行合同义务或者履行合同义务不符合约定条件的，应当依照《中华人民共和国民法通则》、《中华人民共和国合同法》等有关法律规定承担民事责任。

第五十五条　著作权纠纷可以调解，也可以根据当事人达成的书面仲裁协议或者著作权合同中的仲裁条款，向仲裁机构申请仲裁。

当事人没有书面仲裁协议，也没有在著作权合同中订立仲裁条款的，可以直接向人民法院起诉。

第五十六条　当事人对行政处罚不服的，可以自收到行政处罚决定书之日起三个月内向人民法院起诉，期满不起诉又不履行的，著作权行政管理部门可以申请人民法院执行。

第六章　附　则

第五十七条　本法所称的著作权即版权。

第五十八条　本法第二条所称的出版，指作品的复制、发行。

第五十九条　计算机软件、信息网络传播权的保护办法由国务院另行规定。

第六十条　本法规定的著作权人和出版者、表演者、录音录像制作者、广播电台、电视台的权利，在本法施行之日尚未超过本法规定的保护期的，依照本法予以保护。

本法施行前发生的侵权或者违约行为，依照侵权或者违约行为发生时的有关规定和政策处理。

第六十一条　本法自 1991 年 6 月 1 日起施行。

专题 31　中华人民共和国劳动合同法

（中华人民共和国第十届全国人民代表大会常务委员会第二十八次会议于 2007 年 6 月 29 日通过已由中华人民共和国第十一届全国人民代表大会常务委员会第三十次会议于 2012 年 12 月 28 日通过《全国人民代表大会常务委员会关于修改〈中华人民共和国劳动合同法〉的决定》自 2013 年 7 月 1 日起施行）

第一章　总　则

第一条　为了完善劳动合同制度，明确劳动合同双方当事人的权利和义务，保护劳动者的合法权益，构建和发展和谐稳定的劳动关系，制定本法。

第二条　中华人民共和国境内的企业、个体经济组织、民办非企业单位等组织（以下称用人单位）与劳动者建立劳动关系，订立、履行、变更、解除或者终止劳动合同，适用本法。

国家机关、事业单位、社会团体和与其建立劳动关系的劳动者，订立、履行、变更、解除或者终止劳动合同，依照本法执行。

第三条　订立劳动合同，应当遵循合法、公平、平等自愿、协商一致、诚实信用的原则。

依法订立的劳动合同具有约束力，用人单位与劳动者应当履行劳动合同约定的义务。

第四条　用人单位应当依法建立和完善劳动规章制度，保障劳动者享有劳动权利、履行劳动义务。

用人单位在制定、修改或者决定有关劳动报酬、工作时间、休息休假、劳动安全卫生、保险福利、职工培训、劳动纪律以及劳动定额管理等直接涉及劳动者切身利益的规章制度或者重大事项时，应当经职工代表大会或者全体职工讨论，提出方案和意见，与工会或者职工代表平等协商确定。

在规章制度和重大事项决定实施过程中，工会或者职工认为不适当的，有权向用人单位提出，通过协商予以修改完善。

用人单位应当将直接涉及劳动者切身利益的规章制度和重大事项决定公示，或者告知劳动者。

第五条　县级以上人民政府劳动行政部门会同工会和企业方面代表，建立健全协调劳动关系三方机制，共同研究解决有关劳动关系的重大问题。

第六条　工会应当帮助、指导劳动者与用人单位依法订立和履行劳动合同，并与用人单位建立集体协商机制，维护劳动者的合法权益。

第二章　劳动合同的订立

第七条　用人单位自用工之日起即与劳动者建立劳动关系。用人单位应当建立职工名册备查。

第八条　用人单位招用劳动者时，应当如实告知劳动者工作内容、工作条件、工作地点、职业危害、安全生产状况、劳动报酬，以及劳动者要求了解的其他情况；用人单位有权了解劳动者与劳动合同直接相关的基本情况，劳动者应当如实说明。

第九条　用人单位招用劳动者，不得扣押劳动者的居民身份证和其他证件，不得要求劳动者提供担保或者以其他名义向劳动者收取财物。

第十条　建立劳动关系，应当订立书面劳动合同。

已建立劳动关系，未同时订立书面劳动合同的，应当自用工之日起一个月内订立书面劳动合同。

用人单位与劳动者在用工前订立劳动合同的，劳动关系自用工之日起建立。

第十一条　用人单位未在用工的同时订立书面劳动合同，与劳动者约定的劳动报酬不明确的，新招用的劳动者的劳动报酬按照集体合同规定的标准执行；没有集体合同或者集体合同未规定的，实行同工同酬。

第十二条　劳动合同分为固定期限劳动合同、无固定期限劳动合同和以完成一定工作任务为期限的劳动合同。

第十三条　固定期限劳动合同，是指用人单位与劳动者约定合同终止时间的劳动合同。

用人单位与劳动者协商一致，可以订立固定期限劳动合同。

第十四条　无固定期限劳动合同，是指用人单位与劳动者约定无确定终止时间的劳动合同。

用人单位与劳动者协商一致，可以订立无固定期限劳动合同。有下列情形之一，劳动者提出或者同意续订、订立劳动合同的，除劳动者提出订立固定期限劳动合同外，应当订立无固定期限劳动合同：

（一）劳动者在该用人单位连续工作满十年的；

（二）用人单位初次实行劳动合同制度或者国有企业改制重新订立劳动合同时，劳动者在该用人单位连续工作满十年且距法定退休年龄不足十年的；

（三）连续订立二次固定期限劳动合同，且劳动者没有本法第三十九条和第四十条第一项、第二项规定的情形，续订劳动合同的。

用人单位自用工之日起满一年不与劳动者订立书面劳动合同的，视为用人单位与劳动者已订立无固定期限劳动合同。

第十五条　以完成一定工作任务为期限的劳动合同，是指用人单位与劳动者约定以某项工作的完成为合同期限的劳动合同。

用人单位与劳动者协商一致，可以订立以完成一定工作任务为期限的劳动合同。

第十六条　劳动合同由用人单位与劳动者协商一致，并经用人单位与劳动者在劳动合同文本上签字或者盖章生效。

劳动合同文本由用人单位和劳动者各执一份。

第十七条　劳动合同应当具备以下条款：

（一）用人单位的名称、住所和法定代表人或者主要负责人；

（二）劳动者的姓名、住址和居民身份证或者其他有效身份证件号码；

（三）劳动合同期限；

（四）工作内容和工作地点；

（五）工作时间和休息休假；

（六）劳动报酬；

（七）社会保险；

（八）劳动保护、劳动条件和职业危害防护；

（九）法律、法规规定应当纳入劳动合同的其他事项。

劳动合同除前款规定的必备条款外，用人单位与劳动者可以约定试用期、培训、保守秘密、补充保险和福利待遇等其他事项。

第十八条　劳动合同对劳动报酬和劳动条件等标准约定不明确，引发争议的，用人单位与劳动者可以重新协商；协商不成的，适用集体合同规定；没有集体合同或者集体合同未规定劳动报酬的，实行同工同酬；没有集体合同或者集体合同未规定劳动条件等标准的，适用国家有关规定。

第十九条　劳动合同期限三个月以上不满一年的，试用期不得超过一个月；劳动合同期限一年以上不满三年的，试用期不得超过二个月；三年以上固定期限和无固定期限的劳动合同，试用期不得超过六个月。

同一用人单位与同一劳动者只能约定一次试用期。

以完成一定工作任务为期限的劳动合同或者劳动合同期限不满三个月的，不得约定试用期。

试用期包含在劳动合同期限内。劳动合同仅约定试用期的，试用期不成立，该期限为劳动合同期限。

第二十条　劳动者在试用期的工资不得低于本单位相同岗位最低档工资或者劳动合同约定工资的百分之八十，并不得低于用人单位所在地的最低工资标准。

第二十一条　在试用期中，除劳动者有本法第三十九条和第四十条第一项、第二项规定的情形外，用人单位不得解除劳动合同。用人单位在试用期解除劳动合同的，应当向劳动者说明理由。

第二十二条　用人单位为劳动者提供专项培训费用，对其进行专业技术培训的，可以与该劳动者订立协议，约定服务期。

劳动者违反服务期约定的，应当按照约定向用人单位支付违约金。违约金的数额不得超过用人单位提供的培训费用。用人单位要求劳动者支付的违约金不得超过服务期尚未履行部分所应分摊的培训费用。

用人单位与劳动者约定服务期的，不影响按照正常的工资调整机制提高劳动者在服务期期间的劳动报酬。

第二十三条　用人单位与劳动者可以在劳动合同中约定保守用人单位的商业秘密和与知识产权相关的保密事项。

对负有保密义务的劳动者，用人单位可以在劳动合同或者保密协议中与劳动者约定竞业限制条款，并约定在解除或者终止劳动合同后，在竞业限制期限内按月给予劳动者经济补偿。劳动者违反竞业限制约定的，应当按照约定向用人单位支付违约金。

第二十四条　竞业限制的人员限于用人单位的高级管理人员、高级技术人员和其他负有保密义务的人员。竞业限制的范围、地域、期限由用人单位与劳动者约定，竞业限制的约定不得违反法律、法规的规定。

在解除或者终止劳动合同后，前款规定的人员到与本单位生产或者经营同类产品、从事同类业务的有竞争关系的其他用人单位，或者自己开业生产或者经营同类产品、从事同类业务的竞业限制期限，不得超过二年。

第二十五条　除本法第二十二条和第二十三条规定的情形外，用人单位不得与劳动者约定由劳动者承担违约金。

第二十六条　下列劳动合同无效或者部分无效：

（一）以欺诈、胁迫的手段或者乘人之危，使对方在违背真实意思的情况下订立或者变更劳动合同的；

（二）用人单位免除自己的法定责任、排除劳动者权利的；

（三）违反法律、行政法规强制性规定的。

对劳动合同的无效或者部分无效有争议的，由劳动争议仲裁机构或者人民法院确认。

第二十七条　劳动合同部分无效，不影响其他部分效力的，其他部分仍然有效。

第二十八条　劳动合同被确认无效，劳动者已付出劳动的，用人单位应当向劳动者支付劳动报酬。劳动报酬的数额，参照本单位相同或者相近岗位劳动者的劳动报酬确定。

第三章　劳动合同的履行和变更

第二十九条　用人单位与劳动者应当按照劳动合同的约定，全面履行各自的义务。

第三十条　用人单位应当按照劳动合同约定和国家规定，向劳动者及时足额支付劳动报酬。

用人单位拖欠或者未足额支付劳动报酬的，劳动者可以依法向当地人民法院申请支付令，人民法院应当依法发出支付令。

第三十一条　用人单位应当严格执行劳动定额标准，不得强迫或者变相强迫劳动者加班。用人单位安排加班的，应当按照国家有关规定向劳动者支付加班费。

第三十二条　劳动者拒绝用人单位管理人员违章指挥、强令冒险作业的，不视为违反劳动合同。

劳动者对危害生命安全和身体健康的劳动条件，有权对用人单位提出批评、检举和控告。

第三十三条 用人单位变更名称、法定代表人、主要负责人或者投资人等事项，不影响劳动合同的履行。

第三十四条 用人单位发生合并或者分立等情况，原劳动合同继续有效，劳动合同由承继其权利和义务的用人单位继续履行。

第三十五条 用人单位与劳动者协商一致，可以变更劳动合同约定的内容。变更劳动合同，应当采用书面形式。

变更后的劳动合同文本由用人单位和劳动者各执一份。

第四章　劳动合同的解除和终止

第三十六条 用人单位与劳动者协商一致，可以解除劳动合同。

第三十七条 劳动者提前三十日以书面形式通知用人单位，可以解除劳动合同。劳动者在试用期内提前三日通知用人单位，可以解除劳动合同。

第三十八条 用人单位有下列情形之一的，劳动者可以解除劳动合同：

（一）未按照劳动合同约定提供劳动保护或者劳动条件的；

（二）未及时足额支付劳动报酬的；

（三）未依法为劳动者缴纳社会保险费的；

（四）用人单位的规章制度违反法律、法规的规定，损害劳动者权益的；

（五）因本法第二十六条第一款规定的情形致使劳动合同无效的；

（六）法律、行政法规规定劳动者可以解除劳动合同的其他情形。

用人单位以暴力、威胁或者非法限制人身自由的手段强迫劳动者劳动的，或者用人单位违章指挥、强令冒险作业危及劳动者人身安全的，劳动者可以立即解除劳动合同，不需事先告知用人单位。

第三十九条　劳动者有下列情形之一的，用人单位可以解除劳动合同：

（一）在试用期间被证明不符合录用条件的；

（二）严重违反用人单位的规章制度的；

（三）严重失职，营私舞弊，给用人单位造成重大损害的；

（四）劳动者同时与其他用人单位建立劳动关系，对完成本单位的工作任务造成严重影响，或者经用人单位提出，拒不改正的；

（五）因本法第二十六条第一款第一项规定的情形致使劳动合同无效的；

（六）被依法追究刑事责任的。

第四十条　有下列情形之一的，用人单位提前三十日以书面形式通知劳动者本人或者额外支付劳动者一个月工资后，可以解除劳动合同：

（一）劳动者患病或者非因工负伤，在规定的医疗期满后不能从事原工作，也不能从事由用人单位另行安排的工作的；

（二）劳动者不能胜任工作，经过培训或者调整工作岗位，仍不能胜任工作的；

（三）劳动合同订立时所依据的客观情况发生重大变化，致使劳动合同无法履行，经用人单位与劳动者协商，未能就变更劳动合同内容达成协议的。

第四十一条　有下列情形之一，需要裁减人员二十人以上或者裁减不足二十人但占企业职工总数百分之十以上的，用人单位提前三十日向工会或者全体职工说明情况，听取工会或者职工的意见后，裁减人员方案经向劳动行政部门报告，可以裁减人员：

（一）依照企业破产法规定进行重整的；

（二）生产经营发生严重困难的；

（三）企业转产、重大技术革新或者经营方式调整，经变更劳动合同后，仍需裁减人员的；

（四）其他因劳动合同订立时所依据的客观经济情况发生重大变化，致使劳动合同无法履行的。

裁减人员时，应当优先留用下列人员：

（一）与本单位订立较长期限的固定期限劳动合同的；

（二）与本单位订立无固定期限劳动合同的；

（三）家庭无其他就业人员，有需要抚养的老人或者未成年人的。

用人单位依照本条第一款规定裁减人员，在六个月内重新招用人员的，应当通知被裁减的人员，并在同等条件下优先招用被裁减的人员。

第四十二条 劳动者有下列情形之一的，用人单位不得依照本法第四十条、第四十一条的规定解除劳动合同：

（一）从事接触职业病危害作业的劳动者未进行离岗前职业健康检查，或者疑似职业病病人在诊断或者医学观察期间的；

（二）在本单位患职业病或者因工负伤并被确认丧失或者部分丧失劳动能力的；

（三）患病或者非因工负伤，在规定的医疗期内的；

（四）女职工在孕期、产期、哺乳期的；

（五）在本单位连续工作满十五年，且距法定退休年龄不足五年的；

（六）法律、行政法规规定的其他情形。

第四十三条 用人单位单方解除劳动合同，应当事先将理由通知工会。用人单位违反法律、行政法规规定或者劳动合同约定的，工会有权要求用人单位纠正。用人单位应当研究工会的意见，并将处理结果书面通知工会。

第四十四条 有下列情形之一的，劳动合同终止：

（一）劳动合同期满的；

（二）劳动者开始依法享受基本养老保险待遇的；

（三）劳动者死亡，或者被人民法院宣告死亡或者宣告失踪的；

（四）用人单位被依法宣告破产的；

（五）用人单位被吊销营业执照、责令关闭、撤销或者用人单位决定提前解散的；

（六）法律、行政法规规定的其他情形。

第四十五条 劳动合同期满，有本法第四十二条规定情形之一的，劳动合同应当续延至相应的情形消失时终止。但是，本法第四十二条第二项规定丧失或者部分丧失劳动能力劳动者的劳动合同的终止，按照国家有关工伤保险的规定执行。

第四十六条 有下列情形之一的，用人单位应当向劳动者支付经济补偿：

（一）劳动者依照本法第三十八条规定解除劳动合同的；

（二）用人单位依照本法第三十六条规定向劳动者提出解除劳动合同并与劳动者协商一致解除劳动合同的；

（三）用人单位依照本法第四十条规定解除劳动合同的；

（四）用人单位依照本法第四十一条第一款规定解除劳动合同的；

（五）除用人单位维持或者提高劳动合同约定条件续订劳动合同，劳动者不同意续订的情形外，依照本法第四十四条第一项规定终止固定期限劳动合同的；

（六）依照本法第四十四条第四项、第五项规定终止劳动合同的；

（七）法律、行政法规规定的其他情形。

第四十七条 经济补偿按劳动者在本单位工作的年限，每满一年支付一个月工资的标准向劳动者支付。六个月以上不满一年的，按一年计算；不满六个月的，向劳动者支付半个月工资的经济补偿。

劳动者月工资高于用人单位所在直辖市、设区的市级人民政府公布的本地区上年度职工月平均工资三倍的，向其支付经济补偿的标准按职工月平均工资三倍的数额支付，向其支付经济补偿的年限最高不超过十二年。

本条所称月工资是指劳动者在劳动合同解除或者终止前十二个月的平均工资。

第四十八条 用人单位违反本法规定解除或者终止劳动合同，劳动者要求继续履行劳动合同的，用人单位应当继续履行；劳动者不要求继续履行劳动合同或者劳动合同已经不能继续履行的，用人单位应当依照本法第八十七条规定支付赔偿金。

第四十九条 国家采取措施，建立健全劳动者社会保险关系跨地区转移接续制度。

第五十条 用人单位应当在解除或者终止劳动合同时出具解除或者终止劳动合同的证明，并在十五日内为劳动者办理档案和社会保险关系转移手续。

劳动者应当按照双方约定，办理工作交接。用人单位依照本法有关规定应当向劳动者支付经济补偿的，在办结工作交接时支付。

用人单位对已经解除或者终止的劳动合同的文本，至少保存二年备查。

第五章 特别规定

第一节 集体合同

第五十一条 企业职工一方与用人单位通过平等协商，可以就劳动报酬、工作时间、休息休假、劳动安全卫生、保险福利等事项订立集体合同。集体合同草案应当提交职工代表大会或者全体职工讨论通过。

集体合同由工会代表企业职工一方与用人单位订立；尚未建立工会的用人单位，由上级工会指导劳动者推举的代表与用人单位订立。

第五十二条 企业职工一方与用人单位可以订立劳动安全卫生、女职工权益保护、工资调整机制等专项集体合同。

第五十三条 在县级以下区域内，建筑业、采矿业、餐饮服务业等行业可以由工会与企业方面代表订立行业性集体合同，或者订立区域性集体合同。

第五十四条　集体合同订立后，应当报送劳动行政部门；劳动行政部门自收到集体合同文本之日起十五日内未提出异议的，集体合同即行生效。

依法订立的集体合同对用人单位和劳动者具有约束力。行业性、区域性集体合同对当地本行业、本区域的用人单位和劳动者具有约束力。

第五十五条　集体合同中劳动报酬和劳动条件等标准不得低于当地人民政府规定的最低标准；用人单位与劳动者订立的劳动合同中劳动报酬和劳动条件等标准不得低于集体合同规定的标准。

第五十六条　用人单位违反集体合同，侵犯职工劳动权益的，工会可以依法要求用人单位承担责任；因履行集体合同发生争议，经协商解决不成的，工会可以依法申请仲裁、提起诉讼。

第二节　劳务派遣

第五十七条　经营劳务派遣业务应当具备下列条件：

（一）注册资本不得少于人民币二百万元；

（二）有与开展业务相适应的固定的经营场所和设施；

（三）有符合法律、行政法规规定的劳务派遣管理制度；

（四）法律、行政法规规定的其他条件。

经营劳务派遣业务，应当向劳动行政部门依法申请行政许可；经许可的，依法办理相应的公司登记。未经许可，任何单位和个人不得经营劳务派遣业务。

第五十八条　劳务派遣单位是本法所称用人单位，应当履行用人单位对劳动者的义务。劳务派遣单位与被派遣劳动者订立的劳动合同，除应当载明本法第十七条规定的事项外，还应当载明被派遣劳动者的用工单位以及派遣期限、工作岗位等情况。

劳务派遣单位应当与被派遣劳动者订立二年以上的固定期限劳动合同，按月支付劳动报酬；被派遣劳动者在无工作期间，劳务派遣单位应当按照所在地人民政府规定的最低工资标准，向其按月支付报酬。

第五十九条 劳务派遣单位派遣劳动者应当与接受以劳务派遣形式用工的单位（以下称用工单位）订立劳务派遣协议。劳务派遣协议应当约定派遣岗位和人员数量、派遣期限、劳动报酬和社会保险费的数额与支付方式以及违反协议的责任。

用工单位应当根据工作岗位的实际需要与劳务派遣单位确定派遣期限，不得将连续用工期限分割订立数个短期劳务派遣协议。

第六十条 劳务派遣单位应当将劳务派遣协议的内容告知被派遣劳动者。

劳务派遣单位不得克扣用工单位按照劳务派遣协议支付给被派遣劳动者的劳动报酬。

劳务派遣单位和用工单位不得向被派遣劳动者收取费用。

第六十一条 劳务派遣单位跨地区派遣劳动者的，被派遣劳动者享有的劳动报酬和劳动条件，按照用工单位所在地的标准执行。

第六十二条 用工单位应当履行下列义务：

（一）执行国家劳动标准，提供相应的劳动条件和劳动保护；

（二）告知被派遣劳动者的工作要求和劳动报酬；

（三）支付加班费、绩效奖金，提供与工作岗位相关的福利待遇；

（四）对在岗被派遣劳动者进行工作岗位所必需的培训；

（五）连续用工的，实行正常的工资调整机制。

用工单位不得将被派遣劳动者再派遣到其他用人单位。

第六十三条 被派遣劳动者享有与用工单位被派遣劳动者享有与用工单位的劳动者同工同酬的权利。用工单位应当按照同工同酬原则，对被派遣劳动者与本单位同类岗位的劳动者实行相同的劳动报酬分配办法。用工单位无同类岗位劳动者的，参照用工单位所在地相同或者相近岗位劳动者的劳动报酬确定。

劳务派遣单位与被派遣劳动者订立的劳动合同和与用工单位订立的

劳务派遣协议，载明或者约定的向被派遣劳动者支付的劳动报酬应当符合前款规定。

第六十四条 被派遣劳动者有权在劳务派遣单位或者用工单位依法参加或者组织工会，维护自身的合法权益。

第六十五条 被派遣劳动者可以依照本法第三十六条、第三十八条的规定与劳务派遣单位解除劳动合同。

被派遣劳动者有本法第三十九条和第四十条第一项、第二项规定情形的，用工单位可以将劳动者退回劳务派遣单位，劳务派遣单位依照本法有关规定，可以与劳动者解除劳动合同。

第六十六条 劳动合同用工是我国的企业基本用工形式。劳务派遣用工是补充形式，只能在临时性、辅助性或者替代性的工作岗位上实施。

前款规定的临时性工作岗位是指存续时间不超过六个月的岗位；辅助性工作岗位是指为主营业务岗位提供服务的非主营业务岗位；替代性工作岗位是指用工单位的劳动者因脱产学习、休假等原因无法工作的一定期间内，可以由其他劳动者替代工作的岗位。

用工单位应当严格控制劳务派遣用工数量，不得超过其用工总量的一定比例，具体比例由国务院劳动行政部门规定。

第六十七条 用人单位不得设立劳务派遣单位向本单位或者所属单位派遣劳动者。

第三节 非全日制用工

第六十八条 非全日制用工，是指以小时计酬为主，劳动者在同一用人单位一般平均每日工作时间不超过四小时，每周工作时间累计不超过二十四小时的用工形式。

第六十九条 非全日制用工双方当事人可以订立口头协议。

从事非全日制用工的劳动者可以与一个或者一个以上用人单位订立劳动合同；但是，后订立的劳动合同不得影响先订立的劳动合同的履行。

第七十条 非全日制用工双方当事人不得约定试用期。

第七十一条 非全日制用工双方当事人任何一方都可以随时通知对方终止用工。终止用工，用人单位不向劳动者支付经济补偿。

第七十二条 非全日制用工小时计酬标准不得低于用人单位所在地人民政府规定的最低小时工资标准。

非全日制用工劳动报酬结算支付周期最长不得超过十五日。

第六章 监督检查

第七十三条 国务院劳动行政部门负责全国劳动合同制度实施的监督管理。

县级以上地方人民政府劳动行政部门负责本行政区域内劳动合同制度实施的监督管理。

县级以上各级人民政府劳动行政部门在劳动合同制度实施的监督管理工作中，应当听取工会、企业方面代表以及有关行业主管部门的意见。

第七十四条 县级以上地方人民政府劳动行政部门依法对下列实施劳动合同制度的情况进行监督检查：

（一）用人单位制定直接涉及劳动者切身利益的规章制度及其执行的情况；

（二）用人单位与劳动者订立和解除劳动合同的情况；

（三）劳务派遣单位和用工单位遵守劳务派遣有关规定的情况；

（四）用人单位遵守国家关于劳动者工作时间和休息休假规定的情况；

（五）用人单位支付劳动合同约定的劳动报酬和执行最低工资标准的情况；

（六）用人单位参加各项社会保险和缴纳社会保险费的情况；

（七）法律、法规规定的其他劳动监察事项。

第七十五条　县级以上地方人民政府劳动行政部门实施监督检查时，有权查阅与劳动合同、集体合同有关的材料，有权对劳动场所进行实地检查，用人单位和劳动者都应当如实提供有关情况和材料。

劳动行政部门的工作人员进行监督检查，应当出示证件，依法行使职权，文明执法。

第七十六条　县级以上人民政府建设、卫生、安全生产监督管理等有关主管部门在各自职责范围内，对用人单位执行劳动合同制度的情况进行监督管理。

第七十七条　劳动者合法权益受到侵害的，有权要求有关部门依法处理，或者依法申请仲裁、提起诉讼。

第七十八条　工会依法维护劳动者的合法权益，对用人单位履行劳动合同、集体合同的情况进行监督。用人单位违反劳动法律、法规和劳动合同、集体合同的，工会有权提出意见或者要求纠正；劳动者申请仲裁、提起诉讼的，工会依法给予支持和帮助。

第七十九条　任何组织或者个人对违反本法的行为都有权举报，县级以上人民政府劳动行政部门应当及时核实、处理，并对举报有功人员给予奖励。

第七章　法律责任

第八十条　用人单位直接涉及劳动者切身利益的规章制度违反法律、法规规定的，由劳动行政部门责令改正，给予警告；给劳动者造成损害的，应当承担赔偿责任。

第八十一条　用人单位提供的劳动合同文本未载明本法规定的劳动合同必备条款或者用人单位未将劳动合同文本交付劳动者的，由劳动行政部门责令改正；给劳动者造成损害的，应当承担赔偿责任。

第八十二条　用人单位自用工之日起超过一个月不满一年未与劳动

者订立书面劳动合同的，应当向劳动者每月支付二倍的工资。

用人单位违反本法规定不与劳动者订立无固定期限劳动合同的，自应当订立无固定期限劳动合同之日起向劳动者每月支付二倍的工资。

第八十三条　用人单位违反本法规定与劳动者约定试用期的，由劳动行政部门责令改正；违法约定的试用期已经履行的，由用人单位以劳动者试用期满月工资为标准，按已经履行的超过法定试用期的期间向劳动者支付赔偿金。

第八十四条　用人单位违反本法规定，扣押劳动者居民身份证等证件的，由劳动行政部门责令限期退还劳动者本人，并依照有关法律规定给予处罚。

用人单位违反本法规定，以担保或者其他名义向劳动者收取财物的，由劳动行政部门责令限期退还劳动者本人，并以每人五百元以上二千元以下的标准处以罚款；给劳动者造成损害的，应当承担赔偿责任。

劳动者依法解除或者终止劳动合同，用人单位扣押劳动者档案或者其他物品的，依照前款规定处罚。

第八十五条　用人单位有下列情形之一的，由劳动行政部门责令限期支付劳动报酬、加班费或者经济补偿；劳动报酬低于当地最低工资标准的，应当支付其差额部分；逾期不支付的，责令用人单位按应付金额百分之五十以上百分之一百以下的标准向劳动者加付赔偿金：

（一）未按照劳动合同的约定或者国家规定及时足额支付劳动者劳动报酬的；

（二）低于当地最低工资标准支付劳动者工资的；

（三）安排加班不支付加班费的；

（四）解除或者终止劳动合同，未依照本法规定向劳动者支付经济补偿的。

第八十六条　劳动合同依照本法第二十六条规定被确认无效，给对方造成损害的，有过错的一方应当承担赔偿责任。

第八十七条　用人单位违反本法规定解除或者终止劳动合同的，应当依照本法第四十七条规定的经济补偿标准的二倍向劳动者支付赔偿金。

第八十八条　用人单位有下列情形之一的，依法给予行政处罚；构成犯罪的，依法追究刑事责任；给劳动者造成损害的，应当承担赔偿责任：

（一）以暴力、威胁或者非法限制人身自由的手段强迫劳动的；

（二）违章指挥或者强令冒险作业危及劳动者人身安全的；

（三）侮辱、体罚、殴打、非法搜查或者拘禁劳动者的；

（四）劳动条件恶劣、环境污染严重，给劳动者身心健康造成严重损害的。

第八十九条　用人单位违反本法规定未向劳动者出具解除或者终止劳动合同的书面证明，由劳动行政部门责令改正；给劳动者造成损害的，应当承担赔偿责任。

第九十条　劳动者违反本法规定解除劳动合同，或者违反劳动合同中约定的保密义务或者竞业限制，给用人单位造成损失的，应当承担赔偿责任。

第九十一条　用人单位招用与其他用人单位尚未解除或者终止劳动合同的劳动者，给其他用人单位造成损失的，应当承担连带赔偿责任。

第九十二条　违反本法规定，未经许可，擅自经营劳务派遣业务的，由劳动行政部门责令停止违法行为，没收违法所得，并处违法所得一倍以上五倍以下的罚款；没有违法所得的，可以处五万元以下的罚款。

劳务派遣单位、用工单位违反本法有关劳务派遣规定的，由劳动行政部门责令限期改正；逾期不改正的，以每人五千元以上一万元以下的标准处以罚款，对劳务派遣单位，吊销其劳务派遣业务经营许可证。用工单位给被派遣劳动者造成损害的，劳务派遣单位与用工单位承担连带赔偿责任。

第九十三条 对不具备合法经营资格的用人单位的违法犯罪行为，依法追究法律责任；劳动者已经付出劳动的，该单位或者其出资人应当依照本法有关规定向劳动者支付劳动报酬、经济补偿、赔偿金；给劳动者造成损害的，应当承担赔偿责任。

第九十四条 个人承包经营违反本法规定招用劳动者，给劳动者造成损害的，发包的组织与个人承包经营者承担连带赔偿责任。

第九十五条 劳动行政部门和其他有关主管部门及其工作人员玩忽职守、不履行法定职责，或者违法行使职权，给劳动者或者用人单位造成损害的，应当承担赔偿责任；对直接负责的主管人员和其他直接责任人员，依法给予行政处分；构成犯罪的，依法追究刑事责任。

第八章　附　则

第九十六条 事业单位与实行聘用制的工作人员订立、履行、变更、解除或者终止劳动合同，法律、行政法规或者国务院另有规定的，依照其规定；未作规定的，依照本法有关规定执行。

第九十七条 本法施行前已依法订立且在本法施行之日存续的劳动合同，继续履行；本法第十四条第二款第三项规定连续订立固定期限劳动合同的次数，自本法施行后续订固定期限劳动合同时开始计算。

本法施行前已建立劳动关系，尚未订立书面劳动合同的，应当自本法施行之日起一个月内订立。

本法施行之日存续的劳动合同在本法施行后解除或者终止，依照本法第四十六条规定应当支付经济补偿的，经济补偿年限自本法施行之日起计算；本法施行前按照当时有关规定，用人单位应当向劳动者支付经济补偿的，按照当时有关规定执行。

第九十八条 本法自 2008 年 1 月 1 日起施行。

专题32　中华人民共和国国家赔偿法

（1994 年 5 月 12 日第八届全国人民代表大会常务委员会第七次会议通过　根据 2010 年 4 月 29 日第十一届全国人民代表大会常务委员会第十四次会议《关于修改〈中华人民共和国国家赔偿法〉的决定》修正）

第一章　总　则

第一条　为保障公民、法人和其他组织享有依法取得国家赔偿的权利，促进国家机关依法行使职权，根据宪法，制定本法。

第二条　国家机关和国家机关工作人员行使职权，有本法规定的侵犯公民、法人和其他组织合法权益的情形，造成损害的，受害人有依照本法取得国家赔偿的权利。

本法规定的赔偿义务机关，应当依照本法及时履行赔偿义务。

第二章　行政赔偿

第一节　赔偿范围

第三条　行政机关及其工作人员在行使行政职权时有下列侵犯人身权情形之一的，受害人有取得赔偿的权利：

（一）违法拘留或者违法采取限制公民人身自由的行政强制措施的；

（二）非法拘禁或者以其他方法非法剥夺公民人身自由的；

（三）以殴打、虐待等行为或者唆使、放纵他人以殴打、虐待等行为造成公民身体伤害或者死亡的；

（四）违法使用武器、警械造成公民身体伤害或者死亡的；

（五）造成公民身体伤害或者死亡的其他违法行为。

第四条 行政机关及其工作人员在行使行政职权时有下列侵犯财产权情形之一的，受害人有取得赔偿的权利：

（一）违法实施罚款、吊销许可证和执照、责令停产停业、没收财物等行政处罚的；

（二）违法对财产采取查封、扣押、冻结等行政强制措施的；

（三）违法征收、征用财产的；

（四）造成财产损害的其他违法行为。

第五条 属于下列情形之一的，国家不承担赔偿责任：

（一）行政机关工作人员与行使职权无关的个人行为；

（二）因公民、法人和其他组织自己的行为致使损害发生的；

（三）法律规定的其他情形。

第二节 赔偿请求人和赔偿义务机关

第六条 受害的公民、法人和其他组织有权要求赔偿。

受害的公民死亡，其继承人和其他有扶养关系的亲属有权要求赔偿。

受害的法人或者其他组织终止的，其权利承受人有权要求赔偿。

第七条 行政机关及其工作人员行使行政职权侵犯公民、法人和其他组织的合法权益造成损害的，该行政机关为赔偿义务机关。

两个以上行政机关共同行使行政职权时侵犯公民、法人和其他组织的合法权益造成损害的，共同行使行政职权的行政机关为共同赔偿义务机关。

法律、法规授权的组织在行使授予的行政权力时侵犯公民、法人和其他组织的合法权益造成损害的，被授权的组织为赔偿义务机关。

受行政机关委托的组织或者个人在行使受委托的行政权力时侵犯公民、法人和其他组织的合法权益造成损害的，委托的行政机关为赔偿义务机关。

赔偿义务机关被撤销的，继续行使其职权的行政机关为赔偿义务机关；没有继续行使其职权的行政机关的，撤销该赔偿义务机关的行政机关为赔偿义务机关。

第八条 经复议机关复议的，最初造成侵权行为的行政机关为赔偿义务机关，但复议机关的复议决定加重损害的，复议机关对加重的部分履行赔偿义务。

第三节 赔偿程序

第九条 赔偿义务机关有本法第三条、第四条规定情形之一的，应当给予赔偿。

赔偿请求人要求赔偿，应当先向赔偿义务机关提出，也可以在申请行政复议或者提起行政诉讼时一并提出。

第十条 赔偿请求人可以向共同赔偿义务机关中的任何一个赔偿义务机关要求赔偿，该赔偿义务机关应当先予赔偿。

第十一条 赔偿请求人根据受到的不同损害，可以同时提出数项赔偿要求。

第十二条 要求赔偿应当递交申请书，申请书应当载明下列事项：

（一）受害人的姓名、性别、年龄、工作单位和住所，法人或者其他组织的名称、住所和法定代表人或者主要负责人的姓名、职务；

（二）具体的要求、事实根据和理由；

（三）申请的年、月、日。

赔偿请求人书写申请书确有困难的，可以委托他人代书；也可以口头申请，由赔偿义务机关记入笔录。

赔偿请求人不是受害人本人的，应当说明与受害人的关系，并提供相应证明。

赔偿请求人当面递交申请书的，赔偿义务机关应当当场出具加盖本行政机关专用印章并注明收讫日期的书面凭证。申请材料不齐全的，赔偿义务机关应当当场或者在五日内一次性告知赔偿请求人需要补正的全部内容。

第十三条 赔偿义务机关应当自收到申请之日起两个月内，作出是否赔偿的决定。赔偿义务机关作出赔偿决定，应当充分听取赔偿请求人的意见，并可以与赔偿请求人就赔偿方式、赔偿项目和赔偿数额依照本法第四章的规定进行协商。

赔偿义务机关决定赔偿的，应当制作赔偿决定书，并自作出决定之日起十日内送达赔偿请求人。

赔偿义务机关决定不予赔偿的，应当自作出决定之日起十日内书面通知赔偿请求人，并说明不予赔偿的理由。

第十四条 赔偿义务机关在规定期限内未作出是否赔偿的决定，赔偿请求人可以自期限届满之日起三个月内，向人民法院提起诉讼。

赔偿请求人对赔偿的方式、项目、数额有异议的，或者赔偿义务机关作出不予赔偿决定的，赔偿请求人可以自赔偿义务机关作出赔偿或者不予赔偿决定之日起三个月内，向人民法院提起诉讼。

第十五条 人民法院审理行政赔偿案件，赔偿请求人和赔偿义务机关对自己提出的主张，应当提供证据。

赔偿义务机关采取行政拘留或者限制人身自由的强制措施期间，被限制人身自由的人死亡或者丧失行为能力的，赔偿义务机关的行为与被限制人身自由的人的死亡或者丧失行为能力是否存在因果关系，赔偿义务机关应当提供证据。

第十六条 赔偿义务机关赔偿损失后，应当责令有故意或者重大过失的工作人员或者受委托的组织或者个人承担部分或者全部赔偿费用。

对有故意或者重大过失的责任人员，有关机关应当依法给予处分；构成犯罪的，应当依法追究刑事责任。

第三章　刑事赔偿

第一节　赔偿范围

第十七条　行使侦查、检察、审判职权的机关以及看守所、监狱管理机关及其工作人员在行使职权时有下列侵犯人身权情形之一的，受害人有取得赔偿的权利：

（一）违反刑事诉讼法的规定对公民采取拘留措施的，或者依照刑事诉讼法规定的条件和程序对公民采取拘留措施，但是拘留时间超过刑事诉讼法规定的时限，其后决定撤销案件、不起诉或者判决宣告无罪终止追究刑事责任的；

（二）对公民采取逮捕措施后，决定撤销案件、不起诉或者判决宣告无罪终止追究刑事责任的；

（三）依照审判监督程序再审改判无罪，原判刑罚已经执行的；

（四）刑讯逼供或者以殴打、虐待等行为或者唆使、放纵他人以殴打、虐待等行为造成公民身体伤害或者死亡的；

（五）违法使用武器、警械造成公民身体伤害或者死亡的。

第十八条　行使侦查、检察、审判职权的机关以及看守所、监狱管理机关及其工作人员在行使职权时有下列侵犯财产权情形之一的，受害人有取得赔偿的权利：

（一）违法对财产采取查封、扣押、冻结、追缴等措施的；

（二）依照审判监督程序再审改判无罪，原判罚金、没收财产已经执行的。

第十九条　属于下列情形之一的，国家不承担赔偿责任：

（一）因公民自己故意作虚伪供述，或者伪造其他有罪证据被羁押或者被判处刑罚的；

（二）依照刑法第十七条、第十八条规定不负刑事责任的人被羁押的；

（三）依照刑事诉讼法第十五条、第一百四十二条第二款规定不追究刑事责任的人被羁押的；

（四）行使侦查、检察、审判职权的机关以及看守所、监狱管理机关的工作人员与行使职权无关的个人行为；

（五）因公民自伤、自残等故意行为致使损害发生的；

（六）法律规定的其他情形。

第二节　赔偿请求人和赔偿义务机关

第二十条　赔偿请求人的确定依照本法第六条的规定。

第二十一条　行使侦查、检察、审判职权的机关以及看守所、监狱管理机关及其工作人员在行使职权时侵犯公民、法人和其他组织的合法权益造成损害的，该机关为赔偿义务机关。

对公民采取拘留措施，依照本法的规定应当给予国家赔偿的，作出拘留决定的机关为赔偿义务机关。

对公民采取逮捕措施后决定撤销案件、不起诉或者判决宣告无罪的，作出逮捕决定的机关为赔偿义务机关。

再审改判无罪的，作出原生效判决的人民法院为赔偿义务机关。二审改判无罪，以及二审发回重审后作无罪处理的，作出一审有罪判决的人民法院为赔偿义务机关。

第三节　赔偿程序

第二十二条　赔偿义务机关有本法第十七条、第十八条规定情形之一的，应当给予赔偿。

赔偿请求人要求赔偿，应当先向赔偿义务机关提出。

赔偿请求人提出赔偿请求，适用本法第十一条、第十二条的规定。

第二十三条　赔偿义务机关应当自收到申请之日起两个月内，作出是否赔偿的决定。赔偿义务机关作出赔偿决定，应当充分听取赔偿请求人的意见，并可以与赔偿请求人就赔偿方式、赔偿项目和赔偿数额依照本法第四章的规定进行协商。

赔偿义务机关决定赔偿的，应当制作赔偿决定书，并自作出决定之日起十日内送达赔偿请求人。

赔偿义务机关决定不予赔偿的，应当自作出决定之日起十日内书面通知赔偿请求人，并说明不予赔偿的理由。

第二十四条　赔偿义务机关在规定期限内未作出是否赔偿的决定，赔偿请求人可以自期限届满之日起三十日内向赔偿义务机关的上一级机关申请复议。

赔偿请求人对赔偿的方式、项目、数额有异议的，或者赔偿义务机关作出不予赔偿决定的，赔偿请求人可以自赔偿义务机关作出赔偿或者不予赔偿决定之日起三十日内，向赔偿义务机关的上一级机关申请复议。

赔偿义务机关是人民法院的，赔偿请求人可以依照本条规定向其上一级人民法院赔偿委员会申请作出赔偿决定。

第二十五条　复议机关应当自收到申请之日起两个月内作出决定。

赔偿请求人不服复议决定的，可以在收到复议决定之日起三十日内向复议机关所在地的同级人民法院赔偿委员会申请作出赔偿决定；复议机关逾期不作决定的，赔偿请求人可以自期限届满之日起三十日内向复议机关所在地的同级人民法院赔偿委员会申请作出赔偿决定。

第二十六条　人民法院赔偿委员会处理赔偿请求，赔偿请求人和赔偿义务机关对自己提出的主张，应当提供证据。

被羁押人在羁押期间死亡或者丧失行为能力的，赔偿义务机关的行为与被羁押人的死亡或者丧失行为能力是否存在因果关系，赔偿义务机关应当提供证据。

第二十七条　人民法院赔偿委员会处理赔偿请求，采取书面审查的办法。必要时，可以向有关单位和人员调查情况、收集证据。赔偿请求人与赔偿义务机关对损害事实及因果关系有争议的，赔偿委员会可以听取赔偿请求人和赔偿义务机关的陈述和申辩，并可以进行质证。

第二十八条　人民法院赔偿委员会应当自收到赔偿申请之日起三个月内作出决定；属于疑难、复杂、重大案件的，经本院院长批准，可以延长三个月。

第二十九条　中级以上的人民法院设立赔偿委员会，由人民法院三名以上审判员组成，组成人员的人数应当为单数。

赔偿委员会作赔偿决定，实行少数服从多数的原则。

赔偿委员会作出的赔偿决定，是发生法律效力的决定，必须执行。

第三十条　赔偿请求人或者赔偿义务机关对赔偿委员会作出的决定，认为确有错误的，可以向上一级人民法院赔偿委员会提出申诉。

赔偿委员会作出的赔偿决定生效后，如发现赔偿决定违反本法规定的，经本院院长决定或者上级人民法院指令，赔偿委员会应当在两个月内重新审查并依法作出决定，上一级人民法院赔偿委员会也可以直接审查并作出决定。

最高人民检察院对各级人民法院赔偿委员会作出的决定，上级人民检察院对下级人民法院赔偿委员会作出的决定，发现违反本法规定的，应当向同级人民法院赔偿委员会提出意见，同级人民法院赔偿委员会应当在两个月内重新审查并依法作出决定。

第三十一条　赔偿义务机关赔偿后，应当向有下列情形之一的工作人员追偿部分或者全部赔偿费用：

（一）有本法第十七条第四项、第五项规定情形的；

（二）在处理案件中有贪污受贿，徇私舞弊，枉法裁判行为的。

对有前款规定情形的责任人员，有关机关应当依法给予处分；构成犯罪的，应当依法追究刑事责任。

第四章　赔偿方式和计算标准

第三十二条　国家赔偿以支付赔偿金为主要方式。

能够返还财产或者恢复原状的，予以返还财产或者恢复原状。

第三十三条 侵犯公民人身自由的，每日赔偿金按照国家上年度职工日平均工资计算。

第三十四条 侵犯公民生命健康权的，赔偿金按照下列规定计算：

（一）造成身体伤害的，应当支付医疗费、护理费，以及赔偿因误工减少的收入。减少的收入每日的赔偿金按照国家上年度职工日平均工资计算，最高额为国家上年度职工年平均工资的五倍；

（二）造成部分或者全部丧失劳动能力的，应当支付医疗费、护理费、残疾生活辅助具费、康复费等因残疾而增加的必要支出和继续治疗所必需的费用，以及残疾赔偿金。残疾赔偿金根据丧失劳动能力的程度，按照国家规定的伤残等级确定，最高不超过国家上年度职工年平均工资的二十倍。造成全部丧失劳动能力的，对其扶养的无劳动能力的人，还应当支付生活费；

（三）造成死亡的，应当支付死亡赔偿金、丧葬费，总额为国家上年度职工年平均工资的二十倍。对死者生前扶养的无劳动能力的人，还应当支付生活费。

前款第二项、第三项规定的生活费的发放标准，参照当地最低生活保障标准执行。被扶养的人是未成年人的，生活费给付至十八周岁止；其他无劳动能力的人，生活费给付至死亡时止。

第三十五条 有本法第三条或者第十七条规定情形之一，致人精神损害的，应当在侵权行为影响的范围内，为受害人消除影响，恢复名誉，赔礼道歉；造成严重后果的，应当支付相应的精神损害抚慰金。

第三十六条 侵犯公民、法人和其他组织的财产权造成损害的，按照下列规定处理：

（一）处罚款、罚金、追缴、没收财产或者违法征收、征用财产的，返还财产；

（二）查封、扣押、冻结财产的，解除对财产的查封、扣押、冻结，造成财产损坏或者灭失的，依照本条第三项、第四项的规定赔偿；

（三）应当返还的财产损坏的，能够恢复原状的恢复原状，不能恢复原状的，按照损害程度给付相应的赔偿金；

（四）应当返还的财产灭失的，给付相应的赔偿金；

（五）财产已经拍卖或者变卖的，给付拍卖或者变卖所得的价款；变卖的价款明显低于财产价值的，应当支付相应的赔偿金；

（六）吊销许可证和执照、责令停产停业的，赔偿停产停业期间必要的经常性费用开支；

（七）返还执行的罚款或者罚金、追缴或者没收的金钱，解除冻结的存款或者汇款的，应当支付银行同期存款利息；

（八）对财产权造成其他损害的，按照直接损失给予赔偿。

第三十七条 赔偿费用列入各级财政预算。

赔偿请求人凭生效的判决书、复议决定书、赔偿决定书或者调解书，向赔偿义务机关申请支付赔偿金。

赔偿义务机关应当自收到支付赔偿金申请之日起七日内，依照预算管理权限向有关的财政部门提出支付申请。财政部门应当自收到支付申请之日起十五日内支付赔偿金。

赔偿费用预算与支付管理的具体办法由国务院规定。

第五章 其他规定

第三十八条 人民法院在民事诉讼、行政诉讼过程中，违法采取对妨害诉讼的强制措施、保全措施或者对判决、裁定及其他生效法律文书执行错误，造成损害的，赔偿请求人要求赔偿的程序，适用本法刑事赔偿程序的规定。

第三十九条 赔偿请求人请求国家赔偿的时效为两年，自其知道或者应当知道国家机关及其工作人员行使职权时的行为侵犯其人身权、财产权之日起计算，但被羁押等限制人身自由期间不计算在内。在申请行政复议或者提起行政诉讼时一并提出赔偿请求的，适用行政复议法、行政诉讼法有关时效的规定。

赔偿请求人在赔偿请求时效的最后六个月内，因不可抗力或者其他障碍不能行使请求权的，时效中止。从中止时效的原因消除之日起，赔偿请求时效期间继续计算。

第四十条　外国人、外国企业和组织在中华人民共和国领域内要求中华人民共和国国家赔偿的，适用本法。

外国人、外国企业和组织的所属国对中华人民共和国公民、法人和其他组织要求该国国家赔偿的权利不予保护或者限制的，中华人民共和国与该外国人、外国企业和组织的所属国实行对等原则。

第六章　附　　则

第四十一条　赔偿请求人要求国家赔偿的，赔偿义务机关、复议机关和人民法院不得向赔偿请求人收取任何费用。

对赔偿请求人取得的赔偿金不予征税。

第四十二条　本法自 1995 年 1 月 1 日起施行。

专题 33　中华人民共和国义务教育法实施细则

（国家教育委员会令第 19 号 1992 年 3 月 14 日发布）

第一章　总　　则

第一条　根据中华人民共和国义务教育法（以下简称义务教育法）第十七条的规定，制定本细则。

第二条　义务教育法第四条所称适龄儿童、少年，是指依法应当入学至受完规定年限义务教育的年龄阶段的儿童、少年。

适龄儿童、少年接受义务教育的入学年龄和年限，以及因缓学或者其他特殊情况需延长的在校年龄，由省级人民政府依照义务教育法的规定和本地区实际情况确定。盲、聋哑、弱智儿童和少年接受义务教育的入学年龄和在校年龄可适当放宽。

第三条 实施义务教育，在国务院领导下，由地方各级人民政府负责，按省、县、乡分级管理。各级教育主管部门在本级人民政府领导下，具体负责组织、管理本行政区域内实施义务教育的工作。

第四条 省级人民政府根据本地区经济和社会发展状况，因地制宜，分阶段、有步骤地推行九年制义务教育。

第五条 实施义务教育，城市以市或者市辖区为单位组织进行；农村以县为单位组织进行，并落实到乡（镇）。工矿区、农垦区、林区等组织实施义务教育的行政区划单位，由省级人民政府规定。

第六条 承担实施义务教育任务的学校为：地方人民政府设置或者批准设置的全日制小学，全日制普通中学，九年一贯制学校，初级中等职业技术学校，各种形式的简易小学或者教学点（班或者组），盲童学校，聋哑学校，弱智儿童辅读学校（班），工读学校等。

文艺、体育和特种工艺等单位，应当保证招收的适龄儿童、少年接受义务教育。上述单位自行实施义务教育教学工作，需经县级以上教育主管部门批准。

第二章　实施步骤

第七条 实施九年制义务教育，可以分为两个阶段。第一阶段，实施初等义务教育；第二阶段，在实施初等义务教育的基础上实施初级中等义务教育。初等教育达到义务教育法规定要求的，可直接实施初级中等义务教育。

第八条 实施义务教育，应当具备下列基本条件：

（一）与适龄儿童、少年数量相适应的校舍及其他基本教学设施；

（二）具有按编制标准配备的教师和符合义务教育法规定要求的师资来源；

（三）具有一定的经济能力，能够按照规定标准逐步配置教学仪器、图书资料和文娱、体育、卫生器材。

地方各级人民政府和其他办学单位应当积极采取措施，不断改善实施义务教育的条件。

第九条　直接实施初等义务教育有困难、需要分两步实施的，由设区的市级或者县级人民政府提出报告，报省级人民政府决定或者依照地方性法规规定办理。

第十条　各级人民政府应当努力在本世纪末普及初等义务教育。在全国大部分地区应当基本普及九年义务教育或者初级中等义务教育。

省级人民政府应当制定义务教育实施规划，规定实施义务教育的目标、完成规划期限和措施等。设区的市级或者县级人民政府应当根据省级人民政府的规划制定实施义务教育的具体方案。

第三章　就　学

第十一条　当地基层人民政府或者其授权的实施义务教育的学校至迟在新学年始业前十五天，将应当接受义务教育的儿童、少年的入学通知发给其父母或者其他监护人。适龄儿童、少年的父母或者其他监护人必须按照通知要求送子女或者其他被监护人入学。

第十二条　适龄儿童、少年需免学、缓学的，由其父母或者其他监护人提出申请，经县级以上教育主管部门或者乡级人民政府批准。因身体原因申请免学、缓学的，应当附具县级以上教育主管部门指定的医疗机构的证明。

缓学期满仍不能就学的，应当重新提出缓学申请。

第十三条　父母或者其他监护人不送其适龄子女或者其他被监护人入学的，以及其在校接受义务教育的适龄子女或者其他被监护人辍学的，在城市由市或者市辖区人民政府及其教育主管部门，在农村由乡级人民政府，采取措施，使其送子女或者其他被监护人就学。

第十四条　适龄儿童、少年到非户籍所在地接受义务教育的，经户籍所在地的县级教育主管部门或者乡级人民政府批准，可以按照居住地人民政府的有关规定申请借读。

借读的适龄儿童、少年接受义务教育的年限，以其户籍所在地的规定为准。

第十五条　对受完规定年限义务教育的儿童、少年，由学校发给完成义务教育的证书。完成义务教育证书的格式由省级教育主管部门统一制定。

受完当地规定年限义务教育获得的毕业证书或者结业证书，可视为完成义务教育的证书。

第十六条　适龄儿童、少年因学业成绩优异而提前达到与规定年限义务教育相应的初等教育或者初级中等教育毕业程度的，视为完成义务教育。

第十七条　实施义务教育的学校可收取杂费。收取杂费的标准和具体办法，由省级教育、物价、财政部门提出方案，报省级人民政府批准。已规定免收杂费的，其规定可以继续执行。

对家庭经济困难的学生，应当酌情减免杂费。

其他行政机关和学校不得违反国家有关规定，自行制定收费的项目及标准；不得向学生乱收费用。

第十八条　依照义务教育法第十条第二款规定享受助学金的贫困学生是指：初级中等学校、特殊教育学校的家庭经济困难的学生，少数民族聚居地区、经济困难地区、边远地区的小学及其他寄宿小学的家庭经济困难的学生。实行助学金制度的具体办法，由省级人民政府规定。

第四章　教育教学

第十九条　实施义务教育必须贯彻国家的教育方针，坚持社会主义方向，实行教育与生产劳动相结合，对学生进行德育、智育、体育、美育和劳动教育。

第二十条　实施义务教育的学校必须按照国务院教育主管部门发布的指导性教学计划、教学大纲和省级教育主管部门制定的教学计划，进行教育教学活动。

第二十一条　实施义务教育的学校应当选用经国务院教育主管部门审定或者其授权的省级教育主管部门审定的教科书。非经审定的教科书不得使用。但国家另有规定的除外。

第二十二条　实施义务教育学校的教育教学工作，应当适应全体学生身心发展的需要。

学校和教师不得对学生实施体罚、变相体罚或者其他侮辱人格尊严的行为；对品行有缺陷、学习有困难的儿童、少年应当给予帮助，不得歧视。

第二十三条　实施义务教育的学校可根据城乡经济、社会发展和学生自身发展的实际情况，有计划地对学生进行职业指导教育和职业预备教育或者劳动技艺教育。

第二十四条　实施义务教育的学校在教育教学和各种活动中，应当推广使用全国通用的普通话。

师范院校的教育教学和各种活动应当使用普通话。

第二十五条　民族自治地方应当按照义务教育法及其他有关法律规定组织实施本地区的义务教育。实施义务教育学校的设置、学制、办学形式、教学内容、教学用语，由民族自治地方的自治机关依照有关法律决定。

用少数民族通用的语言文字教学的学校，应当在小学高年级或者中学开设汉语文课程，也可以根据实际情况适当提前开设。

第五章　实施保障

第二十六条　实施义务教育学校的设置，由设区的市级或者县级人民政府统筹规划，合理布局。

小学的设置应当有利于适龄儿童、少年就近入学。寄宿制小学设置可适当集中。普通初级中学和初级中等职业技术学校的设置，应当根据人口分布状况和地理条件相对集中。

盲童学校（班）的设置，由省级或者设区的市级人民政府统筹安排。聋哑学校（班）和弱智儿童辅读学校（班）的设置，由设区的市级或者县级人民政府统筹安排。

第二十七条　省级人民政府应当制订实施义务教育各类学校的经费开支定额，并制订按照学生人数平均的公用经费开支标准、教职工编制标准和校舍建设、图书资料、仪器设备配置等标准。

地方各级人民政府应当制订实施规划，使学校分期分批达到前款所列的办学条件标准，并进行检查验收。

第二十八条　地方各级人民政府设置的实施义务教育学校的事业费和基本建设投资，由地方各级人民政府负责筹措。用于义务教育的财政拨款的增长比例，应当高于财政经常性收入的增长比例，并使按在校学生人数平均的教育费用逐步增长。

社会力量举办实施义务教育学校的事业费和基本建设投资，由办学单位或者经国家批准的私人办学者负责筹措。

中央和地方财政视具体情况，对经济困难地区和少数民族聚居地区实施义务教育给予适当补助。

地方各级人民政府应当鼓励各种社会力量以及个人自愿捐资助学。

第二十九条　依法征收的教育费附加，城市的，纳入预算管理，由教育主管部门统筹安排，提出分配方案，商同级财政部门同意后，用于改善中小学办学条件；农村的，由乡级人民政府负责统筹安排，主要用于支付国家补助、集体支付工资的教师的工资，改善办学条件和补充学校公用经费等。

学校的勤工俭学收入，部分应当用于改善办学条件。

第三十条　实施义务教育各类学校的新建、改建、扩建，应当列入城乡建设总体规划，并与居住人口和义务教育实施规划相协调。

实施义务教育的学校新建、改建、扩建所需资金，在城镇由当地人民政府负责列入基本建设投资计划，或者通过其他渠道筹措；在农村由乡、村负责筹措，县级人民政府对有困难的乡、村可酌情予以补助。

第三十一条　地方各级人民政府应当采取切实措施，保证实施义务教育各类学校教科书和文具纸张按时、按质、按量供应。

第三十二条　省级人民政府应当制定规划、采取措施，加强和发展师范教育，并组织其他高等学校为实施义务教育培养师资。

盲、聋哑、弱智儿童学校的师资，由省级人民政府根据实际情况组织培养。

第三十三条　各级教育主管部门应当加强实施义务教育学校的教师培训工作，使教师的思想政治素质和业务水平达到义务教育法规定的要求。

各级人民政府应当加强培训工作，提高实施义务教育学校校长的思想政治素质和管理水平。

校长和教师的在职培训工作，由县级以上地方各级教育主管部门负责组织。

第六章　管理与监督

第三十四条　地方各级人民政府及其教育主管部门应当建立实施义务教育的目标责任制，把实施义务教育的情况作为对有关负责人员政绩考核的重要内容。

第三十五条　县级以上各级人民政府应当建立对实施义务教育的工作进行监督、指导、检查的制度。

第三十六条　实施义务教育的学校及其他机构，在实施义务教育工作上，接受当地人民政府及其教育主管部门的管理、指导和监督。

第三十七条　地方各级人民政府对为实施义务教育作出突出贡献的企业事业单位、学校、社会团体、部队、居（村）民组织和公民，给予奖励。

第七章　罚　则

第三十八条　有下列情形之一的，由地方人民政府或者有关部门依照管理权限对有关责任人给予行政处分：

（一）因工作失职未能如期实现义务教育实施规划目标的；

（二）无特殊原因，未能如期达到实施义务教育学校办学条件要求的；

（三）对学生辍学未采取必要措施加以解决的；

（四）无正当理由拒绝接收应当在该地区或者该学校接受义务教育的适龄儿童、少年就学的；

（五）将学校校舍、场地出租、出让或者移作他用，妨碍义务教育实施的；

（六）使用未经依法审定的教科书，造成不良影响的；

（七）其他妨碍义务教育实施的。

第三十九条　有下列情形之一的，由地方人民政府或者有关部门依照管理权限对有关责任人员给予行政处分；情节严重，构成犯罪的，依法追究刑事责任：

（一）侵占、克扣、挪用义务教育款项的；

（二）玩忽职守致使校舍倒塌，造成师生伤亡事故的。

第四十条　适龄儿童、少年的父母或者其他监护人未按规定送子女或者其他被监护人就学接受义务教育的，城市由市、市辖区人民政府或者其指定机构，农村由乡级人民政府，进行批评教育；经教育仍拒不送其子女或者其他被监护人就学的，可视具体情况处以罚款，并采取其他措施使其子女或者其他被监护人就学。

第四十一条 招用应当接受义务教育的适龄儿童、少年做工、经商或者从事其他雇佣性劳动的，按照国家有关禁止使用童工的规定处罚。

第四十二条 有下列行为之一的，由有关部门给予行政处分；违反《中华人民共和国治安管理处罚条例》的，由公安机关给予行政处罚；构成犯罪的，依法追究刑事责任：

（一）扰乱实施义务教育学校秩序的；

（二）侮辱、殴打教师、学生的；

（三）体罚学生情节严重的；

（四）侵占或者破坏学校校舍、场地和设备的。

第四十三条 当事人对行政处罚决定不服的，可以依照法律、法规的规定申请复议。当事人对复议决定不服的，可以依照法律、法规的规定向人民法院提起诉讼。当事人在规定的期限内不申请复议，也不向人民法院提起诉讼，又不履行处罚决定的，由作出处罚决定的机关申请人民法院强制执行，或者依法强制执行。

第八章 附 则

第四十四条 适龄儿童的入学年龄以新学年始业前达到的实足年龄为准。

第四十五条 本细则由国家教育委员会负责解释。

第四十六条 本细则自发布之日起施行。

专题34 中华人民共和国职业教育法

(1996 年 5 月 15 日第八届全国人民代表大会常务委员会第十九次会议通过 1996 年 5 月 15 日中华人民共和国主席令第 69 号公布 自 1996 年 9 月 1 日施行)

第一章 总 则

第一条 为了实施科教兴国战略，发展职业教育，提高劳动者素质，促进社会主义现代化建设，根据教育法和劳动法，制定本法。

第二条 本法适用于各级各类职业学校教育和各种形式的职业培训。国家机关实施的对国家机关工作人员的专门培训由法律、行政法规另行规定。

第三条 职业教育是国家教育事业的重要组成部分，是促进经济、社会发展和劳动就业的重要途径。国家发展职业教育，推进职业教育改革，提高职业教育质量，建立、健全适应社会主义市场经济和社会进步需要的职业教育制度。

第四条 实施职业教育必须贯彻国家教育方针，对受教育者进行思想政治教育和职业道德教育，传授职业知识，培养职业技能，进行职业指导，全面提高受教育者的素质。

第五条 公民有依法接受职业教育的权利。

第六条 各级人民政府应当将发展职业教育纳入国民经济和社会发展规划。行业组织和企业、事业组织应当依法履行实施职业教育的义务。

第七条 国家采取措施，发展农村职业教育，扶持少数民族地区、边远贫困地区职业教育的发展。国家采取措施，帮助妇女接受职业教育，组织失业人员接受各种形式的职业教育，扶持残疾人职业教育的发展。

第八条　实施职业教育应当根据实际需要，同国家制定的职业分类和职业等级标准相适应，实行学历证书、培训证书和职业资格证书制度。国家实行劳动者在就业前或者上岗前接受必要的职业教育的制度。

第九条　国家鼓励并组织职业教育的科学研究。

第十条　国家对在职业教育中作出显著成绩的单位和个人给予奖励。

第十一条　国务院教育行政部门负责职业教育工作的统筹规划、综合协调、宏观管理。国务院教育行政部门、劳动行政部门和其他有关部门在国务院规定的职责范围内，分别负责有关的职业教育工作。县级以上地方各级人民政府应当加强对本行政区域内职业教育工作的领导、统筹协调和督导评估。

第二章　职业教育体系

第十二条　国家根据不同地区的经济发展水平和教育普及程度，实施以初中后为重点的不同阶段的教育分流，建立、健全职业学校教育与职业培训并举，并与其他教育相互沟通、协调发展的职业教育体系。

第十三条　职业学校教育分为初等、中等、高等职业学校教育。初等、中等职业学校教育分别由初等、中等职业学校实施；高等职业学校教育根据需要和条件由高等职业学校实施，或者由普通高等学校实施。其他学校按照教育行政部门的统筹规划，可以实施同层次的职业学校教育。

第十四条　职业培训包括从业前培训、转业培训、学徒培训、在岗培训、转岗培训及其他职业性培训，可以根据实际情况分为初级、中级、高级职业培训。职业培训分别由相应的职业培训机构、职业学校实施。其他学校或者教育机构可以根据办学能力，开展面向社会的、多种形式的职业培训。

第十五条　残疾人职业教育除由残疾人教育机构实施外，各级各类职业学校和职业培训机构及其他教育机构应当按照国家有关规定接纳残疾学生。

第十六条　普通中学可以因地制宜地开设职业教育的课程，或者根据实际需要适当增加职业教育的教学内容。

第三章　职业教育的实施

第十七条　县级以上地方各级人民政府应当举办发挥骨干和示范作用的职业学校、职业培训机构，对农村、企业、事业组织、社会团体、其他社会组织及公民个人依法举办的职业学校和职业培训机构给予指导和扶持。

第十八条　县级人民政府应当适应农村经济、科学技术、教育统筹发展的需要，举办多种形式的职业教育，开展实用技术的培训，促进农村职业教育的发展。

第十九条　政府主管部门、行业组织应当举办或者联合举办职业学校、职业培训机构，组织、协调、指导本行业的企业、事业组织举办职业学校、职业培训机构。国家鼓励运用现代化教学手段，发展职业教育。

第二十条　企业应当根据本单位的实际，有计划地对本单位的职工和准备录用的人员实施职业教育。企业可以单独举办或者联合举办职业学校、职业培训机构，也可以委托学校、职业培训机构对本单位的职工和准备录用的人员实施职业教育。从事技术工种的职工，上岗前必须经过培训；从事特种作业的职工必须经过培训，并取得特种作业资格。

第二十一条　国家鼓励事业组织、社会团体、其他社会组织及公民个人按照国家有关规定举办职业学校、职业培训机构。境外的组织和个人在中国境内举办职业学校、职业培训机构的办法，由国务院规定。

第二十二条　联合举办职业学校、职业培训机构，举办者应当签订联合办学合同。政府主管部门、行业组织、企业、事业组织委托学校、职业培训机构实施职业教育的，应当签订委托合同。

第二十三条　职业学校、职业培训机构实施职业教育应当实行产教结合，为本地区经济建设服务，与企业密切联系，培养实用人才和熟练劳动者。职业学校、职业培训机构可以举办与职业教育有关的企业或者实习场所。

第二十四条　职业学校的设立，必须符合下列基本条件：

（一）有组织机构和章程；

（二）有合格的教师；

（三）有符合规定标准的教学场所、与职业教育相适应的设施、设备；

（四）有必备的办学资金和稳定的经费来源。

职业培训机构的设立，必须符合下列基本条件：

（一）有组织机构和管理制度；

（二）有与培训任务相适应的教师和管理人员；

（三）有与进行培训相适应的场所、设施、设备；

（四）有相应的经费。

职业学校和职业培训机构的设立、变更和终止，应当按照国家有关规定执行。

第二十五条　接受职业学校教育的学生，经学校考核合格，按照国家有关规定，发给学历证书。接受职业培训的学生，经培训的职业学校或者职业培训机构考核合格，按照国家有关规定，发给培训证书。学历证书、培训证书按照国家有关规定，作为职业学校、职业培训机构的毕业生、结业生从业的凭证。

第四章　职业教育的保障条件

第二十六条　国家鼓励通过多种渠道依法筹集发展职业教育的资金。

第二十七条　省、自治区、直辖市人民政府应当制定本地区职业学校学生人数平均经费标准；国务院有关部门应当会同国务院财政部门制定本部门职业学校学生人数平均经费标准。职业学校举办者应当按照学生人数平均经费标准足额拨付职业教育经费。各级人民政府、国务院有关部门用于举办职业学校和职业培训机构的财政性经费应当逐步增长。任何组织和个人不得挪用、克扣职业教育的经费。

第二十八条　企业应当承担对本单位的职工和准备录用的人员进行职业教育的费用，具体办法由国务院有关部门会同国务院财政部门或者由省、自治区、直辖市人民政府依法规定。

第二十九条　企业未按本法第二十条的规定实施职业教育的，县级以上地方人民政府应当责令改正；拒不改正的，可以收取企业应当承担的职业教育经费，用于本地区的职业教育。

第三十条　省、自治区、直辖市人民政府按照教育法的有关规定决定开征的用于教育的地方附加费，可以专项或者安排一定比例用于职业教育。

第三十一条　各级人民政府可以将农村科学技术开发、技术推广的经费，适当用于农村职业培训。

第三十二条　职业学校、职业培训机构可以对接受中等、高等职业学校教育和职业培训的学生适当收取学费，对经济困难的学生和残疾学生应当酌情减免。收费办法由省、自治区、直辖市人民政府规定。国家支持企业、事业组织、社会团体、其他社会组织及公民个人按照国家有关规定设立职业教育奖学金、贷学金，奖励学习成绩优秀的学生或者资助经济困难的学生。

第三十三条　职业学校、职业培训机构举办企业和从事社会服务的收入应当主要用于发展职业教育。

第三十四条　国家鼓励金融机构运用信贷手段，扶持发展职业教育。

第三十五条　国家鼓励企业、事业组织、社会团体、其他社会组织及公民个人对职业教育捐资助学，鼓励境外的组织和个人对职业教育提供资助和捐赠。提供的资助和捐赠，必须用于职业教育。

第三十六条　县级以上各级人民政府和有关部门应当将职业教育教师的培养和培训工作纳入教师队伍建设规划，保证职业教育教师队伍适应职业教育发展的需要。职业学校和职业培训机构可以聘请专业技术人员、有特殊技能的人员和其他教育机构的教师担任兼职教师。有关部门和单位应当提供方便。

第三十七条　国务院有关部门、县级以上地方各级人民政府以及举办职业学校、职业培训机构的组织、公民个人，应当加强职业教育生产实习基地的建设。企业、事业组织应当接纳职业学校和职业培训机构的学生和教师实习；对上岗实习的，应当给予适当的劳动报酬。

第三十八条　县级以上各级人民政府和有关部门应当建立、健全职业教育服务体系，加强职业教育教材的编辑、出版和发行工作。

第五章　附　则

第三十九条　在职业教育活动中违反教育法规定的，应当依照教育法的有关规定给予处罚。

第四十条　本法自一九九六年九月一日起施行。